U0000834

百衲本二十四史

魏書

上海涵芬樓影印北平圖
書館江安傅氏雙鑑樓吳
興劉氏嘉業堂及涵芬樓
藏宋蜀大字本原書板高
二十三公分寬十九公分

晁崇　張淵
殷紹　王早
耿玄　劉靈助
江式　周澹
李脩　徐謇
王顯　崔彧
蔣少游

蓋小道必有可觀況往聖摽曆數之術先王垂

卜筮之典論察有法占候相傳觸類長之其流

逐廣王藝紛綸理非抑止今列於篇亦所以廣

聞見也

晁崇字子業遼東襄平人也家世史官崇善天

文術數知名於時為慕容垂太史郎從慕容寶

敗於參合獲崇後乃赦之太祖愛其伎術其見

親待從遷中書侍郎令如故天興五年月暈左

角蝕將盡崇奏曰占為角蟲將死時太祖既剋

三百二十二　魏傳七十九

姚平於柴壁以崇言之徵遂命諸軍焚車而反

牛果大疫輿駕所乘巨犗數百頭亦同日斃於

路側自餘首尾相繼是歲天下之牛死者十七

八糜鹿亦多死崇弟懿明辯而才不及崇也以

善比人語內侍左右為黃門侍郎兄弟並顯懿

好矜容儀被服僭度言音類崇太祖左右每聞其

聲莫不驚悚崇知而惡之後其家奴告崇與

懿叛叛又與　臣王次多潛通招引姚興太祖

之及興寇平陽車駕擊破之太祖以奴言為實

崇兄子暉太祖時給事諸曹稍遷給事中賜爵

長平侯征虜將軍濟州刺史假懿二東將軍潁川

公劉駿鎮東平郡從戍近境暉上表求擊之高

宗不許暉乃為書以大義責之卒

子林襲爵林卒子清襲爵時稍遷中書侍郎給事中中堅

將軍賜爵襄平子除魏郡太守卒

子世宗龍襲爵附卒

三百九十　魏傳七十九

子元和襲卒

張淵不知何許人明占候曉內外星分自云嘗
事苻堅欲南征司馬昌明淵勸不行堅不從
果敗又仕姚興父子為靈臺令姚泓滅入赫連
昌昌復以淵及徐辯對為太史令數見訪問
神䴗二年世祖將討蠕蠕淵與徐辯皆謂不宜
行與崔浩爭於世祖前語在浩傳淵專守常占
而不能鈎深致遠故不及浩後為驃騎軍謀祭

【魏書傳七十九】　三

酒骨著觀象賦曰易曰天垂象見吉凶聖人則
之又曰觀乎天文以察時變觀乎人文以化成
天下然則三極雖殊妙本同一顯昧雖遐契齊
影鄉音尋其應感之符測乎理幽通之數天人之際
可見明矣夫機象其綳至理豈伊管智所
能究暢然歌咏之來偶同風人目閱群伯能不
歌吟是時也歲次析木之津日在翼軫之分闇
閭宸鼓而蕭瑟流火夕曒以摧頹游氣眇其高
攀辰宿煥焉華布覩時逝懷川上之感步秋林

同宋生之戚歎巨覯之未終抱愛而不寐遂
仿偟於窮谷之裏杖策陟神嚴之側乃仰太
虛縱目遠覽吟嘯之頃慄然增懷不覽至理拔
自近情常韻發於宵夜不任咏歌之末遂援管
而為賦其辭曰

陟秀峯以遐眺望靈象於九霄（陟昇遐遠九宵貢九天也）觀紫
宮之環周嘉帝坐之獨標（皇大帝一星在紫宮中天帝位也故言獨標也）瞻華蓋之葰蕤何虛中之迢迢（華蓋七星杠九星合十六星在大帝之上乘輿所蓋也）觀閣道之穹隆想靈駕之電飄（閣道六星在王良東北天津之所由從電飄疾也）

【魏書傳七十九】　四

維北臨乎機衡南觀太微（四維四方之維機衡謂北斗三星也在下台南故言前階兩兩）
台瞰瞰以雙列皇座回回以垂暉（三台凡六星兩兩居起文昌列抵太微十星在翼軫北）聚於後閨（常陳七星如畢狀在皇座北皆宿衛天帝前後備非常關閨宮中之門也）
仰見造父麥及王良（造父五星在傳舍河中也五星在奎北王良者晉大夫善御九方湮之子御死精託於星為王良）遂迴情旋首次目文昌（文昌七星在此斗魁前別一宮之名也）
天而乘尾箕仲（傅說一星在尾後傳說殷王武）託精於津陽（殷時說一星在尾後傳說殷王武）

其寬　庫樓焜煌以灼明騎官騰驤而奮昃　星在招搖東接近貫索貫索柱在招搖東　房東北攝提六星在房心北杠　東北攝提六星在貫索東大角二星俠大角　天紀九星在貫索東大角左則天紀槍桮攝提大角二咸防奢七公理獄

左則天紀槍桮攝提大角二咸防奢七公理獄

微庭中行列似珠連而內侍　相次將次相之位如列珠三星在太微　將相次序以儔守九卿珠連而內侍　七列九土之異

天街分中外之境四　天街二星昴畢間近日星西屬外國旄頭亦胡引之民皆屬焉四七二十八宿角亢氐房心尾箕為東方七宿鄭之境界天街以東屬中國紳之士冠帶之倫皆屬焉引弓之民皆屬焉四七二十八宿

公星在太微庭中也論道納言各有攸司　儲貳謂太子一星　備官職亦有之也

不悉置

相對故曰相望灼灼羣位落落幽紀設官分職困

陰兩河俠井而相望　五車三柱都十四星在畢東北河六　五車亞柱於畢

舒光纖女三星在天紀星東北復以河鼓南為牽牛煥然而　織女朗列於河湄牽牛煥然而

在河北故曰津陽也

而精上為星水此陰造車與者死

在龍駒之間麋麗四星此陽日陽之陽世也

丁夢得賢人圖畫其象求而得之即立為相而死備上為星東尾

人星麗玄以閒逸哭泣連屬而趨墳　南哭泣二星在危南　玄天言人星近於閒逸易日日月星辰麗於天石氏經曰人星　優游人乃安寧哭二星在虛南泣二星　向墳墓故曰連屬河鼓震雷以礧礧騰虵蟠縈而輪

麗珠珮珍　扶匡七星在天津北天津東　津　車府七星在北斗魁下有過失則懲其衍也於後則有車府傳舍鮑瓜　之天牢六星在北斗魁　禮以伺邪天牢禁忿而察失

御宮典儀女史執筆　御宮四星在太微西星主典司禮儀威容步趨　史主女史一星在柱下　御宮典儀女史執筆

位嬪御相次尊卑有秩　少微四星在太微西北列白星北有皇后嬪御之位　故曰伏守雞能候時故曰伺晨　右則少微軒轅皇后之　天狗接狼以吠守野雞伺晨於參墟

子孫雙雙於參嵎　臺考符

所居　電燭　騎官二十七星在氐南

丈人極陽而慌忽　天市建肆於房心帝座碇落而

於前則老人天社清廟　明堂配帝靈

河鼓十二星在南斗比此星昏中南方而震雷霆比日鼓之以
室比形狀似菌故曰輪菌
地故曰輪菌

於是周章高眇還旋辰極比
辰比極

鈎陳中禁復觀天帝休息
既靚

漸臺可昇離宮可即
酒旗建

醇醪之旌女林列窈窕之色也輦道屈曲以微煥附路立千雲閣之側
輦道

其列星之表五車之間乃有咸池鴻沼玉井天
江河炳

淵建樹百果竹林在焉
神龜曜甲於清冷龍

魚搞光以映連
又有南門鼓吹器府

著於上穹素氣霏霏其蔕天

之官奏彼終竹為帝娛懽

熊羆綿絡於天際虎豹熊煜而

暉爛

齊趨列國之名
霄端南星在狼星旁

弧精引弓以持滿狼星揺動於其外則有燕秦

於太清

別而殊形

陳車策駕於氐南天駟騁步

園苑周回以曲列倉廩區

理二星在紫微宮中太一天
內則尚書大理太一天一之宮

六甲候太帝之所須內廚
天船橫漢以普濟積水候災
陰德播洪施以恤不足

于其中

四輔翼皇極而闇玄風
恢恢太虛寥寥帝庭

之官

五座並設爰集神靈

太微

位南方白帝白招矩　伍西方黑帝汁光紀　証比方黃帝含樞妊　位中央五帝各異巫集諸神之官　輿之謀國事孝經援神契曰

謀設此之謂也　國故曰神靈集於之謂也

乃命熒惑伺彼憍盈

道之國故曰　執法刺舉者刺姦惡舉有功五侯議而評之月入太微受制一

執法刺舉於南端　五侯議疑於水衡

南門謂之執法刺舉者刺姦惡舉有功　在東北井東比謂水衡辨疑獄五侯議而

金火熒惑太白也五星　金火時出

以成緯七宿臣偪而為經

言炎異無常宿隨其善惡而　方七宿為經言五星為緯也　親夫天官之羅

暐曄昱其血

其災異之興出無常所

言炎異之興出無常所　言天官羅布於上王者法效於下　論語曰惟天為大惟堯則之也

金火為緯二

故作則於華京而為經

言星非星如雲非雲謂之歸邪　夾以微氣故繽紛飛流星數也　妖星起則晄又

布故作則於華京

歸邪繽紛飛流電舉

妖星出知晉侯分於戊子日死蚍蜉　流流星逆存而不滅電舉以以炎電舉

晉平地乘龍之榮

地乘龍則禍連周楚

葵丘屬齊宋中為晉分惟慎　死晉彼亦有此星死對午為張翼之分　慎寬古之良史也

曜黎若三春之榮　春日之榮華也若　觀夫天官之羅

波洍天功隆大禹　言洪水旣出堯命鯀治之而功不成乃　復命禹治之而平之禹有濟世之難治水

此則宴數之大運非治綱之　蓋象外之妙不可失緒

之功書曰洪水滔天又　言先遭洪水致填星逆行之異此乃運數應谷也　此則宴數之大運非治綱之

失緒

於精靈所感迅踰駃騵轑軻慕丹則曰虹貫日

昔荊軻慕燕太子丹入秦　而事竟不捷　衛生晝策則

而不徹

刺客雖至精感上而事竟不捷　王疑而不信太白有食昴之變

太白食即而摘朗

王疑先生為秦晝策於長平

指麾而客氣著於乾象

昔光武為白水為義入秦　昔光能再回也以嚴陵來見太史秦曰客星死

游而客氣著於乾象　帝座光武詔　乃嚴子陵非客之

往示乃四氣鱗次斗建辰移雖無聲言三光是　斯皆至感動於神祇誠應劾於旣

孟春正月尾中仲春之月昏弧中季春　月昏七星中　辰移言四時代謝不常每月斗建移一辰　止以星辰見慶譴之

知無聲言語止以星辰見慶譴之　天

影度以之不差測水旱於未然占方來之安危

言影短長水影短為旱多　五十也　占方來之安危

西南入畢則滂雨溲池　陰精乘箕則大飆暮鼓

陰精月也東北失道入畢則多兩　陰稜而西南失道入箕則多

有欽明光被填逆水府　府書曰欽明文思光被蠻邪　洪

取証於逢公或推憂於衛午　星以此方之知晉平公卜死衛午謂虛宿對午為張翼之分　楚之分裡竇占知周王楚子死　或

雨三日鳥淤雨詩云月麗于畢俾滂沱
矣書曰星有好風星有好雨此之謂也

夫宜車潛駕時乘六虬大儀回運萬象俱流

銅山風雲之從班螭言雲氣從龍風從虎同氣相求同
御天此皆是天同運轉過周一度而過匝故曰
六龍易日時乘六龍以比斗俄其西傾羣星忽以匿
璧循晉鐘之應 若
類相應蜀山崩而晉鐘鳴也

月日行十三度十九分度之七周天凡
三百六十五度四分度之一月日
之一天一日一夜運轉過周一度而
過匝而望舒縱轡以騁度望舒
幽昧暗望舒杆彎以騁度望舒
過周也爾乃凝神遠矚矖目八荒察之無象視之
眇莽迥以希夷寸眸焉能窮其傍
幽遲迴以希夷寸眸焉能究其傍
疑神精不動也言
極速傍視茫然不言

於是乎夜對山水栖心高鏡遠尋終古攸然獨
環流
詠美景星之繼畫天唐堯之德成
瑞應圖曰景星星
大如半月生於
晦朝助月光明當隨星
嘉黃星之靡鋒明虞舜
之不競

〇魏書傳七十九

土

小二十五

此慶見漢書諒人事之有由豈妖災之虛設
漢人事宣政誠庸王之難悛故明君之所察
由人事而已誠庸王之難悛故明君之所察
妖災而已

行而秦滅室襄微杠矢出蚰行而無屋自昔周
湯伐之放於鳴條之野見其射設炮
烙之形蠶星出武王懸之白旗也
酖毒元而致華常也昔夏徐無道斬關龍逢而
讒百於昏世夫景星見則太平應彗孛作而
圖籍之所記著星變平書契契書畫斬諫以屋壽
分乃歷象既周相佯嚴際相佯倘佯也尚書
之余乃歷象既周相佯嚴際相佯倘佯也尚書

二十壯漢祖之入秦哥五緯之聚映昔漢
年壯漢祖之入秦哥五緯之聚映於東井秦

恒不見以周羲杠地
言炎以實應

告不能改行自新以苔天變賢君明
主則不然見天災異懼而脩德也
而況德非乎先哲夫唐竟至治猶歷象玻璃閣
是太祖太宗時太史令王亮蘇坦世祖後破
趙樸生並知天文後太史令趙慶
胡世榮胡法通等二族世業高祖時太史令
和龍得馮文通太史令閔盛高祖時又有容
城令徐路善占候世宗時坐事繫冀州獄別
駕崔隆宗就禁訊間路曰昨夜驛馬星流計
赦即時應至隆宗先信之遂遣人試出城候

土

元

焉俄而赦至時人重之永安中詔以恒州民
高崇祖善天文每占吉凶有驗特除中散大
夫永熙中詔通直散騎常侍孫僧化與太史
令胡世榮張龍趙洪慶及中書舍人又孫子良
等在門下外省校比天文書集甘石二家星
經及漢魏以來二十三家經占雜占集爲五十五
又後集諸家撮要前後所上雜占以類相從
日月五星二十八宿中外官圖合爲七十五
卷

僧化者東莞人識星分爽天占以言災異時有
所中普泰中小朱世隆惡其多言遂繫於延尉
免官永熙中出帝召僧化與中散大夫孫安都
共撰兵法未就而帝入關遂罷元象中死於晉
陽時有河間信都芳字王琳好學善天文筭
數甚爲安豐王延明所知延明家有羣書欲
抄集五經筭事爲五經宗及古今樂事爲樂
書又聚渾天欹器准並令芳筭之會延明南奔
事并圖書爲器准並令芳筭之會延明南奔

芳乃自撰注後隱於州樂平之東山太守
慕容保聞而召之芳不得已而見焉於是
保樂弟紹樂宗薦之於齊獻武王以爲中外府
田曹參軍芳性清儉質樸不與物和紹宗給
其驃馬不肯乘騎夜遣婢侍以試之芳忽呼
歐擊不聽近已徇介自守無求於物後亦注
重差勾股復撰史宗仍自注之合數十卷武
定中卒

殷紹長樂人也少聰敏好陰陽術數游學諸方

達九章七曜世祖時爲筭生傳亡給事東宮西
曹以藝術爲業宗所知太安四年夏上四序堪
輿表曰臣以姚氏之世行學伊川時遇游遁大
儒成公興從求九章要術興與守廣明自云東
人也山居隱跡希在人間與時將臣南到陽翟
九崖巖沙門　釋曇影復將臣向長廣東山見道
止影所求請九章影復爲臣開述九章數家雜要
人法穆法穆時共影爲臣開述九章數家雜要
披釋章次意況太百又演隱審五藏六府心髓

血脉商功大筭端部變化立象主圭周髀練精
銳思蘊習四年從穆所聞粗旨髣髴穆等仁拾
特垂憂閔復以先師和公所注黃帝四序經文
三十六卷合有三百二十四章專說天地陰陽
之本其第二孟序九卷八十一章說陰陽配合
之原第二仲序九卷八十一章解四時氣王休
殺吉凶第三叔序九卷八十一章明日月辰宿
交會相生為表裏第四季序九卷八十一章具
釋六甲刑禍福德以此等文傳授於臣山神禁
嚴不得藏衒出尋究經年粗舉綱要山居險難無
以自供不堪窮追心生懶怠以甲寅之年日維
鶉火月呂林鍾景飛騰鬱盛感物懷歸奉辭影等
自爾至今四十五載歷觀時俗堪輿八會巡世
已又傳寫謬誤吉凶禁忌不能備悉或考良日
而值惡會舉吉用凶多逢殃咎又史遷郝振中
吉大儒亦各撰注流行於世配會大小序述陰
陽依如本經猶有所闕臣前在東宮以狀奏聞
奉被景穆皇帝聖詔敕臣撰錄集其要最仰奉
用馳

明旨謹審先所見四序經文抄撮要略當世所
須吉凶舉動集成一卷上至天子下及庶人又
貴賤階級尊卑差別吉凶所用罔不畢備未及
內呈先帝晏駕臣時狼狽幾至不測傳廢以來
遂由八載思欲上聞莫能自徹加年夕齒頹餘
齡旦暮每懼殂殞填仆溝壑不得當行
鳳夜悲憤理難違吉定其得失事若可施气即班
付中祕通儒達吉依先撰錄奏謹以上聞請
用其四序堪輿遂大行於世
王草勃海南皮人世明陰陽九官及兵法尤善
風角太宗時喪亂之後多相殺害有人詣平求
問勝術早為設法令各無咎由是州里稱之時
有東莞鄭氏因為同縣趙氏所殺其後鄭氏執
得讎人趙氏又剋明晨會宗族當就墓所刑之
趙氏求救於平平旦為占候弁授以一符曰君今
且還選壯士七人令一人為主者佩此符於雞
鳴時伏在仇家宅東南二里許平旦當有十人
根隨向西北行中有二人乘黑牛一黑牛最在
陳

前黑牛應第七但挺取第七者將還事必無
他趙氏從之果如其言乃是鄭氏五男父也諸
子並為其族所宗敬故和解二家趙氏竟免後
早與客清晨立於門內遇有卒風振樹早語客
曰依法當有千里外急使日中將有兩匹馬一
白一赤從西南來至即取我遍我不聽與妻子
別語訖便入召家人隣里辭別語訖浴帶書囊
日中出門候使招期果有兩馬一白一赤從涼
州而至即挺早上馬遂詣行宮時世祖圍涼
未拔故許彥薦之皁彥師也及至詔問何時當
得此城皁對曰陛下但移據西北角三日内必
剋世祖從之如期而剋輿駕還都時久不雨世
祖問早曰何時當兩早曰今日申時必大雨比
至未時猶無片雲世祖召早詰之早曰願更少
時至申時雲氣四合遂大雨滂沱池世祖其善之
而早苦以疾辭乞歸鄉里詔許之遂終於家或
言許彥以其術勝妨恐終妨已故請令歸耳
耿玄鉅鹿宋子人也善卜占坐於室内有客扣

門玄已知其姓字并所齎持及來問之意其所
卜筮十中八九別有林占世或傳之而性不和
俗時有王公欲求其筮者玄則拒而不許每云
今既貴矣更何所求而復卜世欲望意外平代
京法禁嚴切王公聞之莫不驚悚而退故玄多
見憎忿不為貴勝所親官至鉅鹿太守顯祖奉
於世世宗肅宗時奉車都尉清河魏道虞奉
車都尉周恃魏郡太守章武高月光月弟明
月任玄智雍州人潘攃並長於陰陽卜筮故玄
於日者之中最為優洽冠軍將軍濮陽賈元紹
章武呂肥濟北馮道安河内馮懷海東郡李文
殊並工於法術而道虞月光文殊為優其餘不
及浮陽孟剛饒安王領郡善銓錄風角章武顏
惡頭善卜筮亦用耿玄林占當時最知名范陽
人劉弁亦有名於世
劉靈助燕郡人師事劉弁好陰陽占卜而麤踈
無賴常去來燕恒之界或時負販或復劫盜

衒於市後自代至秀容因事介朱榮榮性信上
笙靈助所占屢中遂被親待爲榮府功曹參軍
建義初榮於河陰兄弟亦相率朝於行官靈助以其
都尉虜道虔兄弟亦相率朝於行官靈助以其
慰勞之由是朝士與諸盧相隨免害者數
十人榮入京師超拜光祿大夫封長子縣開國
伯食邑七百戶尋進爵爲公增邑通前千戶後
從榮討擒葛榮特除散騎常侍撫軍將軍幽州
剌史又從大將軍上黨王天穆討邢杲時幽州
流民盧城人最爲兇捍遂令靈助兼尚書軍前
慰勞之事平而元顥入洛天穆渡河靈助先會
介朱榮於太行及將攻河內令靈助笙之靈助
日未時必剋時已向中吉衆疲急靈助日時至
矣榮鼓之將士騰躍即便剋陷及至北中榮攻
城不獲以時盛暑議欲且還以待秋涼莊帝詔
靈助笙之靈助日必當破賊詔日何日靈助日
十八十九閒果如其言車駕還宮領幽州
正尋加征東將軍增邑五百戶進爵爲燕郡公

詔贈其父僧安爲幽州刺史尋兼尚書左僕射
慰勞幽州流民於濮陽頗立因率民比還與都
督侯淵等討葛榮餘黨韓妻滅之於薊仍藜州
務加車騎將軍又爲幽平營四州行臺及介
朱榮死莊帝幽崩靈助本寒微一朝至此自謂
自號燕王車騎大將軍開府儀同三司大行臺
爲莊帝舉義兵靈助馴養大鳥稱爲巳瑞妄說
方術堪能動衆又以介朱有誅滅之兆靈助遂
圖讖言劉氏當王又六欲知避世入鳥村遂刻
誑爲人象畫桃木爲符書作詭道厭祝之法民
多信之於時河西人紇豆陵步藩擧兵逼晉陽
介朱兆頻戰不利故靈助唱言介朱自然賞滅
不須我兵由是幽瀛滄冀之民悉從之從之者
夜悉舉火爲號不擧火者諸村共屠之以普泰
元年三月率衆至博陵之安國城與此列延慶
侯淵介朱羽生等戰戰敗被擒斬於定州傳首
洛陽支分其體初靈助每云三月末我必入定
州介朱亦必滅及將戰靈助自笙之卦成不吉

以手折菁葉之於地云此何知彗守見擒果以
三月入定州而晉獻武王以明年閏二月破西
胡於韓陵山遂滅兆等永熙二年贈使持節散
騎常侍都督幽瀛冀三州諸軍事驃騎大將軍
尚書左僕射開府儀同三司幽州刺史諡曰恭
子宗輝襲爵和中開府屬齊受禪例降
馮翊太守善蟲篆詁訓永嘉大亂瓊業官並授
江式字法安陳留濟陽人六世祖瓊字孟琚晉
張軌子孫因居涼土世傳家業祖彊字文威太

延五年涼州平内徙代京上書三十餘法各有
體例又獻經史諸子千餘卷由是擢拜中書博
士辛贈敦煌太守父紹興高允奏為祕書郎掌
國史二十餘年以謹厚稱卒於趙郡太守式少
有記識初拜司徒長兼行參軍撿校御史毎除
專家學數年之中常夢兩人時相教授及寢毎
殄冠將軍符節令以書文昭太后尊號謚冊特
除奉朝請仍符勑即令式篆體尤工洛京宮殿諸
門板題皆式書也延昌三年三月戌上表曰臣

間庖羲氏作而八卦列其書軒轅氏興而龜策
彰其彩古史倉頡覽二象之文觀鳥獸之跡別
創文字以代結繩用書契以維事宣之王庭則
百工以敘載之方冊則万品以明迄于三代厥
體頗異雖依類取制未能悉殊倉氏矣故周禮
八歲入小學保氏教國子以六書一曰指事二
曰象形三曰形聲四曰會意五曰轉注六曰假
借蓋是史頡之遺法也及宣王太史史籀著大
篆十五篇與古文或同或異時人即謂之籀書

至孔子定六經左丘明述春秋皆以古文厥意
可得而言其後七國殊軌文字乖別暨秦兼天
下丞相李斯乃奏罷不合秦文者斯作倉頡
篇中車府令趙高作爰歷篇太史令胡毋敬作
博學篇皆取史籀大篆或頗省改所謂小篆者
也於是秦燒經書滌除舊典官獄職務繁多以趨約
易始用隸書由此息矣隸書者始皇使下
杜人程邈附於小篆所作也以邀徒隸即謂之
隸書故秦有八體一曰大篆二曰小篆三曰刻

符書四曰蟲書五曰摹印六曰署書七曰殳書
八曰隸書漢與有尉律學復敎以籕書又習八
體試之課最以爲尚書史吏民上書省字不正
輒舉劾焉又有草書莫知誰始考其書形雖無
厥誼亦是一時之變通也孝宣時召通倉頡讀
者獨張敞從之受涼州刺史鄰沛人爰禮講
學大夫秦近亦能言之孝平時徵禮等百餘人
說文字於未央宮中以禮爲小學元士黃門侍
郎揚雄採以作訓纂篇及亡新居攝自以應運

制作使大司空甄豐校文字之部頗改定古文
時有六書一曰古文孔子壁中書也二曰奇字
即古文而異者三曰篆書云小篆也四曰佐書
秦隸書也五曰繆篆所以摹印也六曰鳥蟲所
以幡信也此壁中書者魯恭王壞孔子宅而得禮
尚書春秋論語孝經也又北平侯張倉獻春秋
左氏傳書體與孔氏相類即前代之古文矣後
漢郎中扶風曹喜號曰工篆小異斯法而甚精
巧自是後學皆其法也又詔侍中賈逵修理舊

文殊藝異術王敎一端苟有可以加於國者靡
不悉集逮即汝南許愼古文學之師也後慎嗟
時人之好奇歡儒俗之穿鑿恢怳於是撰說文
敗於觜語更說任情變亂行世故撰說文解字十
五篇首一終亥各有部屬包括六藝群書之詁
評釋百氏諸子之訓天地山川草木鳥獸昆蟲
雜物奇怪珍異王制禮儀世間人事莫不畢載
可謂類聚羣分雜而不越文質彬彬最可得而
論也左中郎將陳留蔡邕採李斯曹喜之法爲

古今雜形詔於太學立石碑刊載五經題書楷
法多是邕書也後開鴻都書畫奇能莫不雲集
千時諸方獻篆無出邕者魏初傳士淸河張揖
著埤倉廣雅古今字詁諸埤廣綴拾遺漏增
長事類抑亦於文爲益者然其字詁方之許慎
篇古今體用或得或失矣陳留邯鄲淳亦與揖
同時博古開藝特善倉雅許氏字指八體六書
精究閑理有名於揖以書敎諸皇子又建三字
石經於漢碑之西其文蔚炳三體復宣校之說

文篆隸大同而古字少異又有京兆韋誕河東
衛覬二家並號能篆家當時臺觀榜題寶器之銘
悉是誕書咸傳之子孫世稱其妙晉世義陽王
典祠令任城呂忱表上字林六卷尋其況趣附
託許慎說文而按偶章句隱別古籀奇惑之字
文得正隸不差篆意也忱弟靜別放故左校令
李登聲類之法作韻集五卷宮商徵羽各為
一篇而文字與兄便是魏世衛覬音讀楚夏時有不
同皇魏承百王之季紹五運之緒世易風移文
字改變篆形謬錯隸體失真俗學鄙習復加虛
巧談辯之士又以意說炫惑於時難以釐改故傳曰
以衆非非行正信哉得之於斯情矣乃曰追來
為歸巧言為辯小兒觀神虫為蟲如斯其衆
皆不合孔氏古書史籀大篆許氏說文石經三
字也凡所關古莫不惆悵焉嗟夫文字者六藝
之宗王教之始前人所以垂今令人所以識古
故曰本立而道生孔子曰必也正名乎又曰述
而不作書曰予欲觀古人之象皆言遵修舊史

而不敢穿鑿也臣六世祖瓊家世陳留往晉之
初與從父兄應元俱受學於衛覬古篆之法倉
雅方言說文之誼當時亞卅譽而祖官至太
子洗馬出為馮翊郡值洛陽之亂避地河西數
世傳習晉斯業所以不墜也世祖太延中皇威西
被牧犍內附臣亡祖文威杖策歸國奉獻五世
傳掌之書古篆八體之法時蒙敷錄叙列於儒
林官班文省家號世業暨臣闇短識學庸薄漸
漬家風有忝無顯但逢時來恩出願外毋承澤
雲津厠霑漏潤驅馳文閣參預史官題篆宮禁
很同上哲既鴟愚短欲罷不能是以敢藉六世
之資奉遵祖考之訓竊慕古人之軌企踐儒門
揉孔氏尚書撰集古來文字以許慎說文為主爰
經字林韻集諸賦文字有六書之誼者皆以次
言通俗文祖文宗坤倉廣雅古今字詁三倉石
類編聯文無復重紀為一部其古籀奇惑俗隸
諸體咸使班於篆下各有區別詁訓假借之誼

僉隨文而解音讀楚夏之聲亦逐字而注其所
不知者則闕如也脫蒙遂許氏異省百氏之觀而
同文字之域典書祕書所須之書乞垂敕給并
學士五人嘗習文字者助臣披覽書生五人專
令抄寫侍中黃門國子祭酒一月一監評議疑
隱庶無絓繆所撰名目伏聽明旨詔曰可如所
請并就太常與兼教八書史也其有所須依請
給之名目待書成重聞式於是撰集字書號曰
古今文字凡四十卷大體依許氏說文為本上

魏書傳十九　二十七　余政

篆下隸又除宣威將軍符璽郎尋加輕車將軍
正光中除驍騎將軍兼著作佐郎正史中字　疑
四年卒贈右將軍巴州刺史其書音未能成
式兄子征虜將軍順和亦工篆書先是太和中
究州人沈法會能隸書世宗之在東宮敕法會
侍書已後隸迹見知於間里者甚衆未有如崔
浩之妙
周澹京兆鄻人也為人多方術九善醫藥為太
醫令太宗嘗苦風頭眩澹治得愈由此見寵位

至特進賜爵成德侯神瑞二年京師飢朝議將
遷都於鄻澹與博士奈酒崔浩進計論不可之
晉太宗大然之曰唯此二人與朕意同也詔賜
澹浩妾各一人御衣一襲絹五十四綿五十斤
泰常四年卒論曰恭時有河南人陰貞家世
為醫與澹並受封爵清河李潭亦以善鍼
見知
子驢駒龍襲傳術延興中位至散令
李脩字思祖本陽平館陶人父亮少學醫術末

魏書傳十九　二十八　嚴

能精究世祖時奔劉義隆於彭城又就沙門僧
坦研習眾方略盡其術鍼灸授藥莫不有效徐
究之間多所救恤四方疾苦不遠千里竟往從
之亮大為聽事以舍病人停車與於下時有死
者則就而棺殯親往弔視其仁厚若此累遷府
參軍督護本郡士門宿官咸相赴平城亦遵父
酬賚無貲脩兄元孫隨軍義平子拜奉朝請修略與
業而不及以切賜爵義平子拜奉朝請修略與
兄同晚入代京歷位中散令以功賜爵下蔡子

還給事中太和中常在禁內高祖文明太后時
有不豫脩侍鍼藥治多有效賞賜累加車服第
宅號為鮮麗集諸學士及工書者百餘人在東
官撰諸藥方百餘卷皆行於世先是咸陽公高
允雖年且百歲而氣力尚康高祖文明太后時
令脩診視之一旦奏言允脉竭氣微大命無遠
未幾果云遷洛為前軍將軍領太醫令後數年
辛亥贈威遠將軍青州刺史
子天授龍驤文陽令醫術又不逮父

魏書傳七九　二十九

徐謇字成伯丹陽人家本東莞與兄文伯等皆
善醫顯祖欲驗其所能乃置諸病人於幕中
使謇隔而脉之深得病形兼知色候遂被寵遇
為中散稍遷內侍長文明太后時問治方而不
及李脩之見任用也謇合和藥劑攻救之驗精
妙於脩而性甚祕忌承奉不得其意者雖貴為
王公不為措療也高祖後知其能及遷洛稍加
眷幸體小不平及所寵馮昭儀有疾皆令謇治

又除中散大夫轉右軍將軍侍御師謇欲為高
祖合金丹致延年之法乃入居嵩高採營其物
歷歲無所成遂罷二十二年高祖幸懸瓠謇其疾
大漸乃馳驛召謇令水路赴行所一日一夜行
數百里至診省下治果有大驗高祖體少瘳內
外稱慶九月車駕發豫州次于汝濱乃大為謇
設太官珍膳因集百官特坐謇于上席遍陳餚
觴于前命左右宣謇救攝危篤振濟之功宜加
酬賚乃下詔曰夫神出無方形真有礙憂喜非

■魏書列七九　三十

適理必傷生朕覽萬機長鍾革運思乃芒芒而無
怠身忽忽以與勞仲秋動痾心容頓竭氣體羸
瘠王几在慮侍御師右軍將軍徐成伯馳驅太
室進療汲藥方窮丹英藥盡変石誠術兩輸忠
妙俱至乃令沈痾勝愈篤瘵克痊論勤語效實
宜褒錄昔晉武暴疾於孱反業難於曠日得不重加
爵大墜況疾深於曩辰錫以山河且其舊迳高秩中
陝賞平宜順羣望程和應增封辛亥數朝錢
暫解退此雖銓用猶未　准舊量今事合顯

進可鴻臚卿金鄉縣開國伯食邑五百戶賜錢
一万貫又詔曰錢府未充須以雜物絹二千四
雜物二百四十四出御府穀二千斛奴婢十
口馬十四二四出驊騮牛十頭所賜雜物奴婢
牛馬皆經內呈諸親王咸陽王禧等各有別賚
並至千四從行至鄴高祖循自發動賚日夕左
右明年從諸馬圈高祖疾勢遂甚咸戚不怡每
加切誚又欲加之鞭捶幸而獲免高祖崩賚隨
梓宮還洛賚常有藥餌及吞服道符年垂八十
績譲不自力未多襄正始元年以老爲光祿大
夫加平北將軍卒延昌初贈安東將軍齊州刺
史諡曰靖
子踐字景升小名靈寶麥齊歷官兗州平東府
長史右中郎將建興太守
踐弟知遠給事中
成伯孫之子孝昌初爲蕭衍豫章王蕭綜牝府
主薄從綜鎮彭城綜降其下僚屬並奔散之子
因入國武定中大將軍金紫光祿大夫昌安縣

開國侯
王顯字世榮陽平樂平人自言本東海郯人王
卽之後也祖父延和中南奔居于魯郡又居彭
城伯父安上劉義隆時板行館陶縣世祖南討
安上葉縣歸命與父母俱從于平城例叙陽都子
除廣審太守顯父安道少興季亮同師俱學醫
藥粗究其術而不及亮也顯
士流顯究才用初文昭皇太后之懷世宗也夢爲
有決斷才用初文昭皇太后之懷世宗也夢爲
日所逐化而爲龍而繞后后窹而驚悸遂成心
疾文明太后勑召徐謇及顯等爲后診脈謇云
是微風入藏宜進湯加針顯云寀三部脈非有
心疾將是懷孕生男之象果如顯言久之召補
侍御師尚書儀曹郎號稱幹事世宗自幼有微
疾父未差愈顯攝療有效因是稍蒙恩識又罷
六輔之初顯爲領軍千列間通規獻策顯有密
累遷游擊將軍拜廷尉少卿仍在侍御管進御
藥出入禁內亡臨本州世宗曾許之積年未授

因是聲問傳于遠近顯毎語人言時目已決必
爲刺史遂除平北將軍相州刺史尋詔馳還
京得嘗藥文遣還州元愉作逆顯討之不利入
除太府卿御史中尉顯前後歷職所在著稱糾
折庶獄究其姦囘出內惜愼憂國如家及領憲
臺多所彈劾百寮肅然又以中尉屬官不悉稱
職諷求更換詔委改選務盡才能而顯所舉或
有請屬未皆得人於是衆口喧譁聲望致損後
世宗詔顯撰藥方三十五卷班布天下以療諸
疾東宮既建以爲太子詹事委任甚厚世宗毎
幸東宮顯常迎待出入禁中仍奉醫藥賞賜之
加爲立館午龍振當時延昌二年秋以營療之
功封南伯四年正月世宗夜崩蕭宗踐祚顯
參奉璽策隨從臨哭微爲憂懼顯既蒙任遇兼
爲法官恃勢使威爲時所疾朝宰託以侍療無
效執之禁中詔削爵位臨執呼寬直閤以刀鐶
撞其胸下傷中吐血至右衛府一宿死始顯布
衣爲諸生有沙門相顯後當富貴誡其勿爲吏官

吏官必敗由是世宗時或欲令其遂攝吏部毎
勸勤避之及世宗崩蕭宗夜即位墜冊於共儀
須兼太尉及吏部會卒百官不具以顯兼吏部
行事矣
崔彧字文若清河東武城人父勳之字寧國位
大司馬外兵郎贈通直郎或與兄相如俱自南
入國相如以才學知名早卒或少嘗詣青州逢
隱逸沙門教以素問九卷及甲乙遂善醫術中
山王英子略皆病王顯等不能療或針之抽針
即愈後位冀州別駕累遷寧遠將軍性仁恕見
疾苦好與治之廣教門生令多救療其弟子清
河趙約勃海郝文法之徒咸亦有名
或子景哲豪率亦以醫術知名爲太中大夫司
徒長史
蔣少游樂安博昌人也慕容白曜之平東陽見
俘入於平城充平齊戶後配雲中爲兵性機巧
頗能畫刻有文思吟咏之際時有短篇遂留寄
平城以傭寫書爲業而名猶在鎮後被召爲中

書寫書生與高聰俱依高允愛其文用逐並
薦之與聰俱補中書博士自在中書恒庇李沖
兄弟之門始之門始北方不悉青州將族或謂少
游本非人士又少游微因工藝自達是以公私
人望不至相重唯高允李沖曲為體練由少游
明太后老公乃言其人士眷識如此猶驟被引
舅氏崔光與李沖從叔衍對門婚姻也高祖文
命屑屑禁閨以規矩刻績為務因此大蒙恩錫
令主其事亦訪於劉昶二意相乘時致諍競積
誕游明根高閭等議定衣冠於禁中少游巧思
超等備位而亦不遷陟也及詔尚書李沖與馮
後於平城將營太廟太極殿遣少游乘傳詣洛
六載乃成始班賜百官冠服之成少游有效焉
將軍兼將作大匠仍領水池湖泛戲舟檝之具
高祖脩舡舼乘以其多有思力除都水使者遷前
量准魏晉基趾後為散騎侍郎副使江南
及華林殿沼修舊增新政作金墉門樓皆所措

意號為妍美雖有文藻而不得伸其才用恒以
剗繩尺碎劇忽忽從倚園湖城殿之側識者
為之歎慨而乃坦爾為巳任不告疲恥又兼太
常少卿都水如故景明二年卒贈龍驤將軍青
州刺史諡曰質有文集十卷餘少游又為太極
初高宗時郭善明其機巧亦以巧聞為甎
立模範與董爾小王遇等參建之皆未成而卒
高祖時青州刺史侯文和亦善淺俗委巷之
中立射滑稽少智辭詭無端尤善淺俗委巷之
語至可獨笑位樂陵濟南二郡太守
世宗肅宗時豫州人柳儉殿中將軍關文備郭
安興並機巧洛中製永寧寺九層佛圖安興
為匠也
高祖時有范寗兒者善圍碁與李彪使
蕭賾賾令江南上品王抗與寗兒制勝而還又
有浮陽高光宗善樗蒲趙國李幼序洛陽丘何
奴並工握槊此蓋胡戲近入中國云胡王有弟
一人遇罪將殺之弟從獄中為此戲以上之

意言孤則易死也世宗以後大盛於時

史臣曰陰陽卜祝之事聖哲之教存焉雖不可

以專亦不可得而廢也徇於是者不能無非厚

於利者必有其害詩書禮樂所失也鮮故先王

重其德方術伎巧所失也深故往哲輕其藝夫

能通方術而不詭昔之通賢所以戒乎妄作晁

幾于大雅君子故踦於俗習伎巧而必踦於禮者

崇張淵王早殷紹耿玄劉靈助許垕方藥特妙各

觀其占候卜筮推步盈虛通幽洞微近知鬼神

之情狀周澹李脩徐謇王顯崔彧方藥特妙各

一時之美也蔣少游以剞劂見知沒其學惠藝

成為下其近是乎

魏書傳七十九

三六一

三七

嚴

列傳第七十九　　魏書九十一

此卷王顯以前魏收舊書崔彧蔣少游傳全

出比史及小史史目論亦取比史藝術傳論

而比史全用周隋書藝術傳論去

崔覽妻封氏　　封卓妻劉氏
魏溥妻房氏　　胡長命妻張氏
平原女子孫氏　房愛親妻崔氏
涇州貞女兒先氏　姚氏婦楊氏
張洪初妻劉氏　董景起妻張氏
陽尼妻高氏　　史映周妻耿氏
任城國太妃孟氏　苟金龍妻劉氏
盧元禮妻李氏　河東孝女姚氏
刀思遵妻魯氏

夫婦人之事存於織紝組紃酒漿醢醯而已至
如媧訓軒宮娥成舜業塗山三母克昌二邦始
非匹婦之謂也若乃明識列操文辯該贍目
閨庭號顯列國子政集之於前元凱編之於後
隨時綴録代不乏人今書魏世可知者為列女
傳
中書侍郎清河崔覽妻封氏勃海散騎常侍
禮女也有才識聰辯彊記多所究知於時婦人

莫能及李敷公孫文叔雖已貴重近世故事有
所不達皆就而諮請焉
勃海封卓妻彭城劉氏女也成婚一夕卓官於
京師後以事伏法劉氏在家忽然夢想知卓之
死哀泣不輟諸婦喻之不止經旬凶問果至遂
憤歎而死時人比之秦嘉妻中書令高允念其
義高而名不著為之詩曰兩儀正位人倫肇甄
愛制夫婦統業承先雖曰異族氣猶自然則
同室終契黃泉其一封生令達卓為時彥內協黃
生淑媛其京野勢殊山川乖互乃奉王命載馳
在路公務既弘私義獲著因媒致幣遘止一暮
率我初冠眷彼弱笄形由禮比情以趣諧忻
願難常影跡易乖悠悠言邁戚戚長懷
險屯橫離塵網伏鎖就刑身分土壤千里雖返
應如影響賢及媛洞感發於夢想
尋嘉好誰謂會淺義深情到畢志守窮哲言不
醮何以驗之殞身是効
人之處世執不厚生

必存於義所重則輕結忽鍾心甘就幽冥永捐
堂宇長辭醉母兄其芒芒中野殯殯孤丘葛藟蒙實
蒙荊棘四周理荀不昧神必俱游異哉貞婦曠
世麻曠其八

奉無寄赤子矇眇血祀孤危所以抱怨於黃壚
但凤心往志不聞於没世矣良痛母老家貧供
病且卒顧謂之曰人生如白駒過隙死不足恨
太守房氏婉順高明灼有烈操年十六而溥遇
鉅鹿魏溥妻常山房氏女也父堪墓容垂貫鄉

〈魏書傳八〉

三 林

耳房垂泣而對曰幸承先人餘訓出事君子義
在自畢有志不從命也夫人在堂稚子襁褓顧
當以身少相感長往之恨俄而溥卒及大斂房
氏操刀割左耳投之棺中仍曰鬼神有知相期
泉壤流血滂然喪者咸皆及懼姑劉氏驚哭
而謂曰新婦何至於此房對曰新婦少年不幸
實慮父母未量至情諒此自誓耳聞知者
不感愴於時子緝生未十旬鞠育於後房之內
未曾出門遂終身不聽絲竹不預坐席緝年十

二房父母仍存於其歸乎父兄尚有異議緝稿
聞之以啟母房命駕給去他行因而遂歸其家
弗知之也行數十里方覺兄弟来追房氏歔而
不反其執意如此訓道二子有母儀焉緝年
交游有名勝者則身具酒饌有不及已者輒舆
六十五而終緝事在序傳緝子悅為濟陰太守
吏民立碑頌德金紫光祿大夫高閭為其文序
云祖母房年在弱笄遭難凤凋仵儸乘其文序

〈魏書傳八〉

四 林

自毀之誠又頌曰爰及處士遘疾凤凋仵儸乘
志識茂行高殘形顯操哲言敦久要誕茲令胤
感刀昭溥未仕而卒故云處士焉
樂部郎胡長命妻張氏事姑王氏甚謹太安中
京師禁酒張以姑老且患私為釀之為有司所
糾王氏詣曹自告曰老病須酒在家私釀其罪
為也張氏曰姑老抱患張主家事姑不知釀其罪
在張王司疑其罪不知所處平原王陸麗以狀
奏聞高宗義而赦之

平原鄃縣女子孫氏男玉者夫為靈縣民所殺
追執讎人男玉欲自殺之其弟止而不聽男玉
曰女人出適以夫為天當親自復雪云何假人
之手遂以杖毆殺之有司以死罪上聞顯祖詔
曰男玉重節輕身以義犯法緣情定罪理在可原
其特恕之

清河房愛親妻崔氏者同郡崔元孫之女性嚴
明高尚歷覽書傳多所聞知子景伯景光崔氏
親授經義學行修明並為當世名士景伯為清
河太守母有疑獄常先請焉貝丘民列子不孝
吏欲案之景伯為之悲傷入白其母母曰吾聞
聞不如見山民未見禮教何足責哉但呼其母
來吾與之同居其子置汝左右令其見汝事吾
或應自改景伯遂召其母崔氏處之於榻與之
共食景伯之溫清其子侍立堂下未及旬日悔
過求還崔氏曰此雖顏慚未知心愧且可置之
凡經二十餘日其子叩頭流血其母涕泣乞還
然後聽之終以孝聞其識度屬物如此竟以壽

魏書傳八十　五　方

涇州貞女兒先氏許嫁彭老生為妻娉幣既畢
未及成禮兒先率行貞淑居貧常自春汲以養
父母老生輒往逼之女曰與君禮命雖畢二門
多故未及相見何由不稟父母擅見陵辱若為
行非禮正可身死耳遂不肯從老生怒而刺殺
之取其衣服女尚能言臨死謂老生曰生身何
罪與君相遇我所以執節自固者寧更有所邀
正欲奉給君耳今反為君所殺若魂靈有知自
當相報言終而絕老生持女珠瓔至其叔宅以
告叔叔曰此是汝婦奈何殺之天不祐汝遂執
送官太和七年有司劾以死罪詔曰老生不仁
侵陵貞淑原其彊暴便可裂之而女守禮履節
沒身不改雖處草萊行合古跡宜賜美名以顯
風操其標墓旌善號曰貞女

姚氏婦楊氏者閹人符承祖姨也家貧無產業
及承祖為文明太后所寵貴親姻皆求利潤唯
楊獨不欲常謂其姊曰姊雖有一時之榮不若

魏書傳八十　六　方

妹有無憂之樂姊每遺其衣服多不受彊與之
則玄我夫家世貧好衣美服則使人不安與之
奴婢則玄我家無食不能供給終不肯受常著
破衣自執勞事時受其衣服多不著密埋之設
有著者污之而後服承祖每見其寒悴深恨其
母謂不供給之乃啓其母曰令承祖一身何所
之少而使姨如是母具以語之承祖乃遣人乘
車往迎之則屬志不起遣人彊昇於車上則大
哭言爾欲殺我也由是符家內外皆號為癡姨

魏書傳八十　七　朱文

及承祖敗有司執其二姨至殿庭一姨致法以
姚氏婦衣裳弊陋特免其罪其識機雖呂頵亦
不過也
榮陽京縣人張洪初妻劉氏年十七夫亡遺腹
生子三歲又没其舅姑年老朝夕奉養率禮無
違兄衿其少寡欲奪而嫁之劉氏自誓言弗許以
終其身
陳留董景起妻張氏景起早亡張時年十六痛
夫少亡哀傷過禮形容毀頓永不沐浴蹤食長

齋又無見息獨守貞操期以闔棺鄉曲高之終
見標異
漁陽太守陽尼妻高氏勃海人學識有文才高
祖敕令入侍後宮幽后表啓乘其辭也
榮陽史映周妻同郡耿氏女年十七適於映周
太和二十三年映周卒耿氏恐父母奪其志因
葬映周哀哭而殞見者莫不悲歎屬大使觀風
以狀具上詔標牓門閭
任城國太妃孟氏鉅鹿人尚書令任城王澄之

魏書傳八十　八　朱子先

母澄為揚州之日率衆出討於後賊帥姜慶具
陰結逆黨襲陷羅城長史韋纘舍卒失圖計無
所出孟乃勒兵登陴先守要便激厲文武安慰
新舊勸以賞罰諭之逆順於是咸有舊志親自
巡守不避矢石賊不能剋卒以全城澄以狀表
聞屬世祖崩事寢靈太后後令曰鴻功盛美實
宜亞之永年乃敕有司樹碑旌美
苟金龍妻劉氏平原人也廷尉少卿劉叔宗之
姊世宗時金龍為梓潼太守郡帶關城戍主蕭

衎遞衆攻圍值金龍疾病不堪部分衆甚危懼
劉遠率廝廐民惰理戰具一夜悉成拒戰百有
餘日兵士死傷過半戌副高景陰圖叛評劉斬
之文其黨與數十人自餘將士分衣減食勞逸
必同莫不畏而懷之井在外城尋爲賊陷將
絕水渴死者多劉乃集諸長幼喻以忠節遂相
率告訴於天俱時號叫俄而澍雨劉命出公私
布絹及至衣服懸之城中絞而取水所有雜器
悉儲之於是人心益固會益州刺史傅賢眼將

魏書傳八十一 九 分

至賊乃退散賢眼歎異具狀奏聞世宗嘉之正
光中賞平昌縣開國子邑二百戶授子慶珍又
得二子出身慶珍卒子純陁龍襲齊受禪爵例降
慶珍弟孚武定末儀同開府司馬

貞孝女宗者趙郡栢仁人趙郡太守李叔胤之
女汜陽盧元禮之妻性至孝聞於州里父卒號
慟幾絕者數四賴母崔氏慰勉之得全三年之
中形骸銷瘠非人扶不起及歸夫氏與母分隔
便飲食日損涕泣不絕日就羸篤盧氏合家慰

喻不解乃遣歸寧還家乃復故如此者八九焉
後元禮卒李追亡撫存禮無違者姑以孝謹
著母崔以神龜元年終於洛陽聞初到舉聲
慟絕一宿乃蘇水漿不入口者六日其姑慮其
不濟親送櫬號就而氣力危殆自汜陽向洛八旬
毀不滅性蓋爲其廢養絕類也李旣非嫡子而
孝不勝哀雖乘俯就而志屬義遠若不加旌異
則無以勸引澆浮可追號曰貞孝女宗易其里

魏書傳八十二 十 方

爲孝德里標李盧二門以惇風俗
河東姚氏女字女勝少喪父無兄弟母
養年六七歲便有孝性人言其父無兄弟而
隣伍異之正光中母死女勝年十五哭泣不絕
聲水漿不入口者數日不勝哀遂死太守崔游
申請爲營葬立碑自爲製文表其門閭比之曹
娥改其里曰上虞里墓在郡城東六里大道北
至今名爲孝女冢

榮陽刀思遵妻魯賀氏女也始笄爲思遵所娉未

踰月而思遵亡其家矜其少寡許嫁已定備嘗
聞之以死自誓言父母不達其志遂經郡訴
氏吝護寡女不使歸寧？魯乃與老姑徒步詣司
徒府皇情狀普泰初有司聞奏廢帝詔曰貞
夫節婦古今同尚可令本司依式標榜
史臣曰闕

列傳列女第八十　　魏書九十二

此傳雖差多於比史·小史然亦不完

【魏書傳九十一】

夫令色巧言矯情飾貌邀眄睞之利射咳唾
之私此蓋苟進之常也故甚者刑身淪子
舐痔嘗癰況乃散金委輸錢漢爵又何怪哉

若夫天地窮尊貴嗜欲所攻聖達其猶病諸中庸
固不能免男女性態其揆斯二代之亡比是
物也據天下之圖持海內之命顧指如意高下
在心此乃夏桀殷紂喪二邦秦母呂雉穢兩國
也魏世王叡幸太和之初鄭儼寵孝昌之季主
幼於前君稚於後乘間宣淫殄無忌畏樹列朋
黨欺塞天聰高祖明聖人神藪仰御之有
術宗社弗墜肅宗不言垂拱潛濟宇方六合淆
然至於隕覆且承顏色竊光寵執紮等秋風氣同

夏日亦何世而不有哉此周且所以誡其朋詩
人是為疾驀小也太宗時王車之徒雖六幸念
皆宣力夷險誠效兼存未如趙脩等出於近習
趨走之地坐擅威刑勢傾都鄙得之非道君子
所以賤之書其變能備禍福之由焉

【魏書傳九十一】

王叡字洛誠自云大原晉陽人也六世祖橫張
軌參軍晉亂子孫因居於武威姑臧父橋字法
生解天文卜筮涼州平入京家貧以術自給歷
仕終於侍御中散天安初卒贈平遠將軍涼州
刺史顯美侯謚曰敬叡少傳父業而姿貌偉麗
恭宗之在東宮見而哥之興安初擢為太卜中
散稍遷為令領太史承明元年文明太后臨朝
叡因緣見幸超遷給事中俄而為散騎常侍侍
中吏部尚書賜爵太原公於是內參機密外豫
政事愛寵日隆朝士懾焉太和二年高祖及
文明太后率百僚與諸方客臨虎圈有逸虎登
門閣道幾至御座左右侍御皆驚靡叡獨執戟
御之虎乃退去故親任轉重三年春詔叡與東

陽王丕同入八議永受復除四年遷尚書令封
爵中山王加鎮東大將軍置王官二十二人中
書侍郎鄭羲為傅郎中令以下皆當時名士又
拜叡妻丁氏為妃及沙門法秀謀逆事發多所
牽引叡曰與其殺不辜寧赦有罪宜其永斷首惡
餘從叡疑赦曰與其殺不辜寧赦有罪宜其莫能知率
叡出入帷幄太后密賜珍玩繒綵人莫能知率
常以夜帷車載往閹官防致前後巨萬不可勝
數加以田園奴婢牛馬雜畜並盡良美大臣又

【魏書傳七十一】 三 林

左右因是以受賚錫外示不私所費又以萬計
及疾病高祖太后每親視疾侍官省問相望於
道又疾篤上疏曰臣聞忠於事君者節義著於
臨終孝敬志景行臣荷天地覆載之恩蒙大造
不忘全蜀之計曾參疾其情存善言之益雖則
庸昧敢忘於本親者淳誠表於存沒故孔明卒軍
成之德漸風訓於華年服道教於弱冠濯纓清
朝垂周三紀受先帝非分之眷叨豎下殊常之
寵遂乃齊跡功舊內侍幃幄爵列諸王位班上

等從容聞事與知國政誠思竭盡力命以報所
受不謂事與心違忽嬰重疾彌屈輿親臨問
之榮泠生平惠流身後大馬之誠銜愍終日仰恃
所病遂篤憂慮必不起延首闕庭鯁戀終日仰恃
皇造宿眷之隆敢陳愚昧管窺之見臣聞為治
之要其略有五一者慎刑罰二者任賢能三者
親忠信四者遠讒佞五者行黜陟親忠信則
姦宄息賢能用則功績著親忠信則視聽審遠
讒佞則疑間絕黜陟行則貪叨改是以欽恤惟

【魏書傳七十一】 四 林

刑載在唐典知人則哲唯帝所難周書垂好德
之文漢史列防姦之論考省幽明先王大典又
八表既廣遠近事殊撫荒裔宜待之以寬信綏
舊伺宜惠之以明簡哀恤孤獨賑施困窮錄功
政餘暇賜賚垂覽察使子囊之誠重申於當世
華甸宜寬小罪輕徭役薄賦斂修福業禁淫祀願聽
明之志獲用於明時晏駕時年四十八高祖文
陛之志獲臨哀慟賜溫明祕器石昌公王遇監
護喪事贈衛大將軍太宰并州牧諡曰宣王內

侍長董醜奴營墳冢墓將葬於城東高祖登城樓
以望之京都文士為作哀詩及誄者百餘人乃
詔為叡立祀於都南二十里大道右起廟以時
祭薦并立碑銘置守祀五家又詔褒叡圖其捍
虎狀於諸殿命高允為之讚京都士女詔稱叡
美造新聲絃歌之名曰中山王樂詔班樂府
合樂奏之初叡女妻李沖兄子延寶次女又適
趙國李恢子華女妻李沖兄子延寶次女於
如公主王女之儀太后親御太華殿臨其女於
別帳叡與張祐侍坐叡所親及兩李家支夫婦
人列於東西廊下及車引太后送過中路時人
竊謂天子太后嫁女叡之葬也假親姻義舊
衰絰縞冠送喪者十餘人皆舉聲慟泣以要榮
利時謂之義孝叡既貴移以并州郡縣尨後重
移蜀焉故其兄弟封爵移以并州郡縣儀同三
贈叡父橋侍中征西將軍左光祿大夫儀同三
司武威王諡曰定追策叡母賈氏為妃立碑於
墓左父子並葬城東相去里餘遷洛後更從葬

太原晉陽
子叡襲字元孫年十四以父任權為中散仍摠中
部叡薨高祖詔龍襲代領都曹為尚書令領吏部
曹中部如其舊品職後典承龍襲文明太后少
曹尚書曹寮之首民所具瞻龍襲年少智未
周其都曹尚書令可權記使開習政事後用不
晚終太后寵念如初禮遇稍薄不復關與
崩後襲仍在高祖左右龍襲爵例降為公太后
時事父之出名為鎮西將軍秦州刺史又轉并州
刺史十七年興駕詔諭洛路幸其治供帳粗辦
內清靜高祖頗嘉之而民庶多為立銘置于大
路盧相稱美或曰龍襲所教也高祖聞而門之對
不以實因是頗被責讓尚書奏免其官詔唯降
號二等二十年以事為中尉所糾會赦免語在
常景傳景明二年卒贈平南將軍豫州刺史諡
曰質
子忻龍襲嗣為大尉汝南王悅記室參軍建義初
河陰遇害贈散騎常侍安北將軍肆州刺史諡

子子暄龔爵武定末齊州驃騎府功曹參軍齊

受禪例降

忻弟諶字永安龍驤將軍并州刺史

遇害贈撫軍將軍并州刺史

子希雲舉秀才早亡

諶弟殖字永興司空城局參軍

殖弟永業司空參軍事

子祖幹司徒行參軍并州刺史

初拜中散出為太原太守加鎮遠將軍坐事免

憂去職後除羽林監謁者僕射母喪解任正始

襲弟椿字元壽少以父任拜祕書中散尋以父

椿僮僕千餘園宅華廣聲妓自適無乏於時或

有勸椿仕者椿笑而不荅雅有巧思凡所營製

可為後法由是正光中又將營明堂辟雍欲

徵椿為將作大匠椿聞而以疾固辭孝昌中介

朱榮既據并肆以汾州胡逆表加椿征虜將軍

都督尉勞汾胡汾胡與椿比州服其聲望所在

降下事寧授右將軍太原太守以預莊帝之

勞封遼陽縣開國子食邑三百戶尋轉封真定

縣開國侯食邑七百戶除持節本將軍華州刺

史尋轉使持節散騎常侍殷州行冀州事尋除使

持節散騎常侍車騎將軍瀛州刺史時有風雹

之災詔書廣訪讜言椿乃上疏曰伏奉詔書以

風雹厲威上動天睠訪讜辭於百辟詔興誦於

四海宸衷懇切備在絲綸祇承惶感心焉靡屆

伏惟陛下啟籙應期馭育萬物承緒旒之艱運

纂纖絲之危緒忘餐日旲求衣未明俾上帝下

臨愍茲茶蓼永濟溝壑而滄浪降戾作害中秋

上帝昭臨義我不虛變竊惟風為號令皇天所以

示威雹者氣激陰陽有所交諍殆行令殊節舒

急失中之所致也昔澍雨千里寔緣敎祀之誠

炎精三合寧非善言之力讜不空發徵豈謬應

誰謂蓋高實符人事伏願陛下留心曲覽垂神

遠察禮賢登士博舉審官擢申滯怨振窮省役

使夫滋水役川之產車居朝右儀表丹青之位
未或虛加圍土絕五毒之民揆日息千門之費
嚴嚴廊署無不遇之士忪忪憚獨荷酒帛之
恩則物見昭蘇人知休泰徐奏薰風之西無論
鴻鴈之歌豈不天人幸甚覿神咸抃椿性嚴察
下不容姦所在使民畏之重足天平未更滿
世皆呼為王太原宅椿往為本郡

【魏書列十一】 九 中

云此八太原王宅豈是王太原宅椿居椿之宅榮
還鄉初椿於宅構起聽事極為高壯時人忽
在人士輻湊椿禮敬親知夕夕所拯接後以老
州軍事驃騎大將軍尚書左僕射太尉公薨州
刺史謚曰文恭及葬齊獻武王親自弔送椿
年春卒時年六十二贈使持節都督冀瀛二
病遂辭疾客居趙郡之西鯉魚祠山興和二
妻鉅鹿魏悅之次女明達有遠操多識往行
前言隨夫在華州兄子建在洛遇患聞而星夜馳
赴膚容虧損親類歡尚之尒朱榮妻北鄉郡長

公主深所禮敬永安中詔以為南和縣君內足
於財不以華飾為意撫兄子收情同己子存拯
親類所在周洽椿名位終始魏有力焉元象中
卒贈鉅鹿郡君椿無子以兄孫叔明為後
叔明太尉參軍事儀同開府祭酒死於晉陽無
子以弟子暄子為後
覈弟諶字厚誠為給事中安南將軍祠部尚書
賜爵上黨公加散騎常侍領太史事例降為侯
遷太常卿出為持節安東將軍兗州刺史還除

【魏書列八十一】 十

光祿大夫卒於官贈帛五十四
子翔字元鳳少以聰敏循良詔充內侍自太和
初與李沖等奏決庶事迄于十六年賞賜前後
累千万是時政事多決於文明太后后好細察
而翔恭謹慎密甚被知任遷洛兼給事黃門侍
郎尚書貳左丞襲爵遷輔國將軍太府少卿出為
濟州刺史卒贈大將軍肆州刺史子超襲
超字和善奉朝請并州治中超愛好人物輕財
重義性豪華能自奉養母食必窮水陸之味年

三十四　卒

子景覽龍襲武定中衛將軍右光祿大夫齊受禪
例降

景覽弟景招開府集曹參軍

超弟穆子思泰元象中上黨太守卒

穆弟綽字思和員外散騎侍郎上黨王天穆以
為此道行臺郎中尒朱榮代天穆為大行臺仍
為吏部郎以預奉莊帝之勳封猗氏縣開國侯
邑五百戶永安末除征西將軍齊州刺史不之
卒

綽弟癸司徒中兵參軍

任元曄立轉除驃騎大將軍并州刺史興和中
卒

譙弟魏誠為東宮學生拜給事中賜爵例降為伯
加龍驤將軍卒贈安南將軍冀州刺史諡曰恭
子靜字元安少有公幹拜中散龍驤爵例降為伯
除員外郎羽林監兼尚書郎以明法除廷尉評
轉游擊將軍加冠軍將軍歧州刺史趙郡王諡
虜害城民怨叛詔靜以駟慰喻咸即降下以奉

一五八　魏書傳八十一　十一　俞信

使稱旨賜帛五百四除趙郡太守以母老固辭
不拜又授征虜將軍廷尉少卿有當官之稱坐
公事左遷中散大夫以母憂去職孝昌初詔兼
廷尉卿尋行定州事並固辭不起二年夏除長
兼廷尉卿尋行定州事至冬病卒年五十七贈
撫軍將軍并州刺史諡曰貞無子以從子伯豫
為後

伯豫龍襲爵武定中冀州開府錄事參軍齊受
禪例降

魏誠弟亮字平誠承明初擢為中散告沙門法
秀反遷冠軍將軍賜爵永寧侯加給事中出
為安西將軍泰州刺史後轉陝州刺史坐事免
卒於家

亮子洪壽早卒

子元景正光中許復先爵降為伯卒無子

洪壽弟凝字安壽除奉朝請稍遷中散大夫
以疾歸鄉里遂移居上黨年七十一卒

子夷字景預有文才少工詩詠知名於世未官

一百四十　魏書傳八十一　十二　吳祥

而卒

叡叔隆保冠軍將軍姑臧侯卒追贈安東將軍
并州刺史鉅鹿公諡曰靖

王仲興趙郡南欒人也父天德起自細微至殿
中尚書仲興幼而端謹以父任早給事中出入禁
內十餘年轉冗從折衝將軍屯騎校尉又命率千
征新野有功除武衛將軍越騎校尉賜帛
餘騎破賊於鄧城除振威將軍越騎校尉

千四　高祖於馬圈自不豫大漸迄於崩仲興頗
預侍護達曾陽世宗即位轉左中郎將仍齋帥
及帝親政與趙脩並見寵任遷光祿大夫領武
衛將軍仲興雖與脩並而畏慎自退不若脩為
倨傲無禮咸陽王禧之出亦命也當時上下微為
駭震世宗為於乾脯山追仲興馳入金墉城安慰
後與領軍千勁共參機要因自理馬圈侍疾及
入金墉之功乞同元賞遂封上黨郡開國公食
邑二千戶自拜武衛及受封之日車駕每臨饗

其宅世宗游幸從仲興常侍從事不離左右外事得
徑以聞百寮亦從體而承望焉兄可以仲興得
故自散尉為徐州征虜府長史帶彭城太守為
雍州大中正尚書後以仲興開國公賞報過優
興居趙郡自以寒微去舊出京兆霸城故為
北海王詳嘗面啟奏請減事父不決可父在
徐州恃仲興寵執力輕每司馬梁郡太守李長壽
遂至忿諍彭城諸沙門共相和解未幾復有所
競可父乃令僮僕邀歐長壽遂折其脅州以表
聞北海王詳因百僚朝集屬色大言曰徐州名
藩先帝所重朝廷云何簡用上佐遂令致此紛
紜以徹荒外豈不為國醜辱世衆亦莫有應者
仲興是後漸踈不得徑入左右世宗乃下詔奪
其封邑出除平北將軍并州刺史州卒贈安東
軍青州刺史

寇猛上谷人也祖父平城猛少以姿幹充虎賁
稍遷羽林中郎從高祖征南陽以擊賊不進免
官世宗踐位復敘用愛其旅力置之左右為千

牛備身歷轉遂至武衞將軍出入禁中無所
拘忌自以上谷寇氏得補燕州大中正而不能
甄別士庶世家漸富侈宅宇高華妾隸充溢微
榮弟姪然不及茹皓仲興也卒贈平北將軍燕
州刺史

趙脩字景業趙郡房子人父惠安後名諡都曹
史積勞補陽武令脩貴追贈威烈將軍本郡太
守及卒復贈龍驤將軍定州刺史脩本給事東
宮爲白衣左右頗有幹力世宗踐阼仍充禁侍

散騎常侍鎮東將軍光祿卿每受除設宴召世宗
親幸其宅諸王公卿士百寮雖比海王詳廣陽
王嘉等皆亦不免必致困亂每適郊廟脩常驂
陪出入華林恆乘馬至于禁內咸陽王禧誅其
家財貨多賜高肇及脩脩之葬父也百寮自王
公以下無不弔祭酒犧奠之具填塞門街於

京師爲制碑銘石獸石柱皆發民車牛傳致本
縣財用之費悉自公家凶吉車乘將百兩道路
供給亦皆出官時將馬射世宗留脩過之帝如
射宮脩又驟乘輶車疏竿觸東門而折脩恐不
逮葬日驛赴愆期左右求從及特遣者數十人
脩道路嬉戲殆無感容或與賞客軒掠婦女保
觀從者喧嗷喧譁訡詈無節莫不畏而惡之是
年又爲脩廣增宅舍多所并兼洞門高堂房廡
周博崇麗擬於諸王其四面隣居賂入其地者

或諷糾其罪目其葬父還也舊寵龍小薄初王顯
暴致三貴奢懈無禮物情所疾因其在外左右
祗附於脩後因忿閱密伺其過後愆名列脩葬父辭
過短都不愜防顯積其前後規陷裁之而脩
路中淫亂又去與長安人趙僧攔謀匿玉
印事高肇甄琛等構成其罪乃密以聞始琛
及李馮等曲事於脩無所不至懼相連及爭共
糾摘助攻治之遂乃詔曰小人難育朽棘不彫

民惡不悛當容撫養散騎常侍鎮東將軍領屋
左右趙脩昔在東朝選充臺皂幼所經見長難
遺之故簑業之初仍引西禁雖地微器隨非所
宜採然識早念生遂陞名級自蒙洗濯兒昏日
甚驟安荐憍恩加輕慢不識人倫之體不悟深
淺之方陵獵王侯輕卑卿相葬父侈暴繼聞居
接謳氣豪心仍懷鄙塞比聽矯託與雍
京造宅殘虐旅陰相傳納許受玉印不軌不物
州人趙僧擽等形勢妾生矯託與雍

三〇三十 【魏書傳八十一】 十七 陳

日月滋甚朕猶愍其宿隸每加覆護而擅威弄
勢倏張不已法家耳目並求憲網雖欲捨之辟
實難爽然楚履墜江君徘徊鍾牛一聲東向
政蒙脩雖小人承侍在昔極辟之奏欲加未忍
可鞭之一百徙敢煌為兵其家宅作徒即御傅
罷所親在內者悉令出禁朕眛於處物育茲
虎顧尋往謟有愧臣民便可時勑申沒以謝朝
野是日脩詣領軍于勁第與之樗蒲籌未及
畢而羽林數人相續而至稱詔呼之脩驚起隨

出路中執引脩馬詣領軍府琛與顯監決其罰
先具問事有力者五人更迭鞭之占令必死旨
決百鞭其實肥壯腰背博碩堪忍楚
毒了不轉動鞭訖即召驛馬促之令發出城西門
不自勝舉練置奮中急驅馳之其毋妻追隨不
得與語行八十里乃死初于后之入脩之母也
死後領軍于勁猶追感舊意經恤其家自餘朝
士昔相宗承舊兵人也父讓之本名要隨劉駿
茹皓字禽奇舊兵人也父讓之本名要隨劉駿

三〇三十一 【魏書傳八十一】 十八 子威

巴陵王休若為將至彭城是時南土飢亂遠寓
居淮陽上黨皓年十五六為縣金曹吏更有姿
見謹惠南徐州刺史沈陵見而善之自隨入洛
陽舉充高祖白衣左右世宗踐祚皓侍直禁中
稍被寵接世當拜山陵路中欲引與同車皓
奮衣舉賫日隆又以馬圈之勞當擬補負外將
軍時趙脩亦被幸姤害之求出皓為外守皓亦
政皓衣將昇黃門侍郎元匡切諫乃止及世宗親
慮見危禍不樂內官遂超授濮陽太守加廣威

將軍其父因皓訟理舊勳先除兗州陽平太守
賜以子爵父子剖符名邦郡境相接皓忻然於
去內不以踈外為感及趙脩等敗竟獲全免雖
起微細為守乃清簡寡事世宗幸鄴講武皓啟
求朝趨自本出鴈門鴈門直閣寵待如前皓因
既官趨解郡授左中郎將領直閣寵待如前皓
於司徒達自本出鴈門大中正府省以聞詔特依
許遷驍騎將軍領華林諸作皓性微工巧多所
興立為山於天淵池西採掘北邙及南山佳石

徙竹汝潁羅蔣其間經構樓館列於上下樹草
栽木頗有野致世宗心悅之以時臨幸遷冠軍
將軍仍驍騎將軍皓貴寵日升闕與政事大傳
北海王詳以下咸祗憚附之（皓弟年尚二十擢
補貞外郎皓娶僕射高肇從妹皓又為弟聘安
豐王延明妹延明恥非舊流不許詳以馬物
迎納之日詳詣之禮以馬物皓又為弟聘安
欲覓官職如何不與如皓婚姻也延明乃從焉
皓頗敏慧折節下人而潛自經營陰有納受貲

產盈積起宅官西朝貴弗之及也是時世宗雖
親萬務皓率常居內留宿不還傳可門下奏事
未幾轉光祿少卿意殊不巳方欲陳馬圈從先
帝之勞更希進舉初脩皓之寵北海王詳肖附
納之又直閤將軍劉冑本為詳所薦所規常規辜
密相承望皓等交關往來高肇素疾諸王常規辜
既知詳與皓等交關世宗乃召中尉崔亮令奏皓事即日執
將有異謀世宗乃召中尉崔亮令奏皓事即日執
賢陳掃靜四人擅勢納賄及私亂諸事即日執
妻陳被緩出堂哭而迎皓皓徑入哭別食椒而死
皓等皆詣南臺翌日奏處罪其晚就家殺之皓
子姪徙邊

子姪徙邊

冑字元孫河間人始為北海王詳所舉六輔時
出守本郡與皓俱起鄴宮講武亦自乞留至洛
父不敘用詳又為啟晚乃拜將軍直閤
奉賢起於王馬世宗初好騎乘因是獲寵位至
殿中將軍司樂丞仍王厩閑與姑皓通知庶事

勢望漸隆，引其兄爲朝請、直寢，娶武昌王鑒妹。季賢又將娶洛州刺史元拔女，並結託帝戚以爲榮援去。

掃靜、徐義恭並彭城舊營人。掃靜能爲世宗典櫛梳，義恭晝皆執衣服，並以巧便旦夕居中愛幸。相伴官敘不異。掃靜妻義恭姊也，情相遺薄，室家不諧，義恭恒忿恨之，親經世宗訴其欺侮。世宗以其左右兩護之，二人皆承奉如皓，亦並加接。春而掃靜偏爲親密，與皓常在左右，略不歸。

宗不豫，義恭又有淫宴，多在其宅爲覺察次。語皓等死後，彌見幸信，左右典掌祕密。世休皓敗，掃靜亦死於家。義恭小心謹愼，謙退少義恭詔附元义，又歷內外顯職，武定御出爲東泰州刺史，建義後歷，初卒於驃騎大將軍、左光祿大夫。

趙邕，字令和，自云南陽人。潔白明皙，眉曉了，恭敏。司空本沖之貴寵也，邕以少年端謹，出入其家，頗給按磨奔走之役，沖亦深加接念，令與諸

子遊處人有束帶謁於沖者，時託之以自通。高祖太和中，給事中、左右至殿中監。世宗即位及親政，猶居本任微，與趙脩結爲宗援，然亦不甚相附也。邕稍遷至殿中將軍，猶帶監職。邕父怡，太和中歷郢州刺史、大中正，出除征虜將軍、荆州刺史。怡乃致其母喪，葬於宛城之南趙氏舊塋，以老乞解州任，遷拜光祿大夫，轉金紫光祿，卒，贈鎮東將軍、相州刺史。世宗每出入郊廟，邕恒以

常侍、侍中陪乘，而邕兼奉車都尉執轡同載。時人竊論，號爲二趙。以趙出南陽，從屬荆，邕轉給事中、南陽中正。以父爲荆州大中正，以復爲荆州兼散騎侍郎，領左右直長，出入禁中，邕乃罷轉長大中正。邕弟尚中書舍人，出除南陽太守。怡辭荆州也，尚求解郡，與父俱還，未至京師，迎除步兵校尉。邕祖嶽舊葬代京，喪自平城還葬南陽，贈平遠將軍、青州刺史。世宗崩，邕兼給事黃門，俄轉太府卿，出除平北將軍、幽州刺史。在州貪

縱與范陽盧氏為婚女父早云其叔許之而母
不從毋北平陽氏攜女至家藏避規免邑乃拷
掠陽叔遂至於死陽氏訴冤臺遣中散大夫孫
景安研檢事狀邕坐處死會赦得免猶當除名
自理經年臨淮王彧時為廷尉久不斷決孝昌
初卒

侯剛字乾之河南洛陽人其先代人也本出寒
微少以善於鼎俎進飪出入久之拜中散累遷
冗從僕射嘗食典御世宗以其質直賜名剛焉
稍遷奉車都尉右中郎將領刀劍左右加游擊
將軍城門校尉遷武衛將軍仍領典御又加通
直散騎常侍詔曰太和之季蟻寇侵疆先皇於
不豫之中命師出討撫戎暴露觸御乖和朕屬
當監國弗獲隨侍而左右服事唯藉忠勤剛以
違和之中辛勤餼遠錄誠宜先推敘其以
剛為右衛大將軍後領太子中庶子世宗崩剛
與侍中崔光迎肅宗於東宮尋除衛尉卿封武
陽縣開國侯邑千二百戶俄為侍中撫軍將軍

恒州大中正遷衛將軍表讓侍中詔不許進爵
為公以給侍之勞加賞散伯熙平初除左衛將
軍餘官如故侍中游肇出為相州剛言於靈太
后曰昔高氏擅權游肇抗衡不屈先帝所知四
海同見而出牧一藩未盡其美宜還引入以輔
聖主太后善之剛寵任既隆江陽王繼尚書長
孫稚皆以女妻其子司空任城王澄以其起由
膳宰頗竊侮之云此近為我舉食然公坐對集
敬遇不虧後剛坐掠殺試射羽林為御史中尉
元匡所彈廷尉處剛大辟尚書令任城王澄為
之言於靈太后侯剛歷仕前朝事有可取纖芥
之疵未宜便致於法靈太后乃引見廷尉卿裴
延儁少卿袁翻於宣光殿問曰剛因公事掠人
致死律文不坐卿處其大辟音何所依翻對
曰案律邂逅近不坐者謂情理已露而隱避不
引必須筆捷取其款言謂過撾以理之類至於
此人問則具首正宜依犯結案不應橫加筆扑
兼剛已唱打殺搞築非理本有殺心事非避近

處之大辟未乖憲典太后曰卿等且還當別有
判於是令廷尉執處侯剛既於法如猛
在爲公未宜便依所執但輕勤民命理無全捨
可削封三百戶解尚衣典御歷兩都三帝二太后
剛自太和進食典御爲失意
將三十年至此始解未幾加散騎常侍御史中
尉元匡之廢也大后訪代匡者剛爲太傅清河
王懌所舉遂除車騎將軍領御史中尉常侍衞
尉如故及領軍元匡執政擅權樹結親黨剛長

子叉之妹夫乃引剛爲侍中左衞將軍選領尚
食典御以爲枝援俄加車騎大將軍領左右復
前削之封尋加儀同復領御史中尉剛啓軍旅
稍與國用不足求以封邑俸粟賑給征人蕭宗
許之孝昌元年除領軍餘官如故初元叉之解
領軍也靈太后以叉腹心尚多恐難卒制故權
以剛代之示安其意尋出爲散騎常侍會冀州刺
史將軍儀同三司剛行在道詔曰剛因緣時會
恩隆自久擢於凡品越異顯爵徍以微勤賞同

利建寵靈之極超絕夷等寘無大馬識王之誠
方懷梟鏡返噬之志與權臣元叉婚姻朋黨厤
違典制長直禁中一出一入爲姦防又與劉
騰共爲心膂間隔二宮逼脅内外且位居綰憲
科察是司宜立格言勢同鷹犬方嚴楚捷拄服
貞良專恣凶威可征虜將軍餘悉削黜剛終于
家永安中贈司徒公

附下罔上事彰幽顯莫以直爲曲不忠不道深
之科理宜貶黜奪可征虜將軍餘悉削黜爵

剛長子詳自奉朝請稍遷通直散騎侍郎冠軍
將軍王衣都統剛以上谷先有俟氏於是始家
焉正光中又請以詳爲燕州刺史將軍如故欲
爲家世之基尋進後將軍五年拜司徒左長史
領嘗藥典御出燕州大中正興和中驃騎將軍
州刺史還朝久而卒

鄭儼于奏斧銊滎陽久容兒壯麗初爲司徒胡圖
珍行象軍因緣爲靈太后所幸時人未之知也
還員外散騎侍郎直後靈太后發薨蕭賢寅西征

以儼爲開府屬孝昌初太后反政儼請使還朝
復見寵待拜諫議大夫中書舍人領嘗食典御
書夜禁中寵愛尤甚儼每休沐太后常遣閹竪
隨侍儼見其妻唯得言家事而巳與徐紇俱爲
舍人儼以紇有智數仗爲謀主紇以儼寵幸旣
盛傾身承接共相表裏勢動内外城陽王徽微
與之合當時政令歸於儼等遷通直郎散騎常
侍平東將軍武衞將軍華林都將右衞將軍散
騎常侍中軍將軍中書令車騎將軍散常侍
如故肅宗崩事出倉卒天下咸言儼計也尒朱
榮舉兵向洛以儼紇爲辭榮過京師儼走歸鄉
里儼從兄仲明先爲滎陽太守至是儼與仲明
欲據郡起衆尋爲其部下所殺與仲明俱傳首
洛陽
子文寬從出帝歿關西
徐紇字武伯樂安博昌人也家世寒微紇少好
學有名理頻以文詞見稱蔡孝廉對策上第高
祖拔爲主書世宗初除中書舍人詔附趙脩遷

通直散騎侍郎及脩誅坐黨徙袍罕雖在徒役
志氣不撓故事捉逃役流兵五人流者聽免紇
以此得還久之復除中書舍人太傅清河王懌
又以文翰待之及領軍元又之害懌也出爲鴈
門太守紇稱毋老解郡還鄉里靈太后反政以
紇爲從事中郎尋以母憂歸鄉至家未幾入洛
紇嘗爲懌所顧待復起爲中書舍人紇又曲事
鄭儼是以特被信任俄遷給事黃門侍郎仍領
舍人揔攝中書門下之事軍國詔命莫不由之
時有急速之令數交執筆或行或卧人別占之
次俱成不失事理雖無雅裁亦可通情時黃門
侍郎太原王遵業琅雅王誦並稱文學亦不免
爲紇秉筆求其指授尋加鎮南將軍金紫光祿
大夫黃門舍人如故紇機辯有智數當公斷決
終日不以爲勞長直禁中略無休息時復
與沙門講論或分宵達曙而心力無怠道俗歎
服之然性浮動慕權利外似謇正内實諂諛時

家勝已必相陵駕書生負士矯意禮之其詭態
若此有識鄙薄焉旣虨腹心參斷機密勢傾
一時遠近填湊與鄭儼本神軌寵任相亞時稱
徐鄭焉然無經國大體好行小數詭說靈太后以
鐵券間余朱榮左右榮知深以為憾啟求誅之
榮將入洛旣剋河梁矯詔夜開殿門取驛驄
御馬十匹東走兗州紀弟獻伯為比海太守
獻伯弟季彥先為青州長史紀使人告之亦將
家南走羊侃時為太山太守紀往投之說侃令
舉兵侃從之遂聚兵反共紀圍兗州孝莊初遣
待中于暉為行臺與齊獻武王督諸軍討之紀
慮不免說侃請乞師於蕭衍侃信之遂奔衍文
筆駮論數十卷多有遺落時或存於世焉

史臣曰　[闕]

列傳第八十一　　　魏書九十三

宗愛　仇洛齊

叚霸　王琚

趙黑　孫小

張宗之　劇鵬

張祐　抱嶷

王遇　符承祖

王質　李堅

秦松　白整

劉騰　賈粲

楊範　成軌

王溫　孟鸞

平季　封津

劉思逸

〈魏書列八十二〉　一

天成

夫宮腐之族，置於閤寺，取則天象，事歷百王，身

班全品，任事宮掖，親由褻狎，恩生趨走便僻，俯

仰當寵擅權，斯則伊戾豎刁，因而禍兩國，石顯

張讓所以翦二京也，豈非形質既虧，生命易忽

壁言之胥靡不懼登高，此示苟且之事，由斃不已

也，王者殺臨宣啟往轍，而後庭婉變遊宴之地

椒壺留連，終見任使巧佞，由之而自達權幸，俄

然而復歸，斯帝蓋其由來遠矣，非一朝一世也，魏

氏則宗愛殺帝害王，劉騰廢后弒相，其閹竊官

爵盜財賄乘勢使氣，為朝野之患者，何可勝舉

今謹錄其尤顯焉

〈魏書列八十二〉　二　陳

宗愛不知其所由來，以罪為閹人，歷碎職至中

常侍。正平元年正月，世祖大會於江上，班賞羣

臣，以愛為秦郡公。恭宗之監國也，每事精察，愛

天性險暴，行多非法。恭宗每銜之。給事仇尼道

盛侍郎任平城等任事東宮，徵為權勢，世祖頗

聞之。二人與愛並不睦，為懼道盛等案其事，遂

構告其罪，詔斬道盛等於都街。時世祖震怒，恭

宗遂以憂薨。是後世祖追悼恭宗，愛懼誅，遂謀

逆。二年春，世祖暴崩，愛所為也。尚書左僕射蘭

延侍中吳興公和疋侍中太原公薛提等祕不

發喪。延定二人議以高宗沖幼，欲立長子徵秦

王翰置之祕室提以高宗有世嫡之重不可廢
所宜立而更求君延等猶豫未決愛知其謀始
愛負罪於東宮而與吳王余素惕乃密迎余自
中宮便門入矯皇后令徵延等以愛素賤
弗之疑皆隨之入愛先使閹賢三十人持仗於
殺之於永巷而立余以愛為大司馬大將軍
宮內及延等入以次收縛斬於殿堂執秦王翰
太師都督中外諸軍事領中祕書封馮翊王愛
既立余位居元輔錄三省兼摠戎禁坐召公卿

權恣日甚內外憚之羣情咸以為愛必有趙高
閹樂之禍余疑之遂謀奪其權愛憤怒使小
黃門賈周等夜殺余事在余傳高宗立誅愛
周等皆具五刑夷三族

仇洛齊中山人本姓侯氏外祖父仇款始出馮
翊重泉款石虎末徙鄴南枋頭仕慕容暐為烏
九護軍長水校尉生三子長曰萬小曰騰萬仕
慕容垂遷居中山位殿中侍御史萬有二子長
曰廣小曰盆洛齊生而非男嘗養為子因為之

姓仇初萬長女有姿色充冊閹宮閹閹破入慕
容儁又轉賜盧豚生子魯元有寵於世祖而知
外祖萬已死唯有三舅每言於世祖世祖為訪
其舅是時東方罕有仕者廣盆真不樂又兄弟
洛齊獨請行曰我當赴京曾元候知將至結從者
百餘騎迎于桑乾河見而下拜從余者亦同致敬
入言于世祖世祖問其子用所宜將授之以官
魯元曰臣舅男不幸生為閹人道不全當為兄弟

閹耳而不言其養于世祖矜焉賜以奴馬引見
尋拜武衛將軍俄而賜爵文安子稍遷給事黃
門侍郎魏初禁網疏闊民戶隱匿漏脫者多東
州既平綾羅戶民樂葵因是請採漏戶供為編
綿自後逃戶占為細繭羅殺者非一於是雜營
戶帥遍於天下不屬守宰發賦輕易民多私附
戶口錯亂不可檢括洛齊奏議罷之一屬郡縣
從平涼州以功超遷散騎常侍又加中書令嘗
南將軍進爵寰陵公拜侍中平遠將軍冀州刺

史為內都大官興安二年卒諡曰康

養子儼襲龍柔和敦敏有長者風太和中為虎牢
鎮將初洛齋貴盛之後廣盆坐他事誅世祖以
其非仇氏子不與焉還取侯家近屬以儼為子
後欲還本而廣有女孫配南安王楨生章武王
彬即中山王英弟也仇妃聞而請儼曰由我仇
家富貴至此奈何一旦孤背恩養也禎時在內
都主司品臣儼隸於楨畏憚之遂不敢九年
卒論曰靜

州主簿
善營產業家于中山乾慕容垂廣武令太祖初
子振襲稍遷至中堅將軍長水校尉廣盆並
霸鷹門原平人父乾慕容垂廣武令霸年幼見執因被宮刑乾尋
騰曾孫儁位至龍驤將軍驍騎將軍樂平男
段部歸化墨中霸少以謹敏見知稍遷至中
遣騎略地至鷹門
率鄉部歸化墨中尚書
常侍中護軍將軍殿中尚書領壽安少府賜爵
武陵公出為安東將軍定州刺史世祖親考內

外大明黜陟前定州治中張渾屯告霸前在定
州濁貨賕藏便道致財歸之鄉里召霸定對
霸不首引世祖以霸近臣而不盡實由此益怒
欲斬之恭宗進請遂免霸近霸為庶人
霸從弟榮雍州別駕兄弟諸從遂世居廣武城
修飾有士風

王琚高平人自云本太原人高祖始晉豫州刺
史琚以泰常中被刑入宮禁小心守節父乃見
敘用琚稍遷為禮部尚書賜爵廣平公加寧南將
軍高祖以琚歷奉先朝志在公正授散騎常侍
後為侍中征南將軍冀州刺史假廣平王徵還
進為征南將軍爵高平王侍中如故遣還冀
州高祖文明太后東巡冀州親幸其家存問周
至還京以其年老拜散騎常侍養老於家前
後賜以車馬衣服雜物不可稱計後降爵為公
扶老自平城從遷洛邑高祖以其朝舊遷左右
勞問之琚附表自陳初至家多多蒙賜帛二百
匹常飲牛乳色如處子太和二十年冬卒時年九

養子寄生未龍襄而已

子蓋海襲祖琚爵初琚年七十餘賜得世祖時

宮人郭氏本鍾離人明嚴有毋德內外婦孫百

口奉之蕭若嚴君家內以治蓋海官至青州樂

陵太守

趙黑字文靜初名海本涼州隸戶自云其先河

內溫人也五世祖術晉末為平遠將軍西夷校

尉因居酒泉安彌縣海生而涼州平沒入為閹

人因改名為黑有容貌恭謹小心世祖使進御

膳出入承奉初無過行遷侍御典藏拜安遠

將軍賜爵雎陽侯轉選部尚書能自謹慎當官

任舉願得其人加侍中進爵河內公顯祖將傳

位京兆王子推訪諸羣臣百官唯唯莫敢先言

者唯源賀等詞義正直不肯奉詔顯祖怒變色

復以問黑黑曰臣愚無識信情率意伏惟陛下

春秋始富如日方中天下說其盛明萬物懷其

光景元元之心願終萬歲若聖性淵遠欲頤神

魏傳八十二 七 何澤

味道者臣黑以死奉戴皇太子不知其佗顯祖

默然良久遂傳祚于高祖黑得幸兩宮祿賜優

厚是時尚書李訢亦有寵於顯祖顯祖黑對縮選

部訢奏中書侍郎崔臨為東徐州北部丞書郎

公孫處顯為荊州選部監與公孫邃爭於殿

有能也實有私為黑疾其贓亂選體邃爭於殿

庭曰以功授官因爵頤祿國之常典中書侍郎

尚書主書郎諸曹監動能俱立不過列郡今訢

皆用為万州臣實為感顯祖疑之曰公孫邃且

止遂最為訢厚於是黑與訢遂為深隙訢覽列

黑為監藏時多所截沒先是法禁覽百官所

典興官並食故多所損遂黜為門士黑自以

為訢所陷歎恨終日廢寢忘食規前怨踰年

還入為侍御散騎常侍侍中尚書左僕射復兼

選部如昔黑坐訢專恣訢送出為徐州及其將

獲罪也黑構成以誅之然後食甘寢安志在於

職事出為假節鎮南大將軍儀同三司定州刺

史進爵為王克已清儉憂濟公私時有人欲行

甲閣 魏傳八十二 八 羅安榮

私賂黑曰高官禄厚足以自給豈公營私本非
情願終無所納高祖艾明太后幸中山聞之賜
帛五百匹穀二千五百石轉冀州刺史太和六
年秋薨於官詔賜絹四百五十四穀二千斛車
牛二十乘致柩至都追贈司空公謚曰康黑養
族弟趙奴第四子熾為後
熾字貴樂初為中散加平遠將軍元嵩之死壽春
揚州安南府長史加平遠將軍元嵩之死壽春
也熾處分安輯微有聲稱神龜中卒贈光州刺

史黑為定州與熾納鉅鹿魏斡女有二子
長子揆字景則襲父侯爵官至樂陵太守卒贈
左將軍滄州刺史
揆弟儁之字仲彥輕薄無行為給事中轉諂者
僕射為劉騰養息猶以閹官餘資賂遺權門
頻歷顯官而卒
孫小字茂翔咸陽石安人父瑣姚泓安定護軍
為赫連屈丐所侵人懷危懼亡奔者相屬瑣獨
率衆拒守見殺小没入宮刑會魏平統萬遂徙

平城內侍東宮以聰識有智略稱未幾轉西臺
中散每從征伐屢有戰功多獲賞賜世祖幸爪陽
步慮有北寇之虞乃加小左衛將軍中縉爵泥陽
子除留臺將軍車駕遷都詔贈振威將軍泰州
乃請父瑣贈謚求更改葬詔贈部課理有方
刺史石安縣子謚曰戴轉小領駕部都無
畜牧蕃息出為冠軍將軍并州刺史進爵中都
佽州內四郡百餘人詣闕頌其政化後遷冀州
刺史聲稱微少於前然所在清約當時牧伯無

能及也性頗忍酷所養子息驅馳鞭撻視如仇
雛小之為并州以郭祚為王濬重作門才兼任
之以書記時人多之
張宗之字益宗河南華人家世寒微父孟舒劉
裕西征假洛陽令及宗之貴辛高宗贈孟舒平
南將軍洛州刺史董縣侯謚曰自初緱氏宗文
邑聚黨於伊闕謀反遇懽孟舒辛文邑敗孟舒
走免宗之被執入京充腐刑以忠厚謹慎擢為
侍御中散賜爵華縣侯遂歷右將軍中常侍儀

尚書領中秘書進爵彭城公出為
散騎常侍寧西將軍雍州刺史東將軍冀州
入為內都大官出除散騎常侍鎮東將軍冀州
刺史又例降為侯太和二十年卒年六十九贈
建節將軍懷州刺史諡曰敬
宗之兄寶旗中書侍郎東宮中庶子兼宿衛給
事加寧遠將軍賜爵洛陽男轉殿中給事出為
散騎常侍冠軍將軍涇州刺史進爵為侯復為
殿中給事中常侍卒贈洛州刺史諡曰靖始宗

【魏書傳八十一】 十一

之納南來殺孝祖妻蕭氏劉義隆儀同三司思
話弟思度安也多恣婦人儀飾故事太和初
制六官服章蕭被命在內預見訪採數蒙賜賚
蕭兄子超業後名彥幼隨姑入國聚李洪之女
賴其給贍以自濟歷位太尉長史武衛將軍齊
州刺史散騎常侍中軍將軍金紫光祿大夫彥
時來往蕭家黃致敬稱名呼之為尊彥於河陰
遇害贈車騎將軍儀同三司徐州刺史
子百年西河太守宗之養兄子龍襲紹爵

龍襲字子業高祖初除主文中散稍遷員外郎京
兆王大辰久之除義陽太守為司空劉騰諮議
參軍散騎常侍平東將軍光祿大夫太昌初卒
年七十七贈驃騎大將軍儀同三司冀州刺史
子顯邵郡太守卒贈荊州刺史
顯弟璟中散大夫
璟弟瑋武定中徐州征西府長史諸中官皆世
襄唯趙黑及宗之後家僮數百通於主流
劇鵬高陽人粗覽經史閑曉吏事與王質等俱

商 【魏書傳八十二】 十二 項仁

充官性通率不以闇闒為耻文明太后時亦
見春遇為給事中高祖遷洛常為宮官事幽后
后之感薩甚陸也鵬密諫止之不從遂發憤而卒
兄子奴亦為官者歷位幽州刺史才志遠不及
鵬是時有李豐之徒數人皆被養寵出入禁闒並
致名位積當巨萬第宅華壯文明太后崩後刀
漸衰矣
張祐字安福安定石唐人父成扶風太守世祖
末坐事誅祐充腐刑積勞至曹監中給事賜爵

黎陽男稍遷散騎常侍都綰內藏曹時文明太
后臨朝中官用事祐以左右供承合旨寵幸冠
諸閹官特遷爲尚書加曹加安南將軍進爵龍東公
仍綰內藏曹未幾后親率文武往燕會爲拜散騎常侍鎮南將軍
尚書左僕射進爵新平王受職于太華庭備威
儀於宮城之南觀者以爲榮高祖太后親幸其
宅饗會百官祐性恭密出入機禁二十餘年未
曾有過由是特被恩寵歲月賞賜家累巨萬與
王質等十七人俱賜金券許以不死太和十年
薨時年四十九高祖親臨之詔鴻臚典護喪事
賜帛十五贈征南大將軍司空公諡曰恭弁日
車駕親送出郊
繼以女妻之襲爵降爲隴東公又降爲侯遷洛
祐贊二十餘年虛爵而已熙平初爲員外常侍
廢贊二十餘年虛官外常侍熙平初爲員外常侍
兼衛尉少卿以元乂姊壻故越次而授焉神龜

二年冬、靈太后采名家女慶女入充世
婦未幾爲肅宗即乂甥也正光三年正少卿尋出
爲將軍高平鎮將卒
子迥洛襲
抱嶷字道德安定石唐人居於直谷自言其先
姓杞漢靈帝時杞匡爲安定太守董卓時懼誅
由是易氏即家焉無得而知也幼時隴東人張
乾王反叛家染其逆及乾王敗父睹生逃逸得
免嶷與母沒內京都遂爲窨人小心慎容恭
以奉上沉跡兄散經十九後以忠謹被擢累
遷爲中常侍安西將軍中曹侍御尚書賜爵安
定公自摠納言職當機近諸所奏議必致抗直
高祖文明太后嘉之以爲殿中侍御尚書領中
曹如故多驟乘入則後宮導引太后既寵之
出遊幸巖多驟乘入則後宮導引太后既寵之
乃徵其父矍生拜太中大夫賞賜衣馬睹生將
還見於皇信堂高祖執手謂之曰老人歸途幾
日可達好慎行路太和十二年遷都曹加侍中

祭酒尚書領中曹侍御後降爵為侯睹生卒贈
秦州刺史諡曰靖賜黃金八十斤繒綵及絹八
百四以供喪用开別使勞慰加大長秋卿疑
老疾請乞外禄乃以為鎮西將軍涇州刺史殿
加右光禄大夫將之州高祖餞於西郊樂陽殿
以御白羽扇賜之十九年被詔赴洛以刺史從
駕南征常乘馬出入以疑舊每見勞問數追
稱疑之正直命乘馬出行禁之閒與司徒馮
誕同例軍回還州自以故老前官為政多守往

法不能遵用新制每慢舊族簡於接禮天性酷
薄雖弟姪甥婿略無存潤後數年卒於以
從弟老壽為後又養太師馮熙子次興疑死後
二人爭立疑妻張氏致訟經年得以熙子為後
老壽亦仍陳訴終獲紹爵次興還於本族給奴
婢二十口疑前後賜賞奴婢牛馬蓋數百千他
物稱是

老壽凡薄酒色肆情御史中尉王顯奏言風聞
前洛州刺史陰平子石榮積射將軍抱老壽恣

蕩非軌易室而姦媟褻聲布於朝野醜音於行
路即攝轄問皆與風聞無差犯禮傷化老壽等
即主謹案石榮籍貫五世地隔官流處世無入
朝之期在生絕冠晃之望遭時之運逢非次之
擢以犬馬延慈替覆恩念自微至貴位階方岳
不能懷恩感德上酬天施廼各彰穢京
養閹人之室蒙國殊澤預班爵序正宜治家假
墟老壽種類無聞氏姓莫紀丐乞刑餘之家覆
內疑教誡閨庭恣其滛女妖換妻易妾榮前在

洛州遠迎老壽妻常氏兵人千里疲於道路老
壽同散笞之在梁若其原之無別男女三人
莫知誰子人理所未聞鳥獸之不若請以見事
免官付廷尉理罪鴻臚削爵詔可老壽妻常氏
万敵弟女也老壽死後收紀家業稍復其舊奴
婢尚六七百人三女並嬪貴室為老壽祖父皆
造碑銘自洛就鄉而建之西方云直谷出二貴
人

石榮者從主書稍進為州自被劾後遂便廢頓

子長宣武定中南兗州刺史與侯景反伏法

王遇字慶時本名他惡馮翊李潤鎮羌也與雷

光不蒙俱為羌中彌族自云其先姓王後改為渠

鉗耳世宗時復改為王焉自晉世已來恒為渠

長父守貴為郡功曹辛遇既貴道贈安西將軍

秦州刺史澄城公遇坐事腐刑為中散遷內行

尚書轉吏部尚書仍常侍例降為侯出為安西

富平子遷散騎常侍安西將軍進爵宕昌公拜

今中曹給事中加員外散騎常侍右將軍賜爵

【魏書傳八十二】　十七　吳志

遇舊人未忍盡之當止黜廢耳逐遇御史馳駙

而稱遇謗議之罪沖言果爾遇合死也高祖曰

頗言其過及後進幸高祖對李沖等申后無寵

將作大匠未幾拜光祿大夫復奪爵廢后馮氏

免遇官奪其爵收衣冠以民還私第世宗初兼

將軍華州刺史加散騎常侍幽后之前廢也遇

之為尼也公私罕相供恤遇每有薦奉后皆受

來袛謁不替舊敬衣食雜物每有萬奉率更奉往

而不讓又至其館遇夫妻迎送謁伏侍立執臣

妻之禮遇性巧彌於部分比都方山靈泉道俗

居宇文文明太后陵廟洛京東郊馬射壇殿脩

廣文昭太后墓園太極殿及東西兩堂內外諸

門制度皆遇監作雖年在者老朝夕不倦跨鞍

驅馳與少壯者均其勤逸又長於人事留意酒

食之間每逢門齋設儲果餚膳精麗盈竟於

榮利趨求勢門趙脩之寵遇往還宗承受勑

為之監作第宅增修之本旨營擊作人莫不嗟怒

卒千官初遇之疾也太傅比海王與太妃俱往

【魏傳八十二】　十八　三百五

臨問視其危悃為之泣下其善言諸貴致相悲

悼如此贈使持節鎮西將軍雍州刺史侯如故

始遇與抱疑並為文明太后所寵前後賜以奴

婢數百人馬牛羊他物稱是二人俱號富室

遇養弟子廳本郡太守稍遷至右軍將軍龍驤

宕昌侯產業有過于遇時

符承祖略陽氐人也因事為閹人為文明太后

所寵自御厩今遷中部給事中散騎常侍輔國

將軍賜爵略陽侯兼典選部事中部如故轉吏

部尚書仍領中部高祖為造甲第數臨幸之進
爵略陽公安南將軍加侍中知都曹事初太后
以承祖居腹心之任許以不死之詔後承祖坐
贓應死高祖原之削職禁錮在家授悖義將軍
安濁子月餘遂死

王質字紹奴高陽易人也其家坐事幼下蠶室
頗解書學為中曹吏內典監稍遷祕書中散加
寧朔將軍賜爵永昌子領監御遷為侍御給事
又領選部監御二曹事復特加前將軍進爵魏

昌侯轉選部尚書加員外散騎常侍出為鎮遠
將軍瀛州刺史賀在州十年風化粗行察姦糾
慝究其情狀民庶畏服之而刑政刻峻多所管
戮號為威酷高祖頗念其忠勤宿舊每行留大
故馮司徒亡廢馮后陸叡穆泰等事皆賜質以
璽書手筆莫不委至同之戚貴質皆寶堂以為
榮入為大長秋卿未幾而卒

本堅字次晝壽高陽易人也高宗初因事為閹人
文明太后臨朝稍遷至中給事中賜爵魏昌伯

小心謹慎常在左右雖不及王遇王質等而亦
見任用高祖遷洛轉被委授為太僕卿檢課牧
産多有滋息世宗初出為安東將軍瀛州刺史
本州之榮同於王質所在受納家産巨萬值京
兆王愉反於冀州堅勒衆征愉為愉所破代還
遇風疾拜光祿大夫數年卒贈撫軍將軍相州
刺史賜帛五百四以弟子曇景為龍驤將軍魏
昌伯為羽林監直後

秦松不知其所由太和末為中尹遷長秋卿賜

爵高都子有罪免世宗復其爵起為光祿大夫
領中常侍遷平北將軍領長秋卿出為散騎常
侍安北將軍并州刺史卒贈大將軍肆州刺史
男世宗封其妻王氏為■縣君卒贈平北將
軍并州刺史
謚曰定

白整者亦因事腐刑少掌宮掖碎職以共敏著
稱稍遷至中常侍太和末為長秋卿賜爵靈壽

劉騰字青龍本平原城民徙屬南兗州之譙郡

幼時坐事受刑補小黃門轉中黃門高祖之在
懸瓠騰便詣行所高祖問其中事騰具言幽后
私隱與陳留公主所生呂符協由是進冗從僕
仍中黃門後與茹晧使徐堅采召民女及還遷
中給事稍遷中尹中常侍特加龍驤將軍後為
大長秋卿金紫光祿大夫太府卿蕭宗踐極之
始以騰預在官衛封開國子食邑三百戶是年
靈太后臨朝以與干忠保護之勳除嘗訓太僕
加中侍中改封長樂縣開國公食邑二千五百

戶拜其妻時為鉅鹿郡君每引入內受賞賚亞
於諸主外戚所養二子為郡守嘗書郎騰曾疾
篤靈太后廬或不救遷衞將軍儀同三司官
仍舊後疾瘳騰之拜命蕭宗嘗為臨軒會其日
大風寒甚而罷乃遣使持節授之騰幼充宮役
手不解書賚裁知署名而已姦謀有餘善射人意
靈太后臨朝特蒙進寵多所干託內外碎密栖
栖不倦洛北永橋太上六太上君及城東三寺
皆主脩營吏部嘗以騰意奏其弟為郡帶及

資乘越清河王懌抑而不與騰以為恨遂與領
軍元叉宦豎懌廢靈太后於宣光殿宮門晝夜長
閉內外斷絕騰自執管鑰蕭宗亦不得見裁聽
傳食而已太后服膳俱廢不免飢寒又使中常
侍賈粲假三侍肅宗書密令防察又以騰為司
空公表裏擅權共相樹置又為內防
送直禁闥共裁刑賞騰遂與崔光同受詔東步
挽出入殿門曰造騰宅叅其顏色然後方起省
手八坐九卿日

府亦有歷日不能見者公私屬請唯在財貨舟
車之利水陸無遺山澤之饒所在固護剝削六
鎮交通互市歲入利息以巨萬計又顏役媚御
時有徵求婦女器物公然受納過奪隣居廣開
室宇牢夫下咸惠苦之正光四年三月薨于位年
六十贈帛七百匹錢四十萬蠟二百斤鴻臚少
卿護喪事中官為義息衰絰者四十餘人騰之
初治宅也奉車都尉周特為之筮不吉深諫止
之騰怒而不用特告人曰必困於三月四月之交

至是果死聽事甫成陳屍其下追贈使持節

驃騎大將軍太尉公冀州刺史騰之葬日閹官

爲義服杖經衰縞者以百數朝堂員吏自從軒蓋

填塞相屬郊野魏初以來權閹存亡之盛莫又

焉靈太后反政追爵贈散露骸骨沒

入財產後騰所養一子叛入蕭衍太后大怒因從

賈粲字季宣酒泉人也太和中坐事廣刑頗涉

書記世宗末漸被知識得充內侍自宗訓承爲

長兼中給事中嘗藥典御轉長兼中常選光

禄少卿光禄大夫靈太后之廢粲與元又劉騰

等同升帝動靜右衛奚康生之謀殺又也靈太后

書肅宗同升於宣光殿左右侍臣俱立西階下康

生既被囚執粲給太后信之適下殿粲便扶肅宗於東

宜親安慰太后適下於宣光殿粲便扶肅宗既又黨

序前御顯陽還闡下殿粲既又黨威

福亦震於京邑自本出武威魏太守韋景承粲

後遂移家屬正爲時武威太守韋景承粲意以其

三九四　魏傳十二　二十三　馬

兄緒爲功曹緒時年向七十未幾又以緒爲西

平太守比景代下巳轉武威太守靈太后反政

欲誅粲以粲黨與不一恐驚動內外乃止出

粲爲濟州刺史未幾遣武衛將軍刀宣馳驛殺

之資財沒於縣官

楊範字法僧長樂廣宗人也高宗時坐宗人劫

賊被誅範宮刑爲王琚所養恩若父子往來出

入其家範爲中謁者轉黃門中謁者僕射中給

車中射聲校尉加寧遠將軍爲中尹世宗崩高

陽王雍揔政出爲白水太守加龍驤將軍靈太

后臨朝徵爲常侍崇訓太僕卿領中常藥典御

賜爵華陰子爲平西將軍華州刺史中官

侍貴者靈太后皆許其方岳以範年長拜跪爲

難所司非要故得早遂其請父子納貨勞役兵

民爲御史所紀子遂逃竄範舊事乃以範爲中侍

廢於家後靈太后念範勤舊乃以範爲中侍中

安南將軍尋進鎮南將軍崇訓太僕華州大中

正卒贈征西將軍秦州刺史

三四　甲出　魏書傳十二　二十四

成軌字洪義上谷居庸人少以罪刑入事官被
以謹厚稱除中謁者僕射高祖意有所欲軌瞻
候容色時有奏輒合帝心從駕南征專進御
食于時高祖不豫常居禁中晝夜無懈車駕還
賜帛百匹景明中賞食典御光禄大夫賜始平伯統京洛都將
給事中步兵校尉勑侍東宮延昌末遷中常侍
轉崇訓太僕少卿遭母憂詔遣主書常顯景弟
慰又起為本官進安東將軍崇訓衛尉卿久之

超遷中侍中撫軍將軍典御崇訓如故尋除中
軍將軍燕州大中正孝昌二年以勤舊封始平
縣開國伯食邑三百戶肅宗所幸潘嬪以軌為
假父頗為中官之所敬憚建義初軌迎於河陰
詔令安慰宮內進爵為侯增戶三百幷前六
百戶遷衞州軍其年八月卒贈車騎大將軍雍
州刺史諡曰孝惠

養弟子仲慶龍襲歷位鎮軍將軍光禄大夫卒

子肫龍襲齊受禪例降

王溫字桃湯趙郡欒城人父冀高邑令坐事被
誅溫與兄繼叔俱充官者高祖以其謹慎補中
謁者小黃門轉中黃門鈎盾令稍遷中賞食典
御中給事中給事中郎將世宗之崩
羣官迎肅宗於東宮溫於卧中起肅宗與保母
扶抱肅宗入踐帝位高陽王雍既居家宰廬中
人朋黨出為鉅鹿太守加龍驤將軍靈太后臨
朝徵還為中常侍光禄大夫賜爵欒城伯安東
將軍領崇訓太僕少卿特除使持節散騎常侍
撫軍將軍瀛州刺史還除中侍中進號鎮東將
軍金紫光禄大夫遷車騎將軍左光禄大夫光
禄勳卿侍中如故孝昌二年封欒城縣開國侯
邑六百戶溫後自陳本陽平武陽人於是改封
武陽縣開國侯邑如故建義初於河陰遇害年
六十六永安初贈驃騎大將軍儀同三司雍州

刺史

養子問哲龍襲齊受禪例降

孟蠻字龍兒不知何許人坐事充閹人文明太

后時王遇有寵鸞以謹敏為遇左右往來方山營諸寺舍由是漸見眷識靈太后臨朝為左中郎將中給事中素被病面常黯黑於九龍殿下暴疾半身不攝扶載歸家其夜亡鸞為初出靈太后聞之曰鸞必不濟我為之憂及奏其死為之下淚曰其事我如此不見我一日忉怛樂時也遂賜帛三百匹黃十四以供喪用七日靈太后為設二百僧齋賜助施五十四同類榮焉

平季字稚稷燕國劇人祖濟武威太守父雅州季才與沙門法秀謀反伏誅季坐腐刑入事宮挾女之除小黃門以忤旨出為溵縣令不拜仍除奉朝請靈太后反政授朔將軍長水校尉領黃門令轉前軍將軍中給事中躭四方多事太后每令季出使於外慰勞西軍還至潼關進討會舜明道十餘人詐降入道明軍關遂散華州羌人舜明等據峴作逆都督姜道明不能出為新興太守肅宗崩與尒朱榮等議立莊帝莊帝即位起拜平北將軍肆州刺史尋除撫軍

三生 観傳六十二 二七 傷孝友

將軍中侍中以參謀之勳封元城縣開國侯食邑七百戶仍加金紫光禄大夫幽州大中正尋攝燕安平營中正前廢帝以為車騎將軍右光禄大夫中侍中如故永熙中加驃騎將軍季遇疾詔遣使存問三年九月卒天平初贈使持節都督幽燕安平四州諸軍事儀同三司幽州刺史中侍中將軍侯如故初季以兄叔良為龍襄季爵卒子世冑龍襄承季受禪例降

封津字醜漢勃海脩人也祖羽真君中為薄骨律鎮副將以貪汙賜死父德要黨寶女寶伏誅令德以連坐從法津受刑給事中宮撲積官久之除中謁者僕射選奉車都尉肅宗初冀州大乘賊起記津慰勞津世不居桑梓故不為州鄉所歸靈太后令津侍蕭宗還常出太守孝昌初除中侍中加征虜將軍仍除崇訓太僕領宮室都將非冀州大中正超拜金紫光禄大夫二年封東光縣開國子食邑三百戶鎮南將軍兼

三百 観傳六十二 二八 黃

中關右慰勞大傳出為散騎常侍征東將軍濟
州刺史永安初中侍中衛將軍尋轉大長秋
光祿大夫太昌初驃騎大將軍儀同三司津少
長宮闈給事左右善候時情號為機悟天平初
除開府儀同三司本將軍懷州刺史元象初復
為中侍中大長秋卿仍開府儀同三司夏薨年六十
二贈都督某冀瀛幽安四州諸軍事本將軍司徒
公某冀州刺史諡曰孝惠
養兄子長業襲爵齊受禪例降
津兄馮字元寄當時逃竄後會赦免太和中奉 〔魏傳八十二〕 〔二十九〕 〔黃〕
朝請翼州趙郡王幹田曹參軍定州彭城王韶水
曹參軍給事中越騎校尉以討大乘功除左
中郎將遷龍驤將軍中散大夫孝昌中歷恒農
武邑二郡太守尋除征虜將軍光祿大夫還為
平東將軍光祿大夫轉鎮南將軍金紫光祿大
夫除衛將軍右光祿大夫初津被敕營出帝父
廣平王陵永熙中以營陵功封津城陽縣開國
子邑三百戶津自有封乃啟轉於馮後除衛

大將軍左光祿大夫興和三年夏卒年六十七惠
無他才伎始終資歷皆由於津津卒之後馮亦
無贈
子靈素龍襲齊受禪例降
津從兄荅光祿大夫
子宗顯司徒掾
劉思逸平原人父真武邑太守與元愉反於信
都伏誅思逸少充腐刑初為中小史轉東莞太
之除小黃門拜奉朝請坐事免後除寺人父 〔三十〕
津靈逸雖身在閹寺而性頗豪率輕薄無行好 〔魏傳八十二〕 〔三十〕
結朋遊又除左將軍大長秋卿遷中侍中平東將
軍武定中與元瑾等謀反伏誅又有張景嵩
毛暢者咸以閹寺在蕭宗左右而並黠了甚
見知蕭宗元乂之出景嵩暢頗有力焉靈太后反
政未即裁又時內外喧喧云乂還入知政事
暢等恐禍及已乃啟蕭宗欲詔右衛將軍楊
津密往殺乂詔書已成未及出又妻知之告太

后左景嵩暢與清河王息邵欲廢太后太后信
之責暢暢出詔書草以呈太后太后讀之知無
廢已狀意爲小解然又妻構之不已遂致疑
感未幾出暢爲頓丘太守後復出景嵩爲魯
郡太守乃密令御史掩暢走免尋捕殺之景
嵩因入都太后數其與暢同計之事大致嫌責
後爲陽城滎陽二郡太守孝靜時位至中侍

中坐事死

史臣曰　闕

列傳閹官第八十二　　魏書九十四

匈奴劉聰　　羯胡石勒

鐵弗劉虎　　徒何慕容廆

臨渭氏符健　　羌姚萇

略陽氏呂光

夫帝皇者配德兩儀家有四海所謂天無二日
土無二王者也三代以往守在海外素呑列國
漢并天下逮桓靈失政九州瓦裂曹武削平冦
難魏文奄有中原於是偽孫假命於江具僭劉

盜名於岷蜀何則戎方椎髻之帥夷俗斷髮之
類世崇凶德罕聞王道扇以跋扈竹從放命加
以中州避地華士遠竄僞思託號令之聲念邀鳳
塵之際因虞候隙仍相君長偷名竊位智昏
隅至乃指言井絡假上帝之祉妄說黃旗左人
君之氣論士不出江漢語地僅接襄斜而謂握
皇符秉帝籍三分鼎立比蹤王者溺人必笑其
在茲乎若是斃靈可擬於周王夫差容比於漢
祖尉他定黃屋之尊子陽成縮蹤之貴豈其然

哉及鍾會將之威士治偏師之勢而使驪車
西至侯蓋比首天人弗許斷可知焉當晉年不承
時逢喪亂異類羣飛姦凶迭逐內難興於戚屬
外禍結於藩維劉淵一唱石勒繼響二帝沈淪
兩都傾覆徒何仍襲蔡民羌戎梗夷楚喧聒於江
遼海之曲各言應曆數人謂遷圖鼎祚或更呑
噬逆為驅除或狼戾未馴侯我斧鉞太祖奮風
霜於參合鼓雷電於中山黃河以比靡然歸順

矢世祖叡略淵謀舉靈武獨斷以夫僣僞未夷九
域尚阻慨然有混一之志既而戎車歲駕神兵
四出全國克敵代罪弔民遂使專制令擅威福
者西首流沙東極滄海莫不授館於東門懸首
於北闕矣唯夫窮髮遺虜未茇鞏南極江湖殘校
尚餘栽蘖而北踰翰漠折其肯臏翦其鬚根株徹
其腸胃雖骸骨僅存脂膏威盡視息緣舉殘魂
魄久遊高祖聖歆時乘遷居政作日轉雲移風
行電掃辮髮之渠非逃則服之長璩費縱

入猶以侍子不至取亂乘機五牛一指六師騁
路酖其武臣驍帥傾其湯池石城向使特無穀
塘之禍民無鼎湖之思比可焚穹廬收服匿削
引弓之左衽死龍荒以牧馬南則巢盡鼪鼯暴鯨
鯢變水處之文身化爲言於人俗矣尋以壽春
内款華陽稽服蕞彼汪陰爰於繫頸蕭宗以冲
年踐祚俄則毋后當陽務崇寬政取和朝野置
荒遐於度外壁豊蠻夷於雞肋而黠狄淪胥種落
離貳虜帥飄然竄而歸我矜其眼目恣歐顗亡

三頁六四 ｜魏書傳八十三｜ 三

反之於故庭復之以保塞魏道將虧禍出權孳
事僻於中民驚於外疆場朋騰藩籬傾駭陰朝
委命之倫雲蒸霧合上失其道下極其難政亂
如風草師亡猶彈丸十數年間中區殄悴而江
湄巨㓂窺舰上國虵蚖肆毒竊我邊鄙魏德雖喪
率馬首南向白山灉水狐鼠羣遊魏德雖衰天
命未改授墜扶危齊武電發屈身宰世大濟橫
流和我略遠用謀焉病輈軒四指喻以德音介
乃舟車接次駝驢銜尾烽桥不驚言尉候空設而

吳文昌

水鄉大猾好忘信納我通叛共爲舉斧遂有
寒山之戰溷陽（關三字）紅合僧楚覆其巢穴衍以
倭卒綱貫鶵死獯虜那環摹亦殲殪自二百許
年僭盜務矣矣天道人事卒有歸焉猶衆星環於
斗極百川之赴溟海今揔其僭偽列於國籍俾
以崇女妻冒頓故其子孫以母姓爲氏祖豹爲
匈奴劉聰字玄明一名載冒頓之後也漢高祖
後之好事知僭盜之終始焉
莅賢王及魏分匈奴之眾爲五部以豹爲左部

三頁六五 ｜魏書傳八十三｜ 四

帥豹雖分屬五部然皆貴家千晉陽汾澗之濱父
淵形容偉壯膂力過人晉初爲任子在洛陽豹
卒淵代之後改帥爲都尉以淵爲左部都尉楊
駿輔政以淵爲建威將軍五部大都督封漢光
鄉侯後坐部民叛出塞免官永寧初成都王穎
表淵行寧朔將軍監五部軍事及齊王冏長沙
王乂與穎等自相誅滅比部都督劉宣等竊議
反叛謀推淵爲大單于時淵在鄴乃使呼延攸
以此謀告呂之淵請歸會葬穎不許穎爲皇太弟

吳昌

以淵為太弟屯騎校尉晉惠帝之伐頴也以淵
為輔國將軍都督北城守事及惠帝敗以淵為
冠軍將軍封盧奴伯既而并州刺史司馬騰幽
州刺史王浚起兵伐頴頴師戰敗淵謂頴曰今
二鎮跋扈衆踰十萬恐非宿衞及近郡士民所
能禦之淵當為殿下還說五部鳩合義衆以赴
國難頴悅拜淵為比單于之號二旬之間衆便五
萬都於離石劉宣等上大單于之號
國城劉宣等上大單于
淵謂宣等曰帝王當且有常載
為漢高下為魏武然晉人未必同我漢有天下
世長恩德結於民心吾又漢氏之甥約為兄弟
兄亡弟紹不亦可乎今且可稱漢追尊後主以
懷民望乃遷於左國城自稱漢王置百官年號
元熙追尊劉禪為孝懷皇帝攻擊郡縣桓帝親
一年晉并州刺史司馬騰來乞師桓帝親率方
騎救騰斬淵將綦毋豚淵南走蒲子語在序紀
晉光熙元年淵進據河東剋平陽蒲坂遂都平
陽晉永嘉二年淵稱帝年號永鳳後汾水中得

玉璽文曰有新保之蓋王莽之璽也得者因增
淵海光三字而獻之淵以為己瑞號曰瑞年為河
以聰為大司馬大單于錄尚書事置單于臺於
平陽西淵死子和僭立聰即和第四弟也殺和
而自立聰獲靳善射彎弓三百斤晉新興太守
司馬瞻王囷以為國中尉事舉良將為驍別部
郭頤辟為主簿任以郡事為左部將右部
右部尉太宰河間王頴表為成沙中郎將拜右
在鄴懼為成都王頴所害王本弈頴其后悅
積弩將軍參前鋒戰事隨還左國淵稱大號拜
大司馬封楚王及僭位年號光興聰遣王彌劉
曜攻陷洛陽執晉懷帝改年為嘉平聰於是僑
奢淫暴殺戮無已誅翦公卿旬日相繼納其太
保劉殷二女為左右貴嬪又納殷孫女四人為
貴人六劉之寵傾於後宮聰希復出外事皆中
黃門納奏左貴嬪決之其都水使者襄陵王攄
以魚蟹不供將作大匠望都公靳陵以營作遲
晚並斬於東市聰遊獵無度晨出暮歸觀魚於

汾以燭繼畫其弟乂及子粲興槻切諫聰怒曰

吾豈桀紂幽屬平而汝等生來哭人也先是劉

璟來告難親帝親率大眾令長子六脩擊粲等

大破之語在序紀聰與羣臣飲讌過晉帝行酒

晉光祿大夫庚珉等謀以平陽應劉琨於是害

晉帝誅珉等改嘉平為建元平陽地震聰崇明

觀陷為池水赤如血赤氣至天有赤龍奮迅而

去流星起干牽牛入紫微龍形委蛇其光照地

落於平陽北十里視之則內長三十步廣二十

三四廿　魏傳卌三　七　何

七步臭達於平陽肉旁常有哭聲晝夜不止聰

惡之劉后產一蛇一虎各害人而走尋之不得

須之見在隕肉之旁聰遣劉曜攻陷長安執晉

愍帝改建元為麟嘉其武庫陷入地一丈五尺

聰自去冬至是遂立不受朝賀立樊氏於後庭與宮

人讌戲積日不醒立上皇后樊氏是聰張

后之待婢也時稱后者四人佩皇后璽綬者七

人阿諫日進貨賄公行後宮賞賜動至千万有

求著進賢兄冠武弁帶綬並昇聰座俄而闕

死宿衛之人無見入者平文二年聰死

子粲襲位號年漢昌粲荒眈酒色遊湯後庭軍

國之事決其大將軍靳準靳準勒兵誅粲劉氏男

女無少長皆殺之準自號漢王置百官尋為新

明所殺眾降淵族子曜

匿朝鮮客為縣卒會救得還聰之末年位至相

舉勇有膂力鐵厚一寸射而洞之坐事當誅亡

曜字永明少孤見養於淵顏頗書計志性不恬

三十一　魏傳卌三　八　何

曜鎮長安靳準之誅粲也曜來起之次於赤壁

遂僭算號改年光初新明既降於曜曜遠都長

安自稱大趙曜西通張駿南服仇池窮兵極武

無復寧歲文發六百万功營其父及妻二塚下

洞三泉上崇百尺積石為基周回二里發掘古

塚以千百數迫督役徒繼以脂燭百姓嗟言悄

於道路又更增九十尺冢前石人有聲言恒

其子貿為南陽王以漢陽十三郡為國立單于

臺於渭城置左右賢王已下皆以雜種為之曜

得黑兔改年為太和石虎伐曜曜擊破之遂攻

石生於洛陽曜不撫士衆專與嬖臣飲博左右
或諫曜怒斬之石勒進據石門曜甫知之解金
墉之圍陳于洛西將與勒戰至西陽明麾軍就
平師遂大潰曜墜于冰為石勒將石堪所擒勒
四之襄國尋殺之烈帝元年曜子熙率百官棄
長安西走秦州尋為石勒所滅

羯胡石勒字世龍小字匍勒其先匈奴別部分
散居於上黨武鄉羯室因號羯胡祖䩅邪弈于父
周曷朱一字乞翼加並為部落小帥周曷朱性
凶麤不為羣胡所附勒壯健有膽略好騎射周
曷朱每使代已督攝部胡愛信之并州刺
史司馬騰執諸胡於山東賣充軍實兩胡一枷
勒亦在中至平原被賣為奴師家隣於馬
牧勒與牧帥汲桑往來相託遂招集王陽藥安
支雄夔保吳豫劉膺姚豹逯明鄭鹿支屈六
張瞻僕呼延莫郭黑略張越孔豚六
等東如赤龍驥諸死乘苑馬還掠繪寶以
汉桑成都王穎之廢世穎故將咀沕平人公師潘

等自稱將軍起兵趙魏衆至數萬勒與汲桑率
牧人乘苑馬數百騎以赴之於是桑始命勒以
石為姓以勒為名藩拜為前隊督桑敗身死
勒與汲桑亡潛苑中穎之將如河北世汲桑以
勒為伏夜牙門率牧人劫掠郡縣繫囚合軍以
應之屯于平石桑自號大將軍進軍攻鄴以
為前鋒都尉鄴剋之尋為晉將苟晞所敗勒
往從劉淵拜為輔漢將軍平晉王劉聰立以
為征東大將軍并州刺史汲郡公劉粲攻洛陽
勒留長史刀膺統步卒九万徙輜重于重門率
輕騎二万會粲於大陽大敗晉軍監軍裴邈于
池遂至洛川勒出成皋圍晉陳留太守王讚於
倉垣為讚所敗屯于文石津將北攻晉幽州刺史
王浚會浚將王甲始遼西鮮甲萬餘騎敗劉
聰安北大將軍趙固于津北勒乃燒船棄營引
軍向柏門迎重門輜重合于石門而濟南攻晉
豫州刺史馮嵩千陳郡不剋進攻襄城太守崔
廣於繁昌斬之先是雍州流民王如侯脫嚴嶷

等起兵江淮間受劉淵官位聞勒之來也懼遣
眾一万拒於襄城勒擊敗之盡俘其眾勒至南
陽屯于宛之北山王如遣使通好勒進攻宛江剋
之斬候脫降嚴嶷盡并其眾南至襄陽攻剋江
西三十餘壘有據江漢之志勒右長史張賓以
為不可引軍而北晉太傅東海王越率洛陽之
眾二十餘万討勒越薨於軍軍人推太尉王衍
為主率眾而東勒追擊破之於苦縣勒分騎圍
而射之相登如山殺王衍及晉襄陽王範等十
餘万人越世子毗聞越薨出自洛陽從者傾城
勒逆毗於洧倉破之執毗及晉宗室二十六王
并諸卿士皆殺之與王彌劉曜攻陷洛陽歸功
彌曜遂出軹轅執晉大將軍苟晞於蒙城以為
左司馬劉聰授勒鎮軍大將軍幽州牧領并州
刺史用張賓之計自汝南葛陂比都襄國襄幽
州擒王浚殺之劉聰加勒陝東伯得專征代封
拜刺史將軍守宰列侯歲盡集上及劉粲為斯
準所殺勒率眾赴平陽曜稱尊號授勒大司馬

大將軍加九錫增封十郡并前十三郡進為趙
公勒至平陽斬明出與勒戰勒大破之遣兼左
長史王脩主簿劉茂獻捷於曜明率平陽之眾
奔曜曜西如粟邑勒焚平陽宮室置戍而歸徙
渾儀樂器於襄國曜遣使授勒太宰領大將軍
進爵趙王增封七郡并前二十郡出入警蹕晃
十有二旒乘金根車駕六馬如魏武輔漢故事
王脩舍人曹平樂留仕曜朝言於曜曰大司馬
遣脩等來外表至虔內覘彊弱曜實殘奬懼脩
宣之大怒追還策命而斬王脩劉茂逃歸言脩
死狀勒大怒誅曹平樂兄弟三族又知追
倅太宰趙王之授怒曰帝王之起復何常也趙
王趙帝孤自取之名號大小豈所節乎勒乃
自稱大都督大將軍大單于趙王以二十四郡
為趙國號為趙元年平文三年也勒遣使求
和請為兄弟斬其使以絕之自是朝會常僭天
子禮樂以饗羣臣烈帝元年勒又遣使求和帝
許之二年勒憯稱皇帝置百官年號建平雖都

襄國又營鄴宮作者數十萬人兼以晝夜五年
勒死子大雅嗣立
大雅名犯顯祖廟諱大雅立號年延熙石虎廢
大雅為海陽王而嗣立尋殺之
虎字季龍勒之從子也祖曰匐邪父曰寇覓見寇
覓有七子虎第四勒父幼而子之故或謂之為
勒弟也吾永興中與勒相失永嘉五年劉琨送
勒母王氏及虎於葛陂時年十七矣性殘忍好
獵無度能左右射好以彈彈人軍中其患少勒
小忍勿却之至年十八身長七尺五寸弓馬迅
捷勇冠當時將佐親戚莫不敬憚勒深嘉之而
酷害過差軍中有壯健與已齊者因獵戲誰輒
殺之至於降城陷壘不復斷別善惡坑斬士女
勒有遺類御衆嚴整莫敢犯者指授攻討所向
無前故勒寵信彌隆伏以專征之任劉聰以虎
為魏郡太守鎮鄴三臺又封紫陽侯食邑三千

戶勒為趙王以虎為車騎將軍加侍中開府進
封中山公勒稱尊號為太尉守尚書令封中山
王食邑一萬戶勒死虎虎擅誅石光祿大夫武
書令徐光遣子遂率兵入大雅宮直衛文武皆
奔散大雅大懼自陳弱劣讓位于虎虎曰若其
不堪天下自當有大義何足豫論遂逼立之虎
自為丞相魏舊昵悉居臺省禁要改勒太子宮曰
崇訓宮徙勒妻劉氏已下居之簡其美淑及軍
任其府寮舊臣悉補丞相閑
以斥外衆旅不復由人宮殿之中亡所晉計臣
請出奔兗州據廩丘南陽王恢為盟主宣太
后詔於諸牧守征鎮令各率義兵同討惡逆蔑
不濟也劉氏然之既而堪計不果虎炙而殺之
又殺劉氏石生先鎮長安石朗鎮洛陽並起兵
討虎為虎所滅虎遂自立為大趙王號年建武
馬服御比曰歸虎第劉氏謂其彭城王石堪曰丞
相便相淩蹈恐國祚之滅不復久矣吳司謂義
虎自殘者也王將何以圖之堪曰先帝舊臣皆

自襄國徙居於鄴乃殺大雅及其母程氏并大
雅諸弟初虎衣裘晃將祀南郊照鏡無首大恐
怖不敢稱皇帝乃自貶為王使其太子邃省可
尚書奏事唯選牧守祀郊廟刑斷乃親覽
之虎又改稱大趙天王邃以事呈之憙曰此小
事何足呈也時有所問復怒曰何以不呈諸
曰官家難稱五欲行冒頓之事卿從我乎顏等
伏不敢對虎聞而大怒殺邃及其男女二十六

觀書傳卷三　　十五　　殊信

人一棺埋之誅其宮臣支黨二百餘人立次子
宣為太子虎於鄴起臺觀四十餘所營長安洛
陽二宮作者四十餘万人又欲自鄴起閣道至
襄國勒河南四州具南師之備并朔秦雍嚴
西討之資青冀幽州三五發卒諸州造甲者
十万人擾役黎元民庶失業得農桑者十室而
三阤夫十七万人為水所没為虎所害三分而
一課責征士五人車一乘牛二頭米各十五斛
絹十匹諸役調有不辨者皆以斬論窮民率多

蘭于以死軍制而猶不足者乃自經于道路死
者相望猶求發無已太武殿成圖畫忠臣孝子
烈士貞女皆蠢為胡狀頭縮入看虎大惡之運
司虞中郎將賈霸率工匠四十於東平岡山造
獵車千乘轅長三丈高一丈八尺於岡山造
陽東虎車四十乘立行樓二層於其上南至榮
陽極都使御史監之其中禽獸有犯者
罪至大辟御史因之擅作威福民有美女好牛
馬求之不得便誣以犯獸論民死者相繼海岱

觀書傳卷三　　十六　　徐信

河濟之閒民無室志吳又發民牛二万餘匹配
朔州牧官增內官二十四等東宮十二等諸公
侯七十餘國皆為置女官九等先是大發民女
二十已下十三已上三万餘人為三等之第以
分配之郡縣有希旨務於美淑奪人婦者九千
餘人民妻有美色豪勢因而脅之率多自殺太
子諸公私令採發者亦垂一万建國九年虎遣
使朝貢虎使其太子宣及宣弟秦公韜迭日省
可尚書奏事宣惡韜仔已謂雙人楊柯年成等

曰世等殺韜五入西宮當以韜之國邑分封汝
等韜既死上必親臨因行大事亡不潛矢柯等
許諾刀夜入韜第而殺之虎將出臨韜裹其司
空李農諫刀止翌日有人告之虎大怒以鐵鑕
穿宣頜而鑕之作數斗木槽和以美飯以豬狗
法食之取害韜刀仗舐其上血號叫之聲震動
宮殿積柴城北樹標其上標末置鹿盧盧紲之以
繩送宣使韜所親官者郝雅劉靈拔其
鬚抽其舌以繩貫其頜鹿盧絞上之劉霸斷其

手足斫眼潰腹如韜之傷四面縱火煙焰際天
虎從昭儀已下數千人登中臺以觀之火滅取
灰分置諸門交道中殺其妻子二十九人誅其
率已下三百人官者五十八人皆車裂節解棄
之漳水滑其東宮以養牲牛十二年虎自稱皇
帝號年太寧虎死
少子世僭立虎養孫閔殺世以世兄遵爲主
遵以閔爲大將軍輔政遵立七日大風雷震畫
昏火水俱下災其大武殿延及宮內府庫至子

閭闔門火月餘刀滅
遵兄鑒又殺遵而自立號年青龍鑒弟苞與胡
張才孫伏都等謀殺閔不剋而死自臨閭門至
琨華殿積屍如丘流血成池閔知胡人不爲已
用刀閉鄴城四門盡殺諸胡人貌似胡者多
亦濫死鄴閔刀復其姓自稱大魏號年永興尋
閔本姓冉閔刀殺鑒而自立盡滅石氏
爲慕容儁所擒

鐵弗劉虎南單于之苗裔左賢王去卑之孫北
部帥劉猛之從子居於新興慮虒之北人謂
胡父鮮卑母爲鐵弗因以爲號猛死子副崙來
奔虎父誥升爰代領部落誥升爰一名訓兜諧
升爰死虎代爲虎一名烏路孤始臣附於國自
以衆落稍多擧兵外叛平文與晉并州刺史劉
共討之虎走據朔方
拜安北將軍監鮮卑諸軍事于棗中郎將復渡
河侵西部平文逆擊大破之虎退走出塞昭成
初虎又冠西部帝遣軍逆討又大破之虎死

子務桓代領部落遣使歸順務桓一名豹子招
集種落為諸部雄潛通石虎虎拜為平北將軍
左賢王務桓死

弟閼陋頭代立密謀及叛語在序紀後務桓
子悉勿祈逐閼陋頭而自立悉勿祈死

弟衛辰代立衛辰務桓之第三子也既立之後
遣子朝獻昭成以女妻衛辰衛辰潛通苻堅堅
以為左賢王堅遣使請堅求田內地春來秋去堅
許之後掠堅邊民五十餘口為奴婢以獻於堅

堅讓歸之乃背堅專心歸國舉兵代堅堅遣其
建節將軍鄧羌討擒之堅自至朔方以衛辰為
夏陽公統其部落衛辰復其國復附於
堅雖於國貢使不絕而誠欵有乖帝討衛辰大
破之收其部落十六七焉衛辰奔苻堅堅送還
朔方遣兵戍之昭成末衛辰導苻堅來寇南境
王師敗績堅遂分國民為二部自河以西屬之
衛辰自河以東屬之（劉庫仁語在燕鳳傳後）
以衛辰為西單于督攝河西雜類屯代來城慕

魏書傳八十三　十九　方

容永之據長子拜衛辰使持節都督河西諸軍
事大將軍朔州牧居朔方姚萇亦遣使結好拜
衛辰使持節都督北朔雜夷諸軍事大將軍大
單于河西王幽州牧累為寇害登國中衛辰遣
子直力鞮寇南部其眾八九万太祖軍五六千
人為其所圍太祖乃以車營並戰並前大
破之於鐵岐山南直力鞮單騎而走獲牛羊二
十餘万乘勝追之自五原金津南渡逕入其國
居民駭亂部落奔潰遂至衛辰所居悅跋城衛

辰父子驚遁乃分遣諸將輕騎追之陳留公元
虔南至白鹽池虜衛辰家屬將軍伊謂至木根
山禽直力鞮盡并其眾衛辰單騎遯走為其部
下所殺傳首行宮獲馬牛羊四百餘万頭先是
河水赤如血衛辰惡之及衛辰之亡誅其族類
並投之於河衛辰第三子屈丐子亡奔薛干部帥
太悉伏

屈丐本名勃勃太宗改其名曰屈丐屈丐者卑下
也太悉伏送之姚興興高平公破多羅沒奕于妻

魏傳八十三　二十　方

之以女屈子身長八尺五寸興見而奇之拜驍
騎將軍加奉車都尉常參軍國大議寵遇踰於
勳舊興弟濟南公㚟言於興曰屈子天性不仁
難以親育寵之太甚臣竊惑之興曰屈子有濟
世之才吾方收其藝用與之共平天下有何不
可乃以屈子為安遠將軍封陽川侯使助沒弈
干鎮高平議以義城朔方雜夷及衞辰部眾三
万配之以候邊隙邑固諫以為不可興曰卿何
以知其氣性邑曰屈子奉上慢御眾殘貪暴無

親輕為去就寵之踰分終為邊害興乃止以屈
子為持節安北將軍五原公配以三交五部鮮
甲二万餘落鎮朔方太祖末屈子龍昇殺沒弈于
而并其眾僭稱大夏天王號其支庶為鐵伐氏云其宗族剛
乃悔之屈子恥姓鐵伐遂改為赫連氏自云徽
銳如鐵比代人劉裕攻長安屈子聞而喜曰
姚泓豈能拒裕裕必滅之待裕去後吾取之如
拾遺耳於是秣馬屬兵休養士卒及裕擒泓留

子義真守長安屈子代之大破義真積人頭為
京觀號曰髑髏臺遂僭稱皇帝於灞上號年為
昌武定都統万勒銘城南頌其功德以長安為
南都性憍虐視民如草芥蒸土以築都城鐵錐
刺入一寸即殺作人而并築之所造兵器匠呈
必死射甲不入即斬弓人如其入也便斬鎧匠
凡殺工匠數千人常居城上置弓劒於側有所
嫌忿手自殺之羣臣忤視者鑿其目笑者決其
唇諫者謂之誹謗先截其舌而後斬之議廢其
長子璝璝自長安起兵攻屈子屈子中子太原
公昌破璝殺之屈子以昌為太子始光二年屈
子死昌僭立

昌字還國一名折屈子之第三子也既僭位改
年永光世祖聞屈子死諸子相攻關中大亂於
是西代乃以輕騎一万八千濟河襲昌時冬至
之日昌方宴饗羣臣師奄到上下驚擾世祖駐車
黑水去城三十餘里昌乃出戰世祖奮擊之
昌退走入城未及開門軍士乘勝入其西宮焚

其西門夜宿城北明日分軍四出略居民殺獲數萬生口牛馬十數萬頭萬餘家而還後昌遣弟定與司空奚斤相持於長安世祖乘虛西伐濟君子津輕騎三万倍道兼行羣臣咸諫曰統万城堅非十日可拔今輕軍討之進不可克退無所資不若步軍攻城一時俱往賊必懼而堅守若攻不時拔則食盡兵疲外無所掠非上策也朕以輕騎至其城下彼先聞有步軍而徒見騎至必當心閑朕且羸師以誘之若得一戰擒之必矣所以然者軍士去家二千里復有黃河之難所謂置之死地而後生也以是決戰則有餘攻城則不足遂行次于黑水分軍伏於深谷而以少眾至其城下昌將狄子玉來降說昌使人追其弟定定曰城既堅峻未可攻拔待後徐往內外擊之何有不濟昌以為然乃退軍城北示昌以弱遣永昌王健乃娥清等分騎五千西掠居民

會軍士罪亡入昌城言官軍糧盡士卒食菜輜重在後步兵未至可擊之為便昌信其言引眾出城步騎三万司徒長孫翰等言昌昆陳難陷宜避其鋒且縱步兵一時奮擊世祖曰不然遠來求賊恐其不出今避而不擊彼奮我弱非計曰崔浩叱之世祖乃分騎為左右以掎之世祖墜前行會有風起方術官趙倪勸世祖更待後舒陳為翼且行六里世祖衝之賊陳不動稍復也遂收軍偽北引而疲之昌以為退鼓譟而前馬賊已逼接世祖騰馬刺殺其尚書斛黎文殺騎賊十餘人流矢中掌奮擊不輟昌軍大潰不及入城奔於上邽遂克其城初屈孑性奢好治宮室城高十仞基厚三十步上廣十步宮牆五仞其堅可以礪刀斧臺榭高大飛閣相連皆彫鏤圖畫被以綺繡飾以丹青窮極文采世祖顧謂左右曰蕞爾小國而用民如此雖欲不亡其可得乎後侍御史安頡擒昌世祖使侍中古弼迎昌至京師舍之西宮門內給以乘輿之副又

詔昌尚始平公主假常忠將軍會稽公封爲秦
王坐謀反伏誅

昌弟定小字真獸屈子之第五子凶暴無賴昌
敗定奔於平涼自稱尊號改年勝邑定發陰槃
山望其本國泣曰先帝以朕承大業者豈有今
日之事乎使天假朕年當與諸卿建本興之業
俄而有群狐百數鳴於其側定卽射之無所獲
定惡之曰此亦大不祥咄咄天道復何言哉與
劉義隆連和遙分河北自恒山以東屬義隆恒
定之定又將數万人東擊歸世祖親率輕騎襲平
涼定救平涼方陳自固世祖四面圍之斷其水
草定不得水引衆下原詔武衛將軍丘眷擊之
衆潰定被創單騎遁走收其餘衆乃西保上邽
神䴥四年爲吐谷渾慕璝所襲擒定送京師伏
誅

徒何莫容廆字弈洛環其本出於昌黎曾祖莫
護跋魏初率諸部落入居遼西從司馬宣王討

平公孫淵拜率義王始建國於棘城之北祖木
延從毌丘儉征高麗有功加號左賢王父涉歸
以勳進拜鮮卑單于遷邑遼東涉歸死廆代領
部落以遼東僻遠徙於徒何之青山穆帝之世
頗爲東部之患左賢王普根擊走之乃脩和親
晉愍帝拜廆鎮軍將軍昌黎遼東二國公平
文之末廆復侵東部擊破之王浚稱制以廆爲
散騎常侍冠軍將軍前鋒大都督大單于廆以
非王命所授拒之廆死子元廆代立
元廆小字万年名犯恭宗廟諱元廆既襲弟仁
叛於遼東之平郭與元廆相攻元廆討斬之乃
號年爲元年自稱燕王置官如魏武輔漢故事
石虎率衆代元廆元廆擊走之建國二年帝納
元廆女爲右元廆襲石虎至於高陽掠徙幽冀
二州三万戶而還四年元廆遣使朝貢城和龍
城而都焉元廆征高麗大破之遂入九都掘高
麗王釗父基載其屍幷其母妻珍寶掠男女
五万餘口焚其宮室毀丸都而歸釗單馬遁走

後稱臣於元真乃歸其父屍又大破宇文國地
千里徙其部民五萬餘家於昌黎元真死子儁
統任
儁字宣英既龍襲位號年為元年聞石民亂乃屍
甲嚴兵將為進取之計鑿山除道入自盧龍剋
薊城而都之進剋中山常山大破冉閔於魏昌
廉臺擒之閔太子叡固守鄴城進師攻鄴剋之
建國十五年儁僭稱皇帝置百官號年元璽國
稱大燕郊祀天地十六年遣使朝貢儁自薊遷
都於鄴號年為光壽哥儁死子暐統任
暐字景茂儁之第三子也既僭立號年建熙暐
政無綱紀時人知其將滅有神降於鄴自稱湖
女有聲與人相接數日而去僭晉將桓溫率衆
伐暐至於枋頭暐叔父垂擊走之垂有大功暐
不能賞方欲殺之垂怒奔苻堅堅遣將王猛伐
鄴擒暐封新興侯後拜尚書太祖之七年苻堅
敗於淮南垂叛攻苻丕於鄴暐弟濟北王泓先
爲此地長史聞垂攻鄴亡奔關東收諸馬牧鮮

魏書傳八十二　二十七　宋

甲衆至數千還屯華陰暐乃潛使諸弟及宗人
起兵於外堅遣將軍張永步騎五千擊之為泓
所敗泓衆遂盛自稱使持節大都督陝西諸軍
事大將軍雍州牧濟北王吳王堅遣子鉅鹿
公叡伐泓泓弟中山王沖先為平陽太守亦起
兵河東有衆二萬泓大破叡軍斬叡沖於泓軍
實衝所破棄其步衆率鮮甲騎八千奔於泓軍
泓衆至十餘萬遣使謂堅曰秦為無道滅我社
稷今天誘其衷秦師傾敗將軍可速資備大駕
已定關東可速資備中燕人翼奉皇帝還宗都
臣之家泓當率關中燕人送乘輿復大燕好功
與秦以虎牢為界分王天下永為鄰好不復為
秦之患也堅怒責暐曰卿雖曰書如此卿欲去
奈何因王師小敗猖悖若是泓書如此卿欲去
者朕當相資暐叩頭流血涕泣陳謝堅久之曰
此自三賢之罪非卿之過復其位待之如初命
暐以書招喻垂及泓沖使息兵還長安慰其反

魏書傳八十三　二十八　宋

叛之咎而暐密遣使謂泓曰今秦數已終社稷

不輕勉建大業可以吳王爲大將軍領司徒承

制拜聽吾死問汝便即尊位泓於是進向長

安年號燕興泓謀臣高蓋宿勤崇等以泓德望

後沖且持法苛峻乃殺泓立沖爲皇太弟專制

行事置百官沖去長安二百里堅遣子平原公

暐拒之沖大破暐軍進據阿房初堅之滅燕沖

姊清河公主年十四有殊色納之寵冠後庭沖

年十二亦有龍陽之姿堅又幸之姊弟專寵宮

人莫進長安歌之曰一雌復一雄雙飛入紫宮

咸懼爲亂王猛切諫堅乃出沖及其母卒葬之

以燕后之禮長安又謠曰鳳皇鳳皇止阿房堅

以鳳皇非梧桐不栖非竹實不食乃植桐竹數

十萬株于阿房城以待鳳皇之至沖小字鳳皇

其終爲堅賊乃稽首謝

至旻沖不識義力孤非國恩臣罪應萬死陛下

垂天地之容臣蒙更生之惠臣二子昨婚明當

三日愚欲斬臣變駕幸臣私第堅許之暐出術

士王嘉曰椎蘆作邊條除不成文章會天大雨不

得殺羊言暐將殺堅而不果出而不果與羣臣莫之

能解是夜大雨晨不果出初暐之遣諸弟起兵

於外也謀欲伏兵請堅晨之時鮮卑在城者猶

有千餘人暐令其帥悉羅騰屈突鐵俟等潛告

之曰官今使吾外領舊人悉可於某日會

集某處鮮卑部人突賢之妹爲堅左將

軍竇衝小妻賢與妹別妹請衝留其兄馳入

白堅堅大驚召騰問之騰具首服乃誅暐父子

及其宗族城內鮮卑無少長男女皆殺之凡弟

運　運孫永

永字叔明暐既爲市及堅所并永徙於長安家貧

夫妻常賣靽於市及左將軍苟池大戰於驪

尊號以永爲小將沖與暐爲堅所殺也沖乃自稱

山永力戰有功斬池等數千級堅大怒復遣領

軍將軍楊定率五千精騎二千五百擊沖大敗

之俘掠鮮卑萬餘而還堅悉坑之又敗沖右僕

射慕容恩於灞滻之間定勇善戰沖深憚之

納永計芊馬增以自固遷永黃門郎沖毒暴關
中人民流散道路斷絕千里無煙及堅出如五
將山沖入長安縱兵大掠死者不可勝計初堅
之未亂也關中縱無火而煙氣大起方數十
里月餘不滅堅每臨聽訟觀令民有怨者舉煙
於城北觀中謠曰長鞭馬鞭擊左股太歲南行當
樂煙關中謠曰欲得必存當舉煙
復虜西人呼徒何為曰虜沖果據長安樂之恣
歸且以暴露垂威名鳳著跨據山東憚不敢進

課農築室為父安之計眾咸怨之登國元年沖
左將軍韓延因民之怨殺沖立沖將段隨為燕
王改年昌平沖之入長安王嘉謂之曰鳳皇
皇何不高飛還故鄉無故在此取滅亡沖敗其
左觀為燕容恬與永潛謀襲殺段隨立宜都王
子觀興服御禮樂器物去長安而東以永為武
口乘軍恂弟護軍將軍韜陰有貳志誘觀殺之
衛將軍恂恐去之永與武衛將軍刁雲率眾攻
于臨晉恂恐恐去之求與武衛將軍刁雲率眾攻

朱

韜韜遣司馬宿勤黎逆戰永執而殺之韜懼出
奔佰營恂立慕容沖子望為帝號年建平眾悉
去望奔求求執望殺之立慕容泓之子忠為帝
改年建武忠以求為太尉中尚書令封河東公
至聞嘉知慕容垂稱尊號託以豐晉集築燕
熙城求以自固以雲為大都督大
將軍大單于雍秦梁涼四州牧河東王稱藩於
垂求以符丕至平陽恐不能自固刀道便克求五
假道還東丕不許率眾討求求擊走之進據長

子求憎稱帝號年中興垂攻丕零翟釗於滑臺
釗請救於求求謀於眾尚書郎勃海鮑遵曰徐
觀其敝下莊之舉也中書侍郎太原張騰曰彊
弱殊勢何弊之有不如救之成鼎峙之勢可引
兵趣中山晝多疑兵倍其火彼必懼而還師
我衝其前釗躡其後此天授之機不可失也求
不從釗敗降求求誅之垂遣其龍驤將軍張崇攻
歲餘謀殺求求誅之垂遣其尚書令刁雲率
求弟武鄉公友於晉陽求遣其尚書令刁雲率

朱

眾五萬屯潞川垂停旬月餘不進永乘詭道代
之乃攝諸軍還於大行輒開關入自木井
關攻永從子征東將軍小逸豆歸鎮東將軍
次多於臺壁永遣其從兄太尉大逸豆歸救次
多等於臺壁永規擊破之永率眾五萬與戰於
臺壁南為垂所敗垂奔還長子與城固守太逸
驅部將潛為內應垂勒兵密進永奔北門為前
逸豆歸等三十餘人永所統新舊民戶及服御
圖書吳珍玩寶垂盡獲之

垂字道明元真第五子也其見寵愛常自而謂
諸弟曰此兒闊達好奇終能破人家或能成人
家故名霸字道業恩踰於儔故儁不能平
之及即王位以垂墜之尋以讒記之文乃去夫以
鄴為名焉年十三為偏將所在征伐勇冠三軍
儁平中原垂為前鋒累戰有大功及僭尊號拜
黃門郎出為安東冀州牧封吳王以侍中右禁衛將

軍錄留臺事鎮龍城大收東北之和歷位鎮東
平州征南大將軍荊兗二州牧司隸校尉以車
騎大將軍敗桓溫於枋頭威名大震不容於暐
西奔苻堅堅甚重之拜冠軍將軍封賓都侯堅
敗於淮南入於垂軍子寶勸垂殺之垂以堅遇
之厚也不聽行至洛陽請求拜墓許之遂起兵
攻苻丕於鄴乃引漳水以灌之不沒者尺餘丁
零翟斌怨垂使人夜往決堰水潰故鄴不拔垂
稱燕王置百官年號燕元引師去鄴開苻丕西
歸之路丕固守鄴城請援於司馬昌明垂怒曰
丕困吾縱之不能去方引南賊規固鄴都不可
置也乃復進師丕乃棄鄴奔并州垂以兄子魯
陽王和為南中郎將鎮鄴垂定都中山啟國元
年垂僭稱大位號年為建興建宗廟社稷於中
山盡有幽冀平州之地垂遣使朝貢三年太祖
遣九原公儀使於垂又遣使朝貢四年又遣
遣陳留公虔使於垂又遣使朝貢五年又遣
王觚使於垂留觚不遣遂絕行人垂議討慕

容永太史令靳安言於垂曰彗星經尾箕之分
燕當有野死之王不出五年其國必三歲在鶉
火必克長子垂乃止安出而謂人曰此眾疣而
終不能久安意蓋知太祖之興也而不敢言先
是丁零翟遼叛垂垂乃後遣使謝罪垂與相擊
自號大魏天王有眾數乃屯於滑臺劍希長子
遼死子劍代之及垂征冦希長子垂議
征長子諸將咸諫以永國未有冦連歲征役士
卒疲怠請待他年垂將從之垂弟司徒范陽王
德固勸垂征垂曰司徒議與吾同一人同心其
利斷金吾計決矣且吾投老叩囊底智足以克
之不復留逆賊以累子孫垂率步騎七万伐永
冦之十年垂遣其太子寶求寇時太祖幸河南
宮乃進師臨河築臺于津奮揚威武連旌公河
東西千有餘里是時陳留公虔五万騎在河東
要山截谷六百餘里以絶其後略陽公遵七万
騎在河北以承其後略陽公遵七万騎塞其南
路太祖遣捕寶中出行人二三盡擒馬步無脫

寶乃引舡列兵亦欲南渡中流大風至起漂寶
舡數十艘泊南岸擒其將士三百餘人太祖悉
賜衣服遣還始寶之來垂已有疾自到五原太
祖斷其行路父子問絕太祖乃詭其行人之辭
令臨河告之曰汝父已死何不遠還寶至幽州
憂怖以為信然於是士卒駭動往往間言皆欲
為變初寶至幽州其所乘車軸無故自折占工
靳安以為大凶固勸令還寶怒不從至是問安
安對曰今天變人事咎徵已集速去可免寶通
故不設斥候十一月天暴風寒冰合太祖進軍
癈河留輜重簡精銳二万餘騎急追之晨夜兼
行暮至參合陂西寶在陂東營兵蟠羊山南水
上靳安言於寶曰今日西北風勁足追寶乃使人
之應宜設警備兼行速去不然必危寶乃使人
防後先不撫循軍無節度將士莫為盡心行十

大恐安退而告人曰今皆將死於他鄉尸骸委
於草野為烏鳥蟻蟻所食不復見矣冬十月

三十四　三十六

10-1226

餘里便皆解董寢臥不覺大軍在近前驅斥候
見寶軍營還告其夜太祖部分眾軍相援諸將
羅落東西為掎角之勢約勒吉卒束馬口銜枚
無聲昧爽衆軍齊進日出登山下臨其營寶衆
晨將東引顧見軍至遂驚擾奔走太祖縱騎騰
躡大破之有馬者皆蹀倒冰上自相鎮壓死傷
者万數寶及諸父兄弟單馬进散僅以身免於
是寶軍四五万人一時放仗斂手就羈矣其遺
逃去者不過千餘人生擒其王公文武將吏數
万計華復欲來寇太史曰太白夕没西方數日
後見東方此為躁兵先舉者亡垂不從鑿山開
道至寶盡前敗所見積骸如丘設祭弔之死者父
兄子弟遂比目嘷哭聲震山川華斬於嘔血發病
而還之死於上谷寶僧立

寶字道祐小字庫勾垂之第四子也少而輕果
無志操好人侫已及為末子砥礪自修朝士翁
然稱之垂亦以為克保家業垂妻段民謂垂曰

寶資質雍容柔而不斷承平則為仁明之主處
難則非濟世之雄今託之以大業未見克昌之
美遼西高陽見之賢者宜擇一以樹之趙王麟
姦詐負氣常有輕寶之心恐必難作自家事
宜深圖之垂弗納寶聞之深以為恨寶既僭位
年號永康遣麟逼其母段氏曰后常謂主上
不能繼守大統今音能不宜早自裁以全段氏
段氏怒曰汝兄弟尚逼殺母安能保社稷五且
惜死念國滅不父耳遂自殺寶議以后諫廢嫡
統無毋后之道不宜成喪尊臣咸以為然寶中
書令畦遂執意抗言寶從而止皇始元年太祖
南代及克信都寶大懼太祖軍於栢肆寶夜來
犯營太祖擊破之寶走還中山率万餘騎奔術
寶子清河王會先守龍城聞寶敗圍遠來赴難
逢寶於路寶分奪其軍以授弟遼西王隆勸寶
怒龍鼓農傷之農弟高陽王隆會農等會其獲
會勤兵攻寶寶走龍城會追圍之
襄敗會會奔中山寶命雲為子封久陽公會至

中山為慕容晉隣所殺寶率眾自龍城而南將
攻中山眾憚征逃潰寶還龍城垂舅蘭汗拒之
寶南走本薊汗遣使誘迎寶還龍城汗垂之將南弁叔
父范陽王德聞德稱制退潛辟陽汗復遣迎寶
都督大單于昌黎王號年青龍以盛子壻哀而
乃還龍城汗殺之及子弟等百餘人汗自稱大
寶以汗垂之舅子盛又汗之壻也必謂無二
宥之

盛字道運寶之長子也垂封為長樂公歷位散

騎常侍左將軍寶既僭立進爵為王拜征北大
將軍司隸校尉尚書左僕射蘭汗之殺寶也以
盛為侍中左光祿大夫盛乃閒汗兄弟使相疑
宄李旱衛雙劉志張具等比見盛之舊昵汗子
穆並引為腹心盛要結旱等因汗穆等酒醉夜
襲殺之餱僭尊號改年為建平又號年為長樂盛
改稱庶民大王盛以寶閤而不斷遂峻極威刑
纖介嫌已莫不裁之於未萌防之於未兆於是
上下震局人不自安雖忠誠親戚亦兼懷離貳

前將軍段璣等夜漩潰禁中鼓譟攻盛盛聞變起
率左右出戰眾皆披甲俄有一賊閤中擊盛傷
之遂董昇殿申約禁衛衛召叔父河間公熙屬之
未至而盛死

熙字道文小字長生垂之少子也羣臣與盛伯
母丁氏議以其家多難宜立長君遂廢盛子定
迎熙而立之熙立殺定年號光始築龍騰苑廣
袤十餘里役徒二万人起景雲山於苑內基廣

五百步高十七丈又起逍遙宮甘露殿連房數
百觀閣相交鑿天河渠引水入宮又為妻苻氏
鑿曲光海清凉池夏暑不得休息賜死者
太半熙遊于城南止大柳樹下若有人呼曰大
王曰止熙惡之伐其樹下有蛇長丈餘熙盡殺
寶諸子改年為建始又為其妻起承華殿殺
於此門土與穀同價典軍杜靜載棺詣闕上書
極諫熙大怒斬之熙妻嘗季夏思凍魚鱠仲冬
須生地黃下有司切責不得加之以大辟其
虐也如此及苻氏死熙擁其屍而撫之曰體已

就令遂斷矣於是僵仆絕息久而乃蘇悲號
拚踴斬襄食粥大歒之後復啟而交接制百官
哭臨沙門素服令有司案檢有淚者為忠孝無
淚者罪之於是羣臣震懼莫不含辛以為淚焉
及葬熙被髮徒跣步從輴車高大毀城門而出
長老相謂曰慕容氏自毀其門將不入矣中衞
將軍馮跋兄弟閉門拒熙執而殺之立夕陽公
雲為主

雲寶之養子復姓高氏年號正始跋又殺雲曰
〔魏傳八十三〕〔甲二〕〔劉仲仲〕

立雲之立也熙幽州剌史上庸公慕容懿以遼西
歸降太祖以懿為征東將軍平州牧昌黎王後
坐反伏誅元眞少子德
德字玄明雅為兄垂所重桓溫之至枋頭也德
與垂擊走之符堅滅暐以德為張掖太守垂稱
尊號封為范陽王拜車騎大將軍司祿校尉尋
遷司徒寶既即位拜德為丞相寶既拔中
走羣寮勸德稱尊號德不從皇始二年既
山太祖遣備王儀攻鄴德率戶四萬南走滑臺

自稱燕王號元年為燕元置百官德冠軍將軍符
廣叛於乞活畢德留兄子和守滑臺盡衆攻廣
斬之而和其給事黃門侍郎張華勸德取彭城
乃謀之其尚書潘聰曰青齊沃壤號曰東秦土
而據之其南海王
方二千里戶餘十萬四塞之固負海之饒可謂
用武之國冝攻取據之以為關中河内也德從
之引師克薛城徐兗之民盡附之以其南海王
〔三司四〕〔魏傳八十三〕〔四十二〕〔劉〕

法為兗州剌史鎮梁父進克苦呂城以潘聰為徐
州剌史鎮莒城比伐廣固司馬德宗幽州剌史
辟閭渾聞德將至徙民八千餘戶入廣固遣司
馬崔誕率十餘人應薄荀固平原太守張豁屯
柳泉誕諂皆承遵子降德渾懼攜妻子比走
德追騎斬之渾少子道秀自歸請與父俱死德
曰渾雖不忠而子能孝其特赦之德入都廣固
僭稱尊號號年建平女水竭德聞而惡之因而
寢疾兄子超請祈女水德曰人君之命豈女水
所知超固請終不許立超為太子德死超懼立

超字祖明德兄比海王納之子也既僣位號年

六上超青州刺史北地王鍾兗州刺史南海王

法等起兵叛超超悉平之超南郊柴燎熖起而

煙不出靈臺令張光告人曰今火盛而煙滅國

其亡乎天賜五年司馬德宗將劉裕伐超超將

公孫五樓勸超拒之於大峴超拒之於大峴將

以鐵騎蹙之此成擒也太尉桂林王鎮曰若如

聖旨必須平原用馬便宜出峴逆戰戰而不勝

猶可退守不亘縱敵自貽寇逼臣以為天時不

如地利拒之大峴策之上也超不從出而告人

曰主上酷似劉璋今年國滅吾必死之超收鎮

下獄裕入大峴超拒之於臨朐乃赦鎮而謝之

超戰於臨朐胸為裕所敗退還廣固裕圍之廣

固兒夜哭有流星長十餘丈隕于廣固城蘆渚

執超送建康市斬之

臨渭氐苻健字建業本略陽臨渭祖懷歸為

部落小帥父洪字廣世洪之生也隴石霖雨百

姓苦之時有謠曰雨若不止洪水必起故名之

曰洪年十二而父死為部帥羣氐推以為盟主

劉曜拜洪為寧西將軍率義侯徙之高陸進為

氐王石虎平素隴表石勒拜冠軍將軍率賜冠

又從之枋頭遷光烈將軍進爵為侯騎運冠軍

大將軍進封西平公討平梁犢之亂秦雍徙民

軍開府儀同三司略陽公閔之亂秦雍徙民

西歸憑洪洪為主衆至十餘萬自稱大將軍大

于三秦王既而為其將麻秋所鴆死謂健曰

關中周漢舊都形勝之國進可以一同天下退

不失保全秦雍五死之後便可鼓行而西健從

健初名罷字世建又避石虎外祖張罷罷之名故

改焉健便弓馬善於事人石虎深愛之歷位靈

軍校尉鎮軍將軍時兄杜洪竊據長安關中

雄傑皆應之健密圖關中懼洪之知也乃繕宮

室於枋頭課民種麥示無西意既而自稱征西

大將軍雍州刺史將軍盡衆西行至盟津起浮橋以

濟遣弟輔國將軍雄率步騎五千入自潼關兄子

揚武將軍菁率衆七千自軹關入河東執菁手

曰若事不捷汝死河北我死河南不及黃泉無
相見也濟訊焚橋自統大衆繼雄而進杜洪遣
將軍張光逆健于潼關雄擊破之洪盡召關中
之衆必拒健健聞而筮之遇泰之臨健曰小往
大來吉亨昔往東而小今還西而太吉軏大爲
諸君知不此則漢祖屠秦之機也健驅至長
安杜洪率衆伐長安次于灞上健弟雄擊溫破
天王號年皇始國號大秦置百官健尋自稱皇
帝桓溫率衆伐長安次于灞上健弟雄擊溫破
之溫乃引衆東走健遣其太子萇追溫比至潼
關九敗之萇亦爲流矢所中死關中大飢蝗虫
生於華澤西至隴山百草皆盡牛馬至相敢毛
虎狼食人行路斷絕十八年健死子生僭立
生字長生健之第三子也幼而麤暴昏酒無賴
祖洪甚惡之生無一目年七歲洪戲之問侍者
曰吾聞瞎兒一淚信乎侍者曰然生怒引佩刀
自刺出血曰此亦一淚也洪驚引鞭之生曰性耐刀
稍不堪鞭捶洪曰汝爲兒不已吾將以汝爲奴

生曰可不如石勒也洪懼跌而掩其口謂健曰
此見狂敎宜早除之不然長大必破人家健將
殺之雄止之曰見長成自當修改何至便如此
健乃止及長力舉千鈞雄勇好殺手格猛獸走
及奔馬擊刺騎射冠絕一時初健之長子死生
母強氏意在少子號壽光雖有三羊五眼之言
故立之生既僭立號年壽光雖有三羊五眼之言
若彎弓露刃以見朝臣鍾鉗鋸鑿備置左右在
位未幾皇后妃公卿下至僕隸殺五百餘人朝饗羣
臣酣飲奏樂生親歌以和之命其尚書令辛牛
行酒旣而生怒曰何不彊酒猶有坐者引弓射
牢而殺之於是百僚大懼無不引滿汙服失冠
生以爲樂之於是百僚大風或稱賊至宮門晝閉五日
生鑿其頂而殺之虎狼大暴從潼關至于長安
乃止生推告賊者刺出心胃生男彊平切諫
晝則斷道夜則發屋不食六畜專以害人自其
元年秋至于二年夏虎殺七百餘人民廢晨桑
內外恟懼其臣奏請禳災生曰野獸飢則食人

飽常曾自止終不累年為患也天將助吾行誅以
施刑教但勿犯罪何為怨天生如阿房遇人共
妹行者逼令為淫固執弗從生怒殺之其尚書
僕射賈玄石形貌美偉生與妻樓上輦見玄石
在庭中妻見此何人也生曰汝欲得也乃誅玄
石生既朓其目食東乃殺之常從輦上溲便輦程延診脈
為知吾食東多無他疾也生曰病使太醫程延診
延曰陛下食東多至旦病使太醫程延診脈
天雨生既朓其目所譖者不足不具少無缺傷

三十四　魏傳八十三　四十七　潘祐

殘毀偏隻之言此曰不得道左右忄巳而死者不
可勝紀太白犯東井其臣奏曰東井秦也太白
洛門東是月生以謠言毆封也時為龍驤將軍宅在
東海大魚化為龍男便為王女為公門在何所
渴耳何所怡平初生黃髮天魚食蒲又長安謠曰
二十八人東海符毆封也故為龍驤將軍宅在
洛間之東又謠曰百里壑空城鬱攸攸何青青瞎
人不知法仰不見天星於是足悉壞諸空城以襄

之法是符法也生耽湎於酒無復晝夜　臣朝
謁漏盡請見生曰曰知盡平湏待飲訖因醉問
左右曰吾統天下已來汝等何所聞平或對曰
聖明宰世子育百姓罰必有罪賞必有功天下
唯歌太平未聞有怨生曰汝媚吾也引而斬之
他日又問或對曰陛下刑罰微過生曰汝謗吾
也亦殺之使宮人與男女倮交於殿前引羣臣
臨而觀之或生剝牛羊驢馬活燖雞豚鵝鴨數
十為羣放之殿下剝人面及令其歌舞勳舊親

三十七　魏傳八十三　四十八　潘祐

戚殺害略盡王公在者以疾告歸得度一日如
過十年至於截脛刳胎鋸頸者動有數
生夜對侍婢曰阿法兄弟亦不可信明嘗陸之
旦而侍婢以告法與弟堅率壯士數百人入雲
龍門宿衛者皆曰捨仗歸堅堅廢生為越王俄而殺
之

堅字永固一字文玉雄第二子也既殺符生以
位讓其兄清河王法法固以推堅於是去皇帝
之號僭稱天王號年永興以法為丞相東海公

尋以疑忌殺之改年為甘露時建國二十二年
也堅從弟賈公柳反於蒲坂魏公庾反於陝燕
公武反於安定堅遣公雙反於上邽皆討平
之慕容垂本於堅弟趙公雙反於上邽皆討平
猛伐鄴堅親率大眾以繼之克鄴擒慕容暐堅
八年改為建元堅遣使牛恬朝貢使尚書令王
使其右將軍苟萇西伐涼州降張天錫遣其子長樂
衛將軍苟萇西伐涼州降張天錫遣其子長樂武
公丕攻克襄陽堅觀其史書見毋苟氏通李威
之事懃怒乃於其書壓南伐司馬昌明我卒六
城涼州兵始達咸陽蜀漢之軍順流而下幽冀
千萬騎二十七萬前後千里旗鼓相望堅至項
之眾至于彭城東西萬里水陸齊進溏運萬艘
自河入石門達于汝穎堅弟陽平公融攻壽春
克之融馳使曰賊少易俘但懼越逸宜速
進軍堅大悅捨大軍曰賊少易俘但懼越逸宜速
之堅與融登城望昌明將謝石軍又望八公山
上草木皆類人形顧謂融曰此亦勁敵也何謂

少乎憮然有懼色謝石欲戰苻融陳逼肥水石
遣使謂融曰君若小退師令將士周旋僕與君公
緩轡而觀之不亦美也融亦以麾軍卻陳欲因其
濟覆而取之軍遂乘勝追擊至于青岡死者相枕堅
軍大敗謝石之軍遂奔退制之不可止融馳馬倒見殺
單騎遁還淮北初謠言曰堅不出項羣臣勸堅
項為六軍聲鎮堅不從諸軍悉潰唯其冠軍慕容
垂一軍獨全堅以千餘騎起之收集離散比至洛陽
眾十餘萬行未及關垂有貳志說堅請巡撫
燕代井求拜墓許之垂遂殺堅驍騎將軍石越
鎮軍將軍毛當引零之眾攻堅子長樂公丕於
鄴慕容泓沖起兵華澤堅遣子叡暉前後擊沖
為泓所敗長安鬼夜哭三旬沖又擊殺堅將姜宇
於灞上遂屯阿房進逼長安堅登城觀之歎曰
此虜何從而出其彊若斯大言冒沖曰小董羣
奴正可牧牛羊何為送死沖曰奴則奴矣既厭
奴苦取介見代堅遣使送錦袍一領遺沖使者
稱有詔古人兵交使在其間卿遠來草創得無

燃平今送一袍以明本懷朕於卿恩分如何而
於一朝忽爲此變沖命麾事登之亦稱皇太弟
有分孤令心在天下豈顧一袍小惠苟能知命
便可君臣束手早送皇帝自當寬貸符氏以酬
襄好終不使既往之事獨美於前堅大怒曰朕
不用王景略陽平公之言使白虜敢至於此長
攻長安有羣兇數萬鳴於長安城上其聲甚悲
安天飢人民相食姚萇叛於此地與沖連和合
占者以爲不終年有甲兵入城之象毋夜有人
又謠曰堅入五將山長得堅大信之告其太子
永道曰天或導余脫如謠言留汝兼慇政勿
與賊爭利吾當出隴收兵運粮以給波天其或
者正訓子也遣其衛將軍楊定擊沖於城西爲
沖所擒堅彌懼付永道以後事率騎數百出如
五將宣告州郡期救長安月餘永道尋將毋妻
宗室男女數千騎出奔武都遂假道入司馬昌

周城大呼曰楊定健見應屬我宮殿臺觀應坐
我父子同出不共澄遣尋求不見人跡先是

明慕容沖入據長安堅至五將山姚萇遣其將
吳忠圍之堅衆奔散獨左右十數人神色自若
坐而待之召宰人進食俄而兵至執堅及其夫
人張氏與少女寶錦送〔諧〕姚萇萇因之將焉
堅自以平生遇萇厚忿之厲聲大罵謂張氏曰
嘗令羌奴辱吾兒於其殺寶錦姚萇乃縊堅於
新平佛寺後爲劉裕所誅永道名犯高祖廟諱
梁州刺史後爲劉裕所誅永道名犯高祖廟諱
堅子丕字永叔堅以爲征東將軍冀州牧封長
樂公鎮鄴爲慕容垂圍逼丕乃去鄴率男女六
萬餘口進如潞川堅驃騎將軍張蚝并州刺史
王騰迎丕入據晉陽堅既爲姚萇所殺太祖九
年丕乃惜稱尊號改年太安先是王猛子幽州
刺史永亦率衆赴之丕以永爲司徒錄尚書事
張蚝爲司空王騰爲司隸傳檄遠近率衆多應
丕留王騰守晉陽楊輔守壺關率衆四萬進據
平陽將討姚萇而慕容永請假道東歸丕弗許
怒曰永乃我之馬將首亂京畿禍傾社稷承凶

繼逆方謀逃歸是而可忍孰不可恕使其丞相
王永討之戰于襄陵永大敗死之眾離散率
騎數千南奔東垣為司馬昌明將馮該所殺
丕族子登字文高鱗險不脩細行故堅令坐事黙
也長而折節頗覽書傳堅以為長安令弗之奇
為狄道長及關中起兵奔於枹罕葷氏殺河州
牧毛興推衛平為安西將軍河州刺史平以登
為長史既而枹罕諸氏以衛平年老議欲廢之
而憚其宗彊連日不決氏有啖青者謂諸將曰
大事宜定東討姚萇不可猶豫一旦事發返為
人害諸君但請衛公會集眾將青抽劍而前曰
衆咸以為然因大饗青諸君速決之
不足以成大事狄道長符登雖王室踈屬請興
立之於是推登為使持節都督隴右征羌諸軍
事撫軍大將軍雍河二州牧略陽公率眾五万
東下隴據南安馳使請命丕以登為征西大將
軍開府儀同三司南安王餘因其所稱而授之
後與姚萇戰于胡奴阜大破之丕死登國元年

三·廿三　魏書傳八十三　五十三　潘佐

登僭稱尊號於隴東號年太初置百官立堅神
主於軍中載以輜輧羽葆青蓋建黃旗虎賁之
士三百人以衛之每戰必告繕甲治兵引師而
東皆刻鎔鐵為死休字亦以戰死為志毋戰以
長子鉤刃為方圓大陳有厚薄從中分配故
人自為戰所向無前登每圍長營四面大哭哀
聲動人大呼曰殺君賊姚萇出來吾與汝決何
為枉殺人乎無辜甚長憚而不應登進攻安定襲其
輜重獲登妻毛氏將毛氏哭罵曰登何
聞姚萇死喜曰姚興小兒吾將折杖以笞之乃
盡眾而東以趣廢橋與將尹緯據橋待之爭水
不得為緯所敗奔於平涼入馬毛山姚興攻之
登戰死
子崇奔於湟中僭稱尊號改年延初尋為乞
伏乾歸所殺
羌姚萇字景茂出於南安赤亭燒當之後也祖
柯回助魏將絆姜維於沓中以功假綏戎校尉
西羌都督父弋仲晉永嘉之亂東徙榆眉劉曜

三·廿九　▲魏書傳八十三　五十四　潘佐

以弋仲為平西將軍平襄公烈帝之五年弋仲
率部眾隨石虎遷于清河之灄頭勒以弋仲為
奮電武將軍封襄平公昭成時弋仲死子襄代為
於譙城將軍封平公為豫州刺史弋仲死子襄代屯
淮南自稱大將軍大單于為司馬眉所殺弋仲有子四十二
敗奔於河東後為苻眉所殺弋仲有子四十二
人長第二十四隨兄襄征代襄其奇之襄多敗
也襄率子弟降於苻堅從堅征代頻有戰功歷
甯幽死三州刺史封益都侯邑五百戶苻堅伐

司馬昌明以長為龍驤將軍督益梁州諸軍事
謂長曰朕本以龍驤建業龍驤之號初未假人
今特以相授山南之事一以委卿堅左將軍竇
衝進曰王者無戲言此將不祓之徵也惟陛下
察之堅默然又慕容泓起兵華澤堅遣子衛大
將軍叡討之戰敗為泓所殺時萇為叡司馬懼
罪奔馬牧聚眾方餘自稱大將軍大單于與萬年
秦王號年昌雀數月之間眾至十餘萬與慕容
沖連和進屯北地苻堅出至五將山長執而殺

魏書傳八十三　五五　嚴

之登國元年僭稱皇帝置百官國號大秦年曰
建初改長安曰常安以其太子興鎮長安自擊
苻登安定敗之萇病夢苻堅將天官使者鬼兵
數百突入營中萇懼走後宮人迎萇刺鬼誤
中萇陰鬼相謂曰正中萇死處拔子出血石餘語
而驚悸遂患陰腫醫刺之出血如夢萇乃狂言
或稱臣或稱萇長子興龍衰位祕不發喪
枉臣萇死子興殺陞下者兄襄菲臣之罪願不
興字子略萇長子也既滅苻登乃發喪行服曆

稱皇帝於槐里號年皇初天興元年興丟皇帝
之號降稱天王號年洪始興克洛陽以其弟東
平公沒弈干干葉部眾率數千騎與赫連屈孑
平公沒弈干追至於瓦亭長安震懼興大興道寇
奔於秦州追至於瓦亭長安震懼興大議為寇
獲鎧馬六万匹乾歸降於興興太祖遣軍模興高
射張濟使於興興又大破乞伏乾歸遂入抱罕
其臣咸以為不可興不從天興五年夏興道其
弟義陽公平率眾四万侵平陽攻乾壁六十餘

魏書傳八十三　五六

目壁中衆少失井乃陷之六月太祖將討平遂

毗陵王順等三軍六萬騎為先鋒七月車駕親

征八月次於永安平募遣勇將率精騎二百闞

軍為太祖前鋒將長孫肥所擒匹馬不返平遂

退走太祖急追及於柴壁平因守固太祖圍之

興乃悉舉其衆救平太祖聞興與將至增築重圍

內以防平之出外以距興之入又截汾曲為南

北浮橋乘西岸築圍太祖以步騎三萬餘人渡

蒙坑南四十里逆擊興興晨行比引未及安營

太祖軍卒至興衆怖擾太祖詔毗陵王順以精

騎衝擊獲興用騎數百斬首千餘級興退南走

四十餘里太祖引還平竟不敢出但使人燒圍

數百步而巳太祖知興氣沮挫乃南絕蒙坑之口

東杜新坂之險守天度屯賈山令平水陸路絕

將坐甲而擒之太祖又緣汾屯帶岡樹柵數十里

以僑擄牧者九月興從汾西北下憑㮣嶮為固以

自固興又將數千騎乘西岸闚視太祖營東栢

材從汾上流下之欲以毀橋官軍鈎取以為新

〔魏書傳八十三〕　三六四　　五三七　宋元

蒸興還國太祖度其必攻西圍乃命修斬增廣

之至夜興果來攻梯短不及棄之斬中而還又

分其衆臨汾為壘叩遍水門與平相望太祖因

截水中興與內外隔絕於是平相望烽鼓

急夜悉衆將突西南而出興喪氣列兵於汾西舉烽鼓

謀為平接援太祖簡諸軍精銳屯汾西固守南

橋絕塞水口興夜聞聲望平力戰突免平聞外

鼓望興攻圍引夜間聲望虛相應和莫敢通

圍平引不得出窮迫乃將二妾赴水而死興安

遠將軍不蒙世揚武將軍雷重等將士四十餘

人隨平投水太祖令泗水鈎捕無得免者平衆

三萬餘人皆斂手受執擒興當書右僕射狄伯

支越騎校尉唐小方積弩將軍康猩興從子伯禽巳下

軍雷星軍康官比中郎將康獯興從子伯禽巳下

四品將軍已上四十餘人與遠來赴救自觀其

窮力不能勉舉軍悲號震動山谷數日不止頻

遣使請和太祖不許乃班師興還長安有雀數

乃頭闞於興廟毛羽折落多有死者月餘乃止

〔魏傳八十三〕　二九四　　五三八　宋元

識者曰今雀闘廟上子孫當有爭亂者平文興
殿有聲如牛吼有二狐入長安二登興殿屋走
入宮二入于市求之不得先是譙縱略有益寧
之地僭稱尊號遣使稱蕃於興興以縱爲蜀王
加九錫永興三年興遣周寶朝貢五年興遣使
朝貢井請女太宗興遣周寶朝貢五年興遣使
寵委之朝政興疾篤長子泓侍疾於中弼侍黨
數千人候興死欲殺泓自立興諸子姪外鎮者聞
之皆起兵討弼興疾廖不忍誅弼免官而已神
瑞元年興遣兼散騎常侍尚書吏部郎嚴康朝
貢二年興遣散騎常侍東武侯姚敞尚書姚泰
奉其西平公主於太宗帝以后禮納之興後以
弼爲中軍大將軍配兵三万屯於渭北興時又疾
甚弼遣其黨姚武伯等率衆攻端門泓時侍疾
遣兵拒之興力疾臨前殿殺弼黨弼黨乃散常
元年興死泓惜立

泓字元子興之長子也既惜位號年永和赫連
屈孑攻泓秦州又剋安定遂據雍城司馬德宗

將劉裕伐泓裕遣將檀道濟至洛陽泓弟陳留
公洸以城降泓弟太原公懿及於蒲坂泓從弟
齊公恢反於嶺北皆與兵伐長安泓既有內難
裕遂長驅入關泓戰敗請降送於建康市斬之
略陽氏呂光字世明本出略陽父婆樓將堅太
尉光年十歲遊戲好戰陳之法爲諸見所推身
長八尺四寸肘有肉印從王猛征討稍遷破虜
將軍堅以光爲驍騎將軍率衆七千討西域
經諸國莫不降附光至龜玆王帛純拒之西域
諸胡救帛純者七十餘万人光刀結陳爲勾鎖
之法戰於城西大破之斬級万餘帛純逃走降
者三十餘國光以駞二千餘頭致外國珍寶及
奇伎異戲殊禽怪獸千有餘品駿馬万餘匹而
還符堅涼州刺史梁熙遣兵拒之光擊破熙軍
遂入姑臧斬熙自署護羌校尉涼州刺史梁熙
初又自稱使持節大都督大將軍涼州牧酒泉
公主簿尉祐軒使淺薄光寵任之謀誅姚皓尹
景等名士十餘人於是遠近失望人懷離貳四

年光私稱三河王遣使朝貢置官自丞郎已下

猶攝州事號麟嘉元年皇始初光僭稱天王置

百官改號龍飛立子紹爲太子遣使朝貢光疾

甚立紹爲天王自號太上皇帝光死長子纂殺

紹僭立

纂字永緒既自立號咸寧元年纂弟大司馬洪

房曇對曰先帝始朋太子以幽逼致殂山陵甫

兵大掠纂笑謂左右曰今日之戰何如纂侍中

名犯顯祖諱以猜忌不容起兵攻纂纂殺之縱

自取夷滅亦由陛下無棠棣之義且洪妻陛下

訖大司馬疑懼肆逆京邑交兵友于接刃雖洪

之乃收洪妻子纂昏虐任情遊田無度耽荒酒

爲婢妾天地神明豈忍見此因獻欷流涕纂謝

弟婦也洪女陛下之姪女也奈何使小人汙辱

色與左右因醉馳獵於坑澗之間或有諫者纂

皆不納又性多猜忌忍於殺戮纂從弟超殺纂

纂弟緯單馬入城超殺之而立其兄隆

隆字永基光弟寶之子也初超讓位於隆隆難

之超曰今猶乘龍上天當得中下乃僭位改神

鼎元年超使纂妻楊氏及待婢數人殉纂於城

西超慮楊持珍寶出使人搜之楊氏責超曰郎

君兄弟相圖新婦且久死何用金寶何爲

超慙而退楊氏國色超將妻焉謂其父桓曰后

若自殺禍及卿宗桓以告之楊氏曰大人本賣

女與氐以圖富貴一之以甚復可使女厭於二

氏乎乃自殺沮渠蒙遜傳檀頻來攻擊河

西之民不得農植穀價勇貴斗直錢五千文人

相食餓死者千餘口姑臧城門晝閉樵採路斷

民請出城乞爲夷虜奴婢者日有數百隆恐沮

動人情盡坑之於是積屍盈于衢路戶絕者十

有九焉屢爲蒙遜攻逼乃請迎於姚興達齊難

率衆迎之隆遂降焉至長安尋復爲興所誅

史臣曰夷狄不恭作害中國帝王之世未曾無

也劉淵等假竊名目狼戾爲梗汙辱神器毒螫

黎元喪亂溢多一至於此怨積禍盈族傾巢穴

天意其侯大人乎

魏書傳八十三

六十三

僭晉司馬叡　　魏書九十

賓卑雄

僭晉司馬叡字景文晉宣帝
生大將軍琅邪武王伷伷生冗從僕射琅邪恭
王覲覲妃譙國夏侯氏字銅環與金荒通遂生
叡因冒姓司馬仍為覲子由是自言河内温人
初為王世子又襲爵拜散騎常侍遷射聲越
騎校尉左右軍將軍從晉惠帝幸臨漳其叔縣
為成都王穎所殺叡懼禍遂走至洛迎其母俱
歸陳國東海王越收兵下邳假叡輔國將軍越
謀迎惠帝於長安復假叡平東將軍監徐州諸
軍事使鎮下邳求嘉元年春敏死秋叡始到
叡鎮後平東府事當遷鎮江東屬陳敏作亂叡
以兵少因留下邳又求嘉元年春敏死秋叡始到
建業五年進鎮東將軍開府儀同三司又以會
稽屯二万增封加督揚江湘交廣五州諸軍事
六月王彌劉曜寇洛陽懷帝幸平陽晉司空荀

藩司隸校尉荀組推叡為盟主於是輒改易郡
縣假置名號江州刺史華軼北中郎將裴憲並
不從之軼自稱鎮東將軍都督江北五郡軍事
與軼連和叡遣左將軍王敦甘卓周訪等
擊軼斬之軼奔于王勒六年叡檄四方稱與穆
帝俱討劉淵大會平陽建興元年晉愍帝以叡
為侍中左丞相大都督陝東諸軍事持節王如
故叡改建業為建康七月叡以晉室將滅潛有
他志乃自大赦為大都督都督中外諸軍事又為
丞相叡號令不行政刑淫虐殺戮運令史淳于
伯行刑者以刀拭柱血流上柱一丈三尺逕頭
流下四尺五寸其直如弦時人怨之平文帝初
叡自稱晉王改元建武立宗廟社稷置百官立
子紹為太子叡以晉王改元建武其朝廷之儀都
大位改元大興元年其年祀南郊其都邑之制皆
進模禹貢揚州之地去洛二千七百里地多山
所即禹貢揚州之地去洛二千七百里地多山
水陽鳥彼居厥土惟塗泥厥田惟下下所謂島

夷卉服者也周禮職方氏掌天下之地辨其邦
國都鄙四夷八蠻七閩九貉五戎六狄之人民
與其財用九穀六畜之數要周知其利害東南
曰揚州其山鎮曰會稽其藪澤曰具區其川三
江其浸五湖其利金錫竹箭其民二男五女其
畜宜鳥獸其穀宜稻春秋時為吳越之地吳越
妻以奔教其軍陣然後乃知戰伐由是晚興奧中
僭號稱王僻遠不聞華土楚申公巫臣竊
國交通俗氣輕急不識禮教盛飾子女以招遊

客此其土風也戰國時則并於楚故地遠恃險
世亂則先叛世治則後服秦末項羽起江南故
衡山王吳芮從百越之兵越王無諸身率閩
之衆以從滅秦漢初封芮為長沙王無諸為閩
越王又封吳王濞於朱方逆亂相尋亟見夷滅
漢末大亂孫權遂與劉備分據吳蜀權阻長江
原冠帶呼江東之人皆為貉子若狐貉類去巴
殆天地所以限内外也敵因擾亂跨而有之中
蜀彊獠谿俚楚越鳥聲禽呼言語不同猴蛇魚

鼈嗟唼嗫欲呲皆異江山遼闊將數千里敵羈縻而已
未能制服其民有水甲少陸種以罟網為業饑
巧趨利恩義寡薄家無藏蓄常守饑寒地既暑
濕發有腫泄之病障氣毒霧射工沙蝨蛇虺之
害無所不有敵割有揚荊梁三州之土因其故
地分置十數州及諸郡縣郡縣戶口至有不滿
百者遣使韓暢浮海來請通和平文皇帝以其
僭立江表拒不納之是時敵大將軍王敦宗族
擅勢權重於敵迭為上下了無君臣之分敵侍

中劉隗言於敵曰王氏彊大宜漸抑損敦聞而
惡之惠帝時敵改年曰永昌王敦先鎮武昌乃
表於敵曰劉隗前在門下遂秉權寵今趣進軍
指討姦醜宜速斬隗首以謝遠近朝廷諸
軍久退晉太甲不能遵明湯典顛覆厥度幸納
伊尹之訓殷道復昌故有先失後得者矣
敦又移告州郡以沈充為大都督護軍東吳諸
㪍乃下畫曰王敦恃寵敢肆逆方朕於太甲
欲見四子桐宮是可忍也孰不可忍也今當親

帥六軍以誅大逆敦光祿勳王含率其子瑜以
輕舟棄敦歸于武昌敦以其司空王導為前鋒
大都督尚書陸曄為軍司以廣州刺史陶侃為
江州梁州刺史甘卓為荊州使其率衆擣躡敦
後以天子右率周延等率三千人討沈充敦遣
將軍周札戍于石頭札潛與敦書許軍至敦遣右
敦使司馬楊朗等入于石頭札　見敦即等既
據石頭敦征西將軍戴淵鎮比將軍劉隗率衆
攻之戴淵親率士鼓衆瞡而鼓止息即等
乗之敦軍敗績瞡惵入見敦敦遣其避禍二人
泣而出瞡還淮陰後奔石勒協奔江乗為敦追
兵所害敦師敗敦自為丞相武昌郡公邑万戶
朝事大小皆關諮之敦收戴淵又敦尚書左僕
射周顗並斬于石頭其餘轉徙黜免者過百數或朝
百官及諸州鎮其餘轉徙黜免者過百數或朝
行募改或百日半年敦所寵沈充錢鳳等所言
必用所譖必死敦將還武昌其長史謝鯤曰公

資書傳八十四　五　黃

不朝懼天下私議敦曰君能保無虞乎對曰鯤
近入觀王側席待公遲得相見宮省穆然必
無不虞之慮公若入朝鯤請侍從敦曰正復殺
君等數百何損朝廷遂不朝而去敦詣安復南將
軍甘卓轉諸陸王承為軍司並不從敦道從母弟
南蠻校尉魏乂率江夏太守李恒攻王承使賊迎
旬日城陷執承送于武昌敦從弟王廙屢使賊
之害千車中先是王敦表疏言旨不遜敦以示
承曰敦言如此豈有厭哉對曰陛下不早裁之
子紹憯立改年曰太寧王敦將篡諷紹徵己乃
為書曰孤子紹頓首天下事大紹以眇身弗克
負荷哀憂孔疚如臨于谷實賴家宰以濟艱難
公邁德樹勳翼運通歸社稷之託居攝己之
統然道里長遠汀川阻深動有介石之機而回
旋之間固以有所喪矣謂公宜入輔朝政得旦
夕訓誨諸朝士亦僉以為然以公高亮忠肅至心

資書傳八十四　六　黃

憂國苟其宜然便當以至公處之期於靜國寧
民要之括囊無咎伏想閭闇同此志願便速剋近
期以副翹企之懷紹恭憚於敦若此復便兼太
常應詹拜敦丞相武昌郡公奏事不名入朝不
趨劍復上殿敦於是屯於蕪湖敦乃轉王導爲
司徒自領揚州刺史以兄含子應爲武衞將軍
以自副武敦無子養應爲後敦疾踰年故召含
還欲屬以後事是時敦令紹宿衞之兵三番休
二紹密欲襲敦微行察敦營壘及敦疾紹屬妻道

大臣計間起居遷含驃騎大將軍儀同三司敦
疾甚紹召其司徒王導中書監庾亮升陽君溫
嶠尚書下壹密謀討之導嶠及右將軍卞敦共
據石頭光祿勳應詹都督朱雀桁南諸軍事尚
書令郗鑒都督從駕諸軍事紹出次于中堂敦
聞兵起怒欲自將困不能坐召其黨錢鳳岳
周撫等率衆三万指造建業含謂敦曰此事吾
便當行於是以含爲元帥鳳等問敦曰事剋之
日天子云何敦曰尚未南郊何爲天子便盡卿

兵勢唯保護東海王及裴妃而巳初紹謂敦巳
死故敦發兵及下詔敦曰敦猶能與王導書後
自手筆曰太眞別來幾日敦作如此事太眞溫
字也紹朝見之咸共駁懼含等兵至溫嶠輒燒
朱雀桁以挫其鋒紹使中軍司馬曹渾左衞參
軍陳嵩嵩四彊弟禿率壯士千人逆含等戰于
江寧斬其前鋒將何康殺敦數百人敦聞康死
不獲濟怒曰我兄老婢耳門尸衰微群從中才
兼文武者皆早死今年事去矣語參軍呂寶曰

我當力行因作勢而起困之乃復臥使術士郭
璞筮之卦成對曰不能佳敦既疑璞勸亮嶠等
舉事又聞卦惡於是殺璞敦疾轉困語其舅羊
臨及子應曰我亡後應便即位先立朝廷百官
然後營葬初敦夢白犬自天而下噬
之及疾甚見刀恊甘卓爲祟遂死諸
喪裹屍以席埋於齋中與其將諸葛瑤等縱酒
淫逸沈充將万餘人來會含等充臨行顧謂其
妻曰男兒不建豹尾不能歸也紹平西軍祖約

率眾至于淮南遂敢所置淮南太守任臺紹將
劉趯蘇峻濟自滿洲含相率渡兵應詹逆擊大
破之周撫斬錢鳳沈充將吳儒斬充紹遣御史
劉彝發敢瘞斬屍泉首朱雀桁紹死
子衎衎僭立號年曰咸和衎歷陽太守蘇峻不順
於衎衎護軍庾亮曰蘇峻豺狼終為禍亂晁錯
所謂削之亦反不削亦反削之速而禍小不
削及進而禍大乃以大司農徵之令峻弟逸領
峻部曲曲徵書至峻怒曰庾亮專擅欲誘殺我也

阜陵令臣術樂安人任讓並為峻謀主勸峻誅
亮乃使使推崇祖約共討亮約大喜於是約命
兄逖子沛國內史渙女婿淮南太守許柳將兵
會峻峻使其當黨韓光名犯恭宗廟諱入姑孰
殺于湖令陶馥殘掠而還衎假庾亮司馬為征討
都督使其右衛將軍趙胤左將軍司馬流率眾
次于慈湖韓光晨襲流殺之衎以其驍騎將軍
鍾雅為前鋒監軍假節率舟軍拒峻宣城內史
桓彝統吏士次于蕪湖韓光敗之大掠宣城諸

縣而還江州刺史溫嶠使督護王愆期西陽太
守鄧岳鄱陽太守紀睦等以舟軍赴千建業愆
期岱次直瀆峻督眾二万濟自橫江登牛渚山
愆期等邀擊不制峻至于蔣山衎假領軍卞壼
節率諸將陳兵衎之將怯兵弱峻兵下壼
及其二子丹陽尹羊曼黃門侍郎周導盧江天
守陶瞻散騎侍郎任臺等皆死死者三千餘人
庾亮兵敗與三弟奔千柴桑峻遂焚衎宮群賊
突掠百寮奔散唯有米數石而已無以自供峻

遍衎大赦庾亮兄弟不在赦限峻以祖約為太
尉尚書令加侍中自為驃騎將軍領軍將軍錄
尚書事於是建業荒毀奔投吳會者十八九溫
嶠聞之移告征鎮州郡庾亮至盆口嶠分兵配
給又招衎荊州刺史陶侃欲共討峻侃不從曰
吾疆場外將本非顧命大臣今日之事所不敢
當時侃子為峻所害峻復喻侃曰蘇峻遂得志
四海雖廣公寧有容足地平賢子越騎酷沒天
下為公痛心況慈父之情哉侃乃許之蘇峻屯

於于湖行毋庾氏憂怖而死蘇峻聞兵起自姑
孰還建業屯于石頭使其黨張瑾管商率衆拒
諸軍逼遷行於石頭行哀泣外車宮人盡哭隨
從行者莫不流涕峻以倉屋委為宮使鄉人許方
為司馬督將兵守衞陶侃庾亮溫嶠率舟二
万至于石頭俄引還次于蔡洲沙門浦庾亮率
白石壘詣朝峻將方餘人攻之亮之衆逆擊峻退
吳國内史庾勤峻殺王導守盡誅諸大臣峻不從乃改
破庾冰前軍於無錫焚掠肆意韓光攻宣城内

觀臺傳全四 十一

史桓彝執吏民力戰不勝為光所殺祖約為
潁川人陳光率其屬攻之約乃奔於歷陽長樂
人賈寧勸峻殺王導盡誅諸人峻不從乃改
計叛峻王道子使衰耽潛誘納之謀峻行止奔溫
嶠嶠食盡貪于陶侃怒曰使君前云不真憂無
士衆及糧食也唯欲得老民便欲西歸先是嶠
此良將安在今若無食民乃卑辭謝之且今
侃不赴故以甘言招侃嶠乃卑辭謝之且今
者騎虎之勢可得下平賊垂滅願公留思侃怒

少止其將本陽說曰今軍若不捷離有粟焉得
而食之公宜割見儲以卒大事乃以米五万石
供軍祖渙龔溢臼欲以沮溫嶠之兵渙過晥攻
譙國内史桓宣皆飲糞汁諸將謀不能當且欲
水陸攻峻陶侃以舟師攻石頭溫嶠庾亮陳于
白石峻子碩以數十騎出戰士彭世
衆自以四馬比下突陳陳堅乃還軍士彭世
千投之以矛峻墜馬送梟首臠割之焚其骸骨

司光翔 觀書傳八四 十二 翔

任讓及諸賊帥復立峻弟逸求峻屍弗獲乃發
行父毋冢剖棺焚屍臣衙率其徒據苑城以降
韓光蘇碩又率衆攻苑死中飢穀死四万諸將
攻石頭蘇碩亦章武王世子休率勁寧追之盧張
偏等數千人擊本陽於相浦退走碩晚等震潰本
冰司馬滕含以銳卒自後擊之碩晚等震潰本
千曲阿含入抱行始得出奔溫嶠之舟是時共
破之後官室灰盡議欲遷移王道尹不從乃止行
改年咸康建國中行死中書監庾冰廢行子

千齡音其弟岳改年曰建元初岳之立當改
庚冰立號而晉初已有改作又如之乃爲建
元頃之或告冰日子作年號乃不視識也識
云建元之末立山崩丘山岳也冰瞿然父而
歡曰如有吉凶豈改易所能救乎遂不復改
岳死庚冰欲立司馬昱驃騎將軍何充立岳
子聊號年曰永和聊安西將軍桓溫率所統
七千餘人伐蜀拜輒行聊威力微弱不能
控制也及石虎死聊征北將軍褚裒以舟軍

驍將三軍喪氣乃引還陳逮聞之震懼焚
王龕於薛執龕龍送于鄴又殺李邁龕龍之
溫乃除其名溫遂率所統諸軍步騎四萬自
至下邳使其司空千李農領萬餘騎逆圖督護
至下邳西中郎將陳逮進據淮南石遵聞裒
淮南而走桓溫表廢聊揚州刺史殷浩懼憚
郢越關中至灞上符健與五千餘人守長安
小城是歲大儉溫軍人懸磬健深籬堅壁清
野待溫溫軍食盡乃退符健遣子萇頻擊

敗之初溫次灞上其部將振武將軍順陽太守
薛珍勸溫徑進遍城溫弗從珍以偏師獨濟頗
有所獲溫退珍乃還放言於眾且矜其銳而夸
溫之持重溫漸忿殺之聊又改年曰升平聊死
無子

立衍子丕號年曰隆和時謠曰升平不滿斗隆和
那得久改爲興寧又謠曰雖復改興寧亦自無
聊生丕死

弟奕立號年曰太和桓溫率眾北討慕容暐至
金鄉鑿鉅野三百餘里以通舟軍自清水入河
慕容垂逆擊破之獲其資仗溫之此先命
西中郎將袁真攻趙悅開石門而袁真等傳於
梁宋石門不通粮竭溫自枋頭回軍垂以步騎
數萬追及襄邑大敗溫軍溫遂歸罪袁真除名
削爵收節傳真子雙之等殺梁國內史朱憲真
據壽陽以叛真諸子兄弟阻兵自守招誘陸城
戍將陳郡太守朱輔數千人遺衆軍襲亮通慕
容暐又遺使西降符堅亮病死輔立其嫡子瑾

為使持節建威將軍豫州刺史瑾第四五人皆
領兵暐令陳文報暴虎且以觀釁桓溫道督護
笠瑤以軍泝淮伐瑾次于肥口屢戰慕容暐
假瑾征南將軍楊州刺史宣城公瑾弟泓等皆
郡守四品將將軍朱輔亦如之溫乃伐瑾瑾等
戰於是築長圍守之城中震潰遂平瑾初溫任
兼將相其不目之心形于音氣嘗曰對親寮撫
桃而起曰為尒寂寂將為文景所笑衆莫敢對
後悉衆北討冀成陵奪之勢及枋頭本敗民

望之去已既平瑾問中書郎郗超曰足以雪枋
頭之耻乎超曰此未猒有識之情也公六十之
年敗於大舉不建不世之勳不足以鎮民望
因說溫以廢立之事溫既宿有此謀深納超言
溫自廣陵將旋鎮姑孰至于白石乃言其主弈
少同閣人之疾初在東海琅邪國親近嬖人相
龍朱靈寶等並待卧內而美人田氏孟氏遂生
三男衆致疑惑然莫能審其虛實至是將建儲
立王溫因之以定廢立之計送率百寮並還朝

堂溫率衆入屯宮門進坐殿庭使督護笠瑤
散騎侍郎劉亨取弈璽綬弈著白袷單衣步下
西堂登犢車群臣拜辭皆殞涕侍御史將百餘
人送出神虎門入東海第於是迎司馬弈而立
之

弈纘子也弈東向流涕拜受璽綬弈既憚立政
年曰咸安弈依諸葛亮故事甲仗入殿進丞
相其大司馬等皆如故留鎮建業以弈為海西
縣公溫常有大志弈心不自安謂中書郎郗超

曰命之脩短本所不計故當無復近日事邪超
父愔為會稽太守超假還東弈謂之曰致意尊
公家國之事遂至於此由吾不能以道匡衛思
患豫防愧歎之深言何能喻又誦庾闡詩六志
士痛朝危忠臣哀主辱因泣下弈疾與溫書曰
吾遂委篤足下便入覲雖有詔豈復相見
於此今者愴然勢不復父且雖有詔豈復相及
慨恨兼深如何可言天下艱難而昌明幼沖
然非阿衡輔道之訓當何以寧濟也國事家計

一託於公旦死

子昌明僭立徐州小吏盧悚與其妖眾男女三
百高晨攻廣莫門詐言迎海西公還由万春霎龍
門入殿略取三廂及武庫甲仗時門下軍校並
假無在直吏士駭愕不知所為游擊將軍毛安
之先入霎龍門討悚中領軍桓祕將軍殷康止
車門入會兵攻之斬五十六級捕獲餘黨死者
數百人前殿中監許龍與悚皆道人至吳詐言
弈弈不從昌明改年曰康寧徵溫入朝又詔溫

無拜尚書謝安等於新亭見溫皆敬溫拜昱墓
之云聞彼病日增亦當不復支久自可小遲回
其事安從之溫死苻堅遺符雅奪將王統朱彤
楊安姚萇步騎五刀向駱谷代昌明秦州刺史
得病還軌溫自歸寢疾諷求備物九錫謝安
已令吏部郎袁彦伯撰策文文成安輒勾點令
更治既屢引日乃謀於尚書僕射王彪之彪
楊纂纂請救於梁州刺史楊亮亮遺參軍小靖
赴之敗走朱彤至梁州亮望風奔散於是堅遂

有梁益二州昌明上下莫不憂怖建國三十九
年昌明改年曰太元元年太祖七年苻堅大舉
討昌明令其國曰東南平定指日當以司馬昌
明為尚書僕射可速為起第堅前後擒獲張天錫
等皆豫築宮申宅至而居之堅至淮南大敗奔退
是時昌明年長嗜酒好內而昌明第會稽王道
子任居宰相昏貪无其狎眤詔邪干時尼媼兒婚
內外風俗頹薄人無廉恥雅為太子少傅回以詣雅

客車數百乘會聞王雅為太子少傅回以詣雅
者半焉就有寵人情去就若此皇始元年昌
明死子德宗僭立初昌明耽於酒色末年殆為
長夜之飲醒治既少外人罕得接見故多居內
殿流連於樽俎之間以嬖姬張氏為貴人寵冠
後宮威行閨內於時年幾三十昌明妙列妓樂
陪侍嬪少乃笑而戲之云汝以年當廢吾已屬
諸姝少矣張氏潛怒昌明不覺而戲逾其尚久
昌明稍醉張氏乃多瀉飲官者內侍而分遣焉
至暮昌明沈醉即張氏遂令其婢蒙之以被既

絕而懼貨賄左右云以憂死時道子昏廢子元顯
專政遂不窮張氏之罪
德宗既立改年為隆安以道子為大傅揚州牧
中書監加殊禮黃鉞羽葆鼓吹又增甲仗百人
入殿既而內外眾事必先關於道子尚書令射
王國寶輕薄無行為道子以所親權慶建業擅取
東官兵以配已府道子以王緒為輔國將軍琅
邪內史又輒并石頭之兵屯于建業緒猶領其
從事中郎居中用事寵幸當政德宗兗州刺史

王恭惡國寶王緒之亂政也乃要荊州刺史殷
仲堪剋期同舉王恭表德宗身負莫大
之罪謹陳其狀前荊州刺史王忱國寶同產弟
業受任西藩不幸致喪國寶求假本彼遂不即
詐為遺詔矯弄神器彰暴于外莫不聞知譏疾
與婢同載入請相王又先帝暴崩莫不驚號而
路虒慮臺紀察懼於黙免乃毀冠改服變為婦人
國寶醜然了無哀容方犯闇叩扉求行姦計欲
二叵過於讎敵樹立私黨遍於府朝兵食資諸

欲為私積販官鬻爵威恣百城收聚不還招集
云命輔國將軍王緒頑凶狂悖人理不齒同惡
相成共竊名器目知禍惡已盈怨集人鬼規為
大逆蕩覆天下昔趙鞅興晉陽之甲夷君側之
惡臣雖驚劣敢忘斯義恭表至道子密欲討恭
以元顯為征虜將軍內外諸軍澀加嚴備而國
寶惶懼不知所為乃遣數百人戍竹里夜遇風
兩各散而歸緒勸國寶矯殺王珣然後南征此伐
弗聽反問計於珣既而懼懍遂上表解職歸復

悔懼詐稱德宗復其本官道子既不能拒恭等
之兵亦欲因以悅恭乃收國寶付廷尉賜死斬
王緒於市以悅恭等司徒左長史王廞遭母喪
居吳恭板行吳國內史廞乃徵發吳興諸郡兵
大得志乃擄吳郡遣兵自衛恭遣司馬劉牢之
烈將軍亦置官屬領兵自衛恭擊恭以女為眞
討平之德宗譙王尚之兄弟復說道子以為藩
伯彊盛宰相權弱宜密樹置以自藩衛道子然

之分遣腹心跨據形要由是內外騷動王恭深
慮禍難復密要殷仲堪西中郎將庾楷廣州刺
史桓玄同會建業玄舉響應恭抗表傳檄以江
州刺史王愉司馬尚之為軍端仲堪遣龍驤將
軍南郡相楊佺期舟師五千發江陵桓玄借兵
於仲堪亦給五千人於是德宗戒嚴加道都督衆
錢繼進前軍王珣領中軍府衆次于比郊以尚
之為豫州刺史率弟恢之允之西討楷等皆執
白虎幡居前王恭遣劉牢之為前鋒次于竹里
初道子之謀恭也啗牢之以重賞牢之斬恭別
帥顏延延弟強送二級於謝琰琰與牢之俱進
龍恭恭奔于曲阿為湖浦尉所執送建業
奥庾楷子鴻戰于牛渚斬鴻鴻則鋒將殷萬鴻道
還歷陽尚之循不敢濟桓玄佺期奄至橫江尚
之等退恢之所領外軍皆没玄佺等徑造石頭仲
堪繼在蕪湖建業震駭道子殺恭於倪塘桓玄
等於是走還尋陽是年冬德宗遣使朝貢并乞

師請討姚興二年夏德宗又遣使朝貢以元顯
為揚州刺史道子有疾元顯懼已弗得龍襲位故
矯以自授而道子弗知既瘥乃大怒以元顯已
拜故弗復改於是內外政事一決元顯道子少
而耽酒治目甚希至是無事佛畫作夜時謂道
子為東錄元顯為西錄西府十兩輻湊東第門
設雀羅矣元顯新安太守孫泰以左道惑衆
遠近識之初德宗寬于海嶠妖黨從之至其轉衆
被戮其兄子恩竄于海嶠妖黨從之至其轉衆
攻上虞殺縣令衆百許人徑向山陰會稽內史
王凝之事五斗米道道恩之來也弗先道凝乃稽
顙于道室跪而呪說指麈空中若有所分者官
屬勸其討恩凝之曰我已請大道出兵諸津
要各有數万人矣恩漸近乃聽遣軍北出兵
已至矣戰敗凝之奔走出將軍之奔走人士為官
万自號平東將軍之衆皆云集吳國內史桓謙
感並殺守令今而應之衆皆云集吳國內史桓謙
出本奔吳興太守謝邈被害自德宗以來內外乖

貳石頭以外皆專之於荊江自江以西則受命
於豫州京口暨于江北皆兗州刺史劉牢之等
所制德宗政令所行唯三吳而巳恩既作亂八
郡盡為賊場及丹揚諸縣慼慼蜂起建業轉成
虜弱且妖惑之徒多潛都邑人情危懼慮大
兵窮發於是衆軍戒嚴劉牢之共衞將軍謝琰
討之賊等禁令以食其妻子不正月者輒支解
之其虐如此驃騎長史王平之死未葬恩剖棺

▲魏傳八十四　　　二十三　　陳彬

焚屍以其頭為穢器牢之率軍討破之琰將至
吳興賊徒遁走驅逼士庶奔于山陰諸妖亂之
家婦女尤甚未得去者皆盛飾嬰兒投之于水
而告之曰賀汝先登仙堂我尋復就汝也賊既
走散邑屋焚毀郡郡之中時見人跡經月乃漸
有歸者謝琰留屯烏程遣其將高素等
之率衆軍濟江初孫恩聞八郡響應業告諸官
屬曰天下無復事矢當與諸君朝服而至建業
既聞牢之臨江復曰我割據浙江不失作勾踐

也尋知牢之巳濟乃曰孤不恥走於是乃走緣
道多遺珍寶牢之將士爭取之不得窮追恩復
入於海初三吳困於虐亂皆企望牢之高素等
既至放肆抄暴百姓咸怨毒每失望焉孫恩在海
妖衆轉復從之既破永嘉臨海復入山陰謝琰
戰歿吳興太守庾恒懼慮妖黨復發大行誅戮殺男
不才輔國將軍孫無終臨海太守桓
恩於是放肆復冠軍將軍東海王食吳興討
女數千人孫恩復破高雅之於餘姚雅之走還

三廿四　▲晉書傳八十四　　二十四　　陳

山陰元顯自為後將軍開府儀同三司都督十
六州本官悉如故封子彥章為東海王食吳興
四刀餘戶清選文學臣寮吏兵一同宗國都督
浮海奄至京口戰十二万劉牢之隔在山陰衆
軍懼不敢旅恩遂徑向建業德宗惶駭遣召豫
州刺史司馬尚之于時中外驚擾而元顯置酒
高會道子唯日祈于鍾山恩來漸近百姓恟懼
尚之率精銳馳至逕屯積弩堂時沂風不得
疾行數日乃至白石恩本以諸軍分散欲掩不

備知尚之尚在建業復聞牢之不還不敢上乃
走向郁洲恩別帥盧循攻沒廣陵虜掠而去桓
玄聞孫恩因之過也乃建牙戒嚴表求征討時恩
去未遠玄表復至元顯等大懼急遣止玄庾楷
密使自結於元顯說玄大失人情報不為用若
朝廷遣軍已當內應元顯得書大喜遣張法順
謀于劉牢之牢之同許焉於是徵兵裝艦將謀
西討德宗改年曰元興以元顯為大都督討玄
玄軍至元顯不戰而敗父子並為玄所殺後改

三二四　魏書傳八十四　二十五

年為大耳天興六年十月德宗遣使朝京師德
宗封桓玄為楚王玄尋遍德宗手詔禪位德宗
出居永安宮玄既受禪封德宗為南康平固縣
王居之尋陽天賜元年德宗在姑熟二月至尋
陽其彭城內史劉裕殺玄徐州刺史桓脩與劉
毅等舉兵討玄敗走尋陽攜德宗兄弟至於
江陵又走荊州荊州別駕王康產南郡相王騰
之迎德宗入南郡府桓玄死玄將桓振復襲江
陵斬王康產及騰之將殺德宗玄揚州刺史新

安王桓謙苦禁之乃止時盧循執德宗廣州刺
史吳隱之自號平南將軍廣州刺史令其黨徐
道覆攝始興餘郡皆以親黨居之德宗復僭立
於江陵改年義熙尚書陶夔等迎德宗達于板橋
大風暴起龍舟沈沒死者十餘人德宗發江陵
至尋陽其益州刺史毛璩率軍譙縱反攻涪城
魁之遂以益州刺史德宗鉅鹿太守賀申申舉城降
月太祖遣軍攻德宗

三二五　魏書八十四　二十六

永興二年盧循復起於嶺南殺德宗江州刺史
何無忌於石城咸欲以德宗北走知循未下乃
止裕令撫軍劉毅討循敗於桑落洲走還
裕黨孟昶諸蒍長民等勸裕擁德宗過江裕不
從神瑞二年德宗遣廣武將軍玄石蕃朝貢
太宗初劉裕征姚泓三年太宗遣長孫道生娥
清破其將朱超石於石河擒騎將楊豐斬首千
七百餘級三年德宗死

第德文僭立四年改年曰元熙五年德文禪位
於裕裕封德文為零陵王德文后河南褚氏兄

季之弟淡之雖德文姻戚而盡心於裕德文每
生男輒令方便殺焉或誘內人密加毒害豆前後
非一又德文被廢囚於秣陵宮常懼見禍與褚
氏共止一室慮有鴆毒自齎食於前六年劉裕
將殺之不欲遣人內令淡之兄視褚氏
氏出別宮於是兵乃踰垣而入進藥於德文德
文不肯飲之曰佛教自殺者不復人身乃以被掩
殺之自歛之儁江南至於德文之死君弱臣强故
不相羈制賞罰號令皆出權寵危亡廢奪之故

三國二　魏志列〇齒　廿七　董

相尋所謂夷狄之有君不君諸夏之亡也
魏東羌獵將甚有五子輔特庠流驤晉惠時關
西擾亂頻歲大饑特兄弟率流民數萬家就穀
西宕渠秦井天下為黔中郡薄賦其民口出錢
三十巴人謂賦為賨因為名焉後徙櫟楊祖慕
宾本雄字仲儁蓋廩君之苗裔也其先居於巴
漢中遂入巴蜀時晉拜特益州刺史趙廞反叛特兄
弟起兵誅之晉拜特宣威將軍長樂鄉侯流舊
威將軍武陽侯流民閻式等推特行鎮北大將

軍承制封拜流行鎮東將軍後與弟員益州刺史
羅尚村攻昭帝七年特自稱大將軍大都督號
年建初戰敗為尚所殺流代統兵事流字玄通
自稱大都督大將軍流病將死以後事屬雄雄
特少子也雄自稱大都督大將軍流涪陵人范長生
術數雄篤信之勸雄即真十二年僭稱皇帝號
大成改年為晏平拜長生為天地太師領丞相
西山王又改年為玉衡雄以中原喪亂乃頻遣

目干　魏志列〇四　廿八　董

使朝貢與穆帝請分天下雄捨其子而立兄盪
第四子班為太子烈帝六年雄死
班代統任雄子期殺班而自立
期字世運雄第四子也改年為王恒驤子壽自
涪城襲冠成都廢期為卭都公期自殺
壽字武考初為雄大將軍封建寧王以南中十
二郡為漢興又改國號曰漢時建國元年也壽廣漢
年為漢興又改號曰漢時從封漢王既廢期自立改
太守李乾與大臣謀欲廢壽壽懼令子廣與父

臣明於殿前焚聞鄴中殷實宮觀美麗石虎以

殺罰御下控制邦域城鎮深用欣慕民有小

過輒殺之以立威名又以郊甸未實城邑空虛

工匠器械事用不足乃徙民三丁巳上於成都

興尚方御府發州都工巧以充之廣修宮室引

水入城務於奢侈於使役民多嗟怨思

亂者十室而九其尚書左僕射蔡興直言切諫

璩以諷壽壽報曰省詩知意若今人所作賢哲

壽以爲謗訕之其臣龔壯作詩七首託言應

之話言古人所作死鬼之常辭耳動慕漢武魏

明政法恥聞父兄時事上書之者不得言先世政

化自以爲勝之也及壽疾病見本子期蔡興爲爲崇遂

死子勢乃統任

勢子勢仁既立改年爲太和遣使朝貢又改爲

嘉寧常勢弟漢主勢以勢無子請爲太弟勢不許

廣欲襲勢勢使其太保李弈擊廣於涪城剋之

聚爲臨邛侯廣尋自殺勢既驕荒於酒色至

殺人而取其妻又納李弈女爲后耽於淫樂不

恤國事夷獠叛亂境土減削累年荒儉性多忌

害誅殘大臣刑罰酷濫斥外父祖舊臣親任近

習左右小人因行威福脩飾室宇群臣諫諍一

無所納又常居內少見公卿史官屢陳災譴乃

加相國董皎大都督以名位優之實望與分災

省建國十年司馬聃將桓溫伐之勢降於溫先

是頻有怪異成都比鄉有人望見女子避入草

中往視見物如人有身形頭目無手足能動搖

不能言廣漢馬生生角各長寸半有馬駒一頭二

身六耳無目二陰一牝一牡又有驢無皮毛飲

食數日而死江南兩血地生毛江源又生草高

七八尺華葉皆赤子青如牛角涪陵民藥氏婦

頭上生角長三寸凡三截之李漢家春米米自

曰中跳出斂舉箕中又跳出寫置簹中童謠曰

江橋頭闕下市成都北門十八子又曰有客有

客來侵門陌其氣欲索誰周六我死後三十年

當有異人入蜀由之而亡蜀云之歲去周云三

十二年周又著讖曰廣漢城北有大賊曰流特

攻難得歲在玄昌自相剋卒如其言

史曰司馬叡之竄江表竊稱帥之名無君長
之實跼天蹐地畏首畏尾對之李雄各一方小
盜其孫皓之不若矣

列傳第八十四　　　魏書九十六

島夷桓玄　海夷馮跋
島夷劉裕

魏書九十七

島夷桓玄字敬道本譙國龍亢楚也僭晉大司
馬溫之子溫愛之臨終命以為後年七歲龍亢
南郡公登國五年為司馬昌明太子洗馬玄志
氣不倫欲以雄豪自許朝議以溫有陵眒之迹
故抑玄兄弟出為義興太守不得志少時去職
皇始初司馬德宗立其會稽王道子擅權信任

尚書僕射王國寶為時所疾玄說荊州刺史殷
仲堪令推德宗兗州刺史王恭為盟主以討國
寶仲堪從之會恭使亦上相逢於中路約同大
舉並抗表起兵尋平王國寶等天興初德宗以
玄為使持節督交廣二州諸軍事建威將軍一
越中郎將共起兵以討其江州刺史王愉司馬尚
史庾楷將軍楊佺期荊州刺史殷仲
堪等率軍應恭玄等造於石頭於時德宗征

虜將軍司馬元顯一軍仍守石頭列舟艦斷淮
口道子出軍中堂忽有馬驚軍中擾亂人
馬赴江者甚眾良久乃定玄等不知建業危弱
且王恭尋敗玄甚惶懼乃回軍于蔡洲王恭以桓
脩為荊州刺史仲堪為廣州玄為江州佺期悉
州刺史郡恢為尚書仲堪回師南旋乃使人徇
于玄軍曰若不各散歸大軍至江陵當悉
戮餘口仲堪偏將劉系先領兵二千隸于佺期
玄等軍恢於夏口德宗加玄都督荊州四郡
玄為盟主鎮於夏口德宗加玄都督荊州四郡
以玄兄西昌公偉為輔國將軍南蠻校尉寵玄
兄弟欲以侵削荊雍先是荊州大水仲堪倉廩
空竭玄乘其虛而代之玄遣銓為前驅玄發夏
史郭銓當之鎮路逢玄玄遣銓為前驅玄發夏
口與仲堪書云今當入汎討除佺期頓兵江口
若相與無貳可殺楊廣並其不亦便當率軍入

江別與桓偉書令克期為內應偉惶遽以書示
仲堪仲堪慰喻遣歸夜乃執之仲堪遣龍驤將
軍殷遹振威將軍劉山民等統眾七千至西江
口玄聞遹至復與其黨衛永道領帳下擊之遹
等敗走玄頓巴陵收其兵而館其穀復破楊廣
於夏口仲堪既失巴陵之積又諸將皆敗江陵
駭震城內大飢皆以胡麻為廩初仲堪之得玄
書也急召佺期佺期曰江陵無食何以待敵可
來見共守襄陽仲堪猶以全軍無緣棄城近
走其憂佺期弗來乃紿之曰比來收集已有儲
矣可有數万百日粮佺期信之乃率步騎八
千既至仲堪惟以飯餉其軍大怒曰今茲
敗矣不過見仲堪使人於艦上橫射玄亦
射之佺期乃退玄乃渡軍於馬頭命其諸軍進
破殺仲堪殺楊廣佺期道護及仲堪參軍羅
企生等德宗以玄為持節都督荊司雍秦梁益
寧江八州及楊豫并八郡諸軍事後將軍荊江
二州刺史玄大論功賞以長史卞範之領南郡

相委以心膂之任乃斷上流禁商旅德宗下書
曰豎子桓玄故大司馬不恱之息少懷狡惡長
而不悛遂與王恭協同糾謀阻兵內侮三方雲
集義心奮發罪人斯殞殄妖圖回舟焉逝
忠義在問鼎闚神器賴祖宗威靈宰輔神略
便宜乘會殲除軒源于時同異之論用惑策
遂使王憲廢寵撓非所猶異當洗濯舊腑
小懲大誡而狼心弗革悖慢愈甚割據江湘擅
威荊郢矯命稱制與奪在手又對侍中王謐放
肆醜言欲縱凶毒陵陷上京無君之心形於音
翰不臣之迹日月彌著者是可忍也孰不可懷宜
明九伐以寧西夏尚書令後將軍元顯可為征
討大都督督十八州諸軍事驃騎大將軍儀同
三司以劉牢之為前鋒行征西將軍權領江州
命司馬尚之入沔水玄聞元顯處分其駭懼欲
保江陵長史卞範之說玄東下玄甚狐疑範之
苦勸玄乃留桓偉守江陵率軍東下至夏口乃
建牙傳檄曰桀揚州刺史元顯凶暴之性自幼

加長犯禮毀教發家如備居喪無一日之哀妻
經為胄征之服紋觴於形憂之時窮色於園極
之日劫略王國寶妓妾一朝空房此甚惡之始
駭愕視聽者矣相王有疾情無悚懼幸災擅命
揚州篡授遂乃父子同錄比肩連案既專權重
多行險暴恐相王知之杜絕視聽惡聲罕聞使
譽目至萬機之重秉之斷酵國典朝政紛紜淆
亂又諷旨尚書使普晉朝禮之妖賊陵縱破軍珍
之所苟目昔貴相八錄公之位非盡敏敏
民之後已為都督親則剌史於宜降之日輒加
崇進弱冠之年古人莫比室相懲惡已獨解錄
推禍委罪歸之有在自古情逆未有若斯之甚
者取妾之憒殆同六禮乃使尚書僕射為媒人
長史為迎客壁膝嬪饗餐貰同長秋所謂無君之
心觸事而發八日觀佛略人子女至人家宿唐
突婦姜慶封近令甫見易室之飲晉靈以來一
有支解之刑喜怒輕戮人士割裂治城之暴一
睡而斬又以四歲雙子與東海之封吳興殘暴

之後橫復若斯之調妖賊之興寔由此豎居喪
極味孫泰供其膳在夜思遊亦孫泰延其駈泰
承其執得行威福雖加誅戮既多加之以
苦發樂屬枉濫者眾驅逐徙撥死叛始盡改號
元興以為已瑞林之符命於斯尤著否極必
耳天盈其毒不義不昵執必崩喪取亂必
在斯曾三軍文武愼踴即路玄亦失荊楚人情
而師出不順其兵雖疆鷹弗為用恆有回師之
計既過尋陽不見東軍玄意乃定於是遂鼓行
而進徑至姑孰又克歷陽劉牢之遣子敬宣詣
玄請降玄大喜與敬宣置酒宴集至新亭元
顯棄船退入國子堂列陳宣陽門前元顯欲挾
德宗出戰而軍中相驚言玄已及南桁乃回軍
赴宮既至中堂一時崩散元顯奔東府惟丞相
順一騎隨之玄乃為侍中都督中外諸軍丞相
錄尚書事揚州牧領徐州剌史持節荊江二州
公如故假黃鉞羽葆鼓吹班劍二十人置左右
長史從事中郎四人甲仗二百人入殿於是收

道子付廷尉免爲庶人徙于安城郡殺元顯并
其子及豫州刺史司馬尚之吏部郎袁遵張法
順等又滅康楷於豫章章徙尚之弟丹楊尹恢之
輔國將軍允之及國寶王緒諸子于交廣州以
劉牢之爲會稽內史將欲解其兵也初敬宣既
降隨入東府至是求歸玄裏牢之受命乃遣之
敬宣既至走緫於新洲傳首建鄴敬宣奔於江
其玄白德宗大赦改年爲大亨玄譏丞相荊江

徐三州及錄尚書事乃改授太尉都督中外揚
州牧領平西將軍豫州刺史綠綬加袞冕之
服劍履之禮入朝不趨讚拜不名增班劍六十
人甲仗二百人入殿玄乃鎮姑孰既而大築府
第田遊無度政令屢改憍侈肆欲朋黨害讒逼
亂內外朝政皆諮焉小事則決於左僕射桓謙
及丹陽尹下範之玄大賦三吳大富室以賑飢民
猶不能濟也東郡既由兵掠因以飢饉死者甚
衆三吳戶口減半會稽則十三四臨海永嘉死

散殆盡諸舊宮室皆衣羅縠佩金玉相守閉門
而死玄自封豫章郡公食安成七千五百戶後
封桂陽郡公邑三千五百戶本封南郡如故既
而鴆殺道子玄削奪德宗供奉之具務盡約酒
殆至飢寒雖殺逆未至君臣之體盡矣又表請
將軍加前後部羽葆鼓吹奏事不辨行乃去奉
率諸軍命諸蕃方兵掃平關洛德宗不許之玄
本無资力但好爲大言既不辦行服玩并制装書畫
止玄既無他慮分先作征行服玩并制装書畫

之具或諫曰今日之行必有征無戰宜恒在左
相運不煩復有制造玄曰書畫服玩宜恒在左
右且兵凶戰危脱有意外當使輕而易運衆咸
笑之玄所親仗惟桓偉而已先欲徵還以自副
貳偉旣死玄甚惋懼初玄常以其父明死便有
以已弱年不昌前構常懷恨憤及昌明死便有
四方之計旣克建業無復居下範之心及偉死慮
已單危益欲速成大業卞範之徒旣慮事
變亘幸其利咸共催促於是殷仲文等並已撰

集策命矣德宗加玄相國揔百揆封南郡南平
宜都天門零陵桂陽營陽衡義陽建平十郡
為楚王備九錫之禮揚州牧領平西將軍豫州
刺史如故遣司徒王謐授相國印綬光祿大夫
武陵王司馬遵授楚王璽策德宗禪位先遣百寮固
請又云當親幸敦諭十二月德宗禪位於玄大
赦所部稱永始元年初欲改年玄以為建始左丞王
納之曰建始者趙王倫之號也於是易為永
始復同王莽始貴之年玄入建鄴宮逆風迅激
三百州
旌旗服章儀飾皆傾僄是月酷寒此日尤甚
多行苛政而時施小惠迎溫神主進于太廟玄
遊行無度至此不出殿上施金額流蘇絳帳頗
類輬車王莽仙蓋太廟郊齋凡二日而已又其
廟祭不及於祖以玄曾祖已上名位不顯故不
列序且以王莽立九廟見譏前史遂以一廟矯
之又毀憚晉小廟以崇臺榭其庶母蒐營者有
定所慢祖忘親時人知其不永是月玄出遊水
南飄風飛其儀蓋又欲造大輦使容三十人坐

以二百人輿之玄慓逸荒縱不恤時事奏案停積
了不省覽或親細事手注直官自用令史制度
亂出主司奉苛不暇晨夜遊獵文困之直侍
之官比皆轃篤省中休下之更留供士木之役朝
士勞瘁百姓力盡民之思亂十室而八德宗彭
城內史劉毅劉裕因是斬徐州刺史桓修於京口與
沛國劉毅東海何無忌收眾濟江玄加桓謙征
討都督召侍官皆入北省中玄移還上宮百寮
玆從赦揚豫徐兗青冀六州遣頓丘太守吳甫
玆右衛將軍皇甫敷北拒劉裕於江乘裕斬甫
之進至羅落橋又梟敷首玄外應麤猛內恇怯及
聞二將已沒志慮荒散計無所出曰與巫術道
士為厭勝之法乃謂眾曰朕其敗乎黃門郎曹
靖對曰神怒民怨臣實憂懼玄曰民怨可然神
何為怒對曰晉宗廟飄泊無所大楚之祭不
及於祖此其所以怒也玄曰卿何不諫對曰輦
上諸君子皆以為堯舜之世臣何敢諫玄使桓
謙何澹之屯于東披門下範之屯覆舟山西眾

合二萬又遣武衛庚瞻之配以精卒利器援助
謙等謙等大敗玄聲云赴戰將子姪出南掖門
西至石頭先使殷仲文具船於津遂相與南走
經日不得食左右進以麄粥咽不能下玄子昇
五六歲抱玄胷而撫之玄悲不自勝不挾德宗
發尋陽至江陵西中郎將桓石康納之張幔屋
止城南署置百官以十範用玄謂諸侍臣曰卿仲
文為徐州其餘各顯用玄竊位者方應謝罪軍門
外清塗翌異從朕躬都下竊位者方應謝罪軍門
文諫之玄大怒曰漢高魏武幾遇敗但諸將失
之後懼法令不肅遂輕怒妄殺逾其暴虐殷仲
其見卿等入石頭無異雲霄中人也玄以奔敗
利耳以天文惡故還都舊楚而羣小愚惑妄生
是非方當糺之以猛未且施之以恩也荊郡
守以玄播越咸遣使通表有匪寧之辭玄悉不
受乃更令所在表賀遷都玄在道自作起居注
叙其拒劉裕事自謂籌略無失諸將違節度以
至於敗不暇謀議軍事惟誦述寫傳之劉裕遣

其冠軍將軍劉毅殺發建鄴追之玄軍屢敗玄常
裝輕舸於舫側故其兵人莫有鬪志玄乃葉衆
而走餘軍以次崩散遂與德宗還江陵初玄留
德宗妻子于巴陵殷仲文與玄同舟乃說玄求別
舫收集散軍遂以德宗妻歸于建鄴玄入江陵
城南平大守馮該勸玄更戰玄欲出漢中投梁
州刺史桓希相夜中慮分將發城內已亂禁令不
行將親近玄面夜中許人出城北至城門左即
於闇中斫玄面前後相殺交橫盈路玄僅得至
船德宗又南郡府玄既下船猶欲走漢中玄屯
騎校尉毛脩之誘以入蜀遂與石康等沂江而
上達枚回洲為益州參軍費恬等迎射之箭如
雨下玄中流矢子昇拔之益州督護馮遷抽
刃而登玄艦玄曰是何人也敢殺天子遷曰我
自欲殺天子之賊耳遂斬玄首并石康等斬昇
于江陵市傳送玄首臬于朱雀門玄既敗桓謙
匿於沮中桓振逃于華容之浦陰聚黨數千人
晨龍襲江陵克之桓謙亦聚衆而出振既至問玄

子昇所在知昇已

為玄所弒哀謚為武

振自為都督八州鎮軍將軍荊州刺史後

殺桓希於漢中桓振冠江陵為唐興所斬其餘

親從或當時擒獲或奔散外境數年之間並敗

滅之

海夷馮跋字文起小名乞直代本出長樂信都

慕容永僭號長子以跋父安為將永所滅

安東徙昌黎家干長谷跋飲酒至二石不亂母

年素弗次不次洪皆任俠放逸不修行業跋恭

惧勤稼穡既家昌黎遂同夷俗後慕容熙僭號

以跋為殿中左監遷衛中郎將從兄萬泥等

既而熙政殘虐民不堪命跋乃與從兄陽公高雲等

二十二人結謀跋與二三弟乘車使婦人御潛入

龍城匿於孫護之室以誅熙乃立夕陽公高雲

為主以跋為侍中征北大將軍開府儀同三司

封武邑公事皆決跋跋兄弟太宗初璽為左右

所

〔魏書列八十五〕 十三

殺跋乃自立為燕王置百官號年太平十時永

興元年也跋撫納契丹等諸落頗來附之太宗

遣謁者千什門諭之為跋所留語在什門傳泰

常三年和龍城有赤氣蔽日自寅至申跋太史

令張穆以為兵氣言於跋曰天魏威制六合而

聘使隔絕自古鄰國未有不通之理違義致怨

取敗之道恐天軍卒至必致吞滅宜還魏使奉

俯職貢跋不從太宗詔征東大將軍長孫道生

率眾二万討之跋嬰城固守不克而還神廳二

年跋有疾其長子永先死立次子翼為世子攝

國事勤兵以備非常跋姜宋氏規立其子受居

深忌翼翼謂之曰主上疾將瘳奈何代父臨國平

翼遂還宋氏矯絕內外遣閹人傳問翼及跋諸

子大臣並不得省疾惟中給事胡福獨得出入

專掌禁衛跋疾其福寵宋氏將成其計乃言於

跋弟文通勤兵而入跋驚怖而死文通襲位翼

勒兵出戰不利遂死跋有男百餘人悉為文通

所殺

〔魏書列八十五〕 十四

文通跌之少弟也本名犯顯祖廟諱高盧僣號
以為征東大將軍領中山仍為汲郡公跌立為
尚書左僕射改封中山王領軍內掌禁衛外
揔朝政歷位司徒及自立乃與劉義隆交通延
和元年世祖親討之文通嬰城固守文通從弟
遼東成周樂浪帶方玄菟六郡皆降世祖徙其
三万餘戶于幽州文通尚書郭淵勸其歸誠進
女乞為附庸保守宗廟文通曰負釁在昔忿形
已露降附取死不如守志更圖所適也先是文

慕容氏子王仁為世子崇母第廣平公朗樂陵
公邈相謂曰大運有在家國已亡又嘉容之諸
禍將至矣於是遂出奔遼西勸崇來降崇遣納之
會世祖使給事中王德陳丕成敗崇追遂入朝
世祖遣兼鴻臚李繼持節拜崇假侍中都督
幽平二州東夷諸軍事車騎大將軍領護東夷
校尉幽平二州牧封遼西王錄其國尚書事食
遼西十郡承制假授文官尚書刺史武官征虜

巳下文通遣其將封羽率眾圍崇世祖詔永昌
王健督諸軍救之封羽又以凡城降從其三千
餘家而還文通遣文通尚書高顒請罪乞以季女
充掖庭世祖許之徵其子王仁入朝文通不遣
其散騎常侍劉訓言於文通曰雖結婚和通而
未遣侍子魏若大舉將有危亡之慮夫以重山
之險劉禪猶降鑒壁長江之難孫皓歸命況魏彊於
晉民蕃弱于吳蜀願時遣世子以恭大國之命
然後收離集散厚布恩澤分賑倉廩以濟民之

勸督農桑以邀秋稔庶大業可興而安社稷可
以永保文通大怒殺之世祖又詔樂平王丕等
討之日就威削上下危懼文通侍中陽峴復勸
文通請罪乞降速令王仁入侍文通太常陽峴曰吾未忍
為此若事不幸且欲東次高麗以圖後舉峴曰
魏以天下之眾擊一隅之地以愚見勢必土
崩且高麗夷狄難以信期始雖相親終恐為變
若不早裁悔無及也文通不聽乃密求迎於高
麗太延二年高麗遣將葛盧孟光率眾迎之入和

龍城脫其襲褐取文溢精伏以賦其眾交通乃

雍其城內士女入于高麗先是其國有狼夜繞

城晝鳴如哭終歲又有鼠集於城西闐滿數里

西行至水則在前者馬矢迭相超齧尾而渡宿

軍地然一旬而滅觸地生蛆月餘乃止和龍城

生白毛長一尺二寸文通至遼東高麗遣使勞

之曰龍城王馮跋致適野次士馬勞乎文通慙

怒稱制答讓之高麗乃處之於平郭尋徙比豐

文通素侮高麗政刑當員訓猶如其國高麗乃

文三百卅一　魏傳八十五　十七　羌州

其待人質往王仁文通忽怨之謀將南奔世祖

文徵文通於高麗高麗乃殺之於北豐子孫同

時死者十餘人　文通子朗顗朗子熙在外戚傳

島夷劉裕字德輿晉陵丹徒人也其先不知所

出自六本彭城彭城人或云本姓項改為劉氏

然亦莫可尋也故其兇慜醜其姓上諸劉了無宗

次裕家本寒微住在京口恒以賣履為業意氣

楚剌僅識文字樗蒲傾產為時賕薄首負驍騎

谷義方速社錢三万𦩅時不還遂以其無行錄

而徵責驍騎長史王諡以錢代還事方得了落

魄不脩廉隅天興二年借晉司馬德宗遣其參

國將軍劉牢之東討孫恩裕應募始為牢之參

軍恩北冠海鹽裕追勝之以功稍遷建武將軍

下邳太守劉牢之討桓玄裕參其軍事牢之降

妹夫盧循為主玄從兄脩中兵參軍孫恩死餘眾推恩

裕為玄從兄裕征之裕破循于東陽永

嘉循浮海逸奔裕加裕彭城內史及桓玄廢德宗

而自立裕與弟道規劉毅何無忌潛謀舉兵桓

魏列八十五　十六

脩弟思祖鎮廣陵道規劉毅先為之佐天賜初

裕與何無忌等旦候城門開率眾斬玄徐州刺

史桓脩於京口其日劉毅道規等亦斬思祖因

收眾濟江河內太守辛扈興恒農太守王元德

振威將軍童厚之亦與裕剋是日取玄玄遣頓

時在建業毅遣周安要之邁懼而告玄玄遣頓

丘太守吳甫之右衛將軍皇甫敷北拒裕率眾

宿于竹里遇甫之於江乘裕執長刀直入其陳

斬甫之進至羅落橋又斬敷首玄使桓謙屯東

陵卞範之屯覆舟山西裕又破之之女天懼乃攜
子姪浮江南走裕入鎮石頭以德宗司徒王謐
為錄尚書領揚州刺史豫章冀幽并八州鎮軍將軍
持節都督揚徐兗豫青冀幽并八州鎮軍將軍
徐州刺史令道規等率衆追玄裕因是相署名
位道尚書王嘏等迎德宗燔桓溫神主于宣陽
門外尋殺尚書左僕射王愉及其子綏納等以
以司馬道為大將軍承制入居東宮公卿以下
莫不畢拜乃大赦惟玄等不在例是夜司徒王

魏書傳八十五　十九　邵育

謐逃走劉毅以其手解德宗璽綬耳誅之裕以
其賞錢之惠固請免之乃遣丹楊尹孟迎為
無忌道規至于桑落洲破桓玄諸將進據尋陽
加裕都督江州劉毅復敗桓玄於崢嶸洲玄乃
棄衆單舸走挾德宗奔于江陵裕領青州刺
史甲仗百人入殿毅等平巳陵德宗復位於江
陵改年曰義熙及還建業裕進侍中車騎將軍
都督中外諸軍事飾讓不受加錄尚書事又詐
不受乃出鎮丹徒改授都督十六州餘如故又

領兗州乃解青州盧循破廣
州刺史其當黨琅邪人徐道覆復為始興相裕又都
督交廣二州又封裕豫章郡公邑萬戶絹三萬
匹加侍中進號驃騎將軍儀同三司又進裕揚
州刺史錄尚書事居於東府裕遣劉敬宣代蜀
為譙道福所敗乃免敬宣宣官裕自降為中軍將
軍開府如故永興初慕容超大掠淮北執千餘家
陽平太守劉千載濟南太守趙元驅至于廣
而歸裕乃代超遂屠廣固執超斬其王公以下

魏書傳八十五　二十　王週

三千人納口萬餘馬二千四夷其城隍送超于
建業斬之裕是行也徐道覆勸盧循乘虛而
出循從之於是南康盧陵豫章諸郡守貪奔走
江州刺史何無忌率軍至豫章戰歿于時羣議
欲令德宗北徒渡江循迷寇湘中破裕將孟昶諸
長沙敗劉毅於桑落洲席卷而下裕將孟昶諸
葛長民勸裕擁德宗過江裕不從昶謂事必不
濟乃自殺裕發居人治石頭城道覆等至即欲
於新亭白石渚焚舟而上盧循曰大軍未至孟

昶便逆自殺以此而推建業尋應有變但按甲
守之不憂不濟也乃屯軍於蔡洲循乃率衆數
万上南岸至于丹楊郡遂遣焚京口金城姑熟
寇掠塗中及江寧蕪湖循以阮賜爲豫州刺史
裕中軍參軍尚靖宣城內史毛脩之破賜於姑
執獲其輜重賜乃退又加裕太尉中書監黃鉞
裕受黃鉞循既不戰乃告道覆曰師老矣可
還據尋陽并力取荊州徐以三分有二之勢與
下流爭衡猶可以濟也乃自蔡洲南退裕遣輔

國將軍王仲德等進之裕又遣建威將軍孫季
高率衆自海道龍驤番禺裕自以舟師南伐季高
乘海兼行奄至番禺循不以海道爲防既至而
循欲遁於豫章乃衆力柵斷左里裕諸軍乘勝
循與道覆率衆而下裕衆軍擊之循等還尋陽
城盧循父踞及長史孫建之並以輕舟奔始興
覩衆乃大潰季高恐力而上四面攻之仍屠其
而擊之循單舸徑還廣州覆還始興裕還爲
大將軍揚州牧班劍二十人本官如故徐道覆至

始興猶猶據山澗劉蕃等攻之道覆先鴆妻子然
後自殺盧循至番禺收衆攻李高劉蕃遣沈田
子討之循奔走餘衆從嶺道龍襄合浦克之進攻
交阯交州刺史杜惠度屢戰克循循投水而死
裕自爲太尉中書監裕殺當書左僕射謝混究
州刺史劉蕃裕既權重便懷異志以荊州刺史
劉毅頗有勇略又據上流之所心畏惡之遂自
討殺遣參軍王鎮惡等襲江陵鎮惡至豫自
焚毀舟艦殺兵逆戰不能抗鎮惡馳入外城于

時殺病乃阻內城鎮惡焚諸門攻之其徒乃潰
毅自北門出走縊于道側斬屍於市詐其子姪
裕至江陵誅南蠻校尉郗僧施儒軍諮議謝純
等裕本寒微不參士伍及擅時政便肆意殺戮
以威懼下初以刀連縛之之怨誅其兄弟又以
王愉謝混郗僧施之徒並皆時望遂惡害之分
荊州爲湘州裕自摠督裕還於東府召諸葛長
民屏人閒語密令壯士丁旿等出自慢後於座
拉之長民隆地死於牀側亦以才雄見忌巳也荊

州刺史司馬休之頻得衆心裕內懷忌憚神
二年率衆討之遣龍驤將軍蒯恩等為前軍裕
進頓荊州刺史加黄鉞雍州刺史魯宗之率其
子軌會休之于江陵執等軍敗乃與休之俱奔
襄陽裕自領南蠻校尉休之等奔姚興與裕為太
傳揚州牧鉚屬上殺入朝不趨讚拜不名置左
右長史司馬四人餘如故裕又領平
比將軍徐志增督南秦州尋督中外
諸軍事裕傾儲晉若不外立功名恐人望不
許乃西伐姚泓自領征西將軍司豫二州刺史
尋領北雍州刺史加前後部羽葆鼓吹增班鉚為
四十八子義符為中軍將軍監太尉幼甲府事給
鼓吹一部左僕射劉穆之為左僕射領軍中軍
二府軍司入居東府總攝內外穆之謂龍驤將
軍王鎮惡曰公今委卿以關中卿其勉之鎮惡
曰吾今不克咸陽誓不濟江而公九錫不至者
亦卿之責矣裕率衆軍至彭城加鎮北將軍徐
州刺史遣中兵參軍沈林子自汴入河冠軍檀

道濟與王鎮惡步出淮肥裕將軍王仲德沈濟入
河德宗封裕十郡為宋公加相國九錫儹擬魏
晉故事王鎮惡進至宜陽獨取潼關沈林子自
襄邑屯于陝城姚泓諸將不能抗始裕入河西上
太宗遣將軍娥清長孫嵩等屯於河畔裕遣
朱超石劉榮祖等渡河長孫道生破之撟斬其
將楊豐等寺裕遣將軍王仲德趙倫之率沈田子
等入武關姚泓諸將王苟領會田子於
堯柳城姚泓率衆數刀不戰而還裕至關頭鎮
惡至渭橋破泓軍於橫門裕至長安執姚泓以
歸斬于建業市裕以其子義真為雍州刺史鎮
咸陽進裕為宋王增十郡置百官一擬舊制裕
還彭城赫連屈丐掠渭陽義真道沈田子率軍
討之田子退軍坐上鎮惡牲就田子議之田子
斬鎮惡於幕下又殺其兄弟董軍從七人田子馳
還云鎮惡有異志義真具史王修執而斬之義
真與左右多為不法王修毋裁割之左右咸怨
白義真曰王脩以關中阻險兵食又足欲謀反

叛亘早圖之義眞遂遣左右殺脩徑裕聞之以朱
齡石為雍州刺史義眞發自長安將走江東諸
將競收財貨次於灞上赫連昌率眾追之旣至
青泥義眞大敗蒯恩與安西司馬毛脩之並被
擒獲參軍段宏犯高祖廟諱單馬負義眞走
歸朱齡石亦棄長安奔就龍驤將軍王敬先于
曹公故壘旣而城陷被執見殺德宗死裕立德
宗弟德文裕又自增十郡裕遣司馬傳亮赴建
業令徵已入輔德文禪其位遂自號為宋改年

為永初時泰常五年也裕旣僭立頻請和通太
宗許之六年裕遣其中軍將軍沈範索孫等
朝貢七年五月裕死
子義符僭立太宗以其禮敬不足遣山陽公奚
斤等率步騎二万於滑臺渡河南討義符司州
刺史毛德祖遣司馬翟廣領步騎三千來拒司
空奚斤以千餘騎率眾降仍
攻滑臺其東郡太守王景度奔走斬其司馬陽
瓊德祖又遣其將竇應明攻輜重于右濟奚斤

於土樓大破廣等乘勝徑至虎牢義符遣其將
杜坦等與徐州刺史王仲德次湖陸太宗詔安
平公叔孫建等軍於四瀆口義符兗州刺史徐
琰委秦尹卯城奔退於是泰山諸郡悉棄戍而走
太宗詔蒼梧子公孫表等復攻虎牢義符遣將
檀道濟率師赴救八年義符改年為景平義符
進攻金墉義符自金墉還
巡至鄴奚斤等軍河南太守王涓之出奔太宗南
公叔孫建等斤自擊青州其刺史竺夔守東陽城

濟南太守垣苗自梁鄒奔夔奚斤分軍攻潁川
太守李元德奔還項城又遣騎破高平郡所
統五縣略居人二千餘家奚孫建以時暑班師
因幸洛陽乃北渡河斤克虎牢擒德祖及其眾
陽太守翟廣竇霸等義符豫州刺史
檀道濟向青州遂不敢進太宗至虎牢
劉粹屯項城不敢進斤遣步騎至許昌潁川太
守索元德奔項城遂圍汝陽太守王公度突圍
而出仍破邵陵琼万餘口而還始光初義符司

空徐羨之尚書令傅亮領軍將軍謝晦等專其朝政
收其盧陵王義眞徙于新安郡殺之義符居暴
失德羨之等勒兵入殿時義符在華林舟中兵
士競進殺其待者扶義符出東閤殿為營陽王
遂從于吳郡於金昌亭殺之

魏書列八十五　三七七　三七一　蕭齊

亮等立義符弟荊州刺史義隆號年元嘉遣使
趙道生朝貢二年徐羨之傳亮等歸政於義隆
不許三年義隆信其待中王華之言誅羨之傅
亮遣其將檀道濟等討荊州刺史義隆青州

衆東下謀廢義隆以討王華為辭破義隆將
到彥之及聞道濟將至晦衆崩散晦走江陵乃
攜其弟道等比走至安陸延頭為戍主光順之
所執斬于建業八月義隆使其殿其將孫恒
朝貢神麚二年又遣殿中將軍田奇朝貢三
年又遣殿比將軍王仲德充州刺史竺靈秀舟師
彥之安此將軍田奇朝貢尋遣其若將軍到
入河驍騎將軍段橫寇虎牢又遣其豫州刺史
劉德武後將軍長沙王義欣至彭城為後繼到

彥之寇碻磝分軍向虎牢及洛陽世祖詔河南
諸軍收衆北渡以驕之尋詔冠軍將軍安頡等
率衆自盟津渡攻金塘義隆建武將軍杜驥出
奔遂乘勝進攻虎牢陷之斬其司州刺史尹沖
叔孫建大破竺靈秀追至湖陸四年頡攻青州
彥之與王仲德等道濟走焚舟棄甲孫道生歷城夜乃遁還義隆青州
遣檀道濟救滑臺叔孫建長孫道生擊之道濟
至高涼山頡等攻剋滑臺擒其司徒從事中郎
朱脩之等道濟走奔歷城夜乃遁還義隆青州

大三九四　魏書傳八十五　二十八　高齊

刺史蕭思話亦棄鎮奔平昌其東陽積粟為
百姓所焚延和元年五月義隆又遣趙道生朝
貢二年二月詔兼散騎常侍宋宣使於義隆且
為皇太子結親九月義隆遣使會元紹貢馴象一
太延二年三月義隆遣使趙道生貢馴象且
其司空檀道濟誅之道濟臨死脫幘投地曰
乃復壞汝萬里長城三年三月義隆遣其散騎
常侍劉熙伯朝貢且論納幣六月義隆遣女死不
果為婚五年十一月義隆遣黃延年獻馴象真

君初義隆從其弟大將軍義康於豫章二年其
龍驤參軍巴東挍令育詣義隆理義康義隆大
怒收育殺之四月義隆遣使黃延年朝貢是歲義隆梁州刺史
月義隆又遣黃延年朝貢十二
劉真道將裴方明攻擊楊難當難當捨仇池將
妻子來奔三年世祖詔琅邪王司馬楚之等討
之西安將軍古弼平西將軍元濟等邀義隆泰
州刺史胡崇之於濁水破擒之餘衆奔漢中義
隆立難當兄子文德為秦州刺史武都王成苟

蘆弼等討平之義隆遂殺真道方明五年義隆
復遣使朝貢六年其員外散騎侍郎孔熙先以
才學而不見用太子詹事范曄以家門遙汙為
世所薄與熙先及外生謝綜謀殺義隆立其弟
前大將軍義康於安成康丹陽尹徐湛之告之乃誅曄等
從義康於安成郡御史監守七年詔諸軍掠濟
陰金鄉等七縣并驅其青冀二州民戶而還此
地人蓋吳聚衆反義隆以吳爲安西將軍雍
州刺史封比地公規亂雍州詔諸軍討平之

義隆好行小計扇動邊氓內起山苑窮後極麗
役使百姓江南苦之九年正月義隆遣使獻孔
雀十一年二月世祖詔世祖南巡義隆邊城開
勿相猜阻義隆請奉詔南攻懸瓠分遣使者安慰降
門拒守世祖忿之乃攻懸瓠義隆波南南頓波陽穎川
民其不服者誅戮之義隆波北將軍武陵王駿遣
太守並棄城奔走義隆安北將軍武陵王駿遣
參軍劉泰之臧肇之殿中將軍尹懷擊破之斬泰之
等以千餘騎至汝陽永昌王位誤率義隆程天祚
肇之執天祚等義隆又遣寧朔將軍王玄謨率
其太子步兵校尉沈慶之鎮軍諮議參軍申坦
等入河青冀二州刺史蕭斌及駿水陸並進太
子左衛率臧質統驍騎將軍王方回安蠻司馬
劉康祖右軍參軍梁坦造許洛石將軍豫州刺
史南平王鑠太尉江夏王義恭爲諸軍節度梁
南秦二州刺史劉秀之統輔國將軍楊文德宣
威將軍劉洪宗向汧隴護軍將軍蕭思話部龍
驤將軍杜坦竟陵太守劉德願同武關義隆令

王公妃主及其朝士牧守下逮富人通出私財
以助軍費士庶怨之◯◯南兖兖及青豪兖孫三吳簡
發以配戎行揚南徐兖江州富民並四分之一
建威司馬申元吉趣泗濟蕭斌至碻磝王玄謨
遣軍主王寶惠等攻滑臺右軍蕭斌遣中兵參軍
寶惠等王玄謨走還碻磝蕭斌遣申坦與梁坦
梁坦等進軍小索世祖詔諸軍接滑臺大敗王
護之據兩當城斌退歷下及車駕渡河梁又
坦退走棄甲山積車駕發滑臺過碻磝義隆又
遣雍州刺史竟陵王誕率其將薛安都柳元景
等入盧氏進攻弘農詔洛州刺史張提率眾度
嶠蒲城鎮將何難於風陵堆濟河泰州刺史杜
道生至閿鄉元景退走十一月車駕從東安山
出下邳義隆鄒山戌主魯陽陽平二郡太守崔
邪利降楚王建南康侯杜道儁進軍清西至留
城義隆鎮軍劉駿參軍馬文恭時退走至留
玄敬至留城並為覘候見官軍俱時退走永昌
王仁攻懸瓠拔之獲義隆守將趙淮過定項城

破尉武戌執其戍主進攻壽陽屯兵於孫叔敖
家掠馬頭鍾離二郡義隆遣左軍將軍劉康祖
赴壽陽與仁相遇仁大破之盡坑其眾斬康祖
傳首軍士曳之遠城三匝積之王羅漢等以所斬
首使軍士曳之遶城西高與城齊
劉鑠乃焚四郭廬舍嬰城固守車駕至盱眙頤城
泗義隆遣輔國將軍臧質遣司馬胡崇之等率所
北六軍於上流濟淮質遣司馬胡崇之等率所
領於山上立營建威將軍毛熙祚據城前大浦
詔攻二軍斬崇之熙祚等及佗首數千級眾悉
赴水死淮南之民皆詣軍降高梁王那出山陽
永昌王仁於壽陽出橫江凡所經過莫不風靡
車駕登於瓜步伐葦結筏示欲渡江義隆大懼
欲走吳會建業士女咸荷檐而立義隆遣黃延
年朝於行宮獻百牢貢其方物并請和求進女
於皇孫世祖以師婚非禮許和而不許婚初義隆
欲遣軍侵境其臣江湛徐湛之贊成其事而義隆
太子劭與蕭思話沈慶之謂義隆曰昔檀道濟

到彥之無利而反令將帥士衆不及於前不可
輕動兵甲時湛等在坐義隆使與慶之謀議慶
之曰治國如治家耕當問奴織當問婢今欲伐
國而與白面書生輩謀之軍何由濟義隆大笑
遂不納慶之言至是登石頭城樓而望甚有憂
色歎曰若檀道濟在豈應至此劭乃委罪於江
徐義隆曰此自吾意不關人也正平元年正
月世祖饗會於瓜步既許和好詔班師其江北
之民歸降者數十萬計凡克南兗豫徐兗青冀

六州其軍鋒殺掠不可勝計時義隆江北蕭條
境內搔擾義隆慮義康為亂遣使殺之葬以侯
禮義隆斷憲歸罪於下降義來為儀同三司蕭
斌王玄謨並免所居職十月義隆遣撫軍將軍蕭孫
蓋等朝貢興安九年義隆遣其將軍蕭思話
率其將張永等攻碻磝詔諸軍固撃破之永
走思話遣建武將軍垣護之至梁山逆軍尚書
韓茂率騎逆撃之思話退還廉溝義隆又道雍
州刺史臧質向岭陝梁州刺史劉秀之輔國將

三司廿四　魏書傳八十五　三十三　何

軍楊文德出子午豫州刺史長孫蘭遣騎破之
秀之等僅以身免臧質柳元景薛安都等至關
城並相繼敗走是年義隆太子劭及始興王休
明令女巫嚴道育呪詛義隆事發義隆憤愧自
失廢於政事乃議黜劭休明屢召尚書僕射
徐湛之吏部尚書江湛侍中王僧綽等謀議僧
綽曰當斷不斷反受其亂惟願以義割恩略小
不忍不殷勤三思義康始死人謂我無復慈愛
之道僧綽又云臣恐千載之後言陛下易於裁

弟之難於殷子義隆默然休明毋潘有寵於義隆
義隆以殷立之謀之潘讒言夜召左右隊主陳
叔兒詹齎帥張超之任建之等掇二千餘人被
甲自衛又召左衛率袁淑中舍人殷仲素左積
休明馳報劭劭知已當廢遂夜赦召許遂告休明
弩將軍王正見又呼左軍長史蕭斌劭曰朝廷
信讒當見罪殿內省無過不能受枉明當入殿

三司廿四　魏書傳八十五　三十四　何

卿等必不得異乃遍拜告衆衆皆驚不得答袁
淑良久曰古無此類願加善思劭怒變色於
是左右咸六伏聽令旨明晨斬淑劭守方春門
乃告門者曰我受敕入有所收可助我督後隊
今速劭又許義隆敕去魯秀謀及汝明可守關
將兵討之劭也故士卒信之超之等率十餘人走
入雲龍門拔徑登含章殿夜與徐湛之
屏人閑語時猶未訖門戶並無侍衞義隆迫急
以几自鄣兵刃交下五指俱落超之斬義隆徐
劭登殿受璽綬下書曰徐湛之江湛殺逆無
狀吾勒兵殿已無所及號慟朋齫心肝破裂
今罪人斯得元凶已克可大赦天下
與億兆覽故更始可大赦天下改元嘉三十年
為太初元年劭弟駿時為江州刺史先以西陽太
蠻反義隆令東宮步兵校尉沈慶之襄陽太
守柳元景司空中兵叅軍宗慤並討之駿出次

湛之為亂兵所害劭分遣掩江湛之斬之休明
時在西州來屯中堂劭又使兵殺休明毎是日

五洲斬劭使於軍門司徒義宣雍州刺史臧質
司州刺史魯爽同舉兵駿以沈慶之柳元景宗
慤為前軍駿諮議叅軍顏竣後專主軍謀劭義
隆託為前軍駿不出臧質子敦逃走劭乃悉聚諸子又
大臣徙入城内移南岸百姓渡淮至劭乃移駿數
過建業淆亂駿等發尋陽橛貴賤皆被驅
於侍中省義宣諸男於大倉屋以兵守之使其
將魯秀羅漢等為水陸之備休明及蕭斌為
之謀主焚除淮中船舫駿至南洲頓漂洲令柳
元景等擊劭劭衆崩潰奔走還宮義恭單馬奔
駿勸劭即位劭大怒遣休明就西省殺義恭子南
豐王朗等十二人
駿乃僣即大位于新亭於是擒劭休明並梟首
大桁暴屍於市經日壞爛投之水中男女妃妾
一皆從戮時人為之語曰遙望建康城小江逆
流縈前見子殺父後見弟殺兄與光元年駿改
年曰孝建其中軍府錄事叅軍周殷啓駿曰今
士大夫父母在而兄弟異計十家而七庶人父

子殊產八家而五凡甚者乃危亡不相知飢寒
不相恤又疾諼害其閒不可稱數宜明其禁以
易其風俗樊如此駿不能革藏質遣使說荊州
刺史南郡王義宣曰有大才負大功挾震主威
自古勘有全者宜在人前早有處分義宣使
豫州刺史魯爽兗州刺史徐遺寶司州刺史魯
秀等剋起兵義宣為天子遣信至建業迎第瑜由
是駿知爽反惶懼欲遣迎義宣其竟陵王誕執
議不許乃遣左衛將軍王玄謨率衆討爽領軍
將軍柳元景鎮軍將軍沈慶之討義宣藏質領軍
戌大雷馳報義宣抗表以誅元景為名遣軍就
質使爽與質會于江上玄謨屯兵梁山義宣率
衆至尋陽此進計曰今萬人取南州則梁山中絕萬
宣藏質進計曰今萬人取南州則梁山中絕萬
人守梁山玄謨必不敢動下官浮舟外江直向
石頭此上策也義宣將從之其諮議劉諶之日
質不求前驅以志難測不如盡銳攻梁山事克

然後長驅萬安之計也義宣乃止義宣遣劉諶
之就質步攻東鯛義義宣進自無湖赴梁山屯兵
西岸玄謨拒質駿將護之薛安都又摧破之
義宣衆潰因風放火焚其舟艦義宣閉船大泣
因而進逸走至江陵荊州司馬竺超民具儀服
迎之左右相率潰叛超民送付刺史朱脩之於
獄殺之太安二年駿改年為大明駿於新亭造
中興佛寺設齋忽有一僧形見有異衆皆愕然而
問其名苔云名惠明從天安寺來言竟倏然而
滅乃改為天安寺至天安初而彭城歸國四年
駿遣其將殷孝祖寇濟州高宗遣清水公封敕
文等擊走之又詔征西將軍支豹子擊孝祖於
清東五年豹子還遂掠地至高平大獲而還駿
以其南兗州刺史竟陵王誕得士庶之心內畏
忌之誕不自安乃治城多聚粮伏駿大怒貶誕
爵為侯遣衆出戰斬垣閬誕表駿曰往年元凶禍逆
誕遣衆出討斬垣閬誕表駿曰往年元凶禍逆
陛下入討臣皆凶赴順可謂常節及丞相構難

臧質協從朝野悅忽咸懷憂懼陛下欲建臣官
羽儀星馳推奉臣前後固執末方賜從社稷復
全是誰之力陛下接遇殷勤屢賜駕宗寵驃揚
州日月移授恩秩頻復賜徐兗仰屈皇輿遠
相懲胡一遇之感此何以忘庶希偕老永相
罪使成胡越陵鋒舊戈万沒宣顧定湯之期興
勒部曲鎮扞徐兗昔緣何福同生皇家今有何
不住狂酷即加誅揃雀鼠貪生仰違詔敕今親
娛嬖置譖謂陛下信用讒言遂令小人來相掩籠

魏書傳八十五　三十九

在且夕石軍宣簡爰及武昌比日以無罪並遇枉
二臨紙悲塞不止所言駿以沈慶之前軍討之
酷臣有何過復致於此陛下宮闈之醜豈可一
駿大怒將自住久乃拔之斬誕傳首每殺妻
親勞軍人賜以金帛慶之軍敗退傷者十四五
徐並自殺城內誅者數千人咸先鞭殺而行戮
輒聞哀號之響駿淫亂無度荼烝其母路氏縱汙
之聲布於歐越東揚州刺史顏竣恃舊每戲弄
並移首於石頭南岸以為京觀至於風晨雨夜

之駿慙怒殺竣和平元年七月駿使其散騎常
侍明僧暠高朝貢二年三月又使其散騎常侍尹
顯朝貢貞駿雍州刺史海陵王休茂是歲凡諸郡士族婚官黜雜
軍尹女慶駿斬休茂謀將除駿參
者悉黜為將吏而人情驚駭怨並不服役逃竄山
湖聚為冠盜待中沈懷文苦諫不納三年三月
駿使其散騎常侍嚴靈護朝貢以沈懷文數直
諫付廷尉殺之駿寵姬殷死贈貴妃諡曰宣及
葬龍山給鑾輅九旒黃屋左纛鼓吹班劍

卷七十六　魏書傳八十五　四十　林

虎賁貢龍輴之麗功妙万端山池亭鳳之屬此皆裝
以眾寶繡帷珠帶重鈴疊耗儀服盛古今勘
有駿自殺死常懷悲惻神情罔圖發棄政事或
親至殷靈祅酹奠酒飲之既而慟哭流連不能
自及其耽惜若此四年獵于烏江之榜口又游
湖縣之滿山並輿毋同行宣淫肆意五年三具
大飢人食草木皮葉親屬互相販鬻劫掠蜂起
子子業立性尤凶悖其毋疾篤遣呼子業子業
死者不可勝數是年駿死

日病入間多鬼那可往其每怒謂侍者曰將刀
來破我腹那得生如馨見六年改為永光以奄
人華顏兒為散騎常侍遊此越騎校尉戴
法興屢相栽割顏兒深以為隙或謂法興為真
天子子業必屬天子願兒具以聞子業乃殺法
典驃騎將軍柳元景當書左僕射顏師伯欲廢
子業立太宰義恭遂以告沈慶之慶之告子業
業出兵誅義恭剒剔支體抽刻心藏挑其眼
睛投之蜜中謂之鬼目粽殺柳元景顏師伯 四十

井諸子及弟姪乃改年為暨景和子業除去喪禮 林
服比錦縠之衣以石頭城為長樂宮東城為未央
宮比邱邸為建章官南宅為長楊宮子業自昔
在東宮不為駿所寵愛及即位常欲毀其墓乃遣
壞之復欲誅諸遠近尼僧遣便殺其新安王子
破駿所寵殷氏家殷死駿為之造新安寺於是
誅徐州刺史義陽王昶大懼遣典籤遞法生啓
求還建業子業謂法生曰義陽謀及我正欲誅

之法生懼禍走還彭城子業遣沈慶之率師伐
昶法生至彭城昶便繕甲諸郡不從昶知事不
捷遂來奔子業淫其姑祕為貴嬪夫
人加以殊禮虎賁鉤戟出警言入蹕鑾輅龍所
也子業矯云主喪空設喪事而實納之時其姊
在貴妃之上即義隆第十女其新蔡長公主
山陰主大見愛狷淫恣過度謂子業曰妾與陛
下男女雖殊事不均平乃可如此子業為主置面
惟一駙馬事不均平乃可如此 四十二

首左右三十人進爵會稽郡長公主秩同郡王
食湯沐邑二千戶給鼓吹一部加班劍二十人每
出遊與羣臣陪乘吏部褚淵以有風兒子業使
淵侍主子業皆令廟別畫其祖父形像曾入裕
廟指裕像曰此渠大英雄生擒數天子次入義
隆指義隆像曰此渠亦不惡但晚年中不免
兒斫去頭次入其父駿廟指駿像曰此渠大好
色不擇尊卑顏謂左右曰此渠大齇鼻如何不齇
之即令畫工齇駿象單其父子淫悖書契所無

也子業又殺沈慶之撫軍諮議參軍何邁即其
新蔡主壻其湘東王彧及建安王休仁山陽王
休祐常被猜忌並欲誅之休仁每以謔諧悅之
故得推遷不死或休祐形體肥大遂以籠盛稱
之彧尤肥號曰猪王廷尉劉矇妻懷孕子業迎
入宮冀其生男立為太子及其生子遂為大赦
子業曰若不從當殺汝三子江不從乃鞭一
百殺其子敬猷等巫覡云湘州有天子氣子業

將南行以厭之未行前欲悉誅諸叔時或被拘
秘書省與子業左右阮佃夫等謀廢子業薈子業
出華林園其巫竹林堂劉幼童射鬼佃夫時為內監
乃以告外監典事朱幼主衣壽寂之細鎧主姜
產之等寂之抽刀而前產之繼進子業引弓射
寂之不中寂之乃斬其首
或既誅子業憂遽不知所為休仁推立之或時
事無巨細稱令施行或以豫章王子尚及山陰

主為子業所狎殺之十二月湝即帝位改年為
泰始先是子業勑其弟子勛曰聞汝與何邁
謀共廢我汝自量體氣何如孝武尋當遣使
送藥與汝子勛長史鄧琬與錄事參軍陶亮等
起兵遣其黨俞伯奇出頓大雷巴東太守孫沖
之至于平石與陶亮並統前軍始或未知子勛
琬乃投於地攘袂而起曰殿下當開端門何黃
起兵加子勛車騎將軍儀同三司符至尋陽鄧
閣之有與陶亮等徵兵馳檄建于於桑尼時雍

州刺史袁顗便勸子勛即位琬乃立宗廟設壇
場造乘輿法服立子勛為天子即位江州號義
嘉元年子勛以袁顗為當書左僕射張悅為領
書右僕射左司馬張悅為領軍將軍吏部尚書
州郡並加爵號或乃遣領軍將軍王玄謨討復
遣其將沈攸之劉靈出據虎檻初或聞四方反
亂憂遽不知所為休仁請前鋒决勝於是始有
防御之軍收之軍至江州斬子勛或慮子勛弟
松滋侯子房等年大終不相服休仁遂勸除之

因誅駿舅子路休之等以陷子房兄弟於是殺
駿子安陸王子綏及子臨海王子瓊永嘉王
子仁始安王子眞邵陵王子房淮南王子頓
賀王子産晉熙王子輿及子期子悅子鸞
駿二十八男其餘先早夭及子業殺子鸞等至是
盡殯之矢其骨肉相殘若此之其或南新蔡太
守常珍奇奉啟請降顯祖詔遣西河公元石
京兆侯張窮奇率軍援之皇興元年正月初或
其散騎常侍貝思散騎侍郎崔小白朝貢初或

遣其鎮軍張永領軍沈攸之以大衆迎其徐州
刺史薛安都安都聞永將發乃遣信請降顯祖
詔博陵公尉元城陽公孔伯恭率騎二萬救之
永等前後奮擊敬亦來降欵至是徐兗及淮
西諸郡青齊二州相尋歸附或又遣其中領軍
沈攸之太子左衞率劉勔寇彭城兗州刺史申
算守無臨時薛安都略有廣平順陽義成扶
風諸郡沈攸之至下邳與元等戰敗而走初

或青州刺史沈文秀冀州刺史崔道固並請歸
順詔遣征南大將軍慕容白曜率衆援之文秀
等復叛歸或白曜進軍圍城二年克歷城獲道
固或遣其員外散騎常侍李豐朝貢或遣沈
文秀弟文靜朝貢青州刺史李靜至東萊之不期
城白曜遣軍克之尋獲東陽城或遣其員外散
騎常侍王希泱朝貢四年六月或又遣員外散
騎常侍劉航朝貢興元年或於嚴崎射雉休
祐從在後與其左右相失或遣壽寂之率諸壯

士追躡休祐蹴令墜馬拉而殺之乃揚聲曰驃
騎墮馬死召司徒休仁宿尚書下省鴆而殺之
自或立之後民庶怨嗟而宮殿器服多更興造
初其即位軍人多被超越或有不與戎勤寄名
受賞冗佃夫等並被信委凡所談笑無不行
抽進阿黨咸受不次之位故佃夫左右乃有四
軍五校羽林給事等官皆市井傭販之人詔附
而獲至綱紀不立風政頹毀境內多難民庶數
然遂廣募義勇置為部曲於是官品淪襍士人

人渾亂民衆顯咸願來奔矣或遣其司州
刺史垣叔通爲益州刺史權通極爲聚斂蜀還
之貨過數千金知或好肘先送家資之半或猶
嫌少及叔通至建業遺詣廷尉或先令獄官留
之於訊堂彌更不受輒罥輸肘贓準譚之隊時
後原遣凡變更不受輒罥輸肘贓準譚之隊時
人謂叔通被殺刺史或當宮內大集衆而裸婦人
觀之以爲忻笑其妻王氏以扇面獨無所言
或怒曰外舍家衆乞今共爲笑樂何獨不視王
日爲樂之事其方自多豈有姑姊妹集衆而裸
婦人形體以此爲樂外舍豈爲忻通與此不同
或大怒道王起去或末年好事鬼神多所忌諱
言語文書有禍敗凶要及疑似之言應回避者
數百千品有犯必加罪衆改驪馬字爲馬邊瓜
以驪以禍字故也畜以南死借張永言且給三
百年期訖更申其事苟如此又以宣陽門之名
不善其諱之其大后停屍殮牀移出東宮見之
怒其冤中庶子官職局以下坐死者數十人內

外常慮犯惧人矣自保稜沫冶璧必察土神文
士爲辭祝事如祭又更忍虐好殺左右失旨
忻意往往有劉斷截者時遣窺覘淮泗四軍旅
不息荒嬉積久府官普斷祿俸
而或奢費過度務爲彫後每所造制必爲正
乃殺之又追降休祐毋邢妻江付廷尉殺之遣員外
子從遠郡休祐毋邢妻江付廷尉殺之遣員外
御三十副御三十次副三十須一物輒造九十
枚境內騷然人不堪命或又以壽寂之有膽決
忻意往往... 爲庶人絕其屬籍諸
散騎侍郎田廉員外散騎侍郎祖德朝員又殺
其巴陵王休若改年爲泰豫又遣田廉及員外
散騎侍郎劉惠秀朝貢又殺太子太傅王景
文畏其族盛故也或死
子昱幣立改爲元徽昱遣員外散騎常侍田惠
紹員外散騎侍郎劉惠秀朝貢其司空桂陽王
休範奔尋陽舉兵右衛將軍蕭道成率衆軍出
頓新亭越騎校尉張苟兒斬休範首其左右皆
散道成遣送其首塗中遇賊遂棄於水中休範

之徒乃詐曰殿下猶在新亭於是士庶奔馳候
迎是夜休範將杜墨蠡等又攻新亭東廂休範
參軍江珉等破二縣六署竊掠金帛放諸徒隸
由是徒衆復盛燒東宮津陽門刀領軍右府昱
將陳顯達率所領至杜姓宅破墨蠡軍主全景
淵進平白壁宣陽津陽二門斬墨蠡等昱遣其
員外散騎常侍明曇徽員外散騎侍郎江山圖
朝貢五年又遣員外散騎常侍李祖貞員外散騎
侍郎魚長耀朝貢承明初昱建平王景素據京
口叛昱昱遣薑蕭道成刞軍將軍周盤龍殿中將
軍張倪奴討之攻陷京口斬景素太和初昱
以其毋數諫責之遂使太醫煑藥欲鴆之左右
止之曰若行此事官便應作孝昱復得出入狡獪
昱曰汝語大有理乃止初昱毋陳氏本李道兒
妾或納之生昱故世中皆呼昱為李氏子昱每
自稱李將軍或自名為李統昱直閤將軍申伯
宗步兵校尉朱刀司徒左長史沈勃等欲廢昱
昱親率羽林兵掩之刀躬運矛鋋手殺勃等閤

門嬰稚莫不殘截昱狂走逸遊不捨晝夜腹
心所寄數十許人並執刃刃為人之牙爪路行逢
人便加斫刺或入人家劫略貲財往來傯忽狀若
鬼魅建業惶振閉目守之又搥拍鎚鑿鋸
之屬常以自隨或有忤意輒加酷暴捷陰刺
心剖腹之誅日有十數常見臥屍流血然後為
樂無所誅害則憂思不怡於耀靈殿上養驢
數十頭造露車以銀為校具或乘以出入著小
袴衫無帶挾刀劍與營署女子通好自齋私
其醉眠乃於幃帳之左陳奉伯稱敕開承明
乃還殿寢於氈幄昱左右楊王夫楊万年等見
躬自屠割內外畏惡人不自保昱往新安寺夕
贈之常入鑪肆飲酒輒與左右歌唱略民鷄犬
門出送首於直閤王敬則夜送昱首與中領軍
承明門入殿去其皇太后令廢昱為蒼梧王
蕭道成率左右數十數人稱昱行還開
立昱弟揚州刺史安成王準初或晚年痿疾
不能內御諸弟姬人有懷孕者輒取以入宮

及生男皆殺其母而與其宮人所愛者養之準

即桂陽王休範子也荆州刺史沈攸之與兵討

道成準改年為昇明遣其員外散騎常侍李祖

員外散騎侍郎陶貞寶赴國訃并貢方物進司

徒袁粲丹陽尹劉秉中領軍劉韞前湘州刺史

王蘊等以道成專謀圖之共推粲為主要

引沈攸之以為外援丹陽丞王遜告道成並斬

之準遣員外散騎常侍何儼員外散騎侍郎孔

逿朝貢三年正月準遣其員外散騎常侍駱靈

誕員外散騎侍郎荀昭先朝貢準尋禪位於道

成居于東邸道成僭立封準汝陰郡王尋死於

丹楊

史臣曰桓玄侏張馮劉乃厥 窮凶極迷為

天下笑其夷狄之常性乎

列傳第八十五　　魏書九十七

島夷蕭道成字紹伯晉陵武進楚也僭晉時以
武進之東城為蘭陵郡縣遂為蘭陵人父承之
常隨宗人蕭思話征伐久乃得為其橫野司馬
以軍功仕劉義隆位至右軍將軍道成少好武
事初從軍中兵參軍每在疆場擾動邊民曾至
稍遷左軍中兵參軍每在疆場擾動邊民曾至
勤劇見知思話之鎮襄陽啟之自隨任以統成
軍將軍時子業江州刺史晉安王子勛會稽太
守尋陽王子房等並舉兵或加道成輔國將軍
死子業以為後軍將軍直閤子業死劉彧除右
談堤大敗而走劉駿時開關為職至建業令駿
東計平定諸縣晉陵太守表標吳郡太守奔走
安都遣從子索兒率銳衆度淮徵道成拒焉以
吳興太守王曇生甚棄郡奔走時徐州刺史薛
功封西陽縣開國侯食邑六百戶子勛遣臨川
內史張淹自東嶠入規欲擾動三吳劉彧遣道

魏書傳八十六　三一　　　鎮

成率三千人統軍主沈思仁拒淹淹便奔走張
永沈攸之大敗於彭城劉彧以道成為冠軍將
軍督諸軍事假節成淮陰或死子業以道成為
右衛將軍領衛尉加兵五百人與尚書令表粲
護軍將軍褚淵領軍衛劉勔動掌朝事尋解衛尉加侍
中成石頭城劉休範舉兵以討王道隆等率衆
治嚴數日便率大衆席卷而下道成等率衆拒
戰事平以道成為散騎常侍中領軍都督南兗
究徐青冀五州鎮軍將軍南兗州刺史持節侯
如故後進爵為公增邑二千戶劉昱凶虐日甚
道成與直閤王敬則且左右楊玉夫同謀殺昱
迎弟進立之改年為昇明時太和元年也道成
移鎮東城以甲仗五十人入殿進位侍中司空
錄尚書事驃騎大將軍持節都督刺史加故封
竟陵郡公五千戶給班劍三十人又進督豫司
二州荊州刺史沈攸之舉兵討道成道成率衆
入鎮朝堂司徒袁粲先鎮石頭據城與尚書令
劉秉前湘州刺史王蘊謀討道成密信要攸之

魏書傳八十六　三二一　　二　　　何覽

速下將為內應不克粲與子最俱死秉父子踰
城走於領檐湖王蘊走向關場並見擒收之至
于夏口敗走與第三子中書郎太和單騎南奔
華容縣俱自縊死道成又為太尉增封三千戶
班劍四十人甲仗百人入殿道成為將有大志準
侍中王儉請閒勸之道成曰卿言何我今當依
事相啓言辭雖厲而意色甚悅儉諷動在位乃
加道成黃鉞都督中外諸軍事太傅領揚州牧
劍履上殿入朝不趨贊拜不名置左右長史司
馬從事中郎掾屬各四人使持節侍中太尉驃
騎大將軍錄尚書南徐州刺史如故道成詐辭
殊禮重申前命劍履上殿入朝不趨贊拜不名
進位相國總百揆封十郡為齊公備九錫之禮
加璽綬遠遊冠位在諸王上加相國綠綟綬其
驃騎大將軍揚州牧南徐州刺史如故於是建
齊臺置百官以東府為齊宮又增封十郡進公
為王尋僭大號封其主劉準為汝陰王未幾而
死於是高祖詔梁郡王嘉督二將出淮陰隴西

公元操三將出廣陵河東公薛虎子三將出壽
春以討之元操等攻其馬頭戍剋之道成遣其
徐州刺史崔文仲攻陷朐戍詔遣尚書游明
根討之又遣平南將軍郎大檀三將出朐城將
軍白吐頭二將出海西將軍元泰二將出漣口
將軍封延三將出角城鎮南將軍賀羅自下蔡
道成梁州刺史崔慧景遣長史裴叔保率眾寇
武興關城氐帥楊鼠擊破之叔保還南鄭梁郡
王嘉破道成將盧紹之玄元度於朐山下蔡戍
征南將軍桓誕出義陽鎮南將軍賀羅自下蔡
東出鍾離道成游擊將軍桓康於淮陽破之道
成豫州刺史垣崇祖寇下蔡昌黎王馮熙擊破
之梁郡王嘉大破道成將俘獲二萬餘人送京
師道成後軍參軍車僧朗朝貢先是劉淮遣
使殷靈誕苟昭先未反而道成僭前後降人
朝廷處之靈誕之下僧朗與靈誕競前及僧朗至
觧本君遂於朝會刃僧朗詔加殯斂送喪令還

子賾僭立改年為永明賾遣其驍騎將軍劉纘
前將軍張謨朝貢八年又遣兼員外散騎常侍
司馬憲兼員外散騎侍郎庚冑朝獻九年遣輔
國將軍劉纘冠軍參軍司馬迪之朝貢十年又遣昭
明與冠軍參軍司馬迪之朝貢十年又遣昭
特奢後道成每欲廢之賴王敬則諧
林常謂人曰唯崔慧景知我貧賾嘗至其益州
刺史劉悛宅書臥覺悛自捧金澡盤面廣三尺

五

愛姬執金澡灌受四升以充沃盥因以奉獻賾
納之其好利若此賾遊獵無度其殿中將軍邯
鄲超上表諫賾殺之十三年遣平南參軍顏幼
明究從僕射劉思效朝貢十四年賾殺巴東王子
響殺長史劉寅司馬席恭穆謀殺賾賾遣開陽
尹蕭順之討殺之十五年二月遣員外散騎常
侍裴昭明貞然散騎侍郎謝竣朝貢九月又遣
司徒參軍范雲朝貢十六年復遣琛與司
徒參軍范雲朝貢車騎功曹庚蓽南豫州

別駕何憲朝貢十七年賾雍州刺史王奐與立南
蠻長史劉興祖論衆罪頤以與祖忤獄令送還
建業奐輒於獄殺之而云自死賾怒盡遣其直閤
將軍曹道剛梁州刺史曹虎收奐開門拒戰
司馬黃瑤起於城內起兵攻奐殺之奐子祕書
丞蕭琛弟秉來降賾斬絕其子音陵王子良在
昭業為太孫賾遇疾暫絕其子長懋立其孫南郡王
殿內昭業未入中書郎王融戎服於中書省閤
口斷東宮仗不得進欲立子良既蘇昭業入

六

殿融知子良不得立乃釋服還省賾死
昭業立十數日收融付廷尉殺之昭業生而為
其叔子良所養而矯情詐陰懷鄙愿與左右
無賴羣小二十許人共衣食同臥起妻何氏擇
其中美兒者與交通賓就當商大賈取錢無
數既與子良同居未得肆意子良移西邸昭業
獨住西州每至昏夜輒開後閤與諸小人共至
諸營署恣淫夏凡諸不逞皆迭加爵位許以南
面之日便即施行皆疏官位名號於黃牋紙與

之各各䯂盛帝之肘後昭業師史仁祖侍書胡
天翼聞之相與謀曰君言之三宮則其事未易
若於燃署者爲異人所歐打及爲大物所傷殘豈
直罪止一身亦當盡室及禍年各巳七十餘生
寧足咎也數日仁祖天翼皆自殺昭業氶父長懋
與所親愛欺笑酣飲備諸甘滋葬畢立爲皇太
自患及死昭業侍本憂哀虢毀過禮及還私室
孫截壁爲閣於母房內往何氏閒冊入輙彌時
不出賾至東宮昭業迎拜號慟絕而後蘇賾自

下興抱持之寵愛隆重初昭業在西州令女巫
楊氏禱祝速求天位及其父死謂由楊氏之力
倍加歆信楊氏子珉亦有美兒何氏尤愛悅之
昭業呼楊氏爲婆劉氏以來民閒亦作楊婆兒
歌蓋爲此也及在東宮賾令楊氏日夕祈
禱令賾早死與何氏書於紙中作一大喜字作
小喜三十六字遶之賾謂其必能負荷大業謂
曰五年巳來一委宰相汝多屠意五年以後勿
復委人臨死執昭業手曰阿奴若憶翁當好作

如此者冊而死子良時在中書怨首昭業疑畏使
虎賁中郎將潘淑領百人屯太極殿西階以防
之大斂之始呼賾伎人備舉衆樂諸伎雖畏威
從事莫不哽咽流涕及成服氶遣諸王還第子
良固乞留過賾葬不許昭業素好狗馬立未十
日便毀賾所起招婉殿以殿村乞閣人徐龍駒
造宅於其慝爲馬坪馳走隆馬畫額並傷稱疾
不出者數日多聚名鷹快犬以梁肉奉之賾將
葬喪車未出端門昭業便稱疾還內裁入閤便

於內奏胡伎鞞鐸之聲震響聞內外時司空王敬
則問射聲校尉蕭坦之曰此政當是內人哭聲
坦之曰此政當是內人哭聲徹耳自賾葬後
昭業微服而出遊走里二市又多往其父母陵隧
中與輋小共作鄙藝擲塗賭跳放鷹走狗諸雜
狡儈曰日輙往以此爲常朝事大小皆斷於尚
書令蕭鸞爲初蕭賾聚錢上庫至五億萬齋庫亦
出三億乃金銀布帛絲綿不可稱計至此歲末
所用過半皆賜與左右斷卒之徒及至廢黔府

庫空盡略業在內常著紫綿紅繡雜衣或錦帽
州刺史奉叔諶諫爲事略業甚悅之而專恣跋
改年爲隆昌以黃門郎周奉叔爲冠軍將軍青
扈無所忌憚常從單刀二十口出入禁闥門衞
莫敢訶止每語人云周郎刀不識君徐龍駒自
東宮齋師以便使見寵構造姦邪以取容媚凡
美女伎樂常住舍章殿著黃綸帽被貂裘南面
諸鄙䙝雜事皆龍駒所勸誘也略業爲龍駒置
業所寵恩情特隆賞賜傾府藏珉爲何氏所幸
向案代略業畫勅左右直與略業不異蕭鸞
固請誅之楊珉及母亦並下獄死珉及母爲昭
常居中內侍蕭鸞初令衞尉蕭諶征北諮議蕭
坦之請誅珉何氏與略業同席坐流涕覆面謂
坦之曰楊郎好年少無罪何可枉殺坦之乃
語於略業曰此事別有一意不可令人聞略業
呼何氏曰阿奴暫起去坦之乃曰外間並云楊
珉與皇后有情聞彰遐邇此事自古所無恐必
誤官事略業不得已乃許之俄勅原之已行刑

矣益州刺史劉悛罷任還略業以其饋奉不豐
收付廷尉將加大辟悛弟中書郎繪乞以身代
得不死禁錮終身略業與其父寵姬霍氏婬通
納之後宮蕭鸞謀廢殺之率衆而入時略業裸身
與霍氏相對聞兵至拔劍起拒鸞鸞首殺之左
右死者十餘人
鸞立其弟昭文自爲使持節都督揚南徐二州
驃騎大將軍開府錄尚書事揚州刺史加班劍
三十人封宣城郡公二千戶以兵五千人出鎮
東城殺其鄱陽王鏘隨王子隆遭中護軍王玄
邈殺昭文南兗州刺史安陸王子敬豫州刺史
王廣之殺江州刺史晉安王子懋又殺湘州刺
史南平王銳郢州刺史晉熙王銶南豫州刺史
宜都王鏗鸞加黃鉞進授都督中外諸軍太傅
領大將軍揚州牧增班劍四十人並前後部羽葆
鼓吹劍履上殿入朝不趨贊拜不名封宣城郡
王食邑五千戶使持節中書監錄尚書並如故
又殺略業文桂陽王鑠衡陽王鈞江夏王鋒廬陵

王子卿建安王子真巴陵王子倫乃廢昭文爲
海陵王尋死蠻僭立焉
蠻爲學景栖其叔父道成寵愛之過於諸子蕭賾
末爲尚書左僕射甚親幸蠻賾等子孫既而自立時
殺昭業專權酷暴減賾等子孫既而自立時
太和十八年也號年建武其宣德太僕劉朗之
嫁免官禁錮時論者謂薄義之由賓目蠻始蠻
游擊將軍劉璨之坐不贍給兄子致使隨母他
雍州刺史曹虎據襄陽請降高祖詔行征南將

三十五　魏書八十六　十二　削金

軍薛真慶督四將出襄陽大將軍劉昶出義陽
徐州刺史元衍出鍾離平南將軍劉藻出南鄭
車駕南伐十九年蠻龍驤縣開國侯王肅自渦
陽來降左將軍元麗大破蠻將擒其曾州刺史
董巒軍駕濟淮幸八公山巡淮而東發鍾離將
臨江水司徒馮誕薨乃詔班師遣使臨江數蠻
罪惡蠻殺其西陽王子明南海王子罕邵陵王
子真二十一年車駕討蠻蠻前將軍趙祖悅等十五將來降
陽太守王嗣之後將軍趙祖悅等十五將來降

大破蠻軍於汪口獲其將軍王伏保等車駕遂
巡沔東而還蠻將王雲紛等萬餘人寇南青州
黃郢戍主王崔曾淵擊破之悉虜其衆又剋新野
城斬蠻輔國將軍新野太守劉邑蠻湖陽戍主
蔡道福赭陽戍主成公期及軍主胡松舞陰戍
主輔國將軍西汝南太守席謙並委戍
及直閤將軍鮑舉舉南鄉二郡太守黃瑤起
走擒瑤起鮑舉又殺其河東王鉉臨賀王子
岳西陽王子文衡陽王子珉湘東王子建南郡

三十五　魏書傳八十六　十二　揚潤

王子夏巴陵王昭秀桂陽王昭粲車駕幸南陽
進攻宛北城拔之冠軍將軍南陽太守房伯玉
以城降又大敗蠻平北將軍崔慧景黃門郎蕭
衍於鄧城斬獲首虜萬有餘蠻憂怖送疾甚
乃大赦改年爲永泰其大司馬王敬則於會稽
舉兵將以誅蠻鎮北諮議謝眺敬則女夫也告
之敬則敗而死蠻死
子寶卷僭立二十三年春寶卷改元爲永元遣
其太尉陳顯達率崔慧景攻馬圈城詔前將軍

元英討之寶卷遣將寇順陽詔撫威將軍慕容
平城率騎討之顯達攻陷馬圈城軍駕南伐詔
鎮南大將軍廣陽王嘉斷均口顯達戰敗潰圍
夜走斬其左軍將軍張子順賊將蔡道福成公
期等數萬人棄順陽遁走寶卷昏狂政出羣豎
其始安王遙光據東府反不克見殺并殺其右
僕射蕭坦之左衛將軍曹虎領軍將軍劉暄尋
殺司空徐孝嗣左僕射沈文季前撫軍將軍長史沈
昭略其太尉江州刺史陳顯達舉兵襲建業不

果而死景明初寶卷豫州刺史裴叔業以壽陽
降寶卷遣其衛尉蕭懿為征虜將軍豫州刺史
步道伐壽陽頓軍小峴詔遣軍司李煥及統軍
奚康生楊大眼等率衆入壽陽驃騎大將軍彭
城王勰率軍王肅率步騎十万赴之寶卷
遣將胡松李居士率衆万餘屯死虎陳伯之水
軍沂淮淮上以過壽春肅大破之斬首万數
陳伯之又寇淮南勰破之肥口豫州刺史田益
宗破寶卷將吳子陽劉元超於長風寶卷遣侍

中崔慧景率諸軍自廣陵水路欲赴壽哥陽慧景
見寶卷狂虐不復自保及得專征欣然即路慧
景子覺時為直閤與之密期慧景至廣陵覽遂
出奔慧景過廣陵數日便回軍還時廣陵關
鎮司馬崔恭納之因率衆濟江遂攻建業寶卷
之慧景既死寶卷豫州刺史蕭懿軍破慧景擒殺

嬰城自守寶卷便自得志無所忌憚日日出
遊愛幸茹法珍梅虫兒等及左右應勑捉御刀
之徒並專國命民間謂之刀勑寶卷每常輕騎
而已所往之處既無定所官司常慮得罪東行
輒往弗慶不欲令人見之驅斥百姓惟置空宅
戎服往此諸家與之謔歡此等每有吉凶寶卷
吏司奔馳叫呼盈路老少震驚啼號塞路處處
禁斷不知所適疾患困篤者悉舁去之其有無
人興者匍匐道側主司又加捶打絕命者相繼
遷宮之時常至半夜左右輒入富室取物蕩盡
前魏興太守王敬寶新死未斂家人被驅不得

守視又家人還見食敬賓兩眼都盡如此者非
一賓卷醉亂謂其其尚書令蕭懿雖有大勳忌
而殺之并殺其弟衛尉卿蕭暢世宗認冠軍將
軍南豫州刺史席法友三万人圍寶卷輔國將
軍比新安豐三郡太守胡景略於建安城剋之
禍景略寶卷雍州刺史蕭衍據襄陽舉兵以南
荊州行事蕭穎冑應衍三月穎冑叛寶卷以為
康王寶融為天子於是寶融階即帝位穎冑為
侍中尚書令衍為左僕射都督征討諸軍征東

大將軍使持節如故穎冑謚封寶卷為虜陽縣
侯寶融不許又封涪陵王穎冑監八州諸軍事
行荊州刺史假行黃鉞蕭衍軍至沔口郢州嬰
城自守寶卷又殺巴陵王昭冑永新侯黃昭秀黃
門郎蕭寅寶卷昏暴曰其內外不堪其前南譙
太守王靈秀等於石頭迎寶卷弟寶寅率城內
文武向其臺城百姓空手隨從者万數會日暮
城門閉不剋行兵所在棄寶卷降之衍
兵入宮寶卷在含德殿吹笙歌作女兒子卧未

及睡聞兵入趣出此尸欲還後宮清曜閣已閉
閽人禁防黃泰平以刀傷其膝仆地顧曰奴反也
直後張齊斬首送衍衍追封東昏侯廢其皇后
太子為庶人衍殺寶卷弟弟湘東王寶晊义殺
邵陵王寶攸晉熙王寶嵩桂陽王寶貞其义殺
王寶夤東奔尋遍寶融禪位於巴封為巴陵王
宮于姑孰熟寶融尋暴死

島夷蕭衍字叔達亦晉陵武進楚也义蕭
順之齊領軍將軍寶融為輔國將軍雍州刺史藏
眾來援為武衛將軍守文福所破單騎走兒蕭
和二十二年高祖南伐認諸軍圍襄陽衍時率
戶曹屬累遷為蕭繼島黃門侍郎太子中庶子太
殺行兄懿遣巴西梓橦二郡太守劉山陽西上
聲云之郡寶乃與穎冑推寶卷弟為荊州刺史
殺景明二年衍乃與穎冑山陽至荊州為蕭穎冑所
寶融為主號年中興舉兵伐寶卷其年十二月
剋建業殺寶卷及其舉妻子衍為大司馬錄尚書

事揚州刺史建安郡公邑一万戸三年又自為相
國揚州牧封十郡為梁王衍尋僭立自稱曰梁
號年天監五月揚州小峴戍主黨法宗襲衍大
峴戍破之擒其龍驤將軍尉菩薩送京師衍又
遣將張賈等寇揚州龍驤將軍都尉侯道
顯攻衍陰山伯憐擒明素衍將吳子陽寇白
與祖仍攻衍陰山葉戍破之斬其寧朔將軍吳道
萊等獲數千級衍又遣其徐州長史濳伯憐屯
年三月揚州刺史任城王澄遣長風戍主奇道
軍淮陵徐州刺史司馬明素又據九山澄遣軍
並擊破之斬伯憐擒明素衍將吳子陽寇白沙
中山王英大破之擒斬十數衍梁州刺史平陽
縣開國侯翟遠徐州刺史永昌縣開國侯陳虎
牙來降正始元年正月衍將趙祖悅屯據東關
江州刺史陳伯之擊破之二月衍將姜慶真襲
陷壽春外郭州軍擊走之中山王英圍衍鍾離
行遣冠軍將張惠紹率衆衍送糧於鍾離
澄遣統軍王足劉思祖邀擊於邵陽大破之生

擒惠紹并其驍騎將軍祁陽縣開國男趙景悦
等十將斬獲數千級惠紹衍男子也衍乃移書
求之朝議欲不威懷遂聽惠紹等還三月元英
破之衍將王僧炳於樊城八月英又攻衍義陽克
之破衍將馬仙琕擒其冠軍將軍蔡靈恩等十
餘將九月衍霍州刺史田道龍義州刺史張宗
之遣使內附十一月詔尚書邢巒率衆赴之三年四
月巒頻破衍衆又遣統軍王足破衍諸將斬其輔
國將軍范始
男送京師巒又遣統軍王足破衍諸將斬其輔
國將軍馮文豪等六月衍遣將王超宗寇邊揚
州刺史薛真度大破之俘斬三十級七月王足
又大破衍衆斬其秦梁二州刺史魯方達王明
達等三十餘將俘虜二千五百人九月衍湘州
刺史楊公則率衆寇壽春衍揚州刺史元高義破
之獲數千級三年正月衍徐州刺史屯河南城平
寇梁城江州刺史王茂先寇荊州屯河南城平
南將軍陳伯之擊義之平南將軍楊大眼擊茂

先並大破之斬其輔國將軍王花俘斬平茂

先逃潰追奔至於漢水拔其五城將軍宇文福

略行司州俘獲千餘口而還五月衍將軍蕭昞寇

淮陽張惠紹寇宿豫蕭密寇梁城韋叡寇合肥

平南將軍奚康生破惠紹斬其徐州刺史宋黑

七月衍徐州刺史王伯敖入寇陰陵中山王英

大破之斬將二十五人首虜五千衍又遣將桓

和屯孤山冠軍將軍桓方慶屯固城龍驤將軍

矯道儀屯蒙山八月安東將軍邢巒擊桓和破

之將軍元常攻克固城統軍畢祖朽攻克蒙山

斬獲又赴沂水死者四千有餘衍又遣張惠紹

屯宿豫蕭昞屯淮陽九月都督邢巒大破之斬

其大將臨懷恭等三十餘人惠紹蕭昞並棄戍

南走追斬數萬級衍中軍大將軍臨川王蕭密

右僕射柳惔等徐州刺史昌義之等屯據梁中

山王英大破之密等棄城泜淮東走追奔至於

馬頭行冠軍將軍馬頭戍主朱思遠棄城走擒

行將三十餘人斬獲五萬有餘十月衍征虜將

軍馬仙琕率衆三万寇義陽郢州刺史婁悅以

州軍擊走之永平元年十月懸瓠城民自早生

據州反叛衍遣將齊苟兒等四將以助之詔尚

書邢巒率騎討之襲攻克懸瓠斬早生擒苟仁

俘衍衆三十餘人初早生之反也世宗遣主書

董紹衔詔宣慰紹爲早生之所執送之於衍衍乃

厚資紹遣紹令本書朝廷請割宿豫內屬以求和

好時朝議或有異同世宗以衍辭雖款順而不

稱藩詔有司不許十二月衍鬱朔將軍張凝等

率衆寇楚城中山王英破擒之衍將馬仙琕據

金山郢州刺史婁悅擊走之二年正月中山王

英攻克衍長薄戍殺傷數万仍攻拔武陽關擒

衍雲騎將軍松滋縣開國侯馬廣冠軍將軍遷

陵縣開國子彭瓮驍騎將軍當陽縣開國伯徐

元秀等二十六將俘獲七十餘人又進攻黃峴

西關衍將軍馬仙琕棄西關李元復棄黃峴道

走四年春三月衍琅邪郡民王万壽等斬衍輔

國將軍琅邪東莞二郡太守帶昫山戍主劉晰

井將士四十餘人以城內屬徐州刺史盧昶遣
兼郯城戍副將張天惠率眾赴之而衍郁洲巳遣
二軍以拒天惠天惠與力壽等內外齊擊傷斬
數百昶仍遣琅邪戍主傅文驥入城據守衍又
遣將張稷馬仙理等攻圍文驥詔昶率眾赴之
而文驥以糧盡降衍昶遂失利而還延昌二年
二月郁洲徐玄明斬衍送徊鎮比將軍青冀二州
刺史張稷首以州內附三年六月衍遣眾寇九
山荊州刺史桓叔與大破之斬其虎旅將軍蔡
令孫冠軍將軍席世與貞義將軍藍次孫四年
二月衍寧州刺史任太洪率眾寇開城益州長
史成興孫擊破之熙平元年正月衍遣其恒震
太守王定世等寇邊都督元志破之斬定世悉
俘其眾衍豫州刺史趙祖悅率眾數萬偷據硤
石詔鎮南將軍崔亮鎮軍將軍李平討克之斬
祖悅傳首京師衍衡州刺史張齊寇益州刺史
傅豎眼討之斬其將任太洪齊道走初衍毋欲
稱兵境上闚伺邊隙常為諸將摧破雖懷進趣

之計而勢力不從遂於浮山堰淮規為壽春之
害書宗詔征南蕭寶夤率諸將討之大破衍眾
於淮北秋九月堰自潰決漂其緣淮城戍居民
村落十餘萬口流入於海正光元年衍改稱普
通至三年□□□其弟子西豐侯正德棄衍來奔尋復
亡歸衍初忿之改其姓為背氏既而復為封為
臨賀王五年九月衍遣將裴遂虞鴻襲據壽春外
史元法僧據城南叛衍遣豫章王綜鎮彭城綜
郭刺史長孫稚擊走之孝昌元年正月衍徐州刺
蕭寶卷之遺腹子也初衍平建業因納其毋吳
氏吳氏先有孕後生綜衍謂為已子甚寵愛之
綜既長毋密告綜綜遂潛圖叛衍既鎮彭城及
大軍往討綜乃拔身來奔衍餘將退走國軍追躡
所獲萬計衍初聞之懊哭氣絕其後慚恍猶云
其子言其病風所致時人咸笑之三月衍遣其
北梁州長史錫休儒司馬魚和上庸太守姜平
洛等入寇直城梁州刺史傅豎眼遣息敬紹率
眾大敗之擒斬三千人休儒等遁走四月衍益

州刺史蕭潤歲遣將樊文熾等率眾圍小劍戍
益州刺史郎虬遣子子達行臺遣別將
淳于誕拒擊之五月誕等大破文熾俘斬二萬
擒其次將蕭世隆等十二人文熾走免是歲衍
又改年為大通二年七月衍將元樹湛僧珍等
寇壽春又攻逼新野詔都督魏承祖討破之三
年二月衍將成景儁寇彭城行臺崔孝芬率諸
將擊走之建義元年衍遣其將義宗
大都督曹穆大破之生擒義宗檻送京師初介

朱榮入洛比海王顥奔於衍行以顥為魏主資
顥士馬令其大將陳慶之部率送顥永安二年
夏遂入洛陽車駕還討破走之唯慶之一身走
免自餘部眾皆見俘執閏月巴州刺史嚴始欣
據州入衍衍遣將蕭玩張鴻等率眾赴援都督
元景夏率益梁二州軍討之三年正月斬始欣
衍眾敗走又斬蕭玩等首俘獲萬餘人普泰元
年春南青州刺史茹懷朗遣部將何寶率步騎
三千擊衍守將於琅邪擒其雲麾將軍徐兗二

州刺史沈預斬其宣猛將軍齊州刺史劉相如
永熙元年夏衍遣其郯王元樹及譙州刺史朱
文開入據譙城東南道行臺樊文又攻
克之擒元樹文紀耕率眾入寇峀壙都督曹仲尼
破走之斬其軍主沈達閣莊等二年正月衍將
湛僧珍寇南兗州軍擊破之行臺元晏又破
湛僧珍等於項城虜其
司州刺史陳慶之郢州刺史田朴特等寇邊豫
刺史楊晖

州刺史堯雄擊走之五月衍仁州刺史黃道始
寇北濟陰徐州刺史任祥討破之十月衍將梁
秉儁寇單父祥又大敗之俘斬萬餘人十一月
衍雍州刺史蕭恭遣將柳仲禮寇荊州刺史王
元軌破之於牛飲斬其將張殖王世興是年衍
又改號為中大通三年五月豫州刺史堯雄攻
衍白苟堆鎮克之擒其比平太守苟元曠十月
行臺侯景攻陷衍楚城獲其梁州刺史桓和兄
第四年九月衍青冀二州刺史徐子彥寇圍城

南青州刺史陸景元擊走之先是益州刺史傳
和以城降衍衍資送和令申意於齊獻武王求
通交好王志綏遠乃請許之四年冬衍遣其
散騎常侍張皐通直常侍劉孝儀通直常侍崔
曉朝貢二年夏又遣散騎常侍沈景儀通直常
侍劉研朝貢與和二年春又遣散騎常侍柳豹
通直常侍劉景彥朝貢其年冬又遣散騎常侍
陸晏子通直常侍沈景明少遲通直郎謝藻
同三年夏又遣散騎常侍明少遲通直郎謝藻
朝貢四年春又遣散騎常侍表
文發朝貢其年冬又遣散騎常侍劉孝勝通直
常侍謝景朝貢武定元年夏又遣散騎常侍沈
衆通直常侍殺德卿朝貢其年冬又遣散騎常
侍蕭確通直常侍陸緬朝貢三年秋又遣散騎
常侍徐君房通直常侍庾信朝貢四年夏又遣
散騎常侍蕭瑳通直常侍賀德瑒朝貢五年春
又遣散騎常侍謝蘭通直常侍鮑至朝貢朝廷
亦遣使報之十餘年間南境寧息六年衍又改

號為中大同其年又改為太清是歲歲司徒侯景
反遣使通衍請其拯援衍感景遊說遂絕貢使
衍子綱及朝臣並切諫以為不可衍不從乃遣
其兄子豫州刺史貞陽侯淵明北兗州刺史胡
貴孫等寇逼徐州衍行臺慕容紹宗儀同三司
灌彭城齊文襄王遣行臺高岳慕容紹宗儀同三司
高岳潘相樂等率衆討之紹宗徹行境內貝天
乾坤交泰明聖興作有實運之力俱盡變化
之途抱識含靈融然並至呈形賦命混而同往
所以玄功潛運至德旁通百姓日用而不知万
國受賜而無远旱徒鑒其耳目易其心慮悟以
風雲一其文軌使夫日月之照不私雨露之施
均洽運諸仁壽之域納於福祿之林自晉政多
僻金行淪蕩中原作戰關之場生民為鳥獸之
餌則我皇魏握玄帝之圖納水靈之祉攄靈軍
而自比策龍御以圖南致付上帝援溺下土怪
物殄死淫水不作運神器品於顧眄定寶命於跡
蹦恢之以武功振之以文德宇內反可封之俗

負首識羞舜之心沙海荒忽之外瀚漠羈縻之
表方志所不傳荒經所不緫莫不繩谷釣山依
風託水共仰中國之聖同欣大道之行唯夫三
吳百越獨阻聲教匪民之咎責有由焉自僞晉
之後劉蕭作匪擅僭一隅號令自己惟我祖宗
馭宇愛民重戰未極謀臣之畫不窮節將之兵
聊遣行人降以尺一圓臺已築黃屋輒去賜其
几杖置之度外蘆關行輕蔑聞睚眦

君親自少而長好亂樂禍惡直醜正巧用其短
以少為多訛惑愚淺大言以驚俗驅扇邪僻口
兵以作威曲體脅肩搖脣鼓舌候當朝之顧指
邀在位之餘論遂汙辱冠帶偷竊藩維及寶卷
昏狂下不堪命曾無北面有犯之節遼滅人倫
在三之禮憑妖假怪鬼語神言稱兵指闕傾朝
鴆主陵虐孤寡聾瞽愚士民天不悔禍姦醜得志
內恣彫靡外逞殘賊驅忘國之兵糊口之眾
南出五嶺北防九江屯戍不解役無寧歲死亡
矢刃之下夭折霧露之中哭泣者無已傷痍者

二十七 佑

不絕託身人上忽下如草遂使頑嚚凶子弟肆行
婬虐狡猾羣小縱極貪惏剝割蒸生肌肉略盡
剝剔黔首骨髓俱罄猛虎其暴餓狼詭伴非
其禍慄慄周餘兵敢戒業競盈貯謟涅清靜
一緒毒蝥滿懷兵敢戒業競盈貯謟涅清靜
石悲歌掩途死而可祈甘同仙化賀淺謀踈曾
不自揆過桐柏之流翻為已霅子亡齊之亂忽

峰巒刻削千門萬戶鞭撻疲民盡其筋骨延壤運
至乃大興寺塔廣築臺堂耽陽到景垂珠衒璧

為戎首書契迄兹千聞其事至於廢捐家嫡崇
樹愚子朋黨路開彼我側目疾視扼腕十室而
九翹足有待良亦多人二紀於兹王家多故始
則車馳之驚怳然有驚墜之亥神祇彌憤寓縣朋
震於是故相國齊獻武高王感天壤之慘黷激
雲雷以慨然仗高義而率民奮太節以成務焚
有匪國定霸之圖非直討賊雪恥之舉於是戢
略紛紜靈武冠世滌穢逋慝尊主康郡身秉
歷受圖天臨日鏡道隨玄運德與神行既而元

二十八 圭

首懷舞戚之風上宰薄兵車之會遂解縶南冠
輸以好睦舟車遵谿川陸光華亭徵相望欣然
自泰反肉還童不待羊陸嘉謀長籌羨自我
始罷戰息民兩獲其泰王者之信明如四時豈
或為人君父二三其德書而不法可不惜哉侯
以趨馳便習見愛介朱小人叨竊遂忝名位及
中興之際義旗四指元惡不救實在羣胡景荷

三世　親書傳八十六　二十九　騰慶

滅之釁雖不能蔽捍左右以命酬恩猶當慘顏
後至義形於色而趣利改圖速如覆手投身麾
下甘為僕隸獻武王棄其瑕穢錄其小誠得一厠
五命之末預在一隊之後參跡驅馳庶其來效
長鞭利鍛鍊術以制之既關龍逋誅每事經略以
河南空虛之地非兵戰之衝薄存犄角聊示旗
豈資實效寄以遊聲軍機催勒蓋唯景任惚
鼓兵旅別有司存而愚編有積僑愎遂甚犯違
軍紀仍自猜貳禍心潛構翻為亂階負恩棄德

剖恓夫計不義不昵厚而必顧委慈母如脫屐
弃少弟如遺士羣子陸陸妻姪成行慕姜見之
癸言葳伯春之宛轉跳梁猖蹶夫欲誰欺比之
梟鏡異類同醜擬姚鼠顧匪其倫及遠託關
右委命寇逆寶炬定君臣之分黑獺結兄弟之
親授以名器之賞救其重圍之死黌暴悲哀假
首無託以金陵逃之藪江南流禦之地甘辭
甲體進軌圖身詭言評詭抑可知矣叛堅救命

三世　親書傳八十六　三十　騰慶

嘗將擇音偽朝大夫幸災忘義主毛於上臣蔽
於下逐雀去草曾不是圖稱寶叛已椒蘭比好
人而無禮其能國乎夫安危有大勢成敗有恒
兆不假離朱之目不藉子野之聽聊陳刺心之
說且吐伐謀之言今帝道休明皇猷允塞四民
樂業百靈效祉雖上相云云之
經武虎視龍驤驅日下之俊雄牧一世之英銳
擊刺猶雷電合戰如風雨控弦躍馬固敵是求
蠕蠕昔遭離亂輻分瓦裂匹馬孤征告困於我

國家深敦隣附慰其入懷盡憂父之禮極繾綣
之義保衛出於故地資給唯其多少存其巳亡
之業成其莫大之基深仁厚德鏤其骨髓引領
思報義義如手足吐谷渾深執忠孝膠漆不渝方
里仰德奏款屬路並申以婚好行李如歸蠕蠕
境斜界黃河望幽夏飛雪千里曾冰洞積此
風轉勁實勸角之時泛寒方猛正氈叀丞乏之利吐
谷渾疾彼凶逆彊兵歲舉傾河及鄯鄯通龍峽
驅龍池之種藉常勝之氣二方候隙企其移踵

▣ 魏傳八十六 卅二 李庚

加以獨孤如願擁眾秦中治兵劫愾黑獺北備
西擬內營腹心救首救尾疲於奔命豈暇稱兵
東指出師函谷且秋風揚塵國有恃防關河形
勝之際山川襟帶之所猛將精兵基跱岳立又
實炬河陰之比黑獺亡山之走眾無一旅僅以
身歸就其不顧根本輕懷進趣斯則一勞永逸
天贊我我也旦日月經天釁世所知義非
徒語持此也重之理有可見則侯景遊辭莫非虛
誕夫景繩樞席牖之子阡陌鄙俚之夫遭風塵

之會逢馳驚之日遂位在三吏邑啟千社拊身
量分久當止足而乃周章去就離跂不巳夫豈
徒爾事可摧揚度其眾叛離守死不暇乃聞
將棄懸瓠遠赴彭城老賊姦謀復將作矢固揚
聲赴助計在圖襲吞淵明之眾招厭虐之民舉
長淮以為斷仍鶩張歲月南面假名死而有巳
此蓋蟣蝨之禍我承其斃且僞主昏悖不惟善
隣賊忍之心老而彌篤納叛之詭謫喪信義
以猖狂天喪其神人重其怨將踐瓜圃之蹤且

魏傳八十六 三十二 章文

追兒侯之轍今徵發犬羊侵軼徐部築壘擁川
覯覦小利此而可忍孰不可懷兵凶戰危出不
得巳謀奉朝規肅茲九伐扛鼎拔樹之眾超乘
投石之旅練甲爭途波聚霧令虎班龍文之逸
蘭池蒲梢之駒嘶天陸野蹯影追風振旅南轅
長驅計蹤非直三吳鼠面一麾魚駭乘此而往
青蓋將歸且衍虐網罟兵權在外持險躁之風
俗兼輕薄之子孫蕭繡兇狡之魁豈無商臣之
很蕭與吾失志之憤當召專諸之客外崩中潰今

也其時幕府師行以禮兵動以義弔民伐罪理
有存焉其有知機審變翻然鵲起立功立事去
危就安賞典未忘事必加等君軍威所至敢有
拒違尺兒巳上咸從梟戮今二禮四義之將豹
虎能罷之士深銜逋偽信納叛二違上慘諫實
興代役莫不含怒作色如赴私讎如肝涉血義
不旋踵攻戰之日事若有神芥積麻亂匪旦伊
夕以彼曲師危卒望我軍鋒何異蛞蝓被甲螂
蛆舉尾正恐旗鼓一接芝藿俱摧先事諭懷備

魏傳八十六　三十三　馬

知翰墨王侯無種禍福由人斯蓋丈夫肉食之
秋壯士封侯之會又冰可折時不再來凡百君
子勉求多福檄之所到咸共申省知我國行師
之意冬十二月紹宗高岳等大破衍衆寒山擒
淵明貴孫等俘斬五萬其凍溺燒之而死不可
勝數衍既慙悔六年復遣使羊珍孫款關乙和
并脩弔書貢於齊文襄王文襄王欲以威德懷之
許其通而不復其書衍於是遣其散騎常侍謝
班通直常侍徐陵詣闕朝貢班等未及還而侯

景舉兵襲衍密與衍第子臨賀王正德交通許
推為主景至橫江衍令正德率軍拒景正德因
而迎之景濟江立以為主以趣建業衍好人使
己未年尤其或有云國家彊盛者即便忿怒有
云朝廷衰弱者因致喜悅是以其朝臣左右皆
承其風旨莫敢正言初景之將渡江也衍公卿
軍戎皆有啟列而中領軍朱异恐忤衍意且謂
景不能渡遂不為聞景至蕪湖方大驚駭乃令
其太子綱守中書省軍事來以委之又遣居民

魏書傳八十六　三十四　馬

入城百姓因相剝掠不可禁止衍令直從監俞
景茂掀呌尚方錢署人交建康廷尉諸囚
欲押令入城以无防捍諸徒放火燒臺一時
景不能衍憂漭無計唯令其王公已下分屯諸門
散走衍憂漭無計唯令其王公已下分屯諸門
攝諸寺藏錢皆入聚德陽堂以充軍實景既至
便圍其城縱火燒蓺掘長圍築土山以攻衍衍
亦熱城內起山以應之衍令文武運土人責二
十石於是其王侯朝貴皆自負檐蕭綱亦欲自
負斂議以為太示迫屈乃止衍每募人出戰素

無號令初或輕勝後必本背景宣言曰城中非
無菜但無醬耳以歲侮之衍太官及軍人無柴
乃發取尚書省武庫左右藏以充用衍州鎮外
援雖有至者而景圍柵深固內外斷絕衍數募
人出戰常為景所執獲有一小兒請以飛鵄傳
馬射取之竟不能達也衍城內大饑人相食米

綱出太極殿因西北風而颺之頻放數鵄景令走
其背又題鵄口若有得鵄送援軍者賞銀百兩
致消息綱乃作數千丈繩繫紙鵄於繩端縛書
盡死者相枕初有盜取其池魚者衍猶大怒勅
得錢二十万皆燻鼠捕雀而食之至是雀鼠皆
於德陽堂前立市屠一牛得絹三千四賣一狗
一二十万比以人肉雜牛馬而賣之軍人共
付廷尉既而行外援雖多各乘張無有惣制更
改未按而行而宿昔都盡其不識事宜如此景久
相妬忌不肯為彀擊衍子邵陵王綸再於鍾山
決戰戰敗而走景粮既少遂誦衍求和衍信之與
乃割江西四州授景封為壽陽王遣其朝貢與

部下歃血盟訖景詐引軍還石頭衍乃勅援軍
令下歇諸軍初不受詔後乃從衍又令援軍
以船三百艘給景景猶嫌其少又勅付二百衍
永安侯蕭確直閣將軍趙威方頗有勇略為景
所憚景乃謂衍曰確與威方頻隔岸見罵罵天
子自與汝和我終不置汝我今便不敢去若召
此二人入城者吾當解圍衍復遣便徵確等確
等不從衍又為手書與諸軍云確若不入者宜
以軍法送之確等不得已乃赴衍景復謂衍曰

始有西信至北軍已克壽春鍾離我今便無委
足處求權借廣陵譙州待征復兩城還以此州
相歸衍又許之景外欲和伺其懈怠行君臣
上下信景欺詐所有戰具悉皆收去後知非實
更狼狽設備有其於初城轉危急衍等計窮乃
復遣便詣景景又詭云今時既熱便不能得去
正當乙留京師為朝廷立效耳而悉力前後虜掠
年三月遂校之景自至建業縱軍士掠
倉庫所有皆掃地盡矣景乃從數百騎見衍獻

歎流涕因請香火為作義見還以衍為本正
德通啟云前為景所擒使攝四海辭不獲免權
摠萬機今景餓入輔乞解僭濫以王還邸自景
圍建業城中多有腫病死者相繼無復板木乃
剝柱為棺自雲龍神虎門外橫屍之煙氣血汁漂
臭聞數十里初城中男女十餘萬人及陷存者
纔三千人又皆帶疾病蓋天亡之也衍尋為
景所餓殺自衍為景攻圍歷百餘日衍子荊州

魏玄列八十六　三七　末

刺史湘東王繹益州刺史武陵王紀各擁兵自
守坐看衍之縣危竟不奔赴始景渡江至陷城
之後江南之民父子兄弟
軍人所掠或自相賣鬻蠻虜漂流入國者蓋以數十
萬口加以飢饉死亡所在塗地江左遂為丘墟
矣初衍崇信佛道於建業起同泰寺又於故宅
立光宅寺於鍾山立大愛敬寺兼營長干二寺
皆窮工極巧彈竭財力百姓苦之曾設齋會自
以身施同泰寺為奴其朝臣三表不許於是內

外百官共斂珍寶而贖之衍每禮佛捨其法服
著乾陀袈裟令其王侯子弟皆受佛誡有事佛
精苦者輒加以菩薩之號其臣下奏表上書者
稱衍為皇帝菩薩衍所部刺史郡守初至官者
皆責其禮獻物多者便云稱職所貢微少言
為弱懦故其牧守在官皆競事聚斂劫剝細民
以自封殖多妓妾深肉金綺百姓怨苦咸不聊
生又發召兵士皆須鎌械不爾便即逃散其王
侯貴人奢姓無度弟兄子姓侍妾或父千數至

魏玄傳八十六　三八　末

乃回相贈遺其風俗頹喪綱維不舉若此衍自
以持戒乃至祭其祖禰不設牢牲時人皆竊云
雖僭偽王者然其宗廟實不血食矣衍未敗前
災其同泰寺衍祖父墓前石麒一旦亡失識者
咸知其將滅也景又立衍子綱尋復殺之衍之
親屬並見屠害矣

史臣曰蕭鸞竟塗泥之中同蝸角之戰或年纔
三紀或身不獲終而偷名江徼自擬王者考之
遂古所未前聞昔句踐致貢而延世夫差爭長

而後死兩寇方之吳越不乃劣乎

列傳第八十六　　魏書九十八

私署涼州牧張寔　　鮮卑乞伏國仁
鮮卑禿髮烏孤
盧水胡沮渠蒙遜　　私署涼王李暠

張寔字安遜安定烏氏人父軌字士彥散騎常
侍以晉室多難陰圖保據河西求為涼州乃除
持節護羌校尉涼州刺史桓帝西略也軌遣使
貢其方物晉加號安西將軍封安樂鄉侯邑一
千戶永嘉五年晉以軌為鎮西將軍都督隴右
諸軍事封霸城侯尋進車騎大將軍開府儀
同三司愍帝即位進拜司空封西平公邑三十
戶後拜侍中太尉涼州牧軌年老多疾拜寔撫
軍大將軍副涼州刺史軌未幾年老多疾積年二子代
行州事閉絕音問莫能知者軌頗識天文毎
內有賊興疾仰觀曰無能為害終如其言寔代
統任愍帝拜為使持節都督涼州諸軍事西中
郎將涼州刺史領護羌校尉西平公劉曜陷長
安寔自稱侍中司空大都督涼州牧承制行事

於時天下喪亂秦雍之民死者十八九唯涼州
獨全寔自恃衆彊轉為驕恣平文皇帝四年寔
為左右閻沙等所殺先是謠曰蛇利砲蛇利砲
公頭墜地而不覺寔所住室梁間有人象而無
頭寔之乃滅寔惡之未幾見殺寔統弟茂
將軍護羌校尉涼州牧西平公諫闐沙等百餘
茂字成遜私署使持節都督涼州諸軍事平西
人遣使朝貢茂妻弟賈摸兄弟謀害茂茂殺
之劉曜上隴茂懼而降曜以為太師涼王茂卒

無子定子駿統任
駿字公庭自稱使持節大將軍護羌校尉涼州
牧西平公遣使朝貢煬帝時隴西人辛晏以枹
罕降之駿遂有河南之地至於狄道與石勒分
境駿築南城起謙光殿於其中窮珍極巧又四
面各起一殿東曰宜陽青殿南曰朱陽赤殿西
曰正德白殿北曰玄武黑殿服章器物皆依色
隨四時居之其旁有直寢寺署一依方色其奢
僭如此民以勞怨駿議治石田參軍索孚諫曰

凡為治者動不逆天機作不破地德貫后稷之
播百穀不墾般石禹決江河不逆流勢令欲徙
石為田運土殖穀計所損用敵盈百石所收不
過三石巳竊所未安駿怒出斗為伊尺都尉
有石隕於破胡燧而碎聲如擊鼓聞七百里其
處氣上黑如煙焰首如赤飆駿少而淫佚常夜
出微行姦亂邑里少年皆化之性又貪恡有圖
秦隴意以穀帛付民歲收倍利利不充者簿責

晉興西平張掖酒泉建康西海西

郡湟河晉興廣武十一郡為涼州以長子重華
為刺史金興晉城武始南安永晉大夏武城漢
中八郡為河州以其寶戎校尉張瓘為刺史敦
煌晉昌高昌西域都護戊己校尉王門大護軍
三郡三營為沙州以西胡校尉楊宣為刺史駿
私署大都督大將軍假涼王督攝三州始置諸
祭酒郎中大夫舍人謁者之官官號皆擬天朝
而微辨其名舞六佾建豹尾車服旌旗一如王
者軌保涼州陰澹之力駿以陰氏門宗彊盛意

之乃逼澹弟臨令自殺由是大失人情駿既病
見臨為祟遂死時建國九年也子重華立
重華字太林私署使持節大都督太尉公護羌
校尉涼州牧平西公假涼王二石虎遣麻秋率眾
渡河攻城於長涼州震動司馬張耽應王薈謝
艾於重華重華任之艾擊斬麻秋自署丞相涼王
俘斬乃五千人重華遣使朝貢自署丞相涼州
領秦雍涼三州牧重華道死子曜靈
曜靈年十歲自稱大司馬涼州牧以重華兄祚
為撫軍將軍輔政祚先蒸重華母馬氏密謀

氏以曜靈幼弱須立長君馬從之遂廢曜靈而
立祚曜靈尋為祚所殺
祚字太伯既統任自稱大將軍涼州牧涼公專
為姦虐駿及重華子女未嫁者皆姪之涼州人
士咸賦斂茨初重華末年有蚣斯蟲集安昌門
外緣壁逆行都尉常據諫曰蚣斯是祚小字今
乃逆行災之大者願出之重華曰子孫繁昌之
徵何為災也吾昨夢祚攝位方委以周公之事

輔翼世子而祚終殺曜靈焉自署涼王立宗廟
置百官號和平元年遣使朝貢又追加軌以下王
號濫殺謝艾於酒泉郎中丁琪諫祚憎竊祚斬
琪於闕下廢諸神祀山川枯竭置五都尉司人
姦過禁四品以下不得衣繒帛庶人不得畜奴
婢乘車馬百姓怨憤有光狀如車蓋聲如雷
震動城邑仲夏降霜有神降自稱玄冥與人
交語祚曰夜祈之神言與其福利祚信焉衆知
祚必敗而祚暴虐彌甚明年祚河州刺史張瓘
起兵討祚驍騎將軍宋混率衆應瓘混進攻
姑臧祚遣侍中索孚代瓘有王鸞者二師出必
敗弁陳祚三不道祚以妖言惑衆斬之鸞臨刑
曰我死之後軍敗於外王死於內祚族之宋混至
姑臧領軍趙長等開宮門應之入殿稱萬歲祚
以長等破混世出勞之長以槊刺祚中額祚奔
入爲厨士徐黑所殺暴尸道左城內咸稱萬歲
瓘等立重華少子玄靖統任
玄靖字元安自署使持節大都督大將軍涼王

以瓘爲尚書令涼州牧秉政宋混爲尚書僕射
瓘性猜惡賞罰皆以愛憎無復綱紀郎中敦煌
陳損益諫瓘瓘曰虎生三日能食肉不須人教
由是莫有言者瓘與玄靖參乘出城城北大橋
三梁俱折瓘私惠之乃日日散錢帛私樹數里乃
家上忽有池水城東大澤地忽火然廣數里乃
殺宿嫌牛旋等以應水火之變瓘謀誅諸宋廢
玄靖自立先是太白守輿鬼占者以爲州分當
有暴兵故瓘欲獸之於是宋混率衆誅瓘瓘先
殺妻子三十口乃自殺玄安以混爲驃騎大將
軍尚書令混病死弟玄安代輔政以旱祈雨帶石
山玄安欲登之弟名犯世宗諱曰世人云登此山
者破家身亡玄安曰安有此也策馬登之馬倒
傷足御史房屋柱自燃燋折或曰柱之爲字也
左木右主宋字含木燋宋破而主存灾之大
也宜防之又所乘馬五匹一夜中髦尾禿人曰
尾之爲字也尸下毛毛去尸絶滅之徵玄安曰

言在天知可如何未幾玄安司馬張邑起兵
殺女安盡誅宋氏先是謠曰滅宋者田土子邑起
一名野邑刑殺過差內復思爲亂駿少子天
錫因民心起兵殺邑以冠軍大將軍輔政玄靖
庶母郭氏以天錫擅權與張氏踈宗謀誅之事
發天錫殺玄靖而自立
天錫字純嘏一名公純私署使持節大都督大
將軍護羌校尉涼州牧涼王有火然於泥中天
錫驕恣婬昏不恤民務元日與嬖人藝飲既

羣臣朝賀父不省其毋從事中郎張慮
興槩切諫且求大觀天錫不納昭成末符堅遣
將苟萇伐涼州破之天錫降於萇初駿時謠曰
劉新婦簸米石新婦炊殺羝蕩滌簸張兒張
兒食之口正披是時姑臧及諸郡國童兒皆歌
之謂劉曜石虎並伐涼州不克至堅而降之也
天錫至長安堅拜爲尚書堅敗於壽春天錫
太卒建康
鮮卑乞伏國仁出於隴西其先如弗自漠比南

死
出五代祖祐隣开兼諸部部眾漸盛父繁擁
部落降於符堅以爲南單于文拜鎮西將軍鎮
勇士川司繁死國仁代統任符堅之代司馬昌
明以國仁爲前將軍領騎先鋒及堅之敗國仁
叔步頹叛於隴石堅令國仁討之步頹大悅迎
而推之招集部落眾十餘万太祖時私署署置
督大將軍大單于秦州河州牧號年建義署置
官屬分部內爲十一郡築勇士城以都之國仁

弟乾歸統事自署大都督大將軍大單于河南
王改年爲太初署百官登國中遷於金城南
自壞乾歸歸惡之遷於苑川壽爲姚興所破又奔
抱罕遂降姚興興拜爲河州刺史封歸義侯
尋還苑川乾歸乃叛姚歸私稱秦王置百官
年號更始遣使請援太宗許之後乾歸歸田於五
谿槃集其子尋尋爲兄子公府所殺子熾槃殺
公府代統位
熾槃自稱大將軍河南王改年爲永康後龑殺

駿俘檀於樂都滅之乃私署秦正置百官啟年
為建洪後遣其尚書郎莫胡積射將軍乞伏又
寅等貢黃金二百斤請伐赫連昌世祖許之及
世祖平統萬熾磐乃遣其叔平遠將軍泥頭弟
安遠將軍虔質於京師又使其中書侍聖愷
丞相從事中郎烏訥闐奉表貢其方物熾磐
死子暮末統任
暮末字安石跂既立改年為永洪其尚書隴西
辛進曾隨熾磐遊於後圍進彈烏丸誤傷暮
末面至是殺進五族二十七人暮末弟殊羅
燕熾磐右夫人禿髮氏暮末知而禁之殊羅懼
與叔父什寅謀殺暮末禿髮氏盜門鑰於寅鑰
誤門老告暮末收其黨與盡殺之欲鞭付寅什
寅曰我負汝死不負汝鞭投
屍於河什寅母弟白養及去列頗有怨言又殺
之政刑酷濫內外崩離部民多叛人思亂矣後
祖許以安定所遍遣王愷烏訥闐請迎於世祖世
為赫連定所逼遂王慎以西平涼以東封之暮末乃焚城

邑毀寶器率戶萬五千至高田公合為赫連定所
拒遂保南安世祖遣使迎之暮末儒將軍吉毗
固諫以為不宜內徙從暮末從之赫連定遣其比
平公韋伐率眾一万攻南安城內大饑人相食
神鹿四年暮末及宗族五百餘人出降送於上
邦
鮮卑禿髮烏孤八世祖匹孤自塞北遷于河西
其地東至變田牽屯西至濕羅南至澆河北接
大漠四孤死子壽闐統任初母孕壽闐因霆產
於被中乃名禿髮其俗謂被覆之義五世祖樹
機能牡果多謀略晉泰始中殺秦州刺史胡烈
於高斛堆敗涼州刺史蘇愉于金山盡有涼中又
斬涼州刺史楊欣於丹嶺盡有涼州之地後為
部民沒骨所殺從弟務丸統任務丸曾孫思復
犍部眾稍盛即烏孤父也思復犍死烏孤統任
皇始初呂光拜烏孤益州牧左賢王烏孤私署
大都督大將軍大單于西平王年號太初天興
初烏孤又稱武威王徙治樂都置車騎將軍已

下分立郡縣烏孤因酒走馬馬倒傷脅笑曰幾

為呂光父子所喜既而遂死

弟涼州牧西平公利鹿孤統任徙治西平改年

建和使使朝貢遣弟車騎將軍傉檀拒呂纂

纂士馬精銳軍人大懼傉檀下馬擄胡牀以安

眾情乃貫甲交戰破纂軍三千餘級利鹿孤私

署百官自丞相以下利鹿孤死

傉檀統任私署涼王還居樂都年號洪昌遣使

朝貢天賜中傉檀詐降姚興興以傉檀為涼州

刺史遂據姑臧與沮渠蒙遜戰於均石為蒙遜

所敗傉檀又為赫連屈孑所破於陽武以數千

騎奔南山幾為追騎所得懼東西寇至乃徙

三百里內民於姑臧驅牛羊於野弸眾採掠傉檀因

於城下傉檀驅牛羊於野弸遣將姚弸等至

分擊大破之弸乃退還傉檀因自署涼王署百

官改號嘉平永興中盡眾代沮渠蒙遜為蒙

遜所敗於窮泉單馬歸姑臧懼蒙遜所滅乃

遷于樂都蒙遜以共圍之築室反耕為持久

之計傉檀以子保周為質於蒙遜蒙遜乃還

神瑞初傉檀率騎擊乙弗虜大有擒獲而還

伏藏般石乘虛襲樂都克之執傉檀子虎臺以下

傉檀聞之曰若歸般石便為奴僕且忍見妻子

在他懷中也引眾而西眾皆離散傉檀曰吾海

般石昔皆委質於吾今而歸之不亦鄙哉四

之廣無所容身何其痛乎既乃歎曰吾老矣寧

見妻子而死遂降般石般石待以上賓之禮用

為驃騎大將軍封左南公歲餘鴆殺之傉檀少

子賀後來奔自有傳

李暠字玄盛小字長生隴西狄道人也漢前將

軍廣之後曾祖柔晉相國從事中郎北地太守

祖弇張祚武衛將軍父昶早卒暠遺腹子也皇

始中呂光建康太守段業自稱涼州牧以敦煌

太守孟敏為沙州刺史暠為效穀令敏死敦煌

護軍郭謙等推暠為寧朔將軍敦煌太守暠

私稱涼王暠詐臣於業業以暠為鎮西將軍天

興中暠私署大都督大將軍護羌校尉秦涼二

改年建初還於酒泉歲脩職貢高死子歆任
歆字士業自稱大都督大將軍護羌校尉涼州
牧涼公號年嘉興元年大破沮渠蒙遜於解支
澗獲七千餘級遣使朝貢歆聞蒙遜南伐乞伏
乃起兵攻張掖其母尹氏謂歆曰汝新造之國
地狹民希蒙遜驍武汝非其敵吾觀其數年
以來經謀規略有兼幷之志且天時人事似欲
歸之度量力春秋之義先王遺令深慎兵戰
保境寧民俟時而動言猶在耳奈何忘之汝必
行也非唯師敗國亦亡矣歆不從遂率步騎三
方東伐次于都瀆澗蒙遜自浩亹拒歆戰于懷
城爲蒙遜所敗左右勸歆還酒泉歆曰吾違太
后明救遠取敗辱不殺此胡復何面目見吾毋
也勒衆復戰敗千蓼泉爲蒙遜所殺蒙遜
遂克酒泉歆之未敗有一大蛇從南門而入至
歆恭德殿前有雙雉飛出宮內通街大樹上有
烏鵲爭巢鵲爲烏所殺敦煌父老令狐熾夢一

魏傳八十七　十三　蕭佑

白頭公帢衣而謂曰南風動吹長木胡桐椎不
中轂言訖忽然不見歆小字桐椎至是而亡
歆弟敦煌太守恂復自立于敦煌稱冠軍將軍
涼州刺史蒙遜攻恂于敦煌三面起堤以水灌
城恂請降不許城陷恂自殺蒙遜克敦煌恂兄
飜子寶後入國自有傳
胡沮渠蒙遜本出臨松盧水其先為匈奴左沮
渠遂以官為氏蒙遜滑稽有權變頗曉天文為
諸胡所歸呂光殺其伯父西平太守羅仇蒙遜
聚衆萬餘屯於金山臨從兄晉昌太守男成共
推建康太守段業以為使持節大都督龍驤大
軍涼州牧建康公稱神璽元年業以蒙遜為張
掖太守封臨池侯男成為輔國將軍委以軍國
之任業自稱涼王以蒙遜為尚書左丞忌蒙遜
威名微踈遠之天興四年蒙遜內不自安謂為
安西太守蒙遜欲激怒其衆乃密誣告男成素
逆業殺之蒙遜泣告衆陳欲復讎之意男成素
有恩信衆情怨憤泣而從之蒙遜因舉兵攻殺

魏傳八十七　十四　蕭佑

業私署使持節大都督大將軍涼州牧張掖公
號年永安居張掖永興中蒙遜克姑臧遷居之
改號玄始元年自稱河西王置百官承郎以下
頻遣使朝貢蒙遜寢於新臺閣人王懷祖所
蒙遜傷足蒙遜妻孟氏擒懷祖斬之蒙遜
劉裕滅聞劉裕入關敢妍妍然也遂殺之其峻暴
曰洪聞蒙遜克李歆尋滅敦煌後改年承
如此太常中蒙遜克李歆尋滅敦煌後改年承上
玄神魔中遣尚書郎宗舒左常侍高猛朝貢

表曰伏惟陛下天縱叡聖德超百王陶育齊於
二儀洪基隆於三代然鍾運多難九服紛擾神
旗暫擁車書未同上靈降祚歸有道純風
鼓殊方革面羣生幸其率土齊欣臣誠弱才
效無可錄幸遇重光思竭力命自欣投老得觀
盛化冥終寂無旋返未審津途寇險竟不仰達
去者杳然未蒙齒錄屏營戰灼無地自措往
為天朝高遠未蒙齒錄屏營戰灼無地自措往
年侍郎郭祗等還奉被詔書三接之恩始隆萬

里之心有賴今極難之餘開泰唯始誘勸既加
引納彌篤老臣見存遐棄御荷惕悼之仁
俯蹈康哉之詠然商胡後至奉公卿書援引歷
數安危之機屬以寶融知命之美顧惟情願實
深悚惕何者臣不自揆遠託大陰庶微誠上宣
天鑒下降若萬國來庭百辟陛賀高蹈先至之
端獨步知機之首但世難尚慇情願未遂章表
頻惰滯懷不暢許身於國款誠莫表致惑羣后
貽慮公卿辭旨紛紜抑引重沓不在同獎之例

未達拱辰之心延首一隅低回四極臣歷觀符
瑞候察天時未有過於皇魏踰於陛下加以靈
啟聖姿紉登天位美詠伴於成康道化踰於文
景方將振神綱以捲六合灑玄澤以潤八荒況
在秦隴茶炭之餘直是老臣畢效之會後蒙遜
遣子安周內侍世祖遣兼太常李順持節拜蒙
遜為假節加侍中都督涼州牧涼王冊曰昔我皇
太傅行往西大將軍涼州牧西域羌戎諸軍事
祖曹自黃軒揔御羣才攝服我夏豐曜重光

不殞其舊逮于太祖應期協運大業唯新奮有
區宇受命作魏降及太宗廣闢崇基政和民阜
朕承天緒思廓宇縣然時運或否寮務四張赫
連跋扈於關西大檀陸梁於漠北戎夷負阻江
淮未賓是用自東徂西戎軒屢駕賴宗廟靈長
將士宣力克翦兇渠震服彌廣四方漸泰表裏
茂當今運鍾時季僭逆憑陵有土者莫不跨峙
無塵王先識機運經略深遠與朕協同歐洪
一隅有民者莫不榮其私號不遵衆星拱極之
道不慕細流歸海之義而王深悟大體率由典
章任土貢珍愛子入侍勳義著焉道業存焉惟
王乃祖乃父有土有民論功德則無二於當時
言民族則始因於世爵古先帝王襲賢賞德莫
不胙土分民建為藩輔是以周成命太公以表
東海襄王錫晉文大啟南陽是用割涼州之武
威張掖敦煌酒泉西海金城西平七郡封王為
涼王受茲素土茸以白茅用建家社為魏室藩
輔盛衰存亡與魏升降夫功高則爵尊德厚則

任重又加命王入恭貝百揆謀幃幄出征不懷
登攝侯伯其以太傅行征西大將軍仗鉞秉旄
鷹揚河右遠祛王略懷柔荒隅比盡于窮駿南
極於庸岷西被于崑嶺東至于河曲王實征之
以夾輔皇室又命王建國署將相羣卿百官承
制假授除文官刺史以還武官撫軍以下建天
子旌旗出入警蹕如漢初諸侯王故事欽哉惟
時往踐乃職祗服朕命協亮天工俾九德咸事
無恭庶官用終爾顯德對揚我皇祖之休烈惟
浩之辭也蒙遜又改稱義和元年延和二年四
月蒙遜死遣使監護喪事諡曰武宣王蒙遜性
忌忍於刑戮閨庭之中略無風禮
第三子牧犍統任自稱河西王遣使請朝命先
是世祖遣李順迎蒙遜女為夫人會蒙遜死牧
犍受蒙遜遺意送妹於京師拜右昭儀改稱承
和元年世祖又遣李順拜牧犍使持節侍中都
督涼沙河三州西域羌戎諸軍事車騎將軍開
府儀同三司領護西戎校尉涼州刺史河西王

牧犍以無功增賞乃留順上表乞安平一號優
詔不許牧犍尚世祖妹武威公主遣其相宋繇
表謝獻馬五百匹黃金五百斤縣又表請公主
及牧犍毋妃后乃定號朝議謂禮毋以子貴從
夫爵牧犍毋於京師則稱公主詔從之牧犍遣其
將軍祖渠旁周朝京師世祖遣侍中古弼尚書
李順賜其侍臣衣服有差并徵世子封壇入侍
牧犍乃遣封壇朝於京師太延五年世祖遣尚
書賀多羅使涼州且觀虛實以牧犍雖稱蕃致
貢而內多乖悖於是親征之詔公卿為書譴之
曰王外從正朝內不捨僭罪一也既荷王爵不
登公府任土作貢不入司農罪二也寵罪三也知
又授偽官取兩端之榮邀不二之寵罪三也知
朝廷志在懷遠固違聖略切稅商胡以斷行旅
罪四也揚言西戎高昌驕大罪五也坐自封殖
不欲入朝罪六也北託叛虜窮南引仇池憑援谷
軍提劫手為姦盜罪七也承勅過限輒假征鎮罪八

也欣敵之全幸我之敗慢王人供不以禮罪
九也既婚帝室寵踰功舊方恣慾情燕婢其嫂
罪十也既違伉儷之體不篤婚姻之義公行酖
毒規害公主罪十一也備防王人候守關要有
誅王者之典也若親率羣臣委贄郊迎謁拜馬
首上策也六軍既臨面縛輿櫬為其次也如其
守迷窮城不時悛悟身死族滅為世大戮宜思
厰中自求多福也官軍濟河牧犍曰何故爾也
用其左丞姚定國計不肯出迎求救於蠕蠕又
遣弟董來率兵万餘人拒官軍於城南戰退車
駕至姑藏遣使喻牧犍令出牧犍聞蠕蠕內侵
於菩無幸車駕返旆遂嬰城自守牧犍兄子祖
蹁城出降具知其情世祖引諸軍進攻牧犍
兄子万年率麾下又來降城拔牧犍與左右文
武面縛請罪詔釋其縛徙涼州民三萬餘家于
京師初太延中有父老投書於敦煌城東門
忽然不見其書一紙八字文曰涼王三十年若

七年又於震電之所得石丹書曰河西河西三
十年破帶石樂七年帶石山名在姑臧南山祀
傍泥陌不通牧犍征南大將軍董來曰祀豈有
知平遂毀祀伐木通道而行牧犍立果七年而
滅如其言牧犍姊共毒公主上遣解毒醫乘傳救公主
得愈上徵李氏兄弟三人傳璧之李
怒既克猶以妹壻待之其母死以王太妃禮葬
與牧犍姊嫂李氏居於酒泉夫
焉又為蒙遜置守墓三十家改授牧犍征西大

■魏書傳八十七 二十一 佐

將軍王如故初官軍未入之閒牧犍使人斫開
府庫取金銀珠玉及珍奇器物不更封閉小民
因之入盜巨細蕩盡有司求賊不得真君年
其所親人及守藏者告之上乃窮究其事搜其
家中悉得所藏器物又告牧犍父子多畜毒藥
前後隱竊殺人凡有百數姊妹皆爲差道朋行
姪佚曾無愧顏始剋賓沙門曰雲無識東人郡
善自云能使鬼治病令婦人多子與鄯善王妹
曼頭陀林私通發覺亡奔涼州蒙遜寵之號曰

聖人臺云無識以男女交接之術教授婦人蒙遜
諸女子婦皆往受法世祖聞諸行人言曰雲無識
之術乃召曇云無識蒙遜不遣遂發露其事拷訊
殺之至此帝知之於是賜昭儀沮渠氏死誅其
宗族唯萬年及祖以前先降得免是年人又告
牧犍猶與故臣民交通謀反詔司徒崔浩就公
主第賜牧犍死牧犍與主訣良久乃自裁浩以
王禮謚曰哀王及公主薨詔與牧犍合葬弁公
無男有女以國甥親寵得襲爵爲武威公主

■魏書傳八十七 二十二 佐

蒙遜子秉字季文義世祖以其父故拜東雍州刺
史險詖多端真君中遂與河東蜀薛安都謀逆
至京師付其兄弟扤而殺之
萬年祖並以先降萬年後爲冀定二州刺史復坐謀逆
爲廣武公萬年拜安西將軍張掖王祖
與祖俱死初牧犍之敗也弟樂都太守安周
南奔吐谷渾世祖遣鎮南將軍奚眷討之牧
犍弟酒泉太守無諱奔晉昌乃使伐陽公元
絜守酒泉真君初無諱奔晉昌圍酒泉絜輕之出城

與語為無譚所執縶所部相率固守無譚仍
圍之糧盡為無譚所陷無譚又圍張掖不能
克退保臨松遂還世祖下詔喻之時永昌王
健鎮涼州無譚使其中尉梁偉詣健求奉酒
泉又送絜及統帥兵士千健軍二年春世祖
遣兼鴻臚持節策拜無譚為征西大將軍涼
州牧酒泉王尋以無譚復規叛逆復遣鎮南
將軍南陽公奚眷討酒泉克之無譚遂謀渡
流沙遣安周西擊鄯善鄯善王恐懼欲降會
魏使者勸令拒守安周遂與連戰不能克退
東城三年春鄯善王比龍西奔且末其世子乃
從安周大亂無譚遂渡流沙士卒渴死者
太半仍擄鄯善先是高昌大牛闞爽為李寶舅
唐契所攻聞無譚至鄯善遣使詐降欲令無譚
與唐契相擊無譚留安周住鄯善從焉耆東北
趣高昌會蠕蠕殺唐契爽拒無譚無譚將衛興
奴詐誘爽遂屠英城爽奔蠕蠕因留單高昌
五年夏無譚病死安周代立後為蠕蠕國所并

史臣曰周德之衰七雄競跱咸分割神州睥睨
算極至是張寔等介在人外地實戎壚大爭鷄
張濬懷不遂其不知量固為甚矣蛇虺相噬終
為擒滅宜哉

列傳第八十七　　魏書九十九

高句麗　　　百濟

　　勿吉　　　失韋

　　豆莫婁　　地豆干

　　庫莫奚　　契丹

　　烏洛侯

高句麗者出於夫餘自言先祖朱蒙朱蒙母河
伯女爲夫餘王閉於室中爲日所照引身避之日
影又逐既而有孕生一卵大如五升夫餘王棄之
與犬犬不食棄之與豕豕又不食棄之於路牛
馬避之後棄之野衆鳥以毛茹之夫餘王割剖
之不能破遂還其母其母以物裹之置於暖處
有一男破殼而出及其長也字之曰朱蒙其俗言
朱蒙者善射也夫餘人以朱蒙非人所生將有
異志請除之王不聽命之養馬朱蒙每私試知
有善惡駿者減食令瘦駑者善養令肥夫餘王
以肥者自乘以瘦者給朱蒙後狩于田以朱蒙
善射限之一矢朱蒙雖矢少殪獸甚多夫餘之

臣又謀殺之朱蒙母陰知告朱蒙曰國將害汝
以汝才略宜遠適四方朱蒙乃與烏引烏達等
二人棄夫餘東南走中道遇一大水欲濟無梁
夫餘人追之甚急朱蒙告水曰我是日子河伯
外孫今日逃走追兵垂及如何得濟於是魚鼈
並浮爲之成橋朱蒙得渡魚鼈乃解追騎不得
渡朱蒙遂至普述水遇見三人其一人著麻衣
一人著納衣一人著水藻衣與朱蒙至紇升骨
城遂居焉號曰高句麗因以爲氏焉初朱蒙在
夫餘時妻懷孕朱蒙逃後生子字始閭諧及
長知朱蒙爲國主即與母亡歸之名之曰閭
達委之國事朱蒙死閭達代立閭達死子如栗
代立如栗死子莫來代立乃征夫餘夫餘大敗
遂統屬焉莫來子孫相傳至裔孫宮生而開目
能視國人惡之及其長凶虐國以殘破宮曾
孫亦生而視人以其似曾祖宮故名爲位宮高
句麗呼相似爲位位宮亦有勇力便弓馬魏正
始中入寇遼西安平爲幽州刺史毋丘儉所破

其玄孫乞弗利利子剴烈帝時與慕容氏相攻
擊建國四年慕容元真遂伐之入自南陝戰
於木底大破剴軍慕容長驅遂入丸都剴單馬
奔竄元真掘剴父墓載其尸並掠其母妻珎寶
男女五萬餘口焚其宮室毀丸都城而還自後
剴遺使來朝阻隔寇讎不能自達後為百濟
所殺世祖時剴曾孫璉始遣使者安東奉表貢
方物并請國諱世祖嘉其誠欵詔下帝系名諱
於其國遺員外散騎侍郎李敖拜璉為都督遼
海諸軍事征東將軍領護東夷中郎將遼東郡
開國公高句麗王敖至其所居平壤城訪其方
事云遼東南一千餘里東至柵城南至小海北
至舊夫餘民尸參倍於前魏時其地東西二千
里南北一千餘里民皆土著隨山谷而居衣布
帛及皮土田薄墝蠶農不足以自供故其人節
飲食其俗婬好歌舞夜則男女羣聚而戲無貴
賤之節然潔淨自喜其王好治宮室其官名有
謁奢吉太奢大兄小兄之號頭著折風其形如弁

旁挿鳥羽貴賤有差立則反拱跪拜曳一脚行
步如走常以十月祭天國中大會其公會衣服
皆錦繡金銀以為飾好蹲踞食用俎几出三尺
馬云本朱蒙所乘馬種即果下也後貢使相尋
歲致黃金二百斤白銀四百斤時馮文通率衆
奔之世祖遣散騎侍郎封撥詔璉令送文通璉
上書稱當與文通俱奉王化竟不送世祖怒欲
往討之樂平王不等議待後舉世祖乃止而文
通亦尋為璉所殺後文明太后以顯祖六宮未
備勑璉令薦其女璉奉表云女已出嫁求以弟
女應旨朝廷許焉乃遣安樂王真尚書李敷等
至境送幣璉惑其左右之說云朝廷昔與馮氏
婚姻未幾而滅其國殷鑒不遠宜以方便辭之
璉遂上書妄稱女死朝廷疑其矯詐又遣假散
騎常侍程駿切責之若女審死者聽更選宗淑
璉云若天子恕其前愆謹當奉詔會顯祖崩乃
止至高祖時璉貢獻倍前其報賜亦稍加焉時
光州於海中得璉所遺詣蕭道成使餘

關高祖詔責璉曰道成親殺其君竊號江左朕方欲興滅國於舊邦繼絕世於劉氏而卿越境外交遠通篡賊豈是藩臣守節之義今不以一過掩卿舊款即送還藩其感恕思懲祗承明憲輯寧所部勸靜以聞太和十五年璉死年百餘歲高祖舉哀於東郊遣謁者僕射李安上策贈車騎大將軍太傅拜璉孫雲使持節都督遼海諸軍事征東將軍領護東夷中郎將遼東郡開國公高句麗王賜衣冠服物車旗之飾又詔雲遣世子入朝令及郊丘之禮雲上書辭疾惟遣其從叔升于隨使詣闕嚴責之自此歲常貢獻正始中世祖於東堂引見其使芮悉弗進曰高麗係誠天極累葉純誠地產土毛無愆王貢但黃金出自夫餘珂則涉羅所產今夫餘為勿吉所逐涉羅為百濟所并國王臣雲惟繼絕之義悉遷于境內二品所以不登王府實兩賊是為世宗曰高麗世荷上將專制海外九夷黠

虜會見得征之甁罄罍恥誰之咎也苴方貢之愆責在連率卿宜宣朕旨於卿主務盡感懷之略揃披害羣輯寧東裔使二邑還復舊墟土毛無失常貢也神龜中雲死靈太后為舉哀於東堂遣使策贈車騎大將軍領護東夷校尉遼東郡開國公高句麗王又拜其世子安為安東將軍領護東夷校尉遼東郡開國公高句麗王正光初光州又於海中執得蕭衍所授安寧東將軍衣冠劍佩及使人江法盛等送於京師安死子延立出帝初詔加延使持節散騎常侍車騎大將軍領護東夷校尉遼東郡開國公高句麗王賜衣冠服物車旗之飾天平中詔加延侍中驃騎大將軍餘悉如故延死子成立訖於武定末其貢使無歲不至

百濟國其先出自夫餘其國北去高句麗千餘里處小海之南其民土著地多下濕率皆山居有五穀其衣服飲食與高句麗同延興二年其王餘慶始遣使上表曰臣建國東極豺狼隔路

雖世承靈化蒙用奉藩瞻望雲闕馳情闉梧源
風微應伏愊皇帝陛下協和天休不勝仰之
情謹遣私署冠軍將軍駙馬都尉弗斯侯長史
餘禮龍驤將軍帶方太守司馬張茂等投舫波
阻搜徑玄津託命自然之運遣進萬一之誠異
先世之時篤崇舊款又云臣與高句麗源出夫餘
神祇垂感皇靈洪覆尅達天庭宣暢臣志雖旦
聞夕没永無餘恨又云衆陵踐臣境臣祖須整旅電邁應機馳擊天石

暫交梟斬剄首自介已來莫敢南顧自馮氏數
終餘燼奔竄醜類漸盛遂見陵逼構怨連禍三
十餘載財殫力竭轉自屠跋若天慈曲矜遠及
無外速遣一將來救臣國當奉送鄙女執埽後
宮并遣子弟牧圉外廄尺壤匹夫不敢自有又
云今璉有罪國自魚肉大臣彊族戮殺無已罪
盈惡積民庶朋離是滅亡之期假手之秋也且
馮族士馬有鳥畜之戀樂浪諸郡懷首丘之心
天威一舉有征無戰臣雖不敏志效畢力當率

所統承風響應且高麗不義逆詐非一外慕隗囂
藩卑之辭內懷凶禍豕突之行或南通劉氏或
比約蠕蠕共相脣齒謀陵王略昔唐堯至聖致
罰丹水孟常稱仁不捨徐吁暠流之水宜早聖
石山此國海中見屍十餘并得衣器鞍勒之
塞令若不取將貽後悔去庚辰年後臣國長蛇陬
非高麗之物聞乃是王人來降臣國
路以沈于海雖未委當深懷憤恚昔宋戮申舟
楚莊徒跣鴟鵂攬放鳩信陵不食克敵建名美隆

無已夫以區區偏鄙猶慕萬代之信況陛下合
氣天地勢傾山海豈令小豎跨塞天逵今上所
得鞭一以為實驗顯祖以其倖遠冒險朝獻禮
遇優厚遣使者邵安與其使俱還詔曰得表聞
之無恙甚善卿在東隅處五服之外不遠山海
歸誠魏闕於嘉至意用戢千懷朕承萬世之業
君臨四海統御群生今宇內清一八表歸義稱
貞而至者不可稱數風俗之和士馬之盛皆餘
禮等親所聞見卿與高麗不穆屢致陵犯苟能

順義守之以仁亦何憂於寇讎也前所遣使浮
海以撫荒外之國從來積年往往而不返存亡達
否未能審恐卿所送鞍比校舊乘非中國之物
不可以疑似之事以生必然之過經略權要已
其別旨又詔曰知高麗阻疆侵軼卿土修先君
之舊怨棄息民之大德交兵累載難結元邊乘
兼申宿昔之誠國有楚越之急乃應展義扶微乘
機電舉但以高麗稱藩先朝供職日久於彼雖
有自昔之釁於國未有犯令之您卿使命始通

便求致伐尋討事會理亦未周故往年遣禮等
至平壤欲驗其由狀然高麗奏請頻煩辭理俱
詰行人不能抑其請司法無以成其罪故聽其
所啓詔禮等還若今復違旨則過各益露後雖
自陳無所逃罪然後興師討之於義為得九夷
之國世居海外道暢則奉藩惠戢則保境故
麋著於前典貢曠於歲時卿備陳疆弱之形
具列往代之迹俗殊事異擬賊乖衷洪規大略
其致猶在今中夏平宇内無虞每欲陵威東

極懸旌域表拯荒黎於偏方舒皇風於遠服良
由高麗即叙未及卜征今若不從旨則卿之
來謀載協朕意元戎啓行將不云遠便可豫率
同興具以待事時遣報使速究彼情師舉之日
卿為鄉導之首大捷之後又詔功功賞不亦
善乎所獻錦布海物雖不悉達明卿至心今賜
雜物如別又詔璉護送安等至高句麗璉
稱昔與餘慶有讎不令東過安等於是皆還乃
下詔切責之五年使安等從東萊浮海賜餘慶

璽書襄其誠節安守至海濱遇風飄蕩竟不
達而還

勿吉國在高句麗北舊肅慎國也邑落各自有
長不相揔一其人勁悍於東夷最彊言語獨異
常輕豆莫婁等國諸國亦患之去洛五千里自
和龍比二百餘里有善玉山山北行十三日至
祁黎山又比行七日至如洛環水水廣里餘又
比行十五日至太魯水又東北行十八日到其
國國有大水闊三里餘名速末水其地下濕築

城穴居屋形似塚開口於上以梯出入其國無
牛有車馬佃則偶耕車則步推有粟及麥稞菜
則有蒜氣鹹池生樹上亦有鹽池多腊無
羊嚼米醞酒飲能至醉婦人則布裙男子腊犬
皮裘初婚之夕男就女家執女乳而罷便以為
定仍為夫婦俗以人溺洗手面頭挿虎豹尾善
射獵弓長三尺箭長尺二寸以石為鏃其父母
春夏死立埋之家上作屋不令雨濕若秋冬以
其屍捕貂貂食其肉多得之常七八月造毒藥
傅箭鏃射禽獸中者便死煑藥毒氣亦能殺人
國南有徒太山魏言大白有虎豹羆狼害人人
不得山上溲汙行逕山者皆以物盛去延與中
遣使乙力支朝獻其國乘船泝難河西上至太涑河沈
船於水南出陸行渡洛孤水從契丹西界達和
龍自云其國先破高句麗十落密共百濟謀從
水道并力取高句麗遣乙力支奉使大國請其
可否詔勅三國同是藩附宜其和順勿相侵擾

乙力支乃還從其來道取得本船沈達其國九
年復遣使侯尼支朝獻明年復入貢其傍有大
莫盧國覆鍾國莫多回國庫婁國素和國具弗
伏國匹黎尒國拔大何國郁羽陵國庫伏真國
魯婁國羽真侯國前後各遣使朝獻太和十二
年勿吉復遣使貢楛矢方物於京師景明四年又
遣使侯力歸等朝貢自此迄于正光貢使相尋尒
後中國紛擾頗或不至興和二年六月遣使石
久云等貢方物至於武定不絕
失韋國在勿吉北千里去洛六千里路出和龍
北千餘里入契丹國又北行十日至啜水又北
行三日有蓋水又北行三日有犢了山其山高
大周回三百餘里又北行三日有大水名屈利
又北行三日至刃水又北行五日到其國有大
水從北而來廣四里餘名捺水國土下濕語與
庫莫奚契丹豆莫婁國同頗有粟麥及穄唯食
猪魚養牛馬俗又無羊夏則城居冬逐水草亦

多貂皮丈夫索髮用角弓其箭尤長女婦束髮
作叉手縛其國少竊盜盜一徵三殺人者責馬
三百匹男女悉衣白鹿皮襦袴有麴釀酒俗愛
赤珠為婦人飾穿挂於頸以多為貴女不得此
乃至不嫁父母死男女衆哭三年屍則置於林
樹之上武定二年四月始遣使張焉豆伐等獻
其方物迄武定末貢使相尋
豆莫婁國在勿吉國北千里去洛六千里舊北
扶餘也在失韋之東東至於海方二千里其人

土著有宮室倉庫多山陵廣澤於東夷之域最
為平敞地宜五穀不生五果其人長大性彊勇
謹厚不寇抄其君長皆以六畜名官邑落有豪
帥飲食亦用俎豆有麻布衣制類高麗而幅大
其國大人以金銀飾之用刑嚴急殺人者死沒
其家人為奴婢俗婬尤惡妬婦妬者殺之尸其
國南山上至腐女家欲得輸牛馬乃與之或言
本穢貊之地也
地豆干國在失韋西千餘里多牛羊出名馬皮

為衣服無五穀惟食肉酪延興二年八月遣使
朝貢至于太和六年貢使不絕十四年頻來犯
塞高祖詔征西大將軍陽平王頤擊走之自後
時朝京師迄武定末貢使不絕
庫莫奚國之先東部宇文之別種也初為慕容
元真所破遺落者竄匿松漠之間其民不潔淨
而善射獵好為寇鈔登國三年太祖親自出討
至弱洛水南大破之獲其四部雜畜馬牛羊豕十
餘萬帝曰此羣狄諸種不識德義互相侵盜有

犯王略故往征之且畏竊狗盜何足為患今中
州大亂吾先平之然後張其威懷則無所不服
矣既而車駕南還雲中懷服燕趙十數年間諸
種與庫莫奚亦皆滋盛及開遼海置戍和龍諸
夷震懼各獻方物高宗世庫莫奚歲致名
馬文皮高祖初遣使朝貢太和四年輒入塞內
辭以畏地宜于鈔掠詔書切責之二十二年入
寇安州營燕幽三州兵數千人擊走之後復款
附每求入塞與民交易世宗詔曰庫莫奚去太

和二十一年以前與安營二州邊民參居交易
往來並無疑貳至二十二年叛逆以來遂阻絕
竄今雖欵附猶在塞表每請入塞與民交易君
抑而不許乖其歸向之心聽而不虞或有万一
之警不容依先任其交易事宜限節交市之日
州遣上佐監之自是已後歲常朝獻至於武定
末不絕

魏書傳八十八　十五　用陳

契丹國在庫莫奚東異種同類俱竄於松漠之
間登國中國軍大破之遂逃迸與庫莫奚分背
經數十年稍滋蔓有部落於和龍之北數百里
多為寇盜真君以來求朝獻歲貢名馬顯祖時
使莫弗紇何辰奉獻得班饗於諸國之末歸而
相謂言國家之美心皆忻慕於是東北羣狄聞
之莫不思服悉萬丹部何大何部伏弗郁部羽
陵部日連部匹絜部黎部吐六于部等各以其
名馬文皮入獻天府遂求為常歲得交市於和
龍密雲之間貢獻不絕太和三年高句麗竊與
蠕蠕謀欲取地豆于以分之契丹懼其侵軼其

莫弗賀勿于率其部落車三千乘衆万餘口驅
徒雜畜求入內附止於白狼水東自此歲常朝
貢後告饑高祖矜之聽其入關市糴及世宗肅
宗時恒遣使貢方物熙平中契丹使人祖真等
三十八還靈太后以其俗嫁娶之際以青氈為
上服人給絹兩匹賞其誠欵之心餘依舊式
朝貢至齊受禪常不絕

魏書傳八十八　十六　用陳

烏洛侯國在地豆于之北去代都四千五百餘
里其土下濕多霧氣而寒民冬則穿地為室夏
則隨原阜畜牧多豕有穀麥無大君長部落莫
弗皆世為之其俗繩髮皮服以珠為飾民尚男
不為姦竊故慢藏野積而無寇盜好獵射樂有
箜篌木槽革面而施九弦其國西北有完水東
北流合于難水其地小水皆注於難東入于海
又西北二十日行有于巳尼大水所謂北海也
世祖真君四年來朝稱其國西北有國家先帝
舊墟石室南北九十步東西四十步高七十尺
室有神靈民多祈請世祖遣中書侍郎李敞告

祭焉刊祝文於室之壁而還

史臣曰夷狄之於中國羈縻而已高麗歲修貢
職東藩之冠榮哀之禮致自天朝亦為優矣其
他碌碌知款貢豈牛馬內向東風入律者也

列傳第八十九　　　　魏書一百一

氏　　　吐谷渾

宕昌　　高昌

鄧至

蠻

獠

氏者西夷之別種號曰白馬三代之際蓋自有
君長而世一朝見故詩稱自彼氐羌莫敢不來
王也秦漢以來世居岐隴以南漢川以西自立
豪帥漢武帝遣中郎將郭昌衛廣滅之以其地

為武都郡自汧渭抵於巴蜀種類寔繁或謂之
白氏或謂之故氏各有侯王受中國封拜漢建
安中有楊騰者為部落大師騰勇健多計略始
徙居仇池仇池方百頃因以為號四面斗絕高

七里餘羊腸蟠道三十六回其上有豐水泉煮
土成鹽騰後有名十萬者魏拜為百頃氐王千
万孫名飛龍漸彊盛晉武帝假平西將軍自號
輔國將軍右賢王羣氐推以為主關中人士流

養外甥令狐茂搜為子惠帝元康中茂搜自

穆者多依之愍帝以為驃騎將軍左賢王茂搜
死子難敵統位與弟堅分部曲難敵自號左
賢王屯下辨堅號右賢王屯河池難敵死子
毅立自號龍驤將軍左賢王下辨公以

堅頭子盤為使持節冠軍將軍右賢王河池公
臣晉晉以毅為征南將軍三年毅族兄初襲殺
毅并有其眾自立為仇池公於石虎後稱藩
於晉永和十年改初為天水公十一年毅小弟

宋奴使姑子梁三王因侍直手刃殺初子國

率左右誅三王及宋奴復自立為仇池公桓溫
表國為秦州刺史國子安為武都太守十二年
國從叔俊復殺國自立國子安叛苻生殺俊復
稱藩於晉安卒子世自立為仇池公晉太和三

年以世為秦州刺史弟統為武都太守世死統
廢世子纂纂自立統一名德纂聚黨襲殺統自
為仇池公遣使詣簡文帝以纂為秦州刺史晉
咸安元年符堅遣楊安代纂剋之從其民於開

中空百頃之地宋奴之死二子佛奴佛狗逃奔

袴堅堅以妻佛奴子定拜為尚書領軍苻堅之
敗關右擾亂定盡力於堅堅死乃率衆奔隴右
徙治歷城去仇池百二十里置倉儲於百項招
夷夏得千餘家自稱龍驤將軍仇池公稱藩於
晉孝武即以其自號假之後以為秦州刺史
國四年遂有秦州之地自號隴西王後為乞伏
乾歸所殺無子佛狗子盛先為監國守仇池乃
統事自號征西將軍秦州刺史仇池公諡定為
武王分諸氐羌為二十部護軍各為鎮戍不置

魏傳八十九 三

郡縣遂有漢中之地仍稱藩于晉天興初遣使
朝貢詔以盛為征南大將軍仇池王隴碬姚興
不得歲通貢使盛以兄子撫為平南將軍梁州
刺史守漢中劉裕永初中封盛為武都王盛死
私諡曰惠文王子玄統位玄子黃眉號征西大
將軍開府儀同三司秦州刺史武都王雖稱藩
於劉義隆乃奉晉永熙之號後始用義隆元嘉
正朔初盛謂玄曰吾年已老當終為晉臣汝善
事宋帝故玄奉焉玄善於待士玄為流舊所懷始

光四年世祖遣大鴻臚公孫穆拜玄為征南大
將軍都督梁州刺史南秦王玄上表請比內藩
許之玄死私諡孝昭王子保宗統位初玄臨終
謂弟難當私諡孝昭王今境候未寧方須撫慰保宗沖昧
吾授婦國事其無墜无勳難當固辭請立保宗
以輔之保宗既立難當妻姚氏謂難當從之廢保宗
宜立長君及事孫子劉義隆難當拜保宗為鎮南將
而自立稱藩于劉義隆難當曰國險
軍鎮石昌以次子順為鎮東將軍秦州刺史守

魏傳八十九 四

上邽保宗謀襲難當事泄被繫先是四方流人
以仇池豐當難多往依附流人有許穆之郝惔之
二人投難當並改姓為司馬穆之自云名飛龍
恢之自云名康之云是晉室近戚康之尋為人
所殺時劉義隆梁州刺史甄法護刑政不理義
隆遣剌史蕭思話代任難當以思話未至遣將
舉氏襲梁州破白馬遂有漢中之地尋而思話
使其司馬蕭承之先驅進討所向剋捷遂平梁
州因又附義隆難當後釋保宗遣鎮董亭保宗

與兒俱顯歸京師世祖拜保宗征南大將軍秦
州牧武都王尖公主保顯爲鎮西將軍晉壽公
後遣大鴻臚崔頤拜保宗爲征南大將軍儀同
三司領護西羌校尉秦梁二州牧南秦王難當
後自立爲大秦王號年曰建義猶貢獻于劉義
子爲太子置百官具僭天朝然猶貢獻于劉義
隆不絕尋而其國大旱多災異降大秦王復爲
武都王太延初難當上邽世祖遣車騎大
將軍樂平王丕等督河西高平諸軍取上邽又

親傳八十九

三十四

詔諭難當難當本詔攝守尋而傾國南寇親有
蜀土龍來義隆公攻涪城文伐巴西獲維州流
人七千餘家還子仇池義隆怒遣將裴方明等
伐之難當爲方明所敗棄仇池與千餘騎奔上
邽世祖道中山王展迎之赴行官方明既剋仇
池以保宗弟保熾守之河間公齊擊走之先是
詔保宗鎮上邽又詔鎮駱谷復其本國保宗令
文德先逃氐中乃說保宗令叛事泄齊執保宗
送京師詔難當殺之氐羌立文德屯于濁水文

五　元

德自號征西將軍秦河梁三州牧仇池公求援
於義隆義隆封文德爲武都王遣偏將房亮之
等助之齊逆擊禽其亮文德舟守葭蘆武都陰
平氐多歸之詔淮陽公皮豹子等率諸軍討之
文德走漢中收其妻子僚屬資糧及保宗妻公
主送京師賜死初公主勸保宗反人問曰背父
母之邦若何公主曰外成因夫之義保宗反以
此得罪高宗時拜難當營州刺史還爲外都大

魏傳八十九

立據守一方我亦一國之主以

官卒諡曰忠子和隨父歸國別賜爵仇池公子
德龍襲難當爵早卒子大眼別有傳小眼龍襲
水太守卒子大眼別有傳小眼子公熙襲爵正
光中尚書右丞張普惠爲行臺送祖於南秦東
益普惠啓公熙俱行至南秦以氐反不得進道
公熙先慰氐東果有潛謀將爲叛亂子建仍報
密令訪察公熙果有潛謀將爲叛亂子建險薄
普惠令其攝錄普惠急追公熙竟不肯起東出
漢中普惠表列其事公熙大行賄賂終得免罪

六　文

後為假節別將與都督元志同守歧州為秦賊
莫折天生所虜死於秦州文德後自漢中入統
沔隴遂有陰平武都之地後為劉義隆荊州刺
史劉義宣所殺保宗之執也子元和奔義隆以
為武都白水太守元和據城歸順高宗嘉之拜
征南大將軍武都王內徙京師元和從叔僧嗣
復自稱武都王遣使歸順顯祖高宗嘉之拜
為武興王遣使歸順顯祖授文度武鎮既
而復叛高祖初征西將軍皮歡喜攻葭蘆破之
斬文度首文度弟弘小名鼠犯顯祖廟諱以小
名稱鼠自為武興王遣使奉表謝罪貢其方物
高祖納之鼠遣子奇奴侍拜鼠都督南秦州
刺史征西將軍武都王鼠死從子後
起統任高祖復以鼠爵授之鼠子集始為白水
太守後起死以集始為征西將軍
領護南蠻校尉漢中郡侯武興進號鎮南將軍加督
馬錦綵繒等尋還武興進號鎮南將軍加督

寧湘等五州諸軍事後仇池鎮將揚靈珍襲破
武興集始遂入蕭頤景明初集始來降還授爵
位歸寧武興死子紹先立拜都督南秦州刺史
征虜將軍漢中郡公武興王賜集始軍騎大將
軍開府儀同三司謚曰行二叔
戎主尹天保率眾夏侯道遷以漢中歸順也蕭
二人貪保邊藩園之道唯集始弟集朗心願
立功率眾破天保全漢川集朗之力也集義見
梁益既定巩氐武興不得久為外藩遂扇動諸氐
推紹先僭稱大號集起並稱王外引蕭行
為援安西將軍邢巒遣道建武將軍傅堅眼攻武
興剋之執送于京師遂滅其國以為武興
鎮復改鎮為東益州前後鎮將唐法樂刺史杜
纂邢豹以威惠失衆民豪仇石柱等相率反叛
朝廷以西南為憂正光中詔魏子建為刺史以
恩信招撫風化大行遠近款附如内地焉後唐
永代子建為刺州未幾氐人悉反永葉城東走自

此復爲氏地其後紹先奔還武興復自立爲王

吐谷渾本遼東鮮卑徒何涉歸子也涉歸一名

弈洛韓有二子庶長曰吐谷渾少曰若洛廆涉

歸死若洛廆代統部落別爲慕容氏涉歸之存

也分戶七百以給吐谷渾與若洛廆二

部馬鬭相傷若洛廆怒遣人謂吐谷渾曰先公

處分與兄異部何不相遠而馬鬭相傷吐谷渾

曰馬是畜耳食草飲水春氣發動所以鬭鬭在

馬而怒及人乖別甚易今當去汝萬里之外若

洛廆悔遣舊老及長史七那樓追謝留之吐谷

渾曰我乃祖以來樹德遼右先公之世卜筮之

言云有二子當享福祚並疏子孫我是單庶理

無並大今以馬致乖殆天所啓諸君試驅馬令

東馬若還東我當隨去即令從騎擁馬令回數

百步欻然悲鳴突走而西聲若頹山如是者十

餘輩輩一回一迷樓曰我兄弟子孫並應昌盛當

事渾謂其部落曰此非復人所屈乃跪曰可汗此非復人

傳子及曾玄孫其間可百餘年我及玄孫間始

當顯耳於是遂西附陰山後假道上隴若洛廆

追思吐谷渾作阿于歌徒河以兄爲阿于也子

孫僭號以此歌爲輦後鼓吹大曲吐谷渾遂徒

上隴止於枹罕暨甘松南界昂城龍涸從洮水

西南極白蘭數千里中遂水草廬帳而居以肉

酪爲糧西北諸種謂之阿柴虜虜吐谷渾死有子

刻暴爲昂城羌酋姜聰所剌劍猶在體呼子葉

延語其大將紇拔渥曰吾氣絕棺斂訖便速去

六十人長子吐延身長七尺八寸勇力過人性

汝竭股肱之力以輔之孤子得立吾無恨也抽

劍而死有子十二人葉延少而勇果年十歲縛

草爲人號曰姜聰每旦輒射之射中則嗥叫泣

涕其母曰讎賊諸將已屠之汝年小何煩朝

朝自苦葉延嗚咽若不自勝苔母曰誠知無益

然罔極之心不勝其痛性至孝母病三日不食

葉延亦不食頗視書傳自謂曾祖弈洛韓始封

昌黎公吾為公孫之子案禮公孫之子得以王
父字為氏遂以吐谷渾為氏焉菜延死子碎奚
立性淳謹三弟專權碎奚不能制諸大將共誅
之奚憂戾不復攝事遂立子視連為世子委之
事號曰莫賀郎華言父也碎奚遂以憂死視連
立以父憂思不遊娛酣宴十五年死弟視罷立
死子樹洛干等並幼弟烏紇提立而妻樹洛干
母生二子慕璝利延烏紇提一名大孩死樹洛
干立自號車騎將軍是歲晉義熙初也樹洛干
死弟阿豺立自號驃騎將軍沙州刺史部內有
黃沙周回數百里不生草木因號沙州阿豺兼
并羌氏地方數千里號為彊國田于西彊山觀
墊江源問於羣臣曰此水東流有何名由何郡
國入何水也其長史曾和曰此水經仇池過晉
壽時出宕渠號墊江至巴郡入江度廣陵會於海阿
豺曰水尚知有歸吾雖塞表小國而獨無所歸乎
遣使通劉義符獻其方物義符封為澆河公未及
拜受劉義隆元嘉三年又加除命又將遣使朝貢

會暴病臨死召諸子弟告之曰先公車騎捨其
子虔以大業屬五吾豈敢忘先公之舉而私於
緯代其子慕璝繼事阿豺有子二十人緯代長
子也阿豺又謂曰汝等各奉吾一隻箭折之地
下俄而命母弟慕利延曰汝取一隻箭折之慕
利延折之又曰汝取十九隻箭折之延不能折
阿豺曰汝曹知否單者易折衆則難摧戮力一
心然後社稷可固言終而死慕璝立先是
阿豺時劉義隆命意未至而死慕璝又奉表通
義隆義隆又授隴西公慕璝招集秦涼亡業之
人及羌戎雜夷衆至五六百落南通蜀漢北交
涼州赫連部衆轉盛世祖時慕璝始遣其待郎
謝太寧奉表歸國尋討禽赫連定送之京師世
祖嘉之遣使者策拜慕璝為大將軍西秦王慕
璝表曰臣誠庸弱敢竭情款伄禽偕逆獻捷王
府爵秩雖崇而土不增廓車旗既飾而財不周
賞願垂鑒察亮其單款臣項接寇逆疆境之人
為賊所抄流轉東下今皇化混一求還鄉土乞拂

日連窟略寒張華等三人家弱在此分乘可
愍願并敕遣使恩沼退荒存亡感戴世祖詔公
卿朝會議若施行太尉長孫嵩及議郎博士
百七十九人議曰前者有司處以為秦王荒外
之君本非政教所及來則受之去則不禁皇威
遠被西秦王慕義貫威稱臣納貢求受爵竉議
者以為古者要荒之君雖全眾廣而分
華夏陛下加竉王官乃越常分容飾車旗班同
上國至於繒絮多少舊典所無皆當臨時以制

豐寡自漢魏以來撫接荒遠願有故事呂后遺
單于御車二乘馬二駟單于答馬千匹其後匈
奴和親敵國遺繒絮不過數百呼韓邪稱臣
自入朝始至方伯今西秦王若以土無桑蠶便
當上請不得言財不周賞昔周室衰微齊侯小
白一匡天下有賜胙命無益土之賞晉侯重
耳破楚城濮唯受南陽之田為朝宿之邑西秦
所致唯定而已塞外之人因時乘便侵入秦涼
未有經略拓境之勳爵登上國統秦涼河沙四

州之地而云土不增廓比聖朝於弱周而自同
於五霸無厭之情其可極乎西秦王忠款於朝
廷原其本情必不至此或左右不敏因致斯累
檢西秦流人賊時所抄悉在蒲坂今既稱藩四
海咸泰天下一家可敕秦州送詣京師隨後遣
還所請乞佛三人昔為賓國之使來在王庭國
破家遷即為臣妾可勿聽許制曰公卿之議未
為失體西秦王所收金城枹罕隴西之地彼自
取之朕即與之便是裂土何須復廓西秦款至

綿絹隨使跋數增益之非一四而已自是慕璝
貢獻頗簡又通于劉義隆封為隴西王太
延二年慕璝死弟慕利延立詔遣使者策慕
利延立鎮西大將軍儀同三司
改封西平王以慕璝十元緒為撫軍將軍時慕
利延又通劉義隆封義隆封為河南王世祖征
涼州慕利延懼遂率其部人西遁沙漠世祖以
慕利延兄有禽赫連定之功遣使宣喻削之乃還
後慕利延遣使表謝書奏乃下詔褒獎之慕利

延兄子緯代懼慕利延害已與使者謀欲歸國
慕利延覺而殺之緯代世弟叱力延等八人逃歸
京師請兵討慕利延世祖拜叱力延歸義王詔
晉王伏羅率諸將討之軍至大母橋慕利延兄
子拾寅走河西伏羅遣將追擊之斬首五千餘
級慕利延從弟伏念等長史鴉鳩
黎部大崇蛾等率眾一萬三千落歸降後復遣
征西將軍高涼王那等討之於白蘭慕利延遂
入于闐國殺其王死者數萬人南征罽賓遣使
通劉義隆求援獻烏丸帽女國金酒器胡王金
劍等物義隆賜以牽車七年遂還舊土慕利延
死樹洛干子拾寅立始邑於伏羅川其居止出
入竊擬王者拾寅奉脩貢職受朝廷正朔又受
劉義隆封爵號河南王世祖遣使拜為鎮西大
將軍沙州刺史西平王後拾寅自恃險遠頗不
恭命通使于劉或獻善馬四角羊或加之官號
高宗時定陽侯曹安表拾寅今保白蘭多有金
銀牛馬若擊之可以大獲議者咸以先帝忿拾

寅兄弟不穆使晉王伏羅高涼王那冊征之竟
不能尅拾寅雖復遠遁軍亦疲勞今在白蘭不
犯王塞不為人患非國家之所急也若遣使招
慰必求為臣妾可不勞而定也王者之於四荒
羈縻而已何必屯其地安曰臣昔為澆
河戍將與之相近明其意勢若分軍出其左右
拾寅必走保南山不過十日牛馬草盡人無所
食眾必潰叛可一舉而定也從之詔陽平王新
成建安王穆六頭等出南道南郡公李惠給事
中公孫拔及安出比道以討之拾寅走南山諸
軍濟河追之時軍多病諸將議賊已遠遁軍容
已振今驅疲病之卒要難冀之功不亦過乎眾
以為然乃引還獲駝馬二十餘萬顯祖復詔上
黨王長孫觀等率州郡兵討拾寅軍至曼頭山
拾寅來逆戰觀等縱兵擊敗之拾寅宵遁於是
思悔復修藩職道別駕康盤龍奉表朝貢顯祖
幽之不報其使拾寅部落大饑屢寇洮河詔平
西將軍廣川公皮歡喜率敦煌枹罕高平諸軍

為前鋒司空王之黨王長孫觀為大都督以討之
觀等軍入拾寅境刈其秋稼拾寅窘怖遣子詣
軍表求改過觀等以聞顯祖以重勞將士乃下
詔切責之徵其住子拾寅遣子斤入侍顯祖尋
遣斤還拾寅窘後復擾掠邊人遣人遣拾寅洮
陽枹罕所統枹罕鎮將西郡公楊鍾葵賜拾寅
書以責之拾寅表曰本詔聽臣還舊貢其土故遣
利牛洮陽若不追前恩求令洮陽貢其土物辭
言懇切顯祖許之自是歲修職貢太和五年拾
寅死子度易侯立遣其侍郎時真貢方物提上

（三六四　魏傳八十九　十七　郭）

表稱嗣事後度易侯伐宕昌詔讓之賜錦綵一
百二十匹勅令悛改所掠宕昌曰累部送時還
易侯並奉詔死子伏連籌立高祖欲令入朝表
稱疾病輒修洮陽泥和城而置戍為文明太后
崩使人告凶伏連籌拜命不恭不宜納所獻高
祖不許使群臣以其受詔不敬不宜納所獻高
曰拜受失禮乃可加以告責所獻毛乃是臣
之常道杜棄所獻便是絕之縱欲改悔其路無

由矣詔曰朕在哀疚之中未有征討而去春枹
罕表取其洮陽泥和二戍時以此既邊將之常
即便聽許及偏師致討二戍望風請降執訊二
千餘人得婦女九百口子婦可悉還之伏連
籌乃遣世子賀魯頭朝千京師禮錫有加拜伏
連籌使持節西海郡開國公吐谷渾王塵旗章
西戎中郎將西垂諸軍事征西將軍領護
綬之飾皆備給之後遣兼員外散騎常侍張禮
使於伏連籌伏連籌謂禮曰昔與宕昌通和恐

（三七四　魏書傳八十九　十八）

見稱大王已則自名今忽名僕而拘執此使將
命偏師往問其意禮曰君與宕昌並為魏藩而
比有興動殊違臣節當發之曰宰輔以為君
若反迷知罪則克保藩業脫守愚不改則禍難
將至伏連籌遂嘿然及高祖朋遣使赴哀盡其
誠敬伏連籌內修職貢外并戎狄塞表之中號
為彊富準擬天朝樹置官司稱制諸國以自誇
大世宗初詔責之曰梁州表送卿報宕昌書梁
彌邑與卿並為邊附語其國則隣藩論其位則

同列而柵書為表名報為詈有司以國有常刑
勢勤請討朕慮險遠多虞輕相構慼故先宣此
意善自三思伏連籌一表自申辭誠懇至終世
宗世至于正光犛牛蜀馬及西南之珍無歲不
至後秦州城人莫折念生反河西路絕涼州城
人萬子菩提等東應念生囚刺史宋穎穎密遣
求援於伏連籌伏連籌親率大衆救之遂獲保
全自顧以後關徵不通貢獻路絕伏連籌死子
夸呂立始自號為可汗居伏俟城在青海

五里雖有城郭而不居恒處穹廬隨水草為收
其地東西三千里南北千餘里官有王公僕射
尚書又郎將將軍之號夸呂椎髻毦珠以皂為
帽坐金師子牀號其妻為恪尊衣織成裙披錦
大袍辮髮於後首戴金花冠其俗丈夫衣服略
同於華夏多以羅冪為貴亦以繒為帽婦人皆
貫珠貝束髮其俗富室商人以充用焉有弓刀甲
常賦須則稅富室商人以充用焉有弓刀甲
及盜馬者死餘則徵物以贖罪亦量事決杖刑

人必以氈蒙頭持石從高擊之父兄死妻後母
及嫂篳守與突厥俗同至于婚貧不能備財者輒
盜女去死者亦皆埋殯其服制莚訖則除之性
貪婪忍於殺害好射獵以肉酪為糧亦知種田
有大麥粟豆然其界氣候多寒唯得蕪菁
變故其俗貧多富少青海周回千餘里海內有
小山每冬冰合後以良牝馬置此山至來春收
之馬皆有孕所生得駒號為龍種必多駿異吐
谷渾嘗得波斯草馬放入海因生驄駒能日行

千里世傳青海驄者是也土出犛牛馬多鸚鵡
饒銅鐵朱沙地兼鄯善且末興和中齊獻武王
作相招懷荒遠蠕蠕既附於國夸呂遣使致敬
獻武王喻以大義徵其從弟夸呂乃遣使入趙
吐骨貞具假道蠕蠕頻來又薦其從妹靜帝納以
為嬪遣貞外散騎常侍傳靈標使於同國夸呂
又請婚乃以濟南王匡孫女為廣樂公主以妻
之此後朝貢不絕
吐谷渾比有乙佛勿敵國俗風與吐谷渾同不

識五穀唯食魚及蘇子蘇子狀若中國枸杞子

北又有阿蘭國與鳥獸同不知鬥戰勿見異人

舉國便走主無所出大養群畜體輕工走逐之

不可得

此又有女王國以女為主人所不至其傳云然

宕昌羌者其先蓋三苗之冑周時與庸蜀微盧

等八國從武王滅商漢有先零燒當等世為邊

惠其地東接中華西通西域南比數千里姓別

自為部落酋帥皆有地分不相統攝宕昌即其

一也俗皆土著居有屋宇其屋織犛牛尾及殺

羊毛覆之國無法令又無傜賦惟戰伐之時乃

相屯聚不然則各事生業不相往來皆衣裘褐

收養犛牛羊豕以供其食父子伯叔兄弟死者

即以繼母叔母及嫂弟婦等為妻俗無文字但

候草木榮落記其歲時三年一相聚殺牛羊以

祭天有梁勤者世為酋帥得羌豪心乃自稱王

為勤孫彌忽世祖初遣子彌黃奉表求內附世

祖嘉之遣使拜彌忽為宕昌王賜彌黃爵甘松

侯彌忽死孫虎子立其地自仇池以西東西千

里廣水以南比八百里地多山阜人二万餘

落世修職貢頗為吐谷渾所斷絕虎子死彌治

立虎子弟羊子先奔吐谷渾吐谷渾遣立送羊

子欲奪彌治彌治遣文度救之羊子退走彌治

其司馬利住本表貢方物陽文度之叛圍武都

將宇文生救之羊子先奔吐谷渾彌治死子彌

遣使子橋表貢朱沙雌黃白石膽各一百斤自

彌機遣其二兄率眾救武都破走文度高祖時

此後歲以為常朝貢相繼後高祖遣鴻臚劉歸

謂者張察拜彌機征南大將軍西戎校尉梁益

二州牧河南公宕昌王後朝于京師殊無風禮

朝罷高祖顧謂左右曰夷狄之有君不如諸夏

之亡也宕昌雖為邊方之主乃不如中國一

吏於是改授領護西戎校尉靈州刺史王如故

賜以車騎戎馬錦綵等遣還國

髙昌者車師前王之故地漢之前部地也東西

二千里南比五百里四面多大山或云昔漢武

遣兵西討師旅頓弊其中尤困者因佳焉地勢
高敞人庶昌盛因去高昌亦去其地有漢時高
昌壘故以爲國號東去長安四千九百里漢西
域長史戊己校尉並居於此晉以其地爲高昌
郡張軌呂光沮渠蒙遜據河西皆置太守以統
之去敦煌十三日行國有八城皆有華人地多
佳引水漑田出赤臨其味甚美復有白臨其形
多五果又饒漆有草名羊剌其上生蜜而味甚
石磧氣候温暖厥土良沃穀麥一歲再熟宜蠶

如王高昌人取以爲枕貢之中國多蒲萄酒俗
事天神兼信佛法國中羊馬牧在隱僻處以避
寇非貴人不知其處此有赤石山七十里有貪
汗山夏有積雪此此鐵勒界也世祖時有闞
爽者自爲高昌太守太延中遣散騎侍郎王恩
生等使高昌爲蠕蠕所執眞君中爽爲沮渠無
諱所襲襲奪據之無諱死弟安周代立和平元年
爲蠕蠕所并蠕蠕以闞伯周爲高昌王其稱王
自此始也太和初伯周死子義成立歲餘爲其

兄首歸所殺自立爲高昌王五年高車王可至
羅殺首歸兄弟以敦煌人張孟明爲王後孟明
人所殺立馬儒爲王以鞏顧禮麹嘉爲左右長
史二十一年遣司馬王體玄奉表朝貢請師迎
接求舉國內徙高祖納之遣明威將軍韓安保
率騎千餘赴之割伊吾五百里以儒居之至羊
榛水儒遣禮嘉迎安保不至禮等還高昌安保
昌四百里而安保不至禮嘉遣使韓興安等十二人使高昌儒復
伊吾安保遣使韓興安等十二人使高昌儒復

昌百六十里而高昌舊人戀本土不願東遷
遣顧禮將其世子義舒迎安保至白棘城去高
相與殺儒而立麹嘉爲王嘉字靈鳳金城榆中
人旣立又臣于蠕蠕那蓋顧禮與義舒隨安保
至洛陽及蠕蠕主伏圖爲高車所殺嘉又臣高
車初前部胡人悉爲高車所徙入於焉耆者
又爲噠噠所破滅國人分散衆不自立請王於
嘉嘉遣第二子爲焉耆王以主之熙平元年嘉
遣兄子私署左衛將軍田地太守孝亮朝京師

仍求內徙乞軍迎援於是遣龍驤將軍孟威發
涼州兵三千人迎之至伊吾失期而反於後十
餘遣使獻珠像白黑貂裘名馬臨枕等款誠備
至惟賜優旨卒不重迎三年嘉遣使朝貢世宗
又遣孟威使詔勞之延昌中以嘉為持節平西
將軍瓜州刺史泰臨縣開國伯私署王如故熙
平初遣使朝獻詔曰卿地隔山境接荒漠頻
請朝援徙國內遷雖來誠可嘉即於理未帖何
者彼之甿庶是漢魏遺黎自晉氏不綱因難播
越成家立國世積已久惡徙重遷人懷戀舊今
若動之恐異同之變發在肘腋不得便如來表
神龜元年冬孝亮復表求援內徙朝廷不許正
光元年肅宗遺假員外將軍趙義等使於嘉嘉
朝貢不絕又遺使奉表自以邊遠不習典令求
借五經諸史并請國子助教劉爕必為博士肅
宗許之嘉死贈鎮西將軍涼州刺史子堅立於
後關中賊亂使命遂絕並晉泰初堅遣使朝貢除
平西將軍瓜州刺史泰臨縣伯王如故又加衛

將軍至求熙中特除儀同三司進為郡公後遂
隔絕
鄧至者白水羌也世為羌豪因地名號自稱鄧
至其地自亭街以東平武以西汶領以北宕昌
以南土風習俗亦與宕昌同其王像舒治遣使
以雜號將軍子渠帥之名
之西有赫羊等二十國時遣使朝貢朝廷皆授
內附高祖拜龍驤將軍鄧至王遣貢不絕鄧至
蠻之種類蓋盤瓠之後其求自父習俗叛服前
史具之在江淮之間休託險阻部落滋蔓布於
數州東連壽春西通上洛北接汝潁往往有焉
其於魏氏之時不甚為患至晉之末稍以繁昌
漸為寇暴矣自劉石亂後諸蠻無所忌憚故其
族類漸得北遷陸渾以南滿於山谷宛洛蕭條
略為丘墟矣太祖既定中山聲教被于河表泰
常八年蠻王梅安率渠帥數千朝京師求留質
子以表忠款始光中拜安侍子豹為安遠將軍
江州刺史順陽公興光中蠻王文武龍請降詔

襄慰之拜南雍州刺史魯陽侯延興中大陽蠻
酋桓誕擁沔水以北滍葉以南八萬餘落遣使
內屬高祖嘉之拜誕征南將軍東荊州刺史襄
陽王聽自選郡縣誕字天生桓玄之子也初玄
西奔至枝回洲被殺誕時年數歲流竄大陽蠻
中遂習其俗及長多智謀爲羣蠻所歸誕既內
屬治於朗陵太和四年王師南伐誕請爲前驅
乃授使持節南征西道大都督討義陽不果而
還十年移居頻陽十六年依例降王爲公十七
年加征南將軍中道大都督征竟陵遇遷洛師
停是時蕭衍征虜將軍直閤將軍蠻酋田益
宗率部曲四千餘戶內屬襄陽酋雷婆思等十
一人率戶千餘內徙求居大和川詔給廩食後
開南陽令有沔北之地蠻人安堵不爲寇賊十
八年誕入朝賞遇隆厚卒謚曰剛子暉字道進
位龍驤將軍東荊州刺史龍驤爵景明初大陽蠻
酋田育丘等二萬八千戶內附詔置四郡十八
縣暉卒贈冠軍將軍三年魯陽蠻魯北蕘馬等

聚眾攻逼潁川詔左衛將軍李崇討平之徙萬
餘家於河北諸州及六鎭尋叛南走所在追討
比又河殺之皆盡四年東荊州蠻樊素安反儶
帝號正始元年素安弟秀安復反本率崇楊大眼
悉討平之二年蕭衍沔東太守田清喜擁七郡
三十一縣戶萬九千五百餘里水陸援路請率部
州以東石城以西遣使內附永平初東荊州表
曲斷之四年蕭衍永寧太守文靈生六部自漢
東遣使歸附永平初東荊州表　　太守桓叔
興前後招慰大陽蠻歸附者一萬七千戶請置
郡十六縣五十詔前鎭東府長史鄧道元檢行
置之叔興卽暉弟也延昌元年拜南荊州刺史
居安昌隸於東荊三年蕭衍遣寇討江沔破掠
諸蠻百姓擾動蠻自相督率二萬餘人類請統
帥爲聲勢叔興給一統并威儀爲之節度蠻
人遂安其年蕭衍雍州刺史蕭藻遣其將蔡
令孫坐守三將寇南荊之西南公襄沔上下破掠
諸蠻蠻蠻西衍龍驤將軍楚五廉叛衍來請援叛

興與石廉督集蠻夏二万餘人擊走之斬令孫
等三將藻又遣其新陽太守邵道林於沔水之
南石城東北立清水成為抄掠之基叔興遣諸
蠻擊破之四年叔興與必摧破之正光中叔興擁所
衍每有寇抄叔興上表請不隸東荊許之蕭
部南叛蠻首成龍率戶數千內附拜為刺史
蠻師田午生率戶二千內徙揚州拜僧明平南
守田官德等率戶万餘舉州內屬拜僧明太
衍義州刺史田超秀亦遣使求附
將軍裴遂所陷衍定州刺史田超秀尋為蕭衍
請援歷年朝廷恐輕致邊役未之許會超秀死
其部曲相率內附徙之六鎮秦隴所在反叛二
荊西郢蠻大擾動斷三鵶路殺都督寇盜至於
襄城汝水百姓多被其害戶蕭衍遣將圍廣陵樊
城諸蠻並為前驅自汝水以南處處鈔劫恣其

暴掠連年攻討散而復合其暴滋甚又有冉氏
向氏者陬落无盛餘則大者万家小者千戶更
相崇僭稱王侯屯據三峽斷遏水路荊蜀行人
至有假道者
獠者蓋南蠻之別種自漢中達于邛笮川洞之
間所在皆有種類甚多散居山谷略無氏族之
別又無名字所生男女唯以長幼次第呼之其
丈夫稱阿謩阿段婦人阿夷阿等之類皆語之
次第稱謂也依樹積木以居其上名曰干蘭干
蘭大小隨其家口之數往往推一長者為王亦
不能遠相統攝父死則子繼若中國之貴族也
獠王各有鼓角一雙使其子弟自吹擊之好相
殺害多不致遠行能臥水底持刀刺魚其口嚼
食並鼻飲死者豎棺而埋之性同禽獸至於忿
怒父子不相避惟手有兵刃者先殺之若殺其
父走避求得相攻以謝其母毋得猶謝不復嫌
恨若報怨相攻擊必殺而食之平常劫掠賣取
猪狗而已親戚比隣指授相賣被賣者號哭不

服逃竄避之乃將買人捕逐指若亡叛獲便縛
之但經被縛者即服為賤隷不敢稱良矣亡失
兒女一哭便止不復追思惟執楯持矛不識弓
矢用竹為簀聚聚之以為音節能為細布色
至鮮淨大狗一頭買一生口其俗畏鬼神尤尚
淫祀所殺之人美鬚髯者必剝其面皮籠之於
竹及燥號之曰鬼鼓舞祀之以求福至有賣
其昆季妻奴盡者乃自賣以供祭焉鑄銅為器
大口寬腹名曰銅㮛既薄且輕易於熱食建國

中本勢在蜀諸獠始出巴西渠⺮廣漢陽安貧
中攻破郡縣為益州大患勢內外受敵所以亡也
自桓溫破蜀之後力不能制又蜀人東流山險
之地多空獠遂挾山傍谷與夏人參居者頗輸
租賦在深山者仍不為編戶蕭衍梁益二州歲
歲伐獠以自禪潤公私頗藉為利正始中夏侯
道遷舉漢中內附世宗遣尚書邢巒為梁益二
州刺史以鎮之近夏人者安堵樂業在山谷者
不敢為寇後以羊祉為梁州傅豎眼為益州祉

性酷虐不得物情蕭衍輔國將軍范李旭與獠
王趙清荊衆屯孝子谷祉遣統軍魏胡擊走
之後蕭衍寧朔將軍姜白復擁夷獠入屯南城
梁州人全法慶與之通謀衆屯於固門川祉遣
征虜將軍　　討破之豎眼施恩布信大得獠
和後以元法僧代傅蕭衍軍圍逼晉壽豎眼之
殘獠遂反叛勾引蕭衍軍眼為益州法僧在任貪
以豎眼先得物情復令乘傳往撫獠聞豎眼至
莫不欣然拜迎道路於是而定及元恒元子真

相繼為梁州並無德績諸獠苦之其後朝廷以
梁益二州控攝險遠乃立巴州以統諸獠後以
巴酋嚴始欣為刺史又立隆城鎮所綰獠二十
萬戶彼謂北獠歲輸租布又與外人交通歲易
巴州生獠並皆不順其諸頭王每於時節謁見
刺史而已孝昌初諸獠以始欣貪暴相率反叛
攻圍巴州山南行臺魏子建厚勞資之獠諸
頭王相率詣行臺者相繼子建厚勞資之始
見中國多事又失彼心慮獲罪譴時蕭衍南梁

州刺史陰子春扇惑邊陲始欣謀將南叛姁欣
族子愷時為隆城鎮將密知之嚴設邏候遂禽
蕭衍使人并封始欣詔書鐵券刀翎衣冠之屬
表送行臺子建刀啓以鎮為南梁州愷為刺史
發使執始欣因於南鄭遇其子敬紹納始欣
傳豎眼仍為行臺豎眼父病其子敬紹始欣
重賂使得還州始欣乃起衆攻愷屠滅之據城
南叛蕭竹將蕭玩率衆援接時梁益二州並遣
將討之攻陷巴州執始欣遂大破玩軍及斬玩
以傳臺表為刺史後元羅在梁州為使陷自
此遂絶

史臣曰氐羗蠻獠風俗各異嗜欲不同言語不
通聖人因時設教所以達其志而通其俗也然
而外寧必有內憂覽之者不可不諗慎也

列傳第八十九　　　　魏書一百一

魏收書列傳第八十九亡史臣論蓋略比史

西域

夏書稱西戎即序班固云就而序之非盛威武
致其貢物也漢氏初開西域有三十六國其後
分立五十五王置校尉都護以撫納之王莽篡
位西域遂絕至於後漢班超所通者五十餘國
西至西海東西萬里皆來朝貢復置都護校尉
以相統攝其後或絕或通漢朝以為勞費中國
其官時置時廢既暨魏興之後互相吞滅不可復
詳記焉太祖初經營中原未服及於四表既而
西戎之貢不至于有司奏依漢氏故事請通西域
可以振威德於荒外又可致奇貨於天府太祖
曰漢氏不保境安人乃遠開西域使海內虛耗
何利之有今若通之前熒復加百姓矣遂不從
歷太宗世竟不招納太延中魏德益以遠聞西
域龜茲疏勒烏孫悅般渴槃陀鄯善焉耆車師
粟特諸國王始遣使來獻世祖以西域漢世雖
通有求則卑辭而來無欲則驕慢王命此其自

知絕遠大兵不可至故也若報使往來終無所
益欲遠遣使有司奏九國不憚遐嶮遠貢方物
當與其進安可豫抑後來乃從之於是始遣行
人王恩生許綱等西使恩生出流沙為蠕蠕所
執竟不果達又遣散騎侍郎董琬高明等多齎
錦帛出鄯善招撫九國琬等初至烏孫其
王得朝廷所賜拜受甚悅謂琬曰傳聞破洛那
者舌思魏德欲稱臣致貢但患其路無由耳
道之國可往赴之琬過九國北行至烏孫其
今使君等既到此可往二國副其慕仰之誠琬
於是自向破洛那遣明使者舌烏孫王為發導
譯達二國宜詔慰賜之已而琬明東還烏
孫破洛那之屬遣使與琬俱來貢獻者十有六
國自後相繼而來不閒于歲國使亦數十輩矣
初世祖每遣使西域常詔河西王沮渠牧犍令
護送至姑臧牧犍恒發使導路出於流沙後使
者自西域還至武威牧犍左右謂使者曰我君
承蠕蠕吳提妄說云去歲魏天子自來伐我士

馬疫死大敗而還我禽其長弟樂平王不我君
大喜宣言國中又聞吳提遣使告西域諸國稱
魏已削弱今天下唯我為彊若更有魏使勿復
恭奉西域諸國亦有貳者牧犍事主稍以慢惰
使還具以狀聞世祖遂議討牧犍涼州既平鄯
善國以為脣亡齒寒自然之道也今武威為鄯
所滅次及我也若通其使人知我國事取必亡
近不如絕之可以支久乃斷塞行路西域貢獻
歷年不入至平鄯善行人復通始琬等使還京
師具言凡所經見及傳聞傍國云西域自漢武
時五十餘國後稍相并至太延中為十六國分
其地為四域自葱嶺以東流沙以西為一域葱
嶺以西海之間水澤以南為一域內諸小渠
為一域兩海之間水澤以南為一域苫以南月氏以北
長蓋以百數其出西域本有二道後更為四出
自玉門渡流沙西行二千里至鄯善為一道自
王門渡流沙北行二千二百里至鄯善為一道
從莎車西行一百里至葱嶺葱嶺西一千三百

里至伽倍為一道自莎車西南五百里葱嶺西
南千三百里至波路為一道焉自琬所不傳
而更有朝貢者紀其名不能具國俗也其與前
使所異者錄之
鄯善國都扞泥城古樓蘭國也去代七千六百
里所都城方一里地多沙鹵少水草北即白龍
堆路至太延初始遣使來獻四年遣其弟安周
貢人侍及世祖平涼州沮渠牧犍弟無諱走保
敦煌無諱後謀渡流沙遣其弟安周擊鄯善王
比龍恐懼欲降會魏使者自天竺罽賓還俱會
鄯善勸比龍拒之遂與連戰安周不能剋退保
東城後比龍率眾西奔且末其世子乃應安
周鄯善人頗剽刼之令不得通世祖詔散騎常
侍成周公萬度歸乘傳發涼州兵討之度歸到
敦煌留輜重以輕騎五千渡流沙至其境時鄯
善人眾布野度歸勑其王真達更卒不得有所侵掠邊守
感之皆望旗稽服其王真達面縛出降度歸釋
其縛留軍屯守與真達詣京都世祖大悅厚待

之是歲拜交趾公韓牧為假節征西將軍領護
西戎校尉鄯善王以鎮之賦役其人比之郡縣
且末國都且末城在鄯善西去代八千三百二
十里真君三年鄯善王比龍避沮渠安周之難
率國人之半奔且末後役屬鄯善且末西北方
流沙數百里夏日有熱風為行旅之患風之所
至唯老駝豫知之即鳴而聚立埋其口鼻於沙
中人每以為候亦即將氈擁蔽鼻口其風迅駛
斯湏過盡若不防者必至危斃

〔三十〕 ▲魏書傳九十 五

于闐國在且末西北葱嶺之北二百餘里東去
鄯善五百里南去女國三千里去朱俱波千
里北去龜茲千四百里去代九千八百里其地
方亘千里連山相次所都城方八九里部內有
大城五小城數十于闐城東三十里有首拔河
中出玉石土宜五穀并桑麻山多美王有好馬
駝騾其刑法殺人者死餘罪各隨輕重懲罰之
自外風俗物產與龜茲略同俗重佛法寺塔僧
尼其衆王尤信尚每設齋日必親自灑掃饋食

焉城南五十里有贊摩寺即昔羅漢比丘盧旃
為其王造覆盆浮圖之所石上有辟支佛跣處
雙跡猶存于闐西五里有比摩寺云是老子化
胡成佛之所俗無禮義多盜賊淫縱自高昌以
西諸國人等深目高鼻唯此一國貌不甚胡頗
類華夏城東二十里有大水北流號樹枝水即
黃河也一名計式水城西五十五里亦有大水
名達利水與樹枝水會俱北流號樹枝水即
高涼王那擊吐谷渾慕利延慕利延懼驅其部

▲魏書傳九十 六

落渡流沙那進軍急追之慕利延遂西入于闐
殺其王死者甚衆顯祖末蠕蠕寇于闐于闐患
之遣使素目伽上表曰西方諸國今皆已屬蠕
蠕奴世奉大國至今無異今蠕蠕軍馬到城下
奴聚兵自固故遣使奉獻延望救援顯祖詔公
卿議之公卿奏曰于闐去京師幾萬里蠕蠕
性惟習野掠不能攻城若為所拒當已旋矣難
欲遣師勢無所及顯祖以公卿議示其使者亦
以為然於是詔之曰朕承天理物欲令萬方各

安其所應勅諸軍以拯汝難但去汝退阻雖復
遣援不救當時之急巳停師不行汝宜知之朕
今練甲養卒二歲開當躬率猛將為汝除患
汝其謹警候以待大舉先是朝廷遣使者韓羊
皮使波斯波斯王遣使獻馴象及珍物經于闐
于闐中于王秋仁輒留之假言慮有寇不達羊
皮言狀顯祖怒又遣羊皮奉詔責讓之自後每
使朝獻

蒲山國故皮山國也居皮城在于闐南去代一
萬二千里其國西南三里有凍凌山後役屬于
闐

悉居半國故西夜國也一名子合其王號子治
呼犍在于闐西去代萬二千九百七十里太延
初遣使來獻自後貢使不絕

權於摩國故烏秅國也其王居烏秅城在悉居
半西南去代一萬二千九百七十里

渠莎國居故莎車城在子合西北去代一萬二
千九百八十里

車師國一名立前部其王居交河城去代一萬五十
里其地北接蠕蠕蠕蠕本通使交易世祖初始遣使
朝獻詔行人王恩生許綱等出使恩生等始度
流沙為蠕蠕所執恩生見蠕蠕吳提持禮節不
為之屈後世祖討吳提壯其節乃遣人破車師
國貝君十一年車師王車夷洛遣使琭進辭直
上書曰臣六世父辟虛塞外仰慕天子威德遣使
沮渠無諱兄弟之渡流沙也鳩集遺人破
歸許綱到敦煌病死朝廷遣使琭進辭直

表獻不空於歲天子降念賜遺其厚及臣繼立
亦不闕堂貝天子垂矜亦不異前世敢緣至恩
蠕陳私艱臣國自無諱所攻擊經今八歲人民
饑荒無以存活賊令攻臣甚急臣不能自全遂
捨國東奔三分免一即日巳到焉耆東界思歸
天闕辛垂賑救於是下詔撫慰之開焉耆東境
之正平初遣子入侍自後每使朝貢

且彌國都天山東于大谷在車師比去代一萬
五百七十里本役屬車師

焉耆國在車師南都貪渠城白山南七十里漢
時舊國也去代一萬二百里其王姓龍名鳩尸
甲邸即前涼張軌所討龍熙之亂所都城方二
里國內凡有九城國小人貧無綱紀法令兵有
弓刀甲稍婚姻略同華夏死亡者皆焚而後葬
其服制滿七日則除之丈夫並翦髮以為首飾
文字與婆羅門同俗事天神並崇信佛法尤重
二月八日四月八日是日也其國咸依釋教齊
戒行道焉飛候寒土田良沃穀有稻粟菽麥畜

有駞馬養蠶不以為絲唯充綿纊俗尚蒲萄酒
兼愛音樂南去海十餘里有魚鹽蒲葦之饒東
去高昌九百里西去龜茲九百里皆沙磧東南
去瓜州二千二百里恃地多險頗剽劫中國使
世祖怒之詔成周公萬度歸討之約齎輕粮取
食路次度歸入焉耆東界擊其邊守左回尉犁
二城拔之進軍向貪渠鳩尸甲那以四五萬人
出城守險以拒度歸慕壯勇短兵直往衝尸鳩
甲那眾大潰盡虜之單騎走入山中度歸進屠

其城四鄙諸戎皆降服焉耆為國四絕一隅不
亂日久獲其珍奇異翫殊方詭詭不識之物橐
駞馬牛雜畜巨萬世祖幸陰山北宮度歸破
焉耆露板至世祖省訖賜司徒崔浩書曰萬度
歸以五千騎經萬餘里拔焉耆三城獲其珍奇
異物及諸委積不可勝數自古帝王雖云即序
西戎有如指注不能控引也朕今手把而有之
如何浩上書稱美遂命度歸鎮撫其人初鳩尸
甲那走上山中猶覬城不拔得還其國既見盡為

度歸所剋乃奔龜茲龜茲以其婿厚待之
龜茲國在尉犁西北白山之南一百七十里都
延城漢時舊國也去代一萬二百八十里其王
姓白即後涼呂光所立白震之後其王頭繫綵
帶垂之於後坐金師子牀所居城方五六里其
刑法殺人者死劫賊則斷其一臂并刖一足稅
賦准地徵租無田者則稅銀錢風俗婚姻喪葬
物産與焉耆略同唯氣候少溫為異又出細氈
饒銅鐵鉛麖皮氍毹沙鹽綠雌黃胡粉安息香

良馬犛牛等東有輪臺即漢貳師將軍李廣利
所屠者其南三百里有大河東流號計弋水即
黃河也東去焉耆九百里南去于闐一千四百
里西去疏勒一千五百里南去突厥牙帳六百
餘里東南去瓜州三百里其東關城亦寇竊烏
耆目撥等領兵二千以擊之斬二百
餘級大獲駝馬而還俗性多淫置女市收男子
一世祖詔萬度歸率領六千三百輕騎歸
〔十一〕
大山中有如膏者流出成川行數里入地如餳
蟄乳如雞鶩其王家恒有千餘隻云其國西北
飴其臭惡服之漸齒已落者能令更生病人服之
皆自後每使朝貢
姑墨國居南城在龜茲西去代一萬五百里役
屬龜茲
溫宿國居溫宿城在姑墨西去代一萬五百里
屬龜茲
尉頭國居尉頭城在溫宿北去代一萬六百五
五十里役屬龜茲

十里役屬龜茲
烏孫國居赤谷城在龜茲西北去代一萬八百
里其國數為蠕蠕所侵西徙蔥嶺山中無城郭
隨畜牧逐水草太延三年遣使者董琬等使其
國後每使朝貢
疏勒國在姑墨西白山南百餘里漢時舊國也
去代一萬二千二百五十里高宗末其王遣使
送釋迦牟尼佛袈裟一長二丈餘高宗以審是
佛衣應有靈異遂燒之以驗虛實置於猛火之
〔十二〕
上經日不然觀者莫不悚心形俱肅其王戴
金師子冠土多稻粟麻麥銅鐵錫雌黃錦綿每
歲常供送於突厥其都城方五里國內有大城
十二小城數十人手足皆六指產子非六指者
即不育勝兵三千人南有黃河西帶蔥嶺東去
龜茲千五百里西去鏤汗國千里南去朱俱波
八九百里東北至突厥牙帳千餘里東南去瓜
州四千六百里
般國在烏孫西北去代一萬九百三十里其

先匈奴北單于之部落也為漢車騎將軍竇憲
所逐比單于度金微山西走康居其羸弱不能
去者住龜茲北地方數千里衆可二十餘萬涼
州人猶謂之單于王其風俗言語與高車同而
其人清潔於胡俗剪髮齊眉以醍醐塗之昱昱
然光澤日三澡漱然後飲食其國南界有火山
山傍石皆燋鎔流地數十里乃凝堅人取為藥
即石流黃也與蠕蠕結好其王嘗將數千人入
蠕蠕國欲與大檀相見入其界百餘里見其部

人不浣衣不絆髮不洗手婦人舌舐器物王謂
其從臣曰汝曹誑我入此狗國中乃馳還大檀
遣騎追之不及自是相仇讎數相征討真君九
年遣使朝獻并送幻人稱能割人喉脉令斷擊
人頭令骨肉皆血出或數外或盈斗以草藥內
其口中令嚼咽之須臾血止養瘡一月復常又
無痕瘢世祖疑其虛乃取死罪囚試之皆驗云
中國諸名山皆有此草乃使人受其術而厚遇
之又言其國有大術者蠕蠕來抄掠術人能作

霖雨狂風大雪及行潦蠕蠕凍死漂亡者十二
三是歲再遣使朝貢求與官軍東西齊討蠕
蠕世祖嘉其意命中外諸軍戒嚴以淮南王他
為前鋒龍驤蠕蠕仍詔有司以其鼓舞之節施於
樂府自後每使貢獻
者至拔國都者至拔城在疏勒西去代一萬二
千六百二十里其國東有潘賀那山出美鐵及師
子

迷密國都迷密城在者至拔西去代一萬二千
六百里正平元年遣使獻一峯黑橐駞其國東
有山名郁悉滿出金玉亦多鐵
悉萬斤國都悉萬斤城在悉密西去代一萬二
千七百二十里其國南有山名伽色那山出師
子每使朝貢
忸密國都忸密城在悉萬斤西去代二萬二千
八百二十八里
洛那國故大宛國也都貴山城在疏勒西北去
代萬四千四百五十里太和三年遣使獻汗血

馬自此每使朝貢

粟特國在葱嶺之西古之奄蔡一名溫那沙居於大澤在康居西北去代一萬六千里先是匈奴殺其王而有其國至王忽倪已三世矣其國商人先多詣涼土販貨及克姑臧悉見虜竟宗初粟特王遣使請贖之詔聽焉自後無使朝獻

波斯國都宿利城在忸密西古條支國也去代二萬四千二百二十八里城方十里戶十餘萬河經其城中南流土地平正出金銀鍮石珊瑚琥珀車渠馬腦多大真珠頗黎瑠璃水精瑟瑟金剛火齊鑌鐵銅錫朱砂水銀綾錦疊毼氍毹赤麞皮及薰陸鬱金蘇合青木等香胡椒畢撥石蜜千年棗附子訶棃勒無食子鹽綠雌黃等物氣候暑熱家自藏冰地多沙磧引水溉灌其五穀及鳥獸等與中夏略同唯無稻及黍稷土出名馬大驢及駞往往有日行七百里者富室至有數千頭又出白象師子大鳥卵有鳥形如橐駝有兩翼飛而不能高食草與肉亦

能噉火其王姓波氏名斯坐金羊牀戴金花冠衣錦袍織成帔飾以真珠寶物其俗丈夫剪髮戴白皮帽貫頭衫兩廂近下開之亦有巾帔緣以織成婦女服大衫披大帔其髮前為髻後披之飾以金銀花仍貫五色珠落之於膊王於其國內別有小牙十餘所猶中國之離宮也每年四月出遊處之十月乃還王即位以後擇諸子之賢者密書其名封之於庫諸子及大臣皆莫之知也王死衆乃發書視之其封內有名者即立以為王餘子出各就邊住兄弟更不相見也國人號王曰醫囋妃曰防步率王之諸子曰殺野大官有摸胡壇掌國內獄訟泥忽汗地掌庫藏開禁地早掌文書及衆務次有遏羅訶地掌王之內事兵有甲稍圓排劍弩弓箭戰兼乘象百人隨之其刑法重罪則懸諸竿上射殺之次則繫獄新王立乃釋之輕罪則劓刖若髠或剪半鬚及繫牌於項以為恥　辱犯彊盜者繫之終身矣

貴人妻者男子流婦人割其耳鼻賦稅則準地
輸銀錢俗事火神天神文字與胡書異多以姊
妹為妻妾自餘婚合亦不擇尊卑諸夷之中最
為醜穢矣百姓女年十歲以上有姿貌者王收
養之有功勳人即以分賜死者多弃屍於山一
月著服流外有人別居唯知喪葬之事號為不
净人若入城市揺鈴自別以六月為歲首尤重
七月七日十二月一日其日人庶以上各相命
召設會作樂以極懽娛又每年正月二十日各

祭其先死者神龜中其國遣使上書貢物不
國天子天之所生願日出處常為漢中天子波
斯國王居和多千萬敬拜朝廷嘉納之自此每
使朝獻
伏盧尼國都伏盧尼城在波斯國北去代二萬
七千三百二十里累石為城城東有大河南流中
有鳥其形似人亦有如橐駞馬者皆有翼常居
水中出水便死城北有云尼山出銀珊瑚琥珀
多師子

色知顯國都色知顯城在悉萬斤西北去代一
萬二千九百四十里土平多五果
伽色尼國都伽色尼城在悉萬斤南去代一萬
二千九百里土出赤鹽多五果
薄知國都薄知城在伽色尼南去代一萬三千
三百二十里多五果
牟知國都牟知城在怛密西南去代一萬二千
九百二十里土平禽獸草木類中國
阿弗太汗國都阿弗太汗城在怛密西去代二
萬三千七百二十里土平多五果
呼似密國都呼似密城在阿弗太汗西去代二
萬四千七百里土平出銀琥珀有師子多五果
諾色波羅國都波羅城在怛密南去代二萬三
千四百二十八里土平宜稻麥多五果
早伽至國都早伽至城在怛密西去代二萬三
千七百二十八里土平少田植取稻麥於隣國
伽不單國都伽不單城在悉萬斤西北去代一
有五果

萬二千七百八十里土平宜稻麥有五果

者古國故康居國在破洛那西北去代一萬五
千四百五十里太延三年遣使朝貢自是不絕

伽倍國故休密翕侯都和墨城在莎車西去代
一萬三千里人居山谷間

折薛莫孫國故雙靡翕侯都雙靡城在伽倍西
去代一萬三千五百里人居山谷間

鉗敦國故貴霜翕侯都護澡城在折薛莫孫西
去代一萬三千五百六十里人居山谷間

弗敵沙國故肹頓翕侯都薄茅城在鉗敦西去
代一萬三千六百六十里居山谷間

閻浮謁國故高附翕侯都高附城在弗敵沙南
去代一萬三千七百六十里居山谷間

大月氏國都盧監氏城在弗敵沙西去代一萬
四千五百里其北與蠕蠕接數為所侵西徙都

薄羅城去弗敵沙二千一百里其王寄多羅勇
武遂與師越大山南侵北天竺自乾陀羅以北

五國盡役屬之世祖時其國人商販京師自云

能鑄石為五色瑠璃於是採礦山中於京師鑄
之既成光澤乃美於西方來者乃詔為行殿容
百餘人光色映徹觀者見之莫不驚駭以為神
明所作自此中國瑠璃遂賤人不復珍之

安息國在葱嶺西都蔚搜城北與康居西與波
斯相接在大月氏西北去代二萬二千五百里

大秦國一名黎軒都安都城從條支西渡海曲一萬
里去代三萬九千四百里其海傍出猶勃海也
而東西與勃海相望蓋自然之理地方六千里
居兩海之間其地平正人居星布其王居中城城分
為五城各方五里周六十里王居中城城置八
臣以主四方而王城亦置八臣分主四城若謀
國事及四方有不決者則四城之臣集議王所
王自聽之然後施行王三年一出觀風化人有
冤枉詣王訴訟者當方之臣小則讓責大則黜
退令其舉賢人以代之其人端正長大衣服車
旗擬儀中國故外域謂之大秦其土宜五穀桑
麻人務蠶田多璆琳琅玕神龜白馬朱鬣明珠

夜光璧東南通交趾又水道通益州永昌郡多

出異物大秦西海之西有河河西南流河西

有南北山山西有赤水西有白玉山玉山西有西王

母山玉為堂去從安息西界循海曲亦至大秦

四萬餘里於彼國觀日月星辰無異中國而前

史去條支西行百里日入處失之遠矣

阿鉤羌國在莎車西南去代一萬三千里國西

有縣度山其閒四百里中往往有棧道下臨不

測之淵人行以繩索相持而度因以名之土有

出金珠

五穀諸果市用錢為貨居止立宮室有兵器土

彼路國在阿鉤羌西北去代一萬三千九百里

其地濕熱有蜀土平物產國俗與阿鉤羌同

小月氏國都富樓沙城其王本大月氏王寄多

羅子也寄多羅為匈奴所逐西徙後令其子守

此城因號小月氏焉在波路西南去代一萬六

千六百里先居西平張掖之閒被服頗與羌同

其俗以金銀錢為貨隨畜牧移徙亦類匈奴其

城東十里有佛塔周三百五十步高八十丈自

佛塔初建計至武定八年八百四十二年所謂

百丈佛圖也

罽賓國都善見城在波路西南去代一萬四千

二百里居在四山中其地東西八百里南北三

百里地平溫和有首蓿雜草奇木檀槐梓竹種

五穀糞園田地下濕生稻冬食生菜其人工巧

雕文刻鏤織罽有金銀銅錫以為器物市用錢

他畜與諸國同每使朝獻

吐呼羅國去代一萬二千里東至范陽國西至

悉萬斤國中閒相去二千里南至連山不知名

北至波斯國中閒相去一萬里國中有薄提城

周币六十里城南有西流大水名漢樓河土宜

五穀有好馬駝騾其王曾遣使朝貢

副貨國去代一萬七千里東至阿副使且國西

至沒誰國中閒相去一千里南有連山不知名

北至奇沙國相去一千五百里國中有副貨城

周币七十里且五穀蒲桃唯有馬駝騾國王有

黃金殿殿下金駝七頭各高三尺其王遣使朝
貢
南天竺國去代三萬一千五百里有伏醜城周
币十里城中出麾尼珠珊瑚城東三百里有拔
賴城城中出黃金白真檀石蜜蒲萄土宜五穀
世宗時其國王婆羅化遣使獻駿馬金銀自此
每使朝貢
疊伏羅國去代三萬一千二百里國中有勿悉城城
北有臨奇水西流有白象并有阿末黎木皮中
織作布土宜五穀世宗時其國王伏陁末多遣
使獻方物自是每使朝貢
拔豆國去代五萬一千里東至多勿當國西至
旄那國中間相去七百五十里南至罽陵伽國
北至弗伏且國中間相去九百里國中出金
銀雜寶白象水牛犛牛蒲萄五果土宜五穀
藏噦國大月氏之種類也亦曰高車之別種其
原出於塞北自金山而南在于闐之西其王都拔
水南二百餘里去長安一萬一百里其王都拔

底延城蓋王舍城也其城方十里餘多寺塔皆
飾以金風俗與突厥略同其俗兄弟者共一妻夫
無兄弟者其妻戴一角帽若有兄弟者依其多
少之數更加角焉衣服類加以纓絡頭皆剪髮
其語與蠕蠕高車及諸胡不同衆可十萬無城
邑依隨水草以屋夏遷涼麥冬逐暖處分
其諸妻各在別所相去或二百三百里其王巡
歷而行每月一處冬寒之時三月不從王位不
必傳子子弟堪住死便授之其國無車有輿多
駝馬用刑嚴急偷盜無多少皆費斬盜一責十
死者富者累石為藏貧者掘地而埋隨身諸物
皆置冢內其人凶悍能鬭戰西域康居為大國
與蠕蠕婚姻自太安以後每遣使朝貢正光末
遣貢師子至高平遇万俟醜奴反因留之
醜奴平送京師永熙以後朝獻遂絕初熙平中
肅宗遣王伏子統宋雲沙門法力等使西域訪
求佛經時有沙門慧生者亦與俱行正光中還

慧生所經諸國不能知其本末及山川里數蓋

舉其略云其國去漕國千五百里去瓜州六千

五百里

朱居國在于闐西其人山居有麥多林果咸事

佛語與于闐相類役屬嚈噠

渴槃陀國在慈嶺東朱駒波西河經其國東北

流有高山夏積霜雪又事佛道附於嚈噠

鉢和國在渴槃陀西其土尤寒人畜同居穴地

而處又有大雪山望若銀峯其人唯食餅麨飲

麥酒服氈裘有二道一道西行向嚈噠一道西

南趣烏萇亦為嚈噠所統

波知國在鉢和西南土狹人貧依託山谷其王

不能撫攝有三池傳云大池有龍王次者有龍

婦小者有龍子行人經之設祭乃得過不祭多

遇風雪之困

賒彌國在波知之南山居不信佛法專事諸神

亦附嚈噠東有鉢盧勒國路嶮緣鐵鎖而度下

不見底熙平中宋雲等竟不能達

烏萇長國在賒彌南北有慈嶺嶺至于天竺婆羅門

胡為其上族婆羅門多解天文吉凶之數其王

動則訪決焉土多林果引水灌田豐足稻麥事佛

多諸寺塔事極華麗人有爭訴服之以藥曲者

發狂直者無恙為法不殺犯死罪唯徙於靈山

西南有檀特山山上立寺以驢數頭運食山下

無人控御自知往來也

乾陀國在烏萇西本名業波為嚈噠所破因改

焉其王本是敕勒臨國民二世矣好征戰與罽

賓鬬三年不罷人怨苦之有鬬象七百頭十人

乘一象皆執兵仗象鼻縛刀以戰所都城東南

七里有佛塔高七十丈周三百步即所謂雀離

佛國也

康國者康居之後也遷徙無常不恒故地自漢

以來相承不絕其王本姓溫月氏人也舊居祁

連山北昭武城因被匈奴所破西踰蔥嶺遂有

其國枝庶各分王故康國左右諸國並以昭武

為姓示不忘本也王字世夫畢為人寬厚甚得

衆心其妻突厥達度可汗女也都於薩寶水上

阿禄迪城多人居大臣三人共掌國事其王索

髮冠七寶金花衣綾羅錦繡白疊其妻有髻幗

以皂巾丈夫剪髮錦袍名爲疆國西域諸國多

歸之米國史國曹國何國安國小安國那色波

國烏那曷國穆國皆歸附之有胡律置於祆祠

將決罰則取而斷之重者族次罪者死賊盜截

其足人皆深目高鼻多髯善商賈諸夷交易多

湊其國有大小鼓琵琶五弦箜篌婚姻喪制與突

厥同國立祖廟以六月祭之諸國皆助祭奉佛

爲胡書氣候溫宜五穀勤修園蔬樹木滋茂出

馬駝驢犎牛黄金碙沙䴱香阿薜那香瑟瑟瘿

皮氍毹錦疊多蒲萄酒富家或致十石連年

不畋太延中始遣使後遂絶焉

史臣曰西域雖通魏氏而中原始平天子方以

混一爲心未遑征伐其信使往來深得羈縻勿

絶之道耳

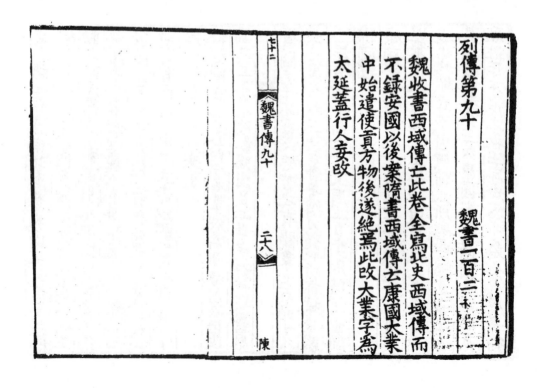

列傳第九十　魏書一百二

魏收書西域傳亡此卷全寫此史西域傳而

不錄安國以後案隋書西域傳云康國大業

中始遣使貢方物後遂絶焉此改大業字爲

太延蓋行人妄改

蠕蠕

匈奴宇文莫槐

徒何段就六眷

高車

蠕蠕，東胡之苗裔也，姓郁久閭氏。始神元之末，
掠騎有得一奴，婢始齊眉志本姓名，其主字之
曰木骨閭。木骨閭者，首禿也。木骨閭與郁久閭
聲相近，故後子孫因以爲氏。木骨閭既壯，免奴

魏書傳九十一　一

爲騎卒。穆帝時坐後期當斬，亡匿廣漠谿谷間，
收合逃得百餘人，依純突隣部。木骨閭死，子
車鹿會雄健，始有部衆，自號柔然，而役屬於國。
後世祖以其無知狀類於蟲，故改其號爲蠕蠕。
車鹿會既爲部帥，歲貢馬畜貂豹皮，冬則徙
漠南，夏則還居漠北。車鹿會死，子吐奴傀立，吐奴傀
死，子跋提立。跋提死，子地粟袁立。地粟袁死，其部分
爲二。地粟袁長子匹候跋繼父居東邊，次子縕
紇提別居西邊。及昭成崩，縕紇提附衛辰而貳

於我。登國中討之，蠕蠕移部遁走，追之，及於大
磧南牀山下，大破之，虜其半部。匹候跋及部帥
屋擊各收餘落遁走。遣長孫嵩及長孫肥追之，
渡磧，嵩至平望川大破屋擊，禽之，斬以徇。肥至
涿邪山及匹候跋，匹候跋舉落請降，肥縋提子曷
追之，至跋那山。縕紇提後降，太祖撫慰如舊。九
年曷多汗與社崙率部衆棄其父西走，長孫肥
多汗及曷多汗匹候跋兄諸歸之，社崙斛律等共宗黨
數百人分配諸部。縕紇提西遁將歸衛辰，太祖

魏書傳九十一　二

輕騎追之，至上郡跋那山斬曷多汗之南鄙去其
社崙與數百人奔匹候跋，匹候跋處之南鄙去其
庭五百里令其子四監之，既而社崙率其餘衆
匹候跋四子而叛襲匹候跋諸子收餘衆依
匹候跋子啓拔吳頡等十五人歸于太祖，社崙
高車斛律部社崙黨於有權殺，月餘乃釋四候
跋歸其諸子欲聚兵襲匹候跋社崙殺
既殺匹候跋懼王師討之，乃掠五原以西諸部，
北度大漠。太祖以拔頡爲安遠將軍平棘侯社

緼與姚興和親太祖遣材官將軍和突襲黜弗
素古延諸部社緼遣騎救素古延突逆擊破之
社緼遠遁漠比侵高車深入其地遂爲所凶
勢益振北徙弱洛水始立軍法千人爲軍置
將一人百人爲幢幢置帥一人先登者賜以虜
獲退懦者以石擊首殺之或臨時捶撻無文記
將帥以羊屎粗計兵數後頗知刻木爲記其西
比有匈奴餘種國尤富彊部帥曰拔也稽舉兵
擊社緼社緼逆戰於頞根河大破之後盡爲社

緼所并號爲彊盛隨水草畜牧其西則焉耆之
地東則朝鮮之地比則渡沙漠窮瀚海南則臨
大磧其宗所會庭則敦煌張掖之北小國皆苦
其寇抄羈縻之之於是自號丘豆伐可汗丘豆
伐猶魏言駕馭開張也可汗猶言皇帝也蠕
蠕之俗君及大臣因其行能即爲稱號若中國
立謚既死之後不復追稱太祖謂尚書崔玄伯
曰蠕蠕之人昔來號爲頑囂毋來抄掠駕牸牛
奔遁驅犍牛隨之牸牛伏不能前異部人有教

其以犍牛易之者蠕蠕曰其母尚不能行而況
其子終於不易遂爲敵所虜今社緼學中國立
法置戰陳卒成邊害道家言聖人生大盜起信
矣天興五年社緼聞太祖征姚興遂犯塞入參
合陂南至豺山及善無北澤時遣常山王遵以
万騎追之不及天賜中社緼從弟悅代大那等
謀殺社緼而立大那發覺大那等來奔以大那
爲冠軍將軍西平侯悅代爲越騎校尉易陽子
三年夏社緼寇邊永興元年冬又犯塞二年太

宗討之社緼遁走道死其子度拔年少未能御
親部落立社緼弟斛律號藹苦蓋可汗魏言姿
質美好也斛律北并賀術也骨國東破壁眞元
年與馮跋和親跋聘斛律女爲妻將爲父婚斛
律長兄步鹿眞謂斛律曰女爲小遠適憂思生
疾可遣大臣樹黎勿地延等女爲媵斛律不許
步鹿眞出謂樹黎等曰斛律欲令汝女爲媵遠

至仙國黎遂共結謀令勇士夜就斛律穿廬侯
伺其出執之與女俱媚于和龍乃立步鹿真步
鹿真立委政樹黎初高車叱洛侯者叛其渠帥
道于社崘破諸部落社崘德之以為大人步鹿真
與社崘子社拔共至叱洛侯家娉其少妻妻否
步鹿真叱洛侯欲舉大檀為主遺大檀金馬勒
為信步鹿真聞之歸發八千騎往圍叱洛侯叱
洛侯焚其珍寶自刎而死步鹿真遂掩大檀大
檀發軍執步鹿真及社拔絞殺之乃自立大檀

者社崘季父僕渾之子先統別部鎮於西界能
得衆心國人推戴之號牟汗紇升蓋可汗魏言
制勝也斛律父子既至和龍馮跋封為上谷侯
大檀率衆南徙犯塞太宗親討之大檀懼而遁
走遣山陽侯奚斤等追之大檀奔士衆凍死臨
指者十二三及太宗朋世祖即位大檀聞而大
喜始光元年秋乃寇雲中世祖親討之三日二
夜至雲中大檀騎圍世祖五十餘重騎逼馬首
相次如堵焉士卒大懼世祖顏色自若衆情乃

安先是大檀弟大那與祉崘爭國敗而來奔大檀
以那子於陟斤為部帥軍士射於陟斤殺之大檀
恐乃還二年世祖大舉征之東西五道並進平
陽王長孫翰等從黑漠汝陰公長孫道生次白
黑兩漠間車駕從中道東平公娥清次西從栗
園宜城王奚斤將軍安原等西道從弁寒山諸
軍至漠南舍輜重輕騎齎十五日糧絕漠討之
大檀部落駭驚比走神䴥元年八月大檀遺子
將騎萬餘人入塞殺掠邊人而走附國高車追

擊破之自廣宼帶還追之不及二年四月世祖練
兵于南郊將襲大檀公卿大臣皆不願行術士
張淵徐辯以天文說止世祖世祖從崔浩計而行
會江南使還稱劉義隆欲犯河南謂行人曰汝
疾還告魏主我河南地即當罷兵不然盡我
將士之力世祖聞而大笑告公卿曰龜鼈小竪
自救不暇何能為也就使能來我若不先滅蠕蠕
便更坐待宼至腹背受敵非上策也五五行汶矣
於是車駕出東道向黑山平陽王長孫翰從西

道向大峨山同會賊庭五月次于沙漠南會輜
重輕襲之至栗水大檀驚西奔弟四黎先典東
落將赴大檀遇翰軍翰縱騎擊之殺其大人數
百大檀聞之震怖將其族黨焚燒廬舍絕跡西
走莫知所至於是國落四散竄伏山谷畜産布
野無人收視世祖緣栗水西行過漢將竇憲故
分軍搜討東至瀚海西接張掖水北渡燕然山
東西五十餘里南北三千里高車諸部殺大檀
六月車駕次於兔圍水西圍栗水西行過漢
餘萬四八月世祖聞東部高車屯巳尼陂人畜
甚衆去官軍千餘里遂遣左僕射安原等往討
之既巳尼陂高車諸部望軍降者數十萬大檀
種類前後歸降三十餘万伕獲首虜及馬百
部落襄弱因發疾而死子吳提立號敕連可汗
魏言神聖也四年遣使朝獻先是比鄙候騎獲
吳提南偏邏者二十餘人世祖賜之衣服遣歸
吳提上下感德故朝貢焉世祖厚實其使遣歸
之延和三年二月以吳提尚西海公主又遣使

人納吳堤妹為夫人又進為左昭儀
兄禿鹿傀及左右數百人來朝獻馬二千四世
祖大悅班賜甚厚至太延二年乃絕和犯塞四
年車駕幸五原遂征之樂平王丕河東公賀多
羅督十五將出西道車駕出中道至浚稽山分中道
復為二道陳留王崇從大澤向涿邪山車駕從
浚稽北向天山西登白阜刻石記行不見蠕蠕
而還時漠北大旱無水草軍馬多死五年車駕
復北伐沮渠牧犍豇都王穆壽輔景穆居守長樂
王秕山敬建寧王崇二萬人鎮漠南以備蠕蠕吳
提果犯塞壽素不設備賊至七介山京邑大駭
爭奔中城司空長孫道生拒之於止頹山吳提
之寇也留其兄乞列歸與北鎮諸軍相守敬崇
等破乞列歸千陰山之北獲之乞列歸歎曰沮
渠陷我也獲其伯父他吾無鹿胡及其將帥五
百人斬首萬餘級吳提聞而遁走道生追之至
于漠南而還乙真君四年車駕幸漠南分四道樂

安王範建寧王崇各統十五萬將出東道樂平王
督十五將出西道車駕出中道中山王辰領十
五將為中軍後繼車駕至鹿渾谷與賊將遇吳
提遁走追至頞根河擊破之車駕至石水而還吳
五年復幸漠南欲龍麥吳提遠遁乃還吳穰
死子吐賀眞立號處可汗魏言唯也十年二月
車駕北伐高昌王那出東道略陽王羯兒出西
道車駕為景穆自中道出涿邪山吐賀眞別部
帥亣綿他拔等率千餘家來降是時軍行數千

九

里吐賀眞新立恐懼遠遁九月車駕北伐高昌
王那出東道略陽王羯兒出中道與諸軍期會
於地弗池吐賀眞悉國精銳軍資甚盛那數
十重那掘長圍堅守相持數日吐賀眞數挑戰
輒不利以那衆少而固疑大軍將至解圍夜遁
那引軍追之九日九夜吐賀眞懼棄輜重踰
宮隆嶺略遠遁那收其輜重引軍還與車駕會於
廣澤略陽王羯兒盡收其人戶畜産百餘萬自
是殆賀眞遠單弱遠竄鼠邊疆息藂言吳太安四年

車駕北征騎十萬車十五萬兩旌旗千里遂渡
大漠吐賀眞遠遁其莫弗烏朱駕率衆斬首
落來降乃刋石記功而還世祖征代之後意存
休息蠕蠕亦怖威不敢復南和平五年吐
賀眞死子予成立號受羅部眞可汗魏言惠也
皇興四年子成犯塞車駕北討京兆王子推東
自稱永康元年率部侵塞北鎮遊軍大破其衆
陽公元元丕督諸軍出西道任城王雲督軍出
東道汝陰王賜濟南公羅烏拔督軍為前鋒隴

十

西王源賀督諸軍為後繼諸將會車駕于女水
之濱顯祖親誓衆詔諸將曰用兵在奇不在衆
也卿等為朕力戰方略已在朕心乃選精兵五
千人挑戰多設奇兵以惑之虜衆奔潰追北三
十餘里斬首五萬級降者萬餘人戎馬器械不
可稱計旬有九日往返六千餘里改女水曰武
川遂作北征頌刋石紀功延興五年子成求通
婚娉有司以子成數犯邊塞請絕其使發兵討
之顯祖曰蠕蠕壁言若禽獸貪而亡義朕要當以

信誠待物不可抑絕也子成知悔前非遣使請
和求結姻媛安可孤其款意乃詔報曰所論婚
事今始一反尋覽事理未允厥中夫男而下女
父象所明初婚之吉敦崇礼媪君子所以重人
倫之本不敬其初令終難矣子成母懷謟詐終
顯祖世更不求婚太和元年四月遣莫何去汾
比拔等來獻良馬比拔等稱伏承天朝珍
寶華麗其積求一觀之乃敕有司出御府珍玩
金玉文繡器物御厩文馬奇禽異獸及人間所

宜用者列之京肆令其歷觀焉比拔見之自相
謂曰大國富麗一生所未見也二年二月又遣
比拔等朝貢尋復請婚焉高祖志存招納許之
子成雖歲貢不絕而款約不著婚事亦停九年
子成死子豆崙立號伏古敦可汗魏言恒也自
稱太平元年豆崙性殘暴好殺其臣侯醫㽙石
洛候數以忠言諫之又勸與國通和勿侵中國
豆崙怒誣石洛候謀反殺之夷其三族十六年
八月高祖遣陽平王頤左僕射陸叡並為都督

領軍斛律桓等十二將七萬騎討豆崙部內高
車阿伏至羅率衆十餘萬落西走自立為主豆
崙與叔父那蓋為二道追之豆崙出自浚稽山
北而西那蓋自出金山豆崙頻為阿伏至羅所
敗那蓋累有勝捷國人咸以那蓋為天所助欲
推那蓋為主那蓋不從衆彊之那蓋曰我為臣
不可為君能為主衆乃殺豆崙母子以屍示那蓋
那蓋乃襲位那蓋號候其伏代庫者可汗魏言
悅樂也自稱太安元年那蓋死子伏圖立號他
汗可汗魏言緒也自稱始平元年正始三年伏
圖遣使統萬失勿六跋曰蠕蠕遠通和世宗不報

其使詔有司敕勿六跋曰
魏叛臣往者包容暫時通使令蠕蠕襄微有損
疇曰大魏之德方隆周漢跨據中原指清八表
正以江南未平權寬北掠通和之事未容相許
若脩藩禮款誠昭著者當不孤爾也永平元年
伏圖又遣六跋奉函書一封并獻貂裘世宗
不納依前喻遣伏圖西征高車為高車王彌俄

突所殺子醜奴立號豆羅伏跋豆伐可汗魏言

彰制也自稱建昌元年永平四年九月醜奴遣

沙門洪宣奉獻珠像延昌三年冬世宗遣驍騎

將軍馬義舒使於醜奴未發而崩事遂停寢醜

奴壯健善用兵四年遣使候斤尉比建朝貢熙

平元年西征高車大破之禽其王彌俄突殺之

盡并叛者國遂彊盛三年又遣使候斤尉比建紀

癸勿六跋韓顧禮等朝貢神龜元年二月肅宗

臨顯陽殿引顧禮等二十人於殿下遣中書舍

【魏書傳九十一】 十三 陳榮

人徐紇宣詔讓以蠕蠕藩禮不備之意初豆崙

之死也那蓋為主伏圖納豆崙之妻候呂陵氏

生醜奴阿那瓌等六人醜奴立後忽亡一子字

祖惠求募不能得有屋引副升牟妻是豆渾地

萬年二十許為醫巫假託神鬼先常為醜奴所

信出入去來乃言此兒今在天上我能呼得醜

奴母子欣悅後歲仲秋在大澤中施帳屋齋潔

七日祈請天上經一宿祖惠忽在帳中自云恆

在天上醜奴母子抱之悲喜大會國人號地方

為聖女納為可賀敦授夫副外年爵位賜牛馬

羊三千頭地方旣挾左道亦有姿色醜奴甚加

重愛信用其言亂其國政如是積歲祖惠年長

其母問之祖惠言我恆在地方家不常上天上

天者地方敎也其母具以狀告醜奴醜奴怒欲

恐懼譖祖惠於醜奴醜奴陰殺之正光初醜奴

万縣臨遠事不可不信勿用讒言也既而地方

母遣何去汾李具列等絞殺地方醜奴怒

誅具列等又阿至羅侵醜奴醜奴擊之軍敗還

【魏書傳九十一】 十四 榮

為母與其大臣所殺立醜奴弟阿那瓌立經十

日其族兄俟力發示發卒衆數万以伐阿那瓌

阿那瓌戰敗將弟乙居伐輕騎南走歸國阿那

瓌母候呂陵氏及其二弟尋為示發所殺而阿

那瓌禾之知也九月阿那瓌至肅宗遣兼侍

中陸希道為使主兼散騎常侍孟威為使副迎

勞近畿使司空公京兆王繼至北中待中崔光

黄門郎元纂在近郊並申宴勞引至閶闔下十

月肅宗臨顯陽殿引從五品以上清官皇宗藩

國使安等列於殿庭王公以下及阿那瓌等入
就庭中北面位定謁者引王公以下外殿阿那
瓌位於藩王之下又引將命之官及阿那瓌弟
并二叔位於羣官之下遣中書舍人曹道宣詔
勞問阿那瓌啓陛下優隆命臣弟牧等外殿
預會但臣有從兄叔在此之日官高於二叔之上
宴將罷阿那瓌啓去位乃立於阿那瓌弟之下二叔乞命景
外殿詔聽之乃位於座後詔遣舍人常景
問所欲言阿那瓌求詣殿前詔引之阿那瓌再
拜跽曰臣先世源由出於大魏詔曰朕已具之
阿那瓌起而言曰臣之先逐草放牧遂居漠北
詔曰卿言未盡可具陳之阿那瓌又言曰臣先
祖以來世居此土雖復隔越山津而乃心慕化
未能時宜正以高車悖逆臣國擾攘不暇道
使必宣遠誠自頃年以前漸定高車及臣兄為
主故遣輩顧禮等使來大魏實欲虔脩藩禮是
以曹道芝比使之日臣與主兄即遣大臣五人
拜受詔命芝臣兄弟本心未及上徹但高車從而

侵暴中有姦臣因亂作逆殺臣兄立臣為主裁
過旬日臣以陛下恩慈如天是故倉卒輕身投
國歸命陛下詔曰卿所陳理猶未盡可更言
之阿那瓌再拜受詔曰臣以家難輕來
投闕老母在彼萬里分張本國臣民皆已逃散
陛下隆恩有過天地求乞兵馬還向本國誅翦
叛逆收集亡散陛下慈念賜借兵馬老母若在
得生相見以申母子之恩如其死也即得報讎
以雪大恥臣當統臨餘人奉事陛下四時之貢
不敢闕絕陛下聖顏難覩敢有披陳但所欲言
者口不能盡言別有辭啓謹以仰呈顧垂照
仍以啓付舍人常景具以奏聞景尋封阿那瓌朔
方郡公蠕蠕王賜以衣冕加之軺蓋祿從儀衛
同于戚藩十二月蕭宗以阿那瓌國無定主思
還綏集啓請切至詔議之時朝臣意有同異或
言聽還或言不可領軍元又為宰相阿那瓌私
以金百斤貨之遂歸北二年正月阿那瓌等五
十四人辭蕭宗臨西堂引見阿那瓌及其伯

叔兄弟第五人外階賜坐遣中書舍人穆弼宣勞
阿那瓌等拜辭詔賜阿那瓌細明光人馬鎧二
具鐵人馬鎧六具露絲銀纏槊二張并白毦赤
漆槊十張并白毦黑漆槊十張并幡露絲弓二
張并箭朱漆柘弓六張黑漆弓十張并箭
赤漆楯六幡并刀黑漆楯六幡并箭黑漆𩊋角
二十具五色錦被二領黃紬被褥三十具私府
繡袍一領并帽内者緋納襖一領緋納二十領
并帽内者雜綠千段緋納小口袴褶一具内中
宛具紫納大口袴褶一具内中宛具百子帳十
入具黃布幕六張新乾飯一百石麥麨八石麨
麨五石銅烏鏡四枚柔鐵烏鏡二枚各受二斛
黑漆竹槅四枚各受二升婢二口父草馬五百
四駞百二十頭牸牛一百頭羊五千口朱畫盤
器十合粟二十萬石至鎮給之詔侍中崔光黃
門元纂鄴外勞遣阿那瓌來奔之後其從父兄
侯力發婆羅門卒數萬人人討示發破之示發
走奔地豆干為其所殺惟婆羅門為主號彌偶

可杜句可汗魏言安靜也時安比將軍懷朔鎮
將楊鈞表傳聞彼人已立主是阿那瓌同堂兄
弟夷人獸心已相君長恐未肯以殺兄之人郊
迎其弟輕往虛反徒損國威自非廣加兵眾無
以送其入比二月肅宗詔舊經蠕蠕使者牒云
具仁往喻婆羅門迎阿那瓌復藩之意婆羅門
殊自驕慢無遜避之心責具仁禮敬具仁執節
不屈婆羅門遣大官莫何去汾俟斤丘升頭六
人將兵二千隨具仁迎阿那瓌五月具仁還鎮
論彼事勢阿那瓌慮不敢入表求還京會婆羅
門為高車所逐率十部落詣涼州歸降於是蠕
蠕數萬相率迎阿那瓌七月阿那瓌啟云投化
蠕蠕元退社崘河旅等二人以今月二十六日
到鎮云國土大亂姓姓別住迭相抄掠當今此
人翹望待臣磧北撫定荒人脫蒙所請事必克濟
督率送臣乞依前恩賜給精兵一萬還令
詔付尚書門下博議八月詔兼散騎常侍王遵
業馳驛宣旨慰阿那瓌并申賜齎九月蠕蠕後

主侯匿伐來奔懷朔鎮阿那瓌兄也列稱規望
乞軍并請阿那瓌十月錄尚書事高陽王雍尚
書令李崇侍中安豐王延明尚書左僕射元欽侍中元
乂侍中黃門侍郎元纂給事黃門侍郎張烈給
事黃門侍郎盧同等奏曰竊聞漢立南藩雖于
晉有東西之稱皆所以相維禦難為國藩籬今
泉敦煌北西海郡即漢晉舊障二隩寬平原野
臣等參議以為懷朔鎮北土名無結山吐若奚
彌沃阿那瓌宜置西吐若奚泉婆羅門宜置西
海郡各令摠率部落收離聚散其爵號及資給
所須唯恩裁處彼臣下之官任其舊俗阿那瓌
所居既是境外宜少優遣以示威刑請沃野懷
朔武川鎮各差二百人令當鎮軍主監率給其
糧仗送至前所仍於彼為其造構功就聽還諸
於此來在婆羅門前投化者令州鎮上佐准程
給粮送詣懷朔阿那瓌鎮與使人量給食稟在
京館者任其去留阿那瓌草創先無儲積讀給

朔州麻子乾飯二千斛官駞運送婆羅門居於
西海既是境內資儲不得同之阿那瓌等新造
藩屏宜各遣使持節馳驛先詣慰諭并委經略
蕭宗從之十二月詔安西將軍廷尉卿元洪超兼
尚書行臺詣敦煌安置婆羅門婆羅門尋與部
衆謀叛投嚈噠三妻皆婆羅門姊妹也仍
為州軍所討禽之三年十二月阿那瓌衆大飢入
粟以為田種詔給万石四年阿那瓌上表乞
塞寇抄蕭宗詔尚書左丞元孚兼行臺尚書持
節喻之孚見阿那瓌為其所執以孚自隨驅掠
良口二千公私驛馬牛羊數十万北道謝孚放
還詔驃騎大將軍尚書令李崇等率騎十万討
之出塞三千餘里至瀚海不及而還侯匿伐至
洛陽蕭宗臨西堂引見之五年婆羅門死於洛
南之館詔贈使持節鎮西將軍泰州刺史廣牧
公是歲沃野鎮人破六韓拔陵反諸鎮相應孝
昌元年春阿那瓌率衆討之詔遣牒云具仁儁
雜物勞賜阿那瓌阿那瓌拜受詔遣命勒衆十万

後武川鎮西向沃野頻戰克捷四月肅宗文遣
兼通直散騎常侍中書舍人馮儁使阿那瓖宣
勞班賜有差阿那瓖部落既和士馬稍盛刀號
敕連頭兵豆代可汗魏言把攬也十月阿那瓖
復遣郁久閭彌娥等朝貢三年四月阿那瓖遣
使人華鳳景等朝貢及還肅宗詔〔曰〕比鎮羣
狄為逆蠕蠕寇掠不息蠕蠕主為國立忠助加誅討言念
誠心無忘寢食今知停在朔垂與尒朱榮隆接
其嚴勒部曲勿相恭掠又近得蠕蠕主啓更欲
為國東討但蠕蠕主世居北漠不宜炎夏今可
且停聽待後敕蓋朝廷慮其及覆也此後頻使
朝貢義初考莊詔曰天勳高眥賞重德厚者
名隆建義初考莊詔曰天勳高眥賞重德厚者
陰山息敕言弱水無塵刊跡狼山銘功瀚海至誠遂使
既篤勳緒莫宜摽以殊禮何容格以常式
自今以後贊拜不言名上書不稱臣太昌元年
六月阿那瓖遣烏句蘭樹什伐等朝貢并為長
子請尚公主永熙二年四月出帝詔以范陽王

誨之長女琅邪公主許之未及婚帝入關齊獻
武王遣使說之阿那瓖遣使朝貢求婚獻武王
方招四遠以常山王妹樂安公主許之改為蘭
陵公主遣環奉馬千四為娉禮迎公主詔宗正
元壽送公主往比目是朝貢相尋瓖必酋獻武
王威德曰盛請致愛女於王靜帝詔王納之自
此塞外無塵矣

匈奴宇文莫槐出於遼東塞外其先南單于遠
屬也世為東部大人其語與鮮卑頗異皆剪
髮而留其頂上以為首飾長過數寸則截短之
婦女披長襦及足而無裳焉秋收烏頭為毒
以射禽獸莫槐虐用其民為部人所殺更立其
弟普撥為大人普撥死子丘不勤立尚平文女
丘不勤死子莫廆立本名犯太祖諱莫廆遺弟
屈雲攻慕容廆於棘城復為慕容廆擊破之又遣別部素延伐
慕容廆於棘城廆所破時素延伐
眾彊盛自稱單于塞外諸部咸畏憚之莫廆死子
遜昵延立率眾攻慕容廆於棘城廆子翰先戍

先取之城不足憂也乃分騎數千襲翰聞之使
人詐爲段末波使者逆謂遜昵延曰翰數爲吾
患久思除之今聞來討其羌呂戒嚴相待宜兼路
早赴翰設伏待之遜昵延以爲信然長驅不備
至於伏所爲翰所虜遜昵延使告厖乘勝遂進及
晨而至厖亦盡銳應之遜昵延而乃嚴率衆乃
逆戰前鋒始交而翰巳入其營縱火燎之衆遂
大潰遜昵延單馬奔還悉俘其衆遜昵延父子
世雄慕容厖又先得玉璽三紐自言爲天所相每
自誇大及此敗也乃甲辭厚幣遣使朝獻于昭
帝嘉之以女妻焉遜昵延死子乞得龜復
固壘不戰斬柔跋堆廆又攻乞得龜克之乞得龜單
伐慕容厖厖拒之惠帝三年乞得龜屯保渙水
騎夜奔虜其衆廆乘長驅食其國城收資財
億計從部民數萬戶以歸先是海出大龜枯死
於平郭至是而乞得龜敗別部人逸豆歸殺乞

於外遜昵延謂其衆曰翰素果勇必爲人患宜

伐厖而莫渾荒酒縱獵爲厖所破死者萬餘人
建國八年厖伐逸豆歸逸豆歸遠遁漠北遂奔高麗
殺其驍將涉干逸豆歸遠遁漠北遂奔高麗
晃徙甘部衆五千餘落於昌黎自此散滅矣
亂被責爲漁陽烏九太守辱官家怒遂大人集
會幽州皆持唾壺庫辱官獨無乃唾曰陸眷因
口中日陸眷因咽之西問拜天曰願使主君之
智慧祿相盡移入我腹中其後漁陽大飢庫辱
官以曰陸眷爲健使將之詣遼西爲食招誘二
叛遂至疆盛日陸眷死弟乞珍代立乞珍死子
務目塵代立即就陸眷父也據有遼西之地而
臣於晉其所統三萬餘家控絃上馬四五萬騎
逆乃表封務目塵率方餘騎代石勒於常山封龍山下
晉穆帝幽州刺史王浚以段氏數爲巳用深德
之乃表封務目塵爲遼西公假大單于印綬浚
使務目塵死就陸眷立就陸眷與弟四碑
大破之務目塵死就陸眷立就陸眷與弟四碑

得龜而自立與慕容厖相攻擊遣其國相莫渾

從弟末波等率五萬餘騎圍石勒於襄國勒登
城望之見將士比釋仗寢卧無警豈備之意勒因
其懈怠選募勇健穿城突出直衝末波生禽之
置之座上與飲宴盡歡約為父子盟折豈而遣之
末波既得免就陸眷等遂攝軍而還不復報浚焉
歸于遼西自此以後末波常不敢南向渡人
問其故末波曰吾父在南其感勒不害已也如
此就陸眷死其子幼弱四碑與劉琨世子羣奔
喪四碑陰卷甲而往欲殺其從叔羽鱗及末波

魏書傳九十一
三百三十
二十五

而奪其國末波等知之遣軍逆擊四碑劉羣為
末波所獲匹碑走還薊懼琨禽已請琨宴會因
執而殺之四碑既殺劉琨與羽鱗末波自相攻
擊部衆乖離欲擁其衆徙保上谷阻軍都之險
以拒末波等平文帝聞之陰嚴精騎將擊之四
碑恐懼南奔樂陵後石勒遣石虎擊段文鴦于
樂陵破之擒文鴦四碑遂率其屬圍及諸塢壁
降于石勒末波自稱幽州刺史屯遼西末波死
國人立日陸卷弟護遼為主列帝特假護遼驃

騎大將軍幽州刺史大單于北平公弟鬱蘭撫
軍將軍冀州刺史勃海公建國元年石虎征護
遼於遼西護遼本平岡山遂投燕慕容晃殺之
鬱蘭奔石虎以所從鮮卑五千人配之使屯令
支城鬱蘭死石虎以龍代之及冉閔之亂龍率衆南移
遂據齊地慕容儁使弟玄恭帥衆伐龍於廣固執
龍送之薊儁毒其自立而殺之坑其徒三千餘人
高車蓋古赤狄之餘種也初號為狄歷北方以
為敕勒諸夏以為高車丁零其語略與匈奴同

魏書傳九十二
二十六

而時有小異或云其先匈奴之甥也其種有狄
氏袁紇氏斛律氏解批氏護骨氏異奇斤氏俗
云匈奴單于生二女姿容甚美國人皆以為神
單于曰吾有此女安可配人將以與天乃於國
北無人之地築高臺置二女其上曰請天自迎
之經三年其母欲迎之單于曰不可未徹之間
耳復一年乃有一老狼晝夜守臺嘷呼因穿臺
下為空穴經時不去其小女曰吾父處我於此
欲以與天而今狼來或是神物天使之然將下

就之其姊大驚曰此是畜生無乃辱父母也妹不
從下爲狼妻而産子後遂滋繁成國故其人好
引聲長歌又似狼嘷無都統大帥當種各有君
長爲性麤慢猛黨類同心至於寇難翕然相依鬪
無行陳頭別衝突乍出乍入不能堅戰其俗
倨慠無所忌避婚姻用牛馬納聘以爲榮結
言旣定男黨營車闌馬令女黨恣取上馬祖乘
出闌馬主立於闌外振手驚馬不墜者卽取之
墜則更取數滿乃止俗無穀不作酒迎婦之日

二十七

男女相將持馬酪熟肉節解主人延賓亦無行
位穹廬前業最飲宴玆日復留其宿明日將婦
歸旣而將夫當還入其家馬羣極取良馬父母
兄弟雖惜終無言者頗譚取寡婦而優憐之其
畜産自有記識雖闢圈縱在野終無妄取俗不淸
絜喜致震霆每震則叫呼射天而棄之移去至
來歲秋馬肥復相率候於震所埋羖羊然火拔
刀女巫祝說似如中國祓除而羣隊馳馬旋繞百
帀乃止人持一束柳楗回竪之以乳酪灌焉婦

人以皮裹羊骸戴之首上縈屈髮績而纏之有
似軒冕其死亡葬送掘地作坎坐屍於中張臂
引弓佩刀挾矟稍無異於生而露坎時有震
死及疫癘則爲之祈福若安全無恙則爲報賽
多殺雜畜燒骨以燎走馬遶旋多者數百而男
女無小大皆集會於平吉之人則歌舞作樂死喪
之家則悲吟哭泣其遷徙隨水草衣皮食肉牛
羊畜産盡與蠕蠕同唯車輪高大輻數至多後
徙於鹿渾海西北百餘里部落彌大常與蠕蠕

二十八

爲敵亦每侵盜千國家太祖親襲之大破其諸
部後太祖復度弱洛水西行至鹿渾海傍煙籠
輕騎西北行百餘里龍襲破之虜獲生口馬牛羊
二十餘万復討其餘種於狼山大破之車駕巡
幸八命諸將爲東西二道太祖親勒六軍從中
道自駮騾水西北徇略其部諸軍同時雲合破
其雜種三十餘落徯儻王儀別叔將從西北絶漠
千餘里復破其遺迸七部於是高車大懼諸部
震駭太祖自牛川南引大校獵以高車爲圍騎

徒遮列周七百餘里聚雜獸於其中因驅至平
城即以高車衆起鹿苑南因臺陰比距長城東
包白登屬之西山尋而高車姪利曷莫弗敕力
犍率其九百餘落內附拜敕力犍為揚威將軍
置司馬參軍賜穀二萬斛後高車解批莫弗敕力
豆建復率其部三十餘落內附亦拜為威遠將
軍置司馬參軍賜衣服歲給廩食蠕蠕社崙破
敗之後收拾部落轉徙廣漠之北侵入高車之
地斛律部部帥倍侯利患之曰社崙新集兵資

馬少易與耳乃舉衆掩擊入其國落高車昧利
不顧後患分其六廬室妻其婦女安息寢臥不起
社崙登高望見乃招集亡散得千人晨掩殺之
走而脫者十二三倍侯利遂來奔賜爵孟都公
倍侯利質直勇健過人奮戈陷陳有異於衆北
方之人畏嬰兒啼者語曰倍侯利來便止處女
歌謠云求良夫當如倍侯利其服衆如此善用五
十箸簽吉凶每中故得親幸賞賜豐厚命其沒
子島堂內侍及倍侯利卒太祖悼惜葬以國禮

謚曰忠壯王後詔將軍伊謂帥二萬騎比襲高
車餘種袁紇烏頻破之太祖時分散諸部唯高
車以類麤獷不任使役故得別為部落世祖
征蠕蠕破之而還至漠南聞高車東部在巳尼
陂人畜甚衆去軍千餘里將遣左僕射安原
等討之司徒長孫翰尚書令劉潔等諫世祖不
聽乃遣原等并發新附高車合萬騎至于巳尼
陂高車諸部望軍而降者數十萬落獲馬牛羊
亦百餘萬皆徙置漠南千里之地乘高車逐水

草畜牧蕃息數年之後漸知粒食歲致獻貢由
是國家馬及牛羊遂至于賤氈皮委積高宗時
五部高車合聚祭天衆至數萬大會走馬殺牲
遊遶歌吟忻忻其俗稱自前世以來無盛於此
會車駕臨幸莫不忻悅後高祖召高車之衆隨
車駕南討高車不願南行遂推袁紇樹者為主
相率北叛遊踐金陵都督宇文福追討大敗而
還又詔平北將軍江陽王繼為都督討之繼先
遣人慰勞樹者樹者入蠕蠕尋悔相率而降高

車之族又有十二姓一曰泣伏利氏二曰吐盧
氏三曰乙旃氏四曰大連氏五曰窟賀氏六曰
達薄干氏七曰阿崙氏八曰莫允氏九曰俟分
氏十曰副伏羅氏十一曰乙㫄氏十二曰右叔
沛氏先是副伏羅部為蠕蠕所役屬豆崙之世
蠕蠕亂離國部分散副伏羅阿伏至羅與從弟
窮奇俱統領高車之眾十餘萬落大和十一年
豆崙犯塞阿伏至羅等固諫不從怒遂所部之
眾西叛至前部西北自立為王國人號之曰候
婁匐勒猶魏言大天子也窮奇號候倍猶魏言

儲主也二人和穆分部而立阿伏至羅居北窮奇
在南豆崙追討之頻為阿伏至羅所敗乃引眾
東徙十四年阿伏至羅遣商胡越者至京師以
箭奉貢員蠕蠕為天子之賊臣諫之不從遂叛
來至此而自賢立當為天子討除蠕蠕高祖未
之信也遣使者于提往觀虛實阿伏至羅與窮
奇遣使者薄頡隨于提來朝貢其方物詔員外
散騎侍郎可足渾長生復與于提使高車各賜

繡袴褶一具雜綵百匹窮奇後為嚈噠所殺虜
其子彌俄突等其眾分散或來奔附或投蠕蠕
詔遣宣威將軍羽林監孟威撫納降人置之高
平鎮阿伏至羅長子蒸阿伏至羅餘妻謀害阿
伏至羅阿伏至羅又殘暴大失
眾心眾共殺之立其宗人跋利延
嚈噠伐高車將納彌俄突
突而立之彌俄突既立復遣朝貢又奉表獻金
方一銀方一金杖二馬七四駞十頭詔使者慕

容坦賜彌俄突雜綵六十四世祖詔之曰卿遠
據沙外頻申誠款覽揖忠志特所欽嘉蠕蠕嚈
噠吐谷渾所以交通者皆路由高昌搤角相接
今高昌內附遣使迎引蠕蠕往來路絕鼓勢不
得妄令羣小敢有陵犯擁塞王人罪在不赦彌
俄突尋與蠕蠕主伏圖戰於蒲類海其為伏圖
所敗西走三百餘里伏圖次於伊吾北山先是
高昌王麴嘉表求內徙世宗遣孟威迎之至伊
吾蠕蠕見威軍怖而遁走彌俄突聞其離駭追

擊大破之殺伏圖於蒲類海北割其氎送於孟
威又遣使獻龍馬五匹金銀貂皮及諸方物詔
東城子千亮報之賜樂器一部樂工八十人赤紬
十四雜綵六十四彌俄突遣其莫何去汾屋引
叱賀貢貢其方物蕭宗初彌俄突與蠕蠕王醜
奴戰敗被禽醜奴繫其兩脚於駑馬之上頓曳
殺之漆其頭為飲器其部眾悉入嚈噠經數年
嚈噠聽彌俄突弟伊匐既復國伊匐遣使
奉表於是詔遣使者谷楷等拜為鎮西將軍西
海郡開國公高車王伊匐復大破蠕蠕蠕蠕主
婆羅門走投涼州正光中伊匐遣使朝貢因乞
朱畫步挽一乘并幔褲鞦鞆一副繖扇各一枚
青曲蓋五枚赤漆扇五枚皷角十枚詔給之伊
匐後與蠕蠕戰敗歸其弟越居殺伊匐自立天
平中越居復為蠕蠕所破伊匐子比適復殺越
居而自立與和中比適又為蠕蠕所破越居子
去賓自蠕蠕來奔齊獻武王欲招納達人上言
封去賓為高車王拜安北將軍肆州刺史既而

病死初太祖時有吐突隣部在女水上常與解
如部相為脣齒不供職事登國三年太祖親西
征度弱洛水復西行趣其國至女水上討解如
部落破之明年春盡略徙其部落畜產而還
又有紇突隣與紇奚世同部落而各有大人長
祖勒眾親討焉慕容驎率師來會大破之紇
突隣大人屋地鞬紇奚大人庫寒等皆舉部歸
降皇始二年車駕代中山軍於柏肆慕容寶
夜來攻營軍人驚走還於國路由并州遂反將
攻晉陽并州刺史元延討平之紇突隣部帥匿
物尼紇奚部帥叱奴根等復聚黨及於陰館
南安公元順討之不克死者數千人太祖間之
遣安遠將軍庾岳還討匿物尼等皆殄之又
有侯呂隣部眾萬餘口常依險畜牧登國中
其大人叱伐為寇於苦水河八年夏太祖大破之
并禽其別帥焉古延等
薛干部常屯聚於三城之間及滅衛辰後其

部帥太悉伏望軍歸順太祖撫安之車駕還衛
辰子屈丐杢其部太祖聞之使使詔太悉伏執
送之太悉伏出屈丐以宗使者曰今窮而見投
寧與俱亡何忍送之遂不遣太祖大怒車駕親
討之會太悉伏先出擊曹覆寅官軍乘虛遂
屠其城獲太悉伏妻子珍寶從其人而還太悉
伏來赴不及遂奔姚興未幾亡歸嶺北上郡以
西諸鮮卑雜胡間而皆應之天賜五年屈丐盡
刃掠摠服之及平統萬辟干種類皆得為編戶

矣而率屯山鮮卑別種破多蘭部世傳主部落
至木易千有武力壯勇劫掠左右西及金城東
侵安定數年間諸種患之天興四年遣常山王
遵討之於高平木易千將數千騎棄國道走盡
徙其入於京師餘種分迸其後為赫連屈丐所
滅又蠕弗素古延等諸部富而不恭天興五年
村官將軍和突率六千騎襲而獲之又越勒倍
泥部永興五年轉牧跋那山西七月遣奚斤討
破之徙其人而還

史臣曰周之獫狁漢之匈奴其作害中國固亦
夊矣魏晉之世種族爪分去來沙漠之陲窺搆
覈塞之際獯狁匈奴之商根本莫尋逃刑集醜自
如蠕蠕者匈奴之餘緒曾東胡之枝葉醜至
小為大風馳鳥赴倏來忽往代京由之屢駭其戎
車所以不寧是故魏氏祖宗揚威曜武驅其
畜產收其部落澄野蒐之窮髮之野逐之無人之
鄉豈好肆兵極銳凶器不戢蓋亦瘳病除惡
事不得已而然也

自序

漢初魏無知封高良侯子均均子恢恢子彥彥
子歆字子胡幼孤有志操博洽經史成帝世位
終鉅鹿太守仍家焉歆子悅字處德性沈厚有
度量宣城公趙國李孝伯見而重之以女妻焉
奉朝請累遷太尉從事中郎初世祖時平氏遂
位濟陰太守以善政稱悅子子建字敬忠釋褐
於武興立鎮尋改爲東益州其後鎮將刺史乖

失人和羣氏作梗遂爲邊患乃除子建爲東益
州刺史子建布以恩信風化大行遠近清靜正
光五年南北二秦城人莫折念生韓祖香張長
命相繼構逆斂以州城之人莫不勁勇同類悉
反宜先收其器械子建以爲城人數當行陳盡
皆驍果之足以爲用急之腹背爲憂乃飛召
居城老壯曉示之并上言諸城人本非罪坐而
來者悉求聽免肅宗優詔從之子建漸分其父
兄子弟外居郡戍內外相顧終獲保全及秦賊

〔魏書傳九十二〕　二　〔章文〕

大三百丹

乘勝屯營黑水子建乃潛使掩襲前後斬獲甚
衆威名赫然先反者及此悉降乃間使上聞肅
宗甚嘉之詔子建兼尚書爲行臺刺史如故於
是威震蜀土其梁巴二益兩秦之事皆所節度
梁州刺史傅豎眼子敬和中心以爲愧在洛大
行貨賄以圖行臺先是子建亦屢求歸京師至
此乃遣羣氏慕戀相率斷道主簿楊僧覆先行曉喻
還書羣氏唐永代爲豎眼因爲行臺將

諸氏忿曰我留刺史鬮送出世斫之數創幾死
子建徐加慰壁旬日方得前行吏人贈遺一無
所受而東益氐蜀尋反攻逼唐永永棄城而走
乃喪一藩矣初永之走子建客有沙門曇璨及
鉅鹿人耿顯皆沒落氐手及知子建之客垂泣
追衣物還之送出白馬遺愛所被如此自國家
開華陽等郡梁州邢巒益州傅豎眼及子建爲
最初子建爲前軍將軍十年不徙在洛閒暇與
吏部尚書李韶韶從弟延寔頗爲并基時人謂
爲耽好子建每日基於機權廉勇之際得之深

〔魏書傳九十二〕　二　〔章文〕

大三百光圓

矣且吾未為時用博弈可也及一臨邊事凡經
五年未曾對局還洛後俄拜常侍衛尉卿初元
顥內逼莊帝北幸子建子建謂所親盧義僖曰北海
自絕杜稷稱藩蕭衍五兒矣豈能為陪臣遂携
家口居洛南顥平乃歸先苦風痺及此遂甚以
鄉任有務屢上書乞身特除右光祿大夫邢杲
之平太傅李延寔子侍中或為大使撫慰東土
時外戚貴盛送寔填門子建亦徃候別延寔曰
小見今行何以相助子建曰益以盈蒲為誡延
寔悵然父之及莊帝殺尒朱榮遇禍於河陰者
其家率相弔賀太尉李彧第二子仁曜曰子建之
女壻徃亦見害子建謂姨弟盧道虔曰朝廷誅
前羽權彌凶徒尚梗未聞有奇謀異略恐不可濟
此乃李門禍始弔賀無乃忽忽及永安之後李
氏宗族流離或遇誅夷如其所慮後歷左光祿
大夫加散騎常侍驃騎大將軍子建自出為藩
牧董司山南居脂骨之中遇天下多事正身絜
已不以財利經懷及歸京師家人衣食常不周

贍清素之迹著於終始存重慎不雜交遊唯
與尚書盧義僖姨弟涇州刺史盧道裕雅相親
昵及疾篤顧勑二子曰死生大分含氣所同世
有厚葬吾平生不取薜裸身又非吾意氣絕
之後斂以時服前後三娶合葬非之
事抑又非古且汝次母先在舊塋墳地父固已
有定別唯汝奴母墓在外耳可遷入兆域依班
而定行於五基之後如此足矣不湏祔合當順
吾心勿令吾有遺恨永熙二年春卒于洛陽孝
義里舍時年六十三贈儀同三司定州刺史諡
曰文靜二子收袆收字伯起小字佛助年十五
頗已屬文及隨父赴邊值四方多難好習騎射
欲以武藝自達榮陽鄭伯調之曰魏郎弄戟
少收慨然遂折節讀書夏月坐板牀隨樹陰諷誦
積年牀板為之銳減而精力不輟以文華顯初
以父功除太學博士及尒朱榮於河陰澄汰朝
士收亦在圍中以日晏獲免吏部尚書李神儁
重收于學奏授司徒記室參軍永安三年除北

主客郎中前廢帝立妙簡近侍詔試收爲封禪
書收下筆便就不立草藁文將千言所改無
幾時黃門郎賈思同侍立深奇之帝曰雖七步
之才無以過此遷散騎侍郎尋敕典起居注并
修國史俄兼中書侍郎年二十六出帝初又詔
慎以告之懷忿忌時前廢帝姐令收爲詔懷
登祚赦去朕託體孝文收唯其率直員郎李
齊獻武王入朝熏灼於世收初不詣門懷從
收攝本職文誥填積事咸稱百官黃門郎崔悛從
乃宣言收普泰出入幃幄一日造詔優爲詞
旨然則義旗之士盡爲逆人又收炎老合解官
歸侍南臺將加彌勵賴尚書辛雄盡言於中尉
基傳乃解收有賤生弟仲同先未齒錄因此怖
懼上籍遠鄉扶侍出帝嘗大駭士卒狩於嵩
少之南旬有六日時既寒苦朝野嗟怨帝與從
官皆胡服而騎宮人及諸妃主雜其間奇伎異
飾多非禮度收欲言則畏懼默不能已乃上
南狩賦以諷焉年二十七雖富言淫麗而終歸

三百廿　魏書傳九十二　五

雅正帝手詔報焉甚見襃美鄭伯謂曰卿不遇
老夫猶應遂免齊獻武王固讓天柱大將軍
帝敕收爲詔令遂所請欲加相國間收相國品
秩收以實對帝遂止收既未測主相之意以前
事不安求解詔許爲父之除帝兄子廣平王贊
開府從事中郎收不敢辭乃爲庭竹賦以致
意尋兼中書舍人與濟陰溫子昇河間邢子才
遂以疾固辭而免其舅崔孝芬怪而問之收曰
齊興言號三才時出帝猜忌獻武王內有間隙收
懼有晉陽之甲尋而獻武南上帝西入關收兼
通直散騎常侍副王昕聘蕭衍昕風流文辯收
辭藻富逸行及其聘臣咸加敬異先是南北初
和李諧盧元明首通使命二人才器並爲鄉國
所重至此衍稱曰盧李命世王魏中興未知後
來復何如耳文襄啓收兼散騎常侍修國史武
定二年除正常侍領兼中書侍郎仍修史帝宴
百寮問何故名人日皆莫能知收對曰晉議郎
董勛荅問禮俗云正月一日爲鷄二日爲狗三

三百廿　魏書傳九十二　六

日為豬四日為羊五日為牛六日為馬七日為
人時邢邵亦在側甚而自南北和好書下紙
每去想彼境內寧靜此率土安和蕭衍後使其
書乃去彼字自稱猶著此欲示無外之意收定
報書云想境內清晏今万國安和南人後書依
以為體後獻武入朝靜帝授相國固讓令收為
啓啓成呈上文襄時侍中獻武指收曰此人當
復為崔光四年獻武於西門豹祠宴集謂司馬
子如曰魏收為史官書吾善惡聞北代時諸貴
常飤史官飲食司馬僕射顏曾餉不因共大笑
仍謂收曰卿勿見元康等在吾目下趨走謂吾
以為勤勞我後世身名在卿手勿謂我不知尋
加兼著作郎靜帝曾季秋大射普文襄壯之顧謂
末去尺書徵建鄴折簡召長安文襄令賦詩收詩
人曰在朝今有魏收便是國之光來雅俗文墨
通達縱橫我亦使子十子子昇時有所作至於詞
氣並不及之吾或意有所懷志而不語語而不
盡意有未及及收呈草皆以周悉此亦難有又

魏列傳九二 七

敕兼主客郎接蕭衍使謝琎陵侯景餞臺
城衍鄴陽王範時為合州刺史文襄敕收以書
喻之範得書乃率部伍西上、州刺史崔聖念
入據其城文襄謂收曰今定一州卿有其力猶
恨尺書徵建鄴未效耳文襄朋文宣如晉陽令
與黃門郎崔季舒高德正吏部郎中尉瑾於北
第叅掌機密轉秘書監兼著作郎又除定州
大中正時齊將受禪楊愔奏收置之別館令撰
禪代詔冊諸文遣徐之才守門不聽出天保元
年除中書令仍兼著作郎封富平縣子二年愍
詔撰魏史除魏尹故優以祿力專在史閣不知
郡事初帝令羣臣各言志收曰臣願得直筆東
觀早出魏書故帝使收專其任又詔平原王高
隆之揔監之隆之署名而已帝敕收曰好直筆
我終不作魏太武誅史官始魏初鄧淵撰代記
十餘卷其後崔浩典史游雅高允程駿續撰代
光李彪之世續其業浩為編年體彪始分作紀
表志傳書猶未出世宗時命邢巒追撰高祖起

魏列傳九二 八 廣

二百卌五

居注書至太和十四年又命崔鴻王遵業補續
焉下詔蕭宗事甚委悉濟陰王暉業撰辨
宗室錄三十卷收於是與通直常侍房延
祐司空司馬辛元植國子博士刁柔裴昂
之尚書郎高孝幹傳揔斟酌以成魏書辨定
名稱隨條甄舉又搜採亡遺續後事備一
代史籍表而上聞勒成一代大典凡十二紀九
十二列傳合一百二十卷五年三月奏上之秋
除梁州刺史收以志未成奏請終業許之十
一月復奏十志天象四卷地形三卷律歷二卷
禮樂四卷食貨一卷刑罰一卷靈徵二卷官
氏二卷釋老一卷凡二十卷續芥紀傳合一
百三十卷分為十二帙其史三十五例二十五
序九十四論前後二表一啓焉

魏收傳第九十二

魏書一百四

九

臣收等啓昔子長命世偉才孟堅冠時特秀蘊
章前詰裁勒墳史紀傳之間申以書志緒言綜
迹可得而聞叔峻刪緝後劉紹統削撰季漢十
志實範遷固表蓋關焉曹氏一代之籍了無具
録自永嘉喪尼中原淆然偏偽小書殆無可取
聽間有小道俗言要奇好異考之雅舊咸非實
體典午終世之筆罕云周洽假復事播四夷盜
魏有天下跨蹤前載順未克讓善始令終陛下

三十五　魏志一　一　文

極聖窮神奉天屈已顧眄百王指掌萬世深存
有魏撫運之業永念神州人倫之緒臣等肅奉
明詔刊著魏籍編紀次傳備聞天旨竊謂志之
爲用網羅遺逸載紀不可附傳非宜理切必在
甄明事重尤應標著搜獵上下惣括代終置之
衆篇之後一統天人之迹心未識輒在於此是
以晚始撰録彌歷炎涼採舊增新今乃斷筆
時移世易撰理不刻舩登閣含毫論叙殊致河溝
往時之切釋老當今之重藝文前志可尋官氏

魏代之急去彼取此敢率愚心謹成十志二十
卷請續於傳末并前例目合二百三十一卷臣
等謹官秉筆迄無可採塵旒晃憒深冰谷
謹啓
十一月持節都督梁州諸軍事驃騎將軍梁州
刺史前著作郎富平縣開國子臣魏收啓
平南將軍司空司馬修國子博士修史臣辛元植
冠軍將軍國子博士修史臣刁柔
陵江將軍尚書左丞郎中修史臣高孝幹

三十八　魏書志一　二　孫

前西河太守修史臣綦母懷文

魏書一百五

天象志一第一

天象志一　第一　　魏書一百五

夫在天成象是觀日月五星象之著者變
常舜度徵咎隨為然則明晦量蝕疾餘犯守飛
流欻起彗孛達於天路易稱天垂象見吉凶觀
王化有虧感彗字不恒或皇靈降臨示譴以戒下或
乎天文以察時變書曰歷象日月星辰敬授民
時是故有國有家者之所袛畏也百王興廢之
驗萬國禍福之未兆勤雖微固不必至著於前

載不可得而備舉也班史以日暈五星之屬列
天文志薄蝕彗孛之此入五行說七曜一也而
分爲二志故陸機云學者所疑也今以在天諸
異咸入天象其應徵符合隨而條載無所顯驗
則闕之云

太祖天興五年八月天鳴

六年九月天鳴

皇始二年十月壬辰日暈有佩璚占曰兵起天

興元年九月烏丸張超收合亡命聚黨三千餘
家據勃海之南及自號征東大將軍烏丸王鈔
掠諸郡詔將軍庾岳討之

天興三年六月庚辰朔日有蝕之占曰外國侵
土地分五年五月姚興遣其弟義陽公平率衆
四万來侵平陽乾壁爲平所陷

六年四月癸巳朔日有蝕之占曰兵稍出十月
太祖詔將軍伊謂率騎二万此龍蓁高車大破之

天賜五年七月戊戌朔日有蝕之占曰后死六
年七月夫人劉氏薨後謚爲宣穆皇后

二十四 三 吳文昌

太宗神瑞二年八月庚辰晦日有蝕之

世祖始光四年六月癸卯朔日有蝕之占曰諸
侯非其人神䴥元年二月司空奚斤監軍侍御
史安頡討赫連昌擒之於安定其餘衆立昌弟
定爲主走遠平涼斤追之爲定所擒將軍丘堆
棄甲與守將高涼王禮東走蒲坂世祖怒斬堆

神䴥元年十一月乙未朔日有蝕之

太延元年正月巳未朔日有蝕之

四年十一月丁卯朔日有蝕之

太平真君元年四月戊午朔日有蝕之

三年八月甲戌晦日有蝕之

六年六月戊子朔日有蝕之占曰有九族夷滅

七年正月戊辰世祖車駕次東雍州庚午圍薛
永宗營壘永宗出戰大敗六軍乘之永宗衆潰
斬永宗男女無少長皆赴汾水而死

七年六月癸未朔日有蝕之占曰不臣欲殺八
年三月河西王沮渠牧犍謀反伏誅

十年夏四月丙申朔日有蝕之

二百八二 四 吳文昌

六月庚寅朔日有蝕之占曰將相誅十一年六
月己亥誅司徒崔浩
十一年十二月辛未日南北有珥
高宗興安元年十一月己夘日出赤如血
二年三月日暈
興光元年七月丙申朔日有蝕之
和平元年九月庚申朔日有蝕之
三年二月壬子朔日有蝕之占曰有白衣之會
六年五月癸夘高宗崩
月誅濟南王慕容白曜
顯祖皇興元年十月己夘朔日有蝕之
二年四月丙子朔日有蝕之占曰將誅四年十
三年十月丁酉朔日有蝕之
人李氏薨後諡思皇后
十月癸酉朔日有蝕之占曰算右后有憂三年夫
高祖延興元年十二月癸夘日有蝕之占曰有
兵二年正月乙夘統萬鎮胡民相率北叛遣寧
南將軍交阯公韓拔等滅之

三年十二月癸夘朔日有蝕之
四年正月癸酉朔日有蝕之占曰有崩主天下
改服有大臣死五年十二月己丑征北大將軍
城陽王壽薨六年六月辛未顯祖崩
七月丙寅日有背珥
承明元年三月辛夘日暈五重有二珥
五年正月丁酉白虹貫日直珥
太和元年冬十月辛亥朔日有蝕之
二年正月辛亥日暈東西有珥
遠三年四月正月癸夘逃陽羌叛袍罕鎮將討
二月乙酉晦日有蝕之占曰有欲反者近三月
平之
九月乙巳朔日有蝕之占曰東郡發兵四年十
月丁未蘭陵民桓富殺其縣令與昌慮桓和北
連太山羣盜張和顏等聚黨保五固推司馬朗
之為主詔淮陽王尉元等討之
三年春正月癸丑日暈東西有珥有佩戟一重
比有僵戟四重後有白氣貫日珥狀如車輪京

師不見雍州以聞

三月癸卯朔日有蝕之占曰大臣誅四月雍州
刺史宜都王目辰有罪賜死

四年正月辛酉日東西有珥比有佩日暈貫兩
珥

六月庚申朔日有蝕之

氣長三丈許內黃中青外白暈乍成散乃滅

一丈廣二尺許日比有連環暈又貫珥內復有直

五年正月庚辰日暈東西有珥南比並白氣長

八年正月戊寅有白氣貫日占曰近臣亂十年

三月丁亥中散梁衆保等謀反伏誅

七年十二月乙巳朔日有蝕之

十一年十一月丁亥日失色

十二年三月戊申白虹貫日

十三年二月乙亥朔日十五分蝕八占曰有白

衣之會十月己未安豐王猛薨

十四年二月己巳朔未時雲氣班駁日十五分

蝕□占曰有白衣交人會九月癸丑文明太皇太

后馮氏崩

十五年正月癸亥晦日有蝕之占曰王者將兵
天下擾動十七年六月丙戌高祖南代

十七年六月庚辰朔日有蝕之

十八年五月甲戌朔日有蝕之

二十年九月庚寅晦日有蝕之

二十三年六月己卯日中有黑氣占曰內有逆
謀八月癸亥南徐州刺史沈陵南叛

十二月甲申日中有黑氣大如桃

世宗景明元年正月辛丑朔日有蝕之

二年四月癸酉日自午及未再暈內黃外白

七月癸巳朔日有蝕之

七月己亥朔日有蝕之

八月戊辰日赤無光中有黑子一

三年正月乙巳日中有黑氣如鵝子申酉復見

又有二黑氣橫貫日

二月辛卯日中有黑氣大如鵝子

七月丁巳朔日有蝕之

正始元年十二月丙戌黑氣貫日

壬子日有冠珥內黃外青占曰天下喜三年正

月丁卯皇子生大赦天下

三年二月甲辰日左右有珥內赤外黃

辛亥日暈外白內黃

十月乙巳日赤無光

十二月乙卯日暈內黃外青東西有珥內黃暈

巳時白虹貫日

永平元年三月己酉日南北有珥外青內黃暈

二九八　【魏書志二】　九　外

不匝西北有直氣長尺餘北有白虹貫日

八月壬子朔日有蝕之

二年八月丙午朔日有蝕之

丁卯旦日旁有黑氣形如月從東南來衝日如

此者一辰乃滅

三年二月甲子日中有黑氣二

十二月乙未日交暈中赤外黃東西有珥南北

四年十一月癸卯日中有黑氣二大如桃占曰

白暈貫日皆匝

天子崩延昌四年正月丁巳世宗昇遐

十二月壬戌朔日有蝕之在牛十四度占曰其國

叛兵發延昌二年正月庚辰蕭衍郁洲民徐玄

明等斬送衍鎮北將軍青冀二州刺史張稷首

以州內附

延昌元年二月甲戌至于辛巳日初出及將沒

赤白無光明

五月己未晦日十五分蝕九占曰大旱民流千

里二年春京師民飢死者數萬口

二九七　【魏書志一】　十　外

二年閏月辛亥日中有黑氣占曰內有逆謀三

年十一月丁巳幽州沙門劉僧紹聚眾及自號

淨居國明法王州郡捕斬之

五月甲寅朔日有蝕之京師不見恒州以聞

三年三月庚申日交暈其色內赤黃外青白南

北有佩可長二丈許內赤黃外青白西有白暈

貫日又日東有一抱長二丈許內赤黃外青

肅宗熙平元年三月戊辰朔日有蝕之

丁丑日出無光至于酉時占曰兵起神龜元年

正月秦州羌反三月己酉東益州氏反七月河

州民劫鐵忽聚衆反自稱水池王

四月甲辰夘時日暈市西有一背內赤外黃南

比有珥內赤外黃漸滅

十二月己酉日暈比有一抱內赤外白兩傍有

珥比有白虹貫日

神龜元年三月丁丑白虹貫日占曰天下有來

臣之衆不三年十月乙酉蠕蠕莫緣梁賀侯

豆率男女七百口來降

二年正月辛巳朔日有蝕之

正光元年正月乙亥朔日有蝕之占曰有大臣

亡七月丙子殺太傅領太尉清河王懌

二年五月丁酉日有蝕之夏州以聞

三年正月甲寅日交暈內赤外青有白虹貫暈

外有直氣長二丈許內赤外青

五月壬辰朔日有蝕之占曰秦邦不臣五年六

月秦州城人莫折大提據城反自稱秦王

十月己巳太史奏自入月己來黃埃掩日日出

三丈色赤如赭無光曜

十一月己丑朔日有蝕之占曰有小兵在西北

四年二月己夘蠕蠕主阿那瓌率衆犯塞

四年十一月癸未朔日有蝕之

五年閏月乙酉日暈內赤外青南有珥上有一

抱兩背內赤外青

三月丁夘日暈三重外青內赤占曰有謀其主

孝昌元年正月庚申徐州刺史元法僧據城反

自稱宋王

十二月丙申日暈南比有珥上有兩抱背

孝昌元年十二月丙戌白虹刺日不過虹中有

一背占曰有臣背其主一曰有反城二年九月

己夘東豫州刺史元慶和據城南叛

三年十一月戊寅時日暈東面不合其色內

赤外黃東西有珥內赤外黃西北去暈一尺餘

有一背長二丈餘廣三尺許內赤外黃

莊帝永安二年三月甲戌未時日暈三重內黃

赤外青日暈東西兩廂不合其狀如抱

五月辛酉日暈東西兩珥不合

辛未申時日南有珥去一尺餘有一背長三丈

許廣五尺餘內赤外青

七月丙寅直東去日三尺許有一背長二丈餘

內赤外青半食頃從比頭漸滅至平須臾還如

初見內赤外青甚色分炳

十月乙酉朔日從地下蝕出十五分蝕七㢠從

西南角起占曰西夷欲殺後有大兵必西行三

年四月丁卯雍州刺史仐朱天光討擒万俟醜

【魏書志】二 十三 凌

奴蕭寶寅於安定送京師斬之

三年五月戊辰時日暈帀內赤外白暈內有

兩珥西有白虹貫日東比有一背內赤外青南

有一背內赤外青東有一抱內青外赤京師不

見青州表聞

六月辛丑日暈白虹貫日

前廢帝普泰元年三月丁亥日月並赤赭色天

地溷濁

六月巳亥朔日蝕從西南角起雲陰不見定相

二州表聞占曰主弱小人持政時仐朱世隆兄

弟專擅威福

後廢帝中興二年二月辛丑辰時日暈東西不

合其色內赤外青南比有珥西去暈一尺餘

有一背長二丈許可廣三尺內赤外青

十一月日暈再重上有背長三丈餘內青外赤

出帝太昌元年五月日暈再重上有兩背一尺

【魏書志】一 十四 元

許

癸丑午時日南有珥去日一尺餘有一背長三

丈許廣五尺內赤外青

十月辛酉朔日從地下蝕出㢠從西南角起占

曰有兵大行永熙二年正月甲午齊獻武王自

晉陽出討仐朱兆丁酉大破之於赤洪嶺兆遁

走自殺

永熙二年四月巳未朔日有蝕之在丙㢠從正

南起占曰君陰謀三年五月辛卯出帝為斛斯

椿等諸侯關構猜於齊獻武王託討蕭衍威脅

徵發河南諸州之兵天下怪惡之語在斛斯椿

三年四月癸丑日有蝕之占曰有亂殺天子者

七月丁未出帝為斛斯椿等迫脅遂出於長安

孝靜三象元年春正月辛丑朔日有蝕之占曰

大臣死六月辛卯司徒公高敖曹戰歿於河陰

十一月己巳辰時日暈南面不合東西有珥背

六月己丑日暈一重有兩珥上有背長二丈餘

有白虹至珥不徹

二年二月己巳時日暈帀白虹貫日不徹

興和二年閏月丁丑朔日有蝕之占曰有小兵

七月癸巳元寶炬廣豫二州行臺趙繼宗南青

州刺史崔康寇陽翟鎮將擊走之

武定三年冬十一月壬申日暈兩重東南角不

合西南北有珥西北有兩重背東北西北有

白氣并有兩珥中間有一白氣東西橫至珥

十二月乙酉旦竟天微有白雲日暈東南角不合

西南東北有珥西北有一背去日一尺

五年正月己亥朔日有蝕之從西南角起占曰

傳

不有崩喪必有臣亡天下改服丙午齊獻武王

薨

三月辛丑日暈帀西北亦交暈貫日并有一珥一

抱

六年七月庚寅朔日有蝕之虧從西北角起

天象志一第一　　　　　魏書一百五

太祖皇始二年六月庚戌月掩太白在端門外
占曰國受兵九月慕容賀驎率二万餘人出寇
新巿十月太祖破之於義臺塢斬首九千餘級

天興元年十一月丑月犯東上相

二年五月辛酉月掩東上相

二十八　觀書志二　二二

三年三月乙丑月犯鎮星在牽牛

亥皇子聰薨

八月壬辰月犯牽牛占曰國有憂三年二月丁

七月巳未月犯鎮星在牽牛

辛酉月犯哭星

四年三月甲子月生齒占曰有賊旦五年十一
月秀容胡帥前平原太守劉曜聚衆為盜遣騎
誅之

辛酉月犯天關

七月丁卯月犯天關

十月甲子月犯東次相

五年四月辛丑月掩辰星在東井

五月丙申月犯太微

七月巳亥月犯歲星在左角

十月戊申月暈左角時帝討姚興弟平於乾壁
克之大史令晁崇奏角蟲死上慮牛疫乃命
諸軍併重然軍丙戌車駕比引牛大疫死者十
八九官車所駕巨犗數百同日斃於路側首尾
相屬麋鹿亦多死

乙卯月犯大微占曰貴人憂六年七月鎮西大
將軍司隸校尉毗陵王順有罪以王還第

十一月庚申月與太白同入羽林

二十九　魏書志二　二三

六年正月壬月掩氐二星

六月甲辰月掩比斗魁第四星

十月乙巳月犯軒轅第四星

十一月辛巳月犯熒惑

天賜元年二月甲辰月掩歲星在角占曰天下
兵起一年四月蠕蠕冠邊夜召兵將旦賊走乃
罷

四月甲午月掩軒轅第四星占曰女主惡之六
年七月夫人劉氏薨後謚宣穆皇后

五月壬申月掩斗魁第二星

二年三月壬辰月掩左執法

丁酉月掩心前星

四月己卯月犯鎮星在東壁占曰貴人死四年

五月常山王遵有罪賜死

七月己未月掩鎮星

八月丁巳月犯斗第一星占曰大臣憂三年七月

太尉穆崇薨

十月丁巳月掩鎮星在營室

月誅定陵公和跋

三年二月己丑月犯心後星

四月癸丑月犯太微西上將

己未月犯房南第二星占曰將相有憂四年五

五月癸未月犯左角占曰左將軍死六年三月

左將軍曲陽侯元素延死

十二月丙午月掩太白在危

四年二月庚申月掩心後星

五年五月丁未月掩斗第二星占曰大人憂六

魏書志二　三　金

年十月戊辰太祖崩

太宗永興元年二月甲子月犯昴占曰胡不安

天子破匈奴社崙社崙

二年五月太宗討蠕蠕

逃走

二年三月丁卯月掩房南第二星又掩斗第五

閏月丁酉月犯昴

九月壬寅月犯昴

星

五月甲子月掩斗第五星

己亥月掩昴

六月己丑月犯房南第二星

七月乙亥月犯輿鬼

八月甲申月犯心前星

三年六月庚子月犯歲星在畢占曰有邊在五

年四月上黨民勞聰士臻羣聚為盜殺太守令

長相率外奔

八月乙未月犯歲星在參

四年春正月壬戌月行畢蝕歲星

魏書志二　四一　金

癸亥月掩房北第二星

閏月庚申月行昴犯熒惑

七月月蝕熒惑

八月戊申月犯泣星

十月辛亥月掩天關占曰有兵五年六月濩澤
民劉逸自號征東將軍三巴王署置官屬攻逼
建興郡元城侯元屈等討平之

五年三月戊辰月行參犯太白

四月癸卯月暈翼軫角

七月庚午月掩鈎鈐占曰喉舌臣憂五年三月
散騎常侍王洛兒卒

分庚申月犯太白占曰憂兵神瑞元年二月
赫連屈丐入寇河東殺掠吏民三城護軍張昌
等要擊走之

九月巳丑月犯左角占曰天下有兵神瑞元年
十二月蠕蠕犯塞

十月乙巳月犯畢占曰貴人有死者泰常元年
三月長樂王處文薨

十一月丙戌月蝕房第一星

十二月甲辰月三暈東井

神瑞元年正月丁卯月犯畢占曰貴人有死者

泰常元年四月庚申河間王脩薨

二月戊申月蝕房第一星

三月壬申月蝕左角

五月壬寅月犯牽牛南星

六月丙申月掩氐

七月庚辰月犯天關

八月丁酉月蝕牽牛中大星

己酉月犯西咸占曰有陰謀神瑞二年三月河
西飢胡屯聚上黨推白亞栗斯為盟主號大單
于稱平元年四月詔將軍公孫表等五將討
之

二年三月丁巳月入畢占曰天下兵起泰常元
年三月常山民霍季自言名載圖讖持一黑石
以為天賜王印誑惑聚黨入山為盜州郡捕斬
之

四月己卯月犯畢陽星

七月辛丑月犯畢占曰貴人有死者泰常元年

十二月南陽王良薨

八月壬子月犯氐

十月甲子月暈畢

十一月月暈軒轅

戊午月犯畢陽星

泰常元年五月甲申月犯歲星在角

六月己巳月犯畢占曰貴人死二年十月豫章

王葵薨

七月月犯牛

十月丙戌月入畢占曰有邊兵二年二月司馬

德宗譙王司馬文思自江東遣使詣闕上書請

軍討劉裕太宗詔司徒長孫嵩率諸將邀擊之

二年五月丙子月犯軒轅

八月己酉月犯牽牛占曰其地有憂三年司馬

德宗死

丁卯月犯太微

十一月癸未月犯東井帝轅西頭第一星占曰

諸侯貴人死一日有水三年八月鴈門河內大

兩水復其租稅五年三月南陽王意文薨

二年正月戊申月犯輿鬼積尸酉月犯軒轅

爝星占曰女主有憂五年六月丁卯貴嬪杜氏

薨後謚密皇后

四月壬申月犯鎮星在張

五月癸亥月犯太白於東井

七月丁巳月犯東井

九月丙寅月犯熒惑在張翼

十一月庚申月犯太白在斗

十二月庚辰月犯熒惑於太微

四年正月丙午月犯太微

三月壬寅月犯太微

五月丙申月犯太微占曰人君憂八年十一月

太宗崩

十二月丁巳月犯太白入羽林

五年十一月辛亥月蝕熒惑在元占曰韓鄭地

大敗八年九月劉義義行頴川太守李子元德竊
入許昌太宗詔交趾侯周幾擊之元德遁走

六年二月乙亥月蝕南斗杓星

五月丙辰月暈在角亢

七年正月丁卯月犯南斗占曰大臣憂三月河
南王曜薨

三月壬戌月犯南斗

五月丙午月犯軒轅

六月辛巳月犯房占曰將相有憂八年六月巳
亥太尉宜都公穆觀薨

世祖始光元年正月壬午日犯心中央大星

二年三月丙子月犯熒惑在虛

十二月丁酉月犯軒轅

神麚三年夏四月壬戌月犯軒轅

六月月犯歲星

四年十月丙辰月掩天關占曰有兵延和元年
七月世祖討馮文通於和龍

十二月月犯房鈎鈐

延和元年三月月犯軒轅

四月月犯左角占曰天下有兵二年二月征西
將軍金崖與安定鎮將延普及涇州刺史狄子
玉為權舉兵攻普不克退保胡空谷驅掠平民
據險自固世祖詔平西將軍安定鎮將陸侯討
獲之

五月月犯軒轅掩南斗第六星

七月丙午月蝕左角

三年二月庚午月犯畢口而出月暈昴五車
及參占曰貴人死五月甲子陰平王求薨

閏月巳丑月入東井犯太白占曰憂兵七月辛巳
世祖行幸隰城命諸軍討山胡討于西河克
之太延元年五月壬子月犯右執法占曰執法
有憂十月尚書左僕射安原謀反伏誅

十月丙午月犯右執法

二年正月庚午月犯熒惑占曰貴人死三年正
月癸未征東大將軍中山王纂薨

二月月犯太微東蕃第一星

三月癸亥月犯太微右執法又犯上相占曰將
相有免者真君二年三月庚戌新興王俊略陽
王羯兒有罪並黜為公
三年正月月犯東井占曰將相死戊子太尉北
平王長孫嵩薨乙巳鎮南大將軍丹陽王叔孫
建薨

四年四月巳卯月犯氐
十一月戊戌月掩太白
九月丙申月暈太微
十一月丁未月犯東井占曰將軍死真君二年
九月戊戌撫軍大將軍永昌王健薨
五年六月甲午朔月見西方
七月月掩鎮星
真君元年十二月月犯太微
二年六月壬子朔月見西方
三年三月癸未月犯太白占曰憂兵四年正月
征西將軍皮豹子等大破劉義隆將於樂鄉擒
其將王奐之王長卿等

五年五月甲辰月犯心後星
六年四月月犯心占曰有亡國是月征西大將
軍高涼王那討吐谷渾慕利延於陰平軍到曼
頭城慕利延驅其部落西渡流沙那急追之故
西秦王慕璝世子被襄逆軍距戰那擊破之慕
利延遂西入于闐

七年八月癸卯月犯熒惑又犯軒轅
八年正月庚午月犯心大星
十一月月犯軒轅
九年正月月犯歲星
十一年正月甲子月入羽林
正平元年正月月入羽林
高宗太安四年正月已未月入太微犯西蕃
三月月犯五諸侯
六月朔月生西方
八月月入南斗
九月月犯軒轅
十二月月犯氐

五年正月月掩軒轅又掩氏東南星

六月月犯心前星

十二月月犯左執法占曰大臣有憂和平二年

四月侍中征東大將軍河東王閭毗薨

和平元年正月丁未月入南斗

三月掩軒轅占曰女主惡之四月保皇太后

常氏崩

六月戊子月犯心前星

二年正月月犯心後星

九月月犯大星

三年三月壬寅月犯心後星

八月月犯哭星

四年四月月掩軒轅女御星

五年二月甲申月入南斗魁中犯第三星

三月庚子月入輿鬼積尸

六年七月月犯心前星

九月月犯軒轅右角

顯祖天安元年六月甲辰月犯東井

十月癸巳月掩東井

皇興元年正月丙辰月犯東井氏軒轅東頭第三

星

八月辛酉月蝕東井南軒轅第二星占曰有將死

三年正月司空平昌公和其奴薨

十月癸巳月在參蝕

二年四月丙辰月犯牽牛中星

三年十二月乙酉月犯氏

五年七月辛巳月犯東井

高祖延興元年十月庚子月入畢口占曰有赦

二年正月乙卯曲赦京師及河西南至秦涇西

至抱罕北至涼州及諸鎮

已統萬鎮將河間王閭虎皮坐貪殘賜死

二年正月壬戌月犯畢占曰天子用法九月辛

閏月丙子月犯東井占曰有水是年以州鎮十

一水旱免民田租開倉賑恤

庚子月犯東井比轅

不出三年承明元年二月司空東郡王陸定國

坐事免官爵

十二月戊午月蝕在七星京師不見統萬鎮以

聞

月城陽王長壽薨

四年正月巳卯月犯畢占曰貴人死五年十二

二月癸丑月犯軒轅

甲寅月犯歲星占曰飢太和元年正月雲中飢

詔開倉賑恤

二典 甲戌 ［魏書志二］ 十五 朱番

九月乙卯月犯右執法占曰大臣有憂承明元

年六月大司馬大將軍安成王萬安國坐矯詔

殺部長㸑買如於苑中賜死

五年三月甲戌月掩鎮星

八月乙亥月掩畢占曰有邊兵太和元年正月

秦州略陽民王元壽聚眾五千餘家自號為衝

天王三月詔秦益二州刺史武都公尉洛侯討

破元壽獲其妻子送京師

十一月癸卯月入軒轅中蝕第三星

承明元年四月甲戌月蝕尾

太和元年二月壬戌月在井暈參南北河五車

二星三柱熒惑

三月甲午月犯太微

戊辰月蝕尾下入濁氣不見

五月丁亥月犯軒轅大星

丙午月入太微

八月庚申月入南斗犯第三星

二典 ［魏書志二］ 十六 此

戊寅月入太微犯屏南星

十月乙丑月蝕昴京師不見雍州以聞占曰貴

臣誅是月誅徐州刺史李訢

十二月癸卯月犯南斗

二年六月庚辰月犯太微東蕃南頭第一星京

師不見定州以聞

甲申月犯房又犯太微

八月壬午月入南斗占曰大臣誅十二月誅南

郡王李惠

九月庚申陰雲開合月在昴蝕

十月戊戌月入南斗口中占曰大臣誅三年四
月雍州刺史宜都王目辰有罪賜死

十月甲子月犯鎮星

十二月戊戌月入南斗口中

三年正月壬子月暈婁胃參兩肩五車五星畢東
井占曰有赦十月大赦天下

二月庚寅月犯心

乙卯月入南斗口中

三月庚戌月入南斗口中占曰大臣誅九月定
州刺史安樂王長樂有罪徵詣京師賜死

七月癸未月犯心

十月月犯心

十二月丙戌月犯太微左執法占曰大臣有憂

四年正月襄城王韓頹有罪削爵徙邊

四年正月丁未月在畢暈參兩肩五車東井

丁巳月犯心占曰人伐其主五年二月沙門法
秀謀反伏誅

戊午月又犯心

二月巳卯月犯軒轅北第二星

辛巳月犯太微左執法占曰大臣有憂閏月頓
立王李鍾葵有罪賜死

辛巳月犯太微西蕃南頭第一星

壬午月蝕

乙酉月掩熒惑

五年二月癸卯月犯太微西蕃南頭第一星

二月甲辰月在翼暈東南不市須史西比有偏
白暈侵五車二星東井比河比河與鬼柳比斗
紫微宮攝提翼星

戊戌月犯心京師不見濟州以聞

七月戊寅月犯昴占曰有白衣之會六年正月

任城王雲薨

六年正月癸亥月在畢暈參兩肩五車三星胃
昴畢京師不見營州以聞

巳巳月在張犯軒轅大星

辛未月蝕

五月戊申月入南斗口中

戊寅月犯昴

七月丁夘月蝕

十一月辛亥朔月寅見東方京師不見平州以
聞

七年五月辛夘月犯南斗

八年正月辛巳月在畢暈東井歲星距角參兩肩
五車

三月己丑月犯心

四月丁亥月蝕斗

癸亥月犯昴相州以聞占曰有白衣之會十一
年五月南平王渾薨

五月丁亥月在斗蝕盡占曰飢十二月詔以州
鎮十五水旱民飢遣使者循行問所疾苦開倉
賑恤

九年正月丁丑月在參暈此兩肩東井北河
五車三星占曰水是年冀定數州水民有賣男
女者

戊申月犯東井占曰貴人死一曰有水十月侍

十九　　五　　二

中司徒魏郡王陳建薨是年京師及州鎮十二

水旱傷稼

四月丁未月犯心

十一月戊寅月蝕

十年十一月辛亥月犯房

十一年正月丙午月犯房鈎鈐

二月癸亥月犯東井

三月丙申月三暈大微

庚子月蝕氐占曰耀貴是年年穀不登聽民出
關就食開倉賑恤

六月乙丑月蝕斗

丙寅月犯建星

七月丁未月入東井

八月己巳月蝕胃占曰有兵是月蠕蠕犯塞遣
平原王陸叡討之

九月戊戌陰雲離合月在胃蝕

十月乙巳月入氐

十二月戊午月及熒惑合於東壁

大一八十　　二十　　五三

甲子月入東井犯天關

十二年正月戊戌月犯左角

二月壬戌月暈太微

丁卯月犯氐

四月癸丑月犯東井占曰將死九月司徒淮南

王他薨

壬戌月犯氐與歲星同在氐

癸亥月犯房

六月丁巳月入氐犯歲星

七月乙酉月犯房

庚寅月犯牽牛

庚子月犯畢

九月月蝕盡

十一月己未月入東井

丙寅月犯左角占曰天下有兵十三年正月蕭

晴遣衆寇邊淮陽太守王僧儁擊走之

十二月甲申月犯畢

乙未月犯氐

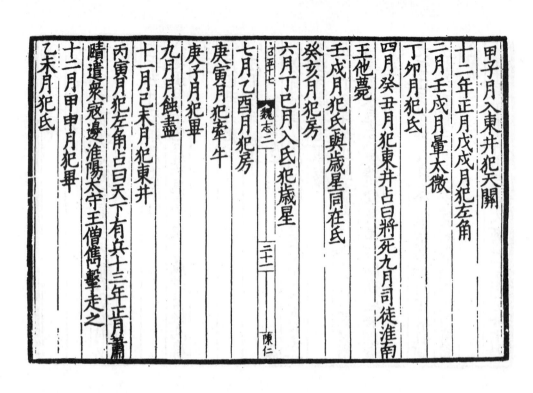

丙申月犯房

十三年正月甲寅月入東井

壬戌月掩牽牛

二月己丑月在角十五分蝕七

三月庚申月犯歲星

四月丙戌月犯房

乙未月犯畢占曰貴人死十二月司空河東王

六月乙酉月掩牽牛

苟頽薨

七月丁未月入氐

戊申月犯楗閉

八月丙戌天有微雲月在未蝕占曰有兵十四

年四月地豆于頻犯塞詔征西大將軍陽平王

晴擊走之

九月丁巳月掩畢

庚申月入東井

十月乙卯月掩熒惑又掩畢

丁酉月犯楗閉

十二月壬午月入東井

十四年二月甲戌月犯畢

六月甲戌月犯亢

八月乙亥月犯牽牛

辛卯月犯軒轅占曰女主當之九月文明皇太
后馮氏崩

十月壬午月入東井

戊子月犯太微

十一月戊戌月犯鎮星

乙卯月犯太微右執法

十二月庚辰月犯軒轅

十五年正月己酉月在張蝕

癸未月掩太微左執法

三月丙申月掩畢占曰有邊兵十六年八月詔
陽平王賾右僕射陸叡督十二將七方騎北討
蠕蠕

四月庚午月犯軒轅

癸酉月犯太微東藩上將占曰貴人憂六月濟

魏書志二　二十三　陳仁

陰王樹鬱以貪殘賜死

癸未月犯歲星

五月庚子月掩太微左執法占曰大臣憂十七
年二月南平王霄薨

丁未月掩建星

七月乙未月犯太微東藩

辛丑月掩建星

癸卯月掩牽牛

九月乙丑月犯牽牛占曰大臣有憂十七年蕭
賾死

癸未月入太微犯右執法占曰大臣憂十七年
八月三老山陽郡開國公尉元薨

十月甲午月犯鎮星

戊申月犯軒轅

十一月乙巳月犯畢

辛未月入東井

十二月辛卯月蝕盡

十六年二月甲辰月入氐

魏書志二　二十四　吳文昌

大頁十五小字　大臣疑當　賾死作吳越

三月巳卯月入羽林

四月壬辰月入太微

丙午月入羽林

五月壬子月掩南斗第六星

甲戌月入羽林

六月戊子月犯熒惑占曰貴人死十九年五月

廣川王諧薨

己丑月入太微

丁酉月掩建星

丁未月入畢占曰有邊兵十九年正月平南將

軍王肅煩破蕭衍軍於義陽降者萬餘

七月甲戌月入畢

丁丑月犯軒轅

八月壬辰月犯建星

壬寅月犯畢

甲辰月入東井

戊申月犯軒轅占曰女主當之二十年十月廢

皇右馮氏

辛亥月入太微犯右執法

九月癸亥月掩鎮星

十月辛卯月入羽林

癸亥月入東井

十一月甲子月犯畢

壬申月入太微

丁丑月入氐

七年八月己丑車駕發京師南伐步騎三十餘

十二月丁酉月在柳蝕占曰國有大事兵起十

萬

十七年正月己丑月犯軒轅

壬申月犯氐

三月甲午月入太微

壬寅月掩南斗第六星

四月癸丑月入太微占曰大臣死十九年二月

辛酉司徒馮誕薨

壬寅月入羽林

五月甲子月犯南斗第六星

乙丑月掩建星

六月甲午月在女蝕占曰旱二十年以南北州

郡旱遣侍臣循察開倉賑恤

七月壬子月入太微占曰有反臣二十年二月

恒州刺史穆泰謀反伏誅多所連及

丙辰月入氐

癸未月犯南斗第六星

庚申月犯建星

八月庚寅月犯哭星

辛卯月入羽林

丁酉月入畢占曰兵起十九年二月車駕南伐

鍾離

辛丑月犯輿鬼

乙巳月入太微犯屏星

十月壬午月犯建星

甲午月入東井

十一月壬子月犯哭星

辛酉月犯東井前星

丁卯月入太微占曰大臣死有反臣二十七年

四月大將軍宋王劉昶薨廣州刺史薛法護南

叛

壬申月入氐

十二月辛巳月入羽林

乙未月入太微

己亥月入氐

十八年二月甲午月在斗蝕

四月庚申月在斗蝕

六月丁卯月入東井

十九年三月己卯月犯軒轅占曰女主當之

十一月追廢貞皇后林氏為庶人

二十年七月辛巳月掩鎮星

十月丙午月在畢蝕

二十一年三月丁酉月犯屏星

四月庚午月掩房星

六月丁卯月掩斗魁

十二月乙亥月掩心

二十二年正月丙申月掩軒轅占曰女主當之

二十三年詔賜皇后馮氏死

二月乙丑月與歲星熒惑合於右掖門內

丁卯月在角蝕占曰天子憂二十三年四月高
祖崩

七月乙酉月掩心

九月庚申月蝕昴

二十三年二月壬戌月在軫蝕

六月癸未月掩房南頭第二星

甲申月掩箕北頭第一星

八月月在壁蝕子巳上

十一月癸丑月在畢暈昴觜參五車

十二月己卯月掩昴

辛巳月掩五車

世宗景明元年正月丙辰月在翼蝕十五分蝕
三

十二月癸未月暈太微既而有白氣長二匹廣
二尺許南至七星俄而月復暈比斗大角

丁亥月暈角亢房

二年正月甲辰月暈井觜參兩肩曰五車占曰
貴人死大赦二月甲戌大赦天下五月壬子廣
陵王羽薨死

二月丙子月掩軒轅大星占曰女主憂正始四
年十月皇后于氏崩

癸未月掩房南頭第二星丙戌月入南斗距星
南三尺占曰吳越有憂十二月蕭寶卷直後張
齊玉殺寶卷

五月丙午月暈三星

戊申月掩斗魁第三星

七月辛亥月暈妻丙青外黃轇昴畢天人肛大陵
卷舌奎妻

三年正月甲寅月入斗去魁第二星四寸許占
曰吳越有憂四月蕭衍又發其主寶蝕

四月癸酉月乘房南頭第二星

己亥月暈在角亢氐房心

六月戊戌月掩南斗第二星

八月壬寅月暈外青內黃軒轅昴畢婁胃五車占
曰貴人死乙卯三老元不藭薨
己酉月犯軒轅
十一月己巳月蝕井盞
十二月壬辰月掩昴占曰有白衣之會正始二
年四月城陽王戀鸞薨
乙未月暈參井鎮星占曰兵起四年氐又行梁
州事楊椿左將軍羊社大破之
丙申月掩鎮星又暈

二十五

四年正月庚申月暈胃昴象五車

魏書志二

二月辛亥月掩太白

三十一

三月辛酉月暈軒轅太微西垣帝坐
四月丙申月掩心大星
五月丁卯月在斗從地下蝕出十五分蝕十二
占曰飢正始四年八月敦煌民飢開倉賑恤
六月癸卯月犯昴占曰有白衣之會永平元年
三月皇子昌薨
丁未月掩太白

亥

七月戊午月犯房大星
壬申月犯昴畢觜參東井五車五星占曰旱有
大赦正始元年正月丙寅大赦改年六月詔以
旱徹樂減膳
十二月丁亥月暈昴畢婁胃
己未月暈太微帝坐軒轅
庚子月暈房氐占曰有軍大戰正始元年
荊州刺史楊大眼大破群蠻樊秀安等
正始元年正月乙卯月暈胃昴畢五車二星

魏書志二

丁巳月暈婁胃昴畢

三十二

戊戌月暈五車三星東井南河北河輿鬼鎮星
二月甲申月暈昴畢參左肩五車
年九月司州民飢開倉賑恤
二年九月癸未月在卯十五分蝕十占曰飢四
十一月丙子月暈東西兩珥內赤外青東有白
虹長二丈許四有白虹長一丈北有虹長丈天
餘外赤內青黃虹北有背外赤內青黃
三年正月辛巳月暈太微帝坐軒轅左角貫

星
三月庚辰月在氐蝕盡
十月甲寅月犯太白
永平元年五月丁未月犯畢占曰貴人有死者
九月殺太師彭城王勰
六月巳巳月掩畢
十一月癸酉月犯左執法占曰大臣有憂四年
三月壬戌廣陽王嘉薨
二年正月甲午月在翼十五分蝕十二
十一月丙戌月掩畢大星
三年正月戊子月在張蝕
閏月乙酉月在危蝕
十月壬寅月犯太白
十二月壬午月在張蝕
四年四月癸酉月暈太微軒轅占曰小赦延昌
二年八月諸犯罪者恕死從流已下減降
辛卯月犯太白於胃
八月癸丑月掩輿鬼

陽文王

丁巳月入太微占曰大臣死延昌元年三月巳
未尚書左僕射安樂王詮薨
辛酉月犯太白
十月壬午月失行黃道北犯軒轅大星
甲申月入太微
十一月乙巳月犯畢占曰為邊兵十一月戊申詔
李崇奚康生治兵壽春以討朐山之寇
延昌元年二月庚午月暈東井與鬼軒轅大星
三月辛丑月在翼暈須臾之間再成再散
壬寅月犯太微
乙巳月暈角亢房心鎮歲
九月丁卯月及熒惑俱在七星
十月癸酉月暈東井五車畢參占曰大旱一日
為水二年四月庚子出絹十五万匹賑恤河南
飢民五月壽春水
十二月戊月犯熒惑於太微占曰君死不出
二年正月庚子月暈暈東有連環軒轅亢房
三年四月正月世宗崩

圭

二月已巳月暈熒惑軒轅太微帝座占曰旱六
月乙酉青州民飢詔開倉賑恤
四月丙申月掩鎮星
己亥月在箕從地下蝕出還生三分漸漸而滿
占曰飢三年四月青州民飢開倉賑恤
六月乙巳月犯畢左股占曰為邊兵二年六月
南荊州刺史栢叔興破蕭衍軍於九江
七月戊午月掩鎮星

十月丙申月在參蝕盡占昌軍起三年十月
詔司徒高肇為大將軍率步騎十五萬伐蜀
三年二月乙酉月暈畢昴太白東井五車
四月癸巳月在尾從地下蝕出十五分蝕十四
占曰旱飢熙平元年四月瀛州民飢開倉賑恤
九月丁卯月犯太微屏星
十月壬寅月犯房第二星
十二月丙午月掩熒惑
四年五月庚戌月犯太微占曰貴人憂九月安

三十四　魏書志二　三十五

定王燮薨

九月乙丑月犯太微
十月癸巳月入太微占曰大臣死熙平二年二
月太保領司徒廣平王懷薨
閏月戊午月犯軒轅占曰女主憂之神龜元年
肅宗熙平元年八月己酉月在奎十五分蝕八
九月皇太后高尼崩于瑤光寺
占曰有兵神龜元年三月南秦州氐及遣龍驤
將軍崔襲持節喻之

三百九七　魏書志二　三十六

十二月戊戌月犯歲星
三年二月丁未月在軫蝕
四月癸卯月犯房
八月癸卯月在妻蝕盡
甲辰月暈東井觜參五車占曰大旱一曰水二
年十月庚寅幽冀滄瀛四州大飢開倉賑恤
九月癸酉月犯畢占曰貴人有死者神龜元年
四月丁酉司徒胡國珍薨
十月癸卯月暈昴觜參五車四星

甲辰月暈畢右股觜參五車三星東井占曰天
下飢大赦神龜元年正月幽州大飢死者甚眾
開倉賑恤又大赦天下
十一月戊戌月暈觜參東井
壬子月犯心小星
神龜二年二月丙辰月在參暈畢井觜參右肩歲
星五車四星占曰有相死十二月司徒尚書令
任城王澄薨
八月辛未月犯軒轅

【魏書志二】　三十七　徐

十二月甲寅月在栁十五分蝕十
正光元年正月戊子月犯軒轅大星占曰女主
有憂七月丙子月元又幽靈太后於北宮
十二月甲寅月蝕占曰兵外起二年正月南秦
州氐反二月詔光祿大夫邢虬討之
二年五月丁未月蝕占曰旱飢三年六月帝以
炎旱減膳撤懸
七月乙卯月在昴北三寸
九月庚戌月暈胃昴畢五車二星

辛亥月暈昴畢觜參兩肩五車五星占曰有赦
三年十一月丙午大赦天下
十月辛卯月掩心大星
十一月巳酉月在井蝕
乙卯月犯昴
三年正月甲寅月掩太白京師不見涼州以聞
二月丁卯月掩太微右執法歲星
甲戌月在張暈軒轅太微右執法歲星
四月丁丑月掩心距星

二百三十八　魏書　志二　三十八　火子華

九月丙午月在畢暈昴畢觜參兩肩五車四星
四年正月戊戌月在井暈東井南河轅觜參右
肩一星五車一星
七月己巳月在胃暈婁胃昴畢觜角占曰貴人死
四年十一月丁酉太保出崔光薨
八月乙亥月在畢掩熒惑
五年二月庚寅月在參暈畢觜參兩肩東井熒惑
五車一星占曰兵起六月秦州城人莫折大提
據城又自稱秦王詔雍州刺史元志討之

閏月壬辰月在張暈軒轅大微西蕃占曰天子

發軍自衛孝昌三年正月巳丑詔內外戒嚴將
親出討

癸巳月在翼暈軍大微張翼占曰壬辰多逃走一
日壬卒大聚十月營州城人劉安定就德興友
執刺史本仲遵其部下王惡兒斬安定以降德
興東走自号燕王

八月丙申月在昴暈胃昴五車二星畢觜參

一肩

十二月癸未月在昴暈奎婁胃昴

孝昌元年九月丁巳月蝕

十月丙戌月在畢暈昴畢觜兩肩五車二星

二年八月甲申月在胃昴掩鎮星

閏月癸酉月掩鎮星

三年正月戊辰月犯鎮星於婁稍去七寸許光
芒相友占曰國破期不出三年一日天下有大
喪武泰元年二月癸丑肅宗朋四月庚子尒朱
榮害靈太后及幼主文害王公巳下

癸酉月在井暈觜兩肩癸兩肩南北河五車兩星占
曰有赦七月巳丑大赦天下

武泰元年三月庚申月掩畢大星

庚午月在軫暈太微角

莊帝建義元年七月丙子月在畢掩大星東北五寸

永安元年十一月丙寅月在畢大星東北五寸

許光芒相掩

十二月辛卯月在婁暈奎歲星胃昴

癸巳月掩畢大星

二年三月乙卯月入畢口占曰大兵起壬戌詔
大將軍上黨王天穆盧衆尒獻武王討邢杲

四月巳丑月在翼入太微在屏星西南相去一
尺五寸須更下没

辛卯月在軫暈太微軫角

乙丑月在危

八月乙丑月在畢左股第二星北相去二寸許
光芒相掩須更入畢占曰兵起三年正月辛丑
東徐州城民呂文欣等反殺刺史行臺樂子鸇

討之

十月辛亥月在畢暈畢昴鎮星觜參井五車四

星占曰兵起大赦三年三月万俟醜奴遣其大

行臺尉遲菩薩寇歧州大都督賀拔岳可朱渾

道元大破之四月大赦天下

甲子月在參蝕

十二月月在參蝕

乙丑月熒惑同在軒

丁巳月在畢暈昴畢及鎮星觜參伐五車四星

占曰大赦三年九月大赦天下

乙丑月在軒掩熒惑

月戊申皇子生大赦天下

癸亥月在翼暈軒轅翼太微占曰有赦三年十

辛卯月行太微中暈太微熒惑

三年正月已丑月入太微襲熒惑

壬辰月在軒掩熒惑

四月戊午月暈太微

五月甲申望前月蝕於午洪範傳曰天子微弱

大法失中不能立功成事則月蝕望前時尒朱

榮等擅朝也

六月乙巳月在畢大星北三寸許光芒相掩

八月庚申月入畢口犯左股大星

辛丑月入軒轅后星北夫人南直東過太白犯

次妃占曰人君死又為兵起十二月尒朱兆入

洛執帝殺皇子亂兵汙辱後宮殺司徒公臨淮

王彧

九月庚寅月在參暈昴參井歲鎮二星五車

三星

十月辛亥月暈東壁

十一月辛丑月在太白比中不容指

前廢帝普泰元年正月已丑月在角暈軒角元

亦連璅暈接比斗柄三星大角織女

五月甲申月蝕盡

巳未月犯畢右股第一星相去三寸許光芒相

及又入畢口

十月癸丑月暈昴觜參東井五車三星占曰有

赦是月齊獻武王推立後廢帝大赦天下

後廢帝中興元年十一月甲申月暈

二年四月戊寅月在箕蝕

出帝太昌元年六月癸未月戴珥

九月甲寅月入太微犯屏星

十月丙子月在參蝕

永熙二年十一月乙丑月在畢暈昴觜參兩肩

三年三月戊戌月在元蝕

五車五星

二年　魏志三　四十三

孝靜天平元年十二月庚申月在畢暈昴畢觜

大赦是月戊辰大赦天下

八月庚午月在畢暈昴畢觜尖五車四星占曰

庚五

閏月庚子月掩心中央星

參兩肩五車五星

二年三月暈北斗第二星占曰糴貴兵聚是

月齊獻武王討山胡劉蠡升斬之三年并肆汾

建諸州霜儉

壬申月在婁太白在月南一寸許至明漸漸相

八月已卯月在心去心中央大星西廂七寸許

十一月戊辰月在心掩前小星

三年春正月丁卯月掩軒轅大星

二月丁亥月蝕

八月癸未月蝕

十月丁丑月在熒惑比相去五寸許

四年二月壬申月掩五車東南星

庚辰月連環暈北斗

二十六　魏志二　四十四

八月癸未月掩五車東南星

元象元年三月丁卯月掩軒轅大星

六月癸卯月蝕

十月已亥陰雲班駁月在昴暈胃昴畢占曰大

赦興和元年五月大赦天下

丁未月在翼暈太微軒轅左角軫二星

十一月庚午月在井暈五車一星及東井南比

河占曰有赦興和元年十一月大赦改年

興和元年八月辛丑月在畢暈昴觜參兩肩五

李當

九月丁巳月在斗犯魁第三星相去三寸許光
芒相及
丁卯月掩卯
十二月甲午月蝕
二年八月巳酉月犯心中央大星
三年春正月辛巳月在畢暈東井參兩肩畢西
轅昴五車五星占曰大赦武定元年正月大赦
改元

四月壬辰月蝕
八月丁巳月在胃軍畢歲星昴婁胃五車一星
須更暈缺復成
四年十一月壬午月在七星暈熒惑軒轅太微
帝坐
十二月壬寅月在昴暈卯畢五車兩星占曰有
赦武定二年三月齊獻武王歷冀定二州因入
朝以今春亢旱請蠲懸租賑窮乏死罪巳下一
皆原宥

武定元年三月丙午日蝕
四年正月巳未月蝕軫
六月巳月入畢中
九月癸亥月在翼暈軒轅太微帝坐熒惑占曰
兵起是月北徐州山賊鄭土定自號郎中偷陷
州城儀同解律平討平之
五年正月乙巳月犯畢大星昴東井觜參五車
三星占曰大赦五月丁酉朔大赦天下
庚辰月在張暈軒轅大星太微天庭

七年九月戊午月在斗掩歲星占曰吳越有憂
是歲俟景破建業吳人餓死及流亡者不可勝
數
十一月丁卯月蝕

天象志一第二 魏書一百五

天象志一第三　　魏書一百五

太祖皇始元年夏六月有星彗于髦頭彗所以去穢布新也皇天以黜無道建有德故或憑之以昌或繇之以亡自五胡蹂躪生人力正諸夏百有餘年莫能建經始之謀而底定其命是秋太祖啓冀方之地寔始芟夷滌除之有德教之音人倫之象焉終以錫類長代脩復中朝之舊物故將建元立號而天街彗之蓋其祥也先是有大黃星出于昴畢之分五十餘日慕容氏太

史丞王先曰當有真人起於燕代之閒大兵鏘鏘其鋒不可當冬十一月黃星又見天下莫敵是歲六月木犯哭星木人君也君有哭泣之事是月太后賀氏崩至秋晉帝殂

二年六月庚戌月奄金于端門之外戰祥也變及南宮是謂朝庭有兵時燕王慕容寶已走和龍秋九月其弟賀驎復糾合三万衆寇新市上自擊之大敗燕師于義臺悉定河北而晉桓玄等連衡內侮其朝庭日夕戒嚴是歲正月火犯哭星占有死喪哭泣事秋八月又守井鉞占曰大臣誅十月襄城王題薨明年正月右軍將軍尹國於冀州謀反被誅

天興元年八月戊辰木晝見胃胃趙代墟也天之事歲爲有國之君晝見並明而干陽也天象若曰且有負海君實能自濟其德而行帝王事是月始正封畿定權量肆禮樂頒官秩十二月羣臣上尊號正元日遂禋上帝于南郊由是魏爲北帝而晉氏爲南帝

元年十月至二年五月月再掩東蕃上相相所以蕃輔王室而定君臣位天象若曰今下凌上替而莫之或振將焉用之哉且曰中坐成刑貴

人奪勢是歲桓玄專殺殷仲堪等制上流之衆晉室由是遂卑是歲五月辰星犯軒轅大星占曰女主當之三年三月至七月月再犯鎮星于牽牛又犯哭星爲兵喪女憂或曰月爲彊大之臣鎮所以正綱紀也是爲彊臣有干犯者在吳越既而晉太后李氏殂桓玄擅命江南仍有艱故云

三年三月有星孛于奎歷閣道至紫微西蕃入北斗魁犯太陽守循下台轞南宮履帝坐遂由端門以出奎是封豨剝氣所由生也又鄒徐州之次桓玄國焉劉裕興焉天象若曰君德之不建人之無援且有權其列蕃盜其名器之守而

荐食之者矣又將由其天炗席其帝庭而出號
施令焉至四年二月甲寅有大流星衆多西行
歷牛虛危絕漢津貫太微紫微虛危主靜人牽
牛主農政皆負國之陽國也天象若曰黎元喪
其所食失其所係命卒至流亡矣上不能恤又
將播遷以從之其後晉人有孫恩之難而桓玄
踵之三吳連兵荐飢西奔死亡者萬計竟纂晉
主而流之尋陽既又劫西奔江陵

是歲三月甲子月生齒占

日有賊臣七月丁卯月犯天關關所以制徵封國也月犯之是
為兵起于郊間十月甲子月又犯東蕃上相占同二年既而桓

玄戕金陵殺司馬元顯太傅道子
是歲秀容胡師亦聚衆友伏誅
大二十四
小二十五

五年四月辛丑月掩辰星在東井月為陰國之
兵辰象戰鬬占曰所直野軍大起戰不勝亡地
家臣死冬十月帝代秦師于蒙坑大敗之遂舉
乾壁關中大震其上將軍姚平赴水死

是月戊申
量左角太史

五年三月戊子太白犯五諸侯晝見經天九月
己未又犯進賢太白為彊侯之誠犯五諸侯所

令晁崇秦角熟將死上庸牛疫乃命諸將併車焚車駕
比引牛大疫死者十有八九官車所御巨懈數百同日㢢死路
側首尾相屬纍
鹿亦多死者

以興霸形也是時桓玄擅征伐之柄專殺諸侯
以弱其本朝卒以干君之明而代奪之故皇天
著誠焉若曰夫進賢興功大司馬之官守也而
今自殘之君於何有焉是冬十月客星白若粉
絮出自南宮之西十二月入太微亂氣所由也
以距之之氣而乘粹陽之天庭適足以驅除焉
尒明年竟纂晉室得諸侯而不終

是歲五月丙午

又如之月者太陰臣象太微正陽之庭不當橫行其中是謂朝
庭間隊疆臣不制亦桓玄之誠也又占曰貴人有坐之者明年
七月鎮西大將軍畋陵
王順以罪還第亦是也

大二十四
小二十六

五年七月己亥月犯歲星在鶉火鳥帑南國之
墟也至天賜元年二月甲辰又掩之在角為
外朝而歲星君也天象若曰有彊大之在臣干君
之庭以挾其主而播遷于外是歲桓玄之師敗
績于劉裕玄劫晉帝以奔江陵至五月玄死桓

月掩斗魁第四星五年天賜元年五月壬申又掩斗魁
年八月丁巳犯斗第二星為吳分大人憂將相裁宮中有
自賊者及桓玄伏誅貴臣多戰死者
江南兵革十餘歲乃定故謫見于斗

氏之黨復攻江陵陷之凡再劫天子云先是六年

天賜二年四月己卯月犯鎮星在東壁七月己

未又如之十月丁巳又掩之在室夫奎星所以
造宮廟而鎮司空也占曰土功之事與明年六
月發八部人自五百里內繕脩都城魏於是始
有邑居之制度或曰比宮後庭人主所以庇衞
其身也鎮主后妃之位存亡之基而是時堅冰
之漸著矣故犯又掩冊三焉占曰臣賊君邦大
喪是歲三月丁酉月犯前星二月月犯
心後星四年二月又如之心之心主嫡庶之禮占曰
亂臣犯主儲君失位庶子惡之先是天興六年

魏書志三　五　陳壽作

政后妃執其咎三年五月壬寅熒惑犯氐氐宿
宮也天戒若曰是時蠱惑人主而典內亂之萌
矣亦自我天視而脩省焉及六年七月宣穆后
以彊死太子微行人間既而有清河萬人之難
冬十月至元年四月月再掩軒轅占曰有亂易

二年八月火妃斗亥犯建斗為大人之事建為經綸之始
此天所以建創業君時劉裕且傾晉祚而清河之釁方作矣然
猶不悟至是歲九月火犯哭星其象若曰將以內亂之事焉由是言之皇天所以訓劫殺之主執矣而罕能敷悟以

二年八月甲子熒惑犯少微庚寅犯右執法癸
自悟悲夫

卯犯左執法十一月丙戌太白掩鈎鈐皆南邦
之謫也火象方伯金為彊侯少微以官賢材而
輔南宮之化執法者威令所由行也天象若曰
夫祿去公室所由來漸矣始則奮其賢材以為
其本朝終始以千戈鈇鉞而席其威令焉至三年
十二月丙午月掩太白于危宿四年正月太白
國以戰亡丁未金火皆入羽林者占曰其
書見奎是謂或稱王師而干君明者占曰天下
兵起魯邦受之二月癸亥金火土水聚于奎婁
王之命五月巳丑金盡見于參天意若曰是將
徐魯之分也四神聚謀所以革衰替之政定霸

大三百四十三　魏書志三　六　孫盛

自植攻伐以震其主而代奪之云爾八月辛丑
熒惑犯執法九月遂犯進賢與桓氏同占是時
南燕慕容氏兼有齊魯之墟不務脩德而驟侵
晉淮泗六年四月劉裕以晉師代之大敗燕師
于臨朐進克廣固執慕容超以歸戕諸建康於
是專其兵威荐食藩輔篡奪之形由此而著云

三月月掩左執法三年四月己犯西蕃上將己未犯房次將三年七月太尉穆崇薨四年諛定陵公和跋殺
月火犯房次將三年七月太尉

司空庾岳又四年六月火犯水左翼入月金摶火墮火左執法占
曰大兵在楚執法當之至五年火犯天江占曰水賊作亂六月
金犯上摶又犯左執法其後盧循作亂於上流晉將何無
忌戰死左僕射孟昶仰藥卒劉裕自伐齊奔命僅乃克之

六年六月金火再入太微犯帝座蓬孛客星及
他不可勝紀太史上言且有骨肉之禍更政立
君語在帝紀冬十月太祖崩夫前事之感大即
後事之炎深故帝之季年妖怪特甚

是歲二月至
九月辛丑金犯木枌牽占
曰金犯水干東

太宗永興二年五月已亥月掩昴昴為髡頭之

兵虜君憂是月蟒蠖社崙遁走道死
上自將擊之社崙圍長孫嵩千牛川

六月甲午太白晝見占
曰為不臣七月月犯鬼

占曰亂臣在內明年五月昌
黎王慕容伯兒謀反誅之
摛南斗第五星斗吳分也且曰疆大之臣

是歲三月至秋八月月三

天禄者大人憂之是月乙未太白犯少微晝見
戮社稷之衛而專威令者徵在南朝先是三月
九月甲寅進犯左執法占曰且有杖其霸刑以
丁卯月掩房次將六月已丑又如之八月甲申
犯忽前星占曰服輟者當之君失馭徵在豫州

時劉裕謀弱晉旨室四年九月專殺僕射謝混因
龍

犯軒轅大星名曰有亂易政女君憂
星午秦地四年八月戊申月犯哭
星申晉后王氏死

其後姚
主憂

晉豫州刺史諸葛長人其君託食而已

是歲八月
壬子金犯哭

荊州刺史劉殺于紅陵夷之明年三月又誅

三年六月庚子月犯歲星在畢八月乙未又犯
之在參四年正月又蝕在畢直徽垣之陽參在
山河之右歲星所以阜農事安萬人也占曰月
仍犯之邊萌阻兵而荐飢是歲六月癸巳金木
合于東井七月甲申金犯土于井占曰其國內
兵有白衣之會十一月土犯井十二月癸卯土
犯鉞土主疆理之政存亡之機也是為土地分
裂有戮死之君之徵在秦邦至五年二月丙午火
土皆犯井占曰國有兵喪之禍主出走是月壬
辰歲填熒惑太白聚于井井將以建霸國之命也

其地君子憂小人流又自三年四月至五年三
月熒惑三千鬼主命者將天而國從焉是時雍
州假王霸之號者六國而赫連氏據朝方之地

尤為疆暴蒐食開中秦人奔命者殆路間歲

與羌而難作于內明年劉裕以晉師代之秦師

連戰敗績執姚泓以歸戰諸建康既而遺守內

攜長安淪覆焉或曰上黨並河山之北皆鬼

星參畢之郊也五年四月上黨群盜外叛六月

胡失利勤力戰死潔為所虜明年赫連屈子寇

蒲子號大單于十月將軍劉潔魏勤擊吐京叛

之明年秦隤氏降于
西秦其君熾檀戕死

蒲子三城諸將死竄走之其餘災波及晉魏仍其

▲魏書志三

兵革之禍 二年九月土犯畢為疆場之兵三年七月木犯土
其災同土參外主巴蜀其後晉師伐蜀殺其主譙縱先是四年
閏月月犯軫惑在昂七月又蝕之五年將軍奚斤討越勤大破

神瑞元年二月填大東井犯天尊皇祥也天象

若曰土失其性水源將雍焉施于夫尊所以福

祐寡之萌也先是去年九月至于五月填再犯

軒轅大星八月庚寅至二年三月填再覆鬼

尸歲星主農事軒轅主雪霜風雨之神返覆由

之所以告黃祇也土麥稼穡鬼為物之精氣是

謂稼穡溏耗人將以饉而死焉一曰大旱是後

京師比歲霜旱五穀不登詔人就食山東以粟

帛賑之語在崔浩傳先是月犯畢占曰飢在晉
至二年太史秦燮惑在魏爪中一夜忽亡失之後
出東井語在崔浩傳既而關中大旱昆明枯涸

代亦其徵又鬼主秦旱在秦郊
之亦王師

是歲四月

癸丑流星晝見中天西行占曰營頭所首野有

覆軍流血西行適在秦邦而魏人覿之亦王師

之戒也天若戒師曰是擁眾而西固欲干君

之明而代奪之爾姑息人以觀釁無庸禦焉先

是五年三月月犯太白于參八月庚申又犯之

參魏分野占曰疆侯作難國戰不勝九月己丑

月犯左角是歲三月壬申又蝕之是謂以剛晉

之兵合戰而偏將戮徵在兗州二年四月太白

入畢月犯畢而再入之占曰大戰不勝邊將憂

魏邦受之六月己巳有星孛于昂南天象若曰

且有驅除之雄勿用距之于朝方矣明年七月

劉裕以舟師泝河九月裕陷我滑臺兗州刺史

尉建以畏懦斬時崔浩欲勿戰衆議詔

司徒嵩率師逆之及晉人戰于畔城魏師敗績

語在崔浩傳裕既定關中遽歸受禪既而赫連

氏并之遂竊尊號云

占曰邊兵起貴人有死者元年十二月蠕蠕犯塞上自將大破之二年上黨胡反詔五將討平之恭常元年長樂河間覺常山霍季聚衆反伏誅

二年四月辛巳有星孛于天市五月甲申彗星

出天市掃帝座在房心北市所以建國均人心

宋分也國且殊號人將更主其華而為宋平先

是往歲七月月犯鈎鈐十一月月食房上相至

元年二月又如之天象若曰尚尸鈎鈐之位君

憑而尊之者又將及矣是歲八月金木合于翼

占曰且有内兵楚邦受之至泰常二年正月晉

荆州刺史司馬休之雍州刺史魯宗之為劉裕

所襲皆出奔走是歲十月鎮星守太微七十餘

日占曰易代立王其三年三月癸丑太白犯五

諸侯如相氏之占七月有流星孛于少微以入

太微自劉氏之霸三變少微以加南宮矣始以

方伯專之中則霸形干之又令孛政除之馴而

三積堅冰至焉是月辰星見東方在翼甚明天

翼楚邦也是為家臣干明賊人其昌

先是五年十一月壬子辰星出而明盛非常至泰常二年十二月庚戌星過時而見光色明盛是為疆目有不還令之亦三至焉或曰辰星以負北海亦魏將大與之之兆

酉入南宮凡八十餘日十二月彗星出自天津

九月長彗星孛于北斗轊紫微辛

入太微逕北斗千紫宮犯天掊八十餘日及天

漢乃滅逕晉微泰始之遺俗也蓋由披晉氏之後

篡之夫晉室雖微泰始之遺俗也歲晉氏之後

原始篤終以哀王道之淪喪故猶著二微之戒

焉

五月火犯執法是冬寺天尊而月掩之三年八月土又入太微犯執法因留二百餘日九月金又犯右執法十月火犯上將因留在被門内二十日乃逆行四年三月出西蕃又犯之婁星成句巳四月兩午行端門出皆晉氏之謫也自晉藏之後微有變多應魏國也

泰常三年十月辛巳有大流星出昴歷天津乃

分為三須臾有聲占曰車騎滿野非喪即會明

年四月帝有事于東廟蕃服之君以其職來祭

者蓋數百國也是歲正月巳酉月犯軒轅四月

壬申又犯填星在張四年五月辰星又犯軒轅

占曰國有喪女君受之明年五月貴人姚氏薨

是為昭哀皇后六月貴嬪杜氏薨是為密后先是

二年九月火犯軒轅三年
八月金又犯之占同也

四年自正月至秋七月月行四犯太微天象若
曰太微粹陽之天庭月者臣也今橫行輔之不
巳甚乎先是元年五月月歲星在角是歲七月
月又犯歲星明年宋始建國後年而晉主殂裕
是亦冊犯之而勤其君極其幽過之患而瀋
鳩之也昔桓氏之難月再犯十歲星再劫其主至
必篡殺之禍斯謂之甚矣　先是三年九月月犯火

〔魏書志三〕　　十三　青之

五年十一月乙卯熒惑犯填星在角角外朝也
土為紀綱火主內亂會于天門王綱將蓁焉占
曰有死君逐主后妃憂之十二月月蝕熒惑在
亢元元內庭也占曰君薨而亂作于內貴臣以兵
死是月客星見于翼翼楚邦也占曰國更服邊
有急將軍或謀及者六年二月月食南斗杓星
十月乙酉金土鬬于九占曰內兵且喪更立王

公又兗州陳鄭之墟也有攻城野戰之象焉至
七年正月犯南斗二月壬戌又犯之斗為人君
受命又吳分是歲五月宋武殂秋九月魏師侵
宋此鄒十一月攻滑臺克之明年拔虎牢陷金
墉屠許昌遂啓河南之地八年宋太后蕭氏死

既大臣專權遷殺其主卒皆伏誅　自五年八月至
咸一守軒轅再犯進賢再犯房星河南王太尉穆觀相次薨而宋氏廷臣兼費
臣之戒是時陽平河南王太尉穆觀相次薨而宋氏廷臣兼費
以悔其主竟內云或曰火犯土元為飢饉時官
軍陷武牢會軍大疫死者十二三是冬詔稟飢人

六年六月壬午有大流星出紫宮占曰上且行
幸若有大君之使明年駕幸橋山祠黃帝東過
登太行山幸高都飲至晉陽焉
幽州命使者觀省風俗十月上南征八年春步
自鄴宮遂絕靈昌至東郡觀兵成皋及自河內
政之象十一月甲寅彗星出室掃北斗及于
枸所以飾喪紀也宗廟並起司人錄更謀有易
七年二月辛巳有星孛于虛危向河津占曰玄
門占曰內宮幾室主命將易塞垣有土功之事
其地又齊衞也八年正月彗星出奎南長三丈

〔大二三七六七八·一〕　〔魏志三〕　十四　應海

東南掃河墨為荐食之兵徐方之地占曰西北
之兵伐之君絕嗣天下饑七年十一月帝命壽
光侯叔孫建徇定兗地八年春築長城距五原
二千餘里置守卒以備蠕蠕冬十月大饑十一
月己巳上崩于西宫明年宋廢其主由是南邦
日感齊衛之地盡為兵衝及世祖即政遂荒淮
沂以貞東海云（八年二月丙寅火中斗亦南邦之讁也十
一月彗星李于土司空主疆理邦域之取新秦之地由是征伐四克提封萬里云）
世祖始光元年正月壬午月犯心大星為宋

三年　魏書三　十五　火外

分中星者君也月為大臣主刑事是歲五月宋
權臣徐羨之謝晦傅亮放殺其主而立其弟宜
都王是為宋文帝至十月火犯心天戒若是
復作亂以干其君矣十月壬寅大流星出天將
軍西南行殺毅有聲占曰有禁暴之兵上將之
戰以所首名之三年正月歲星食月在張張南
國之分歲之於月少君之象今反食之且誅南
大之臣是月姜沃之等戮死謝晦與江陵之甲以
伐其君宋將檀道濟師師禦之晦又奔潰伏誅

或曰是歲上伐赫連氏入其郛
夏都直伐西南亦奔星應也

二年五月太白晝見經天占曰時謂亂紀革人
更王六月己丑火（水）羽林守六十餘日占曰禁
兵大起且有反臣之戒
三年十月有流星出西南而東北行光明燭地
有聲如雷鳥獸盡駭占曰所發之野有破國遷
君西南直夏而首于代都焉著而有聲盛怒也
四年五月金水合于西方占曰兵起大戰
先是三年正月宋人有謝氏之難王卒盡出冬

三十　魏書志三　十六　朱

十一月上伐赫連昌入其郛徙萬餘家以歸是
歲復攻之六月大敗昌于城下昌奔上邽遂拔
統萬盡收夏器用虜其母弟妻子由是威加四
有弱者是月上比征蠕蠕大破之虜獲以鉅萬
頭滅二年五月太白晝見占曰大兵且興疆國
神麚元年五月癸未太白犯天街占曰六夷髭
隣比夷龍善焉
計遂降高車以實漢南關地數千里云
三年六月火犯井鬼入軒轅占曰秦憂兵亂有

死君又旱饑之應丙子有大流星出危南入羽
林占曰兵起負海國與王師合戰是歲自三月
至十月太白再犯歲星月又犯之占曰有國之
君或罹兵刑之難者且歲饑十二月丙戌流星
首如甕長二十餘丈大如數十斛舩色正赤光
燭人面自天舩及河抵天東壁衛也是為宋
舩以濟兵車奎為徐方東壁衛也是為宋師之
祥昭盛者事大也是歲六月宋將到彥之等侵
魏自南鄙清水入河泝流而西列屯二千餘里

【魏書志三】　十七　李丸

凉十二月克之悉定三秦地明年大師涉河攻
九月帝用崔浩策行幸統萬遂擊赫連定於平
渦臺屋者之宋人宵遁是時赫連定轉攻西秦戮
其君乞伏慕末吐谷渾慕璝又襲擊定虜之
以彊死者弔君焉是歲二月定州大饑詔開倉
賑乏或曰奎星羽獵兵象也流星抵之而著
大是為大人之事冬十月上大閱于漠南甲騎
五十萬旌旗二千餘里又明盛之徵

明年正月又犯鬼占曰秦有兵虔而至秦夏出表／減阻張蒙遜又死氏主楊難當陷宋之漢中地云

四年三月有大流星東南行光燭地長六七丈
食頃乃滅後有聲占曰大兵從之是時諸將方
逐宋師至歷城不及有聲駿犇之象也四月辛
未太白晝見于胃胃為趙分五月太白犯天關
十月丙辰又掩之天關外主勃碣山河之險窮
焉占曰兵革起九月丙寅有流星大如斗赤色
發大微至此斗而滅太微禮樂之庭且有昭德
之舉而述宣王命是以帝車受之是月壬申有
詔徵范陽盧玄等三十六人郡國察秀孝數百

【魏書志三】　十八　王卷

人且命以禮宣喻申其出處之節明年六月上
伐比燕與燕十餘郡進圍和龍從豪傑三萬餘
家以歸

其後秦王赫連昌／叛走伏誅之應也

四年八月金入太微亦君自將兵象明年正月庚午／金入鬼占曰秦有死君四月己丑太白晝見焉不臣

延和元年七月有大流星出參左肩東比入河
乃滅參主兵政晉魏墟也山河所首推之大兵
將發于魏以加燕國八月癸未太白犯心前星
乙酉又犯心明堂占曰有亡國近期二年十二
月有流星大如甕尾長二十餘丈犇君之象比

歲連兵東討至太延二年三月燕後主馮文通
去國奔高麗
元年四月月犯左角五月月捲斗七月月食
定鎮將延普涇州刺史秋子玉舉及子玉舉
兵攻普不克攏胡空谷反平西將軍陸俟討獲之
三年三月丙辰金晝見在參魏邦戎也閏月戊
寅金犯五諸侯占曰四滑起官兵起亂已丑
月入井犯太白占曰兵起合戰素邦受之七月
上幸隰城詔諸軍討山胡白龍入西河九月克
之伏誅者數千人而宋大將軍彭城王義康方
昴及五車占曰貴人死五月甲子陰
檀威福後竟幽廢

平王
求薨

太延元年五月月犯右執法九月火犯太微上
將又犯左執法十月丙午月犯右執法二年二
月月犯東蕃上相三月月及太白俱犯右執法
及上相三年八月火犯左執法及上將五年二
月木逆行犯執法皆大臣謫也元年十月左僕
射安原謀反誅三年正月征東大將軍中山王
纂太尉北平王長孫嵩鎮南大將軍丹陽王叔
孫建皆薨其後宋大將軍義康坐徙豫章誅其

黨與僕射殷景仁亦尋卒焉
也三年七月木犯軒轅至五年七月月奮填星並女主諷也也真
寇者其後沮渠氏失宋氏皇后亦終或曰彗出軒轅女主有焉
君元年太后竇氏殂宋氏皇后亦終國寶公主潛啓魏師
元年五月彗出軒轅二
年正月月犯月后妃
二年五月壬申有星孛于房占曰名山崩有已
國八月丁亥木入鬼守積尸十一月辛亥又犯
鬼鬼秦分天戒若曰涼君淫奢無度財力窮矣
將喪國身為戮焉
皆犯井亦為秦有兵刑
二年正月四年十一月
三年正月壬午有星孛前晝見東北在井左右
色黃大如橘魏師之應也黃星出于燕墟而慕
小子貢大
容氏滅今復見東井涼室亡平四年四月乙酉
華山崩華山西鎮也天又若曰星孛于房既有
徵矣鎮頃而國從之先是元年十二月金犯羽
林二年十一月至四年十一月火再入之五年
五月太白晝見冒昴入羽林遂犯畢畢又邊兵
也六月上自將西征秋八月進圍姑藏九月丙
戌沮渠牧犍帥文武將吏五千餘人面縛來降
明年悉定涼地
或曰星孛于房為大臣之事又讖祥也火
入鬼犯軒轅又稼穡不成自元年已來將
相薨九眾至真君元
年州鎮十五盡飢

四年十月壬戌大流星出文昌入紫宮聲如雷
天象若曰將相或以全師禦衛帝宮者其事密
近有震驚之象焉為明年六月帝西征詔大將軍
黎敬等帥衆二萬屯漠南以備暴寇九月蠕蠕
乘虛犯塞遂至七介山京師大駭司空長孫道
生等并力拒之虜乃退走是月壬午有大流星
出紫微入貫索長六丈餘占曰有大君之命貫
索賤人牢也明年帝命侍臣行郡國觀風俗問
其所疾苦云

二十宿 ▲魏書志三 曹冠英 二十一

眞君二年七月壬寅填星犯鈇鑕者國家所安
危而為之綱紀者也其嬰鈇鑕之戮而君及焉
自元年十一月至此月歲星三犯房上相歲星
為人君令反覆由之循省之鈎鈐之備也天若戒
輔臣曰涼邦卒滅敵國殫矣而猶挾震主之威
負百勝之計蓋思盈元之戒平是時司徒崔浩
方持國鈞且有寵於上明年安西李順備五刑
之誅而由浩鍛成之後八年竟族滅無後夫天
哀賢良而示以明訓鳳矣罪能省躬以先覺悟豈

不悲哉浩誅之明年卒有景穆之禍後年而罰
作

三年三月癸未月犯太白占曰大兵起合戰九
月乙丑有星孛于天牢入文昌五車經昴畢之
間至天苑百餘日與宿俱入西方天象若曰且
有王者之兵彗除晁頭之域矣貴臣有戮焉
明年正月征西將軍皮豹子大敗宋師于樂鄉
九月上比伐樂平王不統十五將為左軍中山
王辰統十五將為右軍上自將中軍蠕蠕可汗

▲魏書志三 沈定 二十二

不敢戰走追至頓根河虜二萬餘騎而還中山
王辰等八將軍坐後期皆斬 或曰彗由昴畢貴人多死
王辰樂平王不薨 年二月

六月二月太白熒惑歲星聚于東井占曰三星
合是為驚立絶行其國內外有兵與喪改立王
公是九月盧水胡蓋吳據杏城友僭署百官雜虜
皆響從關內大震十一月將軍叔孫拔敗吳師
于渭北至七年正月太白犯熒惑占曰兵起有
大戰時上討吳黨於河東屠之遂幸長安二月

吳軍敗績千杏城棄馬逃去後收合餘燼八月
乃夷之
五年五月月太白入犯心六年四月又如之占日兵忧宋邦
瞳謀反誅詔高涼王那
鉤淮泗徙其人河北焉
九年正月火水皆入羽林占日禁兵大起四月
太白晝見經天十年五月彗星出于昴比此天
所以滌除天街而禍軳頭之國也時間歲討蠕
蠕是歲七月上復自將征之所捕虜凡百餘萬
矣 是歲七月太白犯哭星占日天子有哭泣事明年春皇子真薨
十年十月辛已彗星見于太微占日兵喪並興

國亂易政臣賊主至十一年正月甲子太白晝
見經天四月又如之占日中歲而卅千明兵
尤大且革人更王之應也是歲十月甲辰熒惑
入太微十二月辛未又犯之癸夘又如之占日
臣將殺主君將惡之仍犯事莽也先是八年正
月庚午月犯心大星九年正月犯歲星是歲九
月太白又犯歲星至正平元年五月彗星見卷
舌入太微卷舌讒言之戒六月辛酉彗星生過遍
帝坐七月乙酉犯上相拂屏出端門滅于翼軫

辛酉直陰國[疑]翼軫為楚邦干屏者蕭牆之亂
也天象若日夫虜受之讚寔為亂階卒至及夷
主相而專其大號雖南國之君由遷及焉先是
去年十月上南征絕河十二月六師涉淮登瓜
步山觀兵騎士六十万列屯三千餘里宋人党
懼饋百窄焉是年正月盡舉淮南地俘之以歸
所夷滅其眾六月帝納宗愛之言立皇太子以疆
死明年二月愛殺帝于永安宮愛左僕射蘭延等
以建議不同見殺愛立南安王余為主尋又賊之

荐災之驗也開歲宋太子劭坐蠱事泄亦殺其
君而僭立劭弟武陵王駿以上流之師討平之
滅於翼軫之徵也 先是七年八月月犯熒惑八月至十一
月火犯太微十月宗愛等伏誅高宗踐作至十一月錄尚書元壽
尚書令長孫渴侯以爭權賜死太尉[司]徒弼又忤百左遷字
于弈相之應出明年五月太后崩

高宗興安三年二月有星孛千西方占日兄字
者非常惡氣所生也內不有大亂外且有大兵
至興光元年二月有流星大如月西行占日奔星
所隆其野有兵光盛者事大先是京兆王杜元

寶建康王崇濟南王麗濮陽王間文君永昌王
仁相次謀反伏誅是歲宋南郡王義宣及魯爽
滅賀以荊豫之師構逆大將南王女誤等西討盡
夷之或曰甚于太微翼軫之餘禍也春秋星之
大變或炎連三國之君其流炎之所及二十餘
年而後弭至是彗千天庭二太子首亂三君為
戰侯王幸死者幾數十人由此言之皇天疾威
之誡不可不惕也

太安元年六月辛酉有星起河鼓東流有尾跡
甲曰

魏書志三　　　　　　二十五　　賈桼

光明燭地河鼓為履險之兵負海之象也昭盛
為人君之事且從之間一歲帝幸
遼西登碣石以臨滄海後所過郡國一年又尾
迹之徵　是歲五月火入斗斗主形命之
　　　　養其後三吳荐飢仍歲疾疫
三年夏四月焚惑犯太白占曰是謂相鑠不可
舉事用兵成師以出而禍其雄之象也明年宋
將殷孝祖侵魏南鄙詔征南將軍皮豹子擊之
宋軍大敗　或日金火合主喪事明年十月金又犯
　　　　癸星十二月征東將軍中山王詆真薨
三年十一月焚惑犯房鈎鈐星是謂彊臣不御

王者真炎之至四年正月月入太微犯西蕃三月
又犯五諸侯占曰諸侯大臣有謀反伏誅者是
月太白犯房月入南斗皆宋分占曰國有憂臣
為亂十一月長星出於奎色白她行占曰國有憂臣
為亂十一月長星出於奎色白她行占曰有尾跡既
滅變為白雲奎為徐方又魯分占曰下有流
血積骨明年宋死州刺史竟陵王誕據廣陵作
亂宋主親戎自夏涉秋無日不戰及城陷悉屠
之

四年八月焚惑守畢直徹垣之南占曰歲饉至
三十八

魏書志三　　　　　　二十六　　朱

五年二月又入東井占曰早兵起飢疫大臣當之
六月太白犯鉞占曰兵起更正朔是歲二月司
空伊馛薨十二月六鎮雲中高平雍秦飢旱明
年改年為和平至六月諸將討吐谷渾什寅遂
絕河窮蹟之會軍大麥乃還　是歲三月流星數萬西
　　　　面行者如人遷之東飢而吐谷
　　　　渾舉國西遁大軍又隨彌之
元年正月丁未歲犯鬼鬼為死喪歲星人君也
四年九月月犯軒轅十二月犯氐至五年正月
月掩軒轅又掩氐東南星皆后妃之府也和平

是為君有喪事三月月掩軒轅四月戊戌皇太
后崩於壽安宮

宋志云人間宣言人帷箙不修故謫見
軒轅又五年十一月月犯左執法明年十
一月又犯之占曰大且有憂和平二年征東
將軍河東王閭毗薨十月廣平王洛侯薨

和平元年十月有長星出於天倉長丈餘鑴祥
也二年三月熒惑入鬼是謂稼穡不成且曰萬
人相食其後定相饑宥其田租時三吳亦仍
歲必阜死者十二三先是元年四月太白犯東
井井鬼皆秦分後于房心宋分時宋君虐其諸
心大星三犯前後于房心宋分時宋君虐其諸

弟後宮多喪子女繼天哭泣之聲相冊是歲詔
諸將討雍州叛氏大破之宋雍州刺史海陵王
休茂亦輔兵伙亂間歲而宋主俎嗣子淫昏政
刑荼焉

先是元年十月太白入氏占曰兵起後宮有白衣會
犯哭星皆宋祥也是歲歲星犯上將占曰上將憂
壽及征東大將軍常山王素薨

二年三月辛巳有長星出天津色赤長丈餘滅
而後出大小百數天津帝之都舩所以渡神通
四方光大且眾為人君之事天象若曰是將有
千乘万騎之舉而絕逾大川矣是月發卒五千

餘通河西獵道後年八月帝校獵于河西宋主
亦大閱舟師巡狩江右云

二年九月太白犯南斗吳分占曰君死更政
大臣有誅者十一月太白犯填填女君也且曰
有內兵白衣會至三年九月火犯積尸占曰貴
軒轅占曰女主憂宮中兵亂十一月歲入氏
氏為正寢歲為有國之君占諸侯王有來入
以兵喪干之且有死君篡殺之禍是月熒惑守
人憂之斧鉞用十月太白犯歲星歲為人君而

宮者五年二月月入南斗中犯第四星占曰
大人憂太子傷宮中有自賊者又大赦既而宋
孝武及宋后相繼崩殂少主荐誅輔臣釁釁連戚
屬羣下相與殺之而立宋明帝江南大饑且仍
有肆眚之令焉

先是三年六月太白犯東井七月火入井
心前星是月宋殺少主其後有乙渾之難

五年七月丁未歲星守心心為明堂歲為諸侯
入井占曰大臣憂斧鉞用六月七月月犯
四年五月金火皆犯上相五年六月火又
為長子入而守之立君之象占曰凡五星守心
皆為宮中亂賊群下有謀立天子者七月巳酉

有流星長丈餘入紫微經北辰第三星而滅占
曰有大喪九月丁酉火入軒轅十一月長星出
織女色正白彗之象也女主專制將由此始是
以天視之長星彗之著易政之漸焉冬熒惑
入太微犯上將十二月遂守之占曰公侯謀上
且有斬臣六年正月乙未有流星長丈餘貫五
車抵紫宮西蕃乃滅天象若曰群臣或脩霸刑
而干蕃輔之任矣且占曰政亂有奇令四月太
白犯五諸侯占曰有專殺諸侯者五月癸卯上

──魏書志三　　二十九　黃

崩于太華殿車騎大將軍乙渾矯詔殺尚書揚
寶年等于禁中戊申又害司徒平原王陸麗明
年皇太后定策誅之太后臨朝自馮氏始也或
巳心為宋分是歲六月歲星晝見于南斗斗為
天祿吳分也天象若曰或以諸侯干君而代之
之四方嚮應尋皆伏誅有太白之刑與歲星之
祐焉是歲三月有流星西行不可勝數至明乃止至六月巳
之是冬宋明帝以皇弟踐阼孝武諸子舉兵攻
人將從之及宋討孝武諸子首尾進陽荊雍其後張
永之師敗鎮于呂梁魏師盡虜淮右俘其人又西流之效也

顯祖天安元年正月戊子太白犯歲星歲星農事
也蕭牆殺于之是為稼穡不登六月熒惑犯鬼占
曰旱饑疾疫金革用八月丁亥太白犯房占曰
霜雨失節馬牛多死九月甲寅熒惑犯上將太
白犯南斗第三星占曰貴人將相有誅者十一
月巳酉太白又犯歲星或曰歲為諸侯太白主
兵刑之政再干之事游也是歲九月州鎮十一
旱饑十月宋氏六王皆戮死明年宋師敗于呂
梁江南阻饑牛且大疫其後東平王道符檀殺

──魏書志三　　三十　黃

副將又雍州刺史據長安及詔司空和其奴討
滅之九月詔賜六鎮孤貧布帛宋主以後宮服
御賜征比將士後歲夏旱河決州鎮二十七皆
饑尋又天下大疫
元年六月太白犯左執法十月火又犯之占曰大臣有憂霸者之刑用是
犯之占曰大白犯井比轅第二
星八月又蝕之占曰貴人當之有將死水旱祥也道符作亂之
明年司空和其奴
太宰李峻皆戮
皇興元年四月太白犯鎮星占曰有攻城略地
之事六月壬寅太白犯鬼秦分也二年正月太
白犯熒惑占曰大兵起是時鎮南大將軍尉元

征南大將軍慕容白曜略定淮四明年徐州壑
盜作亂元又討平之後歲正月上黨王觀西征
吐谷渾又大破之
二年九月癸卯熒惑犯上將占曰上將誅先
是元年六月熒惑犯太微上將占曰上將誅先（宋志以爲先是此年月頻犯左角占曰天子喪之又上避位而）
傳位太子是爲孝文帝
之是爲內宮有憂遍之象占曰天子失宮四
年十月誅濟南王慕容白曜明年上追於太后

宋明帝
亦祖

高祖延興元年十月庚子月入畢口畢（魏分占）
曰小人閒上大人易位國有拘主反臣十二月
辛卯火犯鉤鈐鉤鈐以統天馭火爲內亂天象
若曰人君失馭或以亂政乘之矣乙巳鎮星犯
井夫井者天下之平也而女君以干之是爲后
竊刑柄占曰天下無主大人憂之有過賞之事
焉二年正月月犯畢丙子月犯東井庚子又如
之占曰天下有疑令貴人多死者
三年八月月犯太微又群陰不制之象也是時

項仁
烏赤祖

馮太后宣淫于朝昵近小人而附益之所費以
鉅萬億計天子徒尸位而已二年九月河間王
間虎皮以貪殘賜死其後司空東平郡王陸麗（或曰月入畢口爲赦令二年正月曲赦京師及）
坐軍廢諸鎮星及月犯畢皆爲水災且旱祥也
歲九月州鎮十一水旱詔免其田租開倉賑乏

殺之虞矣二月癸丑月犯軒轅甲寅又犯歲星
四年九月巳卯月犯畢七月內申太白犯歲星
在角丁卯太白又入氐太白有毋后之幾主兵
喪之政以干君於外朝而及其宿宮是將有劫
干少陽之君示人主以戒敬之備也五年三月
甲戌月掩填星天象若曰貴人彊死天下亂三月癸未
其紀綱矣且占曰貴人彊死天下亂三月癸未
金火皆入羽林占曰貴人欲賊主諸侯之兵盡發
金火皆入軒轅占曰臣欲賊主第二星
八月乙亥月掩畢十一月月入軒轅食畢
至承明元年四月月食尾五月己亥金火皆入
軒轅庚子相逼同光皆后妃之謫也天若言曰
毋后之黨幾貫盈矣人君忘祖考之業慕四夫

聶成

之孝其如宗祀何是時獻文不悟至六月暴崩

實有酖毒之禍焉由是言之皇天有以親覆霜

之萌而爲之成象父矣其後文明皇太后崩孝

文皇帝方脩諒陰之儀篤孺子之慕音未能述

宣春秋之義而徵供人之黨是以胡氏循之臣

代君之象金火同光又兵亂之衛時宋主昬在

公侯近戚寃死相繼旣而桂陽建平王並稱兵

內侮矢及宮闕僅乃戮之尋爲左右楊玉夫等

所殺

或曰月犯歲鎮金火入軒轅皆隹祥业月捕

太和元年五月庚子太白犯熒惑在張南國之

次也占曰其國兵喪並與有軍大戰人主死壬

申水土合于翼皆入太微主令不行之象也占

曰女主持政大夫執網國且內亂群臣相殺九

月丁亥太白晝見經天光色尤盛更姓之祥也

二年九月火犯鬼占曰主以淫泆失政相死之

和元年雲中又饑開倉賑之先是四月丙午
有大星西流肹肹有聲十一月辛未又如之是歲
五月宋桂陽王反于江州間歲沈攸之反于江
陵皆爲大兵西伐時以江南內攜又詔五將代蜀

三年三月月犯心爲天王又宋分三月填星

逆行入太微留左掖門內占曰土守南宮必有

破國易代逆行者事逆也自元年三月至二年

六月行五犯太微與劉氏篡晉同占又自元

年八月至三年五月月行六犯南斗入魁中斗

爲大人壽命且吳分是時焉太后專政而宋將

蕭道成亦擅威福之權方圖劉氏宋司徒袁粲

起兵石頭沈攸收之起兵江陵將誅之不剋皆爲

所殺三年四月章篡其君而自立是爲齊帝是

年五月又害宋君于丹陽宮

房占曰貴人有誅者或曰月犯心亦大臣之謫也其後李惠伏
誅宜都長樂王並賜死元年二月壬戌月在井暈參畢兩河
五車占曰大赦至八月大赦天下三年二月正月壬
子又暈觜參昴畢五車東井至十月大赦天下

三年自五月至十二月月三入魁中四年五

月庚戌七月己巳又如之六年二月大犯斗魁

第二星占曰其國大人憂不出三年七月丁未

十月丙申月再犯心大星自四年正月至六年

二月又五干之斗爲爵祿之柄心爲布政之宮

月行干而輔之亦以荐矣其占曰月犯心亂臣

在側有亡君之戒人主以善事除殃是時馮太
后將苞必主者數矣帝春秋方富而承事孝敬
動無違禮故竟得无咎至六年三月而齊主殂
焉或曰月犯斗其國兵憂心又豫州也時比歲
月又犯軒轅左角左角後宗也是時太后淫亂而幽后之姪娣又將薄德天若言曰是無周南之風不足訓也故月太白驟犯之
連兵南討五年二月大破齊師于淮陽又擊齊
犯之四年二月辛巳月又犯之九月壬戌太白
三年九月庚子太白犯左執法十一月丙戌月

【魏志三】　三十五

又犯之五年二月癸卯月犯太微西蕃上將至
六年十月乙酉熒惑又犯之夫南宮執法所以
紀淫忒成肅雍而上將朝庭之輔也天象若曰
王化將施淫風幾興固不足以令天下矣而廷
臣莫不綱弼安用之文明太后雖獨厚幸臣而
公卿坐受榮賜者費亦巨億蓋近乎素餐焉其
三年九月安樂王長樂下獄死隴西王源賀薨
四年正月廣川王略薨襄城王韓頹徙邊七月
頓立王本李鍾葵賜死其後任城王雲中山王叡

又彗孛比年死黜相繼蓋天譴存焉
死黜之祥也又比月再犯昴亦為獄事與白衣之會也
四年春月又掩火亦大臣

五年九月辛巳辰星干軫占曰為饑為內
亂且有雍州溢水之變是歲京師大霖雨州鎮
十二饑至六年七月丙申又大流星起東壁光
明燭地尾長二丈餘東壁土功之政也是月發
卒五萬通靈丘道十月己酉有流星入翼尾長
五丈餘七星中州之羽儀翼南國也天象若曰
將擇文明之士使于楚邦焉明年貟外散騎常

【魏志三】　三十六

侍李彪使齊始通二國之好焉
在畢昴參井五車昴日暈侵五車東比軒轅北河兒至比斗紫垣攝提六年正月
赦祥也四月幸廷尉獄錄囚徒明年二月大赦是月月在翼有編日暈侵五車東比
癸亥月在畢昴參兩肩五車胃昴畢至甲成天下大赦江南嗣君即位亦大赦改元
比流破為三段十月己亥星隕如虹是時太后
七年六月庚午時東比有流星一大如太白
東朝且多外嬖雖天子由倚附之故有干明之
謫焉破而為三席勢者眾也昔春秋星隕如雨
而群陰起霸其後漢成帝時昕日晦冥眾星行
隕燿燿如雨而王氏之禍萌至是天妖復見又

十年八月辰時有星落如流火三道戊寅又有
流星出日西南一丈所西北流大如太白至午
西破為二段尾長五尺復分為二入雲間仍見
者事莽也後代其踵而行之以至於分崩離析
平先是七年十月有客星大如斗在參東似孚
占曰大臣有執主之命者且歲旱耀貴千年九
月熒惑犯歲星歲主農事火星以亂氣千之五
稼旱傷之象也占曰元陽以雙人不安自八年

三·六　▌魏書志三　三七　宋琚

至十一年黎人阻饑且仍歲災草
八年正月辛巳月在畢暈井歲
星婁參五車占日有赦耀貴其年六月大赦冬
五水旱人饑九年正月在參暈精參兩肩五車為大　州鎮十
赦為水戌申井犯井為水祥也是歲冀定數州大水人
有寓男女者京師及州鎮十三水旱傷稼明年大赦

十一年三月丁亥火土合于南斗填為履霜之
漸斗為經始之謀而天視由之所以為大人之
戒也占曰其國內亂不可舉事用兵是時齊主
持諸侯王酷甚雖酒食之饋猶裁之有司故天
老言曰非所以保根固本以貽長代之謀也內
亂由是興焉五月丁酉太白經天晝見庚子遂

犯畢畢又邊兵也是歲蠕蠕冠邊明年齊將陳
達伐我南鄙陷灄陽間歲間歲齊君子子響為有
司所御遂憤怒而反伏誅及齊主殂而西昌侯
篡之高武子孫所在暮布皆拱手就戮齊君
自為之焉
始十一年六月乙丑月犯斗兩寅遂犯建星亦圖國有憂大將戰亦江南兵饈之御也
十二年七月月犯牛十三年六月又

七月癸丑太白犯軒轅大星八月甲寅又犯之
皆女君之謫也天象若曰軒轅以母萬物由后
妃之母兆人也是固多穡復將安用之其物類
之感又稼穡之不滋候也是歲年穀不登聽人
出關就食明年州鎮十五皆大饑詔開倉賑乏
閏歲太后崩
是歲月三入井金又犯之占陰陽不和為水患且大旱其後連元陽而吳中此歲

霖雨傷
稼也

也先是去年十月歲辰太白合于氏是謂驚亡
也占曰諸侯王而外為天子者逆行者其事逆
十二年三月甲申歲星逆行入氏甲申皆齊分

甲寅　[魏書志三]　三十八　李仲

絕行政立王公是歲四月月犯氐氏與歲同舍六
月丁巳月又入氐犯歲星月為彊大之臣歲歲為

少君也與歲同心內宮而干犯之彊宗擅命逼
奪其君之象也再干之其辜荐至
十三年三月庚申月犯歲十五年六月又犯之
歲星不在宿宮是爲彊侯之謫江南太子賢王
相次薨歿既而齊武帝殂太孫幼沖西昌輔政
竟殺二君而篡之月再犯于氐及逆行之效也
十二年四月癸丑月火金會于井辛酉金犯火

甲戌火水又俱入井皆兩賜失節萬物不成候
也且曰王業將易諸侯貴多死是歲月行四
入氐十月辰星入之閏月丁丑火犯氐乙卯又
入之占曰大旱歲星入之府也是歲兩雍及豫州
遠期五年又女君之府也是歲兩雍及豫州
旱饑明年州鎮十五大饉至十七年太后崩時
江南比連歲災兩至十七年有劫殺之禍誅死
相踵焉

月至十四年八月月再相犯牛女再死死免者
吳越鍵祥也畢魏分且曰貴人...死免者
十二年九月司徒...淮為

天象志一第三　　魏書一百五

載月變第三第四卷應載星殞咎此二卷天
日月星殞編年總繫魏及南朝禍咎此蓋魏收
志第三第四卷亡後人取佗人所撰志補足
之魏澹書世巳無本據目錄作西魏帝紀而
元善見司馬明劉裕蕭道成皆稱帝號亦非魏
志主東魏而晉宋齊梁君皆稱帝號亦非魏
澹書明矣唐書經籍志有張太素魏書一百
卷故世人疑此二卷爲太素書志崇文總目
有張太素魏書天文志二卷今亦亡矣惟昭
文館有史館舊本魏書志第三卷前題朝議
郎行著作郎脩國史張太素撰太素唐人故
諱世民等字

南王佗薨十三年光州人王...三王皆坐贓
廢安豐王猛司空荀頹並薨十四年池豆干及庫莫奚頻犯塞
京兆王廢
爲庶人

太和十二年十一月戊午太白犯歲又犯火喪
疾之祥占曰國無兵憂則君有白衣之會景寅
火又犯木占曰內無亂政則主有喪妃受之十
二月壬寅太白犯填占曰金爲喪祥后妃受之
十三年二月癸惑犯填占曰火主凶亂女君應
歲星晝見十二月甲戌又晝見是歲六月又如
之皆文明太后之讁也先是十一年六月甲子
之歲而麗于大明少君象也是時孝文有仁聖
之表而太后分權以干冒之及帝春秋方壯始
將經緯禮俗財成國風故比年女君之讁屢見
而歲星霑盛至于不可掩蔞矣且占曰木晝見
主有白衣之會是歲九月丙午有大流星自五
車北入紫宮抵天極有聲如雷占曰天下大凶
國有喪宮且空夫五車君之車府也天象君曰
是將以襲事有千乘萬騎而舉者大有聲其事
昭盛至十四年三月填星守哭泣占曰將以女
君有哭泣之事四月丙申火犯鬼喪祥也六月

有大流星從紫宮出西行天象又曰人主將以
喪事而出其宮八月月太白皆犯軒轅九月癸
丑而太皇太后崩帝哭三日不絕聲勺飲不入
口者七日納菅屨徒行至陵其及亦如之哀毀
骨立萩而後起雖殊俗之萌嬌然知感焉自九
月至于歲終凡四謁陵又荐出紫宮之驗也

軒年十一月月犯填又犯
之九月月犯填星十七年正月月犯軒轅皆
女君之也是時林貴人以故事竟及馮貴人為后而其姊
諱之至二十年薨坐廢黜以憂死幽后繼立又以淫亂不終

十三年十二月戊戌填星辰星合于須女女齊
吳分占曰是爲雍沮主令不行且有陰親者至
十四年三月庚申歲星守牛占曰其君不愛親
咸貴人多喪又饉祥也是歲太白三犯熒惑十
月太白入氐十一月有大流星從南行入氐甲
申熒邦之物也金火相鑠爲兵喪大者循而殘之
天象君曰宿宮有兵喪之故盛大者循而殘之
處其寢廟之中奚至十五年三月壬子歲犯填
在虛三月癸巳木火土三星合宿于虛甲午火
土相犯虛丞也占曰其國亂專政內外兵喪故

立侯王九月乙丑太白犯斗第四星戊子有大
流星起少微入南宮至帝坐主有盛大之目乘
賢以侮其君者且占曰大人易政至十七年正
月戊辰金木合于危危亦齊也是爲人君且懼
兵喪之變四月戊子太白犯五諸侯占曰有擅
刑以殘賊諸侯者至七月齊武帝殂西昌侯以
從子千政害殺二君而自立是爲齊明帝於是
高武諸子王侯數十人相次誅夷咸無遺育矣
雖繼體相循實有進命之禍故天譴仍見云十

三百十二　魏志四

三

決定

五年至十七年月行七化建星連星爲忠目之輔經代之謀又
吳之分也十五年冊行牵牛十六年至十七年至四犯南斗是
謂目千天樣且日大人多死者又十五年七月金入太微十七
年火入太微宫反也是戒是歲月行四入太微十七年六入太
微比歲凡
庚宗室亦積忍醞甚也

十五年四月癸亥熒惑入羽林十六年二月壬
子太白入羽林占曰天下兵起三月巳卯四月
丙午五月甲戌十月辛卯月行皆入羽林十七
年四月壬寅八月辛卯十二月辛巳又如之先
是陽平王顗統十二將軍騎士七万比討蠕蠕
是歲八月上勒兵三十餘万自將擊齊由是此

歲皆有事于南方

十五年三月
十六年五月又
七月月再入畢八月
諸畢十一月又犯之
死十五年八月又入畢畢爲邊兵占曰責人多
死十八年六月滁陰王攢賜死十七年南
平王霄三老尉元皆死
徒馬誕太師馮熙廣川王諧皆死

四百六　魏志四

四

何昇

十七年二月庚戌火土合于子室室星先王所以
制宫廟也熒惑天視填爲司空聚而謀之其泪
宅之兆也且緯日人君不失善政則火土相扶
卜洛之業庶幾興矣是歲九月上罷擊齊始大
議遷都冬十月詔司空穆亮作董遹繕洛陽
宫室明年而徙都之於是更服色殊徽号文物

大備得南宮之應焉

凡五星分野熒惑統朱鳥之宿
分室又井州之分是爲步目
井州而經始洛邑之祥也

十七年二月丁丑太白犯井辛丑又犯鬼五月
戊午晝見九月又如之是謂兵祥雍州也是月
火木合于畢妻妻爲徐州占曰其地有亂万人不
安八月辛巳熒惑入井占曰兵革起明年二月
詔征南將軍薛真度督四將出襄陽大將軍劉
昶出義陽徐州刺史元衍出鍾離平南將軍劉
藬出南鄭皆兩雍徐方之分後年正月平南王

蕭大敗齊師于義陽降者万餘巳亥上絕淮登

八公山並淮而東及鍾離乃還　至十九年六月庚申　金木合于井七月火　犯井三十年十一月大敗齊師于洏北明年春復大破之　十餘城於是　悉定洏漢諸郡時江南偽立雍州於襄陽以惣故　西土遺孰故　與東井同躔

降鑒焉至十九年三月月犯軒轅二十年七月　辛巳又掩填星是月馮后竟廢尋以憂死而立

十八年四月甲寅熒惑入軒轅后妃之戒也是
時左昭儀得幸方譖訴馮后上盡而惑之故天
若言曰夫膺受之微不可不察亦自我天視而

左昭儀是爲幽后明年追廢林貞后爲庶人二
十二年正月月又掩軒轅十一月又彗星起軒
轅歷鬼南及天漢天又若曰是固多穢德宜其
彗除矣行歷鬼又疆死之徵明年幽后賜死也
十九年六月壬寅熒惑出于端門占曰邦有大
獄坐不軹黜爲庶人至二十一年十月壬午熒
惘君子惡之又更紀立王之戒也明年皇太子
感歲星合於端門之內歲爲人君火主死喪之
禮而陳于門庭大喪之象也二十二年二月乙

丑木火合于掩門內是夕月行逮之三月丙午
木火俱出掩門外再合一相犯月行逮之后妃
預有殃焉明年四月宮車晏駕夫太微禮樂之
庭也時帝方脩禮儀正喪服以經人倫之化竟
未就而崩少君嗣立其事復寢縉紳先生感哀
慟焉故天視奉之是以徘徊南宮蓋皇天
有以著慎終歸厚之情或曰合于天庭南方有
反臣之戒是時齊明帝殂比及三年而亂兵四
交宮掖既而蕭衍戕之竟覆齊云　二十一年有
　陽賜皇　后死

流星照地至天津而滅占曰將有樓舡之攻人君以大衆行二
十二年而上南伐是歲之正月有流星大如三十尩起貫索東
北流光燭地經天拮乃滅有聲如雷天拮天于先驅也占曰國
中貴人有死者且大救至三月上南征不豫詔武衛元愚詣洛

世宗景明元年四月壬辰有大流星起軒轅左
翼左角后也占曰流星起軒轅女主後宮多
角東南流色黃赤破爲三段狀如連珠相隨至
讒死者翼爲天庭之羽儀王室之藩衛彭城國
焉又占曰流星千翼貴人有憂擊是時彭城王
忠賢且以懿親輔政借使世宗諒陰恭巳而修

成王之業則貞祖之道庶幾興焉為而阿倚母族
納高肇之讒明年彭城王賈廢後數年高氏又
媾于后而以賈媳代之由是小人道長讒亂之
風作矣夫天之風戒肇于履端之始而沒身不
悟以傷魏道豈不哀哉或曰軒轅主后土之養
氣而庇祐下人也故左角謂之少人折矣天象若
曰人將喪其所以致養幾至流亡離折矣天象若
比鎮及十七州大饉人多就食云 是歲十二月 癸未章太微

二年正月己未金火俱在奎光芒相搶為兵喪
月丁巳有流星起五車所以輔襄春之君也流星
為逆謀大人憂之野有破軍親將奎徐方也三
為三光明燭地五車諸侯入五車至天潢散絶
自五諸侯干之諸侯且霸兵車之會分而
為二距之疑之君幾將並立焉 親收以為流星出五
車諸侯有反者至五
月成陽王禧諫反賜死戊午填星在井鈇相去二寸占曰
人君有鈇死者時蕭衍起兵襄陽將討東昏之

貴人死大赦是歲廣陵王冏二月至秋齊大赦
以長圍逼之二年正月月暈井參醬昴五車占曰
戒時蕭衍立少主於江陵改元大赦泰代金陵
七 何昴

亂是月推南康王寶融為帝踐阼于江陵於是
齊有二君矣至八月戊午金火又合于翼楚分
也十一月甲寅金水俱出西方占曰東方國大
敗時蕭衍巳舉夏口平尋陽遂泝流而東主
之師連戰敗績於是長圍守之十二月齊將張
稷斬東昏以降又殺主之徵至三年正月火犯
房比星光芒相接癸巳填星逆行守井比轅西
星皆大臣賊主更政立君之戒也三月金水合
於須女女齊分金水合為兵誅二月丁酉有流

星起東井流入紫宮至北極而滅東井雍州之
分衍遷之以興且西君之分使星由之以抵辰
極是為禪受之命且為大喪是月齊諸侯相次
伏誅既而西君錫命衍受禪于建康是為梁武
帝戊辰而少主殂 自二年至三年月六犯井皆具分也時
江南北歲大饉又連兵北郡火犯大陵卷舌篝...
七月星臺內青外黃昴畢天船...
為徐魯人赦祥也且曰多死三年八月青齊徐兗
餓死萬餘人七月大水三月暈青齊之
黃軒昴畢婁胃五車占人多死十二月月犯昴畢婁月太傳平陽王至薨後年正月大赦

三年八月丙戌有大流星起天中比流大如二

三百全五 八 陸永

斗器占曰有天子之使出自中京以臨北方至
四年九月壬戌有大流星起五車東北流占曰
有兵將首千東北是歲二月辛亥三月丁未月
冊掩太白皆大戰之象也庚辰揚州諸將大破
梁師干陰陵十一月左僕射源懷以便宜安撫
比邊明年二月又大破梁師干邵陵九月蠕蠕
犯邊復詔源懷擊之　是歲七月月暈昴畢觜參井五車占曰旱大赦又冊暈軒轅太微明年正月月暈五車東井兩河鬼填星二月甲申又暈昴畢觜參三年正月月暈太微軒轅皆為兵赦是月皇子生大赦天下
正始元年正月戊辰流星如斗起相星入紫宮
抵比極而滅夫紫宮后妃之內政而由輔相干
之其道亢矣且占曰其象著大有非常之憂至
二年六月癸丑有流星如五斗器起織女抵室
而滅占曰王后憂之有女子白衣之會往反營
室豐覬歸後庭焉三年正月巳亥有大流星起天
市垣西貫紫蕃入此極市垣之西又公卿外朝
之理也占曰以目犯主天下大凶明年高肇為
其家擅寵乃鴆殺干后及皇子昌而立高嬪為
后　先是景明四年七月太白犯軒轅大星至二年六月木犯昴占曰人君有白衣之會同上

三年六月丙辰太白晝見占曰陰國之兵彊八
月梁師寇邊攻陷城邑秋九月安東將軍邢巒
大破之宿豫斬將三十餘人捕虜數萬十月甲
寅月犯太白又大戰之象明年中山王英敗績
干淮南士卒死者十八九　又元年正月月暈胃昴畢五車戊午又暈五車東井兩河
四年七月己卯有星孛干東北占曰是謂天讒
大臣貴人有誅死者凡孛干出東方必以晨乘日
而見亂氣蔽君明之象也昔魯哀公二十三年十
一月有星孛干東方明年春秋之事終是謂諸

夏微弱蠻夷迭霸田氏專齊三族擅晉卒以干
其君明而代奪之陵夷遂為戰國天下橫流矣
今孛星又見與春秋之象同天戒若曰是居太
陽之側而干其明者固多藏德可彗除矣而君
不悟衰替之萌將縣此始平是歲高肇鴆后及
皇子明年又譖殺諸王天下寃之肇故鴆后及
俘而驟更先帝之法累搆不測之禍干明軌其甚
焉魏氏之孝亂自此始也

永平元年三月戊申熒惑在東壁月行抵之相
距七寸光芒相及室壁四輔君之內宮人主所
以庇衛其身也天象若曰且有重大之臣屏藩
王室者將以讒賊之亂死於內宮又曰諸侯相
謀五月癸未塡星逆行太微在左執法西是為
后黨秉政大夫執綱而逆行悔法以啓蕭牆之
內是月月犯畢六月又掩之占曰貴人有死者
庚辰太白歲星合于柳柳為周分且占曰有內
兵以賊諸侯八月京兆王愉出為冀州刺史恐
樂王詮相攻于定州九月太師彭城王勰于禁
中愉亦死之

或事至十一月丙子流星起羽林南大如梡色赤有黑雲東南引如一四布橫比輦星占曰禁兵起所首召之是歲豫州人白早生殺刺史司馬悦以城降梁遣尚書邢巒擊之十二月蠕蠕懸瓠新生

不見容遂舉兵反以誅尚書令高肇為名與安
二年三月丁未有流星徑數寸起自天紀至于
市垣光芒燭地有尾跡長丈餘凝著天天象若
曰政失其紀而亂加乎人浸以萌矣是將以地
震為徵地震者下土不安之應也是月火入鬼

距積尸五寸積尸人之精熒熒而炎氣加之疫祥
也四月乙丑金入鬼去積尸一寸又以兵氣干
之彊死之祥也踰遍者事芒鬼主驕亢之戒故
金火荐災其占曰兵人以驚而懼之五月太白犯歲光
芒相觸占曰兵大亂歲饑不出三年七月夏四月
有流星起騰地入紫宮抵此極而滅天戒若曰

疑

彼光後王道者以駮陰陽之變焉明年有水旱
之沴地震之祥而後災加皇極焉明年四月
平陽郡大疫死者幾三千人平陽鬼星之分也
秋州郡二十大水冀定旱饑四年平陽胸山之役喪
師始盡其後繁時桑乾靈丘秀容鴈門地震陷
裂山崩泉涌殺八千餘人延昌三年詔曰比歲
山鳴地震于今不已朕其懼焉至正月宮車晏

明年春司徒廣陽王嘉薨

駕七年十一月丙戌月奄畢*火星至三年八月火犯橫尸占曰貴人死火又鐵疫祥也比年水旱災疫是月中山王略薨*
二年九月甲申歲星入太微距右執法五寸光
明相及十二月乙酉逆行入太微奄左執法三
年閏月壬申又順行犯之相去一寸保乾圖曰

臣擅命歲星犯執法是時問肇乃爲尚書令故
歲星反復由之所以示人主也天若言曰政刑
之命矣彼居重華之位者盍將及復而觀省
焉今雖厚席而席之適所以爲禍資其且凶中
坐戒刑速期五歲而肇誅 四年四月庚午
星至五月入太微距右執法三寸光芒相接熒惑天視也始由
軒轅而省執法之位其象君曰是居后當而擅南宮之命君其
降盜焉其應
與歲星同也

四年正月戊戌有流星起張西南行殺殺有聲
入參而滅張河南之分參爲兵事占曰流星自
東方來至伐而止有來兵大敗吾軍有聲者怒
也先是去年十一月月犯太白是歲又犯之在
胃八月辛酉又犯之胃爲徐方大戰之象也十
月戊寅有大流星孛于羽林南流色赤珠落下
入濁氣亭然而流王師潰亂之兆先是梁胊山
鎮殺其將來降詔徐州刺史盧昶援之十二月
昶軍大敗於淮南淪覆十有餘萬 是歲七月乙巳
兵起且亡君戒是歲有胊山之役開歲而帝崩 有流星起北斗
四年十二月己巳歲星犯房上相相距一寸光

〔魏書志四〕 十二　十三　三○九十

芒相及至延昌元年三月丙申歲星在鈎鈐東
五寸距鈐閉三寸丙午又奄房上相天象若曰
夫鈴鍵之變閉房上所宜獨操非駿服所當共也
先是高肇爲尚書令而歲星又再循之所以
示人主審矣開二歲而上崩肇亦誅滅 或曰木與
升爲司徒猶快快而不悅而歲星又再循之以
水又元年二月月暈并畢軒轅十月又暈并五車參畢皆水旱
饑殺之祥自元年二月不雨至六月兩大水二年四月庚子出
絹十五萬匹賑河南饑人是夏州
郡十二大水八月滅天下珠死

二年四月庚午熒惑犯軒轅大星十月壬申月
守之九十餘日占曰有德令拜太子女主不居
宮至十月立皇太子賜爲父後者爵雄孝友之
家至二年三月乙丑填星守房占曰女主有黜
者以地震爲微地震者陰盈而失其性也四月
丙申月掩填星七月戊午又如之是爲后妃有
相遷奪者且曰女主死之時比歲地震至三年
八月太白又犯軒轅十二月月掩熒惑皆小君
之謫也時高后席寵凶悍雖人主猶畏之莫敢

〔魏書志四〕 十四　古賢　三○七十七

動搖故世宗胤嗣幾絕明年上山崩后廢為尼降

居瑤光寺尋為胡氏所害以厭天變也

延昌元年八月巳未有流星起五車西南流入

畢畢邊兵也占曰有兵車之事以所直名之至

二年十一月戊午又有流星起五車西南流殷

殷有聲憑怒者事盛也十二月巳卯有流星西

南流分而為二又偏師之象也至三年六月辛

巳太白晝見占曰西兵大起有王者之喪十一

月大將軍高肇伐蜀益州刺史傅豎眼出比巴

出劍閣會帝崩旋師　先是元年三月巳酉木土相犯　占曰人君有失地者將死之又

平南羊祉出涪安羌康生出綿竹撫軍甄琛

元年三月乙未有流星起太陽守歷比斗入紫

宮抵比極至華蓋而滅太陽守所以弼承帝車

大臣之象今使星由之以謂天極之位臣執國

命將由此始平且占曰天下大凶主室其空先

是去年八月至十月月再入太微是歲三月又

出征退來降及擘　張殷來降亦就戮

如之十二月甲戌月犯火于太微占曰君死不

出三年貴人奪權失勢二年三月辛酉熒惑又

犯太微占曰天下不安有立君之戒九月丁卯

入太微犯屏星明年正月而世宗崩於是王室

遂卑政在公輔　三年二月月暈畢昴五車太白入東井占曰王室　下二月梁將任太洪帥衆寇關城

兵道不通明年正月肅宗立大赦天

四年五月庚戌九月乙丑十月癸巳皆犯太

微中歲而驟于之彊臣不御執法多門之象也

閏月戊午月犯軒轅又女主之譴十一月庚寅

木火會于室相距一尺至甲午火徙居東比亦

相距一尺室為後宮火與末合占曰內亂環而

之或淫事千逼諸侯之象占曰茲臣謀大將戮

若有夷族之害以赦令除之先是三年九月太

白犯執法是歲八月領軍于忠擅戮僕射郭祚

九月太后臨朝淫放日甚至逼幸清河王懌其

後羽林千餘人焚征西將軍張彝宅辜死者百

數朝廷不能討於是大赦原羽林亦營室之故

也　魏收以為月犯太微大臣有死者其後皇太后高氏崩于瑤光寺營室又主土　軒轅女主憂之其後皇太后高尼崩于瑤光寺營室又主土

功也明太后害高氏以厭天禳乃以后禮葬之

四年十月太白犯南斗為吳分占曰大兵起

先是三年四月有流星起天津東南流輳虛危天津主水事且曰有大衆之行其後梁造浮山堰以害淮泗諸將攻之是歲閏月有大犇星起至東井南流色正赤光明爥地尾長丈餘歷南河七星南流色正赤光明爥地尾長丈餘歷南河至東井七星河南之分也流星出之有兵起施及東井將以水禍終之又占曰所與城等疑是時鎮南崔亮攻梁師于硤石明年二月鎮東蕭寶嘉大破梁淮北軍九月淮堰決梁人十餘萬口皆漂入海

蕭宗熙平元年三月丙子太白犯歲星十二月甲辰月犯歲星是謂彊盛之陰而陵少陽之君犯之癸卯月又犯房占曰天下有喪諸侯起霸歲又諸侯也天象若曰始由內亂干之終以威刑及之是歲正月熒惑犯房四月庚子又逆行將相戮十一月大流星起織女東南流長且三丈光明照地占曰王后竄竂之有女子白衣之會

閒歲高大后殂司徒任城王澄薨國珍薨中宮再有喪事其後僕射于忠司徒任城王澄薨既而太后幽邁

清河中山王戮死

月暈井鉏參五車占曰水旱有赦至二年正月大赦又元年十月幽冀滄瀛大饑是月再暈畢五車占曰饑赦明年幽州大饑死者數千人自正月不雨至六月是歲四夷及叛兵大出又赦改元

二年六月癸丑有大流星出河鼓東南流至牛十一月流星起河鼓色黃赤西南流長且三丈有光照地至神龜元年四月壬子有流星起河鼓西北流至北斗散滅河鼓鼓旗之應也故流星出之兵出入之昔宋泰始初大流星出自河鼓西南行竟夜有小星百數從之既而侯同晊作亂至是三出河鼓泰州屬國羌及南秦東益氏皆及七月河州人却鐵忽與群盜又起自稱水池王詔行臺源子恭及諸將四出征之朝廷多事故天應屢見云

神龜二年四月甲戌大流星起天市垣西東南流輳尾光明爥地天象若曰將作大衆而從后妃之事矣以所首名之是歲九月太后幸松高

或曰市垣所以均國風屋幽州世明年詔尚書

長孫稚撫巡北蕃觀省風俗　蕭參歲星五車占曰有

火合于井相相去一尺占曰王業易君失政金

正光元年正月月又犯軒轅大星四月庚戌金

二年八月己亥太白犯軒轅是月月又犯之至　死相且叔明年諸王多伏吉平又大赦

月相距三寸占曰將相相攻秦國有戰七月太

白犯角角天門也是為兵及朝庭占曰有謀不

成破軍斬將是月侍中元乂矯詔幽太后于北

宮殺太傅清河王懌八月中山王熙起兵誅元

乂不克遇害明春衛將軍奚康生謀討乂于禁

中事洩又死是冬諸將伐氐官軍敗績

正光元年九月辛巳有彗星光爛如火出于東

方陰動爭明之異也感精符曰天下以兵相威

以勢相乘爭明之異也感精符曰天下以兵相威

宮其空昔正始中天讖孛于東北是歲而攝提

復周故天象若曰夫讒孛之亂萌有自來矣彗除

魏書志四　十九　陳勝

之象今則著矣戰國之禍將由此作乎間三年

而此鎮肇亂關中迹之自是安雄鼎沸復軍相　梁志曰九月乙

蹕其災之所及且二十餘年而猶未弭焉

二年四月甲辰火土相犯於危十一月辛亥金

土又相犯于危危存亡之機太白司兵熒惑司

亂而玄枵司人尘下之所係命也三精游聚群

臣叶謀以濟屯復之運焉占曰天下方亂甲兵

大起王后專制有虛國從王至四月己未

火土又相犯于室室是謂後宮內亂且占曰欲殺

主天子不以壽終或曰魏氏軒轅之裔主之

物也赤靈為毋白靈為子經綸建國之命所以

傳授亂之君也其受之者將在并州與有齊之

國乎其後太后淫昏天下大壞上春秋方壯誅

諸倖臣由是鄭儼等諫懼遂說太后鴆帝既而

尒朱氏興于并州終啓齊室之運卜洛之業遂　二年十月月掩心大星至三正月月掩心距星四

丘墟矣　月丁丑又如之占曰亂臣在側　五年間三

魏書志四　二十　古賢

三年七月庚申有大流星如五斗器起王良東

比流長一丈許王良主車騎且曰有軍涉河昭

盛者事大是日月在昴比三寸十一月乙卯又

如之是謂兵加匈奴且胡王之讁也先是蠕蠕

阿那瓌失國詔北鎮師納之是歲八月蠕蠕後

主來奔懷朔鎮閏歲詔阿那瓌脊約犯塞詔尚書

令李崇率騎十萬討之出塞三千餘里不及而

還歲星三年九月在畢〔二年九月庚戌月暈冒昴畢五車辛亥又暈昴畢五車皆暈昴畢參參五車是歲夏大旱〕

〔見志四〕 〔二十一〕

月
大
赦 〔見志四〕 〔二十二〕

三年二月丁卯月奄太白京師不見涼州以聞

占曰天下大兵起涼州獨見災在秦也三月癸

卯有大流星起西北角流入紫宫破為三段光

明照地角星主外朝兵政流星由之將大出師

之象若曰將以兵革之故王室分崩之將

天下大凶有虛國之象四月癸酉有大奔星歷

紫微入比斗東北首光明燭地郎然如電盛怒

之象也皆以所直名之至四年八月乙亥月在

畢〇奄熒惑又邊城兵亂之戒也十月乙卯太白

入斗口距第四星三寸光芒相奄鎮人破洛汗

將殺辱又吳分也五年正月沃野鎮人破落汗

拔陵反臨淮王或征之敗績于五原六月莫折

大提反於秦雍州刺史元志討之又大敗於隴

東明年南方諸將頻敗喪師至八月杜洛周起

上谷其後鮮于脩禮反定州王師比歲北征冀

方大震既而葛榮承之音陷河北〔五年二月月在畢奄軒太微占曰兵起士卒大眾走一日士卒多避走甘赦祥也是時微調騾起兵〕

〔東井熒惑八月又暈之閏月月在張翼舞暈軒太微占曰兵起自二月至六月每月在畢暈昴畢常於後春又大赦〕

〔見書志四〕 〔二十二〕

年九月歲星犯左執法至三年正月癸丑又逆 〔先是二〕

行犯之相去四寸光芒根及五月丙辰歲星又逆 〔大赦天下十月月在畢暈昴畢〕

奄左執法是時官者劉騰與元叉叶謀逐總百

楑之任故歲星反復由之與高肇同占至四年

二月騰死又由是失援其年十一月庚戌歲星

犯房上相相距二寸光芒相奄五年四月巳丑

歲星又逆行犯之明年皇太后反政又遂廢黜

昔高肇為尚書令而歲星三省之及升于上相

歲星亦冉循之至是三犯執法而騰死冉干上

相而又敗曠宮之譴異代同符矣

孝昌元年五月太白犯軒轅八月在張角盛大
占曰有暴酷之兵張河南也十二月火入鬼又
犯之占曰大賊在大人之側右以淫洪失政又
秦分也二年正月癸卯金木相犯於牛十一月
戊申又相犯于女歲所以建國人女為蠶妾
牛為農夫天象若曰是將罹以寇戎而襄其耕
織之務矣且曰有亂兵大戰而波及齊吳是歲

二十三

八月甲申月在胃奄鎮星閏月癸酉又奄之三
年正月戊辰又奄之是為女君有罹兵刑之禍
者涉干之事甚而眾也又占曰天下大喪无主
貴人兵死國以滅亡又二年三月奔星大如斗
出紫微東比流光照地占曰王師大出邦去其
君六月有奔星如斗起大角入紫宮而滅棟星
以肆觀群后而敷威令于四方也今大號由之
以詔天極不以逆平且有空國從王之戒焉十
月有星入月中而滅占曰入而無光其國卒滅

二十八

刘仁

星反出者亡國復立是歲四月至三月九月癸

惑冉犯軒轅大星武泰元年正月又逆行
之占曰主命將失女君之象亂逆之災三月庚
申月奄畢大星占曰邊兵起貴人多死者是時
淫風滋甚大政盡弛自大河而比極開而西覆
驅伐淮泗連兵責士萬姓嗷嗷喪其樂生之志
軍屠邑不可勝計既而蕭寶甯叛千雍州梁師
矣是歲二月帝竟以暴崩四月介朱榮以大兵
濟河執太后及幼主沈諸中流害王公以下二

二三八七
小八

千遂專權晉陽以令天下焉

大赦明年少
主立又大赦

莊帝永安元年七月癸亥太白犯左角相距四
寸光芒相奄兵及朝庭之象占曰大戰不勝貴
人有來著其謀不成至二年閏月熒惑入鬼犯
積尸占曰兵起西比有鈇鉞之誅是歲比海王
顥以梁師陷考城執濟陽王暉業兼虛逐勝遂
入洛陽至七月王師大敗之顥竟戮死有謀不
成之驗明年介朱天光擊及虜万俟醜奴及蕭

二十四

刘仁仲

二年十一月熒惑自鬼入太微西掖門犯上將
出東掖門犯上相東行累日勾已去來復逆行
而西十二月乙丑月又奄之至三年正月癸未
逆行入東掖門已丑月入太微龍襲熒惑辛卯月
在右執法南尺餘而東自魏興以來未有循環
四月戊午月又干太微而暈之三月已卯在右執法比一尺
五十留十四日至壬辰月暈之復順行而東
行太微中又暈之三月已未熒惑出端門

反復若此之荐也是時孝莊將誅權臣有興復
魏室之志是以誠發於中而熒惑咨謀於上焉
其占曰有權臣之戮有大兵之亂貴人以彊死
而天下滅云至五月已亥太白在參晝見參為
晉陽之墟天意若曰干明之舋於是平在矣七
月甲午有彗星晨見東北方在中台東一丈
六尺色正白東北行西南指丁酉距下台上星
西比一尺而辰伏庚子夕見西比方長尺東南
指漸移入氐至八月已未漸見癸亥滅占曰彗

出太階有陰謀姦究興凡天事為之微形以戒
告人主始滌公輔之穢而彗除之權臣將滅之
象再干太陽之明而後陵奪之逆亂復興之象
也三月而見者纔近畋究于內宮者反仇其
上也近期一年先是二月壬申有大
流星相隨西北尾迹不絕以千計西比陽
之墟而微星庶人所以載皇極出宮而君從
之是月戊戌有大奔星自極東貫紫宮而出影
迹隨之遷君之應至九月上誅太原王榮上黨

王天穆于明光殿是夕尒朱氏黨攻西陽門不
克退屯河陰十二月洛陽失守帝崩于晉陽自
是南宮版蕩劫殺之禍相踵先是永安元年七
月丙子十一月丙寅十二月癸已月皆奄畢大
星至二年三月乙卯月入畢口八月乙丑又距
畢左股二寸光芒相奄須臾入畢口十二月丙
辰奄畢右股大星三年六月乙已又犯畢大星
八月庚申入畢口犯左股大星是月辛丑太白
犯軒轅明年五月月又犯畢右股遂入之畢星

節閔普泰元年五月辛未太白出西方與月並
又洛陽再陷六宮汗辱有兵及軒轅之效焉
都復黜之後更立武帝於是三少王相次崩殂
之而立節閔六月高歡又推安定王為帝於信
作亂奉長廣王為主号年建明明年二月又廢
邊兵起上將戮月淬干之事甚而眾及尒朱北
所以建魏國之命也占曰天下有變其君大憂

二年十月辛亥十二月丁丑皆在畢昴畢填星精參五
普泰元年正月巳丑月在角量軫角五車元連環量比斗大角
織女十月又晝昴畢柱井參五
車是時肆赦之令歲月栝踵

君有立王遷主著而有聲者盛怒也是時尒朱
占曰大臣有外事以所首事命之或曰是時中國失
奔星如斗起太微東比流光明燭地有聲如雷
勃海王歡起兵信都改元中興至十一月巳卯
大晉魏之墟也且曰兵變並起霸君興焉是時
將復之平十月甲寅金火並土聚牛牸參甚明
既而尒朱氏南侵王師敗績至是又與月合幾
太白比不容一指占曰有破軍殺將主人不勝
間容一指戰祥也先是去年十一月辛丑月在

等于赤洪領大破之尒朱氏殲焉
大司馬合戰明年正月丁酉勃海王歡追擊兆
聲如雷天象若曰將有氂頭之兵憑陵塞垣與
大流星出昴比東南流轊畢貫參光明照地有
孝武永熙元年四月武帝即位比及歲終十一月辛卯君有
十餘萬死之君既而尒朱兆及歲終凡殺三廢帝
有戮死之君既而尒朱北等大敗于韓陵覆師
天子失其官閏月庚申歲星入鬼犯天尸占曰
氏成師比伐明年三月癸巳火逆行犯氐占曰

人貴而眾也以所首名之且為天飾王者更均
鮑瓜為陰謀星大如甕為發謀舉事光盛且大
廣且三尺疑著天狀如譬白雲須臾屈曲蛇行
瓜西流入市垣有光燭地進流如珠尾跡數丈
州也至三年三月癸巳有奔星如三斛甕跡鮑
憂甲寅金火合于軫相去七寸光芒相及占
去一寸光芒相奄占曰是謂内亂姦臣謀人主
二年四月太白晝見九月丁酉火木合于翼相

封疆是時斛斯椿等方說上代高歡荊州刺史
賀拔岳預謀焉高歡知之亦以晉陽之甲來赴　三年十二
七月上自將十餘萬次河橋望歡軍憚之不敢
戰遂西幸至十月勃海王更奉孝靜為主
改元天平由是分為二國更均封疆之應也是
月歡命侯景政荊州拔之勝南奔　是年三月庚子木逆行在左執法此一寸兆也相奄五月甲申又在執法西半寸乍見乍不見占曰疆臣擅命改政更元十二月上朔由是高歡宇文泰擅權

三年五月己亥熒惑逆行奄南斗魁第二星遂
入斗口先是元年十一月熒惑入斗十餘日出
而逆行復入之六十日乃去斗大人之事也占
曰中國大亂道路不通天下皆更元政吳越
之君絕嗣是歲東西帝割據山河遂為戰國比
十月至正月梁魏三帝皆大赦改元或曰斗為
壽冠命之養而火以亂氣干之耄荒之戒也是時
梁武帝年巳七十矣忿言於聽政專以講學為業
故皇天殷勤著戒又若言曰經遠之謀替矣將
以逆亂終之而勤其天祿焉夫天懸而示之且
兩國又二年十一月乙丑三年八月庚午十二月庚申月皆在斗首壘畢易參五車自三月至明年正月東西魏凡四大赦

猶不悟其後攝提復周卒有侯景之亂云　三年十二
東魏孝靜天平二年有星孛于太微歷下台及　月梁人立元慶和為魏王屯平瀨明年正月東南行臺元晏破之六月豫州刺史竞雄又大破梁師於南頓十月梁攻單父徐州刺史任祥又大敗之時梁軍政益弛故累有負敗之應
室壁而滅南宮成周之墟孝文之餘烈也孛星
由之易政徙王之戒天象若曰王城為墟夏聲
幾變而台階持政有代奪之漸平且抵于營室
更都之象也是後兩霸專權皆以此俗從事河
南新邑遂為戰爭之郊閱三歲至興和元年九　天平元年閏月月奄心大
月發司州卒十萬營鄴都十月新宮成　月月奄心星相臣通主
星二年八月又犯心月占日人主伐弖　之象且占日人臣之相應以善事除殃時兩雄王業已定特以人臣取容而巳興和二年八月月又犯心大星後數年而禪代
元象二年七月壬戌金土合于七星癸亥遂犯
七星七星河南之分金而犯土將有封畿之戰　且占日其分亡地先是去年十二月癸丑太白
食占日是歲三月壬申太白又與月合相距一寸
大戰之祥也是月有象疆大之國而金合之秦師將
勝焉十二月有流星從天市垣西流長且一丈

有尾迹三年正月勃海王歡攻夏州克之十
丁丑月犯火占曰大將有闕死者十二月大都
督竇泰入潼關明年宇文泰距擊斬之十月遂
及勃海王歡戰于沙苑歡軍敗績捕虜万餘是
月獨孤信拔洛陽
三年十一月熒惑犯歲星占曰有內亂臣謀主
至四年正月客星出于紫宮占曰國有大變二
月壬申八月癸未月冊奄五車東南星占曰兵
起道不通十一月太白晝見占曰軍興兵為不臣

五年二月庚戌三月甲子填星逆行再犯上
相上相司徒也六月太白入東井占曰秦有兵
大臣當之至元象元年七月太白在柳晝見柳
河南也八月辛卯有大流星出房心北東南行
長且三尺尾迹分為三段軍破為三之象也先
是行臺侯景司徒高昂圍金塘西帝及宇文泰
自將救之是月陳于河陰泰以中軍合戰大克
司徒高昂死之既而左右軍不利西師由是敗
績斬將二十餘人降卒六萬是月西帝大傅梁

景敫據長安反關中大震尋皆伏誅
興和元年二月壬子火犯井占曰秦有兵亂貴
人當之四月又入鬼亦兵喪之祥也又土地之
分也至二年十一月甲戌太白在氐與填星相
犯氐鄭地也至四年七月壬午火木合于井相
去一尺占同天平明年北豫州刺史高仲密據
武牢西叛宇文泰帥眾援之戊申及勃海王戰
于邙山西軍大敗虜王侯將校四百餘人獲六
萬餘級
二月乙卯至婁始自微占曰彗出南斗之土皆誅
餘至十一月丙戌距太白三尺長丈餘東南指
其上疑又吳分始自微末終成著大而與兵星
合焉天戒若曰夫劫殺之萌其事由來漸矣而
人君辨之不早終以兵亂橫流不可撲滅焉妻

又徐方之次亂之所自招也至二年四月己丑
金木相犯于奎丙午火木又相犯于奎奎為徐
方所以屢蹶防之寇也歲主建國命而省人
君之差敗火主亂金圭兵三精淨而聚謀所以
哀矜下上而示驅除之戒也時梁主衰老太
子賢明而不能授之以政焉由是領軍朱异等
浸侵明福之權至武定五年侯景篡河南六州
而叛又與連衡而附益之是歲十二月梁師敗
績于彭城捕虜五万餘級江淮之間始蕭然愁

三十三　圭

歎矣明年師大敗陷溺以十万數景遂舉而濟
江三吳大荒道殣流離者太半淮表二十六州
咸內屬焉昔二精聚謀於危九年而高氏霸至
是聚謀於奎而蕭氏亡亦天之大數云爾
武定二年四月丁巳熒惑犯南宮上將戊寅又
犯右執法占曰中坐成刑金火尤甚四年四月
庚午金書見六月癸巳月入畢九月壬寅太白
在左執法東南三寸許也是為執法事五年正
月犯畢大星貴人之謫也先是九月大丞相歡

圍王壁不克是月歡薨于晉陽辛亥侯景反僕
射慕容紹宗擊之八月淮南三王謀反誅明年
紹宗攻王思政于潁川竟溺
畢參井五車五月在張又暈軒轅太
微時兵革屢動東西皆比歲大赦
四年九月月在翼暈軒轅
太微帝坐五年二月暈昴

七年九月戊午月奄歲星在斗斗為天廟帝王
壽命之期月之以千歲星是為大人有篡殺
死亡之禍是歲梁武帝以憂逼殂明年而葬帝
後年西主文帝及梁簡文文終天下皆有大故
而汪表尤甚八年三月甲午歲鎮太白在虛虛

三十四　老

齊分是為驚立絕行改立王公熒惑又從而入
之四星聚焉五月丙寅帝禪位于齊是歲西主
大統十六年也是時兩主立而東帝得全魏之
堰於天官為正昔宋武北伐四星聚奎及西代
秦四星聚井四星聚參而勃海始霸四星聚危
而文宣受終由是言之帝王之業其有徵矣其
後六年西帝禪于周室天文史失其傳也

夏書禹貢周氏職方中畫九州外薄四海析其
物土制其疆域此蓋王者之規摹也戰國分并
秦吞海內割裂都邑混華夷漢興即其郡縣
因而增廣班固考地理焉彪志郡國魏世三分
晉又一統地道所載又其次也自劉淵石勒傾
覆神州僭逆相仍五方淆亂隨所跨擅
長更相侵食彼此不恒犬牙未足論繡錯莫能
比魏定燕趙遂荒九服夷翦通僞一國一家遺
之度外吳蜀而已正光已前時惟全盛戶口之
數比夫晉之太康倍而巳矣孝昌之際亂離尤
其恒代而北盡為丘墟崤潼已西煙火斷絕齊
方全趙死如亂麻於是生民耗減且將大半永
安末年胡賊入洛官司文簿散棄者多性時編
戶全無追訪今錄武定之世以為志焉州郡荊
改隨而注之不知則關內史及相仍代相泯魏
自明莊寇難紛紜攻伐既廣啓土逾衆王公錫
社一地累封不可備舉故惣以為郡其淪陷諸

三廿世
魏書志五
子成
一

州戶據永熙舊籍無者不錄焉

司州　治鄴城魏武帝國於此太祖天興
刀年置相州天興元年還都改
領郡十二　　　縣六十五
戶三十七萬二千六百七十五
口二百四十五萬九千八百三十五

魏尹　故魏郡漢高祖置二漢屬冀州晉屬
司州天興中屬相州天平初改為尹
領縣十三
戶十二萬二千六百十三
口四十三萬八千二百一十四

四廿四
魏書志五
二

鄴　二漢晉屬天平初併湯陰安陽屬之湯陰太和中置關
今罷有西門豹祠武城廧里城石竇堰有南部右
部西部天平中決漳水為
萬金渠今世號天平渠

臨漳　天平初分鄴併內黃斥丘
斥丘城列人城鸕鷀陵林

繁陽　二漢晉屬頓丘真君六年
併頓丘立太和十九年復天平
二年屬

列人　前漢屬廣平後漢屬鉅鹿
二漢晉屬趙國

武安　二漢晉屬天平初屬廣平
安元年罷郡置天平初屬
中罷郡復置昌城

平邑　二漢晉屬廣平天平
十一年復屬魏二漢晉屬廣
併鄴郡太和二年屬天平
易陽城有沙鹿山

臨水　二漢晉屬廣平後
晉屬廣平真君六年
併鄴郡太和十一年
鼓山肥鄉城邯鄲城

昌樂　年分鄴置
天平二年分
太和十九年復置永

易陽　二漢屬趙國
平初屬後漢屬廣平天平
分元城置

斥章　前漢屬魏二漢晉屬趙國
後漢屬廣平天平二年分館陶置治有

元城　二漢晉屬
平初屬
易陽陽屬平天
天平二年併列人
分元城置

貴鄉　天平二年分館
陶城有東中郎將治有
空陵城
關陵城

陽平郡〔魏文帝黃初二年分魏置治館陶城〕

領縣八

戶四万七千四百四十四
口十六万七千二百七十五

館陶　二漢屬魏郡晉屬前漢屬館陶後漢章帝更名治樂平城永安中置有館陶城

清淵　二漢屬魏郡晉屬有清淵城

樂平　二漢屬東郡晉屬臨清太和二十一年

武城　二漢屬清河晉屬平干國宣帝改為廣平國後併樂平太和二十一年有干城尚城趙簡子陵武溝水白馬淵

發干　二漢屬東郡晉屬有發干城

武陽　二漢晉屬東郡晉屬臨清太和二十一年東武陽後漢改曰陽東武陽後改曰二年復改治曲梁城

臨清　二漢屬東郡晉屬日陽

廣平郡〔漢武帝置平干國宣帝改為廣平國後併樂平太和二十一年〕

魏書志五

領縣六

戶二万三千七百五十
口十万三千四百

平恩　二漢屬魏郡晉屬廣平後漢屬鉅鹿晉屬廣平城景明中分置治曲安城

曲安　前漢屬後漢屬鄴後漢屬廣平城後漢二十後屬曲城邯鄲漢二

邯鄲

廣平　前漢屬後漢屬鉅鹿晉屬廣平城後罷太和二十年復治廣年城

廣年　後發太和二十年復治廣年城有康臺澤

曲梁　二漢屬廣平後漢屬魏晉屬後漢有紫山

汲郡〔治汲城〕

梁郡〔晉武帝置治武頭〕

領縣六

戶二万九千八百八十三

北修武〔孝昌中分南修武置治清陽城有清陽城有汲泉馬泉丁戍陽城宜陽城晉屬有汲太和二年復屬河內〕

口十万二千九百九十七

南修武　二漢屬河內晉屬河內比干墓太公廟陳城興和二年復屬河內恒農人守戶歸國仍置義州於城中

山陽　二漢屬河內晉屬河內有朝歌城崔方城大方山淇水白溝水天井溝苑新城伏羲祠南北二武陽城孝景二年置郡初治共城後移治山陽城尋罷

朝歌　二漢屬河內晉屬河內有朝歌城

汲　二漢屬河內晉屬河內有汲城後省太和二十三年復

獲嘉　二漢屬河內晉屬後省太和二十年復

廣宗郡〔太和十一年立罷孝昌中復〕

魏書志五

領縣三

戶一万三千二百六十二
口五万五千八百九十七

廣宗　後漢屬鉅鹿晉屬安平中興中立南北二武陽城建始城建德城尋罷後屬廣宗城二年併南宮後復屬

經　後漢晉屬安平建始城二年併南宮後復屬

武強　後漢晉屬安平真君

東郡〔泰置治滑臺城天興中置兗州太和十八年改〕

領縣七

戶三万五百二十一
口十万七千七百一十七

東燕　二漢屬晉屬濮陽後屬有燕城堯祠伍子胥祠

白馬

平昌〔孝昌二年分白馬置治平昌城〕

馬朝溝白馬樊城凡象城
二漢屬晉屬濮陽後屬有

涼城 城有涼城南中分涼
西王毋祠外黃景

長垣 真君八年併外黃景
二漢晉屬陳留後屬
肺山白沙淵望氣臺五馬淵
酸棗來

長樂城武泰初分
子路祠長垣城衛靈公祠龍城蒲城
明三年復有平丘城臣城

北廣平郡 廣平置永安中分
領縣三
戶一萬六千六百九十
口九萬二千一百四十八

南和 前漢屬廣平後漢屬鉅鹿晉屬後併任太和二十
年復有左陽亭沙陵南和城一名嘉和城安豐城項

廣平鄉宛鄉城豐城張相祠
前漢屬廣平後漢屬鉅鹿晉屬有

襄國 奉為信都城二漢
羽更名 子城

任
屬趙國晉屬後併任太
和二十年復有襄國城

林慮郡 永安元
年置
領縣四
戶一萬三千八百二十一
口五萬二千三百七十二

林慮 二漢屬河內晉屬汲郡前漢名隆慮後漢避殤帝
名改馮君六年併鄴太和二十一年復有陵

共 二漢屬河內晉屬汲郡林慮共縣後置有王莽嶺黎城淇
陽流烏垣源河東流為淇有黎川祐柏嶺

臨淇 天平初分朝歌
流為淇河內晉屬汲
陽桓門山桓門水南流名太清水有橋山白鹿山

魏德 天平二年分朝歌
置有累山冷泉

頓丘郡 晉武
帝置
領縣四
戶一萬七千二百二十二
口八萬七千六百七十三

頓丘 太和中置有魚陽澤帝嚳家帝譽家
曰觀後漢光武改有衛國城衛康叔家帝嚳
家崩聘家孔悝家衛靈公家衛武鄉城
國太和十九年復有宮
城黃城衛新臺昌鄉水
有隆安城 陰安
審食其家

衛國 二漢屬東郡晉屬
濟州孝昌末又屬西兗天平初屬
太和十一年後臨黃 真君三
年併衛國太和十九年後

漢陽郡 魏書志五
領縣四
戶一萬八千六百十四
口五萬五千五百一十二

虞丘 前漢屬東郡後漢屬濟陰晉屬
有羊角哀左伯桃家管公明家

城陽 二漢晉屬東郡後漢屬濟陰晉屬
屬有勃子河雷澤

鄄城 二漢晉屬
陰城 二漢晉屬

濮陽 二漢屬東
郡晉屬濟

黎陽郡 置治黎陽城
領縣三
戶一萬二千九百八十
口五萬四千四百五十七

黎陽 二漢晉屬魏郡後罷屬有黎陽山後罷孝 東黎
永安元年分黎陽置頓丘

昌二漢晉復屬有黎陽山 太和十八年屬
汲郡東郡晉屬頓立 太和十
汲後屬永安元年分入內黃 天平中罷

清河郡漢高帝置

領縣四

戶二万六千三十三

口十二万三千六百七十

清河二漢晉屬前漢曰厝後漢安帝改為甘陵晉改有河城

武城二漢晉曰東武城有閭閻城有俟城

定州太祖皇始二年置安州天興三年改

魏書志五　七　倭善

領郡五　縣二十四

戶十七万七千五百一

口八十三万四千二百七十四

貝丘二漢晉屬俟城太和十三年置

中山郡漢高帝置景帝改為國後改

領縣七

戶五万二千五百九十二

口二十五万五千二百四十一

盧奴州郡治二漢屬世祖神麚中置新城官有焉鄉城樂陽城
真君七年併新市景明元年復屬有恆山嘉山黑山竞山黃山魏昌

上曲陽前漢屬常山後漢晉屬常山二漢晉屬前漢章帝改

為漢二漢魏文帝改有蘭相如 新市
有魏昌城安城 家羲臺城新市城
母極屬晉二漢晉屬前漢曰安險後漢

常山郡漢高帝置恆山郡文帝諱恆改為常山後漢建武中省真定郡屬焉孝章建初中為淮陽永元二年復

唐二漢晉屬有唐水狼山祠
堯廟城堯唐水狼山祠
安喜二漢晉屬章帝改有大井澤安喜城趙

領縣七

戶五万六千八百九十

口二十四万八千六百二十一

九門二漢晉屬有常山城九門城有
十一年改有趙淝祠
晉屬故東冱漢高帝有
罷郡立熙平中置治唐城
安樂靈燕趙神受陽臺明臺神七真定

魏書志五　八　序善

行唐二漢晉曰南行唐屬後漢改太和十四年置唐郡二十一年復屬有石邑城西王母

蒲吾二漢晉屬有嘉陽城

靈壽二漢晉屬有所山

真定前漢屬真定國後漢
定國後漢

鉅鹿郡秦置後漢建武中省廣平國屬焉

領縣三

戶二万七千一百七十二

口十三万二千二百三十九

井陘二漢屬有回星城
水慈城井陘治
有星城
石邑前漢屬後漢罷晉復屬有石邑城

鉅鹿

曲陽二漢晉屬趙國曰下曲陽後改有平城莫鄉城曲陽鄉城有堯祠青丘
漢屬晉屬罷太和十郡 晏
二漢晉屬有肥壘
二年復有肥壘

高邑城前漢屬真定後漢晉屬二漢晉屬有郜城安定城有西門豹祠
真君神有青丘牛丘黃丘馳丘靈丘

10-1449

博陵郡漢相帝置

領縣四
戶二万七千八百一十二
口一十二万五千六十

安平 前漢屬涿後漢屬安平晉屬二漢
饒陽 前漢屬涿後漢屬安平晉屬有魯口城博陸城三泉神鏡陽城
深澤 前漢屬涿後漢屬安平晉屬晉曰南深澤後深澤侯改有女媧神祠
安國 二漢屬中山晉屬真君七年併深澤景明二年復有臨石淵安國城

北平郡孝昌中分中山置治北平城

領縣三　魏書志五
戶一万三千三十四　九
口六万五千一百二

北平 二漢晉屬中山
望都 二漢晉屬中山有堯神孫山有高昌城朝陽祁山伊祁山
蒲陰 二漢晉屬中山前漢曰曲逆章帝改名有蒲陰城安陽城安國城安陽赤泉神木門城有比平城

冀州 後漢治高邑袁紹曹操為冀州治鄴魏晉世邵續治厭次慕容垂治信都皇始二年

領郡四　縣二十一
戶十二万五千六百四十六
口四十六万六千六百一

平信郡仍置

長樂郡漢高帝置為信都郡景帝二年為廣川國明帝更名樂成安帝改曰安平晉改

領縣八
戶三万五千六百八十三
口十四万三千一百四十五

信都 二漢晉屬安平後屬城安城辟陽城下
南宮 前漢屬廣川後漢屬安平後屬
堂陽 前漢屬鉅鹿後漢屬安平晉屬後屬有荊丘
扶柳 前漢屬後漢屬安平晉屬廣川神瑞二年併廣川有棗彊城瑞二年併廣川神瑞二年後屬三年後屬十二年復屬安平後屬十二年後屬廣川神瑞二年併廣川有索盧城
索盧 晉屬廣川神
廣川 前漢屬後漢屬清河
東強 前漢屬清河後漢罷晉屬後屬廣川神明元年復
南皮 二漢晉屬有勃海城

勃海郡漢高帝置世祖初改戾漢太和二十一年復

魏書志五　十
領縣四
戶三万七千九百七十二
口二十四万四百八十二

博 二漢晉屬

武邑郡晉武帝置 晉屬勃屬

領縣五
戶二万九千七百七十五

南皮 二漢晉屬有勃海城 東光 二漢晉屬脩 修 前漢晉屬豹瞞後改有董仲舒祠 安陵

武遂 前漢屬河間後漢晉屬安平後屬

口二十四万四千五百七十九

津 安平後漢晉屬
併武邑太和十八年復有武強淵 灌

安德郡 太和中置尋併中後復

領縣四

阜城 前漢屬勃海後漢屬有弓高城

武邑 前漢屬信都後屬 武強 神光□年

武強 前漢屬安平後屬

平原 二漢晉屬清河真君三年併兩城太和二十一年復屬勃海後屬 安德 二漢晉屬平原後屬 絳 何

安德 二漢晉屬平原後屬治臨汾城

領縣四

戶二万二千二百一十六

口六万八千三百九十六

幷州 治晉陽漢晉治晉陽晉末治台壁後皇始元年平仍置

領郡五

縣二十六

戶二十万七千九百八十三

口四十八万二千一百四十

幕 二漢晉屬太原真君三年併南勃海後屬 南 勃海後屬治臨汾城

太原郡 二漢晉屬清河真君三年併兩城太和二十一年復屬勃海後屬

領縣十

戶四万五千六

口二十六万七千五百七十八

晉陽 二漢晉屬真君九年罷併榆次屬焉 有介子推祠西南有懸甕山一名龍山晉水所出東入汾 有晉王祠梗陽城…

中都 城平譚城城原過 祠旱山 榆次 二漢晉屬 真君九年罷景明元年復 受

鄔 二漢晉屬罷併平真君九年復有鄔城大岳山處水入昆夷澤 平遥 二漢晉屬後屬壺關景明元年遷治

陽 二漢晉屬樂平真君九年罷景明二年復有白壁嶺樊陽水八表山徐水 長安 明初復有二陵城三角城 劉公祠上黨關石井關天井關

陽邑 二漢晉屬罷併壼關真君九年復有白壁嶺 京陵

上黨郡 泰置治壺關前漢治安民真君九年罷景明二年復

領縣五

戶一萬五千九百三十七

口十萬四千四百七十五

沽 二漢晉屬 士

屯留 二漢晉屬有屯留城鳳皇山名天家山大王山上有關 龍達祠有疑山邇澤黃沙嶺絳水自寄氏東來入濁漳因名 長子 二漢晉屬後罷景明初復有羊頭山水比流入濁漳有慕容儁治壺關慕容永所都 寄氏 二漢屬晉屬

壺關 二漢晉屬後罷太和十三年復有羊腸坂靜林山雞鳴嶺一名大山有赤壤川其地寒而早霜魯般門一名天明微子城鐵鼓山玉馬門令狐徵君墓五龍祠 寄氏 氏

10-1451

明元年復改有荀氏城三想山比有水源出蒲谷東南流入綸
水有八礼泉上黨谷有盤秀嶺絳水所出有堯廟
普泰中分長子齊氏置有
望天嶺絳水出其南東流令澗潭有方
山伏山牛山

郷郡樂陽
石勒望上黨
郡後罷延和二年置

領縣四

戶一萬六千二百一十
口五万五千九百六十一

〈魏書志五〉
十三　何

陽城
二漢晉屬上黨曰涅求安中改有涅
水出馬東南上黨遼陽屬焉有
青山神祠
垣城臨川城
橫水上有李陽墓有古麻池
即石勒與本陽所爭池

郷郡
武郷社城方山上有堯廟三臺
晉屬魏城偷社城

襄垣
二漢晉屬
上黨有五
郷

銅鞮
城石弟水東行入漳有
二漢晉屬上黨有銅鞮
城石弟水

襄垣郡　建義元年置
治襄垣城

遼陽
晉屬真君九年併郷孝昌
二年後有黄澤嶺遼陽城
復有象山祠
石艾　前漢屬太原後罷晉屬
沾嶺八賦嶺
關葦澤關董卓
城宏女泉及祠
孝昌六年復故名上艾後改有井陘

樂平
晉屬真君九年
併治孝昌二年

樂平郡
太原孝昌二年復治沽城

領縣三

戶二万八千二百六十七
口六万八千一百五十九

烏縣沙石
惟有堯祠
即石勒與本陽
沾州

領縣四

戶七千五百一十三
口三萬六千五百六十七

襄垣
郡建義元年分郷置
義
建義元年分上黨郷之屯
留置義
三壟山積布山游城武
軍城涉城有涉水臺壁

瀛州
太和十一年分定州河間高陽
冀州章武浮陽置治趙都軍城

刈陵
二漢晉屬上黨真君十
一年改後屬有伏牛山黎城

五原
郡建義元年分郷
建

襄垣
郡治建義元年分上黨郷之銅鞮置

領郡三

戶十萬五千五百四十九
口四十五萬二千五百四十一

〈魏書志五〉
三四九　毛端

高陽郡　晉後改
國置高陽

領縣九

戶三萬五百八十六
口十四萬二百七

高陽
前漢屬涿後漢晉屬河間
國晉復有郝神高陽城

博野
有博陸城中郷城
二漢晉屬

易
河間後屬有易京
前漢屬涿後漢晉屬

新城
二漢晉屬涿漢
晉屬河間後漢屬有易京

蠡吾
前漢屬涿中山後屬
前漢屬涿中山後屬

郷
晉屬復屬有樂郷城
前晉屬信郡後漢罷

永寧
有班姬神
石蘭神

清苑
高祖太
和元年

扶輿

樂

章武郡 晉置章武國後改

領縣五

戶三万八千七百五十四

口十六万二千八百七十

成平 前漢屬勃海後漢晉屬河間國後改曰東平舒有章武城有平城樂平城神里城

平舒 前漢屬勃海後漢屬河間國二漢晉屬河間城後漢晉屬勃海後屬

東州 前漢屬勃海後漢屬河間國晉屬勃海後屬有束州城

文安 前漢屬勃海後漢晉屬河間國正光中分滄州有章武城

西章武 武定置有章武城

河間郡 〔魏書志五〕 漢文帝置河間國後漢光武并信都和帝永元三年復晉仍爲國後改

領縣四 十五 凌

戶三万五千八百九

口十四万八千五百六十五

樂城 二漢晉屬治河間城有高平陵二王陵 中水

武垣 前漢屬涿郡後漢晉屬有武垣城小陵城

鄚 前漢屬涿郡後漢晉屬治後漢晉屬有鄚城

瀛州 孝昌二年分定相二州置治廣阿

領郡三 縣十五

戶七万七千九百四十三

口三十五万七千七百一十六

趙郡 秦邯鄲漢高帝爲趙國景帝又爲邯鄲後漢建武中復後改

領縣五

戶三万二千八百九十九

口十四万八千三百一十四

平棘 二漢屬常山晉屬有平棘城

房子 二漢屬常山晉屬平鄉城崞城 元氏

元氏 二漢屬常山晉屬曰鄗後漢屬有埵阜祠漢光武即位碑

高邑 二漢屬常山前漢曰鄗後漢屬有埵阜祠

氏城 有元氏城大嶺山小嶺山 欒城

欒城 太和十一年分平棘置有高邑城

鉅鹿郡 〔魏書志五〕

領縣四 十六 凌

戶一万三千九百九十七

口五万八千五百四十九

鉅鹿 永安二年分定州置治舊揚城有欒城 藥城

廮陶 二漢晉屬治廮陶有沃州城 廮遙

宋子 二漢後罷永安二年復治宋子城 西經

南趙郡 太和十一年爲南鉅鹿屬定州十八年屬相州後改孝昌中屬

領縣六

戶三万二千四百四十六

口五万八千五百四十九

廮遙 永安二年分廮陶置治楊城有愿城 宋子

二年分經縣置有邑城三女神廟

平鄉 晉屬後罷景明二年復有平鄉城 南欒

治鉅鹿城 南欒 二漢屬鉅鹿晉罷後復真君六年併柏人

戶五万一千一百十三

滄州
熙平二年分瀛冀
二州置治饒安城

鉅鹿 二漢晉屬鉅鹿後屬
後有南藥城
栢人 二漢晉屬有栢鄉城
廣阿 前漢屬鉅鹿後漢晉屬
中丘 前漢屬常山後漢晉屬趙國晉圈罷太和
二十一年復有中丘
城堯臺大陸陵銅馬祠
城伯陽城鵲山祠

領郡三　　縣十二

戶七萬二千八百三

口二十五萬一千八百七十九

浮陽郡 太和十一年分勃海章武置屬瀛州景明初併章武熙平二年復

領縣四

戶二萬六千八百八十

口九萬八千四百五十八

浮陽 郡治二漢晉屬勃海西接漳水衝水
章 二漢屬勃海治章武城有漢武帝臺

高城 二漢晉屬勃海前漢曰千童章和改有無棣溝西鄉茅焦家

饒安 帝改有無棣溝西鄉茅焦家

武 二漢晉屬勃海治高城縣入焉合口有浮水謂之浮水入海有滹水大家姑祠俗云海神或云麻姑神

樂陵郡 後晉改

領縣四

戶二萬四千九百九十八

口八萬五千二百八十四

魏書志五

樂陵 郡治二漢屬平原後屬魏初義和中罷有樂陵城東鄉城白麻泉神
陽信 二漢屬勃海
厭次 二漢屬平原後漢晉屬樂陵有馬嶺城有蒲臺祠有高城郡繞居之號邵
神羊闕山神柱中有鐵
安德郡 初罷天平初復治般界
濕沃 前漢屬千乘國後罷晉復屬樂陵後屬般城有故關闕延鄉城后父城

領縣四

戶一萬九千九百二十五

口六萬八千一百三十七

般 二漢晉屬平原後屬勃海熙平中屬般城有故般河
重合 二漢晉屬平原後屬勃海平元年併安陵後屬
和中十八年復後屬樂陵後屬勃海治重合城有菀康家勞破通冢
重平 前漢屬勃海

平昌 二漢晉屬平原後曰西平昌後罷太和二十二年復屬勃海熙平中屬樂陵後屬

領郡三　　縣十一

戶四萬五百八十二

口一十八萬一千六百三十三

魏書志五

肆州 治九原天賜二年為鎮真君七年置州
昌平城
平原城

永安郡 慶樂建安中置新興郡永安中改

領縣五

戶二萬二千七百四十八

口二万四千一百八十五

定襄 二漢屬定襄後漢屬雲中晉屬新興真君七年併雲中天神關門山聖人祠皇天神定襄城撫城七年併三堆朔方定陽屬雲中有鵬頭山神祠三會河九原晉昌屬嬴宋中有趙武靈王祠介君石神五

秀容郡
領縣四
戶一万二千五百六
口四万七千二百二十四

十九 古貴

秀容 永興二年置有秀容城原平城肆盧城石鼓山神女郎神金山神護君神風神

肆盧 永興二年置光武建武

石城 年改爲清天神大羅山臺城大乕城 始光初置有

敷城 郡真君七

鴈門郡 秦置光武建武十五年罷二十年改治敷城有石谷山亞角神車輪泉神
領縣二
戶六千三百二十八
口二万四百三十古

原平 前漢屬太原後漢晉屬有陰館城廣武城龍淵神亞澤神
廣武 前漢屬太原後漢晉屬有

東西二
平原

秀容郡
領縣四
戶一万二千五百六
口四万七千二百二十四

盬夷 永興二年置真君七年併肆盧敷城二郡屬焉

陽曲 二漢晉屬太原新興真君七年併狼孟陽曲屬有羅陰城始光三年置真君七年河

蒲子 始光三年河改屬嬴真君七年後改永安中屬有思陽城盬夷城署城代王神祠

平冠君真

幽州 城治薊

燕郡 故燕漢高帝爲燕國昭帝改爲廣陽郡宣帝更爲國後改國後漢光武帝併上谷和帝永元六年後爲廣陽郡晉改爲

領郡三 縣十八
戶三万九千五百八十
口二十四万五千五百三十六

燕郡
領縣五
戶五千七百四十八
口二万二千五百五十九

二十

薊 二漢屬廣陽晉屬有燕昭王陵惠王陵狼山神戾陵陂
廣陽 二漢屬上谷後漢屬晉屬有廣陽城
良鄉 二漢屬涿晉屬有大房山神
軍都 前漢屬上谷後漢屬廣陽晉屬有軍都關昌平城 二漢屬廣陽晉屬有良鄉城漢屬涿晉屬

范陽郡 後漢章帝置涿郡改
領縣七
戶二万六千八百四十八
口八万八千七百七

安城 前漢高帝置涿郡晉屬有安次城莨道城
固安 二漢屬涿晉屬有固安城金臺三公臺易臺范陽
方城 前漢屬涿後漢屬廣陽晉屬有
涿 二漢屬涿晉屬有涿城當平城酈城范陽城梁門改
萇鄉 前漢屬涿晉屬有萇鄉城方城前漢屬涿後漢

葛鄉 晉屬有固安城

范陽 二漢屬涿晉屬有

漁陽郡
領縣六
戶六千九百八十四
口二萬九千六百七十

臨鄉城方城前後漢屬涿晉屬有城韓侯城

容城 泰始皇置比年併比平郡屬焉
後罷太和中復

遒 二漢屬涿晉屬有
遠城南北二道城

雍奴 二漢屬漁晉屬燕國後屬真君七年併泉州屬有泉州城雍奴城後樂平谷屬焉有樂山神

潞 二漢屬漁晉屬燕國後屬真君七年併安樂平谷屬後有漁陽城二漢晉屬漁陽有栗城桃花山

無終 二漢晉屬右北平後屬有無終城狼山

土垠 二漢晉屬右北平孝昌年後屬中置唐州建義

徐無 後屬有徐無城

晉州
三口八十
【魏書志五】
領郡十一 縣三十一 二十
戶二萬八千三百四十九
口二十萬三十九

平陽郡 晉分河東置真君四年置東雍州太和十八年罷改置
領縣五
戶一萬五千七百三十四
口五萬八千五百七十一

平陽 二漢屬河東晉屬州治即漢晉之北屈也神麚元年世祖禽赫連昌置昌郡真君二年改七年併永安屬焉有乾城

禽昌 二漢屬河東晉連昌郡真君二年改七年併永安屬焉有乾城

襄 和十一年後有晉永高梁城龍子城禽太克廟郭

陵 二漢屬蜀河東晉屬治襄陵城置泰平孝昌三年

臨汾 二漢屬河東晉屬真君七年併泰平太和十一年後泰平真君七年

比絳郡 孝昌三年置治絳
領縣二
戶一千七百四十
口六千二百九十二

新安 二漢屬恒農晉屬河南太和十一年後罷孝昌二年後屬北絳

北絳 二漢屬河東晉屬平陽二漢晉曰絳後罷

求安郡 建義元年年後改屬
【魏書志五】
二口四十三
領縣二
戶二千九百五十二
口一萬五千四十
林

永安郡 治永安城建義元年

永安 二漢屬河東晉屬平陽前漢曰彘順帝改真君七年併禽昌正始二年後屬治仇池壁有霍山祠

楊 二漢晉屬平陽俊罷治楊城有岳陽山東明神趙城

比五城郡 興和二年置
領縣三
戶二百一十二
口八百六十四

祠

平昌興和二年置 石城興和二年置 比平昌興和二

定陽郡興和四年置

領縣三

戶四百九十八

口一千九百四十一

敷城郡天平四年置

西五城天平四年置

平昌興和四年置

領縣一

戶九十

口三百五十九

二十三

河西城天平四年置

敷城天平四年置

領縣一

戶二百五十六

口一千一百四十四

夏陽天平四年置

五城郡天平中置

夏陽天平中置

領縣三

戶四百二十一

口一千六百一十八

比東天平二年置 南棗永安元象元

西河郡舊汾州西河民孝昌二年為胡賊所破遠居平陽界還置郡

領縣三

戶一千七百六十一

口四千九百九十七

永安孝昌中置治白坑城 關城孝昌中置 介休孝昌中置

二十四

冀氏郡建義元年割平陽郡置

領縣二

戶一千三百二

口五千三百一十六

冀氏建義元年割置有冀氏城 合陽建義元年置有合陽城

南絳郡治會交川建義初置

領縣二

戶八百三十六

口二千九百九十一

南絳郡
太和十八年置屬
正平郡建義初屬
建義元年罷

義寧郡
建義元年置
治孫遠城

小鄉
建義元年罷
有小鄉城

領縣四

户二千四百七十八
口八千四百六十六

懷州
治義寧
建義元年置
八年罷天平初復

義寧 建義元年
分禽昌置

安澤 建義元
年置 沁

領郡二 縣八

魏書志五
二百廿三

户二萬二千七百四十
口九萬八千三百十五

黃四棠

源州
置鄉治
天安二年置太和十
八年罷天平初復

河內郡 漢高帝置

領縣四

户九千九百五
口四萬二千六百一

沁水 二漢晉屬治沁
城有沁水濟水 河陽 二漢
晉屬

野王 二漢晉屬州郡治
有太行山華岳神 後漢晉屬治
昌中復 軹 後漢罷孝
軹城有軹關

武德郡 天平初分
河內置

領縣四

户一萬二千八百三十五
口五萬五千七百二十四

平皋 二漢晉屬河內有平皋改平皋城
陵城 二漢晉屬河內有溫 懷城 二漢晉屬
雍城 中都城金城安昌城 河內有

溫 二漢晉屬
河內有溫 湨水 懷 二漢晉屬
河內有長

建州
平五年置慕容永分上
黨置建興郡真君九年省
和 永安中罷郡置州治高都城

領郡四 縣十

户一萬八千九百四
口七萬五千三百

魏書志五
二十六

高都郡 永安
中置

領縣二

户六千四百九十九
口二萬七千六百三十五

高都 二漢晉屬
上黨後屬 陽阿 二漢屬上黨晉罷
後復屬有武新關

長平郡 治泫
氏城

領縣二

户五千四百一十二
口二萬二千七百七十八

鴈知道

高平

永安中置

治高平城

玄氏 二漢晉屬上黨 郡治有羊頭山

安平郡

領縣二

戶五千六百五十八

口一萬九千五百五十七

端氏 二漢屬河東晉屬平陽後屬 孝昌中置及縣 太和二十年復

濩澤 二漢屬河東晉 屬平陽後屬

泰寧郡 孝昌中置

領縣四

戶一千三百三十五

口五千三百三十

東永安 西河 西濩澤 高延

領郡四 縣十

戶六千八百二十六

口三萬一千二百二十

汾州 延和三年為鎮太和十二年置州 治蒲子城孝昌中陷移治西河

西河郡 漢武帝置晉亂罷太和八年復治茲氏城

領縣三

戶五千三百八十八

二十七

隰城 二漢晉屬太原晉罷什星軍太和八年復有虞城陽城 復有木瓜山鄔城有鄭林宗墓介休城太岳山祠

吐京郡 真君九年置孝昌中陷寄治西河

領縣二

戶三百八十四

口一千五百一十三

新城 世祖名楨東太和二十一年置孝昌正平二年改吐京 世祖名嶺西太和二十一年改

五城郡 本土

領縣三

戶二百五十七

口一千一百一

五城 世祖名京軍太和二年改有雞苹 平昌 世祖名刑軍太和二年改有白馬谷石

城 世祖為陽太和二十一年改

定陽 舊屬東雍州延興四年分屬為孝昌中陷寄治西河

定陽郡

領縣二

戶七百九十七

口三千二百八

永安 太和十七年分隰城置 介休 二漢屬太原晉罷太和八年

二十八

徐良

定陽延興四年置

東雍州 世祖置太和中罷天平初復

昌寧 延興四年置有陰陽二城

領郡三　縣八

戶六千二百四十一
口三万四百

邵郡 皇興四年置邵上郡太和中併河內孝昌中改復

領縣四

戶五十二
口一百五十八

二八

〔魏書志五〕

白水 有馬頭山　清廉 有清廉山白馬山　甚平 有王屋山　西太平

二十九　茂叔

高涼郡

領縣二

戶四千四百四十五
口二万一千八百五十三

高涼 太和十一年分龍門置有高涼城闕閭罷姬家原　龍門 故皮氏二漢屬河東晉屬平陽真君七年

正平郡 故南太平神麚元年改太和十八年復 改蜀有臨汾城

領縣二

戶二千七百四十四
口八千三百八十九

閩喜 二漢晉屬河東後屬有周陽城天平中陷　曲沃 太和十一年置

安州 皇興二年置治方城天平中寄治幽州共界

領郡三　縣八

戶五千四百五
口二万三千二百四十九

密雲郡 皇始二年置治提攜城

領縣三

〔魏書志五〕

戶二千二百三十一
口九千四十一

三十

密雲 真君九年併方城屬焉　要陽 前漢屬漁陽後漢晉罷後復屬有桃花山　白

檀 治

廣陽郡 延和元年置益州真君二年改為郡

領縣三

戶二千八
口八千九百一十九

廣興 延和二年置真君九年併怕山屬　燕樂 真君九年併永樂置 州郡治延和九年置

王龍

10-1460

方城 並晉泰元年置

安樂郡 延和元年置交州 真君二年罷州置

領縣三

戶一千二百六十六

口五千二百一十九

土垠 真君九年置

安市 二漢晉屬遼東真君九年併當平省焉

義州 興和二年置寄治汲郡陳城

領郡七 縣十九

戶三千四百二十八

口一萬六千七百六十四

魏書志五 三十一

五城郡 永安中置屬北豫州武定五年屬司州天平中

領縣三

戶二千一百

口一萬七千六百六十九

隰城 永安中置有鳳皇臺安郎神皇侠神介休 中置永安

五城 中置未安

泰寧郡 興和中置

領縣三

戶二百二十八

口二千一百二十七

新安郡 興和中置 義興 興和中置 邵陽 興和中置

領縣三

戶三百九十四

口二千五百九十五

西垣 興和中置 新安 興和中置 東垣 興和中置

澠池郡 興和中置

領縣三

戶一百六十六

口八百二十八

魏書志五 三十二

北澠池 興和中置 俱利 興和中置 西新安 興和中置

恒農郡 興和中置

領縣三

戶九十三

口五百四十三

恒農 興和中置 比郊 興和中置肴 興和中置山中置

宜陽郡 興和中置

戶二百六十九

口六百八十六

金門郡 興和中置

領縣一

戶二百七十八

口一千二百一十七

宜陽 興和中置 南澠池 興和中置 金門 興和中置

北陸 興和中置 〔魏書志五〕

領郡九 縣十八

戶二千九百三十二

口七千六百四十八

〔三十三〕

南汾州

領郡四

戶八十八

口三百五十一

北吐京郡

領縣一

平昌 北平昌 石城 吐京

西五城郡

領縣三

戶二百四十七

口一千一百一十八

南吐京郡 昌寧 平昌

西五城

領縣一

戶三十二

口七十三

新城 〔魏書志五〕

西定陽郡

領縣一

戶四十二

口一百四十

洛陵

定陽郡

領縣一

戶五十四

〔三十四〕

口一百九十

永寧

北鄉郡

領縣二

戶二百九

口七百五十九

汾陰

龍門

魏書志五

五城郡

領縣二

戶二百二十四

口八百八十四

平昌

五城

中陽郡

領縣二

戶四百六十八

口一千六百三十七

昌寧

洛陵

龍門郡

三十五

張廣祖

領縣二

戶五百七十八

口二千四百九十六

西太平

南營州 孝昌中營州陷永熙二年置寄治英雄城

領郡五

汾陽

縣十一

戶二千八百一十三

口九千三十六

昌黎郡 永興中置

魏志五

領縣三

戶五百九

口二千六百五十八

龍城 永熙中置

廣興 永熙中置

遼東郡 永熙中置

領縣二

戶五百六十五

口二千六百三十四

定荒 興和中置

太平 永熙中置

新昌 永熙中置

三十六

建德郡中置（永熙）　領縣二

戶一百七十八

口八百一十四

營丘郡天平四年置　領縣三

石城永熙中置　廣都興和中置

戶五百十二

口二千七百二十七

富平天平四年置　永安元象中置帶方元象中置

樂良郡天平四年置　領縣一

戶四十九

口二百三

永樂年置

東燕州興和二年置太和中分恒州東部置燕州孝昌中陷天平中領源流民置寄治薊州宣都城

領郡三

戶一千七百六十六

平昌郡孝昌中陷天平中置　領縣二

口六千三百一十七

上谷郡天平中置　領縣二

万言天平中置　昌平天平中置有龍泉

戶四百五十

口一千七百二十三

平舒孝昌中陷天平中置　居庸孝昌中陷天平中置

戶九百四十二

口三千九百三十

編城郡武定元年置　領縣二

戶三百七十四

口一千五百一十三

廣武武定元年置　沃野武定元年置龍城太延二年置為鎮真君

營州治和龍城太延五年改置永安永熙天平初復為鎮真君　領郡六

縣十四

昌黎郡　晉分遼東置二郡焉　八年併冀陽屬焉
領縣三
戶一千二十一
口四千六百六十四

建德郡　治白狼城　真君八年置
領縣三
戶二百
口七百九十三
魏書志五　三十九

龍城　真君八年併柳城昌黎棘城　屬焉有堯祠榆頓城狼水焉
定荒　正光末置有鹿頭山松山
山石城大柳城
廣興　真君八年併徒何永　樂燕昌屬焉有雞焉
奈貞

石城　前漢屬右北平後屬　遼陽路大樂屬焉有白鹿山祠
陽武　正光末置有三合城　焉有金紫城
廣都　真君八年併白　狼建德葦屬

遠東郡　秦置後罷正光　中復治固都城
領縣二
戶一百三十一
口八百五十五

襄平　二漢晉屬後罷正光中復有青山　後改罷正光末復治連城
新昌　二漢晉屬後罷正光中復

樂良郡
領縣二
戶二百二十九
口二千八

冀陽郡　真君八年併昌　黎武定五年後
領縣二
戶八十九
口二百九十六　四十

永洛　正光末置帶方　二漢屬晉屬帶方
有烏山　後罷正光末復屬
魏書志五

平剛　正光末置
柳城

營丘郡　正光末置
領縣二
戶一百八十二
口七百九十四

富平　末置　永安　末置
正光

平州
領郡二　縣五
肥如城　晉置治

户九百七十三

口三千七百四十一

遼西郡 秦置

領縣三

户五百三十七

口一千九百五

肥如 二漢晉屬有孤竹山祠碣石 武王祠令人城黃山濡河 武歷山覆舟山 海陽 二漢晉屬有橫 林榆山太真山 新婦山清水

陽樂 二漢晉屬真君七年 併令支合資屬焉有

比平郡 秦置

領縣二

户四百三十

口一千八百三十六

新昌 前漢屬涿後漢晉屬遼東

朝鮮 二漢晉屬樂浪後罷延和元年徙朝鮮民於肥如復置屬焉

後屬有盧龍山

昌黎 恒州 矢興中置司州治代都平城太和中改孝昌中陷天平二年置寄治肆州秀容郡城

代郡 泰置孝昌中陷天平二年置

領縣四

魏書志五 四十二

平城 二漢晉屬鴈門後屬 太平 武周 二漢晉屬鴈門晉罷後復屬 永固

善無郡 天平二年置

領縣二

善無 二漢晉屬鴈門後屬 襄 晉罷後復屬 沃陽 二漢屬定襄後屬

梁城郡 天平二年置

領縣二

祖鴻 一本作 袛鴻

繁畤郡 天平二年置

領縣二

繁畤 二漢晉屬鴈門後改屬

崞山 二漢晉屬鴈門後改屬 繁畤 二漢晉屬鴈門後改屬

高柳郡 永熙中置

領縣二

高柳 二漢屬代郡晉罷後復屬

安陽郡 代郡晉曰東安陽屬晉罷後改屬 高柳 二漢屬代郡

北靈丘郡 天平二年置

領縣二

靈丘 前漢屬代後漢晉罷後屬 莎泉

內附郡 晉罷後屬天平二年置

靈丘郡 天平二年置

朔州

本漢五原郡延和二年置爲鎭後改爲懷朔孝昌中改爲州後陷今寄治并州界

領郡五　　縣十三

大安郡
　領縣二
　狄那　捍殊

廣寧郡
　領縣二

神武郡
　領縣二　魏志五一
　石門　中川

太平郡
　領縣三
　太平　太清　永寧

尖山　殊頹

附化郡
　領縣四
　息澤　五原　廣牧

雲州　舊置朔州後陷永中改寄治并州界

四十三　　千

盛樂郡　永熙中置
　領郡四　　縣九

歸順郡　永熙中置
　領縣二
　遷安　永熙中置

雲中郡　永興郡中置治　秦置
　領縣二
　延民　永興中置　雲陽　永熙中置

建安郡　永熙中置
　領縣二　魏書志五

永定　永熙中置
　領縣三
　永樂　永熙中置

真興郡　永熙中置
　領縣三
　真興　永熙中置　建義　永熙中置　南恩　永熙中置

蔚州　永安中改懷荒禦夷二鎮置寄治并州鄔縣界

始昌郡　永安中置
　領郡三　　縣七
　始昌　蘭泉　永安中置

干門　永安中置

四十四　　范育榮

忠義郡中置永安　領縣二

附恩郡中置天平　領縣二
草池中置永安　楊柳中置永安

顯州汾州六壁城治
西涼中置天平　利石中置天平　化政中置天平
領縣四　縣四

定戎郡永安中置氐城治　領郡四
魏書志五
四十五

零山中置永安　陽林中置永安
建平郡永安州治置　領縣二

昇原中置永安　赤谷中置永安
真君郡天平中置武定四年治東多城　領縣二
武昌郡武定元年置治圍城
廓州武定元年置數城界郭城治肆　領郡三

廣安郡武定元年置
永定郡武定元年置
建安郡武定元年置治鴈門川
武州武定元年置武定三年始立州城　領郡三　縣四
吐京郡武定八　領縣二
吐京武定元年置　新城武定三年置
齊郡武定元年置州治武定三　領縣二
魏書志五
昌國郡武定元年置　安平武定元年置　領縣二
新安郡武定元年置
西夏州寄治幷州界　領郡二
太安郡
神武郡
寧州興和中置汾州介休城寄治　領郡四
四十六
王志

武康郡 治東多城 武定四年置

靈武郡 武定年置

初平郡 武定年置

武定郡 武定元年置

靈州 太延二年置薄骨律鎮孝昌中改後陷關
西天平中置寄治汾州隰城縣界郡縣闕

前自恒州已下十州永安已後禁旅所出戶口
之數並不得知

常山郡注云後漢建初中為淮陽永元二年
復今案後漢書章帝建初四年四月徙常山
王昞為淮陽王和帝永元二年五月紹封故
淮陽王昞子側為常山王昞傳云徙淮陽王
以汝南之新安西華益淮陽國昞自常山徙
封淮陽非改常山為淮陽蓋魏收之誤

兗州　後漢治山陽昌邑魏晉治立劉義隆治瑕立觀因之

領郡六　　縣三十一

泰山郡　漢高帝置

領縣六

戶八萬八千三十二

口二十六萬六千七百九十一

一　欽

奉高　二漢晉屬

梁父　二漢晉屬有梁父山岱岳祠王父山故明堂基

嬴　二漢晉屬有馬耳山祠汶水出焉嵩阜顏城銅冶山在有克冢屬俎來山在比梁父城龜山羊續碑身女山祠雲母山

鉅平　二漢晉屬治平樂城有年亭山亭山嬴平城祝丘防城龍山祠汶城晉曰博野首山牟山祠五丁冢廟

牟　州城牟城望石山

博平　二漢晉屬有博野首山牟山祠後政有蒙蕪城平城牟城望石山

魯郡　為魯國皇興中政

領縣六

戶一萬五千一百六十

口四萬七千三百二十九

魯　二漢晉屬有牛首亭五父衢尼丘山房山魯城叔梁紇廟孔子墓朝沂水泗水季武子臺顏母祠魯昭公臺伯禽冢

魯文公敖魯恭王陵宰我冢見寬碑

汶陽　二漢晉國有桑杜立新甫碑山嶠春舒城汶陽城　陵山桃城嶺因梁岭城嶺因山鄉山

新陽　前漢屬東海後罷劉駿復魏因之

陽平　之有滕城　武帝政為郡晉武帝更名

高平郡

領縣四

戶二萬二千一百二十四

口二萬五千八百九十六

高平　二漢屬山陽晉前漢棗也後漢屬山陽晉有平陽城漆城白馬溝　屬山陽晉有興城方與

金鄉　後漢屬山陽晉屬有金鄉山范巨卿冢崔碑南平陽　二漢漢曰平陽水千秋城胡陸城泰城高平山承崔山伏羲廟

任城郡　後漢章帝分東平為任城國晉永嘉後罷神龜元年分高平置

領縣三

戶八千五十

口二萬一千七百八十九

任城　前漢屬東平後漢屬有任城晉屬高平後屬有任山祠

鉅野　二漢屬山陽晉屬高平鉅野城唐陽城華陽城

亢父　前漢屬東平後漢晉屬亢父城女媧冢鳳伯祠

東平郡　故梁國漢景帝分為濟東國武帝河郡宜帝為東平國後漢晉仍為國後政

領縣七

戶二萬七千百五十二

口六萬二千八百一十

東陽平郡
　領縣五
故東平地劉駿復魏因之治平陸城

須昌　前漢屬東晉屬後漢有　富城　二漢晉屬東平有富城城卜城武強城　城城

平陸　二漢晉屬東平後漢曰東平陸後改曰東平陸後劉義隆置廣武城比

無鹽　二漢晉屬有龍山無　范有洙城有
剛　晉屬剛後漢平後改治剛城

壽張　有部城南章北章城
濟溝　
左丘
明帝

元城　劉義隆置魏因之有寧陽城　二八十七　樂平　劉義隆置魏因之有青山祠魯溝水　頓丘　劉駿置魏因之
有乗

館陶　劉義隆置魏因之有唐陽城　平原　劉駿置魏因之有苦城鉅野澤

青州　後漢治臨淄司馬德宗治東陽魏因之

齊郡　秦置
　領縣九
　領郡七　縣三十七

魏書志六

戶六千二百四十六
口二萬八千九百九十四

戶七萬九千七百五十三
口二十萬七千五百八十五

戶三萬八百四十八
口八萬二千二百一十

二八十七
三
青七

臨淄　二漢晉屬有公孫僑家樂安嬰冢　昌國　二漢晉屬有祀信家益都　有祀信家益都
盤陽　前漢屬濟南晉屬有大峴山有鹺山太山　平昌　前漢屬琅　安
釣室

北海郡　治平壽城
　領縣五
廣饒　二漢晉屬有樂陵山　西安　二漢晉屬有
平　二漢晉屬后改前漢屬淄　廣川
川後漢屬北海晉屬有

下密　前漢屬膠東國後漢屬齊郡後屬　劇　二漢屬齊晉屬琅　都昌　二漢屬齊晉
屬有徐　平壽　二漢屬北國後漢屬齊郡後屬　膠東　前漢曰膠東國後漢屬北海晉

樂安郡　和帝更名樂安國晉改
　領縣四

千乘郡　屬晉罷千乘後漢屬千乘後漢晉屬　博昌　前漢屬千乘後漢晉屬　安德　般

勃海郡　故臨淄地劉駿置魏因之
　領縣三

魏書志六

戶二萬七千五百八十七
口四萬六千五百四十九

戶五萬九千九百一十六
口二萬三千二百三十九

四
青七

戶五千二百七十九

口一萬三千七百五

重合　脩　長樂〈有工陵冢〉

高陽郡　故樂安地劉義隆降置魏因之　領縣五

戶六千三百二十二

口一萬七千六百六十七

高陽　新城　鄚　安次　安平

河間郡　劉義隆置魏因之

〈百卒一〉【魏書志六】　五

領縣六

戶五千八百三十

口一萬四千八百一十八

阜城　城平　武垣　樂城　章武〈有張釋之冢〉

皮〈劉駿置魏因之有望海臺〉

樂陵郡　故千乘地劉義隆置魏因之

領縣五

戶七千九百七十一

口一萬八千五百七十五

〈南　張升〉

陽信〈有千乘城博昌城〉　樂陵〈有姑城〉　厭次　新樂　濕沃

齊州　治歷城劉義隆置魏因之歷城　皇興三年更名

領郡六　縣三十五

戶七萬七千三百七十八

口二十六萬九千四百六十二

東魏郡　劉駿置魏因之歷城後徙臺城

領縣九

戶二萬九千一百三十

口七万三千五百七十

【魏書志六】　六

犬丘〈劉駿置魏因之有龍山〉　頓丘〈劉駿置魏因之有飛烏嶺〉　肥鄉〈有平陵城巨合城〉　安陽〈有魚〉

城〈管城有臺城石崩山〉　博平〈有七鼓城逢陵城長白山〉　聊

東平原郡　劉駿置魏因之治梁鄒

領縣六

戶一万三千九百二十九

口四万四百三

平原〈有黃山高苑城平原城〉　禹〈有高苑城〉　臨濟〈有鄒平城建新城〉　茌平城〈有廣〉

宗〈有胡山平郭城〉　高唐

領縣七

戶六千八百一十

口二萬二千五百七十四

清河　繹幕　水有龍俞　有淳于號　家金雀山　零　武城　有昌國城貝丘

廣川郡　魏因置　劉裕之

領縣三

戶三千九百四十五

　七　　　朱

燕城　舊屬青州太和　饒陽　十八年分屬

【魏書志六』　二○六十

武強　索盧　中水　有長城　三㺄山

濟南郡　漢文帝為濟南國景帝為郡　後漢建武中復為國晉改

領縣六

戶二萬一十七

口六萬八千八百二十

武強　索盧　中水　有長城三㺄山

歷城　二漢晉屬有黃臺華不注山　華泉匡山舜山祠娥美祠　著　治著城二漢晉屬　土鼓　二漢晉屬後有龍盤山　平陵　二漢屬晉屬罷後　逢陵

朝陽　二漢晉屬樂安後漢曰東朝陽後晉屬有朝陽城

陵城　有於陵城洛盤城平陵城女郎山祠立城

太原郡　劉義隆置　魏因之

領縣四

戶一萬三千五百六十

口五萬八百二十三

太原　司馬德宗置親置治升城有廉溝埤城　盧　前漢屬太山後漢晉屬齊北二漢晉屬泰山後屬　有咸山祗山搙馬山　祝阿　二漢屬平原晉屬濟南後屬有盧城平陰城芳子堂　山茌

鄭州　武定七年改治穎陰城　天平初置穎州治長城

領郡三　縣九

戶六萬二千二百七十三

　八

【魏書志六』　三百廿八

許昌郡　分穎川置　天平元年

領縣四

戶二萬五千三百二十七

口二十萬四千四百六十三

許昌　二漢晉屬穎川即許都也治許昌城有西梁城　扶溝　前漢屬淮陽後漢晉屬陳留真君七年併長平屬後屬

新汲　二漢屬穎川有新汲城長合城臨穎春城平侯城鴨子陂　潁川郡　泰置漢高改曰韓國尋復

許昌　有白亭城蔡河挾瀟城有西梁城康溝水龍洲陂刀陵岡鄢城張城蔡澤陂深陂三門陂唐且

領縣三
戶二萬二千四百十四
口二十萬五千九百九

臨潁 二漢晉屬潁真君七年併潁陰屬之有般陽城

潁陰 二漢晉屬真君七年後有苟樂墓東西三武城博望城

長社 二漢晉屬有長葛城長平城望城馬雜鳴城鍾皓墓白鷹陵

陽翟郡
領縣二
戶一萬四千八百二
口六萬三千八百七十

三九七 ▌魏書志六 九 孫

黃臺 興和元年分陽翟置有葛溝水黃臺岡城禹山祠赤沙淵九山祠呂不韋墓

陽翟 二漢屬潁川晉屬河南尹興和元年屬有陽翟城康

濟州 治濟北泰常八年置
領郡五 縣十五
戶五萬三千二百十四
口二十四萬五千二百八十四

濟北郡 漢和帝置
領縣三
戶九千四百六十七

口二萬九千三百九十九

東阿 二漢屬東郡晉屬有東阿城衛城濟城 盧

臨邑 二漢屬東郡晉屬有昌鄉城臨邑城吳城

平原郡 漢高帝置皇始中屬冀州太和初立南冀州永安中罷州太和十一年屬有柳舒城鼓城盧子城
領縣四
戶二萬二千二百五十

博平 二漢屬東郡晉屬濟北郡有茌平城陽城漯水 西聊 分聊城

聊城 置聊城治

三九八 ▌魏書志六 十 何

茌平 二漢屬東郡晉屬魏置太平鎮後罷併郡有王城郡縣治有畔城

東平郡 太常中置太和末罷建義中復治秦城
領縣二
戶八千八百九十六

范 二漢屬東郡晉屬兗州東平後屬治秦城

壽張 前漢曰壽良屬東郡光武改後漢晉屬兗州東平後屬有梁山高陽城豐城雲城

南清河郡 晉泰寧中分平原置治貝城
領縣三

户一萬一百三十五

口一萬三千九百八十五

俞　二漢晉屬清河太和中屬平原治俞城
罷景明三年後
二漢晉屬平原後

零　二漢晉屬清河太和中屬
平原後屬治零城有莒城　高唐

東濟北郡　孝昌三年置

領縣三

户二千四百六十四

口六千六百七十八

肥城　前漢屬泰山後漢晉罷後後屬治肥城　穀城　屬後漢屬濟北後屬晉　地立

光州　治掖城皇興四年分為鎮景明元年延興五年改為鎮景明元年

前漢屬濟北後漢晉屬濟南郡晉

領郡三　　縣十四

户四萬五千七百七十六

口二十六萬九百五十

東萊郡　漢高帝置

領縣四

户一萬九千一百九十五

口六萬二千三百一十四

掖　州郡治二漢晉罷後後
有掖山祠秀陽公介山
城　皇興中分曲陽
置有昌立曰山　晉武帝置

西曲城　二漢晉曰曲城屬後後
後改有倉石山　東西

長廣郡　治膠東城

領縣六

户一萬五千八百三十三

口五萬二千五百六十七

盧鄉　二漢晉屬有
高君山方山

昌陽　二漢屬東萊後罷晉惠帝復置後屬有
挺城望石山凡馬山祠即墨城沽水　長廣　前漢屬琅邪後

挺　前漢屬膠東後漢晉屬有樂穀城
東漢屬東萊晉屬牢山魚寿山
康王山祠金泉山昌城沽水　不其　前漢屬琅邪後漢屬東

即墨　海中
郡治前漢屬膠東後漢晉屬東國後漢屬比

當利　二漢屬東萊
後屬有當利城

東牟郡　孝昌四年分東郡
置治雍立　陳留置

領縣四

户一萬七千七百四十八

口四萬七千三百三十八

牟平　二漢屬東萊晉罷後屬之罘山有
成山牟城東牟城劉寵墓鳳山　黃　二漢晉屬東萊有
黃城萊山祠龍溪

觀陽　前漢屬膠東後漢屬比海後屬興和
中復屬有淳于城觀陽城昌城馬嶺

惓　二漢晉屬東萊有
弦城羅山

梁州　天平初置
治大梁城

山牛
耳山

領郡三　　縣七

戶四万三千八百十九

口十八万二千九百四十三

陽夏郡　孝昌四年分置　陳留置治雍丘城

領縣五

戶六万三千五百四十九

口六万五千五百五十九

濟陽　二漢晉屬陳留延和（楊仁）

雍丘　前漢屬淮陽後漢屬陳國晉初併扶溝太和七年併扶溝太和十二年復治陽夏城有大小扶溝梁惠帝後真君

陽夏　二漢晉屬陳留郡治有抱城廣陵澤少姜城華城白楊陂

園城　二漢晉曰圉前漢屬淮陽後漢晉屬陳留後罷景明元年復有直陽城端鄉襦倉

襄邑　二漢晉屬陳留後罷景明元年復有沙城改有沙城

開封郡　天平元年分陳留置治開封城

領縣二

戶八千二百七

口三万六千六百二

開封　二漢屬河南晉屬滎陽真君八年併中葘陳留後有開封城陳留城孔俠城

尉氏　安三年復治尉氏縣有陵有亭二漢晉屬陳留與安初併菀陵太

陳留郡　漢武帝置太和十年復置孝昌中復

領縣三

戶一万九千六百十二

口八万二千七百四十二

浚儀　州郡治二漢晉屬後罷孝昌二年復有信陵君冢張耳冢董仲舒冢樊於期冢邊讓冢倉垣渠聖女淵梁城東分為蔡封五二漢晉屬真君九年併外黃酸棗景明二年復治封丘城有封丘臺百溝（小）

豫州

領郡九

黃　二漢晉屬真君八年併外黃太和中復有昭靈后冢陳家蔡邑冢小黃城

劉義隆置司州治懸瓠城皇興中改

戶四万二千一百七十二　　縣三十九

口九万六千九百七十六

汝南郡　漢高帝置

領縣八

戶一万五千七百八十九

口三万七千六百六十一

上蔡　州郡治二漢晉屬有武陵城之有固城劉裕置魏因之

平輿　二漢晉屬有平輿城

陽安　二漢晉屬

安城　二漢晉屬

西平　二漢晉屬瞿陽後改有瞿陽城

臨汝　劉裕置

潁川郡　太和六年置

保城　晉駿置魏因之

領縣三

戶八千三百九十六

口二萬六千二百四十

邵陵 二漢屬汝南晉屬汝陰後屬
下邳晉罷後後
有華丘祠 郾城

臨潁 二漢屬潁川後有
曲陽 前漢屬東海後漢屬
葛丘王陵城 海

汝陽郡 二漢屬汝南晉屬汝

領縣三

戶七千二百五十四

口二萬五千二百四十五 十五

三十五 〔魏書志六〕

武津 津有武城 征羌 後漢屬汝南後屬

汝陽 郡治二漢屬汝南晉屬汝
永安三年置章
天平四年罷州置

義陽郡

領縣五

戶一千七百九十

口四千五百九十五

義陽 清丘 離城有鐘 平陽 鄉城有馬 真陽 春城有直 安陽 後漢屬汝

新蔡郡 晉置晉孝昌中陷
後復治石母壘

領縣三

南晉罷後後
屬有真陽城

戶一千九百二十七

口四千七百七十八

新蔡 二漢屬汝南晉屬蜀汝陰司
之永安中陷後後復有蔡城
定中復有蔡城
昌中鵠後後

銅陽 二漢屬汝南晉屬汝陰荊州
馬行併勤新蔡後復屬蜀魏因

固始 二漢屬汝南晉屬汝陰荊州

初安郡 延興二年置孝
昌中鵠後後

領縣四

戶二千四百二十六

口五千九百二十二

二百卅 〔魏書志六〕 十六

新懷 陰有樂山 安昌 前漢屬
南後屬 懷德 山有清水山銅 昭越 有木連山 吳

襄城郡 晉武帝置
治襄城

領縣三

戶二千四百四十六

口四千六百六十三

襄城 〔魏書志六〕 義綏 遂寧 武陽

城陽郡 太和三年置後
罷武定初復

領縣五

戶五百四十六

口一千三百八十八

安定　淮陰　眞陽　建興　建寧

廣陵郡　興和中分東豫州置
領縣五
戶一千九百六
口三千二百二十四

後罷改
北豫州　泰常中復治虎牢太和十九年罷置東中府天平初
宋安　興和中置
光城　興和中置
安蠻　興和中置
新蔡　興和中
汝南　興和後漢治蕪魏治汝南安城晉治項司馬德宗置司州

二百九十
領郡三　　　縣十二　　　吳
魏書志六
戶四萬七百二十八
口二十八萬二千五百五十一

廣武郡　天平初中分滎陽置
領縣五
戶一萬五千五百九十六
口七萬四千五百一十九

曲梁　孝昌中分密置有武陵城曲梁城
原武　二漢屬河南晉屬滎陽後復屬有原武城
陽武　二漢屬河南晉屬滎陽天平後屬陽武晉屬黃雀溝有五馬淵白馬淵
中牟　二漢屬河南晉屬滎陽具
苑陵　二漢屬河南晉屬汝君初屬八年併陽武景明元年復天平初屬有中湯城管城竞祠

城鄭莊公廟子姓祠苑陵城

滎陽郡
領縣五
戶二萬一千四百七十二
口九萬二千三百一十

滎陽　二漢屬河南晉屬有滎陽山滎陽城敖倉石門城管叔冢周苛紀信冢滎澤
京　二漢晉屬河南後屬廣武城索水京水樊噲冢南
成皋　二漢屬河南晉屬京高陽城有萬尹山祠敖山青容城有穿雲山開陽山大龜山子産蕢尊茂冢祠
密　二漢屬河南晉屬眞君八年省太和十一年後有巻城卷二漢屬河南晉治

二百九十五
領縣二　　　十八
魏書志六
戶三千六百六十
口二萬五千七百四十

成皋郡　天平元年分滎陽置

西成皋　天平元年分滎陽之成皋置州郡治有厄井漢高祖壇汜水成皋城
鞏　二漢晉屬河南治有長羅川羣城九山祠

徐州　俊漢治東海郡魏晉治彭城
領郡七　　　縣二十四
戶三萬七千八百一十二
口二十萬八千七百八十七

彭城郡
漢高帝置楚國宣帝改後後爲楚國後漢章帝更名彭城國晉改

領縣六

戶六千三百三十九
口二萬三千八百四十一

〈魏書志六〉
十九

彭城 前漢屬楚國後漢晉屬有寒山孤山龜山黃山漢有呂梁山九里山桓雅家亞父家楚元王家楚國後明星陂龍泉塘石頭山項羽山

龍城 有楚王墓龍城赤唐陂龍城漢項羽山微子家

留 二漢晉屬有微山留城張良家

薛 二漢晉屬魯國後漢有奚公山奚仲廟薛城戚夫人祠廣戚城薛城蘇亥公山

睢陵 前漢屬臨淮後漢晉屬下邳晉亂屬濟陰武定五年屬有睢陵城九子山荊山

南陽平郡 治沛南界後寄治彭城

領縣三

戶三千七十一
口六千三百五十八

襄邑

陽平 濮陽
孝昌三年置元象二年併彭城武定五年復

蕃郡

領縣二

戶四千三百九十二
口二萬八千五百四十二

蕃 二漢晉屬魯國後屬合蕃城

永興 皇興初置屬連昌郡太和十五年罷龍屬彭城武定五年屬 永

沛郡
故泰泗水郡漢高帝更名後漢爲國後改

領縣三

戶四千四百一十九
口二萬二千二百七十八

沛 二漢晉屬祖廟沛城呂母家才有耿城相

相 二漢晉屬有蕭城漢高祖廟谷水華山城相山廟羅山

蕭 二漢晉屬蜀有蕭城漢高祖廟谷水華山

蘭陵郡 晉置後罷武定五年復治永城

領縣四

戶十千四百二十四
口二萬五千七百七十六

〈魏書志六〉
二十 未
三〇二六

昌慮 二漢晉屬東海有挑山孤山

蘭陵 二漢晉屬東海後屬有蘭陵山石孤山苟鄉家

承 二漢晉屬東海後屬有抱犢山承城坊山

合鄉

北濟陰郡 劉駿置魏因之治單父城

領縣三

戶八千五百四十六
口二萬一千九百八十八

豐 二漢晉屬沛後屬有豐城漢高祖舊宅廟碑

離狐 晉亂置郡治有豐襄公祠宏子賤祠漢高祖祠平洛城

前漢屬山陽後漢晉屬濟陰後屬郜城　城武

碭郡　治孝昌二年置

領縣二

戶三千六百二十一

口八千七百五十四

碭　二漢屬梁國晉罷

安陽　孝昌二年置治麻城碭後復屬治魯城

西兗州　孝昌三年置治陶城後徙治定陶城後徙左城

領郡二　縣七

戶三萬七千四百七

口二十萬三千八百九十四

▊魏書志六

沛郡　治興和二年置

領縣三

戶七千五百七十一

口二萬三百一十四

考　巳氏　前漢屬梁國後漢晉屬濟陰後屬有新中城安陽城新安興和中置

濟陰郡

領縣四

戶二萬九千八百三十六

李五

口八萬三千五百八十

定陶　二漢晉屬濟陰有定陶城　離孤　前漢屬東郡後漢晉屬有離孤城桃城

冤句　二漢晉屬冤句

南兗州　正光中置

乘氏　二漢晉屬梁有大鄉南陽城梁丘城廩城

領郡七　縣二十一

戶三萬七千一百三十

口二十萬五千五百三十九

陳留郡

領縣二

戶六千二百三十

口二萬六千七百四十九

▊魏書志六

小黃　劉裕置魏因之有曹騰墓曹嵩墓鄧艾祠

浚儀　父城有城武平城賴鄉城老子廟有苦城陽　谷陽　天平二年置鎮武定七年罷

梁郡

領縣二

戶一萬三千二百五十九

口二萬五千九百九十五

東燕　故秦碭郡漢高帝為梁國後政治珠陽城　武平　正始中置有武平城賴鄉城老子

襄邑　二漢晉屬陳留後屬治胡城　雎陽　二漢晉郡治

王朓

【上】

下蔡郡〔太和十九年置孝昌中陷興和中復〕

領縣四

戶三千三百六十二
口七千九百七十三

樓煩〔孝昌中陷興和中復下蔡二漢屬沛晉屬沛後昌中陷興和中復三年復屬沛孝安中復屬罷來安〕臨淮〔永平二年置芳昌中〕

譙郡〔陷興和中復〕龍亢〔二漢縣屬沛晉以蒙太昌中陷武定中復〕

領縣三

戶五千一百三十二　二十三

〔魏書志六〕　朱

蒙〔二漢屬梁梁國後屬譙梁國後屬孝昌中陷後〕蘄〔二漢蜀沛晉屬寧陵前漢屬休留後屬國後屬孝昌中陷後〕

北梁郡

領縣二

口二千九百九十一　二十三

城安〔孝昌中置郡中置有蛟龍城昌後治龍城孝陽延昌後治正光中〕沛郡〔延昌後治黃楊城〕

領縣二

戶八千二百三十一
口四萬一千七百三十八

【下】

蕭〔延昌中置治廣城司馬悛宗置〕相〔延昌中置中陷天平中後魏固之正光興和中後治建平城〕

戶一千八百四十八
口四千五百六十五

馬頭郡〔中陷天平中後治平城〕

領縣三

戶一千九百六十八
口五千五百二十八

蘄〔正光中陷天平中後〕巳吾〔後漢屬陳留正光中陷興和中徙治平右城〕下邑〔前漢屬〕

梁國孝昌中陷正光武
郡縣屬興和中罷郡屬

廣州〔承安中置治魯陽城定中陷徒治襄城〕

〔魏書志六〕

領郡七
縣十五　二十四

戶二萬六千六百九十六
口九萬六千七百八十

南陽郡

領縣二

戶七千四百八十九
口二萬六千七百二十八

南陽〔有大劉山祠〕坺城〔城有坺〕

順陽郡太和中置縣後改

領縣二

戶二千四十五

口七千二百五十二

定陵郡永安中置

領縣三

戶三千六百九十

口八千七百五十六

龍陽太和十七年置有龍山

太和七年置有龍山

比舞陽皇興元年置有木欧雲陽西舞陽

魯陽郡太和十一年置爲荊州二十二年罷置

領縣二

戶二千四十五

口七百七十五

山北太和十一年置有應山廳城

河山太和二十一年置

汝南郡永安元年置治符壘城

領縣二

戶七百八十三

魏書志六　二十五

汝南郡太和中置

符壘太和中置有沙水

漢廣郡永安中置

領縣二

戶六千二百

口八千一百十七

昆陽二漢屬潁川晉屬襄城皇陽城新安高陽太和元年置有漁水南渠城東

襄城郡晉置

魏書志六　二十六

領縣二

戶八千二百四十四

繁昌晉屬潁川有繁昌城陽城桐城周襄城二漢屬潁川晉屬有穎陽城

膠州治東武陵

領郡二縣十四

戶二萬六千七百五十八

口四萬二千八百七十八

東武郡永安二年置

口六萬三千三百八十二

口二千三百四十四

領縣三

戶八千六百一十七

口二萬八千七百五十七

扶其 永安中置有常山祠興和中復

姑幕 二漢屬瑯邪晉屬城陽後罷元象中復屬有荊苔山公冶長墓朱其永安中置有梁鄉城五弩山腰水出雲母山沙城盧水 梁鄉 馬紀丘山瑯邪臺秦始皇碑興和中

立臨海郡　尋罷屬焉

高密郡 漢文帝為膠西國宣帝更為高密國後漢屬瑯邪後漢屬北海晉惠帝復劉歆俟氏海延昌中復

領縣五

戶七千五百五

口二萬六千一百五十三　廿七

　　　任

夷安 前漢屬北海

高密 前漢屬後漢屬瑯邪後漢晉屬城陽陽有熏阨城鄭玄墓

黔陬 城陽前漢屬瑯邪後漢屬東萊晉屬城陽野艾山祠

晉安城夷安澤有

平昌 前漢屬瑯邪後漢屬北海晉屬城陽陽魏初屬平昌郡延昌平昌城有龍臺山上有井玄興荊水通

東武 二漢屬瑯邪晉屬城陽

平昌郡 縣文帝置後廢晉惠帝復

領縣六

戶一萬四百一十

口二萬五千四百七十三

昌安 前漢屬高密後漢屬北海晉屬城陽後漢屬有巨丘亭昌安城

淳于 二漢屬北海晉屬城陽後漢有

營陵 二漢屬北海晉屬有營陵城高密城瑯邪後漢屬濟琅邪有九山丹水所出

安丘 二漢晉屬城陽琅邪

琅邪 二漢屬

朱虛 前漢屬瑯邪後漢屬

石膏　鐵山

洛州 太宗置太和十七年政為司州天平初復

領郡六

戶二萬五千六百七十九　縣十二

口六萬六千五百二十一

洛陽郡 天平初置

領縣二　廿八

戶三千六百五十九

口二萬五千六百七十二

洛陽 二漢晉屬河南太和十七年復屬天平初復屬有緱氏城

緱氏 二漢晉屬河南太和十七年并洛陽天平初復屬有緱氏城

河陰郡 元象二年置

領縣一

戶二千七百六十七

口一萬四千七百一十五

河陰 始晉置太宗二年後屬河陽別屬洛陽正

新安郡 天平初置
領縣三
戶四百九十
口一千九百一十一
新安 二漢屬弘農晉屬河南太和三年改為郡十九年後後屬
東垣 二漢晉屬河東後屬河
川後

中川郡 天平初置
南 河南後屬
領縣二
戶二千七十六
口八千二百二十五
魏書志六
二兒
川

埵陽 分潁陽置 天安二年置

河南郡 秦置三川守漢改為河南郡後漢晉為尹後罷太宗復太和中遷都罷尹天平初改
領縣一
潁陽 太和十三年分潁陽置 天安二年置

宜遷 天平二年置 孝昌二年置

陽城郡 孝昌二年置
領縣三
戶三千六百四十二
口一萬四千七百二十五

戶三千四百四十三
口二萬一千八百八十三

陽城 二漢屬潁川晉屬河南後屬 正光中分陽城置有陽城關嶺
康城 孝昌中分陽城置 太和二十二年改
屬後
潁陽 二漢屬潁
川後

南青州 治
領郡三
縣九
戶一萬五千二百一十四
口四萬五千三百二十二

東安郡 二漢縣晉惠帝置
領縣三
戶四千六百四十
口一萬六千五百五十一
魏書志六
三十
五川

蓋 二漢屬泰山晉屬琅邪後屬有東安城靈山廟 新泰 有蒙山
新泰 有蒙山 發干 有龍山廟

東莞郡 晉武帝置
領縣三
戶九千六百二十
口二萬六千五百六

莒 前漢屬琅邪晉屬城陽後屬有莒城 東莞 二漢晉屬琅邪後屬
屬琅邪郡後屬有莒城 東莞 二漢屬琅邪後屬

義塘郡武定七年置治菁郭城
　領縣三
　戶七百六十四
　口二千二百六十五

北徐州永安二年置
　領郡二
　戶二萬四千七百八十一
　口四萬二百二十五
　縣五

義塘郡武定七年置歸義有蘆山壇倉邑懷仁具山魏山菅城

東泰山郡皇興三年分泰山置屬兗州永安中屬〔魏志六〕三十一
　領縣三
　戶五千七
　口二萬六千三百八十一
　新泰魏置晉屬泰山後屬有嶽山
　南城前漢屬東海後漢晉屬琅邪有東武城武城石山
　武陽二漢晉改有南武陽屬泰山後漢有鄐史城蒙山

琅邪郡秦置後漢建武中省以其縣屬
　領縣二
　戶九千七百七十四

即丘前漢屬東海後漢晉屬有鄶城臨沂城即丘城魯國山廟王休徵冢
費前漢屬東海後漢屬泰山
　口二萬三千七百四十四

北揚州天平二年置治項城晉城費屬有
　領郡五
　戶九千八百四十五
　口三萬二千一百三十九
　縣十九

陳郡漢高帝置為淮陽國陳國晉初併梁國後復後漢章帝更名陳國晉初併梁國後改
　領縣四
　戶三千二百十四
　口七千六百六十九〔魏志六〕三十二
　長平前漢屬汝南晉屬陳國晉陽有長平城晉陽
　項二漢屬汝南晉屬陳國有方城晉初省惠帝永康元年後復城晉初省惠帝永康元年後
　西華二漢屬汝南晉自惠帝永康元年後屬潁川後屬治西華城襄

南頓郡晉惠帝置
邑都城治思晉惠
南頓郡帝置
　領縣四
　戶二千五百二十
　口七千二百六十五

南頓 二漢晉屬汝南後屬 有頓城南頓城漢光武廟 和城陽五平鄉有平郷城

新蔡 屬汝陰後晉東郢州後罷治牡亭城

汝陰郡 二漢屬改南晉屬宋前漢曰新郡屬改汝南後漢改晉屬後罷太和元年後屬 許昌
領縣三
戶一千七百九十四
口八千四百九十八

丹楊郡 武定六年置及縣
領縣四
戶二千一百四十四
口七千九百三十一
三十三

魏書志六

秣陵 水有次
邵陵 南陽 白水

陳留郡 領縣四
戶三百六十七
口七百七十五

小黃
宋 雍丘 新蔡

東楚州 司馬徳宗初改爲宿豫郡高祖初立東徐州後陷武定七年後復爲宿豫郡

領郡六
戶六千五百三十一
口二萬七千一百三十二

宿豫郡 武定七年置
領縣四
戶一千六百五十五
口七千三百七

濠夷
新昌 武定七年置
臨泗 武定七年改清河置有東西二竹城

魏志六
三十四

高平郡 治大徐城
領縣四
戶九百二十
口三千九十六

朱沛 武定七年改蕭衍朱沛僑領安置三郡置 有朱沛水徐君基即延陵季子掛劍處
高平 武定七年改蕭衍衍東平陽平清河歸義蕭郡置
白水 武定七年改蕭衍衍海陵郡置
襄邑 年改蕭

淮陽郡 蕭衍置魏因之
領縣四

角城水浮陽三縣置有昌武城 武定七年改蕭衍臨清天
戶二千六百一十七
口七千二百七十七 綏化化呂梁二郡置有單 武定七年改蕭衍綏

晉寧郡 魏因之
招義 蕭衍置 恩撫郡二縣置
城 淮陽 西淮郡七縣置 武定七年改蕭衍
領縣四
戶一千二百二十二
口五千二百二十三

臨清 武定七年置
【魏書志六】
魏興 沂興義三縣置 武定七年改蕭衍梁興臨
安遠郡 遠成置治安遠城 武定七年置
招農 郡十二縣置有晉寧城 武定七年改蕭衍蘭陵
三十五 何
富城 武定
扶風清河三郡置
七年改蕭衍下邳
領縣二
戶五百八十
口二千三百八十二

鉅鹿 衍鉅鹿郡六縣置 郡治武定七年改蕭
臨沭郡 魏因之 蕭衍置
領縣二
淮浦 山郡四縣置有寫浦 武定七年改蕭衍太
戶五百三十五

口二千一百七
東徐州 孝昌元年置永熙二年州郡
臨沭 招遠有微城有馬
領郡四 陷武定八年復治下邳城
戶六千二百八十一
口三萬六百六十五
縣十六

下邳郡
領縣六
戶二千一百四十八
口三千七百三十九

下邳 前漢屬東海後漢晉屬有沂水巨川神祠
二〇四十
【魏書志六】 三六 朱
良城 前漢屬東海後漢晉屬有栢山
坊亭 改晉寧墨 栅淵 武定八年
屬臨淮後漢晉屬有陳珪墓有
七年置有
歸正 分宿豫置 武定八年
僮 前漢屬臨淮後漢屬東海後

武原郡 武定八年分下邳置
領縣三
戶二千八百一十七
口二萬五十五

武原 屬有武原水後漢晉屬盱城後屬徐僮王墓 前漢屬楚國後
開遠 良城置有眭 武定八年分

郯郡　秦置漢高改為東海後漢晉國晉後武定八年改治剡城

領縣四

戶二千二百一十九
口三千三百八

臨清郡　孝昌三年置盱眙郡武定八年改

領縣三

〔下卅一〕　魏書志六　三十七　朱

戶二千五百一十七
口三千五百六十三

臨沂　前漢屬東海後漢晉屬琅邪武定八年復建陵（建陵山郡）

郯　二漢晉屬臨淮後漢屬東海有連陵山　治有海王神白鄲山馬澤馬耳山

帰昌　武定年置

海州　劉子業置青州武定七年改治龍沮城

領郡六　縣十九

戶四千八百七十八
口二萬三千二百一十

下相　前漢晉屬臨淮後屬下邳武定七年　雎陵　武定七年置有雎水　歸義　武定七年置

東彭城郡　蕭衍置之

領縣三

口二萬三千二百一十

戶八百
口三千四百六十九

龍沮　蕭衍置魏因之有即丘城房山安樂年改有東海明王神　安樂　蕭衍置彭城縣武定七年改有伊萊山神聖母祠

勃海　蕭衍置清河縣武定七年改有東海明王神

東海郡　蕭衍改置北海郡武定七年復

領縣四

戶二千二百四十二
口五千九百四

贛榆　前漢屬琅邪後漢晉屬　安流　武定七年改都昌縣蕭衍置　廣饒　魏因之

下密　蕭衍置魏因之有竞廟

海西郡　蕭衍置東海郡武定七年改置

領縣三

〔下卅二〕　魏書志六　三十八　青之

戶八百六十
口三千九百五十

襄賁　二漢晉屬海西武定七年分襄賁置臨海（魏因之）　海西　武定七年分襄賁置臨海蕭衍置僮陽郡

沭陽郡　蕭衍置僮陽郡武定七年改

領縣四

戶二千三百九十七

下城 武定七年置 有淫漬神
口七千五百八十三

臨渣 武定七年置 懷文 年置 腹正 武定七年置 有武都山

琅邪郡
領縣三
戶三百五十六
口二千三百七十一

海安 蕭衍置 魏因之有 胸 二漢屬東海 晉曰臨胸 屬蕭衍改爲招遠 武定七年復有

胸城 胸 蕭衍北譙郡 武
山郡治 山寧 定十年政置

武陵郡 二九五 〈魏書志六
領縣一 三十九
戶二百二十三
口七百三十三

東豫州 孝昌三年陷武定七年復

上蔡 蕭衍齊郡武 定七年改置 洛要 蕭衍高密縣武定
太和十九年晉治廣陵城 有武陵城

領郡六 縣十六
戶三千九十九
口二万一百二十一

汝南郡 武定七年陷孝昌三年復

青之

領縣五
南新息 孝昌三年陷武定七年復 北新息 安陽 汝陽 長平
戶一千六百二十九
口六千四百八十二

東新蔡郡
領縣四
戶二百四十七
口六千六百七十七

固始 太和二十三年置孝昌 中陷武定七年復 銅陽 太和二十三年置孝昌 中陷武定七年復 苞

新蔡郡 孝昌中陷武定七年復 汝陽 孝昌三年陷武定七年復

〈二八七五 魏書志六
領縣二 四十
戶四百六十五
口二千五百四十三

信信 武定七年陷孝昌三年復 長陵

苞信 孝昌三年陷武定七年復 長陵

領郡 武定七年復

弋陽郡 孝昌三年陷武定七年復
領縣一
戶一百三十七

又

口五百三十三

長陵郡魏因置
領縣三
戶三百八十七
口一千三百六十三

陽安郡

苟信蕭衍置魏因之
安寧蕭衍置魏因之有期思城珠恢教廟
長陵蕭衍置魏因之

▌魏書志六
領縣一
戶二十二
口一百三十一
四十一

永陽

義陽　義州蕭衍置武定七年內屬
戶二百一十五
口三百二十二

穎州　孝昌四年置武泰元年鬥武定七年復
領郡二十　縣四十
戶三千六百一

吳六

汝陰弋陽二郡　蕭衍置雙頭郡縣魏因之
口一万三千三百四十三

汝陰　陳留蕭衍置魏因之有高堤陂礜谷陂
領縣七
戶一千六百六十五
口六千六百七十八

新息　太和十九年置弋陽後陷武定七年復蕭衍置新息合弋陽魏因之
樓煩　建義中陷武定七年後蕭衍置新息魏因之
宋

北陳留穎川二郡　蕭衍約為陳州武定七年改置
▌魏書志六
領縣五
戶三百五十一
口二千二百七十二
四十二

期思蕭衍置魏因之為陳州武
弋陽蕭衍置魏因之有

許昌魏因置
圉城蕭衍置
雍丘有蓬水陳留
陳留小黃治安陽城
財丘梁興二郡蕭衍置
領縣四
戶二百五十一
口一千二百七十二

梁興蕭衍置魏因之有艾亭丘
肨丘梁城魏因置
汝陽蕭衍置魏因之
戶二百八十三
口二千六百六十九

西恒農陳南二郡蕭衍置魏因之

領縣三

戶二百三十一

東郡汝南二郡蕭衍置

口八百六十四

恒農　胡城蕭衍置魏因之有丘雄銅二陂神廟怡牛心丘

領縣二

戶二百四十七

南頓蕭衍置魏因之有閩水東陵城

白馬　潄陽蕭衍置魏因之有石壓陂

口六百二十一

清河南陽二郡魏因之

領縣三

清河魏因之　南陽　汝南蕭衍置魏因之

戶二百三十二

　魏書志六　　　四十二　　　王欽

東恒農郡蕭衍置魏因之

口五百三十五

南陽　汝南蕭衍置魏因之

領縣三

戶二百十九

滎陽　新蔡南陳留二郡蕭衍置魏因之

陽武魏因之　淮陽武定七年置有平陸

口四百四十

領縣一

戶三百五十七

銅陽蕭衍置魏因之

口一千二百四十二

滎陽北通二郡蕭衍置魏因之

領縣四

戶二百七十七

　魏書志六　　　四十四

北通　臨淮蕭衍置魏因之

口四百七十二

汝南太原二郡蕭衍置　臨沂　汝陰蕭衍置魏因之

領縣四

戶八十七

口四百六

平豫　安城魏因之　太原　新息魏因之

新興郡魏因之

【上欄】

領縣四

戶一百一十二

口三百二十四

譙州 武定七年復置州治渦陽城
景明中置渦陽郡孝昌中陷

安城 郡治蕭衍置都立蕭衍置魏因之　新興蕭衍置魏因之　義興蕭衍置魏因之

領郡七

戶二千六百一十七

口七千八百二十一

縣十七　　四十五

南蘄郡 司馬昌明置魏因之
【魏書志六

領縣四

戶四百七十六

口二千七百三十四

渦陽 武定六年置北平城曾誅有茅岡武定六年置有石山拘　栢橋武定六年置　蜀

坡武定六年置

汴郡 蕭衍置魏因之

領縣二

戶二百五十三

口八百二十九

帳

【下欄】

蕭 有平阿山　潁川

龍亢郡 蕭衍置魏因之

領縣二

戶三百三十三

口二千六十六

葛山武定六年置　龍亢武定六年置

蘄城郡 蕭衍置魏因之

領縣二

口七百六

戶三百二十四
【魏書志六

廣平武定六年置有艾平城黃丘有蘄城郡武　蘄城武定六年置有蘄城

下蔡郡 蕭衍定六年改置

領縣二

戶三百四十

口八百七十八

蕭城 蕭衍黃城戍武定六年改置　肥陽 蕭衍寧陵縣武定六年改置有大浮城石子澗

臨渙郡 蕭衍置魏因之

領縣三

四十六　　善

戶七百九
口二千六百十二

白檀 治白檀城 魏衍置
丹城 治費 澳北城 有石
蒙郡 魏因之
領縣二
戶二百八十
口五百四十六
蒙 治蒙郡城

勇山 有勇山洞 武定二年置
北荊州 武定二年 魏書志六
領郡三 縣八 四七
戶九百三十三
口四千五十六

伊陽郡 武定二年置 城後陷寄治州城
領縣一
戶四十八
口二百八十三

南陸渾
新城郡 天平中置 治乳城 後陷從治州城

領縣二
戶三百三十一
口一千四百八十四

新城 屬二漢晉河南 孝昌三年置治陽仁城 天平二年陷武定元年復治梁崔嶠 五年陷 年復治楊志嶠
汝北郡 武定五年陷 年復治
領縣五
戶五百五十四
口二千二百八十九

南汝原 有汝水 治城 東汝南 有石樓山 黃陂嶺陂
石臺 有汝城 石澗水 州城
梁 有廣平城澤 天平初置尋陷武定初復
陽州 天平初置 陷武定初屬
領郡二 魏書志六
縣七 四六一

宜陽郡 孝昌初置屬蜀
領縣三
宜陽 西新安 孝昌三年置 東亭
金門郡 天平初置
領縣四
金門 南澠池 南陝 盧氏

南司州劉彧置司州正始元年改為郢州孝昌三年陷蕭衍又改為司州武定七年復改焉　縣七

齊安郡正始元年置　領郡三

義陽郡魏文帝置後罷晉武帝復　領縣三

保城劉駿置魏因之有羅山廟有石城山　齊安正始元年置

宋安郡劉彧置魏因之　義陽晉屬　領縣二

平陽有師水

四十九　　祖

樂寧有成陽關雞頭山　領縣二

東隨有黃峴關長平山廟

魏書志六

楚州蕭衍置北徐州武定七年改治鍾離城　領郡十二　縣二十九

彭沛二郡　領縣三

南陽有曲陽城　中陽　洛陽　領縣三

馬頭郡　領縣二

蘄　平頭

沛郡　領縣三

蕭　相　巳吾有當塗山荊山

安定郡　領縣四

廣梁郡　領縣一

濮陽　臨渙　新豐　南陽

魯郡蕭衍置魏因之　領縣三　魯

相邑

魏書志六

五十　　王能

鄒　碭陵城

比讙郡　比讙有荀城龍端　領縣二

南蔡

濟陽郡　領縣四

樂平　雎陽　頓丘　廩丘

北陽平郡　領縣二

陽平　濮陽

鍾離陳留二郡　領縣五

燕有桃山　有白石山　蕭衍行置譙因之治合肥城　朝歌有九山城黃梁水　棗　浚　儀　灌丘陽城有郡

合州

汝陰郡治州　領郡八　　縣十七

魏書志六　　五十二　　王

汝陰郡　領縣二

汝陰　天水

南頓郡　領縣二

南頓　和城

南梁郡

南頓郡　領縣二

慎　南高

北梁郡　領縣二

北蒙　北陳

南譙郡　領縣二

蘄　邵陵

廬江郡　領縣三

潛父有野山　北始新　南始新

西汝南郡　領縣二

安城有金牛山　新野

北陳郡　領縣二

西華有野王城釬水蕭衍行置魏因之　陽夏

霍州蕭衍行置魏因之

安豐郡治洛步城　領郡十七　　縣三十六

魏書志六　　五十三　　有

領縣一

安豐〔治郡〕

平原郡

領縣一
清化

北潁川郡

領縣三
潁川 邵陵 天水

梁興郡

領縣一
陽夏〔治郡〕

陳郡

領縣三
陽夏 銅陽

開

比陳郡〔治衛 山城〕

領縣一

陽夏

扶風郡〔治烏 溪城〕

五十三

北沛郡

領縣五

沛 曲陽 相 順 新蔡〔治郡〕

南陳郡〔治州〕

領縣二

南陳郡〔治康城〕 邊水

新蔡郡

領縣三

汝陽 新蔡 固始

岳安郡

領縣二

安成 義興

邊城郡〔治廉 山安〕

領縣一

史水

西邊城郡

領縣三

史水 宇樓 開化

五四

西沛郡
　蕭沛　領縣三
　　平陽
　淮南郡　領縣三
　樂安郡　領縣三
　　淮南　新興　清河
　南頴川郡　領縣一
　　新蔡　樂安　頴川
　譙　領縣一
　睢州　蕭衍置潼州武定元年平改置治取慮城
　淮陽郡　武定六年置　領郡五
　淮陽郡　武定六年置　領縣二
　　睢陵　武定六年置　有馬牙城
　穀陽郡　治穀陽城平陽郡太和中置世宗開置
　　　孝昌中陷武定六年復改
　　縣十二

　領縣二
　連城　武定六年置　有蒙城瀱水
　高昌　武定六年置郡　治有項羽祠
　睢南郡　蕭衍置沛郡武定六年改　領縣二
　斛城　武定六年改中蕭衍置有五大陂扶離城
　新豐　武定六年置
　南濟陰郡　治竹邑城孝昌中蕭衍為睢州武定五年復置
　頓丘　領縣二
　　定陶　陽山　有諸
　臨潼郡　陷武定六年置　領縣四
　晉陵　郡治武定六年置
　南定州　之治蒙籠城蕭衍置魏因　取慮　治寧陵年置武定六年置
　　夏丘　武定六年置有夏丘城
　　領郡五
　弋陽郡　治州　領縣二
　汝南　期思
　汝陰郡　治汝陰城　領縣二
　　　　　領縣一
　　縣七

汝陰

安定郡 領縣一

安定

新蔡郡 治新蔡城

新蔡 領縣一

北建寧郡 領縣二

新蔡

西楚州 蕭衍置魏因之治楚城

建寧 領郡三

陽武

〔魏書志六〕 五十七 又

義陽郡 蕭衍置魏因之 領縣一

汝陽郡 蕭衍置魏因之 領縣三

汝陽

仵城郡 蕭衍置魏因之

義陽 領縣二

城陽 蕭衍置魏因之 淮陰 蕭衍置

縣七

　

城陽郡 蕭衍置魏因之 領縣四

蔡州 治豫州新蔡城 領郡二

平春 蕭衍置魏因之 義興 蕭衍置魏因之 膠城 蕭衍置魏因之

淮陰 蕭衍置魏因之

新蔡郡 治四望城 領縣二

新蔡 縣四

南趙 領縣二 新蔡

汝南郡 治白馬澗

南頓

新息 領縣二 南頓

〔魏書志六〕 五十八

西淮州 蕭衍置魏因之治豫州界白苟堆

淮川郡 治州 領縣二

譙州 蕭衍置魏因之治新昌城

真陽 梁興

領郡四 縣十五

高塘郡 治高塘城
領縣四

平阿 盤塘 石城 蘭陵

臨徐郡 治葛城
領縣三

懷德 烏江 鄴

南梁郡
領縣四

慎 梁 蒙 譙

新昌郡 治州
領縣四

揚州 後漢治歷陽魏治壽春後治達業晉亂置豫州劉裕蕭道成並之景明中改孝昌中僑武定中後

赤湖 荻港 薄陽 頓丘

領郡十 縣二十一

梁郡 治州
領縣二

崇義 有楚城韓城 蒙 頭城有馬

淮南郡

魏書志六

五十九

領縣三

壽春 故煚有倉陵城 汝陰 有槧泉城少溝水 西宋

北譙郡 永平元年置
領縣二

安陽 北譙

陳留郡
領縣二

浚儀 城有竹 雍丘 城有曹

北陳郡
領縣一

長平 有沙陵城

邊城郡
領縣二

期思 郡治有九山曰山豐城 新息

新蔡郡
領縣二

新蔡 郡治有太蘇山 固始 城有大城陵

安豐郡

魏書志六

六十

之

淮陰郡　領縣三

山陽

山陽郡　陽城治　領縣二

左鄉

盱眙郡　治盱胎城

盱眙郡　治盱胎城　領縣三

陽城　直瀆

相　西華　水有澤　許昌　有峽石山

領郡四　縣九

淮州　蕭衍置魏因之治淮陰城

下蔡

潁川郡　領縣三

樓煩

下蔡郡　領縣二

安豐郡　有城　松茲　有城

領縣二

空

权

梁安郡

比弋陽　治郡　領縣二

南弋陽

弋陽郡

光城　治州　樂安

北光城郡　領縣二

光州　蕭衍置魏因之治光城

領郡五　縣十

巴吾　治州郡

臨淮郡　領縣二

仁州

太清郡　治　蕭衍置魏因之治赤坎城

領郡一　義城

陽平郡　治陽平　領縣一

平城

富陵

懷恩　治州郡　魯

縣二

六十三

濟陽〔治郡〕　陽城　領縣二

南光城郡　領縣二

光城郡〔治城大〕　南樂　安　領縣二

宋安郡　領縣二

樂寧〔治郡〕　宋安

南朔州　蕭衍置魏因之治齊坂城

全　魏書志六　六十三　廬保山

梁郡　領郡六　縣六

新息　領縣一

新蔡郡　領縣一

銅陽

邊城郡〔治石頭城〕　領縣一

──────────

邊城

義陽郡　領縣一

義陽

新城郡〔治新城有關城〕　領縣一

黃川郡　領縣一

新城

八十　魏書志六　六十四　閻秀

安定

南建州　蕭衍置魏因之治高平城　領郡七　縣十七

高平郡　領縣四

高平　譙　弋陽　義昌

新蔡郡　領縣二

新蔡　安定

陳留郡

　領縣三

陳留治郡　京兆　頴川

魯郡

　領縣二

魯　義興

南陳郡

　領縣二

南陳　懷城

光城郡

　領縣三

光城　邊城　婆水

清河郡

　領縣一

清河

南郢州蕭衍置魏因之治赤石關

　領郡三

定城郡

縣七

　領縣二

宇婁　邊城

邊城郡

　領縣一

茹由

光城郡治赤石城

　領縣一

光城

沙州蕭衍置魏因之治白沙關城

　領郡二

建寧郡

　領縣一

建寧

齊安郡

　領縣一

梁豐

比江州蕭衍置魏因之治鹿城關

　領郡一

縣二

義陽郡　治州郡　領縣一
　義陽
齊昌郡　領縣一
　齊昌
新昌郡　領縣一
　興義
梁安郡　治建昌城　領縣一
　梁興
光城郡　領縣一
　光城
齊興郡　領縣一
　西平

湘州　蕭衍置魏因之治大治關城　領郡三　縣三
安蠻郡　領縣三
新化郡　治州郡　領縣一
梁寧郡　領縣一
　漊陽
永安郡　領縣一
　新城
沔州　蕭衍置之治沔城　領郡二　縣四
沛郡　領縣一
蕭　潁川　相　領縣三
臨淮郡　領縣一

臨淮

財州 武定八年置治後
州銅縣固始城

前件自陽州已下二十三州並緣邊新附地居
險遠故郡縣戶只有時亡闕

雍州漢改曰涼治漢陽
郡隴縣後治長安

京兆郡秦為內史漢高帝為渭南郡武帝為
京兆尹後漢因之屬司隷魏改屬

領郡五　　　縣三十一

魏書志七

城太和十一年
復有白鹿原

長安漢高帝置二漢晉屬有昆
明池周靈臺鎬池彪池水
屬右扶風晉屬始皇
君七年分屬豐水出焉
二漢晉屬有驪
山戲亭首谷水戲谷水
二漢屬定安晉屬真君七年併新豐真
和十一年復有鴻門亭靈谷水戲水

杜二漢晉屬二漢曰杜
有苦谷
山北有風涼原有苦谷
渣水出焉為右杜城後漢改
杜陵原有杜城後漢改

新豐漢高
帝置

陰槃

鄠漢

霸城
道宗長門亭灞水溫泉安昌陂
君七年併霸

藍田君七年併霸

長安　領縣八

馮翊郡故秦內史漢高帝二年更名
為內史武帝為左內史後為在馮翊後改

領郡六

高陸郡治二漢曰高陵屬晉屬
京兆魏明帝改屬有濜
二漢晉屬有滈沮水
元年郡太和二十
置二年置

頻陽秦置二漢晉屬有
武城南原靈也

蓮芍據城下封城
二漢晉屬有

廣陽明景

萬年漢高帝置二漢晉屬有
京兆後漢置二漢晉屬有滈沮水

扶風郡故秦內史漢高帝二年更名為中地郡太初中更名主爵都尉為右扶風
後改世祖真君年中併始平郡屬焉

領縣五

好時郡治前漢屬後漢晉
罷後復有武都城

槐里二漢晉屬始平真君
二漢毅立漢高帝改有板橋泉
七年併武功屬焉

始平
魏置晉屬後漢晉始平真君
名曰犬丘秦更有美陽
有溫泉新市城
漢晉罷後復真君

鹽屋漢武帝
置屬後

美陽

咸陽郡

領縣五

石安
石勒置屬秦孝公築渭城名咸陽宮有四
皓祠安陵城杜郵亭霸氏泉周文王祠
後屬晉屬扶風

靈武
前漢屬真君七年分屬石安
真君七年併石安

馮翊晉屬有鄧白渠
真君七年併石安

寧夷九嵕山
魏文帝分馮
翊之牧祠置

涇陽

比地郡
魏書志七

池陽郡治二
漢屬後漢晉
罷後復真君

冨平真君八年罷泥陽弋居
焉有地城漢武帝祠
有慈山

泥陽二漢晉屬真君七年
併冨平後復有
土門景明元年置
有土門山

雲陽二漢屬左馮翊晉罷
後屬晉屬有蒲池水雲陽
宮

宜君真君七年置
有宜君水

弋居
君七年置二漢晉屬罷後復真
二漢晉屬罷後有
城山

銅官
真君七年置有
關山石槃山

冨平　領縣七

歧州
太和十一年
置治雍城鎮

平秦郡太延
二年置

領郡三

雍二漢後屬有周城
風二漢後屬有右扶

周城
真君六
年置

橫水真君十
年分周城置

縣八

縣三

武都郡 太延年置
領縣三

平陽 二漢晉屬扶風真君六年置有五丈原鄧艾廟

武功郡 太和十一年置
領縣二 分扶風置
南田　高車

秦州 治上封城

美陽 二漢晉屬扶風真君七年罷郡屬焉後屬真 有岐山太白山羮原廟駱谷邸亭
領郡三
漢西 太和十一年分好畤置有槃山武都城
縣十三

〈魏書志七〉

天水郡 漢武帝置後漢明帝改為漢陽郡晉後改為天水置
二八九十五
領縣五
顯新 後漢屬漢陽晉屬真君八年併安夷後屬
三

平泉 晉武帝分當亭真君八年置
趙艮

略陽郡 晉武置天水
上封 前漢屬隴西後漢屬漢陽晉屬改為廧水後屬
領縣五
綿諸 前漢屬天水後漢晉罷後屬有榆亭

安戎 前漢曰戎邑屬天水後漢晉罷後改屬有董城
城 前漢屬天水後漢屬隴西晉罷後屬略陽城
隴 前漢屬天水後漢晉罷後屬

漢陽郡 真君七年置分天水
清水 前漢屬天水後漢屬漢陽晉罷太和十一年復屬
阿陽 前漢屬天水後漢屬略陽晉罷太和十一年復屬

領縣三

黄瓜 真君八年置有始昌城

南秦州 真君七年置仇池鎮太和十二年為梁州正始初置治洛谷城
陽廉 有松山
鄧　階陵

天水郡 真君年置
領郡六
縣十八

水南 郡真君二年置
領縣三

平泉 真君三年置平原

漢陽郡 真君五年置
領縣二

〈魏書志七〉

穀泉

蘭倉 郡治真君三年置有雷牛山黄帝洞
四

武都郡 漢武置
領縣四
夫

武階郡
領縣三

石門 郡治真君九年置有羌道城

白水 真君九年置郡後改東平真君九年改 孔提

北部　南五部 太和四年置郡後改 赤萬 太和四年置郡後改

脩武郡
領縣四
比部

漢陽郡 分天水

平洛郡 太和四年置　二漢晉屬武都郡　和樹年置　下辨 太和八年　太和四年分屬焉　廣長郡 太和四年置

仇池郡
　領縣二
階陵 真君四年置 有牛頭山　倉泉 太和四年置
南岐州
固道郡 延興年置
廣化郡
　領郡三
廣業郡
東益州 治武興　魏書志七　五
　領郡七　縣十六
武興郡
　領縣四
景昌　武興 治州郡　石門　武安
仇池郡
　領縣二
西鄉　西　石門
槃頭郡

武世
　領縣二
葭舉
廣長郡
廣葭
　領縣二
新巴
廣業郡
廣業郡
　領縣二
廣化
廣業　廣化
梓潼郡　魏書志七　六
華陽郡
　領縣二
興宋
洛聚郡
洛聚郡
　領縣二
武都
　領縣五
明水
益州 正始中置
　領郡五　縣十
東晉壽郡 司馬德宗置魏因之
　領縣四

【上欄】

黃石亭　晉安　晉壽

西晉壽郡　司馬德宗置屬　晉惠帝置屬　晉壽梓潼後屬

領縣一

陰平　司馬德宗置魏因之

新巴　司馬德宗置魏因之

新巴郡　置魏因之

領縣一

南白水郡　置魏因之

領縣二

【魏書志七

宋熙郡

始平　京兆　七

興樂　元壽

領縣二

巴州　郡縣

梁州　闕　正始初改置　蕭行梁秦二州

晉昌郡

領縣三

領郡五　縣十四

【下欄】

龍亭　有安國城鎮　勢山灊水　興勢力年置　南城　延昌三

襄中郡

領縣三

安康郡　武帝更名屬魏興郡後屬有直水寧都

安康　二漢晉屬漢中後漢末省魏後

漢中郡　秦置

領縣二

襄中　罷永平四年置劉雍置　武鄉　延昌元年置有牛頭山　廉水

漢中郡

領縣三

南鄭郡　二漢晉屬漢陰城有胡

【魏志七

城固　二漢晉屬

華陽郡　（八）

華陽　水蕭何城　沔陽　二漢晉屬漢帝後屬有嶓冢山漢水出焉

南梁州　郡縣　闕

東梁州

領郡三　縣四

金城郡

戶一千二百二十二

領縣一

戶二百八十六

直城

安康郡
領縣

安康
戶六百一十八

▲魏書志七
領郡二
九

魏明郡

漢陽
寧都

涇州〔治臨涇〕
領郡六
縣十七

安定郡〔漢武帝置太和十一年罷石堂郡以其縣屬〕
領縣五

臨涇〔二漢晉屬有洪城〕
朝那〔二漢晉屬有當原城胡城〕

安定〔前漢屬蜀後漢晉罷後復有銅城〕

烏氏〔一漢晉屬陽邑城有岐山涇撫夷城〕
石堂〔有自虔山〕

隴東郡

領縣三

涇陽〔前漢屬安定後漢晉罷後復屬〕
撫夷〔後漢獻帝建安中置〕

新平郡〔後漢晉罷後復屬〕

白土〔二漢屬上郡晉屬金城後屬安定後復屬有歧亭山領〕
爰得〔前漢屬安定後漢晉罷後復屬有邑成東魏城〕
高平〔二漢屬安定晉蜀後復屬有石門山〕
三水

隨平郡〔後漢屬安定晉罷後有隨惠城〕
領縣四

平涼郡
領縣二

鶉觚〔前漢屬安定後漢晉蜀有孤原厚臺山〕
東槃
十

平原郡
領縣一

鶉陰〔二漢屬安定晉後漢屬蜀武威晉有几亭涇陽平涼城〕
陰密〔前漢屬安定後漢晉罷後屬〕

陰槃郡〔二漢屬安定晉屬京兆後漢有安城安武城〕
領縣二

河州〔有伏乾關孚眞君六年置鎮後改治抱罕〕
領郡四
縣十四

金城郡（漢昭帝置後漢建武十三年耽隴西兩年乃明復）
領縣二
榆中（二漢屬隴西晉屬隴晉分隴）
大夏（二漢晉縣屬隴西置）
武始郡（真君八年置西置）
領縣三
勇田（真君八年置郡後改）
狄道（二漢屬隴西晉屬）陽素
洪和郡
領縣三
水池（真君四年置後改）
藍川（真君八年置郡後改　鄣州　延興四年置）十一
臨洮郡
渭州
領郡三　縣六
龍城（太和十年置）右門（太和九年置）赤水
隴西郡（素置）
領縣二
襄武　首陽
南安陽郡

廣寧郡
領縣二
中陶
桓道
彰（禄部襄武屬焉）
新興（真君八年罷中陶屬焉）
原州（太延二年置鎮正光五年改置并置郡縣治高平城）
領郡二
高平郡
領縣二
高平　里亭
〈魏志七〉　縣四　十二
長城郡
領縣二
白池
涼州（漢置治龍神鹿中爲鎮太和中復）
黃石
領郡十
武安郡
領縣一
戶三千二百七十三　縣二十

戶三百七十三

宜盛

臨杜郡〔杜一作社〕
領縣二

安平

建昌郡
領縣三
戶三百八十九

和平

戶六百五十七

榆中

沖城　蒙水

番和郡
領縣二

彰

泉城郡
領縣二
戶一百三十九
燕支

新陽
戶七十二

武興郡
領縣三

晏然

武威郡〔漢武帝置〕
領縣二
戶三百八十五
馬城　休屠

林中〔襄城有休屠城　武始澤〕

昌松郡

戶三百四十

溫泉

東涇郡
領縣三
戶三百九十七
揗次〔本作撮沙　又作揗次〕

莫□

台城

梁寧郡
領縣一
戶一百九十二

領縣二

戶三百三十一

貢澤
園池

鄠州　鄠郡　鄠縣　鄠闕

瓜州　鄠闕

華州　太和十一年分秦州之山山澄城白水置

領郡三

縣十三

華山郡　領縣五

華陰　前漢屬京兆後漢晉屬弘農後屬華山集仙館巨靈原灄關地鄉城重泉城　鄭　二漢晉屬京兆

十五

夏陽　二漢晉屬馮翊後屬弘農故少梁文王更名有梁山龍門山黑水城　敷

後屬鄭城有廣鄉京兆後漢晉屬故少梁泰惠　原鄭城赤城

西置有武平城高平城　部陽　二漢晉屬馮翊後屬馮翊後罷太和二十年復屬

澄城郡　真君七年置　領縣五

澄城　真君七年置泉水混水石谷城有五　三門　真君七年置有陽苑

城衛　宮城　真君七年置　南五泉　太和十一年置

白水郡　太和二年分澄城置　領縣三

白水　太和三年置有五龍山粟邑城　南白水　白水置有牛闕五

姚谷　有黃崖山　太和二年置

北華州　太和十五年置東秦州後改治杏城

領郡一　縣七

中部郡　領縣四

戶一萬二千五百九十七

中部　魏因之　石保　有回女山　狄道　有狄兔城淺石山　長城　有五郊城

敷城郡　姚興置之　領縣三

戶八千九百二十四

魏書志七

敷城郡　領縣三

敷城　有女陰山　洛川　真君中置　定陽

鄜州　皇興二年為華州延興二年為三縣太和十一年陷為班州十四年為鄜州二十年改焉

戶五千六百七十二　縣十六

西北地郡　王置　領縣三

彭陽　二漢屬安定晉罷後復屬　富平　二漢晉屬安定靈州城彭獵山　神泉　安武

趙興郡　真君二年置

陽周　前漢屬上郡後漢晉罷後復屬有橋山黃帝冢泥陽城高平城秋水

襄樂郡　太和十一年置

襄樂郡　太和十一年置

定安　真君二年置　趙安　真君二年置　高望　真君二年置　有高望山

獨樂　前漢屬上郡後漢晉罷後復屬

化政郡　太和十二年置　領郡四　魏書志七　縣九　十七

夏州　赫連屈子所都始光四年平為統萬鎮太和十一年改置治大夏

膚施　二漢屬上郡晉罷後復屬有五龍山黃帝祠

革融　領縣二

嚴緑　一本作嚴綠

山鹿　領縣二

新囻

闡熙郡　太和十年置　領縣二

金明郡　真君十年置　領縣三

永豐郡　真君十年置　啓鑾　廣洛　真君十年置

代名郡　太安二年置

賓

呼酋　太安二年置有橫水　領縣二　渠搜　太和二年置

東夋州　延昌二年置

褊城郡　太和元年置　領郡四　縣九

朔方郡　漢武帝置　領縣三

廣武　鴈門後屬有三城褊城　領縣二　澆野　二漢屬朔方晉罷後復屬

魏平　政和　魏書志七　朔方　二漢屬朔方晉罷後有青坡澤　十八

定陽郡　太安中政置　領縣二

臨戎　二漢屬朔方晉罷後復屬臨具山白泉

上郡　置秦

石城　因城

秦州　神麖元年置雍州延和元年改太和中罷天平初復後降

領郡三　縣七

河東郡　秦置治蒲坂

安定　太和元年置有張楊城

領縣五

蒲坂　二漢晉屬有華陽城雷首山

猗氏　太和十一年置有解城二漢晉屬河東後罷

南解　二漢晉曰解屬後改有桑泉城

北解　置有介山祠

北鄉郡

領縣二

陝州　太和十一年置治陝城陝州八年罷天平初復陷

北猗氏　太和十一年置汾陰二漢晉屬河東後土祠

恒農　前漢屬弘農後屬有桃林

　　　領郡五　〔魏志七〕　縣十一

恒農郡　祖諱改曰恒

領縣三

陝中　北陝二漢晉曰陝屬有曲沃城郗芝桐　靖　太和十一年置有三靖山白楊谷

西恒農郡

領縣一

恒農　後屬有桃林

澠池郡

領縣二

俱利　北澠池頭山俱利城生耳山

　　　縣十九

石城郡　正始二年置縣後改

領縣一

同堤

河北郡

領縣四

北安邑　二漢晉曰安邑屬河東後改為郡太和十八年復屬

南安邑　太和十一年置有中條山

太陽　二漢晉屬河東後蜀有虞城夏陽城

河北　二漢晉屬河東後城媯水首陽山伯夷叔齊墓

洛州　太延五年置為荊州太和十一年改治上洛城

　　　領郡五　〔魏志七〕　縣七

上洛郡　晉武帝置

領縣二

上洛　前漢屬弘農後漢屬京兆晉屬有丹水城

上庸郡　皇興四年置東上洛永平四年改

領縣二

上庸　前漢屬弘農後漢屬京兆晉後屬有上洛城拒陽

豐陽　郡治太安二年置有閭地

商郡　太延五年置

領縣二

商　前漢屬弘農後漢屬京兆晉後屬有京城豐陽

魏興郡　太延五年置

領縣一

陽亭　太和五年置

　　　縣二十

始平郡 景明元年置
領縣一
上洛

領郡一

襄和郡 景明元年置
領縣一

荊州 後漢治漢壽魏晉治江陵太延中治上洛太和中治襄城

南商

領郡八 縣四十八

南陽郡 〔魏書志七〕
縣四十二 練
領縣十

宛 二漢晉屬有清水梅溪水

新城 太和二十二年置 有覆釜山赤石山

冠軍 鎮武帝置二漢晉屬有端水羊角

舞陰 二漢晉屬有大鄴鼓谷題鼓山

云陽 二漢晉屬曰青陽晉屬司馬昌明改

西平 魏因有精山趙椅山

涅陽 二漢晉有涅屬有棘之上陌

西鄂 二漢晉屬華城強衡碑

順陽郡 魏分南陽置曰南鄉司馬衍更名順陽之
領縣五

南鄉 後漢屬南陽晉屬南鄉

丹水 前漢屬弘農後漢晉屬南陽有臨洮山有洮

槐里

新野郡 晉惠帝置

順陽 帝置即博山也後漢明帝改

襄 二漢屬南陽晉後屬
領縣三

東恒農郡 太和中置

新野 二漢屬南陽晉屬義陽後屬

池陽

西城 二漢屬魏晉興後屬
領縣六

北酈 山有長

南鄉

左南鄉 亭山有凡

上憶

東石

漢廣郡
領縣二

南棘陽 二漢屬南陽晉屬義陽二漢後改屬有漢廣城 西棘陽

〔魏書志七〕 二十二 智

襄城郡
領縣九

方城 七石山有赭陽城

郟城 有崩石山

伏城 陽山有廣

舞陰 有唐山

清水
領縣二

翼陽 有招

鄭 北平有田城

趙城 中山有陵

北清郡
領縣二

武川 有端城鹿山農山

北雉 二漢晉曰雉屬南陽後改屬有西鄂城

恒農郡
領縣四

國　恒農　南鄉　邯鄲

襄州　孝昌中置

領郡六　縣二十

襄城郡　蕭道成置魏因之治赭陽城　領縣六　方城翼陽

方城　郟城　伏城　舞陰　翼陽　赭城

舞陰郡　孝昌中置　領縣二　南定　東舞陽

舞陰　安陽

南安郡　太和十三年置郢州十八年改為南中府天平初罷府置後陷　領縣四

安南　南舞　葉　南定

期城郡　孝昌中置　領縣四

西舞陽　東舞陽　南陽　新安

北南陽郡　孝昌中置為宣義郡後改州治　太和十二年置郢州十八年為南中府天平初罷府置後　領縣二

北平　白水

建城郡　太和十八年置景明末罷郡置戍永熙二年復　領縣二

赭陽　北方城

南襄州　領郡三　縣五

西淮郡　領郡二

鍾離　領縣二　襄城

襄城郡　領縣二

陳陽　領縣二　上馬

北南陽郡　領縣一

南陽

南廣州　領郡五　縣七

襄城郡　領縣一

襄城

魯陽郡　領縣二

冠軍　繁昌

高昌郡　領縣一

高陽

南陽郡　領縣一

南陽

【魏書志七】　二十五

襄城郡　領縣二

南陽

鄀州

扶城　南陽

安陽郡　領郡三　縣八

安陽　領縣四

真陽　安陽　清陰〔青丘一本作〕　淮陰

城陽郡　領縣三

平春　義陽　義興

汝南郡　領縣一

上蔡

南鄀州　領郡十二　縣二十九

六十五　【魏書志七】　二十六

北遂安郡　領縣一

新安

馮翊郡　領縣四

山陽　彭城　城　建安

江夏郡　領縣二

屈陽　鄀陽

子郡

領縣四
南新陽　西新　北新陽　新興、

香山郡
　領縣二
北新安　郎陽

永安郡
　領縣二
永安　南新興

新平郡
　領縣二

城　安城

永安郡
　領縣二
劉剛　上城

宕都郡
　領縣三
西新化　東平陽　安城

宜民郡

領縣三
西新安郡　新安　平陽

南遂安郡
　領縣一

安興、
　郡

東新市　西新市　長安

朽州
　領郡五　縣十一

脩陽郡
　領縣二
蓋陽　脩陽

固郡
　領縣三

懷襄郡
　領縣三
南鄉　固

朱陽郡
　領縣二

黃水　朱陽

南上洛郡　領縣二

單水　南上洛

析陽郡

西析陽　領縣二　東析陽

地形志下第七　魏書一百六

大聖通天地之至理極生民之能事體妙義繁於
神機作範留於器象然則制物成法故宓犧可
尋推變有因而化生以驗昔黃帝採竹昆侖之
陰聽鳳岐陽之下斷自然之物寫自然之音音
既協矣黃鍾以立數既生矣氣亦徵之於是平
備數和聲審度量權衡之用皆出於茲矣三
古所共行百王不能易漢孝武置協律之官元
帝時京房明六十律事為密矣王莽世徵天下

三開　【魏書志八】　　一　　趙明

通鍾律之士劉歆總而條奏之最為該博故班
固取以為志後漢待詔嚴崇頗為知律至其子
宣不傳逡罷魏世杜夔亦以通樂制律晉中書
監荀勖助持夔律校練八音以謂後漢至魏尺長
古尺四分有餘又得古王律呂以新律命之謂
其應合遂改晉調而散騎侍郎阮咸譏其聲高
永嘉乃後中原喪亂考正鍾律所未聞為其存
於夷裔聲器而已魏氏平諸僭偽頗獲古樂之
祖慮其永奏六和中詔中書監高閭俰正音律

又未能定間出為相州刺史十八年間表曰書
稱同律度量衡論云謹權量審法度此四者乃
是王者之要務生民之所由四者何先以律為
首豈不以取法之始求天地之氣感者樂之本
也臣前被敕理樂與皇宗博士孫惠蔚太樂祭
酒公孫崇等考周官國語又後漢律歷志案京
房法作準以定律吹律以調絲案律寸以孔竹
今調音制樂非以克和然則律者樂之本矣
移風易俗莫尚於樂然則樂之所感其致遠矣

三吳四　【魏書志八】　　二　　孫斌

八音之別事以粗舉書既三奏備在前文臣年
垂七十日就義頹恐一朝先大馬竟無綸綴之
益使律法長絕遺恨沒世是以悽悽惓惓不敢
志急近在郢見崇先以其聰敏精勤有瑬瓶
之智雖非經國之才頗長推考之術故臣舉以
教樂令依臣先共所論樂事自作鍾磬志議二
卷器數為備可謂世不乏賢公崇徒教樂童書
學而已不共樂事臣恐音律一曠精賞實難習
業差怠轉乖本意今請使崇參知律呂鍾磬之

事觸類而長之成益深求持臣先所奏三表

勘後漢律曆志陛下親覽以求厥衷俱然易了

又著作郎韓顯宗博聞彊識頗有史才粗解音

律亦求令時往參知臣雖在外官竊慕古人舉

善之義愚意所及不能自已雖越分以　中尉

益願不以言廢人詔許之景明四年弁州獲古

銅權詔付崇以爲鍾律之準太常卿劉芳受詔

俗樂以矩黍中者一黍之廣即爲一分而中尉

尺以一黍之長累爲寸法爭太常卿劉芳受詔

元匡以一黍之廣度黍二縫以取一分三家紛競

久不能決太和十九年高祖詔以一黍之廣用

成分體九十黍之長以定銅尺有司奏從前

詔而方尺同高祖所制故遂典修金石迄武定

末未有諸律者

曆者數之用探靈測化窮微極幽之術也所以

上齊七政下授万方自軒轅以還近於三代推

元革統後漢孝章廿改從四分光和中

年始行三統後漢孝章廿改從四分光和中

易以乾象魏文時用韓翊所定至明帝行楊偉

景初終於晉朝無所改作司天測象今古共情

啓端歸餘爲法不等恊日正時俱有得失太祖

天興初命太史令晁崇修渾儀以觀星象仍用

景初曆歲年積久頗以爲踈世祖平涼得趙

歐所脩玄始曆後謂爲密以代景初真君中司

徒崔浩爲之五寅元曆後施行浩遂震高祖

太和中詔祕書鍾律郎上谷張明豫爲太史令

修綜歷事未成明豫物故遷洛仍歲南討而宮

車晏駕世宗景明中詔太樂令公孫崇太樂令

趙樊生等同共考驗正始四年冬十二表曰臣

自太樂初元改正朔殊徽號服色觀于時變以

今研其得失然四序遷流五行蟗易表步三光稽覽古

必乘初元改正朔殊徽號服色觀于時變以應

天道故易湯武革命治曆明時是以三五迭隆

曆數各異伏惟皇魏紹天明命家有率土戎軒

仍動未遑歷軍因前魏景初歷術數差違不恊

肇度世祖應期輯寧諸夏乃命故司徒東郡公

崔浩錯綜其數浩博沙淵通更修歷術兼著五
行論是時故司空咸陽公高允該覽群籍貫明
五緯并述洪範然浩等考察未及周密高宗踐
祚乃用敦煌趙歐甲寅之歷然其星度稍為差
遠臣輒鳩集異同研其損益更造新歷以甲寅
為元考其盈縮晷象周密又從約省起自景明
因名景明歷然天道盈虛豈曰必協要須參候
是非乃可施用太史令辛寶量曰頃
祕數祕書監鄭道昭才學優贍識覽該密長兼
國子博士高僧裕乃故司空允之孫世綜文業
尚書祠部郎中宗景博沙經史前兼尚書郎中
崔彬微曉法術請此數人在祕省參候而伺察
晷度要在冬夏二至前後各五日然後乃可取
驗臣區區之誠甚異效万分之一詔曰測度晷象
考步宜審可令太常卿芳率太學四門博士等
依所啟者柔集詳察延昌四年冬侍中國子祭
酒領著作郎崔光表曰易稱君子以治歷明時
書曰歷象日月星辰廷同律度量衡孔子陳後

王之法曰謹權量審法度春秋舉先王之正時
之法曰謹權量審法度是以昔在軒轅
容成作歷遠乎帝唐羲和察影皆所以審農時
而重民事也太和十一年臣自博士遷著作佐
司籍述時舊鍾律郎張明豫推步歷法治巳丑
元載述時舊鍾律郎張洪給事中領太史
太史令趙樊生著作郎景明初表求喪亡
所造致廢臣中脩史景明初表求永平初巳略
令公孫崇等造歷功未及訖而樊生又喪洪出
除涇州長史唯崇獨專其任暨永平初巳略
舉時洪府解傳京又奏令重修前事更取太史
令趙勝太廟令龐靈扶明豫子龍祥共集祕書
與崇等詳驗推建密歷然天道幽遠測步理深
候觀遷延歲月滋久而崇及勝前後並喪洪所
造歷為甲午甲戌三元又除豫州司馬靈扶亦
除蒲陰令洪至豫州續造甲子巳亥三元唯龍
祥在京獨修前事以皇魏運水德為甲子元兼
校書郎李業興本雖不預亦和造歷為戊子元

三家之術並未申用故貞靜處士李謐私立歷
法言合紀次求就其兄瑒追與洪等所造遞
相參考以知精麤讎臣以仰測晷度寔難審正又
求更取諸能算術兼解經義者前司徒司馬高
綽駙馬都尉盧道虔前冀州鎮東長史祖瑩前
并州秀才王延業調者僕射常景等日集秘書
軌憲時改上元今古考準或異故三代課步始

〔魏書志八〕 七

失擇其善者奏聞施用限至歲終但世代推移
與史官同檢疏密并朝貴十五日一臨推驗得
卒各別臣職預其事而朽惽已甚謝運籌之
能彌愧意算之藝由是多歷年世茲業弗成公
私負責俯仰慙覿靈太后令曰可如所請延昌
四年冬太傅清河王懌司空尚書令任城王澄
散騎常侍尚書僕射元暉侍中領軍江陽王繼
奏天道至遠非人情可量歷數幽微宣以意裁
度而議者紛紜競起端緒爭指虛遠難可求衷
自非建標準影無以驗其真偽頃永平中雖有
考察之利而不累歲窮究遂不知影之至否差

失少多臣等參詳謂宜今年至日更立表木明
伺晷度三載之中足知當否是非有歸爭者
息競然後採其長者更議所從神龜初光復表
曰春秋載天子有日官諸侯有日御又曰履端
于始歸餘于終皆所以推二氣考五運成六位
定七曜審八卦立三才正四序以授百官于朝
万民于野陰陽剛柔仁義之道罔不畢備斁是
先代重之垂於典籍及史遷班固司馬彪著立

〔魏書志八〕 八

書志所論備矣謹案歷之作也始自黃帝平如
為元迄于大魏甲寅紀首十有餘代歷祀數千
軌憲不等遠近殊術其消息盈虛覘步疏密莫
得而識焉去延昌四年冬中堅將軍屯騎校尉
張洪故太史令張明豫息盪寇將軍龍驤校尉
郎李業興等三家並上新歷各求申用臣學缺
章程藝謝籌運職觀閣謬忝司奏請廣
訪諸儒更取通數兼通經義者及太史並集秘
書與史官同驗疏密并請宰輔群官臨檢得失
至於歲終密者施用奉詔聽可時太傅太尉公

清河王臣懌等以天道至遠非卒可量請立表候景期之三載乃採其長者更議所從又蒙敕許介於是洪等與前鎮東府長史祖瑩等研窮其事介來三年再歷寒暑積勤構思大功獲成謹案洪等三人前上之歷并聯馬都尉盧道虔前鉅鹿人張僧豫所上揔合九家共成一歷元起太極採村軍主衛洪顯殄寇將軍太史令胡榮及雍州沙門統道融司州河南人樊仲遵定州壬子律始黃鍾考古合今謂為最密昔漢武帝

元封中治歷改年為太初即名太初歷魏文帝景初中治歷即名景初歷伏惟陛下道唯先天功邁稽古休符告徵靈蔡炳瑞壬子北方水之正位龜為水畜實符魏德脩母子應義當麟趾請定名為神龜歷今封以上呈乞付有司重加考議事可施用并藏祕府附於典志蕭宗以歷就大赦改元因名正光歷班於天下其九家共修以龍祥業興為主壬子元以來至魯隱公元年歲在已未積十六

萬六千五百七筭外入甲申紀來至隱公元年巳未積四萬五千三百七筭外壬子元以來至今大魏正光三年歲在壬寅積十六萬七千七百五十筭外壬子歲入甲申紀以來至今孝昌一年歲入甲申紀百五十四筭外從壬子元以來至今大魏孝昌三年歲次丁未積十六萬七千七百五十六筭上壬子元以來至今大魏孝昌三年歲次丁未歲入甲寅紀以來至今大魏孝昌二年歲次丁未積四萬六千五百五十六筭

張廣祖

上

章歲五百五
　古十九年七閏閏餘盡為章積至多年畫之日月見東方日象二百年多一蝕先晦頻變歷以同天言三百年斗歷改憲恢天蝕閏五年蝕閏餘一九千五百
章閏一百八十六
　中藏十九年中藏餘盡閏月之數其九十年蝕閏餘盡從僖公五年至今日蝕閏不失晦朔一閏間則從僖公五年至今日蝕閏餘盡閏者多閏餘盡章為
章月六千二百四十六
　十二章為一蔀至此年小餘成日為蔀四分度法
蔀法六千七百六十
　四分度法得一千五百二十五為古法今歲三十八者從僖公五年
斗分一千四百七十七
以來歲七日有并謂為最近一百一十三歲歲減日歲之太深是以三十餘年歲減四子也

上欄

紀法六萬六百 〔十部成紀〕 大餘十也

統法十二萬一千二百 〔二紀成統〕 大餘二十

元法三十六萬三千六百 〔三統成元〕 大餘盡

日法七萬四千九百五十二 〔十二乘章月為日法 二十二乘章月一年之閏分〕

周天分二百二十一萬三千三百七十七 〔以度法通三百 六十五度 內斗分 三百八十〕

氣法二十四 〔歲中十三年十二次 次有初中分為二十四〕

經月大餘二十九 小餘三萬九千七百六十九 〔日法除周天分得之日者一部之日 數以月除殘日得一月二十九 及餘是周天分即為月通〕

會通一千二百九十八萬九千六百二十 〔以日法乘會〕

會數百七十三餘二萬三千二百八 〔會以二十三乘五月內 天分以二十三乘周 五月之二十三分 月之二十為一〕

周日二十七餘四萬一千五百六十二 〔以日法乘會內會餘 除周天分日行 十三度〕

通周二百六十萬五千二百六十六 〔日法乘周日二內周餘〕

小周六千七百五十一 〔乘章歲內章閏也〕

月周八萬一千一百一十二 〔以十二乘小周 即得與度同〕

推月朔術第一

下欄

推積月

術曰置入紀年筭外以章月乘之如章歲為積月不盡為閏餘閏餘滿三百一十九以上其歲有閏

推朔積日

術曰以通數乘積月為朔積分分滿日法為積日不盡為小餘六旬去積日不盡為大餘命以紀筭外則所求年天正十一月朔

推上下弦望

術曰加朔大餘七小餘二萬八千六百八十小分一小分滿四從小餘小餘滿日法從大餘大餘滿六旬去之即上弦日又加得望又加得下弦又加得後月朔

推二十四氣

術曰置入紀年以來筭外以餘數乘之為實以部法除之所得為積沒不盡為小餘以六旬去積沒不盡之所得為大餘命以紀筭外所求年天正十一月冬至日求次氣加大餘十五小餘一千二百二十四小分一小分滿氣法二十四從小餘一小餘滿部法從大餘一大

餘滿六十去之，命如上，即次氣日。

推閏　術曰以閏餘減章歲五百五，餘以歲
中十二乘之，滿章歲閏一百八十六得一月，
法已上亦得一月，數從天正十一月起算外，閏
月也。閏有進退，以無中氣為正。

冬至十一月中	小寒十二月節	大寒十二月節
立春正月節	雨水正月中	驚蟄二月節
春分二月中	清明三月節	穀雨三月中
立夏四月節	小滿四月中	芒種五月節
夏至五月中	小暑六月節	大暑六月中
立秋七月節	處暑七月中	白露八月節
秋分八月中	寒露九月節	霜降九月中
立冬十月節	小雪十月中	大雪十一月節

推合朔交會月蝕去交度　術曰置入紀朔
積分，又以交會月差分并之〔今用甲申紀差分七百四十一万八千七百八十四也〕。
以會通去之，所得為積交，餘不盡者以日法除
之，所得為度餘，即所求年天正十一月朔却去
交度及餘。

求次月去交度　術曰加度二十九，日度餘
三万九千七百六十九，除如上，則次月去交度
及分。

求望去交度　術曰加度十四，日度餘五万
七千三百六十半，度餘滿日法從度，數去
之，亦除其餘。餘若不足減者，減度，分如朔望會虛則
望去交度及分。朔望去交度分如朔望會數十
四度，度餘五万七千三百六十半以
數一百五十八度，度餘四万七百九十九半以

上者朔則交會，望則月蝕。

甲子紀〔合朔日月如合璧交中〕　交會差四十九度
甲戌紀〔合朔月在日道裏〕　交會差四十九度
甲申紀〔合朔月在日道裏〕　度餘三万六千七百四十四　交會差九十八度
甲午紀〔合朔月在日道裏〕　度餘七万三千四百八十八　交會差一百四十八度
甲辰紀〔合朔月在日道裏〕　度餘三万五千五百二十二百二十八　交會差二十四度

度餘四万八千八百二十六

甲寅紀〔合朔月在日道裏〕

度餘一万六百八　〔交會差七十四度〕

求交道所在月，以十一月朔却去交度及餘，若不足減者，減一度，加入法乃減之，乃以十一月朔小餘加之，滿日法除之，從日一餘為日，餘命起往年十一月，如歷月大小除之，不滿月者為入月日，筭外交道日。交在望後者亦其。

除之月朔則交會，望則月蝕，交在望前者為入月筭外交道日，交在望後者亦其。

皆月蝕

求後交月及日，以會數及餘加前入月日及餘，滿日法從日一，如歷月大小除之，命起前蝕月，得後交月及餘。

月在日道表裏

月月蝕，後交月朔則交會，交正在望者其月月蝕。既前後朔皆交會，交正在朔者日蝕。既前後望

術曰：置入紀朔積分，又以紀交會差分加之〔全用甲申如交會差分七百八十四〕倍會

推月在日道表裏〔以紀交會差分加之四万一千八百七十四〕倍會

通去之，餘不滿會通者，紀首裏者則天正十一

〔▲魏書志八〕　〔三百〕　〔十五〕

月合朔月在日道裏，紀首表者則月在表若滿

會通者，紀首表者則月在裏，紀首裏者則月在

表，黃道南為表北為裏，其滿會通者去之，餘如

日法而一，即往年天正十一月朔却交度及餘

以却去交度及餘減會數及餘，餘若不足

減者減一度，加日法乃減，會餘為前去度，乃餘又

以十一月朔小餘加之，減餘為前去度，乃餘又

一月如歷月大小除之，不滿月者為入月日及

餘筭外交道日〔若十一月朔月在日道裏者為出內，十一月朔在表者此交為入〕

餘筭外交道日〔後交為出內〕

其交在朔後望前者，朔月在日道

裏者，望在表，朔在表則望在裏，其先月也。

者望與十一月同，後月朔則反矣，若交在望後朔前

表裏與十一月同，後望則反矣，若交在望後朔前

蝕，後交會者望在表則朔在裏，望在裏則朔在表

〔內後交為出外，出一入一常法也〕　其交在朔後望前者朔月在日道

推交會起角

術曰：其月在外道，先會後交者，虧從東

者，虧從東南角起，先交後會者，虧從西南角起

其月在內道，先會後交者，虧從西北角起

後會者，虧從西北角起，合交中者蝕之既，其月

蝕在日之衝，起角亦如之。凡日月蝕去交十五

〔十六〕

為限十以下是蝕也十以上虧蝕微少光影相
接而已

推蝕分多少
望去交日數減之餘則蝕分
術曰置入交限十五度以朔

推合朔入歷遲疾盈縮第四
望去交限十五度以朔

推合朔入歷遲疾
術曰置入紀以來朔日
積分又以紀遲疾差分并之〔今用甲申紀遲疾差分一百八十二萬千七百〕
二十以通周如一為積周不盡者以日法約之為
日不盡〔為日餘命日算外即所求年天正十一〕

月合朔入歷

甲子紀	遲疾差二十四日	日餘六萬三千五百六十八
甲戌紀	遲疾差二十四日	日餘四萬二千二百五十六
甲申紀	遲疾差二十四日	日餘二萬九百四十四
甲午紀	遲疾差二十三日	日餘十萬四千五百八十四
甲辰紀	遲疾差二十三日	日餘五萬三千二百七十二
甲寅紀	遲疾差二十三日	日餘三萬一千九百六十

求次月入歷日
術曰加一日日餘七萬三千一百五十九日餘滿日法從日日滿二十七
去之亦除餘如周日餘日餘若不足減一日加
周虛日滿二十七而餘日餘不滿周日日餘者為入
歷值周日法滿去之為入歷一日

求望入歷
術曰加十四日日餘五萬七千三百六十半又加得後月歷日

月行遲疾度及分

歷日	月行度及分	損益率	盈縮積分	盈縮并
一日	十四度二百六十一分	益六百八十	盈初	盈六百八十
二日	十四度三百分	益六百一十九	盈積分七千五百五十	

日	行度・小分	盈縮積	損益	損益積分
三日	十四度〔二百六十四〕	盈一千二百九十九〔四百二十二〕	益五百五十五	盈積分一萬四千
四日	十四度〔一百六十一分〕	盈一千八百五十四〔二十四〕	益四百九十	盈積分二萬五百
五日	十四度〔九十〕	盈二千三百四十四〔十九〕	益四百一十八	盈積分二萬六千
六日	十三度〔四百七分〕	盈二千七百六十二〔六十五〕	益二百八十五	盈積分三萬六百
七日	十三度〔二百六〕	盈三千一百四十七〔八百二十九〕	益八十	盈積分二萬三千
八日	十三度〔六十分〕	盈三千一百二十七〔七百一十七〕	損一百二十五	盈積分三萬四千

日	行度・小分	盈縮積	損益	損益積分
九日	十三度〔四百九十一分〕	盈三千卅二〔二十七〕	損二百五十二	盈積分三萬三千
十日	十二度〔三百八十三分〕	盈二千七百五十〔二十〕	損三百五十三	盈積分三萬五百
十一日	十二度〔二百九十七分〕	盈二千三百九十七〔三十一〕	損五百五十四	盈積分二萬六千
十二日	十二度〔一百六十二分〕	盈一千九百四十二〔六百一十二〕	損五百五十五	盈積分二萬五百
十三日	十二度〔三十分〕	盈一千三百八十八〔五百七十二〕	損六百五十六	盈積分一萬五千
十四日	十一度〔四百六十四分〕	盈七百三十二〔四百一十〕	損七百三十一	盈積分八千一百

表（魏書・律曆志）

日	度・分	損益	縮（盈縮積）	縮積分
十五日	十二度〔三十〕〔六分〕	益六百五十五	縮初	
十六日	十二度〔二百〕〔九分〕	益五百八十二	縮六百五十五	縮積分七千一百
十七日	十二度〔二百〕〔九分〕	益五百二	縮一千二百三十七	縮積分一萬三千〔七百三十四〕
十八日	十二度〔二百〕〔九分〕	益四百一	縮一千七百三十七	縮積分一萬九千
十九日	十二度〔二百〕〔九分〕	益二百九十九	縮二千一百四十	縮積分二萬三千〔七百五十九〕
二十日	十二度〔四百〕〔六分〕	益一百九十五	縮二千四百三十九	縮積分二萬七千
二十一日	十三度〔一百〕〔八分〕	益六十八	縮二千六百三十四〔七十九〕	縮積分二萬九千
二十二日	十三度〔二百〕〔三分〕	損五十七	縮二千六百三十四〔一百四十四〕	縮積分二萬九千
二十三日	十三度〔三百〕〔八分〕	損二百二	縮二千六百四十三〔九百九十〕	縮積分二萬九千
二十四日	十四度〔千〕〔九分〕	損三百四十八	縮二千四百四十三〔三百六十六〕	縮積分二萬七千
二十五日	十四度〔一百〕〔七分〕	損四百九十三	縮二千九十五〔一百二十三〕	縮積分二萬三千
二十六日	十四度〔三百〕〔八分〕	損六百六	縮一千六百二〔二百五十九〕	縮積分一萬七千
二十七日	十四度〔三百〕〔一分〕	損六百三十一	縮七百八十六	

〔欄外・葉次標記〕魏志八　宋帝　二八　二十一　二十二　全

縮九百九十六　縮積分一萬五十八

周日十四度〔三百三十九分小分九千六百八十四〕　損六百五十〔小分九千六百八十四分〕

縮三百六十五　縮積分四百五十二

推合朔交會月蝕定大小餘

術曰以入歷日餘乘所入歷損益率以小周六千七百五十一除之所得以損益盈縮積分值盈者加之為定積值盈者以減本朔望小餘值縮者加之為定大小餘

法者交會加時在後日減之不足減者減上一日加下日法乃減之交會加時在前日月蝕者加時有餘不盡

隨定大小餘為定日加時

推加時

術曰以時法六千二百四十六除

日加下日法乃減之交會加時在前日月蝕者

推定小餘所得命以子起算外朔望加時有餘不盡者四之如法得一為少二為半三為太又有餘者三之如法得一為少弱少半為少彊不滿半法棄之以彊并少為少彊并半為半彊并太為太彊得二彊者為少弱以彊并少弱為半弱以之并半為太弱以之并太為一弱隨所在

〔三百十〕〔二十三〕〔魏書志八〕〔趙翼〕

辰命之則其彊弱日之衝為破下蝕

入歷值周日者

術曰以周日月餘乘之為實以小周乘周日日餘為法實如法得一以減縮積積分有餘者以加本朔望小餘小餘滿日法從大餘一是為蝕後日推加時如上法

推日月合朔弦望度術第五

推日度

術曰置入紀朔積日以日度法乘之滿周天去之餘滿日度法為度不盡為餘命度起牛前十二度〔牛前十二度在正十一月朔夜半日所在度也〕宿次除之

推日度又法

術曰置周天三百六十五度斗分一千四百七十七以冬至去朔日數減滿宿者算外即天正十一月朔夜半日所在度度一加日度法乃減之命起如上即所求年天正十一月朔日夜半日所在度

求次月日所在度

術曰月大加三十度〔宿次除之逕斗小加二十九度〕求次日加一度

〔三八〕〔魏書志八〕〔張亨〕〔二十四〕〔宿次除之〕

去其分一千四百七十七

推合朔日月共度　術曰　以章歲乘朔小餘

以章月除之所得爲大分不盡小分以加夜半

日度分分滿日度法從度命起如前即所求年

天正十一月合朔日月共度

求次月合朔度　術曰加度二十九大分

三千二百一十五小分二千四百五十五小分

滿章月從大分大分滿日度法從度宿次除之

逕斗除其分則次月合朔日月共度

除之不滿宿者算外即所求年天正十一月朔

夜半月所在眾及分

推月度又一法

實以章歲乘日法爲法得一爲度不滿

法者以章月除之爲大分不盡爲小所得以減

合朔度及分餘即所求年天正十一月朔夜半

推月度　術曰置入紀朔積日以月周八萬

一千二百二乘之滿周天去之餘以日度法約

之爲度不盡爲度分命度起牛前十二度宿次

月所在度及分

求次月度　術曰小月加度二十二分二千

六百五十一大月加度三十五分四千八百八

十三分滿日度法從度宿次除之不滿宿者算

次月所在度

求次日月行度　術曰加度十三分二千

百三十二分滿日度法從度宿次除之逕斗去

其分

求弦望日所在度　術曰加合朔度七大分

二千三百二十八小分五千二百九十八微分

微分滿四從小分小分滿章月從大分大分滿

日度法從度命如上則上弦日所在度又加得

望下弦月合朔

斗二十六度　牛八度　女十二度　虛十度

危十七度　室十六度　壁九度

北方玄武七宿九十八度　一千四百七十七分

奎十六度　婁十二度　胃十四度　昴十度

畢十六度　觜二度　參九度

西方白虎七宿八十度

井三十三度　鬼四度　柳十五度　　星七度

張十八度　　翼十八度　軫十七度

南方朱鳥七宿一百一十二度

角十二度　亢九度　氐十五度　房五度

心五度　尾十八度　箕十一度

東方倉龍七宿七十五度

周天三百六十五度六千六百分度之一千
百七十七

通分得一百二十一万三千七百七十七名曰
周天分

五行沒滅易卦氣候上朔術第六

推五行用事日水火木金土各王七十三日小
餘二百九十五小分九微分三春木夏火秋金
冬水四立即其用事日各置立春大小餘
及分以木王七十三日小餘二百九十五小分
九微分三加之微分滿五從小分一小分滿氣
法二十四從小餘一小餘滿蔀法從大餘一大

餘滿六十去之命以紀得季春土王日又加土
王十八日小餘一千五百八十八小分二十微
分二滿從命如上即得立夏日求次如法又一
法求土王用事日各置四五大小餘及分各減
大餘十八小餘一千五百八十八小分二十微
分二命以紀筭外即四五土王日若大餘不足
減者加六十而後減之小餘不足減取大
餘一加蔀法乃減之

推沒滅　　術曰因冬至積沒有小餘者加積

一以沒分乘之如沒法而一為積日不盡為沒
餘以六旬去積日餘為沒日命以紀筭外即所

求次沒

求年天正十一月冬至後沒日

術曰加沒日六十九沒餘二万七百七十從沒
百六十四沒餘滿沒法三万二千七百七從沒
日一沒日滿六旬去之餘小餘盡者為滅日又以
一歲常有五沒或六沒小餘滿蔀法從沒日以
冬至去朔日加沒日冬至小餘盡者為滅日從沒日
命日起天正十一月如歷月大小除之不足除

者入月籌命以朔籌外即冬至後沒至後沒日求次沒

加沒沒日六十九沒餘三千九百五十九沒分

二万四千六百九十七分滿沒法從沒餘滿部從

沒日命起前沒月曆日大小除之即後沒日及

餘

推四正卦　術曰因冬至大小餘即坎卦用

事日春分即震卦用事日夏至即離卦用事日

秋分即兌卦用事日

求中孚卦加冬至小餘五千五百三十小分九

微分一微分滿五從小分小分滿氣法從小餘

小餘滿部法從大餘命以紀籌外即中孚卦用

事其解加震姤加離貢加兌亦如中孚加坎

求次卦加坎大餘六小餘五百二十九小分十

四微分四微分滿五從小分小分滿氣法從小

餘小餘滿部法從大餘命以紀籌外即復卦用

事日大壯加震姤加離觀加兌如中孚加坎

十一月未濟蹇屯謙睽升臨

正月小過蒙益漸泰二月需隨晉解大壯三月

謀隨蠱革吏四月旅師比小畜再乾五月大有家

人井咸始六月鼎豐渙履遯七月恒節同人損

否八月巽萃大畜賁觀九月歸妹无妄明夷

困剝十月艮既濟噬嗑大過坤

四正為方伯中孚為三公復為天子屯為諸侯

謙為大夫睽為九卿外還從三公周而復始

九三應上九清淨微溫陽風九三應上六絳赤

決溫陰雨六三應上六白濁微寒陰雨六三應

上九翩麗浸寒陽風諸卦上有陽爻者陽上

有陰爻者陰雨

推七十二候　術曰因冬至大小餘即虎始

交日加大餘五小餘四百四十一小分八微分

一微分滿三從小分小分滿氣法從小餘小餘

滿部從大餘命以紀籌外所候日

冬至　虎始交　芸始生　荔挺出

小寒　蚯蚓結　麋角解　水泉動

大寒　鴈北向　鵲始巢　雉始雊

立春　鷄始乳　東風解凍　蟄蟲始振

雨水　魚上冰　獺祭魚　鴻鴈來
驚蟄　始雨水　桃始華　倉庚鳴
春分　鷹化鳩　玄鳥至　雷始鳴
清明　雷始見　執蟲咸動　蟄蟲啓戶
穀雨　桐始花　田鼠為鴽　虹始見
立夏　萍始生　戴勝降於桑　螻蟈鳴
小滿　蚯蚓出　王瓜生　苦菜秀
芒種　靡草死　小暑至　螳蜋生
夏至　鵙始鳴　反舌無聲　鹿角解
小暑　蟬始鳴　半夏生　木槿榮
大暑　溫風至　蟋蟀居壁　鷹乃學習
立秋　腐草化螢　土潤溽暑　涼風至
處暑　白露降　寒蟬鳴　鷹祭鳥
白露　天地始蕭　暴風至　鴻鴈來
秋分　玄鳥歸　群鳥養羞　雷始收聲
寒露　蟄蟲附戶　殺氣浸盛　陽氣始衰
霜降　水始涸　鴻鴈來賓　雀入大水化為蛤
立冬　菊有黃華　豺祭獸　水始冰

小雪　地始凍　雉入大水化為蜃　虹藏不見
大雪　冰益壯　地始坼　鶡旦不鳴

術曰因冬至虎始交後五日一候
推上朔法置八紀年減一加八以六律乘之以
六千去之餘為大餘以甲子筭外上朔日

推五星六通術第七
上元壬子以來至春秋隱公元年巳未積十六
萬六千五百六十七筭外至今大魏熙平二年歲次
丁酉積十六萬七千七百四十五筭外

木精曰歲星其數二百四十一萬六千六百
[十]
火精曰熒惑星其數四百七十二萬五千八百
[四十八]
土精曰鎮星其數三百二十九萬一千二百二十一
金精曰太白其數三百五十三萬八千一百三
[十一]
水精曰辰星其數七十萬二千一百八十二
推五星置上元以來盡所求年減一以周天二

百二十一萬三千三百七十七乘之名爲六通
之實以蔀法除之所得爲冬至積日不盡爲小
餘以旬六去積日不盡爲大餘命以甲子筭外
即冬至日以章歲五百五除冬至小餘所得命
子筭外即律氣加時

五星各以其數爲法除六通實所得爲大餘命以甲子筭外
盡爲合餘以合餘減法餘爲入歲度分以日度
約之所得即所求天正十一月冬至後晨夕合
度筭及餘其金水以一合日數及合餘減合度
筭及餘得一者爲夕見無所得爲晨見若度餘
不足減減合度筭一加日度法乃減之命起牛
前十二度宿次除之不滿宿者筭外即天正十
一月冬至後晨夕合度及餘

求星合月及日　　置冬至朔日數減一以加
合度筭以冬至小餘加度餘度餘滿日度法去
之加度　一合度筭變成合日筭餘爲日餘命
起天正十一月如歷月大小除之不滿月者筭外
星合月及日有閏計之

求後合月及日　　以合終目數及餘如前入
月筭及餘餘滿日度從日歷月大小除之起前
合月筭外即後合月及日其金水以一合日數
及餘加晨得夕加夕得晨

求後合度　　以行星度及餘夕加前合度及餘
餘餘滿日度從度命起前合度宿次除之不滿
宿者筭外即後合度及餘迴計去其分一千四
百七十七

歲星合終日數三百九十八合終日餘四千七

百八十行星三十三度餘三千三百三周虛
一千二百八十
歲星晨與日合在日後伏十六月餘二千二百
九十行星二度餘四千六百八十一半去日
三度半晨見東方順疾日行五十七分之十一
五十七日行十一度順遲日行九分五十七
行九度而留不行二十七日而旋逆日行七分
之二百八十四日退十三度復留二十七日復順
遲日行九分五十七日行九度復疾日行十一

分五十七日行十一度在日前夕伏西方順遲

十六日餘二千三百九十行星三度餘四千

六百八十半與日合凡一見三百六十六日

行星二十八度在日前後伏三十二日餘四千

七百八行星五度度餘三百三復終於晨

見

熒惑合終日數七百七十九合終日餘五千一

十八周虛九百五十二行星四十九度度餘二

千一百五十四

熒惑晨與日合在日後伏七十一日餘五千

百八十四行星五十五度餘四千八百四十五

半去日十六度晨見東方順疾日行二十三分

之十四一百八十四日行一百一十二度順遲

日行二十三分之十二九十二日行四十六度

而留不行十一日而旋逆日行六十二分之十

七日六十二日退十度復留十一日復順疾行

十四分一百八十四日行一百一十二度在日

前夕伏西方順七十一日餘五千五百八十四行

星五十五度度餘四千八百四十五半而與日

合凡一見六百三十六日行星三度餘在日

前後伏一百四十三日餘五千一百八行星一

百二十一度餘三千六百四十一過周四十九

度度餘二千一百五十四復終於晨見

鎮星合終日數三百七十八日餘三百四十一

行星十二度餘四千九百二十四周虛五千七

百二十九

鎮星晨與日合在日後伏十八日日餘一百七

十半行星二度餘二千四百六十二去日十五

度半晨見東方順日行十二分之十八十四日

行七度而留不行三十六日而旋逆行十七分

之二一百二日退六度復留三十六日復順日

行十二分之一八十四日行七度在日前夕伏西

方順十八日日餘一百七十半行星二度餘二

千四百六十二而與日合凡見三百四十二日

行星八度在日前後伏三十六日日餘三百四

十一行星四度度餘四千九百二十四復終於

太白金再合終日數五百八十三日日餘五千

一百五十一周虛九百九行星二百九十度
合日數
亦曰一

度餘五千六百五半
合
亦曰餘

太白晨見與日合在日後伏六日退四度去日十

度晨見東方逆日行三分之二九日退六度留

不行八日順遲日行十五分之十三疾日行一度十四分之十五日

行三分之二百五十度順疾大疾日在日後晨伏東方

一日行二百五度順疾大疾日行一疾十三分之九十

九十一日行一百二十二度在日後晨伏東方

順四十一日餘五千六百五半行星五十一度

度餘五千六百五半而與日合凡見東方二百

四十四日行星二百四十度在日後伏四十一

日餘五千六百五半行星五十一度餘五千六

百五半而與日合亦見西方夕與日合在前伏四

一日行五千六百五半行星五十一度餘五千

六百五半去日十度夕見西方順疾日行一

十三分之三九十一日行一百二十二度順遲

日行一度十三分之二九十一日行一百五度

順遲日行十五分之十四五日行三十三

度而留不行八日而旋逆日行三分之二九日

退六度在日前夕伏西方六日退四度而與日

合凡再見在日前夕伏四百八十日行星四百八十度在日

前後伏八十三日餘五千一百五十一

百三度度餘五千一百五十一過周二百一十

八度度餘三千六百七十四復終終於晨見

水星辰星再合終日數一百一十五餘五千二
亦曰合日數餘五千六

辰星與日合在日後伏十一日退六度去日十

七度晨見東方而留不行四日順遲日行七分

之五七日行五度順遲度日行三分之一十

二度在日後伏二十八日餘五千六百七
合日數
亦曰餘五千六百七

百八十二行星五十七度

十一合日餘一周虛七百七十八

八日行二十四度在日後晨伏東方順十七日

餘五千六百七十一行星四十四度餘五千六

百六十一而與日合凡見東方二十九日行星

二十二度在日後伏二十八日餘五千六百七

十一行星三十四度餘五千六百七十一而與

日合見西方亦然

辰星夕與日合在日前伏十七日餘五千六百

七十一行星三十四度餘五千六百七十一去

日十七度夕見西方順疾日行一度三分之一

十八日行二十四度順遲日行七分之五七日

退六度而留四日在日前夕伏西方逆行星

行五度而晨與日合凡再見五十八日行星四

十六度在日前後伏五十七日餘五千二百八

三十九　徐怕祖

十二行星六十九度餘五千二百八十二復終

於晨見

斗十一至牛五星紀丑　　牛五至危五玄枵子

危五至壁三娵訾亥　　壁三至婁八降婁戌

妻八至畢二大梁酉　　畢二至井五實沈申

井五至鬼三鶉首未　　鬼三至張七鶉火午

張七至軫一鶉尾巳　　軫一至亢三壽星辰

亢三至心四大火卯　　心四至斗一析木寅

趙明

令其改正立甲子元曆事訖尚書左僕射司馬子
如右僕射隆之等表曰自天地剖判日月運行剛
柔相摩寒暑交謝分之以氣序紀之以星辰強望
有盈缺明晦有脩短古先哲王則之成化迎日推
筴各有司存以天下之至王盡生民之能事先天
而天弗違後天而奉天時及卯金受命年曆屢改當

■ 魏書志九　一

途啓運日官廢業分路揚鑣異門馳騖僑回五曆定
交錯不等豈是人情淺深苟相違異蓋亦天道盈
縮欲止不能正光之曆既行於世發元壬子置差令
朏測影清臺縣炭之期或爽候氣重室布灰之
應少差伏惟陛下當璧膺符大橫協北乘機虎變
撫運龍飛苞括九㝢年籠刀㝢四海來王百靈受
職大丞相勃海王降神誕生固天縱德勤王勳彰濟
知機成務撥亂反正決江疏河效顯圖作宰
世功成治定禮樂惟新以履端歸餘術數未盡

乃命兼散騎常侍執讀臣李業興大丞相府東
閣祭酒夷安縣開國公臣王春大丞相府戶曹
參軍臣和貴興等奉委其刊正但回金戶有疾徐推
步有疎密不可以一方知難得以一途揆大丞相
主簿臣孫搴驃騎將軍左光祿大夫臣曄前
給事黃門侍郎臣季景勃海王世子開府諮
議參軍事定州大中正臣崔逞業興息國子學
生屯留縣開國子臣子述等並令參豫定其是
非臣等職司其憂猶恐未盡竊以蒙戎為飾必

三十　｜二｜朱曹

藉羠腬之華輪奐成宇密止一枝之用必集名
勝更共修理左光祿大夫臣盧道約大司農卿
彭城侯臣李諧左丞西兗州大中正臣
裴獻伯散騎常侍西兗州大中正臣溫子昇太
尉府長史臣座操尚書右丞城陽縣開國子臣
盧元明中書侍郎臣李同軌前中書侍郎臣邢
子明中書侍郎臣宇文忠之前司空府長史建
康伯臣元仲俊大丞相法曹參軍臣杜弼尚書
左中兵郎中定陽伯臣李博濟尚書起部郎中

臣辛術尚書祠部郎中臣元長和前青州驃騎
府司馬安定子臣胡世榮太史令臣盧鄉縣開國
男臣趙洪慶太史令臣胡法通應詔左右臣張
詰負外司馬督臣曹魏祖太史丞郭慶太史博
士臣胡仲和等或器撰民譽或術兼世業並能
顯微闡幽表同錄異詳考古今共成此曆甲和
以年號為目當獨太初表於漢代景初冠於魏
日始子實天正命曆置元宜從此起運屬興和
曆而已謹以封呈尢什有司依術施用詔以新

曆示府獻武王田曹參軍信都芳關通曆術
駁業與曰今年十二月二十日新曆在營室十
王度逆行天上太白在斗二十一度逆行便為差
見逆行今月二十日新曆太白在十二度逆行在辰
度留今月二十日新曆留天上鎮星在尢四
日新曆鎮星在角十一度留天上鎮星在尢四
殊業與對曰歲星行天伺候以來八九餘年恒
不及二度今新曆加二度至於夕伏晨見纖毫
無衰今日仰看如覽二度及其出没還應如術

鎮星自造壬子元以來歲常不及故加壬子七
度亦知猶不及王度適欲并加恐出没頓校十
度十日將來永用不合處多太白之行頓疾頓
遲取其會歸而巳近十二月二十日晨見東方
新舊二曆推之分寸不異行星三日頓校四度
唯嫌十二月二十日星有前却見伏星還推步術又芳
三十餘載上筭千載之日月星辰有見經史者
與涼州趙㽉劉義隆廷尉卿何承天劉駿南徐

州從事史祖沖之參校業與甲子元曆長於三
曆一倍考洛京巳來四十餘歲五星出没歲星多
鎮星太白業與曆首尾恒中及有差處不過一
日二日一度兩度三歷之失動校十日十度熒
惑一星伏見體自無常或不應度祖沖之歷多
甲子歷十日六度何承天歷不及三十日二十
九度今歷還與壬子同不有加增辰星一星没
多見少及其見時與歷無鈔今此亦依壬子元
不攷太白辰星唯起夕合爲異業與以天道高

逐測步難精五行伏留推考不易人目仰關未
能盡密但取其見伏大歸略其中間小謬如此
濟便可行若專據所見之驗不取出沒之效則
曆數之道其幾廢矣夫造曆者節之與朔貫穿
盈縮得衷間限數合周日小分不殊錙銖陽曆
陰曆纖芥無爽損益之數驗之交會日所居度
考之月蝕上推下減先定眾條然後曆元可求

猶甲子難值又雖值甲子復有差分如此蹉駁
不謬但一合之裏星度不驗者至若合終必還
其言不失法理分明情謂為可如芳所言信亦
依術鎮星前年十二月二十日見差五度今日
差三度太白前差四度今全無差以此準之見
伏之驗尋效可知將來永用大體無失芳又去
以去年十二月中筭新曆其鎮星以十二月二
十日在角十一度留天上其鎮星以十二月又去
差天五度太白歲星並各有差校於壬子舊曆

鎮星差天五庹太白歲星亦各有差是舊曆差
天為多新曆差天為少凡造曆者皆須積年累
日依法候天知其躁密然後審其近者用作曆
術不可月兩月之間能正是非若如熒惑行
天七百七十九日一遲一疾一留一逆一順一
伏一見之法七頭一終鎮星行天一百一十五
日晨夕之法七頭一終歲星行天三百七十八
日七頭一終太白行天三百九十八
終辰星行天一百二十五日晨夕之法七頭一

終造曆者必須測知七頭然後作術得七頭者
造曆為近不得頭者其曆甚躁皆非一二日能
知是非自五帝三代以來及秦漢魏晉造曆者
皆積年久測術乃可觀其君卒造者當時或近
不可久行若三四年作者初雖近天多載恐失
今甲子新曆業與潛構積年雖有少差校於壬
子元曆近天者多若父而驗天十年二十年間
比壬子元曆三星行天其差為密獻武王言
之詔付外施行

上元甲子以來至春秋魯隱公元年歲在巳未

積二十九萬二千七百三十六筭上

甲子之歲入甲戌紀巳來積十二萬四千一百三十六筭上

上元甲子以來至大魏興和二年歲在庚申積十二萬五千
甲子之歲入甲戌紀至今庚申積十二萬五千
二十九萬三千九百九十七筭上
三百九十七筭上

元法二百九十二千六百筭上（三統之數）

統法三十三萬七千二百（二紀之數）

紀法十六萬八千六百（千蔀成紀 日數至十）

蔀法一萬六千八百六十（三十乘章歲得日 月餘皆盡之年數）

度法一萬六千八百六十（三十乘章歲得此數）

日法二十萬八千五百三十（小二分度法 三十乘章月得此數）

氣時法一千四百五十（二分度法）

章歲五百六十二（二萬九千章十年減閏餘二 一萬九千七百七十八年減右一閏月）

章閏二百七（五百六十二年之間月數）

章月六千九百五十一（五百六十二之月數并閏）

章中六千七百四十四（五百六十二年除閏月數）

周天六百一十五萬八千一十七（斗分之數度法通內 月分之數）

通數六百一十五萬八千一十七（五內度法通二十九日 日法通餘之數）

沒分六百一十五萬八千一十七（餘數通經沒六十 餘數通經沒五萬七千）

餘數八萬八千四百二十七（一年之內成 五內斗分之數）

沒法八萬八千四百二十七（度法通一年之 五內斗分之數）

斗分四千一百一十七（此不成度 度之分）

虛分九萬七千八百八十三（經月二十九日外 少此不滿三十日）

小分法二十四（二十四氣除周天分之數也）

歲中十二（之中氣）

會數一百七十三（月一出入黃道之日數周 辟六百二十三分月之二十也）

會餘六萬七千三百一十七（百七十三分月之 不成日之分）

會通三千六百四十（會餘之外不成度之數 以日法通）

會虛十四萬二千四百一十三（會餘之外不成庚之數）

周日二十七（周天用日 月行數）

周餘十一萬五千六百三十一（周天用日外及本鷹之分數）

通五百七十四万五千九百四十一 法通二

周虚九万二千八百九十九 用餘不 十七内分 成日之數

小周七万五千一百二十三 行之數 用之數 月之一日

月周二十二万五千三百九十 通小周 内度數

朔望合數十四 日數 半經月 月出入黄道 減半月之數

度餘十五万九千五百八十八半 減之外

入交限數一百五十八度 月出入黄道 日餘 月小

度餘十二万六千五十八半 餘半月小

推月朔弦望術第一

推積月 術曰置入紀以來盡所求年減一
以章月乘之章歲如一所得爲積月不盡爲閏
餘閏餘三百五十五以上其年有閏餘五百一
十五以上進退在天正十一月前後以冬至爲定
之

推積日 術曰以通數乘積月爲朔積分日
法如一爲積日不盡爲小餘以六旬去積日不
盡爲大餘命大餘以紀甲戌紀筭外即所求年天
正十一月朔日

求次月朔 術曰加大餘二十九小餘一万
六百四十七滿除如上命以紀筭外即次月
朔日期小餘滿虚分九万七千八百八十三者
其日 入減者其月小

求上弦下弦望 術曰加朔大餘七小餘七万
九千七百九十四小分一小分滿四從小餘小
餘滿日法從大餘大餘滿六十去之命以紀筭
即上弦日又加得望下弦後月朔

推二十四氣閏術第二

推二十四氣 術曰置入紀以來盡所求年
減一以餘數乘之沒法如一爲積沒不盡爲小
餘以六旬去積沒不盡爲大餘命以紀筭外即
所求年天正十一月冬至日

求次氣術 術曰加大餘十五小餘三千六
百八十四小分一小分滿小分法二十四從小餘
小餘滿部法從大餘一命如止筭外即次氣
日

推閏 術曰以閏餘減章歲餘以歲中十二

乘之滿章閏二百七得一月餘半法以上亦得

一月數起天正十一月筭外即閏月閏月有進

即以無中氣定之

推閏又法　術曰以歲中乘閏餘加章閏得

一盈章中六千七百四十四數起冬至筭外中

氣終閏月也盈中中氣在朔若二日即前月閏

冬至十一月中　小寒十二月節　大寒十二月中

立春正月節　雨水正月中　驚蟄二月節

春分二月中　清明三月節　穀雨三月中

立夏四月節　小滿四月中　芒種五月節

夏至五月中　小暑六月節　大暑六月中

立秋七月節　白露八月節　秋分八月中

寒露九月節　霜降九月中　立冬十月節

小雪十月中　大雪十一月節

推合朔却去度表裏術第三

推合朔却去交度　術曰置入紀以來朔積分

又以所入紀交會差分并之（甲戌紀交會差分二千六百五十二万二千六）

以會通去之所得為積交不盡者以日法

約之為度不盡者為度餘即所求年天正十一

月朔却去交度及度餘

甲子紀（紀首合朔月合璧交中）

度餘十九万二千三百一十三

甲戌紀（紀首合朔月在日道表）交會差一百二十七度

度餘一万一千五百六十一

甲申紀（紀首合朔月在日道裏）交會差八十一度

度餘三万九千三百四十九

甲午紀（紀首合朔月在日道裏）交會差三十四度

度餘二万三千二百二十二

甲辰紀（紀首合朔月在日道表）交會差二百六十一度

度餘二万三千八百七十四

甲寅紀（紀首合朔月在日道裏）交會差一百二十五度

度次月却去交度　術曰加度二十九度餘十

一万六千四十七度餘滿會數去之亦除其會餘

去之亦除其會餘即次月朔却去交度及度餘

來望却去交度　術曰加度十四度餘十五万九

千五百八十八半滿除如上即望却去交度

及慶餘

推月在日道表裏　術曰置入紀以來朔積
分又以紀交會差分并之倍會通去之餘以會
通減之得一減者爲月在日道表無所得者爲
月在日道裏

求次月表裏　術曰加次月度及度餘
會數及會餘　術曰加次月度及會餘加前入
會數及會餘則在表裏加裏滿會數及會餘則
在表

推交道所在日　術曰以十一月朔却去交度

二〇十　魏書志九　士三　趙明

及餘減會數及會餘會餘若不足減者減一度加
日法乃減之又以十一月朔小餘加之滿日法從
度餘爲度餘即是天正十一月朔前日法
度及餘如曆月大小除之起天正十一月不滿
月者爲入月算外交道所在日又以歲中乘入
月小餘日法除之所得命以子筭即交道所在
辰其交在望前者其月朔月蝕後朔交會正在
在望後者其月朔月蝕後朔則交會交正朔則月蝕交
月蝕既前後朔交會交正朔者日蝕既前後月

望昏月蝕

求後交月及日　術曰以會數及會餘加前入
月算及餘餘滿日法從日如曆月大小除之
起前交月算外即後交月及日以次放之

推交會起角　術曰其月月在日在外道先會後交
者虧從東南角起先交後會者虧從西南角起合交
中者蝕既其月月蝕在日之衝起合交
中者蝕既其月蝕在日之衝

推蝕分多少　術曰其朔望去交度及度餘如

二三十　魏書志九　十四　趙九

入交限數二百五十八度度餘十一萬六千
五十八半以上者以減會數及會餘餘爲不
蝕度若朔望去交度如朔望合數十四度度餘
十五萬九千五百八十八半以下者即是不餘
度皆以減十五餘爲蝕餘蝕分朔望去交度
蝕之既

推合朔月蝕　術曰置入紀以來朔積
推合朔入遲疾曆　術曰置入紀以來朔積分
又以所入紀遲疾差分并之

甲戌紀遲差分二日三十
五萬三千一百九十一

以通周去之所得日餘周不盡者以日法約之

為日不盡者為月餘命日筭外即所求年天正

月十一月合朔入曆日

求次月入曆日　術日加一日日餘二十萬三

千五百四十六日蝕滿日從日法日滿周日及

周餘去之命如上筭外即次月入曆日

求望入曆　術日加日十四日餘十五萬九

千五百八十八半滿除如上筭外即望入曆

日月行遟疾度（魏志九　合及）　損益率　（十五　用陳）

盈初　　益七百五十七

一日十四度（四百二分）　盈縮積分

盈縮并率　　盈縮積分

盈七百五十　　益六百八十九

二日十四度（三百三十四分）　益六百八十九　盈積分二萬二千十一

三日十四度（二百四十分）　益六百二十七　盈積分四萬二百三十五

盈二千四百三十六（一百九分）

四日十四度（六十七分）　益五百四十五　盈積分五萬七千二百

盈三千六十二

三十二

五日十四度（一百二分）　益四百六十六　盈積分七萬二千三

盈二千六百七

六日十三度（五百十二分）　益三百十五　盈積分八萬五千二

盈三千七十三

百六十

七日十三度（二百六十九分）　益八十九　盈積分九萬四千三

盈三千三百八十八

百九十四

十七（魏志九）　十六

八日十三度（六十分）　損一百三十九　盈積分九萬六千

盈三千四百七十七

九日十二度（四百八十六分）　損二百八十三　盈積分九萬二千六

盈三千二百三十八

五百七

十日十二度（三百七十九分）　損三百九十　盈積分八萬四千七百

盈三千五十五

百四十九

九十四

十一日十二度三百六十分　盈二千六百六十五百六十九　損五百二　盈積分七萬三千九

十二日十二度一百五十分　盈二千一百六十三　損六百二十八　盈積分六萬三千三十六

十三日十二度四十分　盈一千五百四十五　損七百二十九　盈積分四萬二千八百八十三

十四日十二度五百分　盈八百一十六　損八百一十六　盈積分二萬六千　十七　朱

十五日十二度三十分　四十九　益七百三十一　縮積分二百九十

縮初

十六日十二度一百三分　縮七百三十一　益六百三十六　縮積分二萬二百九十

十七日十二度一百二分　縮一千三百七十七　益五百五十八　縮積分三萬八千二百

魏書志九

二十

十八日十二度二百四分　縮一千九百三十五　益四百四十三　縮積分六萬三千七百

十九日十二度四百三分　縮二千三百八十　益三百三十四　縮積分五萬三千七百

二十日十二度五百五分　縮二千七百一十四　益二百一十四　縮積分七萬五千五十三　十九

二十一日十二度一百二分　縮二千九百二十八　益七十九　縮積分八萬一千二百

二十二日十二度二百七分　縮三千七　損六十三　縮積分八萬三千四百六十二

二十三日十三度四百三分　縮二千九百四十四　損二百二十五　縮積分八萬一千七百百二十三

魏書志九

十八　朱

二十四日十四度〔三十分〕	縮二千七百一十九	損三百八十八	縮積分七萬五千四百六十八
二十五日十四度〔一百九十四分〕	縮二千三百三十一	損五百四十九	縮積分六萬四千六百九十九
二十六日十四度〔三百一十九分〕	縮一千七百八十二	損六百七十四	縮積分四萬九千四百七十四
二十七日十四度〔三百三十六分〕	縮一千一百八	損七百一	縮積分三萬七千五百五
周日十四度〔三百七十九分〕	縮四百七	損七百三十四	縮積分一萬一千二百九十七

推合朔交會月蝕定大小蝕　術曰以入曆日餘乘所入曆下損益率以小周七百五十一十三除之所得損益盈縮積分為定積積分

朱宗甫

盛者以減本朔望小餘縮者加之加之滿日法者交會加時在後日減之不足減者減一日加日法乃減之交會加時在前日月蝕者隨定大小蝕餘為定日加時

推加時

術曰以歲中乘定小餘日法除之所得命以子筭外朔望加時有餘不盡者四之如法得一為少二為半三為太又有餘者三之如法得一為彊半法以上排成一不滿半法棄之以彊并少為少彊并半為半彊并太為太彊以彊并為少弱以之并少為半弱以之并太為太弱以之并太為一辰隨所在辰而命之即其彊弱日之衝為破月常在破下蝕

推日月合朔弦望度第五

推日度

術曰置入紀以來朔積日以日度法一萬六千八百六十乘之滿周天去之餘以日度法約之為度命起牛前十二度宿次除之不滿宿者筭外即所求年天正十一月朔夜半

朱宗甫

日所在度及分

推日度又法

術曰置周天三百六十五度斗分四千二百一
十七以冬至去朔日數減以減周天度冬至
小餘減斗分斗分不足減一度加日度法
乃減之命起如上筭外即所求來年天正十一月
朔夜半日所在度及分

求日次月加度次日所在度及分

術曰月大者加度一宿次除之
十月小者加度二十九次日者加度三

遲斗除其分

推合朔月共度　術曰以章歲五百六十二
乘朔小餘以章月六千九百五十一除之所得
為大分不盡為小分小分以加夜半日度分滿
度法從度命如上筭外即所求年天正十一月
合朔日月共度

術曰加度二十九大分八千九百四十五小分
六千九百二十九小分滿二章月從大分大分滿
日度法從度宿次除之遲斗去其分筭外即次

月合日月共度

推月度　術曰置入紀以來朔積日以周二十
二萬五千三百九十乘之滿周天去之餘以
日度法約之為度餘為度分命起牛前十二度
宿次除之不滿宿者筭外即所求年天正十一
月朔夜半月所在度及分

推月度又法　術曰以小周乘朔小餘為實章
歲乘日法為法實如法得一為度不滿法者以
章月除之為大分餘為小分所得以減合朔度
及度分筭外即所求年天正十一月朔夜半月
所在度及分

求月次日度

術曰加度三十五分一萬三千五百八十三分滿
月度法從度宿次除之不滿宿者筭外即月次

日度法從度宿次除之不滿宿者筭外即月次

求月次日度

術曰加度十三分六千二百一十分滿日度法

從度除如上筭外即月次日所在度

求弦望日所在度

術曰加合朔度七大分六千四百五十一小分
三千四百六十一微分二微分滿日度法從度命如上
筭外即上弦日所在度又如得望下弦後月
分滿章月從大分大分滿日度四從小分小
合朔
又加得望下弦後月合朔

求弦望月所在度

術曰加合朔度九十八大
分一萬一千六百九十五小分五千二百二十
五微分一滿除如上筭外即上弦後月合朔

北方玄武七宿九十八度〔百四十一分 分四十一〕

斗二十六度
牛八度
女十二度
虛十度
危十七度
室十六度
壁九度

奎十六度
婁十二度
胃十四度
昴十一度
畢十六度
觜二度
參九度

西方白虎七宿八十度

井三十三度
鬼四度
柳十五度
星七度
張十八度
翼十八度
軫十七度

南方朱鳥七宿一百一十二度

角十二度
亢九度
氐十五度
房五度
心五度
尾十八度
箕十一度

東方蒼龍七宿七十五度

周天三百六十五度一萬六千六百四十八分
之四千一百一十七通之得六百一十五萬八
千二百四十七名曰周天

推土王日

推土王減沒卦候上朔術第六

術曰置四五大小餘各減其大餘十八小餘四
千四百二十小分十八微分二大餘不足減者
加六十乃減之小餘不足減者減一日加蔀法
乃減之小分不足減者減小餘一加小分法二

後皆減之命以紀筭外即四五前土王日

推土王又法

術曰加冬至大餘二十七小餘六千六百三十

一小分六微分三微分滿五從小分小分滿小

分法從小餘小餘滿部法從大餘一命以紀筭

外即季冬土王日

求次季土王日

術曰加大餘九十一小餘五

【魏書志九】　二十五　異璧

千二百四十四小分六小分滿小分法從小餘

小餘滿部法從大餘大餘滿六十去之命以紀

筭外即次季土王日

推滅没　術曰因冬至積没有小餘者加積没

一以没分乘之以没法八萬八千四百一十七

除之所得爲積日不盡爲没餘六旬去積日不

盡爲没日命以紀筭外即所求天正十一月冬

至後没日

求次没

術曰加没日六十九没餘五萬七千二百四十

四没餘滿没法從没日没日滿六十去之命以

紀筭外即次没没日餘盡者爲滅

求次没

術曰加没日六萬二千二百八十五没分滿没

法從没餘没餘滿部法從没日命起前没月曆

日大小除之不滿月者即後没日及没餘没分

命曰如上筭外即次没日

推四正卦

術曰因冬至大小餘即坎卦用事

日春分即震卦用事日夏至即離卦用事日秋

【魏書志九】　二十六　異璧

分即兌卦用事日中孚因坎卦

求次卦

術曰加坎卦大餘六小餘一千四百七十三小

分十四微分四微分滿五從小分小分滿小分

法從小餘小餘滿部法從大餘大餘滿六十去

之命以紀筭外即復卦用事日

十一月未濟蹇頤中孚復

十二月屯謙睽升臨

正月小過蒙益漸泰

二月　需　隨　晉　解　大壯

三月　豫　訟　蠱　革　史

四月　旅　師　比　小畜　乾

五月　大有　家人　井　咸　姤

六月　鼎　豐　渙　履　遯

七月　恒　節　同人　損　否

八月　巽　萃　大畜　賁　觀

九月　歸妹　无妄　明夷　困　剝

十月　艮　既濟　噬嗑　大過　坤

四正爲方伯，中孚爲三公，復爲天子，屯爲諸侯，

謙爲大夫，睽爲九卿，升還從三公，周而復始。

九三應上九，清淨微溫，陽風。九三應上六，降赤

決溫陰雨。六三應上六，日澤寒，陰雨。六三應上

九卿塵決寒，陽風。諸卦有陽爻者，陽風上有

陰爻者，陰雨。

推七十二候

術曰：困冬至大小餘，即虎始交

日。加大餘五、小餘一千二百二十八、微分一。微

分滿三從小分，小分滿小分法從小餘，小餘滿部

蔀法從大餘，大餘滿六十去之，命以紀筭外，

依次候日。

冬至　虎始交　芸始生　荔挺生

小寒　蚯蚓結　麋角解　水泉動

大寒　鴈北向　鵲始巢　雉始雊

立春　雞始乳　東風解凍　蟄蟲始振

雨水　魚上負冰　獺祭魚　鴻鴈來

驚蟄　始雨水　桃始華　倉庚鳴

春分　鷹化爲鳩　玄鳥至　雷始發聲

清明　電始見　蟄蟲咸動　蟄蟲始啟戶

穀雨　桐始華　田鼠化爲鴽

立夏　虹始見　萍始生　戴勝降桑

小滿　螻蟈鳴　蚯蚓出　王瓜生

芒種　苦菜秀　靡草死　小暑至

夏至　螳螂生　蜩始鳴　反舌無聲

小暑　鹿角解　半夏生　蟬始鳴　木槿榮

大暑

溫風至　蟋蟀居壁　鷹乃學習

立秋

腐草化為螢　土潤溽暑

涼風至

處暑

白露降　寒蟬鳴　鷹祭鳥

白露

天地始肅　暴風至　鴻鴈來

秋分

玄鳥歸　羣鳥養羞　雷始收聲

寒露

蟄蟲附戶　殺氣浸盛　陽氣日衰

霜降

水始涸　鴻鴈來賓

雀入大水化為蛤

三十九

小雪

地始凍　雉入大水為蜃

立冬

菊有黃華　犲祭獸　水始冰

大雪

冰益壯　地始坼　鶡旦鳴

虹藏不見

推上朔　術曰置入紀以來盡所求年減一以六律乘之以六旬去之不盡者命以甲子筭上

即上朔日

推五星見伏　術第七

上元甲子以來至春秋魯隱公元年歲在己未

積二十九萬二千七百三十六筭

上元甲子以來至今大魏興和二年歲在庚申

積二十九萬三千九百九十七筭

木精日歲星其數六百七十二萬三千八百八十八

火精日熒惑其數一千三百二十四萬九千八十三

土精日鎮星其數六百三十七萬四千六十一

金精日太白其數九百八十四萬三千八百八十二

水精日辰星其數一百九十五萬三千七百一十七

推五星　術曰置上元以來盡所求年減一以

周天乘之為五星之實各以其數為法除之所得

得為積合不盡為合餘以合餘減法餘為入歲

度分以日度法約之所得即所求

月冬至後晨夕合度筭及度餘其金水以一合

日數及合餘減合度筭及度餘得一者為晨無

所得者爲夕若度餘不足減合度筭一加

日度法乃減之命起牛前十二度宿次除之不

滿宿者筭外即所求年天正十一月冬至後晨

夕合度及度餘

徑推五星　術曰置上元以來盡所求　年減一

如法筭之合度餘滿日度法加合度筭一合度

不足減者減合度筭一加周虛積年盡所得即

筭滿合終日數去之亦以合終日餘減合度君

所求年天正十一月冬至後晨夕合度筭及度

餘其求水及命度皆如上法

求星合月及日　術曰置冬至去朔日數減一

加合度筭冬至小餘以加合度餘合度餘滿日

度法去之加合度筭一合度筭壹成合日筭合

度餘爲日餘命日起天正十一月如曆月大小

除之不滿月者筭外即星合月及日有閏以閏

計之

求後合月及日　術曰以合終日數及合終日餘

加前入月筭及餘餘滿日度法後日一日如曆月

大小　除之起前合月筭外即後合月及日其金水以

合日數及一合日餘加之加夕得晨加晨得夕也

求後合度　術曰以行星度餘加前合度宿次除之

餘厤合餘滿日度法從度命起前合度餘逕斗除其分其分

不滿宿者筭外即後合度餘

度度又餘九千四百九十一

六百八周虛三千二百五十二行星三十三

歲星春終日數三百九十八合終日餘一万二千

四千一百二十七

歲星晨與日合在日後伏十六日餘六千八晨

百四行星二度度餘一万三千一百七十五晨

見東方順遲疾日行五十八分之十八日行

十一度順遲疾日行九分五十八　度而

留不行二十五日而旋逆日行七分之一八十

四日退十二度九度復留二十五日復順遲日行九

分五十八日行十一度復順疾日行九

八日行十一度在日前夕伏西方順行十六日

餘六千八百四行星二度度餘一万三千一百

七十六而與日合
熒惑合終日數七百七十九合終日餘一萬五
千一百四十三周虛一千七百一十七行星四
十九度度餘六千九百九
熒惑晨與日合在日後伏七十一日日餘一萬
六千一行星五十五度度餘一萬三千九百四
十三晨見東方順疾日行二十三分之十四一
百八十四日行一百二十二度順遲日行十二
分之九十一日行四十八度而留不行十一日而
旋逆日行六十二分之十七六十二日退十七
度復留十一日復順遲日行十二

分之九十一日行四十八度復順疾日行二十三
分之十四一百八十四日行一百二十二度在日
前夕伏西方順七十六日日餘一萬行星四十九
度度餘一萬三千七百四十三而與日合
鎮星合終日數三百七十八合終日餘九百八
十一周虛一萬五千八百七十九行星十二度
度餘一萬三千七百二十四

鎮星晨與日合在日後伏十八日日餘四百九
十行星二度度餘六千八百六十二晨見東方
順日行十二分之一八十四日行七度而留不
行三十六日而旋逆日行十七分之一百二日
退六度復留三十六日復順日行十二分之一
八十四日行七度在日前夕伏西方順十八日
日餘四百九十一行星二度度餘六千八百六
十二而與日合
太白合終日數五百八十三合終日餘一萬四
千五百二周虛二千三百五十八行星二百九
十一度（合日數）（亦日數）

太白夕與日合在日前伏四十一日日餘一萬
五千六百八十一夕見西方順疾日行一度
五百六十二分之三百九十一日行一百七十二
度順大疾日行一度十三分之二九十一日行
一百二十一度順遲日行一度十二分之七
三十日行二十七度順遲日行十五分之十一
四十五日行三十三度而留不行八日而旋
逆日行三分之二九日退六度

在日前夕伏西方伏六日退四度而與日晨合

太白晨與日合在日後伏六日退四度晨見東

方逆日行三分之二九日退六度而留不行八

日順日行十五分之十四十五日行三十三

度順疾日行一度十三分之二九十一日行一

百五度順大疾日行一度十三分之二九十　在日後晨伏東方順四十

度度餘一萬五千六百八十一而與日夕合　行星五十一

三十五

辰星合終日數一百一十五合終日餘一萬四

千八百一十八周虛二千四百四十四行星五十七

度合數度餘一萬五千八百四十八　亦曰合日數

辰星夕與日合在日前伏十七日日餘一萬五

千八百四十八夕見西方順疾日行一度三分

之一二十八日行二十四度在日前夕伏西方

七日行五度而留不行四日在日前夕伏西方

逆十一日退六度而與日晨合

辰星晨與日合在日後伏十一日退六度晨見

東方而留不行四日順遲日行七分之五七日

行五度順疾日行一度三分之一二十八日行二

十四度在日後晨伏東方行星三十四度度餘一萬

五千八百四十八而與日夕合

五星曆步　術曰以術法伏日度及餘以星合

日度及餘餘滿日度法一萬六千八百六十得

一從令命之如前得星見日度及餘餘以星行分

母乘見度分日度法一得一分不盡半法以

上亦得一以加所行分分滿其母得一度逆順

毋不同以當行之毋乘故分故毋如一為當行

分留者承前逆則減之伏不盡度除斗分以行

母為率分有損益前後相御十四

求五星行所在度　術曰以行分子乘行日數

分母除之所得即星行所在度

夫在天莫明於日月在人莫明於禮儀先王以
安上治民用成風化苟或失之斯亡云及聖者
因人有尊敬哀思嗜慾喜怒之情而制以上下
隆殺長幼衆寡之節本於人心會於神道故使
三才惟穆百姓允諧而淳澆世殊質文異設損
益相仍隨時作範泰滅儒經漢承其弊三代之
禮蓋如綖焉劉氏中興頗率周典魏晉之世抑
有可知自永嘉擾攘神州無穢禮壞樂崩人神

魏書志十　一

殄瘁太祖南定燕趙日不暇給仍世征伐務恢
疆宇雖馬上治之未遑制作至於經國軌儀互
舉其大但事多粗略且兼闕遺高祖稽古率由
舊則斟酌前王擇其令典朝章國範煥乎復振
早年厭世叡慮未從不爾劉馬之迹夫何足數
世宗優遊在上致意玄門儒業文風顧有未洽
肅禮淪聲因之而往肅宗已降魏道衰巇太和
之風仍世凋落以至於海內傾圯綱紀泯然嗚
呼魯秉周禮國以克固齊臣撤器降人折謀治

范彥蘂

身不得以造次忘治國庸可而須臾忽也初自
皇始迄於武定朝廷典禮之迹故掇而錄之
太祖登國元年即代王位於牛川西向設祭告
天成禮
天興元年定都平城即皇帝位立壇兆告祭天
地祝曰皇帝臣珪敢用玄牡昭告于皇天后土
之靈上天降命乃眷我祖宗世王幽都珪以不
德纂我前緒思寧黎元龔行天罰殪劉顯屠衞
辰平慕容定中夏畫下勸進謂宜正位居尊以

魏書志十　二

副天人之望謹以天時人謀不可父替謹命禮
官擇吉日受皇帝璽綬惟神祇其丕祚於魏室
永綏四方事畢詔有司定行次正服色辨臣奏
以國家繼黃帝之後宜為土德故神獸如牛牛
土畜又黃星顯曜其符也於是始從土德數用
五服尚黃犧牲用白祀天之禮用周典以夏四
月親祀于西郊徽幟有加焉
二年正月帝親祀上帝于南郊以始祖神元皇
帝配為壇通四陛為壇埒三重天位在其上南

范彥蘂

面神元西面五精帝在壇內壝內四帝各於其
方一帝在未日月五星二十八宿天一太一北
斗司中司命司祿司民在中壝內各因其方其
餘從食者合一千餘神饌在外壝內藉用葦秸
玉用四珪幣用束帛牲用黝犢器用陶匏上帝
神元用犢各一五方帝共用犢一日月等共用
牛一祭畢燎牲體左於壇南已地從陽之義其
瘞地壇兆制同南郊明年正月辛酉郊天癸亥
瘞地於北郊以神元竇皇后配五岳各山在中
壝內四瀆大川於外壝內后土神元后牲共用
玄牲一玉用兩珪幣用束帛五岳等用牛一祭
畢瘞牲體右於壇之北亥地從陰也乙丑赦京
師畿內五歲刑以下其後冬至祭上帝于圜丘
夏至祭地于方澤用牲幣之屬與二郊同
冬十月平文昭皇帝廟成歲五祭用二至二
分膟牲用太牢常遵宗正兼太尉率祀官侍祀
置太社太稷帝社於宗廟之右為方壇四陛祀
以二月八月用戊皆以太牢句龍配社周棄配稷皆

有司侍祀立祖神常以正月上未設藉於端門
內祭牲用羊豕犬各一又立神元思帝平文昭
成獻明五帝廟於宮中歲四祭用正冬臘九月
牲用馬牛各一太祖親祀宮中歲立星神一歲一
祭常以十二月用馬薦各一牛豕各二雞一太
祖初有兩彗星見劉后使占者占之曰祈之則
當掃定天下后從之故立其祀又立
二歲一祭常以十一月各用牛一雞三又立王
神四歲二祭常以八月十月各用羊一又置獻
神十
明以上所立天神四十所歲二祭亦以八月十
月神尊者以馬次以牛小以羊女巫行事又
於雲中及盛樂神元舊都祀神元以下七帝歲
三祭正冬臘用馬牛各一祀官侍祀明年春帝
始躬耕藉田祭先農用羊一祀日於東郊用駟
牛一秋分祭月於西郊用白羊一
天賜二年夏四月復祀天于西郊為方壇一置
木主七於上東為二陛無等周垣四門門各依
其方色為名牲用白犢黃駒白羊各一祭之日

帝御大駕百官及賓國諸部大人畢從至郊所
帝立青門內近南壇西內朝臣皆位於帝北外
朝臣及大人咸位於青門之外后率六宮從黑
門入列於青門內近此並西面廩犧令掌牲陳
於壇前女巫執鼓立於陛之東西面選帝之十
族子弟七人執酒在巫南西面北上女巫升壇
搖鼓帝拜后肅拜百官內外盡拜祀訖復拜拜
訖乃殺牲執酒七人執酒灑天神主復拜
如此者七禮畢而返自是之後歲一祭

太宗永興三年三月帝禱于武周車輪二山初
清河王紹有寵於太祖性凶悍帝每以義責之
弗從帝懼其變乃於山上祈福於天地神祇及
即位壇兆後因以為常祀歲一祭牲用牛帝皆
親之無常日
明年立太祖廟于白登山歲一祭具太牢帝親
之亦無常月兼祀皇天上帝以山神配旱則禱
之多有效是歲詔郡國於太祖巡幸行宮之所
各立壇祭以太牢歲一祭皆牧守侍祀又立太

祖別廟於宮中歲四祭用牛馬羊各一又加置
天日月之神及諸小神二十八所於宮內歲二
祭各用羊一後二年於白登西太祖舊遊之處
立昭成獻明太祖廟常以九月十月之交帝親
祭牲用馬牛羊及親行貙劉之禮別置天神等
二十三於廟左右其神大者以馬小者以年華
陰公主帝姊也元紹之為逆有保功故別立
其廟於太祖廟垣後因祭鷹焉又於雲中盛樂
金陵三所各立太廟四時祀官侍祀

泰常三年為五精帝兆於四郊遠近依五行數
各為方壇四陛埒三重通四門以大皞等及
諸佐隨配侑祭黃帝常以立秋前十八日餘四
帝各以四立之日牲各用牛一有司主之又六
宗靈星風伯雨師司民司祿先農之壇皆有別
兆祭有常日牲用少牢立春之日遣有司迎春
於東郊祭用酒脯棗栗無牲幣又立五岳四瀆
廟於桑乾水之陰春秋遣有司祭有牲及幣四
瀆唯以牲牢淮古望秩云其餘山川及海若諸

神在州郡者合三百二十四所每歲十月遣祀
官詣州鎮遍祀有水旱災厲則牧守各隨其界
內祈謁其祭皆用牲王畿內諸山川皆列祀次
祭各有水旱則禱之

明年八月帝常於白登廟將薦熟有神異焉太
廟博士許鍾上言曰臣聞聖人能饗食帝孝子能
饗親伏惟陛下孝誠之至通於神明近當於太
祖廟有車騎聲從北門入殷殷輣輣震動門闕
執事者無不肅懍斯乃國祚永隆之兆宜告天

下使咸知聖德之深遠

辛未幸代至鴈門關望祀恒岳後二年九月幸
橋山祀有司祀黃帝唐堯廟明年正月南巡恒
岳祀以太牢辛洛陽遣使以太牢祀嵩高華岳
還登太行五月至自洛陽諸所過山川羣祀之
後三年二月祀孔子於國學以顏淵配
神麚二年帝將征蠕蠕省郊祀儀四月以小駕
祭天神畢帝遂親戎大捷而還歸格於祖禰徧
告君羣神

九月立密皇太后廟於鄴后之舊鄉也置祀官
太常博士齋郎三十餘人侍祀歲五祭
太延元年立廟於恒岳華嶽上各置侍祀九
十人歲時祈禱水旱其春秋泮涸遣官率刺史
祭以牲牢有玉幣

魏先之居幽都也鑿石為祖宗之廟於烏洛侯
國西北自後南遷其地隔遠眞君中烏洛侯
遣使朝獻云石廟如故民常祈請有神驗焉其
歲遣中書侍郎李敞詣石室告祭天地以皇祖

先妣配祝曰天子諱謹遣敞等用駿足一元大
武敢昭告于皇天之靈自啟闢之初祐我皇祖
于彼土田歷載億年聿來南遷惟祖惟父光宅
中原克翦凶醜拓定四邊冲人纂業德聲弗彰
豈謂幽遐稽首來王具知舊廟弗毀弗亡悠悠
之懷希仰餘光王業之興起自皇祖綿綿瓜瓞
時惟多祐敢以不功配饗于天子子孫福祿
永延敞等既祭斬樺木立之以置牲體而還後
所立樺木生長成林其民益神奉之咸謂魏國

感靈祇之應也石室南距代京可四千餘里
明年六月司徒崔浩奏議神祇多不經案祀典
所宜祀凡五十七所餘復重及小神請皆罷之
奏可
十一年十一月世祖南征逾恒山祀以太牢浮
河濟祀以少牢過岱宗祀以太牢至魯以太牢
祭孔子遂臨江登瓜步而還
文成皇帝即位三年正月遣有司詣華岳修廟
立碑數十人在山上聞虛中若音聲聲中稱万
歲云
和平元年正月帝東巡歷橋山祀黃帝幸遼西
望祀醫無閭山遂緣海西南幸冀州北至中山
過恒岳禮其神而返明年帝南巡過石門遣使
者用王璧牲牢禮恒岳
四月旱下詔州郡於其界內神無大小悉洒掃
薦以酒脯年登之後各隨本秩祭以牲牢至是
羣祀先廢者皆復之
顯祖皇興二年以青徐既平遣中書令兼太常

高允奉王幣祀於東岳以太牢祀孔子
高祖延興二年有司奏天地五郊社稷已下及
諸神合一千七十五所歲用牲七萬五千五百
顯祖深愍生命乃詔曰朕承天事神以育羣品
而咸秩處廣用牲甚衆夫神聰明正直享德與
信何必在牲易曰東隣殺牛不如西隣之礿祭
實受其福苟誠有著雖行潦菜羹可以致大
嘏何必多殺然後獲福哉其命有司羣祀
地宗廟社稷之祀皆無用牲於是羣祀悉用酒
脯
先是長安牧守常有事於周文武廟四年坎地
埋牲廟王發見四月詔東陽王丕祭文武二廟
以廟王露見若即而埋之或恐愚民將為盜竊
勅近司收之府藏
六月顯祖以西郊舊事歲增木主七易世則更
兆其事無益於神明初革前儀定置主七立碑
於郊所
太和二年旱帝親祈皇天日月五星於苑中祭

三年上祈於北苑火禱星於苑中

六年十一月將親祀七廟詔有司依禮具儀於

是羣官議曰昔有虞親祀七廟之祭依先朝舊謁於

謁今陛下孝誠發中思親祀事稽合古王禮之

介福追降大魏七廟考來格殺躬謁

常典臣等謹案舊章并採漢魏故事撰祭服冠

屬牲牢之具盥洗簠簋豆之器百官助祭位

次樂官節奏之引升降進退之法別集為親拜

之儀制可於是上乃親祭其後四時常祀皆親

《魏書志十》

十一

之

十年四月帝初以法服御輦祀於西郊

十二年十月帝親築圓丘立於南郊

十三年正月帝以大駕有事於圓丘五月庚戌

車駕有事於方澤壬戌高祖臨皇信堂引見羣

臣詔曰禮記祭法稱有虞氏禘黃帝大傳曰禘

其祖之所自出又稱不王不禘論曰禘自既灌

詩頌長發大禘爾雅曰禘大祭也夏殷四時祭

祫禘烝嘗周敗禘為祠祭宗義稱春祭秋嘗亦夏

殷祭也王制稱禘祫嘗烝丞其禮傳之

文如此鄭玄解禘天子祭圓丘曰禘祭宗廟大

祭亦曰禘三年一祫五年一禘則合羣毀廟

之主於太廟合而祭之禘則增及百官配食者

審諦而祭之天子先禘而後禘時祭諸侯先時

祭而後禘之禘魯禮三年喪畢而禘明年而禘圓

丘宗廟大禘俱稱禘祫之名也王肅解禘

祫稱天子諸侯皆禘於宗廟非祭天之祭郊祀

《魏書志十》

十二

后稷不稱禘宗廟稱禘祫一名也合而祭之

故稱祫禘審諦之故稱禘非兩祭之名三年一祫

一禘一祫斷可知矣禮文大略諸儒之說盡具

於此卿等便可議其是非尚書游明根左丞郭

祚中書侍郎封琳著作郎崔光等對曰鄭氏之

義禘者大祭之名大祭宗廟謂之禘者審諦五

精星辰也大祭宗廟謂之禘者審諦其昭穆圓

丘常合不言祫宗廟時合故言祫斯則宗廟祫

禘並行圓丘一禘而已宜於宗廟俱行禘祫之
禮二禮異故名殊依禮春廢祂初於嘗於烝則
祫不於三時皆行禘祫之禮中書監高閭儀曹
令李韶中書侍郎高遵等十三人對稱禘祭圓
丘之禘與鄭義同其宗廟禘祫之祭與王義同
與鄭義同者以為有虞禘黃帝黃帝非虞在廟
之帝不在廟又非圓丘而何又大傳稱祖其所自
出之祖又非在廟之文論稱禘自既灌事似據
爾雅稱禘大祭也頌長發大禘之殷斯
皆非諸侯之禮諸侯無禘禮唯夏殷夏祭稱
禘之非宗廟之禘魯行天子之儀不敢專行圓
丘之禘改殷之禘取其禘而禘祭之故言禘祫
遂生兩名據王氏之義祫而禘名於宗廟因先有祫
揔謂冊殷祭明不異也禘祫一名也其禘祫止
於一時止於一時者祭不欲數數則黷一歲而
三禘愚以為過數帝曰尚書中書等據二家之
義論禘祫訊異然於行事取裏猶有未允監等
以禘祫為名義同王氏禘祭圓丘事與鄭同無

所闕然尚書等義與鄭氏同兩名兩祭並存並用
理有未稱俱據二義一時之禘
事有難從夫先王制禮內緣人子之情外協尊
卑之序故天子七廟諸侯五廟大夫三廟數盡
則毀藏主於太祖之廟三年而祫五年而禘祭之世盡則
毀以示有終之義三年而無所據毀廟三年一
祫既是一祭分而兩之事三年一祫以申追遠之情禘
祫又有不盡四時於禮為闕七廟四時常祭祫
則三年一祫而又不究四時於情為簡王以禘
祫為一祭王義為長鄭以圓丘為禘與宗廟大
祭同名亦為當今玄取鄭王二義禘祫並為
一名從王義是祭圓丘是上下同用從
鄭若以數則黷五年一祫改祫從禘而後
則四時盡祫以稱今情禘則依禮文先禘而
時祭便即施行者之於令永為世法
高閭曰書稱肆類于上帝禋于六宗六宗之祀
禮無明文名位壇兆歷代所疑漢魏及晉諸儒
異說或稱天地四時或稱六者之間或稱易之

六子或稱風雷之類或稱星辰之屬或曰世代
所宗或云宗廟所尚或曰社稷五祀凡有十一
家自晉已來逮于聖世以為論者雖多皆有所
關莫能評究遂相因承別立六宗之
位旨披究往說各有其理較而論之今感則
而祭之比㤅目等評議取更附之祀典臣等
若偏用一家事或差舛衆疑則從多今感則仍
古謀依先別處六宗之兆揔為一祀而祭之帝
曰詳定朝令祀為事首以疑從疑何所取正昔
石渠虎閤之議皆準類以引義原事以誰情故
能通百家之要定累世之疑況今有文可據有
此推之上帝六宗當是一時之祀非他祀之用
事上帝稱肆而無禮六宗言禮而不別其名以
之文稱肆類上帝禮於六宗文相連屬理似一
本可推而不評而定之其致安在朕躬覽尚書
肆類非獨祭之目焚煙非他祀之用六宗者必
是天皇大帝及五帝之神明矣禮是祭帝類之事
故稱禮以關其他故稱六以誰之然則肆類上

帝禮于六宗一祭也互舉以成之今祭圜丘五
帝在焉其牲幣俱禮故稱肆類上帝禮于六宗
一祭而六祀備焉既無煩復別立六宗之
位便可依此附今永為定法
疑在今史臺官百辟可議其所應必令合衷以
襲分叙有常然異同之論著於往漢末詳之說
十四年八月詔曰立澤初志配尚宜定五德相
成萬代之式中書監高閭議以為帝王之作百
代可知運代相承書傳可驗祚命有長短德
政有優劣至於受終嚴祖殺萬上帝其致一也
故敢述其前載舉其大略臣聞居尊據極允應
明命者莫不以中原為正統神州為帝宅苟位
當名全化迹流洽則不專以世數為與奪善惡
為是非故堯舜禪揖一身異世尚魏晉相代少紀
運殊祭紂至虞不廢承歷之叙魏惠至昏不關
周晉之錄故張蒼以漢為水德賈誼公孫臣以
家致別故張蒼以漢為水德以為水德者正以嘗
為土德劉向以漢為火德以為水德者正以嘗

有水溢之應則不推運代相承之數矣以土德
者則以亡秦繼曆相即為次不推逆順之異也
以為火德者懸證赤帝斬蛇之符棄秦之暴越
惡承善不以世次為正也故以承周為火德自
茲厥後乃以為常魏承漢火生土故魏為火德
晉承魏土生金故趙為金德趙承晉金生水故
趙為水德燕承趙水生木故燕為木德秦承燕
木生火故秦為火德秦之未滅皇魏未克神州
秦氏既亡大魏稱制玄朔故平文之廟始稱太
祖以明受命之證如周在岐之陽若繼晉晉已
已久若棄秦則中原有寄推此而言承秦之理
事為明驗故以魏承秦魏為土德又五緯表驗
黃星曜彩考氏定實合德軒轅承土祖未事為
著矣又秦趙及燕雖非明聖各正號赤縣統有
中土郊天祭地肆類咸秩明刑制禮不失舊章
奄低踰河境被近漢非若齷齪邊方僭擬之屬
遠如孫權劉備近若劉裕道成事繫蠻夷非關
中夏伏惟聖朝德配天地道被四海承乾統曆

功侔百王光格同於唐虞其祚流於周漢正位
中境奄有萬方今若并棄三家遠承晉氏則羲
中原正次之實存之無損於此而有成於彼廢
之無益於今而有傷於事臣愚以為宜從尚黃
定為土德又前代之君明賢之史皆以為宜襲
襄之可貶貶之今議者偏據可絕之義而不錄
儒人人別議擇其所長於理為愨祕書丞臣李
彪著作郎崔光等議以為尚書閭議繼近秦氏
臣職掌國籍頒覽前書惜此正次慨彼非緒輒
仰推帝始遠尋百王魏雖建國君民光聯振古
祖黃制朔縣迹有因然此帝業神元為首案神
元晉武往來和好至于桓穆洛京破亡二帝志
摧聰勒思存晉氏每助劉琨申威并冀是以晉
室銜扶救之仁越石深代王之請平文太祖抗
衡符石終平燕氏大造中區則是司馬祚終於
郊鄩而元氏受命於雲代蓋自周之滅及漢正
號幾六十年著符尚赤後雖張賈殊議輒是疑而

卒從火德以繼周氏排虐嬴以比共工茂項

而同吳廣近遐謀偽遠即神正若此之明也寧

使自蛇徒斬雕雲空結哉自有晉傾淪曁登國

肇號亦幾六十餘載物色旗幟率多從黑是又

自然合應玄同漢始且秦并天下革翔法度漢

仍其制少所變易猶仰推五運竟踵隆姬而況

劉石苻燕世業促編綱紀弗立魏接其弊自有

尋典豈可異漢之承木捨晉而爲土邪夫皇統

崇極承運至重必當推恊天緒考審王次不可

雜以僭竊參之彊挍神元既晉武同世桓穆與

懷愍接時晉室之淪平文始大廟號太祖抑亦

有由紹晉定德軌曰不可而欲次茲僞僭豈非

感平臣所以懷懷惜之唯埀察訥詔令羣官議

之

十五年正月侍中司空長樂王穆亮侍中尚書

左僕射平原王陸麗侍中吏部尚書中山王王

元孫侍中尚書駙馬都尉南平王馮誕散騎常

侍都曹尚書新泰侯游明根散騎常侍南部令

鄧侍祖秘書中散李憺尚書左丞郭祚右丞霸

城子衛慶中書侍郎封琳中書郎秦昌子崔挺

中書侍郎賈元壽等言臣等受勅共議中書監

高閭祕書丞李彪等二人所議皇行次尚書

高閭以石苻燕晉爲水德以燕承石爲木德以

承燕爲火德大魏次秦爲土德晉旣滅亡秦

天命在我故因中原有寄即而承之彪等據神

元皇帝與晉武並時桓穆二帝仍脩舊好始自

平文逮于太祖抗衡秦趙終平慕容晉祚終於

秦方大魏興於雲朔據漢棄秦承周之義以皇

魏承晉爲水德二家之論大略如此臣等謹共

參論伏惟皇魏世王玄朔下迄魏晉趙秦二燕

雖地據中華德祚微淺並獲推叙於理未愜又

國家積德脩長道光萬載彪等職王東觀詳寇

圖史所據之理其致難奪今欲從彪等所議宜

承晉爲水德詔曰越近承遠情所未安然考次

推時頗亦難繼朝賢所議宣朕能有違奪便可

陳橈全

依為水德祖申臘辰

四月經始明堂改營太廟。詔曰祖有功宗有德
自非功德厚者不得擅祖宗之名居二祧之廟
仰惟先朝舊事斟酌不同難以取準今將述遵
先志具詳禮典宜制祖宗之號定將來之法烈
祖有荊基之功世祖有開拓之德宜為祖宗百
世不遷而遠祖平文功未多於昭成然於太
祖道武建業之動高於平文廟為烈祖與顯
功校德以為未允朕今奉尊道武為太祖與顯

祖為二祧餘者以次而遷平文既遷廟唯有六
始今七廟一則無主唯當朕躬此事亦臣子所
難言夫生必有終人之常理朕以沒于地為昭
緒若宗廟之靈獲全首領以沒于地為昭
次心願畢矣必不可豫設可垂之文示後必令
遷之司空公長樂王穆亮等奏言升平之會事
在於今推功考德實如明旨但七廟之祀備行
日又無宜闕一虛有所待臣等愚謂依先尊祀
可垂文示後理衷如此不敢不言詔曰理或如

此比有闕隙當為文相示

八月壬辰詔郡國有時果可薦者並送京師以
供廟饗

又詔曰禮云自外至者無主不立先朝以來以
正月吉日於朝廷設幕中置松栢樹設五帝坐
此既無可祖配揆之古典實無所取可去此祀
又撰祭之祭既非禮典可悉罷之

戊午詔曰國家自先朝以來饗祭諸神九有一
千二百餘處今欲減省群祀務從簡約昔漢高
之初所祀眾神及寢廟不少今至于元成之
際匡衡論乃得減省後至光武之世禮儀始
備鄉饗祀有序凡祭不欲數數則黷黷則不敬神
聰明正直不待煩祀也又詔曰明堂太廟並祀
祖宗配祭配享於斯備矣自登嶧山雞鳴山廟
唯遺有司行事馮宣王誕生自登右復因在官長
安立廟宜異常等可勅雍州以時供祭又詔曰
先恆有水火之神四十餘名及城北星神今圓
丘之下既祭風伯雨師司中司命明堂祭門戶

罷之

甲寅集羣官詔曰近論朝日夕月皆欲以二分
之日於東西郊行禮然月有餘閏行無常准若
一依分日或值月出於東而行禮於西尋情即
理不可施行昔祕書監辭謂等嘗論此事以為
朝日以朔夕月以朒卿等意謂朔朒二分何者
為是尚書游明根對曰考案舊式推校眾議宜

觀書志十　二十三

從朒月

十一月己未朔帝釋禮祭於太和廟帝袞冕與
祭者朝服既而帝冠黑介幘素紗深衣拜山陵
而還宮庚申帝親省齊宮冠服及郊祀俎豆癸
亥冬至將祭圓丘帝袞冕鰩駕侍臣朝服辭太
和廟之圓丘升祭柴燎遂祀明堂大合既而還
之太和廟乃入甲子帝袞冕辭太和廟臨太華
殿朝羣官既而帝冠通天絳紗袍陳列冕服帝躬省之
幕樂懸而不作丁卯遷廟之太廟百官陪從奉臣
既而帝袞冕辭太和廟之太廟百官陪從奉臣

主於齋車至新廟有司升神主於太廟諸王侯
牧守四海蕃附各以其職來祭
十六年正月戊午詔曰夫四時事祀人子常道
然祭薦之禮貴賤不同故有邑之君祭以首時
無田之士薦以仲月況七廟之重而用中節者
哉自頃烝嘗之禮頗違舊義今將仰導遠式以
此孟月牲犆初於太廟但朝典初改眾務殷湊無
遑齋絜遂及於今又接神饗祖必須擇日今禮
律未宣有司或不知此可勅太常令剋日以聞

觀書志十　二十四

二月丁酉詔曰夫崇聖祀德遠代之通典秋
中古之近規故三五至仁唯德配享夏殷
私已稍用其姓且法施於民祀有明典立功垂
惠祭有恆式斯乃異代同途弈世共軌今遠導
明令憲章舊則比於祀令已為決之其孟春應
祀者頃以事殷遂及今日可令仍以仲月而饗
祀焉九在祀令者其數有五帝堯樹則天之功
興魏巍之治可祀於平陽虞舜播太平之風致
無為之化可祀於廣寧夏禹禦洪水之災建天

魏書志十　二十五

下之利可祀於安邑周文公制禮作樂垂範万
葉可祀於洛陽其宣其之廟已於中省當別勅
有司饗薦之禮自文公巳上可令當界牧守各
隨所近攝行祀事皆用清酌尹祭也
丙午詔有司克吉亥備小駕躬臨千畝官別有
勅
癸丑帝臨宣文堂司儀曹尚書劉昶鴻臚卿游
明根行儀曹事李韶授策孔子崇文聖之諡於
是永等就廟行事既而帝齋中書省親拜祭於
廟
九月甲寅朔大事於明堂祀文明太后於玄室
帝親爲之詞
十月巳亥詔曰夫先王制禮所以經綸万代貽
法後昆至乃郊天耳祖莫不配祭然而有節白
登廟者有爲而興昭穆不次故太祖有三層之
字巳陵無方丈之室又常用季秋躬駕展虔祀
禮或有褻慢之失嘉樂頗涉野合之譏今授衣
之旦享祭明堂亥冬之始華烝太廟若復致齋

魏書志十　二十六

白登便爲一月再駕事成裂瀆回詳二理謂宜
省一白登之高末若九室之美幃次之華未如
清廟之盛將欲廢彼東山之祀成此二享之敬
可具勅有司但令內典神者攝行祭事獻明道
武各有廟稱可具依舊式自太宗諸帝昔無殿
宇因停之
十八年南巡正月次殷比干墓祭以太牢
三月詔罷西郊祭天
十九年帝南征正月車駕濟淮命太常致祭又
詔祀岱岳
三月癸亥詔曰知太和廟巳就神儀靈主宜時
奉寧司剋三月三日巳巳內奉遷於正廟其出
金墉之儀一準出代都太和之式入新廟之典
可依近至金墉之軌其威儀國簿如出代廟百
官本遷宜可省之但令朝官四品巳上侍官五
品巳上及宗室奉迎六月相州剌史高閭表言
伏惟太武皇帝發孝思之深誠同渭陽之遠感
以鄰土舅氏之故鄉有歸魂之舊宅故爲密皇

后立廟於城內歲時祭祀置廟戶十家齋宮三

十人春秋丞嘗冠服從事刺史具威儀親行薦

酌外降揖讓與七廟同儀禮畢撤會而罷今廟

殿廡漏閉牆傾毀籩籃故敗行禮有關臣備職

司目所觀觀若以七廟惟新明堂初制配饗之

儀備於京邑者便應罷壞毀其常祭如以功高

特立宜應新其靈宇敢陳所見伏請恩裁詔罷

之

十一月庚午帝幸委粟山議定圓丘已卯帝在

魏玄志十　二十七　玉川

城主澄及議禮之官詔曰朝集公卿欲論圓丘

合溫室引咸陽王禧司空公穆亮吏部尚書任

圓丘之禮復未考周官爲不列之法令以此祭

圓丘之禮示卿等欲與諸賢考之厥表帝曰夕

之禮今短暑斯極長日方至案周官祀昊天上

帝於圓丘禮之大者兩漢禮有參差魏晉猶亦

未一我魏氏雖上參三皇下考叔世近代都祭

牲之禮無可依準近在代都已立其議殺牲待

神誠是一日之事終無夕而殺牲待明而祭貟

外散騎常侍劉芳對曰臣謹案周官牧人職正

有少牢展牲之禮實無殺牲之事祕書令李彪曰

夕不殺牲誠如聖旨未審告廟以不臣聞魯人

將有事于上帝必先有事于泮宮注曰先人以

此推之應有告廟帝曰卿言有理但朕先以郊

配意欲廢告而卿引證有據當從卿議

帝又曰圓丘之牲色無常準覽推古事乖互不

魏玄志十　二十八　玉川

一周家用騂解言是尚晉代廱知所據舜之命

禹悉用羣辭復言玄牡告于后帝今我國家時

用夏正至於牲色未知何準祕書令李彪曰觀

古用玄以取天玄之義臣謂宜用玄至於五帝

各象其方色亦有其義帝曰天何時不玄地何

時不黃意欲從玄

又曰我國家常聲鼓以集衆易稱二至之日商

旅不行后不省方以助微陽微陰今若依舊鳴

鼓得無關寢鼓之義員外郎崔逸曰臣案周禮

當祭之日靁鼓靁鼗鼓八面而作猶不　陽臣竊

謂以鼓集衆無妨古義

笲末詔三公䖍兗冕八章太常羲冕六章用以陪

薦

甲申長至祀昊天於委粟山大夫祭_疑

二十年立方澤於河陰仍遣使者以太牢祭漢

光武及明章三帝陵

禮志四之一第十　　魏書一百八

世宗景明二年夏六月祕書丞孫惠蔚尉上言臣
聞國之大禮莫崇於祖祀之大者莫過禘祫所
以嚴祖敬宗追養繼孝合享聖靈審禘昭穆遷
毀有恒制算單有定體誠慤著於中百順應於
外是以惟王荊制為建邦之典仲尼述定為不
遺蒙掩中之經孔安所得唯有卿大夫士饋食
之篇而天子諸侯享廟之祭禘祫之禮盡亡曲

臺之記戴氏所述然多載尸灌之義牲獻之數
而行事之法備物之體感有具焉今之取證唯
有王制一簡公羊一冊考此二書以求厥旨自
餘經傳雖時有片記至於取正無可依攬是以
兩漢淵儒魏晉碩學咸有精浮故令傳記雖一
論有深淺及義有精浮故令傳記雖一而探意
乘奸伏惟孝文皇帝合德乾元應靈誕載玄思
洞微神心暢古禮括商周樂宣韶護六籍幽而
重昭五典淪而復顯舉二經於和中一姬公於

洛邑陛下叡哲淵凝欽明道極應必世之期屬
功成之會繼文垂則惟下武而禘祫國
之大事蒸嘗合享朝之盛禮此先皇之所留心
聖懷以永慕臣聞司疑宗初開致禮清廟敢
竭愚管輒案鄭玄曰天子諸侯之喪畢合先君之
祫嘗祫烝鄭所懷謹案王制曰天子諸侯之喪
主於祖廟而祭之謂之祫後因以為常魯禮三
年喪畢而祫於太祖明年春禘於羣廟自爾之
後五年而再殷祭一祫一禘春秋公羊魯文二

年八月丁卯大事于太廟傳曰大事者何大祫
也大祫者何合祭也毀廟之主陳於太祖未毀
廟之主皆升外合食于太祖五年而再殷祭何
曰陳者就陳列太祖前太祖東鄉昭南鄉穆比
鄉其餘孫從王父父曰昭子曰穆又曰殷盛也
謂三年祫五年禘禘所以異於祫者功臣皆祭
也祫猶合也祫五年禘猶諦也審諦無所遺失察記傳
之文何鄭祫禘之義略可得聞然則三年喪畢
祫祭太祖明年春祀遍禘羣廟此禮之正也古

之道也又案魏氏故事魏明帝以景初三年正
月崩至五年正月積二十五晦爲大祥太常孔
美博士趙怡等以爲禪在二十七月到其年四
月依禮應祫散騎常侍王肅博士樂詳等以爲
禪在祥月其年二月宜應祫祭雖孔王異議
陛下永惟孝思因心即禮應大祫六室神祐外食太祖明年
來章咸禘群廟自茲以後五年爲常又古之祭
六八殊制至於喪畢之祫明年之禘其議一焉
春章咸禘群廟自茲以後五年爲常又古之祭

【魏書志十一】　〈三〉

法時祫並行天子先祫後時諸侯先時後祫此
於古爲當在今則煩且禮有升降事有文節通
時之制聖人弗違當祫之月宜減時祭以從要
省然大禮久廢群議或殊以臣觀之正寔在於斯
何者心制既終二穀惟始祫禘之正寔在於斯
若停而闕之唯行時祭七聖不聞合享百辟不
觀盛事何以宣昭令德典缺於昔人鴻美慚於
三代治邁終古而令徵式後昆乎皇朝同等
性志此禮所不行情所未許臣學不鈞深思無

經遠徒閱章句篾爾無立但欲澤聖時銘恩天
造是以妄盡區區冀有塵露所陳蒙允請付禮
官集宴儀注詔曰禮貴循古何必改作且先聖
人遵綿代恒典豈朕沖闇所宜革之且禮祭之
議國之至重先代碩儒論或不一可付八坐五
省太常國子詳等言奉旨集議僉以爲禘祫之

【魏書志十一】　〈四〉

海王詳等言奉旨集議僉以爲禘祫之設前代
彝典惠蔚所陳有允舊義請依前剋敬享清宮
其求省時祭理實宜爾但求之解注下遍列國
可
兼時真之敬事難輒省請移仲月擇吉重聞制
事焉
十一月壬寅改築圓丘於伊水之陽乙卯仍有
延昌四年正月世宗崩蕭宗即位三月甲子尚
書令任城王澄奏太常卿崔亮上言秋七月應
祫祭于太祖今世宗宣武皇帝主雖入廟然烝
嘗時祭猶別寢室至於祫祀宜存古典案禮三
年喪畢祫於太祖明年春禘於羣廟又案杜預

亦云卒哭而除三年喪畢而禘武宣后以太
和四年六月崩其年既葬除服即吉四時行事
而猶未禘王肅韋誕並以爲今除即吉故特時
祭至於禘祫宜存古禮高堂隆亦如肅議於是
停不殷祭仰尋太和二十三年四月一日高祖
孝文皇帝崩其年十月祭羣廟景明二年秋七月
祫於太祖三年春禘於羣廟景明三年乃祫謹準
古禮及晉魏之議井景二故事愚謂來秋七月
祫祭應停宜待年終乃後祫禘詔曰太常據引
古今並有證據可依請
熙平二年三月癸未太常少卿元端上言謹案
禮記祭法有虞氏禘黃帝而郊嚳祖顓頊而宗
堯夏后氏亦禘黃帝而郊鯀祖顓頊而宗禹殷
人禘嚳而郊冥祖契而宗湯周人禘嚳而郊稷
祖文王而宗武王鄭玄注大禘郊祖宗謂祭
祀以配食也有虞氏以上尚德禘郊祖宗用
有德者自夏以下稍用其姓代之是故周人以
后稷爲始祖文武爲二祧訖於周世酌祭不毀

案禮學雖無廟配食禘祭謹詳聖朝以太祖道
武皇帝配圓丘道穆皇后劉氏配方澤太宗明
元皇帝配上帝明密皇后杜氏配地祇又以顯
祖獻文皇帝配雩祀太宗明元皇帝之廟既毀
上帝地祇配祭有式國之大事唯祀與戎廟配
事重不敢專決請召群官集議以聞靈太后令
曰依請於是太師高陽王雍太傅領太尉公清
河王懌太保領司徒公廣平王懷司空公領尚
書令任城王澄侍中中書監胡國珍侍中領著
作郎崔光等議稱以尚德尊功其來自昔郊稷
宗文周之茂典仰惟世祖太武皇帝以神武纂
業剋清禍亂德濟生民功加四海宜配南郊高
祖孝文皇帝大聖膺期惟新魏道刑措勝殘功
同天地宜配明堂令曰依議施行
七月戊辰侍中領軍將軍江陽王繼表言臣功
總之內太祖道武皇帝之後於臣始是曾孫然
道武皇帝傳業無窮四祖三宗功德最重配天
郊祀百世不遷而曾玄之孫烝嘗之薦不預拜

於廟庭霜露之感關俻奠於階席今七廟之後
非直隋胙之靈五服之叙
校之墳史則不然驗之人情則未允何者禮云
祖遷於上宗易於下臣曾祖是帝世數未遷便
疎同庶族而孫不預祭斯之為屈今古寧有昔
堯敦九族周隆本枝故能磐石維城禦侮於外
公族者也伏見高祖孝文皇帝著令銓衡取曾
祖之服必為資蔭至今行之相傳不絕而況曾
祖為帝而不見録伏願天鑒有以照臨令皇恩
洽穆宗人咸叙請付外愽議求為定準靈太后
令曰付八座集禮官議定以聞四門小學愽士
王僧奇等議案孝經曰郊祀后稷以配天宗祀
文王於明堂以配上帝然則太祖不遷其旁枝
業之初基二祧不毀者雄不朽之洪烈其尊王
遠胄當得同四廟之親哉故禮記婚義曰古者
婦人先嫁三月祖廟未毀教於公宮祖廟既毀
教于宗室又文王世子曰五廟之孫祖廟未毀

雖庶人冠娶必告死必赴不忘親也親未絕而
列於庶人賤無能也鄭注云赴告於君也實四
廟言五廟之容顯考為始封君子故也鄭君別其
四廟理協二祭而四廟者在當世服屬之内可
以與於子孫之位若廟毀服盡豈得同於此例
平敢竭愚昧請以四廟為斷國子愽士李琰之
議案祭統曰有事於太廟羣昭羣穆咸在鄭氏
注昭穆咸在謂同宗父子皆來古禮之制如是
其廣而當今儀注唯限親廟四愚竊疑矣何以
明之設使世祖之子男於今存者既身是戚番
號為重子可得賓於門外不預碑鼎之事哉又
因宜變法禮有其說記言五廟之孫祖廟未毀
為庶人冠娶必告死必赴注曰實四廟之孫而言五
者容顯考始封之君子今因太祖之廟在仍通
其曾玄侍祠與彼古記甚相符會且國家議親
之律指取天子之玄孫乃不旁洎於時后至於
助祭必謂與世主相倫將難均一壽有短長世
有延促終當何時可得齊同謂宜入廟之制率

從議親之條祖祧之裔各聽盡其玄孫使得駿

本堂事壇肅承禘礿則情理差通不宜復各為例

令事事舜駮侍中司空公領尚書令任城王澄

侍中尚書左僕射元暉奏臣等參量琰之等議

雖為始封君之父祭統曰有事於太廟羣昭

穆咸在而不失其倫鄭注去昭穆謂同宗父子

皆來也言未毀及同宗則云未絕

與父子明崇五屬之稱天子諸侯繼立無殊

凶之赴同止四廟祖祧雖存親級彌遠告赴拜

薦典記無文斯由祖遷於上見仁親之義踈宗

易於下著五服之恩斷江陽之於今帝也計親

而枝宗三易數世則廟應四遷吉凶尚不告聞

拜薦寧容輒預高祖哀臨斷自總宗即之人情

立政陛拜止於四廟孝文皇帝聖德玄覽師古

冥然符一推之禮典事在難違此所謂明王相

浴今古不革者也太常少卿元端議禮記祭法

云王立七廟曰祖考廟曰皇考廟曰皇考廟曰顯

考廟曰祖考廟遠廟為祧有二祧而祖考以功

重不遷二祧以盛德不毀迭遷之義其在四廟

也祭統云祭有十倫之義六曰見親踈之殺焉

夫祭有昭穆昭穆者所以別父子遠近長幼親

踈之序而無亂也是故有倫注去昭穆遠近親

宗父子皆來指謂當廟父子為羣不繫於昭穆

平文王世子云五廟之孫祖廟未毀雖為有所

也若一公十子便為羣公子而立稱昭穆

援引然雖與朝議不同如依其議匪直太祖曾玄

諸廟子孫悉應預列既無正據竊謂太廣臣等

愚見請同僧奇等議靈太后令曰議親律注去

非唯當世之屬籍歷謂先帝之五世此乃明親

親之義篤骨肉之恩重尚書以遠及諸孫太廣

致疑百僚助祭可得言狹也

預壇堂之敬便是宗人之昵反外於附庸王族

之近更踈於羣辟先朝舊儀草剏未定刊制律

憲垂之不朽琰之援據甚允情理可依所執

十二月丁未侍中司空公領尚書令任城王澄

度支尚書崔亮奏謹案禮記曾子問曰諸侯旅

見天子不得成禮者幾孔子曰四太廟火日蝕
后之喪兩沾服失容則廢臣等謂元日万國賀
應是諸侯旅見之義若禘廢朝會孔子魯應五
而獨言四明不廢朝賀也鄭玄禮注云魯禮三
年襲畢禘於太祖明年春禘羣廟又禘注鄭志檢魯
禮春秋昭公二十一年夏五月夫人歸氏薨十三
年五月大祥七月釋禫公會劉子及諸侯于平
立八月歸不及於禘冬公如晉明十四年春歸
祐明十五年春乃禘經曰二月癸酉有事於武

〔三州一〕 【魏書志十一】〔十二〕

會者禮云吉事先近日脫不吉容改筮三旬尋
攝太史令趙翼等列稱正月二十六日祭亦吉
請移禘祀在中旬十四日時祭後二十六日猶
曰春禘又非退義祭祀則無疏怠之譏三元有順
畢禘禘似有退理詳考古禮未有以癸事廢元
高傳曰禘於武公謹案明堂位曰魯王禮也喪
軌之美既被成旨宣即行臣等伏度國之太
事在祀與戎君舉必書恐貽後誚軏訪引古籍
竊有未安臣等學缺通經識不稽古備位樞納

朱大存

可否必陳冒陳所見伏聽裁衷靈太后令曰可
如所執
初世宗永平延昌中欲建明堂而議者或云五
室或云九室頻屬年飢遂寢至是復議之詔從
五室及元議執政遂改營九室值世亂不成宗
配之禮迄無所設
神龜初靈太后父司徒胡國珍薨贈太上秦公
時疑其廟制太學博士王延業議曰案王制云
諸侯祭二昭二穆與太祖之廟而五又小記云
王者立四廟鄭玄云高祖已下與始祖而五明

〔三百五〕 【魏書志十一】〔十二〕

立廟之正以親為限不過於四其外有大功者
然後為祖宗然則無太祖者止於四世有太祖
乃得為五禮之正文王世子云五廟之孫
祖廟未毀雖為庶人冠娶必告鄭玄云實四
廟而言五廟者容高祖為始封君之子也此封
之君在四世之外正住太祖乃得稱五廟始封
若未有太祖已祀五世則鄭無為釋高祖為始
封君之子也此先儒精義當今顯證也又喪服

朱大存

傳曰若公子之子孫有封爲國君者則世世祖
是人也不祖公子鄭玄云謂後世爲君者祖此
受封之君不得祀別子也公子若在高祖巳下
則如其親服後世遷之乃毀其廟爾始封始高祖
在親限故祀止高祖又云如親而遷尤知高祖猶
之父不立廟矣此又立廟明法與今事相當者
也又禮緯云夏四廟至子孫五殷五廟至子孫
六注云言初時未備也此又顯在緯
籍區別若斯者也又晉初以宣帝出居太祖之位然後七廟
乃備此又依準前軷若重規襲矩者也竊謂太
祖者功高業大百世不遷故親廟之外特更崇
立苟無其功不可獨居正位而遽見遷毀且三
世巳前廟及於五立孫巳後祀止於四一與一
奪名位莫定求之典禮所未前聞今太上秦公
疏爵列士夫啓河山傳祚無窮求同帶礪實有
始封之功方成不遷之廟但親在四世之內名

親書志十一　十三　黃

班昭穆之序雖應爲太祖而尚在禰位不可遽
探高祖之父以合五者之數太祖之室當須世
世相推親盡之後乃出居正位以備五廟之典
夫循文責實理貴允當考祔宗祏得禮爲美不
可苟薦虛名取榮多數求之經記竊謂爲允又
武始侯本無來地於皇朝制令名準大夫案如
禮意諸侯大奪宗武始四時蒸嘗宜於秦公之廟
博士盧觀議案王制天子七廟三昭三穆與太
祖之廟而七諸侯五廟二昭二穆與太祖之廟
而五大夫三壇一自上巳下降殺以兩庶人無
廟死爲鬼故曰尊者統遠甲者統近是以諸
侯及太祖天子及其祖之所自出祭法曰諸侯
立五廟一壇一墠曰考廟曰王考廟曰皇考廟
曰顯考廟曰祖考廟享嘗乃止去祖爲壇
去壇爲墠爲鬼祖考廟章享嘗方合食太祖之
官大傳曰別子爲祖繼禰者爲宗禰說不得禰先
君公孫不得祖諸侯鄭說不得祖禰者不得立
其廟而祭之也世世祖是人者謂世世祖受封

親書志十一　十四　佐同沖

之君不得祖公子者後世爲君者祖此受封之
君不得祀別子也公子若在高祖以下則如其
親服後世遷之乃毀其廟耳愚以爲遷者遷於
太祖廟毀者從太祖而毀之若不遷太祖不湏
廢祖廟毀者從太祖而毀之若不遷太祖不湏
以知之案諸侯有祖考之廟祭五世之禮
子問曰廟無虛主虛主唯四祖考不與焉明太
君六世已前虛而薨主求之聖旨未待六世之
正祖爲輕一朝頌立而祖考之廟要待通論曾
祖之廟必不空置禮緯曰夏四廟至子孫五殷
五廟至子孫六周六廟至子孫七見夏無始祖
待禹而五殷人郊契得湯而六周有后稷及文
王至武王而七言夏即大禹之身言子謂啓誦
之世言孫是遷遷之時禹爲受命不毀親爲
始君不遷五主文武爲二祧亦不去三昭三穆
三昭三穆謂通文武若無文武親不過四觀遠
祖漢侍中植所說云然鄭玄馬昭亦皆同兩且
天子逆加二祧得并爲七諸侯預立太祖何爲

不得爲五乎今始封君子之立禰廟頗似成王
之於二祧孫卿曰有天下者事七世有一國者
事五世假使八世天子乃得事雖七六世諸侯方
通祭五世推情準理不其諜乎雖王侯用禮文節
不同三隅反之自然昭灼且文宣公方爲太祖
世居子孫今立五廟竊謂爲是禮緯又云諸侯
五廟親四始封之君或上或下雖未居正室無
廢四祀之親小記曰王者禘其祖之所自出以
其祖配之而立四廟此實殷湯時制不爲難也

聊復標牓略引章條愚戇不足以待大問侍中
太傅清河王懌議太學博士王延業及盧觀等
各率異見紫禮記王制天子七廟三昭三穆與
太祖之廟而七諸侯五廟二昭二穆與太祖之
廟而五並是後世追論偹廟之文皆非當時據
立神位之事也良由去聖久遠經禮殘缺諸儒
注記典制無因雖稽考異聞引證古誼然用捨
從世通塞有時折衷正固冀詳矣今相國泰
公初搆國廟追立神位唯當仰祀二昭二穆上

極高曾四世而已何者秦公身是始封之君將
為不遷之祖若以功業隆重越居正室恐以甲
臨尊亂昭穆也如其權立始祖以備五廟恐數
滿便毀非禮意也昔司馬懿立功於魏為晉太
祖及至子晉公昭乃立五廟亦祀四世止於高
曾太祖之位虛待其後裔數滿乃止此
廟至子孫五殷五廟至子孫六周六廟至子孫
七明知當時太祖之神仍依昭穆之序要待子

【魏書志十一】　十七　　　　　　朱大年

孫世世相推然後太祖出居正位耳遠稽禮緯
諸儒所說近循晉公之廟故事宜依博士王延
業議定立四主親止高曾且虛太祖之位以待
子孫而備五廟為又延業盧觀前經詳議並擁
許慎鄭玄之解謂天子諸侯作主大夫及士則
無意謂此議雖出前儒之事實未允情禮何以
言之原夫作主之禮本以依神孝子之心非主
莫依令銘旌紀柩設重憑神祭必有尸神必有
廟皆所以展事孝敬想象平存上自天子下遠

於士如此四事並同其禮何至於主惟謂王侯
禮云重主道也此為埋重則立主矣故王肅曰
重未立主之禮也士喪禮亦設重則士有主明
矣孔悝反祊載之左史饋食設主著於逸禮大
夫及士既得有廟題紀祖考何可無主公羊傳
君有事于廟聞大夫之喪去樂卒事大夫聞君
之喪攝主而往今以為攝主者攝神主而已
不暇待徹祭也何休云宗人攝主事而往也

【魏書志十一】　十八　　　　　　徐明

意謂不然君聞臣喪尚為之不懌況臣聞君喪
豈得安然代主終祭也又相國立廟設主依神
主無貴賤紀座而已若位擬諸侯者則有主位
為大夫者則無主便是三神有主一位獨闕求
諸情禮實所未安宜通為主以銘神位懌又議
曰古者七廟廟堂皆別光武已來異室同堂故
先朝祀堂令去廟皆四栿五架北廂設坐東昭
西穆是以相國構廟唯制一室同祭祖考此來
諸王立廟者自任私造不依公令或五或一參
差無準要須議行新令然後定其法制相國之

廟巳造二室定合朝令宜即依此展其享祀詔
依懍議

天平四年四月七帝神主既遷於太廟太社石
主將遷於社宮禮官云應用幣中書侍郎裴伯
茂時爲祖祀文伯茂據故事太和中遷社宮高
祖用牲不用幣遂以奏聞于時議者或引大戴
禮遷廟用幣今遷社宜不殊伯茂據尚書召誥
應用牲詔遂從之

武定六年二月將營齊獻武王廟議定室數形
制兼度支尚書崔昂司農卿盧元明秘書監王
元景散騎常侍裴伯國子祭酒李渾御史中
尉陸操侍郎李騫中書侍郎陽休之前南
青州刺史鄭伯猷秘書丞崔劼國子博士邢峙
國子博士宗伯振太學博士張虬太學博士高元
壽國子助教王顯季等議案禮諸侯五廟太祖
及親廟四今獻武王始封之君便是太祖既通
親廟不容立五室且帝王親廟亦不過四今宜
四室二間兩頭各一頰室夏頭徘徊鴟尾叉案

禮圖諸侯止開南門而二王後祔祭儀法執事
列於廟東門之外既有東門明非一門獻武禮
數既隆備物殊等準據今廟宜開四門內院南
面開三門餘面及外院四面皆當一門其內院牆
四面皆架爲步廊南出夾門各置一屋以置禮
器及祭服內外門牆用赭堊廟東門道南置
齋坊道比置二坊西爲典祠廨并廚宰東爲廟
長廨并置車輅其比爲養犧牲之所詔從之

魏自太祖至於武泰帝及太皇太后皇太
后崩皆依漢魏既葬公除唯高祖太和十四年
文明太后崩將營山陵九月安定王休齊郡王
簡咸陽王禧河南王幹廣陵王羽潁川王雍始
平王勰比海王詳侍中太尉錄尚書事東陽王
丕侍中司徒淮陽王尉元侍中司空長樂王穆
亮侍中尚書左僕射平原王陸叡等率百寮詣
闕表曰上靈不弔大行太皇太后崩背薄天率

【魏書志十二】　　一　　趙秀

土痛慕斷絕伏惟陛下孝思丞丞攀號罔極臣
等聞先王制禮必有隨世之變前賢翔法亦務
適時之宜良以世代不同古今異致故也三年
之喪雖則自古然中代已後未之能行先朝成
式事在可準聖后終制刊之金冊伏惟陛下至
孝發哀哀毀過禮欲依上古喪終三年誠協大
舜孝慕之德實非俯遵濟世之道今雖中夏穆
清庶邦康靜然萬機事殷不可暫曠春秋丞嘗
事難廢闕伏願天鑒抑至孝之深誠副億兆之望

企望喪期禮數一從終制則天下幸甚旦月有
期山陵將就請展安北域以備奉終之禮詔曰
凶禍甫爾未忍所請休等又表曰臣等聞五帝
已前喪期無數三代相因禮制始立名雖虛置
行之者寡高宗徒有諒闇之言而無可遵之式
之道或虧三年之喪有缺夫豈無至孝之君賢
明之子皆以理貴隨時義存百姓是以君薨而
即位不暇改年踰月而即葬豈待同軌葬而即
康王既廢初喪之儀先行即位之禮於是無改

【魏書志十二】　　二

艱求慕崩號哀過虞舜誠是乃古之高德曠世
以綱理政術伏惟陛下以至孝之性遭罔極之
必滯又雪后終制已有成典宗社廢禮其事尤
大伏願天鑒抑哀毀之至誠思在予之深仲
遵先志典冊之文俯哀之至誠思在予之深仲
遭禍慌惚如昨奉侍梓宮猶怵惕驚歸山陵還
厝所未忍聞十月休等又表曰臣等頻煩上聞

吉不必終喪此乃二漢所以經綸治道魏晉所

仰申誠欵聖慕惟遠来垂昭亮讀哀灼憂心
如欵臣等聞承乾統極者宜以濟世爲務經綸
天下者特以百姓爲心故万機在躬周康弗獲
申其慕漢文作戒孝景不得終其禮此乃先代
之成軌近世所不易伏惟太皇太后叡聖淵識
慮及始終明詔垂於典策遺訓備于末命書修
厭德聖人所重遵承先式臣子攸尚陛下雖欲
終上達之禮其如黎元何臣等不勝憂懼之誠
敢冒重陳乞垂聽訪以副億兆之望詔曰仰尋

三廿四 魏書志十二 三

遺旨俯聞所奏倍增號絶山陵可依典冊如公
卿所議衰服之宜情所未忍別當備敘在心既
葬休又表曰奉被癸酉詔書述遺誠之旨昭違
從之義遵儉葬之重式稱孝思之深誠伏讀未
周悲感交切日月有期山陵即就伏惟陛下求
慕崩號倍增摧絶臣等具位在官與國休戚庶
心之至不敢不陳感以爲天下之至尊莫尊於
王業皇極之至重莫重於万機至尊故不得以
常禮任已至重亦弗獲以世典申情是以二漢

已降逮于魏晋葬不過踰月服不淹三旬良以
叔世事廣禮隨時變不可以無爲之法行之於
有爲之辰文質不同古今異制其來久矣自皇
代革命多歷年祀四祖三宗相繼纂業上承數
代之故實俯副兆民之企望宜伊不懷理宜然
也文明太皇太后欽明稽古聖思淵深所造
制事合世典備奉遺詔之文載備奉
而行之足以垂風百王軌儀萬葉陛下以至孝
之誠哀毀過禮三御不充半溢盡夜不釋經帶

魏書志十二 四 宋据

永思纏綿滅性幾及百姓所以憂懼失守臣等
所以肝腦塗地王者之尊躬行一日固可以感
徹上靈貫被幽顯況今山陵告終百禮咸畢日
已淹月仍不卜練比之前世理爲過矣願陛下
思大孝終始之義怒億兆悲惶之心抑思割哀
遵奉終制謹依前式即吉一日萬機則天下蒙恩率
土仰賴謹依前式求定練日以備祔禪之禮詔
日比當別敘在心既而帝引見太尉丕及羣臣
等於太和殿前哭拜盡哀出幸思賢門石詔尚

書本沖宣旨於王等仰惟先后平日近集羣官
共論政治平秩民務何圖一旦禍酷奄鍾獨見
公卿言及喪事追惟荼毒五內崩摧孤對曰伏
奉明詔羣情紀絕臣與元等不識古義以老朽
之年歷奉累聖國家舊事顧所知聞伏惟遠祖
左右盡皆從吉四祖三宗因而無改世祖高宗
臣所目見唯先帝外遷臣受任長安不在侍送
之列竊聞所傳無異前式伏惟陛下以至孝之
性哀毀過禮伏聞所御三食不滿半溢目等叩
心絕氣坐不安席願暫抑至慕之情遵先朝成
事思金冊遺令奉行前式當足開言既不能待
慈恩昊天罔極哀毀常事豈足關言詔曰皀佳
没而朝夕食粥亦粗支任二公何足以至憂怖
所奏先朝成事亦所具聞祖宗情專武略未修
文教朕今仰禀聖訓庶習古道論時比事又與
先世不同太尉等國老政之所寄於典記舊式
或所未悉且可知朕大意其餘喪禮之儀古今

異同漢魏成事及先儒所論朕雖在衰服之中
以喪禮事重情在必行故暫抑哀慕躬自尋覽
今且以所懷別問尚書游明根高閭等公且可
聽之高祖謂明根曰朕丁罹酷罰日月推移山
陵已過公卿又依金冊遺案魏晉請除衰服重
聞所奏倍增號哽未暫關而公卿何忍便有此
衰麻聞之實用悲恨于時親侍梓宮匍匐進
哀號痛慕情未暫關而公卿何忍便有此言何
得論敘令故相引欲具通所懷
於人情之不足夫聖人制卒哭之禮授練之變
皆奪情以漸又聞君子不奪人之喪亦不可奪
喪今則旬日之間言及即吉特成傷理明根對
曰臣等伏尋金冊遺旨蹈月而葬葬而即吉故
於卜葬之初因奏練除之事仰傷聖心伏增悲
悚高祖曰卿等咸稱三年之喪則自古然中
代以後未之能行朕謂中代所以不遂三年之
喪蓋由君上違世繼主初立故身襲袞冕以行
即位之禮又從儲宮而登極者君德未沈臣義

不洽天下顯顯未知所倣故頒備朝儀示皇極
之尊及后之喪也因父在不遂即生惰易之情
躋以為法諒兼至臣知敦厚之化不易遵也朕少蒙鞠
育慈嚴兼至臣子之情君父之道無不備謹雖
德在位過紀雖未能恩洽四方行万國仰稟
自蒙昧粗解告旨庶望量行以免咎戻朕誠不
聖訓足令億兆知有君矣於此之日而不遂哀
慕之心使情禮俱損喪紀坏壞者深可痛恨高
間對曰太古既遠事難襲用漢魏以來據有成

七　方

事漢文繼高惠之蹤斷獄四百幾致刑措猶垂
三旬之禮孝景承平遵而不變以此言之不為
即位之際有所過懼也良是君人之道理自宜
然又漢稱文景雖非聖君亦中代明主令遺冊
之旨同於前式伏願陛下述遵遺令以副羣庶
之情杜預晉之碩學論自古天子無有行三年
之喪者以為漢文之制闇與古合雖叔世所
行事可承躋是以臣等懷懷干調高祖曰漢親
之事與今不同備如向說孝景雖承昇平之基

然由嫡子即位君德未顯無異前古又父子之
親誠是天屬之重然聖母之德昊天莫報恩自
殯殮當從衰服而已竊尋金冊之旨所以告奪
臣子之心令早即吉者慮遺絕万機荒廢政事
羣官所以懷懷亦懼闇默不言以荒廢政務
令俯順羣心不敢闇默不言以荒廢政務之不理矣今令唯欲存
襄麻廢吉禮朝望盡哀寫泄悲慕上無導誨
之志下不乘衆官所請情在可許故專欲行之
公卿宜審思朕懷不當固執至如杜預之論雖

八

暫適時事於孺慕之君諒闇之主蓋亦誣矣孔
聖稱喪與其易也寧戚而預於孝道簡略朕無
取焉杜書李彪對曰漢明德馬后保養章帝無
毋子之道無可間然及后之崩葬不損名於往
從吉然漢章不受讒於前代明德不損名於往
史雖論功此德事有殊絕然毋子之親柳亦可
擬願陛下瞰前世之成規遵金冊之遺令高祖
從議以親万機斯誠臣下至心兆庶所願高祖
曰既言事殊固不宜仰匹至德復稱孝章從吉

不受議前代朕所以眷戀哀經不從所議者仰
感慈恩情不能忍故也蓋聞孝子之居喪見美
麗則感親故釋錦而服麤違議苟免嗤嫌而已抑亦情
也今者豈徒領禮違議非慮加
發於衰而欲肆之於外金冊之意已具前荅故
不復重論又卒日奉旨不忍片言後事遂非嘿
嘿在念不顯所懷今奉終之事一以仰遵遺冊
於令不敢有乖但痛慕之心事繫於子雖無丁
蘭之感庶聖靈不奪至願是以謂無違旨雖諸
公所表稱先朝成式事在可準朕仰惟太祖龍
飛九五初定中原及太宗承基世祖纂歷皆以
四方未一羣雄競起故銳意武功未修文德高
宗顯祖亦心存武烈因循無改朕承累世之資
仰聖善之訓撫和內外上下輯諧稽參古式憲
章舊典四海移風要荒革俗仰導明軌庶無愆
違而方於禍酷之辰引末朝因循之則以為前
進非是所喻高閭對曰臣等以先朝所行頗同
魏晉又適於時故敢仍請高祖曰卿等又稱今

雖中夏穆清庶邦康靜然万機事廣不可暫曠
朕以卿苦見逼奪情不自勝尋覽喪儀見前賢
論者稱平哭之後王者得理庶事依據此文又
從遺冊之旨雖存衰服不廢万機無關庶政得
展周極之思於情差申高閭對曰君不除服於
上臣則釋衰於下從服之義有違為臣之道不
足又親御衰麻復聽朝政吉凶事雜臣竊為疑
高祖曰卿等獨忍於朕舊論云王者不遂三年
下柰何今朕獨忍於親舊論云王者不遂三年
之服者屈已以覽羣下也先右之撫羣下也念
之若子視之猶傷卿等哀慕之恩旣不求寬朕
欲盡周極之慕何為不可但逼遺冊不可遂乃
將欲居廬服衰寫哀朝夕之慕外堂龍襲素
昊之勤使大政不荒哀情獲遂吉不害於凶凶
無妨於吉以心處之謂為可企從此而行情日
所議皆服終三旬釋衰襲吉從此而行情實未
忍遂服三年重違旨詔今處二理之際唯望至
苟使四氣一周寒暑代易雖不盡三年之心得

一經忌日情結差申案禮卒哭之後將受變服
於朕受日庶民及小官皆命即吉內職羽林中郎
已下虎賁郎已上及外職五品已上無衰服者
素服以終三月內職及外臣衰服者變從練禮
外臣三月而除諸王三都駙馬及內職至來年
三月晦朕之練也除凶即吉侍臣君服斯服隨
朕所降此雖非舊式推情即理有貴賤之差遠
近之別明根對曰聖慕深遠孝情彌至臣等所
奏已不蒙許願得踰年即吉慕歷冬正歲序改
易且足申至慕之情又近遺誥之意何待朞年
高祖曰冊旨速除之意慮廣及百官必曠衆務
豈於朕一人獨有違奪今旣依次降除各不廢
王政復何妨於事而猶奪朞年之心高閭對曰
昔王孫保葬士安去棺其子皆從而不違之為
不孝此雖貴賤非倫事頗相似而臣敢借必為諭
今親奉遺令而有所不從臣等所以頻煩干奏
李彪亦曰三年不改其父之道可謂大孝今不
遵冊令恐涉改道之嫌高祖曰王孫士安皆誨

子以儉送終之事及其遵也者蓋謂慢孝志禮肆情違度今梓宮之儉
道者蓋謂慢孝志禮肆情違度今梓宮之儉
玄房之約明器幃帳一無所陳如斯之事卿等
所悉襄服之告乃至聖心甲已申下之意寧可
苟順沖約之旨而頓絕巨之痛縱有所涉甘
受後代之譏未忍今日之請夫子吾言於事始
朝以來有司行事不必躬親比之聖言於事殆
事難廢闕朕聞諸夫子吾不與祭如不祭自先
關賴蒙慈訓之恩自行致敬之禮今昊天降罰
殃禍上延人神喪恃幽顯同切想宗廟之靈亦
輟歆祀脫行饗薦恐琚珍寔旨仰思成訓倍增痛
絕豈忍身龍襄冕親行吉事高閭對曰古者郊
天越紼行事宗廟之重次於郊祀今山陵已畢
不可久廢廟庭之曲事由聖慕恐廢
忍之心具如前告至廟庭號慕自纏終恐廢
禮公卿如能獨行事在言外李彪曰三年不為
禮禮必壞三年不為樂樂必崩今欲廢禮闕樂臣
等未敢高祖曰此乃宰予不仁之說已受責於

孔子不足復言羣官前表稱高宗徒有諒闇之
言而無可遵之式朕惟信闇默之難周公禮制
自茲以降莫能景行言無可遵之式良可怪矣
復云康王既廢初喪之儀先行即位之禮於是
無改之道式虧三年之喪有缺朕謂服美不安
先賢有論禮畢居喪著在前典或虧之言有鈌
之義深乖理衷高閭對曰臣等據案成事依附
杜預多有未允至乃推校古今量考衆議實如
明旨臣等竊惟曾參匹夫七日不食夫子以為

非禮及録其事唯書七日不稱三年蓋重其初
慕之心伏惟陛下以万乘之尊不食音於五日
既御則三食不充半溢臣等伏用悲惶肝膽塗
地躬行一日足以貫被幽顯豈宜衰服三年以
曠機務夫聖人制禮不及者企而及之過之者
俯而就之伏願陛下抑至慕之情俯就典禮之
重誠是臣等慺慺之願高祖曰恩隆德厚則思
戀自深雖非至情由所感發然曾參之孝曠代
而有豈朕今日所足論也又前表稱古者葬而

即吉不必終禮此乃二漢所以經綸治道魏晉
所以綱理庶政朕以為既葬即吉蓋其季俗多
亂權宜救世耳諒非光治興邦之化二漢之盛
魏晉之興豈由簡略喪禮遺忘仁孝哉公卿偏
執一隅便謂經治之要皆在於斯殆非義也昔
平日之時公卿每奏稱當今四海晏安諸夏清
泰禮樂日新政和民悅蹤侔軒唐事等虞漢
魏已下固不足仰止聖治及至今日便欲苦奪
朕志使不踰於魏晉如此之意未解所由昔文

毋上承聖主之資下有賢子之化唯助德宣政
因風致穆而已當今衆事草期乃務惟始朕以
不德沖年踐祚而聖毋匡訓以義方詔誨以政
事經綸內外憂勤億兆使君臣協和天下緝穆
上代已來何后之功得以仰比如有可擬則從衆
議堯雖棄子禪舜而舜自有聖德不假堯成及
其祖也猶四海遏密終於三年今慈育之恩詔
教之德尋之曠代未有匹擬既受非常之恩寧
忍從其常式況未殊一時而公卿欲令即吉冠

晃蹦戲行禮廟庭臨軒設懸饗會萬國尋事求

心實所未忍高間對曰臣等遵承冊令因循前

典惟願除衰即吉親理萬機至德所在陛下欽

明稽古周覽墳籍孝性發於聖質至情出於自

然斟酌古今事非臣等所及李彪曰當今雖治

風緝穆民庶晏然江南有未賓之吳朔北有不

臣等猶懷不虞之慮高祖曰魯公帶經從師晉

俟墨衰敗寇往聖無譏前典所許如有不虞雖

趙緋無嫌而況衰麻平旦可於晏安之辰豫念

戎旅之事以廢喪紀哉李彪對曰昔太伯父死

適越不失至德之名夫豈不懷有由然也伏願

抑至慕之心從遺告之重臣聞知子莫若父母

聖右知陛下至孝之性也難奪故豫造金冊明

著遺禮令陛下孝慕深遠果不可奪臣等常辭

知何所啓高祖曰太伯之言有乘令事諸情備

如前論更不重敘古義亦有稱王者除衰情備

闇終喪者若不許朕衰朕則當除衰闇默委政

家宰二事之中惟公卿所擇明根對曰陛下孝

侔高宗慕同大舜服衰麻以申至痛理萬機以

從遺旨興曠世之廢禮制一代之高則臣等伏

尋淵默不言則代政將曠仰順聖慕之心請從

衰服之旨東陽王丕曰臣與尉元歷事五帝始

以來未之或易高祖曰太尉國老言先朝舊事

誠如所陳但聰明正直唯德是依若能以道不

衰老無譏敢奏所聞自聖德於此具行吉禮自

月必湏迎神於西攘惡於此具行吉禮自皇始

召自至苟失仁義雖請弗來大禍三月而備行

吉禮深在難忍縱即吉之後猶所不行況數旬

之中而有此理恐先朝乃得之一失未可以

為常式朕在不言之地不應如此但公卿執奪

朕情未忍從縱復追用悲絕上遂曉懇群

官亦哭而辭出壬午詔曰公卿屢上啟事依據

金冊遺旨中代成式求過葬即吉朕仰惟恩重

不勝罔極之痛思遵遠古終三年之禮比見群

官具論所懷今依禮既虞卒哭剋此月二十日

受服以葛易麻既衰服在上公卿不得獨釋於
下故於朕之授變從練巳下復爲節降斷度今
古以情制衷但取遺旨速除之一節粗申臣子
哀慕之深情欲令百官同知此意故用宣示便
及藥禮感痛彌深

十五年四月癸亥朝設薦於太和廟是日高祖
及從服者仍朝夕臨始進蔬食上哀哭追感不
飯侍中南平王馮誕等諫經宿乃膳甲子罷朝
夕哭九月丙戌有司上言來卜祥日詔曰便及

此期覽以推絕敬於卜祥乃古之成典但世失
其義盤曰永吉既乖敬事之志又違永慕之心
今將屈禮厲來不訪龜兆巳企及此晦寧敢重
違冊旨以異羣議尋惟永性言增崩裂丁亥
高祖宿於廟至夜一刻引諸王三都大官驛馬
三公令僕巳下奏事中散巳上及刺史鎮將立
哭於廟庭三公令僕外廟既出監御令陳服旨
於廟陛南近侍者本而外列於堊室前席侍中
南平王馮誕跪奏請易服進縞冠皂朝服革帶

黑履侍臣各易以黑介幘白絹單衣革帶烏履
遂哀哭至乙夜盡戊子質明薦羞奠事中散巳
上冠服如侍臣剌史巳下無變高祖薦服酌神部
尚書王諶讚祝託哭拜遂出有司陽祥服如前
侍中跽奏請易祭服進縞冠素紕白布深衣麻
繩履侍臣去幘易幘羣官易服如侍臣又引入
如前儀曹尚書游明根外廟跽慰復位哭遂出
引太守外臣及諸部渠帥入哭次引蕭賾使弁
雜客入至甲夜四刻侍御散騎常侍司衛監以

上升廟哭既而出帝出廟傳立哀哭父而乃還
十月太尉丕奏曰竊聞太廟巳就明堂功畢然
享祀之禮不可久曠至於移廟之日須得國之
大姓遷主安廟神部尚書王諶既是庶姓不宜
參豫臣昔以皇室宗屬遷世祖之主先朝舊式不
敢不聞詔曰具聞所奏尋惟平日倍增痛絕今
遵述先旨營建寢廟既而粗就先王制禮職司
有分移廟之日遷奉神主皆太尉之事朕亦親
自行事不得越局專委大姓王諶所司惟贊板

而已時運流速奄及縞制復不得哀哭於明堂
後當親拜山陵寫泄哀慕
是年高麗王死十二月詔曰高麗王璉守蕃東隅
累朝貢職年踰期順勤德彌著今旣不幸其赴
使垂至將為之舉哀而古者同姓哭廟異姓隨
其方皆有服制今旣父廢一哀以見其使
素委貌白布深衣於城東為盡且欲
也朕雖不嘗識此人甚悼惜之有司可申敕備辦
事如別儀

十六年九月辛未高祖哭於文明太后陵左終
日不絕聲幕越席為次侍臣侍哭壬申高祖以
忌日哭於陵左哀至則哭如昨帝二日不御
膳癸酉朝中夕三時哭拜哭辭陵還樂宮
是夜徹次甲戌帝拜哭於陵前夜宿監玄殿
十九年太師馮熙薨有數子尚幼議者以為童
子之節事降成人謂為喪而不嘗免而不經又
無齊麻繆垂唯有絞帶時博士孫惠蔚上書言
臣雖識謝古人然微涉傳記近取諸身遠取諸

禮驗情以求理尋理以推制竊謂童子在幼之
儀居喪之節冠杖之制有降成人衰麻之服略
為不異以玉藻二簡微明之曰童子之節錦
紳并細錦即大帶旣有佩觿之革又有錦紐之
存焉又曰童子無緦服鄭注曰雖不服緦猶免
深衣是許其有裳但不殊上下又深衣之制長
幼俱服童子為服之緦猶免深衣況居有服之
斬而反無裳平臣又聞先師舊說童子常服類
深衣衰裳所施理或取象但典無成言故未敢
孤斷又曰聽事則不麻則知不聽事麻矣故注
曰無麻徙給事此明族人之喪童子有事貫經
帶麻執事不易故暫聽之以便其使往則不
不聽俱闕兩經唯舉無麻足明不備宣首而不
麻不徙則如使童子本自無麻禮臂得言聽與
事則不麻乎以此論之有經明矣且童子不杖
不廬之節理儉於責不裳不經之制未親其
說又臣竊解童子不衣裳之記是有聞之言將謂

童子時甫稚齡未就外傅出則不交族人內則
事殊長者餕旨父母之前往來慈乳之手故許
其無裳以便易之若在志學之後將冠之初年
居二九賀並成人受道成均之學釋菜上庠之
內將命孔氏之門執燭曾參之室而唯有奮身
嫁二十則筓觀祭祀納酒將助奠廟堂之中視
禮至敬之處其於婉容之服豈無其備此以推
之則男女雖幼理應有裳但男女未冠禮謝三
加女子未出衣殊狄褖無名之服禮文罕見童
子雖不當室苟以成人之心則許其人服緦之
絰雖猶有經斬重無麻是爲與輕而奪重非禮
之意此臣之所以深疑也又衰傍有裧以掩裳
際如使無裳袿便徒設若後去裧裳又不備設
有齊斬之故而便成童男女唯服無裧之裳若
其裳經此必識禮之所不行亦以明矣若不行
於巳而立制於人是爲違制以爲法從制以誤
人恕禮而行理將異此詔從其議

世宗永平四年冬十二月員外將軍兼尚書都
令史陳終德有祖母之喪欲服齊衰三年以無
世爵之重不可陵諸父若下同衆孫恐違後祖
之義請求詳正國子博士孫景邕劉懷義封軌
孫後祖持重三年不為品庶生二終德宜先諸嫡
髙綿大學博士袁昇四門博士陽寧居等議嫡
父大常卿劉芳議安喪服乃士之正禮舍有天
子諸侯卿大夫之事其中時復下同庶人者皆
別標顯至如傳重自士以上古者鄉士咸多世
位又士以上乃有宗廟世儒多云嫡孫傳重下
通庶人必為差謬何以明之禮稽命徵曰天子
之元士二廟諸侯之上士亦二廟中下士一廟
一廟者祖禰共廟祭法又云庶人無廟旣如此
分明豈得通於庶人也傳重者主宗廟非謂庶
人祭於寢也兼累世承嫡方得為嫡子嫡孫耳
不爾者不得繼祖也又鄭玄別纂除二為五世
長子服斬也魏晉以來不復行此禮矣案要服

經無嫡孫為祖持重三年正文唯有為長子三
年嫡孫其傳又注因說嫡孫不陵諸叔而持
不復為嫡子服斬衰終德資階方之於古未登下
重則可知也且准終德資階方之於古未登下
士庶人在官復無斯禮考之舊典驗之今世則
茲範罕行且諸叔見存喪主有寄依諸孫服
甚為允景邕等議云喪服雖以士為主而必
下包庶人何以論之自大夫以上每條標列遂
於庶人合而不述比同士制　　後疑也唯有庶
人為國君此則明義服之輕重不涉於孫祖且
受國於曾祖廢疾之祖父亦無重可傳而猶三
年不必由世重也夫霜露異識咸承重
主嗣寧甄寢廟嫡孫之制固不同殊又古鄉
以下皆不殊承龍襲末代儹妄不可以語通典是
以春秋譏於世卿王制稱大夫不世此明訓也
喪服經雖無嫡孫為祖三年正文而有視為嫡
孫者豈祖以嫡服已已與庶孫同為祖服其於
義可乎服祖三年此則近世未嘗蹔也准古士

官不過二百石已上終德即古之廟士也假令
終德未班朝次苟曰志仁必也斯遂況乃官歷
士流當訓章之運而以庶叔之嫌替其嫡重之
位未是成人之善也芳又議國子所云喪服雖
之正文不及庶人正言嫡孫傳重專士以上乃
不下同庶人之本亦不謂一篇之內全
以士為主而必下包庶人本亦不謂一篇之內全
長子斬自天子達於士此皆士以上乃有嫡子
之明據也且承重者以其將代己為宗廟主廟

主丁不云殯及其證也所引大夫不世者此公
羊穀梁近儒小道之書至如左氏詩易尚書論
語皆有典證或是未籍許叔重五經異義云今
春秋公羊穀梁崔氏說卿大夫世位則權并一姓謂
周尹氏齊崔氏也而古春秋左氏說卿大夫皆
得世祿傳曰官族易曰食舊德謂食父故
之士不顯柔世論語曰世選尒勞尒不絕尒善詩云惟周
祿也尚書曰世選尒勞尒不絕尒善詩云惟周
侯世謂卿六大夫也斯皆正經及論語士以上世

位之明證也士皆世祿也八品者著一命斯乃信
然但觀此據可謂觀其綱未照其目也案晉官
品令所制九品皆正無從故以第八品准古下
士今皇朝官令皆有正從若以其負外之資為
第十六品也豈得為正八品之士哉推考古今
謹如前議景岩等文議喪服正文大夫以上每事
顯列唯有庶人含而不言此通下之義了然無
感且官族者謂世為其功食舊德者謂德侯者
世位與滅國繼絕世主謂諸侯卿大夫無罪誅

絕者耳且金貂七玭楊氏四公雖以位相承豈
得言世祿乎晉太康中令史殷遂以父祥不及
所繼求還為祖毋三年之制此即晉世之成規也
之文亦無不許三年之制也可如國子所議
尚書邢巒奏依芳議詔曰嫡孫為祖母禮給假
顧士人通行何勞方致疑請也
延昌二年春偏將軍乙龍虎喪父給假二十
七月而虎并數閏月詣府求上領重元珍上言
寨違制律居三年之喪而冒哀求仕五歲刑龍

虎未盡二十七月而請宿衛依律結刑五歲三
公郎中崔鴻駮曰三年之喪二十五月大祥諸
儒或言祥月下旬而禫或言二十七月各有其
義未知何者會聖人之旨龍虎居喪已二十六
月若依王杜之義便是過禫即吉之月如其依
鄭玄三十七月禫中復可以從喪事終矣既可以
之日鼓素琴然則大祥之後喪事終矣既祥辨又
復有罪乎求之經律理實未允下更祥辨又
從御職事求上何為不可若如府判禫中鼓琴
樂也孔子祥後五日彈琴而不成聲十日而成笙
十七月又禮言祥之日鼓素琴鄭云鼓琴者存
祥中月而禫鄭玄云中猶其開也自喪至此凡二
上言案士虞禮三年之喪基而小祥又基而大

歌鄭往與鄭志及踊月可以歌皆身負逾月可
為此謂存樂也非所謂樂者使工為之晉博
士許猛解三驗曰紫泰離麥秀之歌小雅曰君
子作歌惟以告哀魏詩曰心之憂矣我歌且謠
若斯之類豈可謂之金石之樂哉是以徒歌謂

之謠徒吹謂之和記曰比音而樂之及干戚羽毛
謂之樂若夫禮樂之施於金石越於聲音者
此乃所謂樂也至於素琴以示終筮笙以省哀
者則非樂矣閑傳云大祥素縞黃裳素縞麻衣
大祥之服也雜記注云大祥黃裳素縞麻衣
未大吉也檀弓云祥之月禫徙月而樂然鄭志
謂二十七月非謂上祥之月也徙月而樂許猛
趙商問鄭玄答云大祥二十五月是月禫
釋六徵曰樂者自謂八音克諧之樂也謂在二

十八月工奏金石之樂耳而駮云大祥之後喪
事終矣脫如此駮禫復為施又駮云禫中鼓琴
不可撥龍虎居喪二十六月始是素縞麻衣大
祥之中何謂禫乎三年沒閏理無可疑麻衣在
復有罪乎然禫則黃裳未大吉也鼓琴存樂不
禮所許使工奏八音融然成韻既未徒何不
罪伊何又駮云禫中既得從御職事求上何為
體冒仕求榮是為大尤罪其焉捨又省依王杜
禫祥同月全乖鄭義喪凶尚遠而欲速除何忽

忽者哉下府愚量鄭為得之何者禮記云言事
尚近日凶事尚遠日又論語云喪與其易寧戚
而服限三年痛盡終身中月之解雖容二義尚
遠察戚又檢王杜之義起於魏末晉初及越騎
校尉程猗贊成王肅駁鄭禫二十七月之失為
民所日用豈可二哉今服禫者各各不同非聖
六徵三驗上言於晉武帝曰夫禮國之大典非
世一統之謂鄭玄說二十七月禫其垂大義且
每禫鄭失六有徵三有驗初未能破臣難而通
玄說者如猗之意謂鄭義殿吴太康中許猛上
言扶鄭釋六禫解三驗以鄭禫二十七月為得
猗及王肅為失而博士宋昌等議猛扶鄭為衰
晉武從之王杜之義於是敗矣王杜之義見敗
者晉武知其不可行故也而上省同猗而贊王
欲戲鄭之成軌竊所未寧更無異義還從前戲
鴻又駁曰案三年之喪没闋之義儒生學士猶
或病諸龍虎生自我馬之鄉不蒙稽古之訓數
月成年便懽違緩原其本非貪榮求位而欲責

以義方未可便尒也且三年之喪毋暮而大祥
中月而禫鄭以中為閒王杜以為是月之中
鄭亦未為必會經旨王杜豈於必乖聖意既諸
儒採睹先聖後賢雖有不同晉武後雖從宋昌
許猛之駁同鄭禫議然初亦從程猗贊成王杜
之言二論得否未可知也聖人大祥之後鼓素
琴成笙歌者以喪事既終餘哀之中可以存樂
故也而樂府必以干戚羽毛施之祥前鼓琴可無
樂樂必使工為之庶民凡品於祥前鼓琴素
罪乎律之所防豈必為貴士亦及凡庶府之此
義彌不通矣魯人朝祥而暮歌孔子以為踰月
則可矣尒則大祥之後喪事已終鼓琴笙歌經
禮所許龍虎欲宿衞皇宮豈欲合刑五歲就如
鄭義二十七月而禫二十六月十五升布深衣
素冠縞紵及黃裳縓緣以居者此則三年之餘
哀不在服數之內也衰經則埋之於地杖則棄
之隱處此非喪事終乎府以大祥之後不為喪
事之終何得復言素琴以示終也喪事尚遠日

誠如鄭義龍虎未盡二十七月而請宿衞實爲
忽忽於戚之理合在情責便以深衣素縞之時
而罪同杖経苫凶之日於禮憲未允詳之律意
冒喪求仕謂在斷斬需草土之中不謂除之義杖之
後也又龍虎具列君喪日月無所隱冒曾府應告
之以禮還遣然月便幸彼昧識欲加之罪豈是
道禮敦風愛民之致乎正如鄭義龍虎罪亦不
合刑忽忽之失宜科鞭五十

三年七月司空清河王懌第七叔母北海王妃

三年七月司徒平原郡開國公高摩兄子太子洗
馬負外亡並上言未知出入猶作鼓吹不請
下禮官議沐大學博士封祖胄議喪大記云幕
九月之喪既葬飮酒食肉不與人樂之五月三
月之喪比葬飮酒食肉不與人樂之世叔母故
主宗子直云飮酒食肉不言不與人樂之鄭玄
云義服恩輕以此推之明義服莨容有樂理
又禮大功言而不議小功議而不及樂言論之
間尚自不及其於聲作明不得也雖後功德樂

在宜止四門博士蔣雅哲議凡三司之尊開國
之重其於王服皆有厭絕若尊同體敵跣尚
宜徹樂或不同子姓之喪非嫡者既殯之後
義不關樂國子助教韓神固議　可以展耳
目之適於絲竹可以肆遊宴之娛故於樂貴賤有
哀則廢至若德儉如禮外降有數文物昭旂旗
之明錫鸞爲行動之響列明貴賤非指哀樂
於其閒矣謂威儀敔吹依舊列爲允兼儀曹郎中
房景先駁曰案祖胄議以功德有喪敔吹不作

雅哲議齊衰卒哭簫管必陳準之輕重理用未
安聖人推情以制服據以副心何容拜虞生
之奠於神宮龍襲衰麻而秦樂大燎一後尽情頓
盡反心以求豈制禮之意也就如所云豈義服恩
輕既虞而樂正服一幕何以為斷或義服尊正
服甲如此之比復何品節雅哲所議公云雖有尊降不
非嫡者既殯之後義不關樂案古雖有君尊正
見作樂之文未詳此據竟在何典然君之於臣
本無服體但恩誠相感致存隱惻是以仲遂卒

垂笙篇不入智悖在殯杜莫其明言豈大倫之痛

既殯而樂平又紳固等所議以為笳鼓不在樂

限鳴鏡以警衆聲茸笳而清路者所以辨等列明

貴賤耳雖居哀惻施而不廢粗而言之似如可

通考諸正典未為符合案詩云鍾鼓既設鼓鍾

伐鼕又云於論鼓鍾於樂辟雍言則相連鍾

非樂平八音之數本無紒名推而類之簫管之

比豈可以名稱小殊而不為樂若以王公位重威

飾宜崇鼓吹公給不可私辭者魏絳和戎受金

石之賞鍾公勳茂蒙五熟之賜若審功膺賞君

命必行豈可陳喜嘉牢於瘞殯之時擊鍾磬於

祔之後尋宄二三未有依據國子職兼文學令

問所歸宜明據典謨曲盡斟酌率由必衷以辨

深感何容總議並申無所析剖更詳得失據典

正議秘書監國子祭酒孫惠蔚太學博士封祖

曺等重議司空體服喪麻心懷慘切其於聲樂

本無作理但以鼓吹公儀致有疑論耳案鼓吹

之制蓋古之軍聲獻捷之樂不常用也有重位

茂勳勞乃得備作方之金石准之管絃其為音奏

雖曰小殊然其大體與樂無異是以禮云鼓無

當於五聲五聲不得不和竊惟今者加台司之

儀蓋欲兼廣威華若有哀用之無變於吾便是

一人之年悲樂並用之非私出入聲作之從寧

既受袞心不在樂笳鼓之事明非欲聞其飫有

戚之義廢而勿作倶禮縣崇公卿出入之儀至有

趨以采齊行以肆夏和鑾之聲佩玉之飾者所

以顯槐鼎之至貴彰辛輔之為重今二公地處

尊親儀懍殊百辟鼓吹之用無容全去禮有懸而

不樂今陳之以備威儀不作以不哀痛述理節

情思謂為允詔曰可從國子後議

清河王懌所生母羅太妃薨表求申齊衰三年

詔禮官博議侍中中書監太子少傅崔光議喪

服大功章二云公之庶昆弟為母傳曰先君餘尊

之所厭不得過大功記公子為其母練冠麻衣

源縓既葬升除之傳曰何以不在五服中也君之

厭不得申其罔極依禮大功據喪服厭降之例

並無從厭之文今太妃既捨六宮之稱加太妃

之號為封君之母尊崇國臣下固宜服甚不

得以王服厭屈而更有降禮有從輕而重義包

於此太學博士封偉伯等十人議案臣案臣從君服

降君一等君為母三年臣則蒪今司空以仰厭

先帝俯就大功臣之從服不容有過但禮文殘

鈌制無正條竊附情理謂宜小功庶君臣之服

不失其序外降之差頗會禮意清河國郎中

令韓子熙議謹案喪服大功章云公之庶昆弟

為其母妻傳曰何以大功先君餘尊之所厭不

敢過大功也夫以國之貴子猶見厭況四海之

尊固無申理頃國王遭太妃憂議者援引斯條

降王之服尋究義例頗有一途但公之庶昆弟

或為士或為大夫士之甲賊不得仰四親王正

以餘厭共同可以奪情相擬然士非列士無臣

從服今王有臣後不得准諸士矣議者仍令

國臣從服以蒪罩昧所見未曉高趣案不杖章

云為君之父母妻長子祖父母長子

君服斬妻則小君父卒然後為祖後者服斬傳

所以深釋父卒為祖服斬若君由君服斬臣

亦同蒪也明臣之後蒪由君服斬若君由若服斬

然後蒪則君服大功蒪安得亦蒪也若

昆弟不云為臣服大功蒪若依為君之父母之庶

此則須去彼然不得兩服功蒪渾雜一圖也議

者見餘尊之厭臣不得過大功則令王依庶昆弟

申三年此之二章殊不相干引彼則須去此引

見不杖章有為君之父母便令臣從服以蒪此

乃據殘文守一隅恐非先聖之情達禮之喪矣

且從服之體自有倫貫雖秩微閤寺位甲室老

未有君服細絰裁蹄三時臣著踈衰獨涉兩歲

案禮天子諸侯之大臣唯近臣君之父母妻長子

祖父母其餘不服也唯近臣閹寺隨君而服耳

若大夫之室老君之所服無所不從而降一等

此三條是從服之通旨較然之明例雖近臣之

賊不過隨君之服未有君輕而臣服重者也議

者云禮有從輕而重臣之從君義包於此愚謂
服問所云有從輕而重公子之妻為其皇姑直
是禮記之異獨此一條耳何以知其然案服問
經云有從輕而重公子之妻為其皇姑而大傳
云從服有六其六曰有從輕而重注曰公子之
妻為其皇姑君從輕而重不獨公子之妻者則
鄭君宜更見流輩廣論所及不應還用服問之
文以釋大傳之義明從輕而重唯公子之妻
之從君不得包於此矣若復有君為毋大功
從服碁當云有從輕而重公子之妻為其皇姑
為毋大功臣從服碁何為不備書兩條以杜將
來之惑而偏著一事彌結今日之疑且臣為君
毋乃是徒從徒從之體君亡則已妻為皇姑既
非徒從雖公子早沒可得不制服乎為君之父
毋妻子君已除喪而後聞喪則不稅蓋以恩輕
不能追服假令妻在遠方姑没遥域過碁而後
聞喪復可不稅服乎若姑亡必不關公子有否
聞喪則稅不許日月遠近者則與臣之從君聊

自不同矣又案臣服君當黨不過五人悉是三年
其餘不服妻黨可直五人平碁功以降可
得無服乎臣妻事殊然胡越苟欲引之恐非
通例也愚謂臣有合離三諫待決妻無去就一
醮終身親義既有參差喪服固宜不等故見厭
之婦可得申其本服君屈大功不可過碁以者
所以從服之臣尋理求途僅隨或在此必以臣妻相準
未覩其津也子熙誠不能遠探墳籍曲論長智
為服從君之義如何君至九月便蕭然即吉
請以情理校其得失君遭毋憂巨剎之痛臣之
臣猶其年仍喪哭於君第創臣而反輕從義而
反重緣之人情豈是哉侍中崔光學洞今古
達禮之宗頃採幽立義申三年之服雖經義無
文前儒未辨然推例求旨理亦難奪若臣服
從碁宜依侍中之論脫君仍九月不得如議者
之談其嬴氏焚坑禮經殘缺故今追訪靡據臨
事多惑愚謂律無正條須準傍以定罪禮關舊

宜準類以作憲禮有碁同緦功而服如齊疏
者蓋以在心實輕於義乃重故也今欲一依喪
服不可從君九月而服周年如欲降一等兄弟
之服不可以服君母詳諸二途以取折衷謂置
麻布可如齊衰除限則同小功所以然者重其
衰麻尊君母慼其日月隨君降可塞從輕猶
尚書李平奏以謂禮臣為君黨妻為夫黨俱為
從服各降君夫等故君服三年臣服一碁今

重不奪君母之嚴曰月隨降可塞從如此所以輕之謂置
厭所不及當無隨降之理禮記大傳云從輕而
重鄭玄注云公子之妻為其皇姑既舅不厭
明不厭者還應服其本服此則是其例詔曰禮
有從無服而有服何但從輕而重平懌今自以
厭故不得申其過隙眾臣古無疑厭之論而
有從輕之據舄為不得申其本制也可從尚書
及景林等議尋詔曰此比決清河國臣為君母服
碁以禮事至重故追而審之今更無正據不可

[魏書志十三] [十七] 尚榮

司空臣懌自以尊厭之禮奪其罔極之心國臣

章生條但君服既從而臣服仍遠禮緣人情
遇厭須變服可還從前判既葬除之
四年春正月丁巳夜世宗崩于式乾殿侍中中
書監太子少傅崔光侍中領軍將軍于忠與詹
事主顯中庶子侯剛奉迎肅宗於東宮入自萬
歲門至顯陽殿哭踊之乃復王顯欲須明乃
行即位之禮崔光謂顯曰天位不可暫曠何待
至明顯曰須奏中宮也光與于忠使小黃門曲集
常典何須奏中宮也光與于忠使小黃門曲集

奏置兼官行事於是光兼太尉黃門郎元昭兼
侍中顯兼吏部尚書中庶子裴儁兼吏部郎中
書舍人穆弼兼謁者僕射光等請肅宗止哭立
於東序于忠元昭扶肅宗西面哭十數聲止服
太子之服御太極前殿太尉光奉策進璽綬肅宗踞受服
皇帝袞冕服於庭中北面稽首稱万歲
階夜直群官於

熙平二年十一月乙丑太尉清河王懌表曰臣
聞百王所尚莫尚於禮於禮之重喪紀斯極世

[三五五] [魏書志十三] [十八] 芮開三

代沿革損益不同遺風餘烈景行綏往至如前
賢往詰商搉有異或並證經文而論人自名家或
各言所見而討事共端雖憲章祖述人自名家或
而論議紛綸理歸群正莫不隨時所宗庲為一
代之典自上達下罔不遵用是使叔孫之儀專
文四海畫一者也至乃折旋俯仰之儀哭泣升
降之節去來闔巷之容出入閨門之度尚須疇
諮禮官博訪儒士載之翰帛著在通法辯咨孜

三朝 ｜魏書志十三｜ ｜十九｜ ｜萬卷｜

殊證據不明即詆訶疵謬斜劾成罪此乃簡無
成文閱而知者也未聞有皇王垂範國無
一定之章英賢贊治家制異同之式而欲流風
作則求貽來世比學官雖建庠序未修稽考古
今莫專其任既暨平宗室喪禮百寮議之廬陵
裁日月輕重率令博士一人輕衆議之廬陵至恭
比海王顗同為庶毋服恭則治重居廬制
甚蹇室論親則恭顗俱是帝孫語貴則二人並
為舊國不知兩服之證據何經典儀俱為牴駮莫

有裁正懿王昶戚尚或如斯自茲巳降何可紀
極歷觀漢魏喪禮諸儀卷盈數百或當時名士
往復成規或一代詞宗較然為則況堂堂四海
藹藹如林而令喪禮象差始於帝族非所以儀
刑萬國綴旒四海臣忝官台傳備員唇脣不能
秉國之鈞致斯藥缺具瞻所誚無所逃罪謹略
集公卿樞納內外儒學博議定制班行天下使
舉恭顗二國不同之狀以明喪紀乖異之失气
禮無異準得失有歸并因事而廣永為條例庶

三廿四 ｜魏書志十三｜ ｜二十｜ ｜萬卷｜

塵岳沾河微酬萬一靈太后令曰禮者為政之
本何得不同如此可依表定議事在張普惠傳
神龜元年九月尼高皇太后崩於瑤光寺肅宗
詔曰崇憲皇太后德協坤儀徽符月晷方融壹
化奄至崩殂朕幼集荼蓼憑德訓及兹武定
難是賴謨謀夫禮沿情制義循事立可特為齊
衰三月以申追仰之心有司奏案舊事甚多至尼太
崩儀自復魄歛葬百官哭臨其禮甚多太尼太
后既存委俗尊憑居道法凶事簡速不依配極

之典庭局狹隘非容百官之位但昔遵奉接義

成君臣終始情禮理無廢絕輟準故式立儀如

別內外群官權改常服置衣邪巾奉送至墓列

位哭拜事訖而除止在京師更不宜下詔可

十一月侍中國子祭酒儀同三司崔光上言被

臺祠部曹符文昭皇太后改葬議至尊皇太后

群目服制輕重四門博士劉季明議云尊喪服

記雖云改葬緦文無指據至於注解乖異不同

馬融王肅云本有三年之服者鄭及三重然而

後來諸儒符融者多與玄者少今請依馬王諸

儒之議至尊宜服緦案記外宗為君夫人猶內

宗鄭注云為君服斬夫人齊衰不敢以親服至

尊也今皇太后雖上奉宗廟下臨朝臣至於為

姑不得過朞計應無服其清河汝南二王母服

三年亦宜有緦自餘王公百官為君之母妻唯

喪服并中代雜論記云改葬緦鄭注臣為君子

為父妻為夫親見屍柩不可以無服故服緦三

三志四　〔魏志十三〕　王　李諤

年者緦則朞已下無服竊謂鄭氏得服緦之旨

謬三月之言如臣所見請依康成之服緦既葬

而除愚以為允詔可

二年正月二日元會高陽王雍以靈太后臨朝

太上秦公喪制未畢欲罷百戲絲竹之樂清河

王懌以為萬國慶集天子臨享宜應備設太后

訪之於侍中崔光光從雍所執懌謂光曰宜以

經典為證光據禮記縞冠玄武子姓之冠父母

有重喪子不純吉安定公親為外祖又有師恩

太后不許公除衰麻在體正月朔日還家哭臨

至尊興駕奉慰記云朋友之墓有宿草焉而不

哭是則朋友有朞年之哀子貢云夫子喪顏淵

若喪子而無服喪子路亦然顏淵之喪饋練肉

夫子受之彈琴而後食之若子之哀則容一朞

不舉樂也孔子既大練五日彈琴父母之喪也

由是喪夫子若喪父而無服心喪三年由此而

制雖古義難追此來發詔每言師祖之尊是則

一朞之內猶有餘哀且禮母有喪服聲之所聞

三志古　〔魏書十三〕　三十一　嚴智

子不舉樂今太后更無別宮所居嘉福去太極
不為犬遠鼓鍾子宮聲聞于外況在內密邇也
君之卿佐是謂股肱股肱或虧何痛如之智悼
子喪未葬杜賣所以諫晉平公也今相國雖已
安厝裁三月爾陵墳未乾懌以理證為然乃從

雜議

考靜武定五年正月齋獻武王薨時祕凶問六
日孝靜皇帝舉哀於太極東堂服齊衰三月及
將麥中練齊文襄王請自發喪之月帝使侍中

▲魏志十三 二十三 上

陸子彰舉詔三往敦喻王固執詔不許乃從
覺月

太祖天賜三年十月占授著作郎王宜弟造兵
法

高宗和平三年十二月因歲除大儺之禮遂耀
兵示武更為制令步兵陳於南騎士陳於北各
擊鍾鼓以為節度其步兵赤黃黑別為
部隊楯矟矛戟相次周回轉易以相赴就有飛
龍騰蛇之變為幽箱魚鱗四門之陳凡十餘法

踞起前卻莫不應節陳畢南北二軍皆鳴鼓角
眾盡大譟各令騎將六人去來挑戰步兵更進
退以相拒擊南敗北捷以為盛觀自後踵以
為常

高祖太和十九年五月甲午冠皇太子恂於廟
丙申高祖臨光極堂太子入見帝親詔之事在
恂傳六月高祖臨光極堂引見群官詔曰比冠
子恂禮有所闕當思往失更順將來禮古今殊
制三代異章近冠恂之禮有三失一朕與諸儒

▲魏書志十三 二十四 下

同誤二諸儒違朕故令有三誤今中原兆建百
禮惟新而有此三失殊以愧歎春秋襄公將至
衛以同姓之國問其季幾而行冠禮古者皆灌
地降神或有作樂以迎神胙失理樂猶差完至廟庭
以意而行拜降神於理猶差完司馬
彪云漢帝有四冠一緇布二進賢三武弁四通
天冠朕見家語冠頌篇四加冠公也家語雖非
正經孔子之言與經何異諸儒忽司馬彪志致
使天子之子而行士冠禮此朝廷之失冠禮朕

三百五 徐明

以為有實諸儒皆以為無實朕既從之復令有
失孔所云云斐然成章其斯之謂太子太傅穆亮
等拜謝高祖曰昔裴頠依冠儀不知有四裴頠
尚不知卿等復何愧
正光元年秋蕭宗加元服時年十一既冠拜太
廟大赦改元官有其注
典服之制秦漢已降損益可知矣魏氏居百王
之末接分崩之後典禮之用故有闕焉
所制車輦雖參采古式多違舊章今案而書之
以存一代之迹
乘輿輦輅龍輈十六四衡載朱班繡輪有雕虬
文虎盤螭之飾龍首銜軛駕立衡圓蓋華蟲
金雞樹羽蛟龍游蘇建太常十有二斿畫日月
升龍郊天祭廟則乘之
乾象輦羽葆圓蓋華蟲金雞樹羽二十八宿天
階雲罕山林雲氣仙聖賢明忠孝節義遊龍飛
鳳朱雀玄武白虎青龍奇禽異獸可以為飾者
皆亦圖焉太皇太后皇太后助祭郊廟則

乘之
大樓輦輈十二加以玉飾衡輪雕綠與輦輅同
駕牛二十
小樓輦輈八衡輪色數與大樓輦同駕牛十二
天子太皇太后皇太后郊廟亦乘之
象輦左右鳳凰白馬仙人前却飛行駕二象羽
葆旒蘇龍旂旍麾其飾與乾象同太皇太后皇
太后助祭郊廟之副乘也
馬輦重級其飾皆如之續漆直輈六左右騑駕
天子籍田小祀時則乘之
臥輦其飾皆如之丹漆駕六馬
遊觀輦其飾亦如之駕馬十五匹皆白馬朱髦
尾天子法駕行幸巡狩小祀時則乘之
七寶輿檀刻鏤輦金薄隱起
馬輦天子三駕所乘或為副乘
緇漆蜀馬車金薄華蟲隱起
輧軒駕駟金銀隱起出挽解合
步挽天子小駕遊宴所乘亦為副乘

金根車羽葆旒畫轓輪華首絲軒交落左右騑
太皇太后皇太后助祭郊廟籍田先蠶則乘之長公主大貴公主封君諸王妃皆得乘但
右騑而已太祖初皇太子皇子皆鸞輅軺立乘畫
輈龍首朱輪繡轂綵蓋朱裹龍旂九斿畫雲榛
皇子封則賜之皆駕駟又有軺車緇漆紫幰朱
裹駕一馬為副乘
公安車緇漆紫蓋朱裹畫轓朱雀青龍白虎龍
旂八斿駕三馬軺車與王同

侯車與公同七斿紫蓋青裹駕二馬副車亦
如之
子車緇漆皂蟲文六斿皂蓋青裹駕一馬副車
亦如之闕及公侯子陪列郊天則乘之宗廟小祀
乘軺軒而已至高祖太和中詔儀曹令李韶監
造車輅一遵古式焉
太祖天興二年命禮官摅採古事制三駕鹵簿
一曰大駕設五輅建太常屬車八十一乘平城令
代君司隸校尉丞相奉引大尉陪乘太僕御從

輕車介士千乘萬騎魚麗鴈行前驅皮軒鼓戟
芝蓋雲罕指南後殿豹尾鳴葭唱上下作鼓吹
軍戎大祠則設之二曰法駕屬車三十六乘平
城令代尹太尉奉引侍中陪乘奉車都尉御巡
狩小祠則設之三曰小駕屬車十二乘平城令
太僕奉引常侍陪乘車郎御遊宴離宮則
設之二至郊天地四節祠五帝或公卿行車唯四
月郊天帝常親行樂加鍾懸以為迎送之節焉
天賜二年初改大駕魚麗鴈行更為方陳鹵簿

列步騎內外為四重列標建旌通門四達五色
車旗各處其方諸王導從在鈿騎內公在幢內
侯在步稍內子在刀楯內五品朝臣使列乘輿
前兩廂官甲者先引王公侯子車旐麾蓋信
幡及散官構服一皆純黑
肅宗熙平元年六月中侍中劉騰等奏中宮僕
剌列車輿朽敗自昔舊都禮物頗異遷京已來
未後更造請集禮官以裁其制靈太后令曰付
尚書量議太常卿穆紹少卿元端博士鄭六劉

臺龍等議案周禮王后之五輅重翟錫面朱總

厭翟勒面續總安車彫面厭翟總皆有容蓋翟車

貝面組總有握輦車輈有晏羽蓋重翟車后從

王祭祀所乘厭翟車后出桑則乘輦車后宮

中所乘謹以周禮后從王賓饗諸侯所乘安車

后朝見於王所乘厭翟車后出桑則乘輦車后宮

孔子云其或繼周者雖百世可知也以其法不

可踰以此言之後王輿服典章多放周式雖聖

質時變輅名宜存彫飾雖異理無全捨當今聖

右臨朝親覽庶政輿駕之式宜備典禮宜備造五

銓通經明衆議末輒率短見宜準周禮備造五

輅彫飾之制隨時增減太學博士王延業議案

周禮王后有五輅重翟以從王祠厭翟以從王

饗賓客安車以朝見于王翟車以從王桑輦車宮

中所乘又漢輿服志云秦并天下閱三代之禮

或曰殷瑞山車金根之色殷人以為大輅於是

始皇作金根之車漢承秦制御爲乘輿太皇太

后皇太后皆御金根車加交絡帷裳非法駕則

乘紫罽軿車雲䡈文畫轓黃金塗五末蓋瓜在

右騑駕三馬阮諶禮圖并載秦漢已來輿服亦

云金根輅皇后法駕乘之以禮婚見廟乘輅后

法駕乘之以親桑安車后小駕乘之以助祭山

軿車后行則乘之以紫罽軿車后出入閣則出

哭公主邑君王妃公侯夫人入閣輿車之雖

宮中小遊則乘之晉先蠶儀注皇后乘雲母安

車駕六騩案周秦漢晉輿儀式互見圖書雖

名號小異其大較略相依擬金根車雖起自秦

既名同周制又用同重翟山軿車案圖飾之以

造即殷之遺制今之乘輿五輅是其象也華飾

典麗容觀莊美司馬彪必為孔子所謂乘殷之

輅即此之謂也案阮氏圖葷車亦飾以雲母安

之雲母車即是一與周之翟車其用正同安車

與周之輦車其形相似竊以為秦減周制百事

入閣輿與輦車其用又同案圖今之黑漆畫扇輦

紫紺罽軿車雖制用異於厭翟山軿車而實同用於今

翔葷官名輈式莫不殊異漢魏因循繼踵仍舊

雖時有損益而莫能反古良由去聖久遠典儀

殊缺時移俗易物隨事變雖經賢哲祖龍亥無改

伏惟皇太后叡聖淵凝照臨万物動循典故貽則

後王令軌竭管見稽之周禮考之漢晉採諸圖則

史驗之時事以為宜依漢晉法駕則御金根車

駕四馬加交絡帷裳御雲母車駕三馬以親桑

其非法駕則御紺罽軿車駕三馬小駕駕三馬

車駕三馬以助祭小行則御紺罽軿車駕三馬

以哭公主王妃公佚夫人宮中出入則御畫扇

董車案舊事比之周禮唯關從王饗賓客及朝

見於王之乘輿以為古者諸侯有朝會之禮故

有從饗之儀今無其事宜從省略又今之皇居

宮被相遇就有朝見理無結駟即事考實亦宜

闕屢又哭公主及王妃周禮所無施之於今是

合事要損益不同用捨隨時三代異制其道無

也又金根及雲母駕馬或三或六訪之經禮無

駕六其文今之乘輿又皆從駕四義符古典宜仍

駕四其餘小駕宜從駕三其制用形飾備見圖

志司空領尚書令 任城王澄尚書左僕射元暉

尚書右僕射李平尚書齊王蕭寶寅尚書元欽

尚書元昭尚書左丞盧同右丞元洪超考功郎

中劉懋比主客郎中源子恭南主客郎中游思

進三公郎中崔鴻長兼駕部郎中薛悅起部郎

兵郎中石基尚書右士郎兼右兵郎中鄭羲先外

中杜遇之兼尚書右外兵郎中鄭忽儒都官

郎中李秀之兼尚書左士郎中朱元旭度支

郎中谷潁左民郎中張均金部郎中李平仲東庫

部郎中賈思同國子博士薛禎邢晏高諒奕延

太學博士邢湛崔瓉辛胐鄭季期國子助教韓

神固四門博士楊那羅唐荊呂杜靈儁張文和

謁侯趙安慶賈愛高顯邑宋波羅劉燮高顯楊

貴等五十人議以為皇太后稱制臨朝躬親庶

政郊天祭地宗廟之禮所乘之車宜同至尊不

應更有製造周禮觀晉雖有文辭不辨形制

假令欲作恐未合古制而不可以為一代典臣

以太常國子二議為疑重集臺官並從令議唯
恩裁波靈太后令曰臺官以後議折中者便可
如奏
太祖天興元年冬詔儀曹郎董謐撰朝觀饗宴
郊廟社稷之儀六年又詔有司制冠服隨品秩
各有差時事未暇多失古禮世祖經營四方未
能留意仍以武力為事取於便習而已至高
祖太和中始考舊典以制冠服百寮六宮各有
差次卓世外退猶未周洽肅宗時又詔侍中崔
光安豐王延明及在朝名學更議之條章粗
備焉
熙平元年九月侍中儀同三司崔光表奉認定
五時朝服案北京及遷都以來未有斯制輒勒
禮官詳據太學博士崔瓚議云周禮及禮記三
冠六晃承用區分璩玉五綵配飾亦別都無隨
氣春夏冬之異唯月令有青斻赤玉黑衣白輅隨
四時而孌復不列弁晃改用之女黃以此而推
五時之冠禮既無文若求諸正典難以經證案

司馬彪續漢書輿服及祭祀志云迎氣五郊自
永平中以禮讖并月令迎氣服色因采元始故
事兆五郊於洛陽又云五郊衣幘各如方色又
續漢禮儀志立春京都百官皆著青衣　服青
幘從服改色隨氣斯制因循相承彌采其事
舊未聞有礙傘皇魏憲章前代損益從宜五時
之冠思謂如漢晉用幘為允靈太后令曰太傅
博學洽通多識前載既綜朝儀彌采其事
諮訪以決所疑二年九月太傅清河王懌給事
黃門侍郎章延詳奏太學博士崔瓚等議自漢逮
訪國子議其舊式太學謹案前勅制五時朝服嘗
于魏晉迎氣五郊用幘從服改色隨氣斯制因
循相承不革冠晃仍舊未聞有礙傘皇魏憲章
前代損益不革冠晃謂如漢晉用幘為允
尚書以禮式不經請訪議事奉勅不可輕裁請
決臣以為帝王服章方為萬世則令加考
更集禮官下省定議蒙勅聽許謹集門下及學

官以上四十三人尋考史傳量古校今一同國
子前議幀隨服變冠冕弗改又四門博士臣王
僧奇蔣雅哲二人以爲五時冠冕宜從衣變臣
等謂從國子前議爲允靈太后令曰依議

禮志四之四第十三　　魏書一百八

氣質初分聲形立矣聖者因天然之有為入用
之物緣喜怒之心設哀樂之器碧橾葉篇其
來自久伏羲絃琴垂皇制瑟垂鍾和磬女媧之
簧隨感而作其用稍廣軒轅挎阮瑜之管定小
一之律以成咸池之美次以移風易俗也故在易和
豫義明崇德書云詩言志歌詠言聲依永律和
聲八音克諧神人以和周禮圍鍾為宮黃鍾為

角大族為徵沽洗為羽雷鼗鼓靁鼗孤竹之管雲
和之琴瑟雲門之舞奏之六變天神可得而降
矣函鍾為宮大族為角沽洗為徵南呂為羽靈
鼓靈鼗孫竹之管空桑之琴瑟咸池之舞奏之
八變地示可得而禮矣黃鍾為宮大呂為角大
族為徵應鍾為羽路鼓路鼗陰竹之管龍門之
琴瑟九德之歌九磬之舞奏之九變人鬼可得
而禮矣此所以協三才之宮宮為君
商為臣角為民徵為事羽為物五者不亂則無

怙懘之音宮亂則荒其君驕商亂則陂其官壞
角亂則憂其民怨徵亂則哀其事勤羽亂則危
其財匱五者皆亂迭相陵謂之慢如此則國之
興為正聲感人而順氣應之順氣成象而樂興
焉先王恥其亂故制雅頌之聲以道之使其聲
足樂而不流使其文足論而不息使其曲直繁
瘠廉肉節奏足以感動人之善心而已不使放
心邪氣得接焉是先王立樂之方也故樂行於
之莫不和敬在族長鄉里之中長幼同聽之莫
不和順閨門之內父子兄弟同聽之莫不和親
又有辨昧任禁之樂以娛四夷之民斯蓋立樂
之方也三代之衰邪音間起則有爛漫靡靡滋
樂興焉周之衰也諸侯或作偽明生淫慝滋
其競其邪忘其正廣其器蔑其禮或奏之而
疾或撞之不令晉平公聞清角而顛隕魏文
侯聽古雅而眠睡鄭宋齊衛流宕不反於是正
樂廢矣大樂感於風化與世推移治國之音安
以樂亡國之音哀以思隨時隆替不常厭聲延

陵歷聽諸國盛衰必舉蓋所感者著所識者深
也樂之崩矣秦始滅學經亡義絕莫探其具人
重協俗世貴順耳則雅聲古器幾將淪絕漢興
制氏但識其鏗鏘鼓舞不傳其義而於郊廟朝
廷皆協律新變雜以趙代秦楚之曲故王禹宋
畢上書切諫丙強皇武顯著當時通儒達士所
共歡息矣後漢東平王蒼撰議樂事頗有增加
大抵循前而已及黃巾董卓以後天下喪亂諸
行不永以至亡敗哀思之來便爲驗矣夫大樂
與天地同和苟非達識至精何以體其妙極自
漢以後舞稱名代相成易服章之用亦有不
同斯則不龔之義也永嘉已下海內分崩伶官
樂器皆爲劉聰石勒所獲慕容儁平冉閔遂克
之王猛平鄴入於關右符堅既敗慕容垂並
容永之東也禮樂器用多歸長子及垂平鄴

樂亡缺軼魏武既獲桂夔令其考會古樂而柴王
左延年終以新聲寵愛晉世荀助典樂與郭夏
宋識之徒共加研集謂爲今古而阮咸譏之金

三百三十　　三　趙明

入中山自始祖内和魏晉二代更致音伎穆帝
爲代王愍帝又進以樂物金石之器雖有未周
而絃管具矣逮太祖定中山獲其樂縣既初撥
亂未遑翔政因時所行而用之世歷分崩頗有
遺失
天興元年冬詔尚書吏部郎鄧淵定律呂協音
樂及追尊皇曾祖皇祖皇考諸帝樂用八佾舞
皇始之舞皇始祖所作也以明開大始祖
之業後更制宗廟皇帝入廟門奏王夏太祝迎
神于廟門奏迎神曲猶古降神之樂乾豆上奏
登歌猶古清廟之樂曲終下奏神祚嘉神明之
饗也皇帝行禮七廟奏陛步以爲行止之節皇
帝出門奏惣章次奏八佾舞次奏送神曲又舊
禮孟秋祀天西郊兆内壇西備列金石樂具皇
帝入兆内行禮咸奏舞八佾之舞初冬至祭天于南
東廟用樂略與西郊同太祖初冬至祭天訖奏維皇將
郊圓丘樂用皇矣奏雲和之舞事訖奏維皇將
燎夏至祭地祇於北郊方澤樂用天祚奏大武

三八　　魏書志十四　　四一

之舞正月上日饗羣臣宣布政教備列宮懸正
樂兼奏燕趙秦吳之音五方殊俗之曲四時饗
會亦用焉凡樂者樂其所自生體不忘其本掖
庭中歌真人代歌上叙祖宗開基所由下及君
臣廢興之跡凡一百五十章昏晨歌之時與絲
竹合奏郊廟宴饗亦用之

六年冬詔太樂揔章鼓吹增修雜伎造五兵角
觝麒麟鳳皇仙人長蛇白象白虎及諸畏獸魚
龍辟邪鹿馬仙車高絙百尺長趫緣橦跳丸五
案以備百戲大饗設之於殿庭如漢晉之舊也

太宗初又增修之撰合大曲更為鍾鼓之節
世祖破赫連昌獲古雅樂及平涼州得其伶人
器服並擇而存之後通西域又以悅般國鼓舞
設於樂署

高宗顯祖無所改作諸帝意在經營不以聲律
為務古樂音制寂復傳習舊工更盡聲曲多工
太和初高祖垂心雅務正音聲時司樂上書
典章有關求集中秘羣官議定其事并訪吏民

有能體解古樂者與之修廣器數甄立名品以
諧八音詔可雖經衆議於時卒無洞曉聲律者
樂部不能立其事彌缺然於方樂之制及四夷歌
舞稍增列于大樂金石羽旄之飾為壯麗於往
時矣

五年文明太后高祖並為歌章戒勸上下皆宣
之管絃

七年秋中書監高允奏樂府歌詞陳國家王業
符瑞及祖宗德美又隨時歌謠不準古舊辨雅
鄭也

十一年春文明太后令曰先王作樂所以和風
改俗非雅曲正聲不宜庭奏可集新舊樂章參
參探音律除去新聲增鍾縣鏗鏘
之韻

十五年冬高祖詔曰樂者所以動天地感神祇
調陰陽通人鬼故能關山川之風以播德於無
外由此言之治用大矣逮乎末俗陵遟正聲頓
廢多好鄭衞之音以悅耳目故使樂章散缺伶

官失守今方救釐革時弊稽古復禮廳令樂正雅
頌各得其宜今置樂官寔須任職不得仍令濫
吹也遂簡置焉
十六年春又詔曰禮樂之道自古所先故聖王
作樂以和中制禮以防外然音聲之用其致遠
矣所以通感人神移風易俗至乃簫韶九奏鳳
皇來儀擊石拊石百獸率舞有周之季斯道崩
缺故夫子志味於聞韶正樂於返魯逮漢魏之
間樂章復闕然博採音韻粗有篇條自魏室之
興太祖之世尊崇古式舊典無墜但干戈仍用
文教未淳故令司樂失治定之雅音習不典
之繁曲比太樂泰卹六職司求與中書參議攬其
所請愧感兼懷然心喪在躬未忍闕此但禮樂
事大乃為化之本自非通博之才莫能措意中
書監高閭器識詳富志量明允每問陳奏樂典
頗體音律可令與太樂詳採古今以備茲典其
內外有堪此用者任其參議也閭歷年考度粗
以成立遇遷洛不及精盡未得施行尋屬高祖

崩未幾閭卒
先是閭引給事中公孫崇共考音律景明中崇
乃上言樂事正始元年秋詔曰太樂令公孫崇
更調金石燮理音準其書一卷幷表悉付尚書
夫禮樂之事有國所重可依其請八座已下四
門博士以上此月下旬集大樂署考論同異博
採古今以成一代之典也十月尚書李崇奏前
被旨勅以兼太樂令公孫崇更調金石幷其書
表付外考試登依旨勅以去八月初詣署集議
但六樂該深五聲妙遠至如仲尼淵識故將志
味吳札善聽方可論辨自斯已降莫有詳之今
既草剏悉不窮解雖微有詰論略無宄悉方欲
商榷濫監作範將來寧容聊爾一試便垂竹帛
今請依前所召之官幷博聞通學之士更申一
集考其中否研窮音律辨括權衡若可施用別
以聞請制可時亦未能考定也
四年春公孫崇復表言伏惟皇魏龍躍鳳舉配
天光宅世祖太武皇帝革靜荒嶇廓寧宇內克

醜尚繁戎軒仍動制禮作樂致有闕如高祖孝
文皇帝德鍾後仁之期道慚先天之日顧雲門
以興言感簫韶而忘味以故中書監高閭博識
明敏文思優洽紹蹤成均以故所寄乃命閭事
程儒林究論古樂依據六經參諸國志錯綜陰
陽以制聲律鍾石管絃略以完具八音聲韻陰
別粗舉值遷邑松漳未獲周密五權五量五尺不
就果自關近率天落金石虛縣宮商未會
伏惟陛下至聖承天暴戎鴻烈以金石未協詔

臣緝理謹即廣搜秬黍選其中形又採梁山之
竹更裁律呂制磬造鍾依律並就但權量差謬
其來久矣頃蒙付幷州民王顯進所獻古銅權
稽之古範考以今制鍾律準度與權參合昔造
猶有王夏肆夏登歌鹿鳴之屬六十餘韻又有
聲新始觔若舊異世同符如合規矩樂府先正
皇始五行勺舞太祖初興置皇始之舞後有吳
夷東夷西戎之舞樂府之內有此七舞而已竊惟周之
郊廟但用文始五行皇始三舞而已竊惟周之

文武頌聲不同漢之祖宗廟樂又別伏惟皇魏四
祖三宗道邁隆周功超鴻漢頌聲廟樂宜有
表章或文或武以旋功德自非懿望茂親雅量
淵遠博識洽聞者其孰能識其得失衛軍將
軍尚書右僕射臣高肇器度徽雅神賞入微淹
讚大猷聲光海內宜委之監就以成皇代典
之美昔晉中書監荀勖前代名賢受命典遠平
以樂務崇述舊章儀刑古典軍光前載豈遠
哉又先帝明詔內外儒林亦任高閭申請今之

所須求依前比世宗知肇非才詔曰王者功成
治定制禮作樂以宣風化以通明神理萬品賛
陰陽光功德治之大本所宜詳之可令太常卿
劉芳亦與主之永平二年秋尚書令高肇尚書
僕射清河王懌等奏言案太樂令公孫崇所造
八音之器幷五度五量太常卿劉芳及朝之儒
學執諸經傳考辨合否尺寸度數悉與周禮不
同問其所以稱必依經文聲則不恊以情增減
殊無準據竊惟樂者皇朝治定之盛事光賛祖

宗之茂功垂之後王不刊之制宜憲章先聖詳
依經史且二漢魏晉歷諸儒哲未聞器度依經
而聲調差謬臣等參議請使臣芳準依周禮更
造樂器考事訖之後集議並呈從其善者詔司芳
上尚書言訖樂譜音本非所曉且國之大事亦
不可決於數人今請更集朝彥衆辨是非明取
典據資決元凱然後管制肇又尚書邢巒等奏
許詔可於是芳主修管時揚州民張陽子義陽
民兒鳳鳴陳孝孫戴當千吳殿陳文顯陳成等

七人頗解雅樂正聲八佾文武二舞鐘聲管絃
登歌聲調芳皆請令教習參取是非
永平三年冬芳上言觀古帝王固不據功象德而
制舞名及諸樂章今欲教文武二舞施之郊廟請參
制二舞之名竊觀漢魏已來鼓吹之曲亦不相
緣今亦須制新曲以揚皇家之德美詔芳與侍
中崔光郭祚黃門游肇孫惠蔚等四人參定舞
名并鼓吹諸曲其年冬芳又上言臣聞樂者感
物移風諷珉變俗先王所以教化黎元湯武所以

請依京房立準以調八音神龜二年夏有司問
狀仲儒言前被符問京房準定六十之律後雖
有存曉之者勘至熹平末張光等猶不能定絃
之急緩聲之清濁仲儒授自何師出何典籍而
云能曉但仲儒在江左之日頗授琴文嘗覽司
馬彪所撰續漢書見京房準術成數兩然而張
光等不能定仲儒不量庸昧竊有意焉遂鑽愚
思鑽研甚久雖未能測其機妙至於聲韻頗有
所得度量衡歷出自黃鍾雖造管窺氣經史備
有但氣有盈虛黍有巨細差之毫釐失之千里
自非管應時候聲驗吉凶則是非之原諒亦難
定此則非仲儒淺識所敢聞之至於準者本以
代律取其分數調校樂器則宮商易辨若尺寸
小長則六十宮商相與微濁若分數加短則六
十徵羽類皆小清語其大本居然微異至於清
濁相宣諧會歌管皆得應合雖積黍驗氣取聲
之本清濁諧會亦須有方若開準意則辨五聲
清濁之韻若善琴術則知五調調音之體參此二

途以均樂器則自然應和不相奪倫如不練此
必有乖謬案後漢順帝陽嘉二年冬十月行禮
辟雍奏黃鍾始復黃鍾作樂器隨月律是為十
二之律必須次第為宮而商角徵羽用清從之
尋調聲之體宮商宜濁徵羽用清若均之八音
以十二律聲氣之元其管最長故以黃鍾為宮
練五調調聲之法至於五聲次第自是不足何
者黃鍾為聲氣之元其管最長故以黃鍾為宮
太蔟為商林鍾為徵則宮徵相順若均之八音
猶須錯採眾聲配成其美若以應鍾為宮大呂
為商夷則為徵則商濁而宮清雖有其韻不成
為音曲若商宜夷則為宮則十二律中唯得取
二律內全無所取何者中呂為宮則十（疑蘂）
律之首依京房書中呂為宮乃以去滅為商執
始為徵然後方韻而崇乃以中呂猶用林鍾為
商黃鍾為徵何由可諧仲儒以調和樂器文飾
五聲非準不妙若如嚴嵩父子心賞清濁是則

為難若依案見尺作準調絃緩急清濁可以意
推耳但音聲精微史傳簡略舊志唯去準形如
瑟十三絃隱間九尺以應黃鐘九寸調中一絃
令與黃鐘相得案盡以求黃聲遂不辨準須
以不柱有高下絃有粗細餘十二絃復應若為
致令攬者望風拱手又案房準九尺之內為一
千六百八十三分又復十之是為於準一寸之
十七萬七千一百四十七分一尺之內為一萬九
內亦為萬九千四百八十三分然則於準一分
之內乘為二十分又為小分以辨彊弱雖
促雖復離朱之明猶不能窮而分之雖然神儒
臨岳一等棧朱上下之時不使離絃不得舉絃
面平直須如停水其中絃一柱高下須與二頭
相生之韻已自應合分數既微器宜精妙其準
又中絃粗細須與琴宮相類中絃須施軫如琴
私曾考驗但前却中柱使入準常尺分之內則
以軫調聲令與黃鐘一管相合中絃下依數盡
出六十律清濁之節其餘十二絃須施柱如箏

十五 施

又凡絃皆須豫張便臨時不動即於中絃案盡
一周之聲慶著十二絃上然後依相生之法以
次運行取十二律之商徵商徵既定又依琴五
調調聲之法以均樂器其瑟調以宮為主清調
以商為主平調以宮為主五調各以一聲為主
然後錯採衆聲以文飾之方如錦繡上來消息
調準之方並史文所略出仲儒所思若事有乖
此聲則不和仲儒尋準之分數精微如彼定絃
緩急艱難若此而張光等親掌其事尚不知藏
中有準既未識其器又焉能施絃也且燧人不
師資而習火延壽不束脩以變律故云知之者
欲教而無從心達者體知而無師苟有一毫所
得皆關心抱豈必要經師授然後為奇哉但仲
儒自省膚淺才非一足正可粗識音韻繞言其
理致耳時尚書蕭寶寅奏言金石律呂制度調
均中古已來或通曉仲儒雖粗述書文頗有
所說而學不師授云出己心又言舊器不任必
須更造然後克諧上達成勅用舊之旨輒持已

心輕欲制作臣竊思量不合依許詔曰禮樂之
事蓋非常人所明可如所奏
正光中侍中安豐王延明受詔監修金石博探
古今樂事令其門生河間信都芳志等屬天
下多難終無制造芳後乃撰延明所集樂說并
諸器物準圖二十餘事而注之不得在樂署考
正聲律也

魏書志十四　十七

普泰中前廢帝詔録尚書長孫稚瑩太常卿祖瑩
營理金石永熙二年春稚瑩表曰臣聞安上治
民莫善於禮移風易俗莫善於樂易曰先王以
作樂崇德殷薦之上帝以配祖考書曰戛擊鳴
球拊搏琴瑟以詠祖考來格詩言志律和聲
敢叙九族平章百姓天神於焉降歆地祇可得
而禮故樂以象德舞以象功干戚所以比其形
容金石所以發其歌頌薦之宗廟則靈祇饗其
和用之朝廷則君臣恊其志樂之時義大矣哉
雖復沿革異時晦明殊位周因殷禮百世可知
也太祖道武皇帝應圖受命光宅四海義合天

經德符地緯九戎荐肇五禮未詳太宗世祖重
輝累耀恭宗顯祖誕隆承太平之緒篡無為高
遑制作高祖孝文皇帝承太平之緒篡無為匪
運帝圖既遠王度惟新太和中命中書監高
閭草剏古樂閭尋去世其功亡之後故
太樂令公孫崇續修遺車十有餘載崇敷奏其
功時太常卿劉芳以崇所作體制差舛不合古
義請更修營被旨聽許芳又摧綜父而申呈時
故東平王元匡共相論駁各樹朋黨爭竟紛綸

魏書志十四　十八

竟無底定及孝昌已後世屬艱虞內難孔殷外
敵滋甚永安之季胡賊入京燔燒樂庫所有之
鐘悉畢賊手其餘簨石咸為灰燼並晉泰元年臣
等奉勅營造樂器責問太樂前來郊丘懸設之
方宗廟施安之分太樂令張乾龜答稱芳所造
六格比廟黄鍾之均實是夷則之前殿之後有
宮商不和共用一筍施之後宮檢其聲韻後是夷則
於今尚在而芳一代碩儒斯文攸屬討論之日

必應考古深有明證乾龜之辨恐是歷歲稍遠
伶官失職芳义俎没遺文銷毀無可遵訪臣等
謹詳周禮分樂而序之凡樂圓鍾為宮黃鍾為
角大蔟為徵沽洗為羽若樂六變天神可得而
禮函鍾為宮大蔟為徵姑洗為羽若樂八變地
示可得而禮黃鍾為宮大呂為角大
蔟為徵應鍾為羽若樂九變人鬼可得而禮至
於布置不得相生之次兩均異宮並無商聲率舞八音
同用一

魏書志十四 十九

徵書曰於予擊石拊石百獸率舞八音
克諧神人以和計五音不具則聲豈成文七律
不備則理無和韻八音克諧莫曉其旨聖道幽
玄微言已絕漢魏已來未能作者案春秋魯昭
公二十年晏子言於齊侯曰先王之濟五味和
五聲也以平其心成其政也聲亦如味一氣二
體三類四物五聲六律七音八風九歌以相成
也服子慎注云黃鍾之均黃鍾為宮太蔟為商
沽洗為角林鍾為徵南呂為羽應鍾為變宮蕤
賓為變徵一均十九鍾十二懸二百二十八鍾

八十四律即如此義乃可尋究今案周禮小胥
之職樂懸之法鄭注云鍾磬編縣之二八十六
枚漢成帝時犍為郡於水濱得古磬十六枚獻
呈漢以為瑞復依禮圖編懸十六去正始中徐
州薛城送玉磬十六枚亦是一懸之器檢太樂
所用鍾磬各一懸十四不知何據魏侍中謬襲
云周禮以六律六同五聲八音六舞大合樂以
致鬼神今之樂官徒知古有此制莫有明者又

魏書志十四 二十

云樂制既亡漢成謂韶武武德武始大鈞可以
備四代之樂奏黃鍾舞文始以祀天地奏太蔟
舞太武以祀五郊明堂奏姑洗舞武德以祀宗廟
祭四望山川奏蕤賓舞武始大鈞以祀
圓丘方澤君孝廟祫祭之時則可兼舞四代之樂
漢亦有雲翹育命之舞閟識其源漢以祭天魏
時又以雲翹兼祀圓丘天郊育命兼祀方澤地
郊今二舞又亡無復知者臣等謹依高祖所制
尺周官考工記凫氏為鍾鼓之分磬氏為磬倨
之法豐連五聲十二律還相為宮之義以律

呂為之劑量奏請制度經紀營造依魏晉所用

四廟宮縣鍾磬各十六縣塤箎筆筑聲韻區別

蓋理三稔於茲始就五聲有節八音無奏笙鏞

和合不相奪倫元日備設百僚允囑雖未極萬

古之徽蹤實是一時之盛事竊惟古先哲王制

禮作樂各有所稱黃帝有咸池之樂顓頊作承

雲之舞大章大韶堯舜之異名大夏大濩禹湯

之殊稱周言大武秦日壽人及焚書絕學之後

舊音淪滅無可進據漢高祖時叔孫通因秦樂

三百卅　一　魏書志十四　廿一　沈約

人制宗廟樂迎神廟門奏嘉至皇帝入廟門奏

求至登歌再終下奏休成之樂通所作也高祖

六年有昭容樂禮容樂又有房中祠樂夏侯寬

山夫人所作也孝惠二年使樂府令夏侯寬備

其簫管更名安世樂高祖廟奏武德文始之

舞孝文廟奏昭德文始四時五行之舞孝武廟

奏盛德文始四時五行之舞武德者高祖四年

作也以象天下樂已行武以除亂也文始舞者

舞韶舞高祖六年更名曰文始以示不相襲也

五行舞者本周舞秦始皇二十六年更名曰五

行也四時舞者孝文所作以明天下之安和也

孝景以武德舞為昭德以尊宣帝以昭德舞為盛德

光武廟奏大武諸帝廟並奏文始五行四時之

舞及如金不祀當塗勃興魏武廟樂改云韶武

用虞之大韶周之大武摠號大鈞自昔帝王莫不

典午乘時晉氏之樂更名正德而皇魏統天百三十

損益相緣徽號殊別者也而皇魏統天百三十

載至於樂舞遠未立名非所以書宣皇風章明

三百卅二　魏書志十四　廿二　朱大韶

功德贊揚懿軌垂範無窮者矣案今后宮饗會及

五郊之祭皆用兩縣之樂詳攬先誥大為紕繆

古禮數德合王者名器所資豈同於大夫哉孝

后禮天子宮縣諸侯軒縣大夫判縣士特縣皇

經言嚴父莫大於配天宗祀文王於明堂以配

上帝即五精之帝也禮記王制庶羞不踰牲燕

衣不踰祭服論語禹何有於殷庭之樂過於天地乎失

食致美於黻冕何有殷庭之樂過於天地乎失

禮之差遠於千里昔漢孝武帝東巡狩封禪還

祀泰一於甘泉祭后土於汾陰皆盡用明其無
減普泰元年前侍中臣乙子及臣堂等奏求造十
二懸六懸裁記續復營造尋蒙旨判令六懸既
成臣等思鍾磬各四鈷鎛相從十六格宮懸已
足全請更營三懸二懸通前為八宮懸兩具一具
備於太極一具列於顯陽若圓丘方澤上辛四
時五郊社稷諸祀雖時日相須用之無關孔子
曰周道四達禮樂交通傳曰魯有禘樂賓祭用
之然則天地宗廟同樂之明證也其升斗權量
運遙緝隨時一缺漢世唯有虞韶周武魏為武
雲門咸池詔夏護武用於郊廟各有所施但世
當時未定請即刊校以為長準周存六代之樂

始咸熙錯綜風聲為一代之禮晉無改造易名
正德令聖朝樂舞未名舞人冠服無準稱名
武舞而已依魏景初三年以來衣服制其祭天
地宗廟武舞執干戚著平冕黑介幘玄衣裳白
領袖絳領袖中衣絳合幅袴褶黑韋鞨文舞執
羽籥冠委兒其服同上其奏於廟庭武舞武執

赤介幘生絳袍單衣練領袖皂領袖中衣虎文
畫合幅袴白布袜黑韋鞨文舞者進賢冠黑介
幘生黃袍單衣白合幅袴服同上其魏晉相因
承用不改古之神室方各別所故聲駕內外多
之太廟連基接棟樂舞同奏於義得通自中煩
喪亂晉室播蕩求嘉加已後崔豈漼没大武皇帝
破平統萬得古雅樂一部正聲歌五十曲工伎
相傳閒有施用目高祖遷居世宗晏駕聲各異今
事禮物未周今月所有王夏肆夏之屬二十三

隆寶祚思服典章留心軌物及堯舜之淳風復
美伏惟陛下仁格上皇義光下武道契玄機業
曲猶得擊奏臣以聞累聖之休宣重光之盛
文武之境土飾宇宙之儀刑納生人於福地道
德熙泰樂載新聲天成地平於是乎在樂舞之
名乞垂旨判臣等以愚昧參廁問道皇御之日
伏增惶懼詔其樂名付尚書博議以聞其年夏
集群官議之堂復議曰夫樂所以乘靈通化舞
所以象物昭功金石播其風聲絲竹申其歌詠

郊天祠地之道，雖百世而可知，奉神尊民之理，經千載而不昧。是以蕃八帝作咸池之樂，顓頊有承雲之舞，帝嚳為大章，並歿則大韶，禹為大夏，湯為大濩，周曰大武，秦人漢曰大予，魏名大鈞為，晉曰正德。雖三統五運，代降莫不述作相因，徽號殊別者也。皇魏道格三才，化清四宇，亦升世載德，累葉重光，或以文教興邦，或以武功平亂。功成治定，於是乎在。及主上龍飛，載造景命，惟新書軌自同，典刑圖二，覆載均於兩儀，仁澤

詳定案，周兼六代之樂，殽耳律所施咸有次第，以被於四海，五聲有序，八音克諧，樂舞之名宜以學。以後經禮散亡，漢來所存者二舞而已，請以韶武為崇德，舞為章列，總名曰嘉成。漢樂章云，高張四縣，神來燕饗，宗廟所設宮懸，明矢計五郊天神尊，於人鬼六宮隆極，體同至尊，理無減降，宜皆用宮懸，其舞人悉服制裁，咸同舊式，庶得以光贊鴻功，敷揚大業。矜錄尚書事長孫稚已下六十人同議申奏，詔曰，王者功成作樂，治定

制禮以成為號，良無間然。又六代之舞者以大為名，今可准古為大成也。凡音樂以舞為主，故干戈羽籥，禮亦無別，但依舊為文舞武舞而已。餘如議。

初侍中崔光、臨淮王彧並為郊廟歌詞，而迄不施用。樂人傳習舊曲，加以訛失，了無章句。後太樂令崔九龍言於太常卿祖瑩曰，聲有七聲，調有七調，以今七調合之七律，起於黃鍾，終於中呂。今古雜曲隨調舉之，將五百曲，恐諸曲名後

致亡失，今輒條記存之於樂府。瑩依而上之。九龍所錄或雅或鄭，至於謠俗四夷雜歌，但記其聲折而已，不能知其本意，又名多謬舛，莫識所由，隨其滛正而取之。樂署今見傳習，其中後有所遺，至於古雅尤多亡矣。

初高祖討淮漢，世宗定壽春，收其聲役。江左所傳中原舊曲，明君、聖主、公莫、白鳩之屬，及江南吳歌、荊楚四聲，總謂清商，至於殿庭饗宴兼奏之。其圓丘方澤、上辛地祇、五郊四時、拜廟三元

冬至社稷馬射籍田樂人之數各有差等焉

樂志五第十四

魏書一百九

夫為國為家者莫不以穀貨為本故洪範八政
以食為首其在易曰聚人曰財周禮以九職任
萬民以九賦斂財賄是以古先哲王莫不敬授
民時務農重穀躬親千畝貢賦九州且一夫不
耕一女不織或受其飢寒者飢寒迫身不能保
其赤子攘竊而犯法以至於殺身迹其所由王
政所陷也夫百叔之內勿奪其時易其田疇薄
其稅斂民可使富也既飽且富而仁義禮節生
焉亦所謂衣食足識榮辱也晉末天下大亂

【魏書志十五】　　一　　余政

民道盡或死於干戈或斃於飢饉其幸而自存
者蓋十五焉
太祖定中原接喪亂之弊兵革並起民廢農業
方事雖殷然經略之先以食為本使東平公
墾闢河北自五原至于栖陽塞外為屯田初登
國六年破衛辰收其珍寶畜産名馬三十餘萬
牛羊四百餘萬漸增國用既定中山分徙吏民
及徒何種人工伎巧十萬餘家以充京都各給

耕牛計口授田天興初制定京邑東至代郡西
及善無南極陰館北盡參合戎內之田其外
四方維置八部帥以監之勸課農耕畢校收入
以為殿最又躬耕籍田率先百姓自後比歲大
熟匹中八十餘斛是時戎車不息雖頻有年猶
未足以父贍矣
太宗永興中頻有水旱詔簡宮人非所當御及
縿之內路有行饉帝以飢將遷都於鄴用博士
崔浩計乃止於是分簡尤貧者就食山東敕有

【魏書志十五】　　二

司勸課留農者曰剋志有之人生在勤勤則不
匱凡庶民之不畊者祭無牲不績者喪無衰無
樹者死無椰不蠶者衣無帛不績者喪無盛不
行三農生殖九穀教行園圃毓長草木教行虞
衡山澤作材教行藪牧養蕃鳥獸教行百工飭
成器用教行商賈阜通貨賄教行嬪婦化治絲
枲教行臣妾事勤力役自是民皆力勤故歲數
豐穰畜牧滋息

泰常六年詔六部民羊滿百口調戎馬一匹
世祖即位開拓四海以五方之民各有其性故修
其教不改其俗齊其政不易其宜納其方貢以
充倉廩收其貨物以實庫藏又於歲時取鳥獸
之登於俎用者以物膳府
先是禁網疏闊民多逃隱天興中詔採諸漏戶
令輸綸自後諸逃戶占為細繭羅縠者甚眾
於是雜營戶帥遍於天下不隸守宰賦役不周
戶口錯亂始光三年詔一切罷之以屬郡縣

▲魏書志十五　三

神麚二年帝親御六軍略地廣漠分命諸將窮
追蠕蠕東至瀚海西接張掖比度燕然山大破
之虜其種落及馬牛雜畜方物萬計其後復遣
成周公萬度歸西伐為著其王鳩尸卑那單騎
奔龜茲舉國臣民負錢懷貨一時降款獲其
奇寶異玩以巨萬計馬雜畜不可勝數度歸遂
入龜茲復獲其殊方環詭之物億萬已上是時
方隅未尉帝屢親我駕而委政於恭宗真君中
恭宗下令脩農職之教事在帝紀此後數年之

趙明

中軍國用足矣
高宗時牧守之官頗為貨利太安初遣使者二
十餘輩循行天下觀風俗視民所疾苦詔使者
察諸州郡墾殖田畝飲食衣服閭里虛實盜賊
劫掠貧富彊弱而罰之自此牧守頗改前弊民
以安業
自太祖定中原世祖平方難收獲珍寶府藏盈
積和平二年秋詔中尚方作黃金合盤十二具徑
二尺二寸鑄以白銀鈿以玫瑰其銘曰九州致貢殊

▲魏書志十五　四

域來賓刀作茲器鍇用具珍鍜以紫金鑄以白
銀範圍擬載吐燿含真纖文麗質若化若神皇
王御之百福惟新其年冬詔出內庫綾綿布帛
二十萬四千內外百官分曹賭射四年春詔賜
京師之民年七十巳上太官廚食以終其身
顯祖即位親行儉素先公卿思所以贍益黎
庶至天安皇興閒歲頻大旱絹匹遷言劉或
淮北青冀徐兖司五州告亂先公請降命將率眾以
援之既臨其境青冀懷貳進軍圍之數年乃拔

三后

山東之民咸勤於征戍轉運帝深以為念遂因
民貧富為租輸三等九品之制千里內納粟千
里外納米上三品戶入京師中三品入他州要
倉下三品入本州
先是太安中高宗以常賦之外雜調十五頗為
煩重將與除之尚書毛法仁曰此是軍國資用
今頓罷之臣愚以為不可帝曰使地利無窮民
力不竭百姓有餘吾執與不足遂免之未幾復
調如前至是乃絕罷焉於是賦斂稍輕民後
贍矣
舊制民間所織絹布皆幅廣二尺二寸長四十
尺為一匹六十尺為一端令任服用後乃漸至
濫惡不依尺度高祖延興三年秋七月更立嚴
制令準前式違者罪各有差有司不檢察與
同罪
太和八年始準古班百官之祿以品第各有差
先是天下戶以九品混通戶調帛二匹絮二斤
絲一斤粟二十石又入帛一匹二丈委入之州庫

以供調外之費至是戶增帛三匹粟二石九斗
以為官司之祿後增調外帛滿二匹所調各隨
其土所出其司冀雍華定相秦洛豫懷充陝徐
青齊濟南豫東充東徐十九州貢綿絹及絲
司州萬年鴈門上谷靈立廣甯平涼郡懷州郡
郡上郡之長平白水縣青州北海郡之膠東夷
平昌郡之東武平昌縣高密郡之昌安高密夷
安黎陬縣秦州河東之蒲坂汾陰縣東徐州東
平幷肆歧涇荊涼梁汾秦安營幽夏光鄧東秦
陽郡之甯夷縣北地郡之三原雲陽銅官宜君
縣華州華山郡之夏陽縣徐州北濟郡之離狐
曹豆縣東海郡之贛榆襄貢縣皆以麻布充稅
莞郡之莒諸東莞縣雍州馮翊郡之蓮芍縣咸
九年下詔均給天下民田諸男夫十五以上受
露田四十畝婦人二十畝奴婢依良丁牛一頭
受田三十畝限四牛所授之田率倍之三易之
田再倍之以供耕作及還受之盈縮諸民年及
課則受田老免及身沒則還田奴婢牛隨有無

巡還受諸桑田不在還受之限但通入倍田分
於分雖盈沒則還田不得以充露田之數不足
者必露田充倍諸初受田者男夫一人給田二
十畝課蒔餘種桑五十樹棗五株榆三根非桑
之土夫給一畝依法課蒔榆棗奴各依良限三
年種畢不畢奪其不畢之地於桑榆地分雜蒔
餘果及多種桑榆者不禁諸應還之田不得種
桑榆棗果種者以違令論地入還分諸桑田皆
為世業身終不還恒從見口有盈者無受無還
不足者受種如法盈者得賣其盈不足者得買
所不足不得賣其分亦不得買過所足諸麻布
之土男夫及課別給麻田十畝婦人五畝奴婢
依良皆從還受之法諸有舉戶老小癃殘無授
田者年十一已上及癃者各授以半夫田年踰
七十者不還寡婦守志者雖免課亦授
及賣買奴婢牛者皆至明年正月乃得還受諸
婦田諸還受民田恒以正月若始受田而身亡
土黃民稀之處隨力所及官借民種蒔役有土

居者依法封授諸地狹之處有進丁受田而不
樂遷者則以其家桑田為正田分又不足不給
倍田又不足家內人別減分無受者為
法樂遷者聽逐空荒不限異州他郡唯不聽避
勞就逸其地足之處不得無故而移諸民有新
居者三口給地一畝奴婢五口給一
畝男女十五以上因其地分口課種菜五分畝
之一諸一人之分正從正倍從倍不得隔越他
畔進丁受田者恒從所近若同時俱受先貧後
富者倍之田放此為法諸遠流配謫無子孫及
戶絕者墟宅桑榆盡為公田以供授受之
次給其所親未給之間亦借其所親蔭田之
官各隨地給公田刺史十五頃太守十頃治中
別駕各八頃縣令郡丞六頃更代相付賣者坐
如律
魏初不立三長故民多蔭附蔭附者皆無官役
豪彊徵斂倍於公賦十年給事中本沖上言
淮古五家立一隣長五隣立一里長五里立一黨

長長取鄉人彊謹者鄰長復一夫里長二黨長
三所復復征戍餘若民三載亡懲則陟用陟之
一等其民調一夫一婦帛一匹粟二石民年十
五以上未娶者四人出一夫一婦之調奴任耕
婢任績者八口當未娶者四耕牛二十頭當奴
婢八其麻布之鄉一夫一婦布一匹下至牛以
此為降大率十匹為工調二匹為調外費三匹
為內外百官俸此外雜調民年八十已上聽一
子不從役孤獨癃老篤疾貧窮不能自存者三
長內迭養食之書奏諸官通議稱善者眾高
祖從之於是遣使者行其事乃詔曰天任土錯貢
所以通有無井乘定賦所以均勞逸有無通則
民財不匱勞逸均則人樂其業此自古之常道
也又隣里鄉黨之制所由來久欲使風教易周
家至日見以大督小從近及遠如身之使手幹
之摠條然後口筭平均義興訟息是以三典所同
隨世凌隆貳監之行從時損益故鄭僑復丘賦
之術鄉人獻盡徹之規雖輕重不同而當時俱

適自昔以來諸州戶口籍貫不實包藏隱漏廢
公因私富者弁兼有餘貧者餬口不足賦
稅齊等無輕重之殊力役同科無衆寡之別雖
建九品之格而豐埆之土未融雖立均輸之楷
而蠶績之鄉無異致使淳化未樹民懷偷薄朕
每思之良懷慨今革舊從新為里黨之法在
所牧守宜以喻民使知去煩即簡之要初百姓
咸以為不若循常豪富并兼者也弗願也重施
行後計省昔十有餘倍於是海內安之十一年
大旱京都民饑加以牛疫公私闕之時有以馬
驢及橐駝供駕輦耕載認聽民就豐行者十五
六道路給糧稟至所在三長贍養之道使者時
省察焉留業者皆令主司審覈開倉賑貸其有
特不自存者悉撿集為粥於術衢以救其困然
主者不明牧察多不以時至飢餒死者時有日
太僕乘具廄內庫弓矢刀鉾十分之八外府衣物
繒布絲纊諸所供國用者以其太半班齎百司

下至工商皁隸逮于六鎮邊戍彊內鰥寡孤獨貧
瘵者皆有差十二年詔羣臣來安民之術有司
上言請析州郡常調九分之二京都度支歲用
之餘各立官司豐年糴貯於倉時儉則加私之
一糴之於民如此民必力田以買絹積財以取
粟官年登則常積歲凶則直給又別立農官取
州郡戶十分之一以為屯民相水陸之宜斷頃
畝之數以贓贖雜物市牛科給令其肆力天
之田歲責六十斛甄其正課并征戍雜役行此
也

二事數年之中則穀積而民足矣帝覽而善之
尋施行焉自此公私豐贍雖時有水旱不為災
也
世祖之平統萬定秦隴以河西水草善乃以為
牧地畜產滋息馬至二百餘萬匹橐駝將半之
牛羊則無數高祖即位之後復以河陽為牧場
恒置戎馬十萬匹以擬京師軍警之備毎歲自
河西徙牧於并州以漸南轉欲其習水土而無
死傷也而河西之牧彌滋矣正光以後天下喪

亂遂為羣寇所盜掠焉
世宗延昌三年春有司奏長安驪山有銀鑛二
石得銀七兩其年秋恒州又上言白登山有銀
鑛八石得銀七兩錫三百餘斤其色潔白有踰
上品詔並置銀官常令採鑄又漢中舊有金戶
千餘家常於漢水沙淘金年終總輸後臨淮王
或為梁州刺史奏罷之其鑄鐵為農器兵刃在
所有之然以相州牽口冶為工故常錄鍛為刀
送於武庫

自魏德既廣西域東夷貢其珍物充於王府又
於南垂立互市以致南貨羽毛齒革之屬無遠
不至神龜正光之際府藏盈溢靈太后曾令公
卿已下任力負物而取之又數賚禁內左右所
費無貲而不能一匹百姓也自徐揚內附之後
仍世經略江淮於是轉運中州以實邊鎮百姓
疲於道路乃令番戍之兵營起屯田又收內郡
兵資與民和糴積為邊備有司又請於水運之
次隨便置倉乃於小平石門白馬津漳涯黑水

濟州陳郡大梁凡八所各立郎閣每軍國有須
應機漕引自此費役微省三門都將薛欽上言
計京西水次汾華二州恆農河北河東正平平
陽五郡年常綿絹及賞麻皆折公物雇車牛送
京道險入弊費公損私略計華州一車官酬絹
八匹三丈九尺別有私民雇價布六十四河東
一車官酬絹五匹二丈別有私民雇價布五十
四自餘州郡雖未練多少推之遠近應不減此
今求車取雇絹三匹市村造舡不勞採研計舡
一艘舉十三車車取三匹合有三十九匹雇作
手弁匠又舡上雜具食直足以成舡計一舡剩
絹七十八匹布七百八十四又租車一乘官格
四十斛成載其私民雇價遠者五斗布一匹近者
一石布一匹準一艘計舉七百石準其雇價
者四十四造舡一艘計今取布三百匹造舡一艘弁
應有一千四百匹今取布三百匹造舡一艘有剩布一千二百匹又
其造舡之處皆須鋸材人功弁削舡若彼功多

少即給當州郡門兵不假更召汾州有租調之
處去汾不過百里華州去河不滿六十並令計
程依舊酬價車送舡所運唯達潘陂其
陸路從潘陂至倉庫調一車雇絹一匹租一車
布五匹則於公私為本政列於朝潤國是先
計稱效立於公濟民為便尚書度支郎中朱元旭
欽之說雖跡驗未彰而指況甚善所云以舡代
川之囷厥績顯於當時嘉聲播於圖史校薛
故大禹跡顯於當時決以通四載且有漢穿引受納百
車是其策之長者若以門兵造舟便為闕彼防
禦無容全依且令取雇車之物市村執作及
庫所須悉以營辦七月之始十月初旬令州郡
綱典各租調於將所然後付之十車之中留車
士四人佐其守護粟帛上舡之日隨運至京將
共監慎如有耗損其陪徵河中鉄失專歸運
司輸京之時謹其即納不得雜合違失常體必
使量上數下聽其受入自餘一如其列計底柱之
難號為天險迅驚十里未易其功然既陳便利

無容輒抑若效充其說則附倒酬庸如其不驗
徵埴所損令始開剗不可懸生減折且依請營
立一年之後須知嬴費歲遣御史校其虛實脫
有疣越別更裁量尚書崔休以為冊用用
興亡代鑒渠通運利盡中古是以漕輓河渭留
侯以為偉談方冊蜀漢酈生稱為呂氏旨直張
純之奏見羨東都陳勰之功事高晉世甚為利
益所從來久矣案欽所列實穌事宜即中之計
備盡公理但冊楓所通遠近必至苟利公私不

宜止在前件昔人乃遠通襄斜以利關中之漕
南達交廣以增京洛之饒況乃漳洹東路冠濟
平流而不均彼省煩同故巨益且鴻溝之引宋
衛史碟具存討虜勇之通幽比異古迹備在舟車省
益理竟是相懸水陸難易力用不等昔秦東州親
迤　　驗斯損益不可同年而語請諸通水運
之處皆宜率同此式縱復五百三百里車運水
次校計利饒猶為不少其欽所列州郡悉用請興
造東路諸州皆先通水運今年租調恐用冊楓

若舡數有闕且賓假充事比之僦車交成息耗
其先未通流宜遣檢行開月隨治使理有可通
必無雍滯如此則發召匪多為益實廣一爾暫足
勞久安永逸錄尚書高陽王雍尚書僕射本崇
等奏曰運漕之利今古同舟車息耗實相殊
絕欽之所列關西而已若止關西內同行足為公私
巨益謹輒量案量備如前計庶徵刃已有減勞止小
康若須請蒙遂必須溝通流即求開興修築
或先以關治或古跡仍在舊事可因用功差易

此冬閑月令疎通咸菁比春水之時使運漕無
滯詔從之而未能盡行也
正光後四方多事加以水旱國用不足預折天
下六年租調而徵之百姓怨苦民不堪命有司
奏斷百官常給之酒計一歲所省合米五萬三
千五百四斛九升醴穀六千九百六十斛麴三
十萬五百九十九斤其四時郊廟百神羣祀依
式供營遠使客未在斷限介後寇賊轉眾諸
將出征相繼奔敗所亡器械資糧不可勝數而

關西喪失无甚帑藏益以空竭有司又奏內外
百官及諸蕃客稟食及肉采二分減計終歲
省內百五十九萬九千八百五十六斤米五萬
三千九百三十二石
孝昌二年終稅京師田租畝五升借賃公田者
畝又稅市入者人一錢其店舍又為五等
收稅有差
莊帝初承喪亂之後倉廩虛罄遂班入粟之
制輸粟八千石賞散侯六千石散伯四千石散
子三千石散男職人輸七百石賞一大階授以
實官白民輸五百石聽依第出身千石加一
大階無第者輸五百石聽正九品出身千石加
加一大階諸沙門有輸粟四千石入京倉者授
本州統若無本州者授大州都正若不入京倉人
外州郡倉者三千石畿郡都統依州格若輸五
百石入京倉者授本郡維那其無本郡者授以
外郡粟入外州郡倉者七百石者京倉三百石者
授縣維那

孝靜天平初以遷民草剏資産未立詔出粟一
百三十万石以賑之三年夏又賑遷民稟各四十
目其年秋升肆汾建晉泰陝東雍南汾九州霜
旱民飢流散四年春詔所在開倉賑恤之而死
者甚眾時諸州調絹不依舊式齊獻武王以其
害民興和三年冬請班海內采以四十尺為度
天下利焉
河東郡有鹽池舊立官司以收稅其後罷之
而民有富彊者專擅其用貧弱者不得資益
興末復立監司量其貴賤節其賦入於是公私
兼利世宗即位政存寬簡復罷其禁與百姓共
之其國用所須別為條制取足而已自後豪貴
之家復乘勢占奪近池之民又輒障吝彊相
陵聞於遠近神龜初太師高陽王雍太傅清河
王懌等奏臨鹽池天藏資育羣生仰惟先朝限者
亦不苟與細民競茲贏利但利起天池取用無
法或豪貴封護或近者各守邊賒速來趨然絶
望是以因置主司令其裁察邊弱相兼務令得

所且十一之稅自古及今取輒以次所濟為廣
自今宜治遠近齊平公私兩宜不少及鼓
吹主簿王後與等詞稱請供百官食鹽二萬斛
之外咸求輸馬千四牛五百頭以此而推非可
稍訏後中尉啟坐談求罷林示彼教付議尚書難
奏稱琛啟甄求罷行之則事關請依常禁
固護語其障禁倍於官司取與繞池之民尉保光等擅自
若無大宥罪合推鹽詳度二三深班王法臣等

商量請依先朝之詔禁之為便防姦息慕斷遣
輕重亦準前旨所置監司同往式於是復置監
官必監檢為其後更罷更立以至於永熙自遷
鄴後於滄瀛幽青四州之境傍海煮鹽滄州置
竈一千四百八十四瀛州置竈四百五十二幽
州置竈一百八十青州置竈五百四十六又於
邯鄲置竈四計終歲合收鹽二十萬九千七百
二斛四升軍國所資得以周贍焉
魏初至於太和錢貨無所周流高祖始詔天下

用錢焉為十九年冶鑄擁備文曰太和五銖詔京
師及諸州鎮甚通行之內外百官祿比準絹給
錢絹四為錢二百在所遣錢工備爐冶民有欲
鑄聽就鑄之銅必精練無所和雜世宗求永平三
年冬又鑄五銖錢蕭宗初京師及諸州鎮或鑄
或否或有止用古錢不行新鑄致商貨不通貿
遷頗隔熙平初尚書令任城王澄上言臣聞洪
範八政貨居二焉易稱天地之大德曰生聖人
之大寶曰位何以守位曰仁何以聚人曰財財

者帝王所以聚人守位成養羣生奉順天德治
國安民之本也夏殷之政九州貢金以定五品
周仍其舊太公立九府之法於是國貨始行定
銖兩之楷稍祖循用以霸諸侯降及秦始漢文
遂有輕重之異吳濞鄧通之錢收利遍於天下
河南之地猶甚多焉逮于孝武乃更造五銖其
中毀鑄隨利改易故使錢有小大之品輕重太
和之錢高祖留心荊制後與五銖並行此乃不
刊之式但臣竊聞之君子行禮不求變俗因其

所宜順而致用太和五銖雖利於京邑之肆而
不入徐揚之市土貨既殊貿鬻亦異便於荆郢
之邦者則礙於兗豫之域致使貧民有重困之
切王道貽隔化之訟去求平三年都座奏斷天
下用錢不依準式者時被敕云不行之錢雖有
常禁示其先用之處權可聽行至年末悉令之
延昌二年徐州民俗剌史啓奏求行土錢旨聽權
依舊用謹尋不行之錢徒有明式指謂雜鐶
鑒更無餘禁計河南諸州令所行者悉非制限

【魏書志十五】 二十一 佐

昔來綿禁愚竊惑焉又河北州鎮既無新造五
銖設令舊者而復禁斷並不得行專以單絲之
縑疎縷之布狹幅促度不中常式裂匹為尺
濟有無至全徒成杼軸之勞不免飢寒之苦良
由分截布帛壅塞錢貨實非救恤凍餒子育黎
元謹惟自古以來錢品不一前後累代易變無
常且錢之為名欲泉流之不已愚意謂今之太和
與新鑄五銖及諸古錢方俗所便用者雖有大
小之異並得通行貴賤之差自依鄉價庶貨鐶

海内公私無壅其不行之錢及盜鑄毀大為小
巧偽不如法者據律罪之詔曰錢行已久而東
尚有事且依舊用澄又奏臣猥屬樞衡無裨塵
力常願貨物均通書軌一範謹詳周禮外府掌
邦布之入出猶泉也其藏曰泉其流曰布然
則錢之興始於一品欲令世匠均同圜流無
極愛暨周景降逮亡新易鑄參差百品
遂令接境乖邦隔貿臣比奏求宣下海内
依式行錢笞被旨敕錢行已久且可依舊謹重

【魏書志十五】 二十二 戌

參量以為太和五銖乃大魏之通貨不拓之情
模寧可專貿於京邑不行於天下但全戎馬在
郊江疆未一東南之州依舊為便至於京西京
北域内州鎮未用錢處行之則不足為難塞之
則有乖通典何者布帛可尺寸而裂五穀則
有斗斛之難錢之為用貫繦相屬不假斗斛之
器不勞秤尺之平濟世之宜謂為深允請並下
諸方州鎮其太和及新鑄五銖幷古錢内外全
好者不限大小悉聽行之雜眼鐶糓徒律而禁濁

南州鎮先用錢者既聽依舊不在斷限唯太和

五銖二錢得用公造新者其餘雜種一用古錢

生新之類普同禁約諸方之錢通用京師其聽

依舊之處與太和錢及新造五銖並行若盜鑄

者罪重常處欲均貴賤物品蠹并斯若不綱

以嚴法無以肅茲違犯符旨宣仍不遵用者

剌史守令依律治罪詔從之西河比諸州舊少

錢貨猶以他物交易錢略不入市也二年冬尚

書曹崔亮奏恒農郡銅青谷有銅鑛計廿得銅

五兩四銖葦池谷鑛計一斗得銅五兩巒鴦帳山

鑛計一斗得銅四兩河內郡王屋山鑛計一斗

得銅八兩南青州苑燭山齊州商山並是往昔

銅官舊迹見在謹按鑄錢方興用銅處廣既有

治利並宜開鑄詔從之自後所行之錢民多私

鑄稍就小薄價用彌賤建義初重盜鑄之禁開

糾賞之格至永安二年秋詔更改鑄文曰永安

五銖官自立爐起自九月至三年正月而止官

欲貴錢乃出藏絹分遣使人於二市賣之絹四

止錢二百而私市者猶三百利之所在盜鑄彌

眾巧偽既多輕重非一四方州鎮用各不同遷

鄴之後輕濫尤多武定初晉文襄王奏革其弊

於是詔遣使人詣諸州鎮收銅及錢悉更改鑄

其文仍舊然姦僞之徒越法趨利未幾之間漸

復細薄六年詔文襄王以錢文五銖名須稱實宜

稱錢一文重五銖者聽入市用計百錢重一斤

四兩二十銖自餘皆準此為數其京邑二市天

下州鎮郡縣之市各置二稱懸於市門私民所

用之稱皆準市稱以定輕重凡有私鑄悉不禁

斷但重五銖然後聽用若入市之錢重不五銖

或雖重五銖而多雜鉛鑞並不聽用若有輕以

稱錢入市有人糾獲其錢悉入告者其小

薄之錢若即禁斷恐人交乏絕戮內五十日外

州百日為限群官參議咸以時穀頗貴請待有

年上從之而止

二儀既判壹品生焉五才兼用廢一不可金木
水火土咸相愛惡陰陽所育稟氣呈形鼓之以
雷霆潤之以雲雨春夏以生長之秋冬以殺藏
之斯則德刑之設著自神道聖人處之應天地
之間而動動而逾慶薄化所陶下以悖朴故異章服
率衣冠示恥申禁而不敢犯其流既銳姦黠萌
生是以明法令立刑賞故書曰象以典刑流宥

〈魏書十六〉 三十五 一

五刑鞭作官刑扑作教刑金作贖刑怙終賊刑
眚災肆赦舜命咎繇曰五刑有服五服三就五
流有宅五宅三居夏刑則大辟二百臏辟三百
宮辟五百劓墨各千殺罪因於夏蓋有損益周禮
建三典刑邦國以五聽求民情八議以申之三
剌以審之左嘉石平罷民右肺石達窮民宥不
識宥過失遺忘赦幼弱赦耄耋赦蠢愚周
道既衰穆王荒耄命呂侯度作詳刑以詰四方
五刑之屬增矣夫疑獄氾問與眾共之眾疑赦

之必察小大之比以成之先王之愛民如此刑
成而不可變故君子盡心焉逮於戰國競任威
刑以相吞噬商君以法經六篇入說於秦議象
夷之誅連相坐之法風俗凋薄號為虎狼及於
始皇遂兼天下毀先王之典制挾書之禁法繁
於秋荼網密於凝脂姦偽並生趙及塞路獄犴
淹積圜圄成市於是天下怨叛十室而九漢祖
入關蠲削煩苛致三章之約文帝以姦宄滋甚增律五十
四百幾致刑措孝武世以姦宄先滋其增律五十

〈魏書十六〉 三五 一 係

餘篇宣帝時路溫舒上書曰天獄者天下之命
書曰與其殺不辜寧失有罪今治獄吏則不然
仁也上下相歐以刻為明深者獲公名平者多
後患故治獄吏皆欲人死非憎人也自安之道
在人之死夫人情安則樂生痛則思死捶楚之
下何求而不得故囚人不勝痛則飾辭以示之
吏治者利其然則指導以明之上奏畏卻則鍛
練而周內之雖各鬻聽之猶以為死有餘罪何
則文致之罪明也故天下之患莫深於獄宣帝

善之痛平獄吏之害也久矣故曰古之立獄所
以求生今之立獄所以求殺人不可不慎也于
定國為廷尉集諸法律凡九百六卷大辟四
百七十二條後漢三百年閒死罪決比凡三千
四百七十二條諸斷罪當用者合二萬六千二
百九十條千八百八十二事死罪決比九百六

武帝造甲子科條犯欽左右趾者易以斗械明
帝改吉民罰金之坐除婦人加笞之制晉武帝
以魏制峻密又詔車騎賈充集諸儒學刪定名
例為二十卷并合二千九百餘條晉室喪亂中
原蕩然魏氏承百王之末屬崩散之後典刑泯
棄禮俗澆薄自太祖撥亂蕩滌華夏至于太和
然後吏清政平斷獄省簡所謂百年而後勝殘
去殺故權輿行事以著千篇
魏初禮俗純朴刑禁疎簡宣帝遷復置四部
大人坐王庭決辭訟以言語約束刻契記事無
囹圄考訊之法諸犯罪者皆臨時使遣神元因
循亡所華易

散
穆帝時劉聰石勒傾覆晉室帝將平其亂乃峻
刑法毋以軍令從事民乘寬政多以違命得罪
死者以万計於是國落騷駭平文承業綏集離
散
昭成建國二年當死者聽其家獻金馬以贖犯
大逆者親族男女無少長皆斬男女不以禮交
皆死民相殺者聽與死家馬牛四十九頭及送
葬器物以平之無繫訊連逮之坐盜官物一備
五私則備十法令明白百姓晏然

太祖幼遭艱難備嘗險阻具知民之情偽及在
位躬行仁厚協和民庶既定中原患前代刑網
峻密乃命三公郎王德除其法之酷切於民者
約定科令大崇簡易是時天下民父苦兵亂良
法樂安帝知其若此乃鎮之以玄默罰罰從輕
兆庶欣戴焉然於大臣持法不捨季年災釁屢
見太祖不豫綱紀頗頹刑罰頗為濫酷
太宗即位脩廢官恤民隱命南平公長孫嵩比
新侯安同對理民訟庶政復有敘焉帝既練精

庶事平為吏者浸以深文避罪

世祖即位以刑禁重神廳中詔司徒崔浩定律令除五歲四歲刑增一年刑分大辟為二科死下腐刑女子沒縣官害其蠶者為蠱毒年十四已斬死入絞大逆不道腰斬誅其同籍年十四已男女皆斬而焚其家亞蠱者負羔抱犬沈諸淵當刑者贖貧則加鞭二百徽內民富軍者燒炭於山貧者役於圓湖女子入春臺其固疾不逮于人守苑囿王官階九品得以官爵除刑婦人當刑而孕產後百日乃决至年十四已下降刑之半八十及九歲非殺人不坐栲訊不踰四十九論刑者部主具狀公車鞫辭而三都決之當死者部案奏聞以死不可復生懼監官不能平獄成皆呈帝親臨問無異辭怨言乃絕之諸州國之大辟皆先讞報乃施行闕左懸登聞鼓人有窮冤則撾鼓公車上奏其表是後民官漬貨帝思有以肅之太延三年詔天下吏民得舉告牧守之不法於是凡庶之凶悖

者專求牧宰之失迫脅在位取豪發閭閻而長吏咸降心以待之祸免而不耻貪暴猶若也時輿駕屢親征討及行幸四方真君五年命恭宗總百揆監國少傅游雅上疏曰殿下親覽百揆經營內外昧旦而興諸疑罪而司是獻替漢武時始啓河右四郡議諸疑罪而謫徙之十數年後邊郡充實亦修農戍孝宣因之以服北方此近世之事也帝王之於罪人非怒而誅之欲其徙善而懲惡謫徙善其言然

深自非大逆正刑皆可從徙雖舉家投遠恐喜赴路力役終身不敢言苦且速流分離心或思善如此姦邪可息邊垂足備恭宗善且言然之行

六年春以有司斷法不平詔諸疑獄皆付中書依古經義論决之初盜律贓四十四致大辟民多慢政峻其法贓三四皆死正平元年詔曰刑網大密犯者更衆朕甚愍之其詳案律令務求厭中有不便於民者增損之於是游雅與中書

侍郎胡方回等改定律制盜律復舊加故縱通
情參之法及他罪凡三百九十一條門誅四大
辟一百四十五刑二百二十一條有司雖增損
絛章猶未能闡明刑典
高宗初仍遵舊式太安四年始設酒禁是時年
穀屢登士民多因酒致酗訟或議主政帝惡其
若此故一切禁之釀沽飲皆斬之吉凶賓親則
開禁有日程增置內外候官伺察諸曹外部州
鎮至有微服雜亂於府寺閭以求百官疵失其

所窮治有司苦加訊惻而多相誣逮輒劾以不
敬諸司官贓二丈皆斬又增律七十九章門房
之誅十有三大辟三十五刑六十二和平末冀
州刺史源賀上言自非大逆手殺人者請原其
命適守邊戍詔從之
顯祖即位除口誤開酒禁以治功百寮內
外莫不震肅及傳位高祖猶躬覽萬機刑政嚴
明顯校清節沙汰貪鄙牧守之廉潔者徃徃有
聞焉

延興四年詔自非大逆干紀者皆止其身罷門
房之誅自獄付中書覆案後頗上下法遂罷
之獄有大疑乃平議焉先是諸曹奏事多有
疑請又口傳詔敕或致矯擅於是事無大小
皆令據律正名不得疑奏合則制可失衷則
彈詰之盡從中墨詔自是事咸精詳下莫敢
相罔
顯祖末年尤重刑罰言及常用惻愴每於獄
案必令覆鞠諸有囚繫或積年不斷羣臣頗

以為言帝曰獄滯雖非治體不猶愈乎倉卒
而濫也夫人幽苦則思善故囹圄與福堂同
居朕欲其改悔而加以輕恕耳由是囚繫雖
淹滯而刑罰多得其所又以赦令屢下則狂
愚多僥幸故自延興終於季年不復下赦理
官鞫囚杖限五十而有司欲免之則以細捶欲陷
之則先大杖民多不勝而誣引或絕命於杖下
顯祖知其若此乃為之制其捶用荊平其節訊
囚者其本大三分秩苔者二分撻脛者一分

高祖馭宇留心刑法故事斬者皆裸形伏質入
死者絞雖有律未之行也太和元年詔曰刑法
所以禁暴息姦絕其命不在裸形其參詳舊典
務從寬仁己不尊者言聖心垂仁恕之惠
使受戮者免裸骸之恥普天感德莫不幸甚臣
等謹議大逆及賊各棄市袒斬盜及受賕各
防之雖峻陷者眾其令犯法至死同入斬刑去
絞刑諸囚師又詔曰民由化穆非嚴刑所制
拷悉依令皆從於輕簡也

衣裸體男女媟見豈齊之以法示之以禮者也
全具爲之制
三年下詔曰治因政寬弊由網密全候職千數
姦巧弄威重罪受賕不列細過吹毛而舉其一
切罷之於是更置謹直者數百人以防譖鬩於
街術吏民安其職業先是以律令不具姦吏
法致有輕重詔中書令高閭集中祕官等修改
舊文隨例增減又勑羣官參議厭更經御刊定
五年冬訖凡八百三十二章門房之誅十有六

大辟之罪二百三十五刑三百七十七除羣行
剽劫首謀門誅律重者止梟首時法官及州
郡縣不能以情折獄乃爲重枷大幾圍復以
縋石懸於囚頸傷內至骨更使壯卒迭搏之囚
率不堪因以誣服更持此以爲能帝聞而傷之
乃制非大逆有明證而不款辟者不得大枷律
枉法十四義贓一枉法無多少皆至死是秋遣使者
更定義贓一枉法贓二百四大辟至八年始班祿制
巡行天下糾守宰之不法坐贓死者四十餘人

奏讞率從降恕全命徙邊歲以千計京師决
死獄歲竟不過五六州鎮亦簡
食祿者踤躋賕謁之路殆絕帝哀矜庶獄至於
十一年春詔曰三千之罪莫大於不孝而律
遜父毋罪止髡刑於理未衷可更詳改詔曰前
命公卿論定刑典門房之誅猶在律策違失
周書父子異罪推古求情意其無取可更議之
刪除繁酷秋八月詔曰律文刑限三年便極默
坐無太平之校罪有死生之殊可詳案律條諸

有此類更一刋定冬十月復詔公卿令參議之

十二年詔犯死罪若父母祖父母年老更無成人子孫又無朞親者仰案後列奏以待報著之令格

世宗即位意在寬政正始元年冬詔曰議獄定律有國收成輕重損益世或不同先朝垂典憲列專令軌但時屬征役未之詳究施於時用猶致疑舛尚書門下可於中書外省論律令諸有疑事斟酌新舊更加思理增減上下弗周備隨有所立別以申聞庶於循憂愜時永作通制

永平元年秋七月詔尚書檢枷杖大小達制之由科其罪失尚書令高肇尚書僕射清河王懌尚書邢巒尚書李平尚書江陽王繼等奏曰臣等聞王者繼天子物爲民父母道寸之以德化齊之以刑法小大必以情而勿喜務於三訊五聽不以木石定獄伏惟陛下子愛蒼生愿侔天地踈網政祝仁過商后以枷杖之非度憨民

命之或傷爰降慈旨廣垂昭恤雖有虞慎獄之深漢文惻隱之至亦未可共日而言矣謹案獄官令諸察獄先備五聽之理盡求情之意又驗諸證信事多疑似猶不首實者然後加以拷用不俱非大逆外叛之罪皆不大枷高杻重械又無用石之文而法官州郡因緣增加遂爲恒掠諸犯年刑已上枷鎖流徒已上增以杻械送法進乖五聽退違令文誠宜案刻依旨科處但蹈行已久計不推坐檢杖之小大鞭之長短令有定式但枷之輕重先無成制臣等參量造大枷長一丈三尺喉下長一丈通頰木各方五寸以擬大逆外叛杻械以掌流刑已上諸臺寺州郡大枷請悉焚之枷本掌囚非拷訊所用從今斷獄皆依令盡聽訊之理量人彊弱加之拷掠不聽非法拷人兼以拷石自是枷杖之制頗有定準未幾獄官肆虐稍復重大法例律五等列爵及在官品令從第五以階當刑二歲免官者三載之後聽仕降先階一等延昌三年春尚書

邢巒奏竊詳王公巳下或斫體宸極或者
勳當時咸胙土授民維城王室至於五等之爵
亦以功錫雖爵秩有異而號擬河山得之至難
失之求墜刑典既同名復殊絕請議所宜附為
求制詔議律之制與八坐門下參論皆以為官
人若罪本除名以職當刑若盡永即甄削便降而
敘至於五等封爵除名猶有餘資復降階之
除名於例實爽愚謂目王公以下至於王及郡公降為
名三年之後宜各降本爵一等王及郡公降為
縣公公為侯侯為伯伯為子子為男至于縣男
則降為鄉男五等爵者亦依此而降至於散男
其鄉男無可降授者三年之後聽依其本品之
資出身詔從之其年秋祔葬郎中高賢弟
外散騎侍郎仲賢叔司徒府主簿郎中高㻇等坐
季賢同元愉逆除名為民會赦之後被旨勿論
尚書邢巒奏案季賢既受沖官為其傳檄規扇
幽瀛遘茲禍亂據律准犯罪當舉戮兄叔坐法
法有明典頼蒙大宥身命獲全除名還民於其

為幸然而反逆坐重故支屬相及體既相及事同
一科豈有赦前皆從流斬之罪赦後獨除反者
之身又緣坐之罪不得以職除流且貨賍小愆
冠盜微戾贓狀露驗者會赦猶除其名何有罪
極裂冠毀冕均晃父子齊刑兄弟共罰豁前同
斷從流赦後有復官之理依律則罪合婞室湂
赦則例皆除名詔曰死者既在赦前又員外非
律處除名為民詔古人議無將之罪者毀其宅湂
其官絕其蹤滅其類其宅猶棄而況人乎請依
律處除名為民詔可聽復仕
在正侍之限便可悉聽復仕
三年尚書李平奏冀州阜城民費羊皮母亡家
貧無以葬賣七歲子與同城人張回為婢回
轉賣於鄃縣民梁定之而不言良狀案盜律掠
人賣人和賣人為奴婢者死回故買羊皮女
謀以轉賣依律處絞刑詔曰律稱和賣人者謂
兩人詐取他財今羊皮賣女告回稱良張回利
賤知良公貿誠於律俱乖而兩各非詐此女雖
父賣為婢體本是良回轉賣之日應有遲疑而

賣者既以有罪買者不得不坐但賣者以天性
難奪支屬易遺尊卑不同故賣者有異買者知
良故買又於彼無親若買同賣者即理不可何
者賣五服內親屬在尊長者死此亦非掠從其
真買暨於致罪刑死大殊明知賣買者之坐自應
一例不得全如鈞議云買者之罪不過賣者之
咎也且買者於彼無天性支屬之義何故得有
差等之理又案別條知人掠盜之物而故買者
以隨從論依此律文知人掠良從其宜買罪止
於流然其親屬相賣坐殊凡掠至姦買者亦且
不等若處同流坐於法為深準律斟降合刑五
歲至知買者知是良人決便真買不語前人得
之由緒前人謂真奴婢更或轉賣因此流洞固
知所在家人追贖求訪無異且法嚴而姦易息政
期安案其罪狀與掠無異且法嚴而姦易息政
寬而民多犯水火之喻先典明文今謂買人親
屬而復決賣買不告前人良狀由緒處同掠罪
太保高陽王雍議曰州處張回專引盜律檢回

魏書志十六

言廿四

十六

孫卅

所犯本非和掠保證明然去盜遠矣令引以盜
律之條本非和掠以掠原情究律賣為乖當如
臣鈞之議知買掠良人者本無罪賣文何以言之
羣盜彊盜無首從皆同和掠之罪故應不異明
此自無正條引類以結罪臣鴻以轉賣流漂罪
與掠等可謂罪人斯得案賊律去謀殺人而發
覺者流從者五歲刑已傷及殺而流者死從
者流已殺者斬從而加功者死不加者流詳從
之與身死流漂之與腐骨一存一亡為害執其

〔親書志十六〕　十七　吳志

然賊律殺人有首從之科盜人賣買無唱和差
等謀殺之與和掠同是良人應為準例所以不
引殺人減之降從彊盜之一科縱令謀殺之與
彊盜俱得為例而似從輕其義安在又去知人
掠盜之物而故買者以隨從論此明禁暴掠之
原過姦掠之刑竊謂五服相賣俱是良人所以容
於盜掠之本非謂市之於親算之手而同之
有差等之罪者明去掠盜理遠故從親疎為差
級尊卑為輕重依律諸共犯罪皆以發意為首

明賣買之元有由尠末之坐宜定若羊皮下
云賣則無買心則羊皮為元首張回為從坐
首有沾刑之科從有極黙之戾推之憲律法刑
無據買者之罪宜各從賣者之坐又詳臣鴻
之議有從他親屬買得良人而復賣與買俱
後人由狀者處同掠罪既一為婢賣與不賣俱
非良人何必以不賣為可原轉賣為難恕張回
之愆宜鞭一百賣與親孝誠可美而表賞
之議未聞刑罰之科已降恐非敦風厲俗以德

〔親書志十六〕　十八　陳壽

道民之謂免羊皮之罪公酬賣直詔曰羊
皮賣女葬母孝誠可嘉便可特原張回雖買
之於父不應轉賣可刑五歲先是皇族有譴
皆不持訊時有宗士元顯富犯罪須鞫宗正
約以舊制尚書本平奏以帝宗磐固周布於
於天下其屬籍疎遠蔭官卑末無良犯憲理
須推究請立限斷以為定式詔曰雲來綿遠繁
衍世滋植籍宗氏而為不善量亦多矣先朝
既無不評之格而空相矯特以長違暴諸在議

請之外可悉依常法其年六月兼廷尉卿元志
監王靖等上言檢除名之例依律文獄成謂定
罪案成者寺謂犯罪逆彈後使覆檢鞫證定
刑罪狀彰露案署分晰獄理是誠若使案雖成
雖已申省事下廷尉或寺以情狀未盡或邀駕
摳毀或門下立疑更付別使者可從未成之條
私有乖公體何者五詐既竊六備已立僥倖之
其家人陳許信其專辭而阻成斷便是曲遂於
宥辯以惑正曲以亂直長民姦於下隳國法於
上竊所未安大理正崔纂評楊機丞甲休律博
士劉安元以為律文獄已成及決竟經所縮而
疑有姦欺不直於法及訴免枉者得攝訐覆治
之檢使處御史風彈以痛誣成罪
或栲不承引依證而科或有私嫌彊適成罪家
人訴枉辭棄相背刑憲不輕理須評鞫既為公
正豈疑於私如謂規不測之澤抑絕訟端則枉
滯之徒終無申理若從其案成便乖覆治之律

然未判經赦及覆治理狀真偽未分承前以來
如此例皆得復職愚謂經赦遇已覆治得
為獄成尚書本詔奏使雖結案遇上廷尉解送
至省及家人訴枉尚書納辭連解下鞫未檢遇
宥者不得為案成之獄推之情理謂崔纂等
議為允詔從之
熙平中有冀州妖賊延陵王買負罪逃已赦書
斷限之後不自歸首廷尉卿裴延儁上言法例
律諸逃已赦書斷限之後不自歸首者復罪如
初依賊律謀反大逆處買梟首其延陵法擢等
所謂月光童子劉景暉者妖言惑眾事在赦後
亦合死坐正崔纂以為景暉能孼為蛇雉此
乃依違不敢專執殺暉為無理恐赦暉復惑眾是
以傍人之言雖專執當仐不諱之朝不應行無
罪之殺景暉九歲小兒口尚乳臭舉動云為並
不關已月光之稱不出其口皆姦吏無端橫生
粉墨所謂為之者巧殺之者能若以妖言惑眾
據律應死然更不破 惑眾赦令之後方顯其

律令之外更求其罪赦律何以取信於天下天
下焉得不疑於赦律平書曰與殺無辜寧失有
罪又案法例律八十已上八歲已下殺傷論坐
者上請議若謂律墨此非常之士可如其議景
暉愚小自依凡律靈太后令曰景暉既經恩宥
何得議加橫罪可謫略陽民餘如奏
時司州表河東郡民李慄生行毒藥案以死坐
其母許綝一身年老更無朞親例合上請檢籍

【魏書志十六】　二十一

不謬未及判申憐毋身喪州斷三年服終後乃
行決司徒曹參軍許琰謂州判為允主簿李瑒
駁曰案法例律諸犯死罪若祖父母父母年七
十已上無成人子孫旁無朞親者具狀上請流
者鞭笞留養其親終則從流不在原赦之例檢
上請之言非應府州所決毒殺人者斬妻子流
計其所犯實重餘憲準之情律所磨不淺且憐
既懷酖毒之心謂不可參隣人任計其母子猶
宜闔門投畀況全死也引以三年之禮乎且給

假殯葬足示仁寬今已卒哭不合更延可依法
處斬流其妻足誠彼氓庶蕭是刑章尚書
蕭寶寅奏從瑒執詔從之
舊制直閤直後直齋武官隊主隊副等以比視
官至於犯譴不得除罪尚書令任城王澄奏案
諸州中正亦非品令所載又無祿恤先朝已來
皆得當刑直閤等禁直上下有宿衛之勤理不
應異靈太后令準中正
神龜中蘭陵公主駙馬都尉劉輝坐與河陰縣
民張智壽妹容妃陳慶和妹慧猛姦亂忨惑歐
主傷胎輝懼罪逃亡門下處奏各入死刑智壽
慶和並以知情不加防限處以流坐詔曰容妃
慧猛恕死髡鞭付宮餘如奏尚書三公郎中崔
纂執曰伏見旨募若獲劉輝者職入賞二階白
民聽出身進一階厮役免役奴婢為良案輝無
叛逆之罪賞同反人劉宣明之格又尋門下處
奏以容妃慧猛與輝私姦兩情歡感令輝俠忿
歐主傷胎雖律無正條罪合極法並處入死其

【魏書志十六】　二十二

智壽等二家配敦煌為兵天慈廣被不即依決
雖怒其命竊謂未可夫律今高皇帝所以治天
下不為喜怒增減不由親疎改易案關律祖父
母父忿怒以兵刃殺子孫者五歲刑歐殺者
四歲刑若心有愛憎而故殺者各加一等雖王
姬下降貴殊常妻然人婦之孕未得非一夕生
永平四年先朝舊格諸刑流及死皆首罪判官
後決從者事必因本以求支獄若以輝逃避便
應懸處未有捨其首罪而成其末忿流死參差

或時未允門下中禁大臣職在敷奏昔邪言為
相不存關豤而問牛喘豈不以司牛失節故也案容
妃等罪止於姦私若擒之穢席眾證分明即律
科處不越刑坐何得同宮掖之罪齊奏官之
案智壽曰許妹適司士曹參軍羅顯賣已生二女
於其夫則他家之母禮云婦人不二夫猶不
二天若私門失度罪在於夫豈非兄弟昔親晉
未除五族之刑有免子殺母之坐何曾諝之謂
在室之女從父母之刑已醜之婦從夫家之刑

斯乃不列之令軌古今之通議律昔親相隱之
謂凡罪況姦私之醜豈得以同氣相證論刑過
其所犯語情又乖律憲案姦罪無相緣之坐
不可借輝之忿加兄弟之刑夫刑人於市與眾
棄之爵人於朝與眾共之明不私於天下無欺
於耳目何得以　正刑書施行四海刑名一失
駟馬不追既有詔旨依即行下非律之案理宜
更請尚書元脩義以為昔良姜悖禮於魯齊侯
取而殺之春秋所譏又夏姬罪濫於陳國但責

徵舒而不非父母明婦人外成犯禮之愆無關
本屬況出適之妹豐及兄弟乎右僕射游肇奏
言臣等謬參樞轄獻替是司門下出納謨明常
則至於無良犯法職有司存効罪結案本非其
事容妃等姦狀罪止於刑並處極法準律未當
雖逃刑罪非孥戮募同大逆亦謂加重乖律又輝
出適之女坐及其兄推據典憲罪實為猛又
案理宜陳請乞付有司重更詳議詔曰輝悖法
者之罪不可縱厚賞懸募必致孥擒獲容妃惠猛

與煇私亂因此耽惑主致非常此而不誅將何
懲肅且已醮之女及昆弟但智壽慶和
知妹姦情初不防禦招引劉煇共成淫醜敗風
穢化理深其罰特勑門下結獄不拘恃司豈得
一同常例以為通準且古有詔獄寧復一歸大
理而尚書治本納言所屬弗究悖理之淺深不
詳損化之多少違彼義途苟存執憲殊乖任寄
深合罪責員崔纂系可免郎都坐尚書乘奪祿時
孝昌已後天下淆亂法令不恒或寬或猛及小

朱撝權輕重肆意在官者多以深酷為能至遷
鄴京畿群盜頗起有司奏立嚴制諸疆盜殺人
者首從皆斬妻子同籍配為樂戶其不殺人及
賊不滿五匹魁首斬從者死妻子配驛從者流侍
盜賊滿十匹巳上魁首死妻子配驛從者流侍
中孫騰上言謹詳法若書二理尚不二不可喜
怒由情而致輕重案律公私劫盜罪止流刑而
比執事苦違好為穿鑿盜律令之外更立餘條修通
相糾之路班捉獲之賞斯乃刑書徒設獄訟更

煩法令滋彰盜賊多有非所謂不嚴而治遵守
典故者矣臣以為外平之美義在省刑陵遲之
弊必由峻法是以漢約三章天下歸德秦酷五
刑率土瓦解禮訓君子律禁小人舉罪定名國
有常辟至如眚災肆赦怙終賊刑經典垂言國
朝成範時所用各有司存不宜巨細滋煩令
民豫範恐防之彌堅攻之彌甚請諸犯盜之人
悉准律令以明恒憲庶使刑殺折衷不得棄本
從末詔從之

天平後遷移草刱百司多不奉法貨賄公行典
和初齊文襄王入輔朝政以公平肅物大改其
風至武定中法令嚴明四海知治矣

帝王者配德天地協契陰陽發號施令動關幽

顯是以克躬修政畏天敬神雖休勿休而不敢

怠世化之所感其徵必至善惡之來報應如響

斯蓋神祇眷顧告示禍福人全所以仰瞻俯察

戒德慎行弭譴咎致休禎圓首之類咸納於仁

壽然則治世之符亂邦之釁隨方而作厥迹不

同聊自百王不可得而勝數矣今錄皇始之後

災祥小大揔為靈徵志

【魏書志十七】　一　余

地震

洪範論曰地陰類大臣之象陰靜而不當動動

者臣下彊盛將動而為害之應也

太宗泰常四年二月甲子司州地震屋宇盡搖動

世祖太延二年十一月丁卯并州地震

四年三月乙未京師地震

十一月丁亥幽兖二州地震

真君元年五月丙午河東地震

高祖延興四年五月鴈門崞城有聲如雷自上

西引十餘聲聲止地震

十月巳亥京師地震

太和元年四月辛酉京師地震

五月統萬鎮地震有聲如雷

閏月秦州地震殷殷有聲四年正月雍州民民

齊男王反

二年二月丙子兖州地震四年十月蘭陵民桓

富反殺其縣令

七月丁卯并州地震有聲

【魏書志十七】　二

三年三月戊辰平州地震有聲如雷野雉皆雊

七月丁卯京師地震五年二月沙門法秀謀反

四年五月巳酉并州地震

五年二月戊戌秦州地震

六年五月癸未秦州地震有聲

八月甲午秦州地震有聲如雷乙未又震

七年三月甲子泰州地震有聲

四月丁卯肆州地震有聲

六月甲子東雍州地震有聲

八年十一月丙申并州地震

十年正月辛未并州地震殺殺有聲

閏月丙午秦州地震

二月甲子京師地震丙寅又震

丙午秦州地有聲

三月壬子京師及營州地震十二年三月中散

梁衆保謀反

十九年二月己未光州地震東萊之牟平虞丘

山隤五所一處有水

二十年正月辛未并州地震

四月乙未營州地震十二月栢州刺史穆泰等

在州謀反誅

二十二年三月癸未營州地震

八月戊子兗州地震

九月辛卯并州地震

二十三年六月乙未京師地震

世宗景明元年六月庚午秦州地震

四年正月辛酉涼州地震

黃四崇

壬申并州地震

六月丁亥秦州地震

十二月辛巳秦州地震正始三年正月秦州民

王智等聚衆二千自號王公尋推秦州主簿呂

苟兒為主

正始元年四月庚辰京師地震

二年九月己丑恒州地震

六月乙巳京師地震

三年七月己丑涼州地震殺殺有聲城門崩

永平元年春正月庚寅秦州地震三年二月秦

州沙門劉光秀謀反

八月庚申秦州地震九月夏州長史曹明謀反

九月壬辰青州地震

二年正月壬寅青州地震

四年五月庚戌恒州地震有聲如雷

十月己巳恒州地震有聲

延昌元年四月庚辰京師及并朔相肆異定瀛六

州地震恒州之繁畤桑乾靈丘肆州之秀容鴈

趙秀

門地震陷裂山崩泉湧殺五千三百一十八人傷
者二千七百二十二人牛馬雜畜死傷者三千
餘後尒朱榮彊擅之徵也
十月壬申秦州地震有聲
十月巳酉定肆二州地震
十二月辛未京師地震東北有聲
二年三月巳未濟州地震東北有聲
月丙戌京師地震
三年正月辛亥有司奏肆州上言秀容郡敷城
縣自延昌二年四月地震於今不止尒朱榮徵也
四年正月癸丑華州地震
十一月甲午地震從西北來殺殺有聲丁酉又
地震從東北來
肅宗熙平二年十二月乙巳秦州地震有聲
正光三年六月秦州地震有聲東北引五年莫
折念生反
三年六月庚辰徐州地震孝昌元年元法僧反
孝靜武定三年冬井州地震

魏書志十七 五 秀

七年夏井州鄉郡地震
山崩
鴻範論曰山陽君也水陰民也天戒若曰君道
崩壞百姓將失其所也
太祖天賜六年四月巳酉華山崩
世祖太延四年春三月恒山崩
配天猶諸侯之係天子山岳崩諸侯有亡者沮
渠牧犍將滅之應
世宗景明元年五月乙丑齊州山茌縣太陰山
崩飛泉湧出殺一百五十九人
四年十一月丁巳恒山崩
正始元年八月辛巳兖州上言泰山崩頹石湧
延昌三年十一月癸亥恒山崩
泉十七處泰山帝王告成封禪之所也而山崩
泉湧陽黷而陰盛代成又齊地也天意若旦當有
繼齊而興受禪讓者齊代魏之徵也
大風
京房易傳曰眾逆同志至德乃潛厥異風

魏書志十七 六

太宗永興三年二月甲午京師大風五月己巳

昌黎忝王莫奕容伯兒謀反伏誅

十一月丙午又大風五月河西叛胡曹龍張大

頭等各領部眾二万入蒲子

四年正月癸卯元會而大風晦冥乃罷

五年十一月庚寅京師大風起自西方

神瑞元年四月京師大風

二年正月京師大風三月河西飢胡反屯聚上

黨推自亞栗斯為盟主

世祖太延二年四月甲申京師暴風宮牆倒殺

數十人

三年十二月京師大風揚沙折樹

真君元年二月京師有黑風竟天廣五丈餘四

月庚辰沮渠無諱寇張掖禿髮保周屯于刪丹

嶺

高宗和平二年三月壬午京師大風赤風

高祖延興五年五月京師赤風

太和二年七月庚申武川鎮大風吹失六家羊

角而上不知所在

壬戌雍州赤風

三年六月壬辰相州大風從酉上來發屋折樹

七年四月相豫二州大風

八年三月冀定雍齊六州暴風

四月濟光幽肆雍齊六州暴風

九年六月庚戌濟洛肆相四州及靈丘廣昌鎮

暴風折木

十二年五月壬寅京師連日大風甲辰尤其發

屋拔樹

六月壬申京師大風

十四年七月丁酉朔京師大風拔樹發屋

二十三年八月徐州自甲寅至己未大風拔樹

閏月庚申河州暴風大雷電

世宗景明元年二月癸巳幽州暴風殺一百六

十八人

三年閏月甲午京師大風拔樹發屋吹折閭閻

門關

九月丙辰幽歧梁東秦州暴風昏霧拔樹發屋

四年三月己未司州之河北河東正平陽大

風拔樹

正始元年七月戊辰東秦州暴風拔樹發屋

二年二月癸卯有黑風羊角而上起於柔玄鎮

蓋地一頃所過拔樹甲辰至於營州東入於海

四年五月甲子京師大風

永平元年四月壬申京師大風拔樹八月癸亥

冀州刺史京兆王愉據州反

司州八　魏書志十七　九　閏春

三年五月己亥南秦州廣業仇池郡大風發屋

拔樹

延昌四年三月癸亥京師暴風從西北來發屋

折樹

肅宗熙平二年九月瀛州暴風大雨發屋拔樹

於乙丑

正光三年四月癸酉京師暴風大雨發屋拔樹

四年四月辛巳京師大風

孝昌三年五月丙寅京師暴風拔樹發屋吹平

昌門扉壞永寧九層橕折於時天下所在兵亂

前廢帝普泰元年夏大風雨吹普光寺門屋於

地

孝靜武定七年三月潁川大風

大水

鴻範論曰大水者皆君臣治失而陰氣積盛

彊生水雨之災也

太祖天賜三年八月霖雨大震山谷水溢

太宗泰常三年八月河內大水

二冊　魏書志十七　十　趙秀

世祖延和元年六月甲戌京師水溢壞民廬舍

數百家

眞君八年七月平州大水

高祖太和二年夏四月南豫徐兗州大霖雨

六年七月青雍二州大水

八月徐東徐兗濟平豫光七州平原枋頭廣阿

臨濟四鎮大水

九年九月南豫朔二州各大水殺千餘人

二十二年戊午兗豫二州大霖雨

二十三年六月青齊光南青徐豫兗東豫八州
大水

世宗景明元年七月青齊南青光徐兗豫東
司州之潁川汲郡大水平隰一丈五尺民居全
者十四五

正始二年三月青徐州大雨霖海水溢出於青
州樂陵之隰沃縣流漂一百五十二人

永平三年七月州郡二十大水

延昌元年夏京師及四方大水

二年五月壽春大水

肅宗熙平元年六月徐州大水

二年九月蜚冀瀛滄三州大水

正光二年夏定冀瀛相四州大水

孝昌三年秋京師大水

出帝太昌元年六月庚午京師大水穀水汎溢
壞三百餘家

孝靜元象元年定冀瀛滄四州大水

興和四年滄州大水

湧泉

太宗泰常五年十二月壬辰湧泉出于平城

高宗和平五年十一月鴈門泉水穿石湧出

前廢帝普泰元年秋司徒府太倉前井並溢占
曰民遷流之象永熙三年十月都遷於鄴

孝靜天平四年七月泰州井溢

元象元年二月鄴城西南有枯井溢

雨雹

鴻範論曰陽之專氣為電陰之專氣為霹此言

陽專而陰脅之陰專而陽薄之不能相入則轉
而為電猶臣意不合於君也

高祖延興四年四月庚午涇州大雹傷稼

承明元年四月辛酉青齊徐兗大風雹

八月庚申并州鄉郡大雹平地尺草木禾稼皆
盡

癸未定州大雹殺人大者方圓二尺

世宗景明元年六月雍青二州大雨雹殺麞鹿

四年五月癸酉汾州大雨雹

六月乙巳汾州大雨雹草木禾稼雉兔皆死

七月甲戌暴風大雨雹起自汾州經幷相司究
至徐州而止廣十里所過草木無遺

正始二年三月丁丑齊濟二州大雹雨雪

永平三年五月庚子南秦廣業郡大雨雹殺鳥
獸禾稼

雪

鴻範論曰春秋之大雨雪猶庶徵之恒雨也然
尤甚焉夫雨陰也雪又陰也大雪者陰之稱積
盛甚也一日與大水同冬故為雪耳

世祖始光二年十月大雪數尺

真君八年五月北鎮寒雪人畜凍死是時為政
嚴急

高祖太和四年九月甲子朔京師大風雨雪三
尺

世宗正始元年五月壬戌武川鎮大雨雪

四年二月乙卯司相二州暴風大雨雪

九月壬申大雪

肅宗正光二年四月柔玄鎮大雪

霜

京房易傳曰興兵妄誅茲謂亡法厥災霜夏殺
五穀冬殺麥誅不願情茲謂不仁夏先大霜

太祖天賜五年七月冀州隕霜

世祖太延元年七月庚辰大隕霜殺草木

高宗和平六年四月乙丑隕霜

高祖太和三年七月雍朔二州及杬四叶吐京薄
骨律敦煌仇池鎮並大霜禾豆盡死

七年三月肆州風霜殺稼

九年四月雍青二州隕霜

六年四月潁川郡隕霜

六年洛肆相三州及司州靈丘廣昌鎮隕霜

十四年八月乙未汾州隕霜

世宗景明元年四月丙子夏州隕霜殺草

六月丁亥建興郡隕霜殺草

八月乙亥雍幷朔夏汾五州司州之正平平陽
頻暴風隕霜

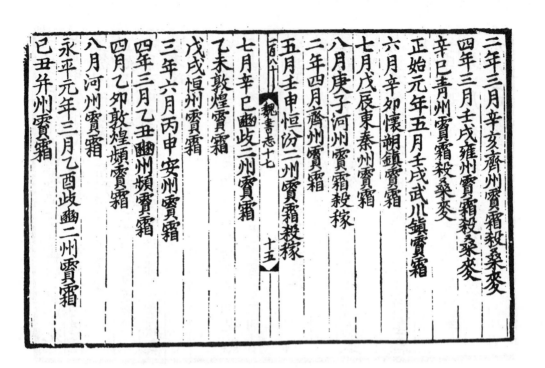

二年三月辛亥齊州賈霜殺桑麥

四年三月壬戌雍州賈霜殺桑麥

辛巳青州賈霜殺桑麥

正始元年五月壬戌武川鎮賈霜

六月辛卯懷朔鎮賈霜

七月戊辰東秦州賈霜

八月庚子河州賈霜

二年四月齊州賈霜

五月壬申恒汾二州賈霜殺稼

七月辛巳幽歧二州賈霜

乙未敦煌賈霜

戊戌恒州賈霜

三年六月丙申安州賈霜

四年三月乙丑幽州頻賈霜

四月乙卯敦煌頻賈霜

八月河州賈霜

永平元年三月乙酉歧幽二州賈霜

己丑并州賈霜

【魏書志十七】　十五

四月戊午敦煌賈霜

二年四月辛亥武州鎮賈霜

延昌四年三月癸亥河南八州賈霜

肅宗熙平元年七月河南北十一州霜

無雲而雷

鴻範論曰雷陽也雲陰也有雲然後有雷有臣

然後有君也雷託於雲君託於臣陰陽之合也

故無雲而雷示君獨處無臣民也

顯祖皇興元年七月東北無雲而雷

【魏書志十七】　十六

二年七月東北有聲如雷

世宗延昌元年二月己酉有聲起東北南引殻

殻如雷二聲而止

鼓妖

世祖太延四年十月辛酉北有聲如大鼓西北

行

雷

鴻範論曰陽用事百八十三日而終陰用事亦

百八十三日而終雷出地　百八十三日而入地

入地百八十三日而復出地是其常經也故雷
安万物安雷害万物害猶國也君安國亦安君
害國亦害不當雷而雷皆失節也
世祖神麚元年十月巳酉雨雷電
太延三年十月癸丑雷
四年十一月丁亥雷
戊申豫州大雷雨平地水三寸
高祖太和三年十一月庚戌豫州雷雨
四年十月戊戌雷
世宗景明二年十一月辛卯涼州雷七發聲
七年十一月辛巳幽州雷電城內盡赤
三年十二月巳巳夜雷九發聲
正始元年十一月甲寅秦齊荊朔四州雷電
肅宗正光元年正月壬寅雷
震
春秋震夷伯之廟左丘明謂展氏有隱慝焉劉
向以為夷伯世大夫天戒若曰勿使大夫世官
將專事也

太祖天賜六年四月震天安殿東序帝惡之令
左校以衝車攻殿東西兩序屋毀之帝意見泰朋
顯祖皇興二年十一月夜震電
高祖太和三年五月戊午震東廟東中門屋南
鴟尾
霧
班固說上不寬大包容臣下則不能居聖位見
言視聽以心為主四者皆失則區眊無識故其
咎霧
世祖太延四年正月庚子兩土如霧于洛陽
高祖太和十二年十一月丙戌土霧竟天六日
不開到甲夜仍復濃密勃勃如火煙辛慘食鼻
世宗景明三年二月巳丑秦州黃霧雨土覆地
八月巳酉濁氣四塞
四年八月辛巳涼州雨土覆地亦如霧
正始二年正月巳丑夜陰霧四塞初黑後赤
三年正月辛丑土霧四塞
九月壬申黑霧四塞

延昌元年二月甲戌黃霧蔽塞時高肇以外戚
見寵兄弟受封同漢之五侯也

桃李花

庶徵之恒燠劉向班固以冬亡冰及霜不殺草
之應京房易傳曰夏暑殺人冬則物華實
世祖真君五年八月中山桃李花
高祖延興五年八月幽州民齊淵家杜樹結實既成
承明元年九月華林園諸果盡花
一朝盡落花葉復生七日之中蔚如春狀

魏書志十七 十九

世宗景明四年十一月齊州東清河郡桃李花
延昌四年閏十月辛亥京師奈樹花

火不炎上

鴻範傳曰棄法律逐功臣殺太子以妾為妻則
火不炎上謂火失其性而為災
高宗太安五年春三月肥如城內大火官私廬
舍秋燒略盡唯有東西二寺佛圖像舍火獨不
及
高祖太和八年五月戊寅河內心縣澤自然稍

增至百餘步五日乃滅
世宗景明元年三月乙巳恒岳祠災
肅宗正光元年五月鈎盾禁地然
孝昌二年夏幽州道縣地然
三年春瀛州城內大火燒三千餘家
出帝永熙二年二月永寧寺九層佛圖災既而
時人咸言有人見災人魏不寧失勅海
靈像所在天意若曰永寧見災人魏不寧失勅海
齊獻武王之本封也神靈歸海則齊室將興之

魏書志十七 二十

驗也
三月并州三級寺南門災
莊靜天平四年秋鄴閶闔門東關火
武定三年冬汾州西河北山有火潛行地下熱
氣上出

黑眚黑祥

世祖始光二年正月甲寅夜大東南有黑氣廣
一丈長十丈占有兵三月慕容渴悉隣反於北
平

顯祖皇興三年正月河濟起黑雲廣數里掩東

陽城上昏暗如夜既而東陽城潰

世宗景明三年九月巳卯黑氣四塞甲辰揚州

破蕭衍將張囂之斬級二千

赤眚

高祖太和二年十一月丁未夜有三白氣從地

出滇史變為黃赤光明照地

十六年九月丁巳昏時赤氣見於西北長二十

丈廣八九尺食頃乃滅

三頁八　魏書志十七　二十一　胡克

世宗延昌元年三月丙申有赤氣見於天自卯

至戌

蕭宗正光元年十一月辛未西北赤氣竟天畔

似火氣京師不見涼州以聞

三年九月甲辰夜西北有赤氣似火爛東西一

匹餘北鎮反亂之徵

五年五月癸酉申時北有赤氣東西竟天如火

爛

莊帝永安三年十一月巳丑有赤氣如霧從顯

陽殿階西南角斜屬步廊高一丈許連地如絳

紗幔自未至戌不滅帝見而惡之終有幽崩之

禍

孝靜天平三年正月巳亥戌時東方有赤氣可

三丈餘三食頃而滅

青眚

莊帝永安三年六月甲子申時辰地有青氣廣

四尺東頭緣山西北引至天半止西北戌地有

黑赤黃雲如山峯頭有青氣廣四尺許東南引

至天半二氣相接東南氣前散西北氣後滅亦

三頁一　魏書志十七　二十二　沈一

帝弒崩之徵也

夜妖

班固說夜妖者雲風並起而杳冥故與常風同

象也溫而風則生蜮螣之孽

世宗正始元年六月乙巳晦

八月甲辰晝晦

人痾

劉歆說貌之不恭是謂不肅上嫚下暴則陰氣

一曰民多被刑貌醜惡也班固以為六畜謂之
既言其著也及人謂之痾痾病貌言寢深也

太宗永興三年民烏蘭喉下生骨狀如羊角長
一尺餘

高祖太和十六年五月尚書李沖奏定州中山
郡母極縣民李班虎女獻容以去年九月二十
日右手大拇指甲下生毛九莖至十月二十日

二百五十四　魏書志十七　二十三　胡慶四

長一尺二寸

蕭宗熙平二年十一月井州表送祁縣民
韓僧貴女令姬從母右脇而生靈太后令付掖
庭

正光元年五月戊戌南兗州下蔡郡有大人跡
見行七步跡長一尺八寸廣七寸五分

高祖延興三年秋秀容郡婦人一產四男四產
十六男

莊帝永安三年十一月丁卯京師民家妻產男
一頭二身四手四腳三耳

太和十六年十一月乙亥高祖與沙門道登幸
侍中省日入六鼓見一鬼衣黃褶襟當戶欲入
帝以為人叱之而退問諸左右咸言不見唯帝
與道登見之

顯祖皇興二年十月豫州疫民死十四五萬
世宗永平三年四月平陽之禽昌襄陵二縣大
疫自正月至是月死者二千七百三十人

金沴

二百五十五　魏書志十七　二十四　胡慶四

太和十九年六月徐州表言丈八銅像汗流於
地

永安並晉泰永熙中京師平等寺定光金像每流
汗國有事變時咸畏異之

永安三年二月京師民家有二銅像各長尺餘
一頤下生白毫四一頰傍生黑毛一

龍蛇之孽

鴻範論曰龍鱗蟲也生於水雲亦水之象陰氣
盛故其象至也人君下悖人倫上亂天道必有
篡殺之禍

世祖神䴥三年三月有白龍二見于京師家人井中

眞君六年二月丙辰有白龍見于京師家人井中龍神物也而屈於井中皆世祖暴崩之徵也

肅宗正光元年八月有黑龍如狗南走至盩陽門躍而上穿門樓下而出魏衰之徵也

莊帝永安二年晉陽龍見於井中久不去莊帝暴崩晉陽之徵也

前廢帝普泰元年四月甲寅有龍跡自宣陽門西出復入城乙夘羣臣入賀帝曰國將興聽於民將亡聽於神但當君上下克己爲治未足恃此爲慶

馬禍

鴻範論曰馬者兵象也將有寇戎之事故馬爲怪也

肅宗熙平二年十一月辛未恒州送馬駒肉尾長一尺驪廳不生毛

正光元年九月沃野鎮官馬爲蟲入耳死者十

魏書志十七　二十五

四五蟲似蜒長五寸巳下大如楥

牛禍

鴻範論易曰坤爲牛坤土也土氣亂則牛爲怪一曰牛禍其象宗廟將滅一曰轉輸煩則牛生

世宗景明二年五月冀州上言長樂郡牛

禍

一頭二面二口三目三耳

羊禍

鴻範論曰君不明失政之所致

高祖太和二十三年三月肆州上言尋高祖崩生羔一頭二身一牝一牡三耳八足

六輔專事

世宗正始元年七月鄯善鎮送羊羔一頭兩身八脚

二年正月鄯善鎮送八脚羊

延昌四年五月薄骨律鎮上言羊羔一頭六足兩尾

豕禍

魏書志十七　二十六

京房傳曰凡妖象其類足多者所任邪也京房

易曰豕生人頭豕身者邑且亂亡

高祖延興元年九月有司奏豫州刺史臨淮公

王讓表有腊生子一頭二身八足

世宗景明四年九月梁州上言犬豕交

正始四年八月京師腊生子一頭四耳兩身八足

魏書志十七　二十七　丁金

延昌四年七月徐州上言陽平戌腊生子頭面

似人頭有肉鬐體無毛靈太后幼主傾覆之徵

也

雞禍

鴻範論曰京房傳曰雞小畜猶小臣也角者兵

之象在上君之威也此小臣執事者將秉君之

威以生亂不治之害

高祖大和元年夏五月有司奏京師有雌雞二

頭上生冠如角與眾雞異是時文明太后臨朝

信用群小之徵

世宗正始元年四月河南有雞雛四足四翼語

在崔光傳

八月司州上言河內民席眾家雞雛近尾上復

有一頭口目具二頭皆從頸後各有二翼二足

旁行是時世宗頗任羣小更有朋黨邪使干

政之驗

延昌四年十二月洛州上言魏興太守常矯家

黃雌雞頭上肉角大如棗長寸三分角上生聚

毛長寸半

肅宗正光元年正月虎賁中郎將蘭墅家雞雄

魏書志十七　二十八　永

雌二各頭上生兩角其毛雜色上尾過冠時靈

太后臨朝專政

羽蟲之孽

鴻範論曰視不明聽不聰之罰也

太宗泰常三年十一月京師獲白梟

肅宗正光二年八月己卯獲禿鶖鳥於殿內

孝昌二年四月民有送死鴨雛一頭兩身四足

四翅兩尾

孝靜天平二年三月雄雉飛入尚書省殿中獲

蝗蟲頌

鴻範論曰刑罰暴虐取利於下貪饕無厭以興
師動眾取邑治城而失眾心則蟲為害矣
高祖太和五年七月敦煌鎮蝗秋稼略盡
六月青雍二州蚼蚹害稼
八月徐東徐兗濟平豫光七州平原枋頭廣阿
臨濟四鎮蝗害稼
七年四月相豫二州蝗害稼
┃魏書志十七┃卅九 〈九〉
八年三月冀州相三州蚼蚹害稼
四月濟光幽肆雍齊平七州蝗
六月乙巳相齊光青四州蚼蚹害稼
十六年十月癸巳抱旱鎮蝗害稼
世宗景明元年五月青齊徐兗光南青六州蚼
蚹害稼
四年三月壬午河州大蝗二麥無遺
五月光州蚼蚹害稼
六月可州大蝗

七月東萊郡蚼蚹害稼
正始元年六月夏司二州蝗害稼
四年四月青州步屈蟲害稼東西
八月涇州黃鼠蝗蟲班蟲河州蚼蚹班蟲涼州
司州恒農郡蝗蟲蟲並為災
永平元年六月己巳涼州蝗害稼
七月青州步屈蟲害棗花
五年五月青齊光三州蚼蚹
八月青齊光三州蚼蚹害稼三分食二
┃魏書志十七┃卅〈陳交山〉
肅宗熙平元年六月青齊光南青四州蚼蚹害
稼
顯祖天安元年六月兗州有黑蟻與赤蟻交關
長六十步廣四寸赤蟻斷頭而死黑主北赤主
南十一月劉彧兗州刺史畢眾敬遣使內屬詔
鎮南大將軍尉元納之大破賊將周凱等
高祖太和十年七月并州治中張萬壽表建興
漢澤縣民賈日成以去四月中養蠶有絲網成
幕中有卷物似縑帶長四尺廣三寸薄上軟得

黃繭二狀如履形

世宗正始二年三月徐州蠶蛾喫人厄殘者一
百二十餘人死者二十二人

毛蟲之孽也

謂蟅常而為異也

太祖登國中河南有虎七卧於河側三月乃去

後一年虵蜉白鹿盡渡河比後一年河水赤如
血此衛辰滅亡之應及誅其族類悉投之河中
其地遂空

二百四十三【魏書志十七

三十一

孝靜元象元年正月有狼入城至硤石曹□獲之

武定五年十二月比城銅爵臺上獲豹一

高祖太和元年五月辛亥有狐魅截人髮時文
明太后臨朝行多不正之徵也

肅宗熙平二年自春京師有狐魅截人髮人相
驚恐六月壬辰靈太后召諸截髮者使崇訓衛
尉劉騰鞭之於千秋門外事同太和也

瑞圖外鎮王公刺史二千石令長酷暴百姓人
民怨嗟則白鼠至

太宗永興三年二月京師民趙溫家有白鼠以
獻

三年春於比苑獲白鼠一弄死割之腹中有三
子盡白

四年三月上幸西宮獲白鼠一

八月御府民張安獲白鼠一

神瑞二年五月帝獵于檻嶮山獲白鼠一平城
獲白鼠三

泰常元年十一月京師民獲白鼠一以獻

八月豫章王蒍裔獲白鼠一

三十二

六月平城獲白鼠二

二五元【魏書志十七

三年三月中山獲白鼠一

二年六月京師民獲白鼠一

十一月京師獲白鼠一

世祖始光三年八月相州魏郡獲白鼠

三年八月鴈門獻白鼠

太延元年八月相州魏郡獲白鼠

高祖太和二十三年八月京師獲白鼠

世宗景明四年五月京師獲白鼠

仲

正始元年六月京師獲白鼠

肅宗熙平元年四月肆州表送白鼠

魏志七

魏書一百一十二

魏氏世居幽朔至獻帝世有神人言應南遷是
傳位於子聖武帝命令南徙山谷阻絕仍欲
止焉復有神獸其形似馬其聲類牛先行導引
積年乃出始居匈奴之故地

王者不剖胎剖卵則至

高祖延興元年十一月肆州秀容民獲麟以獻

世祖神䴥三年七月冀州獻白龜王者不私人
以官尊者任舊無偏黨之應

高宗興安二年六月營州送大龜 〔二〕

高祖延興元年十二月徐州竹邑戍士邢德於
彭城南一百二十里得著一株四十九枝下掘於

〔二百六十一〕〔魏書志十八〕

得大龜獻之詔曰龜著曾與經文相合所謂靈物
也德可賜爵五等

三年六月京師獲大龜

蕭宗神龜元年二月獲龜於九龍殿靈芝池大
赦改元

孝靜武定三年十月有司奏南兗州陳留郡民

徐文山

魏書志十八

賈興達於家庭得毛龜一

天平四年八月有巨象至於南兗州碭郡民陳
天愛以告送京師大赦改年王者自養有節則
至

高祖太和二年十一月徐州獻黑狐周成王時
治致太平而黑狐見

三年五月獲白狐王者仁智則至

六月撫冥獲黑狐以獻

八年六月徐州獲黑狐以獻 〔二〕

十年三月冀州獲九尾狐以獻王者六合一統
則見周文王時東夷歸之且王者不傾於色則
至德至鳥獸亦至

十一年十一月冀州獲九尾狐以獻

十九年六月司州平陽郡各獻白狐狸

二十三年正月司州河州各獻白狐

世宗景明三年二月河州獻白狐

永平三年十月白狐見于汲郡

延昌四年四月兗州獻白狐

九月相州獻白狐

閏月汾州獻白狐

蕭宗正光二年三月南青州獻白狐二

三年六月平陽郡獻白狐

八月光州獻九尾狐

四年五月平陽郡獻白狐

孝靜帝天平四年四月西兗州獻白狐七月光州
獻九尾狐

元象元年四月光州獻九尾狐

二年二月光州獻九尾狐

興和三年五月司州獻九尾狐

十二月魏郡獻白狐

四年四月瀛州獻白狐二

武定元年七月幽州獲白狐以獻上

三年七月瀛州獻白狐二牡一牝

九月西兗州獻白狐

太和二年十一月辛未泰州獻五色狗

三年三月齊州獻五色狗其五色如畫

太祖天興四年五月魏郡斥丘縣獲白鹿王者
惠及下則至

太宗永興四年九月建興郡獻白鹿

世祖神䴥元年二月定州獲白麞白麖鹿又見
于樂陵因以改元

三年二月白鹿見于代郡倒剌山

太延四年十二月相州獻白鹿

眞君八年五月洛州送白鹿

高宗太安二年十月白鹿見於京師西苑

高祖承明元年六月秦州獻白鹿

太和元年正月白鹿見於秦州

三月白鹿見於青州

四年正月南豫州獻白鹿

十九年七月司州獲白鹿麞以獻

二十年六月司州獻白鹿

世宗景明元年四月荊州獻白鹿

永平四年八月平州獻白鹿

延昌二年五月齊州獻白鹿

四年六月司州獻白鹿

肅宗熙平元年五月濟州獻白鹿

二年五月司州獻白鹿

神龜二年六月徐州獻白鹿

孝靜元象元年六月齊獻武王獲白鹿以獻

武定元年六月兗州獻白鹿

太祖登國六年十二月上獵親獲鹿一角以獻

群臣皆曰鹿當二角今一是諸國將并之應也

高祖太和三年三月肆州獻一角鹿

神龜元年七月徐州獻一角鹿

世宗正始二年九月後軍將軍尒朱新興獻一
角獸天下平一則至

肅宗熙平元年十一月肆州獻一角獸

神龜二年九月徐州獻一角獸

高宗太安三年三月有白狼一見於太平郡議
者曰古今瑞應多矣然白狼見於成湯之世故
殷道用興太平嘉名也又先帝本封之國而白
狼見焉無窮之徵也周宣王得之而犬戎服

太宗永興四年十二月章安子封懿獻白麞
者刑罰理則至

高祖太和二年十二月懷州獻白麞

三年五月白麞見於豫州

二十三年正月華州獻白麞

肅宗熙平二年三月徐州獻白麞

神龜二年七月徐州獻白麞

孝靜武定七年七月瀛州獻白麞

高祖太和七年六月青州獻三足烏　者慈孝王

天地則至

十三年十一月滎陽獻三足烏

十四年六月懷州獻三足烏

十五年閏月濟州獻三足烏

十七年五月冀州獻三足烏

二十年六月豫州獻三足烏

二十三年六月冀州獻三足烏

世宗景明元年五月徐州獻三足烏

三年二月豫州獻三足烏

四年六月幽州獻四足烏

正始元年二月冀州獻三足烏

五月幽州獻三足烏

是月相州獻三足烏

六月定州獻三足烏

二年五月肆州獻三足烏

三年三月豫州獻三足烏

是月豫州又獻三足烏

永平元年四月豫州獻三足烏

二年四月東郡獻三足烏

肅宗熙平元年四月汲郡獻三足烏

延昌三年二月冀州獻三足烏

是月豫州獻三足烏

南兗州又獻三足烏

神龜元年八月雍州獻三足烏

二年五月潁川郡獻三足烏

正光元年四月濟州獻三足烏

是月濟州又獻三足烏

二年閏月東郡獻三足烏

三年五月東郡獻三足烏

潁川郡許昌縣獻三足烏

肆州獻三足烏

六月冀州獻三足烏

四年六月瀛州獻三足烏

孝靜元象二年四月京師獲三足烏

出帝太昌元年五月齊獻武王獲三足烏以獻

武定三年五月瀛州獻三足烏

四年四月潁州獻三足烏

五月潁州又獻三足烏

肅敬則至

高祖太和二年七月白烏見于涼州王者宗廟

三年五月白烏見於豫州

九月白烏見於京師

九月白烏見於秦州

十七年六月兗州獻白烏

二十三年十二月司州獻白烏

世宗正始二年五月司州獻白烏

三年九月潁川郡獻白烏

四年七月潁川又獻白烏

永平元年四月潁川獻白烏

延昌二年五月冀州獲白烏

元象元年五月冀州獲白烏

孝靜天平二年七月齊獻武王獲白烏以獻

肅宗正光元年十月幽州獻白烏

三年六月冀州平陽郡獻白烏

【魏書志十八】九

二年八月徐州表濟陰郡廳事前槐樹烏巢於

上烏母死有鵲銜食餔烏兒不失其時並皆長

大賞太守帛十四

興和四年四月魏郡貴鄉縣獲白烏雛

五月京師獲白烏是月陽夏郡獻白烏

七月比豫州獻白烏

十月瀛州獻白烏

武定元年六月東郡民獻白烏

三年五月比豫州東郡民獻白烏

是月廣宗郡獻白烏

潁州又獻白烏

六月滄州獻白烏

四年四月梁州獻白烏

五月濟州獻白烏

八月陽夏郡獻白烏

高祖太和二年二月涼州獻赤烏周武王時衡

麥至而克殷

肅宗熙平元年二月赤烏見肆州秀容郡

【魏書志十八】十

神龜元年四月赤烏見并州之晉陽縣

世宗景明二年十二月南青州獻蒼烏君修行

孝慈万姓不好殺生則至

正始二年五月雍州獻蒼烏

六月雍州又獻蒼烏

永平二年四月河內獻蒼烏

肅宗熙平元年六月冀州獻蒼烏

前廢帝普泰元年五月河內獻蒼烏

孝靜興和四年五月濟州獻蒼烏

七月瀛州又獻蒼烏

武定元年四月兗州獻蒼烏

五月濟州又獻蒼烏

二年五月京師獲蒼烏

三年六月京師獲蒼烏

十月光州獻蒼烏

高祖延興二年四月幽州獻白鵲

四年九月白鵲見於中山

承明元年八月定冀二州俱獻白鵲

頁十　魏書志大　十一

十一月定州又獻白鵲

太和二年十一月洛州獻白鵲

肅宗熙平元年正月定州獻白鵲

正光四年正月京師獲白鵲

孝靜興平二年五月京師獲白鵲

武定二年七月林慮獻白鵲

三年六月京師獲白鵲

世祖太平真君二年七月天有黃光洞照議者
謂榮光也

高宗興光元年二月有雲五色所謂景雲太平
之應也

景明二年六月有雲五色見於申酉之間

出帝太昌元年六月日初出有大黃氣成抱

世祖始光四年六月甘露降于大學王者德至
天和氣盛則降又王者敬老則栢受甘露王者
尊賢愛老不失細微則竹葦受

神龜元年二月甘露降于范陽郡

二百九　魏書志十八　十二

二年四月甘露降于鄴

三年三月甘露降于鄴

六月甘露降于平城宮

太平真君元年四月甘露降于平原郡

高宗太安二年七月甘露降于常山郡

和平二年七月甘露降於京師

世宗景明三年八月甘露降於京師

永平元年十月甘露降於青州益都縣

延昌二年九月甘露降于齊州清河郡

三年十月齊州上言甘露降

四年七月甘露降於京師

蕭宗正光三年十月甘露降華林園栢樹

四年八月甘露降顯美縣

孝靜元象二年三月甘露降齊文襄王第一門柳樹

武定五年十月甘露降於京師

六年三月甘露降於京師

四月太山郡上言甘露降

太祖天興二年七月獲嘉禾於平城縣異莖同穎

八月廣寧郡送嘉禾一莖十一穗平城南十里郊

嘉禾一莖九穗告于宗廟

太宗永興二年十月嘉禾生于清河郡

太常三年八月嘉禾生于勃海郡東光縣

世祖神䴥二年七月嘉禾生于魏郡安陽縣三本同穎

高祖承明元年八月齊州獻嘉禾

太和三年九月齊州獻嘉禾

五年八月常山獻嘉禾

七年八月定州獻嘉禾

世宗景明元年七月齊州獻嘉禾

三年七月齊州獻嘉禾

四年八月冀州獻嘉禾

正始元年八月冀州獻嘉禾

二年六月齊州獻嘉禾七月魯郡陽郡獻嘉禾八月司州獻嘉禾

三年七月冀州獻嘉禾

永平三年八月滎陽獻嘉禾

蕭宗熙平二年八月幽州獻嘉禾三本同穗

正光二年七月朔州獻嘉禾

三年八月肆州獻嘉禾一根生六穗

孝靜天平三年七月魏郡獻嘉禾

四年八月并州獻嘉禾

是月京師又獲嘉禾

虞曹郎中司馬仲璨又獻嘉禾一莖五穗

元象元年八月東雍州獻嘉禾

興和三年八月南青州獻嘉禾

四年八月京師再獲金嘉禾

武定二年八月京師獲嘉禾

三年八月弁州獻嘉禾

高祖太和三年十月京師獲嘉禾

太祖天興二年七月弁州獻白兔一王者敬者
老則見

三年五月車駕東巡幸廣寧有白兔見於乘輿
前獲之

四年正月弁州獻白兔

太宗永興三年上獵於西山獲白兔

八月京師獲白兔

泰常元年十一月定州安平縣獻白兔

二年六月京師獲白兔

三年六月頓丘郡獲白兔

世祖始光三年五月洛州獻黑兔

神麚元年九月章武郡獻白兔

四年二月勃海郡獻白兔

真君七年二月青州獻白兔二

高宗和平三年十月雲中獲白兔

四年閏月鄴縣獲白兔

高祖延興五年四月白兔見于代郡

承明元年八月白兔見于雲中

太和元年六月雍州周城縣獻白兔

三年三月吐京鎮獻白兔

八年六月徐州獻白兔

十八年十月瀛州獻白兔

二十年七月汲郡獻黑兔

七月京師獲白兔

二十三年獲黑兔

世宗景明元年十一月河州獻白兔

三年四月潁川郡獻白兔

八月河內郡獻白兔

四年六月河內郡獻白兔

七月夏州獻黑兔

正始元年三月河南郡獻黑兔

四月魯陽郡獻白兔

二年八月東郡獻白兔

九月河內獻黑兔

是月肆州獻白兔東郡又獻白兔

三年七月薄骨律鎮獻白兔

九月肆州獻白兔

四年四月河內郡獻白兔

永平元年四月濟州獻白兔

五月河內獻黑兔

魏書志十八　十七

十月樂安郡獲白兔

二年二月相州獻白兔

延昌三年七月豫州獻白兔

四年三月河南獻白兔

八月河南又獻白兔

九月河內又獻白兔

肅宗熙平二年四月豫州獻白兔

五月東郡獻白兔

六月京師獲白兔

七六五　舊編三

十一月鄯善鎮獻白兔

神龜元年六月京師獲黑兔

二年八月正平郡獻白兔

九月正平郡又獻白兔

十月京師獲黑兔

正光元年正月徐州獻白兔

五月冀州獻白兔

三年五月徐州獻白兔

是月冀州獻白兔二

魏書志十八　十八

孝靜天平二年八月光州獻白兔

四年十月光州獻白兔

元象元年五月徐州獲白兔

六月齊獻武王獲白兔以獻

是月濮陽郡獻白兔

興和二年四月徐州獻白兔

六月京師獲白兔

四年正月光州獻白兔

武定元年三月瀛州獻白兔

六年十一月武平鎮獻白兔

太祖天興五年八月上曜軍覽谷見白鷹一

太宗永興三年六月京師獲白鷹

四年閏月京師又獲白鷹

泰常二年六月京師獲白鷹

高祖太和二年三月白鷹見於并州

八年四月白鷹集于京師

是月代郡獻白鷹

【魏書志十八】

二十三年八月荊州獻白鷹

閏月正平郡獻白鷹

世宗景明三年六月涇州獻白鷹

孝靜元象元年八月西中府獻白鷹

興和二年三月京師獲白鷹

蕭宗熙平元年七月京師獲白鷹

武定三年六月比豫州獻白鷹

太宗泰常八年五月鷹門獻白雀王者爵祿

則白雀至

二八九　　一九　　卷七

世祖神廳元年九月滄水郡獻白雀

十月魏郡獻白雀

真君八年五月鴈門郡獻白雀

高祖延興二年二月白雀見于扶風郡

三年五月白雀見于代郡

四年正月青州獻白雀

太和三年五月白雀見於豫州

十三年正月清河武城縣獻白雀

世宗景明三年六月滎陽郡獻白雀

【魏書志十八】

十月薄骨律鎮獻白雀

四年三月敦煌鎮獻白雀

五月京師獲白雀

六月恒農郡獻白雀

七月京師獲白雀

正始二年七月薄骨律鎮獻白雀

三年四月獲白雀於京師

十月河州獻白雀

十二月雍州獻白雀

大二八十　　二十一　　天

四年二月豫州獻白雀

永平二年七月京師獲白雀

延昌三年七月河南郡獲白雀

十一月秦州獻白雀

四年五月滎陽獻白雀

八月秦州獻白雀

是月洛陽獲白雀

是月恒州獻白雀

是月青州獻白雀

六年相州獻白雀

二年四月華州獻白雀

七月宮中獲白雀

肅宗熙平元年四月京師再獲白雀

十一月荆州獻白雀

是月薄骨律鎮獻白雀

八月薄骨律鎮又獻白雀

是月京師獲白雀

二十一

十一月京師獲白雀

神龜元年五月京師獲白雀

六月京師獲白雀

八月薄骨律鎮獻白雀二

二年五月徐州獻白雀

是月京師獲白雀

二年七月京師又獲白雀

三年七月京師獲白雀

正光元年六月京師獲白雀

二年六月光州獻白雀

三年四月京師獲白雀

六月滎陽郡獻白雀

八月濟州獻白雀

是月光州獻白雀

九月白雀見舍人省

四年六月京師獲白雀

七月京師獲白雀

出帝太昌元年四月京師獲白雀

孝靜天平二年五月此豫州獻白雀

二十二

三年七月京師獲白雀

四年七月兗州獻白雀

元象元年五月京師獲白雀

六月京師獲白雀

七月肆州獻白雀

二年五月京師獲白雀

是月齊獻武王獲白雀

六月齊獻文襄王獲白雀以獻

是月南兗州獲白雀

七月京師獲白雀

興和二年四月京師獲白雀

閏月京師獲白雀

六月光州獻白雀

七月京師獲白雀

三年五月京師獲白雀

四年正月京師獲白雀

六月京師獲白雀

七月京師獲白雀

武定元年六月京師獲白雀

七月京師獲白雀

三年五月梁州獲白雀

七月京師獲白雀

十月京師獲白雀

四年六月京師獲白雀

六月京師獲白雀

世宗景明三年三月濟州獻赤雀周文王時銜
書至

四年五月獲赤雀於京師

永平元年四月京師獲赤雀

肅宗孝昌三年四月河南獲赤雀以獻

高宗和平四年三月冀州獻白鳩殺湯時至王
者養耆老道道德不以新失舊則至

高祖承明元年十一月冀州獻白鳩

太和二十三年七月瀛州獻白鳩

八月滎陽郡獻白鳩

世宗景明三年七月涇州獻白鳩

正始元年十月京師獲白鳩
是月建興郡獻白鳩
二年四月并州獻白鳩
七月冀州獻白鳩二
三年七月夏州獻白鳩
永平元年六月洛州獻白鳩二
肅宗熙平二年九月級郡獻白鳩
太祖天興四年春新興太守上言晉昌民賈相
昔年二十二為鴈門郡更入句注西陘見一老
過相顧視之父老化為石人相今不及見之而
北方時當大樂子孫永長吾不及見之言終於
人見存至帝破慕容寶之歲四十二年
父謂相曰自今以後四十二年當有聖人出於
真君五年二月張掖郡上言往曹氏之世白池
縣大柳谷山石表龍馬之形石馬脊文白大討
曹而晉氏代魏今石文記國家祖宗諱著受命
之符乃遣使圖寫其文大石有五皆畫門幘口章
間成文字其二石記張呂之前已然之效其三

石記國家祖宗諱以至于今其文記昭成皇后諱
繼世四六天法平天下大安凡十四字次記太
祖道武皇帝諱應王載記千歲凡七字次記
宗明元皇帝諱長子二百二十年凡六字次記
太平天王繼世主治凡八字次記皇太子諱昌
封太山凡五字初上封太平王天文圖錄又授
太平真君之號與石文相應太宗名諱提攜
一人象攜一小兒見者皆曰上愛皇孫之提攜即
起不離左石此即上象靈契其天授也於是衛
大將軍樂安王範輔國大將軍建寧王奚斤征西
大將軍常山王素征南大將軍恒農王奚斤上
奏曰臣聞帝王之興必有受命之符故能經緯
三才維建皇極三五之盛莫不同之伏羲有河
圖八卦夏禹有洛書九疇至乃神功播于往古
聖跡顯于來世伏惟陛下德合乾坤明並日月
固天縱聖應運挺生上靈垂顧徽善備集是以
始光元年經天師奉天文圖錄授太平真君之
號陛下深執虛沖歷年乃受精誠感于靈物信

惠協于天人用能威加四海澤流宇內溥天率
土無思不服今張掖郡列言丘池縣大柳谷山
大石有青質白章間成文字記國家祖宗之諱
著受命歷數之符王公已下羣司百辟觀此圖
文莫不感動僉曰自古以來禎祥之驗未有今
日之煥炳也斯乃上靈降命國家無窮之徵也
臣等謹與羣臣參議宜以石文之徵宣告四海
天地幸遭盛化沐浴光寵無以對揚天休增廣
令方外僭竊知天命有歸制曰此天地況施乃

三首尤二　【魏書志十八】　二十七　南業

先祖父之遺徵當朕一人所能獨致可如所奏
太和元年冬十月南部尚書安定侯鄧宗慶奏
鄉郡民李飛太原民王顯前列稱詣京南山採
藥到遊越谷南嶺下見清碧石柱數百枚被詔
宗檢稱所見青碧柱長者一匹相接而上或方
一尺二寸或方一尺方楞悉就其數既多不可
具數請付作曹採用奏可時人神異之
顯祖皇興三年六月尉元表臣於彭城遣別將
以八月至睢口邀賊將陳顯達有戰士於營外

五里輒牧見一白頭翁乘白馬將呼之語稱
至十八日辰必來到此語汝將軍領衆從東比
臨入我當驅賊令走申時賊必大破宿豫淮陽
皆剋無疑我當與汝國家淮畔為斷下邳城我
當驅出不勞兵力後十日此人復於彭城南戲
馬臺東二里見白頭翁亦乘白馬從東比來呼
此人謂曰我與東海四瀆太山比嶽神共相
比助汝二將蕩除已定汝上下吉甚不因忽然不
見詔元於老人前後見所為壇表記之

二十八　【魏書志十八】　何宗十四

蕭宗孝昌二年十月揚州刺史李平表云門下
督周伏興以去七月患假還家至十一日夜夢
渡肥水行至草堂寺南遙見七人一人乘馬著
朱衣籠冠六人從後興路左而立至便再拜問
興君可回我是孝文皇帝中書舍人遣語李憲
勿憂賊堰此月破矣興行兩步錄興姓字令興
速自興譆曉遂還城具言夢狀七月二十七日

堰破

世祖延和三年三月樂安王範獲玉璽一文曰
皇帝璽以獻
太延元年自三月不雨至六月使有司遍請羣
神數日大雨是日有婦人持一玉印至潞縣候
孫家賣之孫家得印奇之求訪婦人莫知所在
其文曰旱疫平寇天師曰龍文紐書去此神中
三字印也
高宗和平三年四月河內人張超於壞樓所城
比故佛圖戲獲玉印以獻印方二寸其文曰富
樂日昌永保無疆福祿日臻長其万年玉色光
潤模制精巧百寮咸曰神明所授非人為也詔
天下大酺三日
高祖承明元年八月上谷郡民獻玉印上有蚖
龍文
太和元年三月武川鎮獻玉印青質素文其文
曰太昌
六月雍州獻玉印
是月長安鎮獻玉印一上有龜紐下有文字色

甚鮮白有殊常玉
三年七月定州鉅鹿民獻玉印一方七分上有文
字
世宗永平元年四月瀛州民獲玉璧玉印各一
以獻
蕭宗熙平二年十一月京師仍獲玉璽二
太宗永興三年十二月東郡白馬縣民獻玉印一
孝靜興和三年十二月比塞候人獲玉板二以
獻王者慈仁則見
孝靜天平二年二月員外散騎常侍穆禮得玉
板一廣三寸長尺五寸頭有兩孔以獻
高祖承明元年九月京兆民獻青玉璧一雙文
色炳煥王者賢良美德則至
蕭宗正光三年六月幷州靜林寺僧在陽邑城
西橡谷摑藥得玉璧五珪十印一玉柱一玉蓋
一並以獻
高祖太和五年六月上邽鎮將上言於鎮城西
二百五十里射獵於營南千水中得玉車釧三

孝靜興和四年七月鄴縣民獻白至一璞

肅宗熙平二年正月金出岐州橫水縣赤粟谷

太祖天興三年四月有木連理生千代郡天門

關之路左王者德澤純洽八方為一則生

八月勃海上言脩縣東光縣木連理各一

十二月豫州上言木連理生于河內之沁縣

四年春河內郡上言黃縣木連理二

八月魏郡上言木連理

十一月常山郡上言木連理

太宗泰常元年十月陽郡上言木連理

三年正月勃海上言范陽郡上言木連理

八月廣寧郡上言東光縣木連理

世祖神麚四年九月滎陽郡上言木連理

延和二年三月樓煩南山木連理

三年九月上谷郡上言木連理

太延元年二月魏郡上言木連理

五年十二月遼西上言木連理

高祖延興元年十一月祕書令楊崇奏鍾律郎

李生於京師見長生連理樹

承明元年九月井州上言木連理相去一丈二

尺中有五枝相連

太和元年三月冀州上言木連理

十七年六月京師木連理

十八年十月河南上言木連理

二十三年十月井州上言百節連理生縣雍丘山

濟州上言木連理

十二月瀛州上言木連理

世宗景明二年正月瀛州上言平舒縣木連理

三年正月潁川郡上言木連理

二月平陽郡上言襄陵縣木連理

四月荊州上言南陽宛縣木連理

六月徐州上言東海木連理

十月泰州上言南稻新興二縣木連理各一

四年二月趙平郡上言鵯鵊縣木連理

二月齊郡上言臨淄縣木連理

四月汾州上言五城郡木連理
五月青州上言昌菩縣木連理
六月怕農盧氏縣木連理
是月徐州上言梁郡下邑縣木連理
九月秦州上言當亭四縣界各木連理
正始元年五月司州上言榮陽京縣木連理
六月京師西苑木連理
七月河東郡上言聞喜縣木連理
八月河南郡上言慈水濱木連理
十月怕農郡上言崤縣木連理
十二月涼州上言石城縣木連理
二年正月汾州上言平昌縣木連理
二月司州上言崤縣木連理
九月司州上言頴川陽翟縣木連理
三年六月汾州上言永安縣木連理
是月京師木連理
七月頴川陽翟縣上言木連理
是月建德郡上言石城縣木連理

方

永平元年四月司州上言頴川郡木連理
二年四月司州上言怕農北陝縣木連理
三年十一月夏州上言橫風山木連理
延昌二年正月徐州上言建陵戍木連理
三年正月司州上言軹縣木連理
四年三月冀州上言信都縣木連理
六月京師木連理
九月雍州上言鄠縣木連理
肅宗熙平元年正月光州上言曲城縣木連理
十二月敦煌鎮上言晉昌戍木連理
二年十一月京師木連理
神龜元年正月汾州上言永安縣木連理
三月滄州上言饒安縣木連理
八月燕州上言上谷郡木連理
九月秦州上言隴西之武陽山木連理
二年六月夏州上言山鹿縣木連理
正光元年五月并州上言上黨東山谷中木連
理

方

十一月齊州上言濟南郡靈壽山木連理

二年六月齊州上言魏郡逢陵縣木連理

二年二月涼州上言榆中縣木連理

三月青州上言平昌郡木連理

八月徐州上言龍元戌東木連理

四年二月涼州上言汝陰縣木連理二

八月涼州上言顯美縣木連理

孝昌元年十月魏郡元城縣木連理

孝靜天平二年四月臨水郡木連理

七月魏郡木連理

三年五月司州上言清河郡木連理

元象元年二月洛州上言木連理

四年六月廣平郡上言木連理

八月并州上言木連理

五月林慮縣上言木連理

八月上黨郡上言木連理

興和元年九月有司奏西山採材司馬張神和
上言司空谷木連理

二年四月光州上言盧鄉縣木連理

武定元年閏月西兗州上言濟陰郡木連理

九月齊獻武王上言并州木連理

三年九月瀛州上言河閒郡木連理

五年十一月汾州上言木連理

六年五月晉州上言木連理

八年四月青州上言齊郡木連理

世宗景明三年七月魯陽獻烏芝王者慈仁則
生食之令人度世

太祖天興二年七月并州獻白雉周成王時越
裳氏來獻

四年正月上黨郡獻白雉

二月并州獻白雉

五月河內郡獻白雉

太宗神瑞二年十一月右民尚書周幾獲白雉
一於博陵安平以獻

泰常三年正月勃海郡高城縣獻白雉

三月勃海郡南皮縣獻白雉二

十一月中山行唐縣獻白雉

四年正月新興郡獻白雉十二月又獻白雉二

五年二月白雉見于河內郡

世祖神麚元年二月相州獻白雉

二年二月上黨郡獻白雉

高祖延興二年正月青州獻白雉

五年正月白雉見於上谷郡

太和元年二月秦州獻白雉

三月白雉見於秦州

十一月白雉見于安定郡

二年十一月徐州獻白雉

三年正月統萬鎮獻白雉

四年正月南豫州獻白雉

六年三月豫州獻白雉

八年六月齊州清河郡獻白雉

十七年正月幽州獻白雉

四月瀛州獻白雉

二十年三月兗州獻白雉

世宗景明三年正月徐州獻白雉

二月冀州獻白雉

正始三年三月齊州獻白雉

十月青州獻白雉

四年四月秦州獻白雉

永平二年四月河內郡獻白雉

六月河南獻白雉

十二月豫州獻白雉

延昌四年二月冀州獻白雉

三月相州獻白雉

閏月歧州獻白雉

是月京師獲白雉

十二月幽州獻白雉

肅宗熙平元年二月相州獻白雉

三月肆州獻白雉

二年三月徐州獻白雉

神龜元年三月潁川郡獻白雉

二年正月豫州獻白雉

正光三年二月夏州獻白雉

四年三月光州獻白雉

孝靜天平三年正月青州獻白雉

四年二月青州獻白雉十二月梁州獻白雉

元象二年正月魏郡繁陽縣獻白雉

武定元年正月廣宗郡獻白雉

是月兗州獻白雉

四年三月青州獻白雉

太宗泰常七年九月溫泉出于漊鹿人有風寒
之疾入者多愈

（魏書志十八）　三十九　孫冉

高祖太和八年正月上谷郡惠化寺醴泉涌醴
泉水之精也味甘美王者修治則出

興和元年冬西兗州濟陰郡宛句縣濮水南岸
有泉涌出色清味甘飲者愈疾四遠奔湊咸獻

武王令於泉所營立廬舍尚書奏賞刺史粟千
石太守粟五百石縣令粟二百石以旌善政所
感先列言者依第出身詔可

高宗太和二年九月鼎出於洛州濙水送于京
師王者不極滋味則神鼎出也

二百卅

魏書志十八　四十　會

魏書一百十三 二

百姓不能以自治故立君以司牧之然則安海內正國家非一
獨斷乃命臣以佐之君以司牧元首不可以
人之力也書契已外其事蔑聞至於羲軒炎頊
之間龍火鳥人之職頗可知矣唐虞六夏商
倍之周過三百是為大備而秦漢魏晉代有加
減罷置盛衰隨時適務且國異政家殊俗設官
命職何常之有帝王為治禮樂不相沿海內作
家物色非 用其由來尚矣魏氏世君玄朔遠

三千五　▌魏書志十九 一　范堅

統 臣掌事立司各有號秩及交好南夏頗亦
改捆昭成之即王位已命燕鳳為右長史許謙
為郎中令矣餘官雜號多同於晉朝建國二年
禽儀貝端嚴機辯才幹者應選又置內侍長
弟四人主顧問拾遺應對若令之侍中散騎常侍
禁中傳宣詔命皆取諸部大人及豪族良家子
初置左右近侍之職無常員或至百數侍直
也其諸方雜人來附者總謂之烏丸各以多少
稱酋庶長分為南北部復置二部大人以統攝

之時帝弟觚監北部子寔君監南部分民而
治若古之二伯焉大祖登國元年因而不改南
北猶置大人對治二部是年置都統長又置幢
將及外朝大人官其都統長領殿內之兵直王
宮幢將員六人主三郎衞士直宿禁中者自侍
中已下中散已上皆統之外朝大人無常員主
受詔命外使出入禁中國有大喪大禮皆與參
知隨所典焉
皇始元年始建曹省備置百官封拜五等外

三九二　▌魏書志十九 二　范堅

職則刺史太守令長已下有未備者隨而置之
天興元年十一月詔更置郎鄧淵典官制立爵
品
十二月置八部大夫散騎常侍待詔管官其
八部大夫於皇城四方四維面置一人以擬八
座謂之八國常侍待詔侍直左右出入王命
二年三月分尚書三十六曹及諸外署凡置
三百六十曹令大夫主之大夫各有屬官其
有文簿當曹數奏欲以省彈駁之煩初令五

經書諸名各置博士國子學生員三十八

三年十月置受恩蒙養長德訓士四官受恩職
比特進無常員有人則置親貴器埕若為之
蒙養職比光祿大夫無常員取勤舊休閑者為長
德職比中散本夫無常員訓士職比諫議大夫規
諷時政臣刺非違又置仙人博士官典煉百
藥

四年七月罷匈奴中郎將官令諸部護軍皆屬
大將軍府

九月罷外蘭臺御史總屬內省

十二月復尚書三十六曹曹置代人令史一人
譯令史一人書令史二人

天賜元年八月初置六謁官準古六卿其秩五
品屬官有大夫秩六品大夫屬官有元士秩七
品元士屬官有署令長秩八品令長屬官有署
丞秩九品

九月減五等之爵始分為四曰王公侯子除伯
男二號皇子及異姓元功上勳者封王宗室

及始番王皆降為公諸公降為侯侯子亦以此
為差於是封王者十人公第二十二人侯者七十
九人子者一百三人王封大郡公封小郡侯封大
縣子封小縣王第一品公第二品侯第三品子
第四品又制散官五等五品散官比三都尉六
品散官比議郎七品散官比太中散諫議三天
夫八品散官比郎中九品散官比舍人文官五
品已下才能秀異者總比之造士亦有五等若
官五品已下堪任將帥者亦有五等若百官

有闕者則於中擢以補之

初帝欲以法古純質每於制定官號多不依周
漢舊名或取諸身或取諸物或以民事皆擬
遠古雲鳥之義諸曹走使謂之鳧鴨取飛
迅疾以伺察者為候官謂之白鷺取延頸
遠望自餘之官義皆類此況又制諸州
各置都尉以領兵

十月以八國姓族難分故國立大師小師令辯
其宗黨品舉人才自八國以外郡各自立師

州郡八國之儀

十二月詔始賜王公侯子國臣吏大夫大郡王三百
人次郡王上郡公百人次郡公五十人侯二十
五人子十二人皆立典師職比家丞總統羣隸

二年二月復罷尚書三十六曹別置武歸修勤
二職武歸比郎中修勤比令史分主省務

二年正月置內官員二十人比侍中常侍諸直
左右

魏書志九　　五　　杜

又制諸州置三刺史刺史用品第六者宗室一
人異姓二人比古之上中下三大夫也郡置三
太守用七品者縣置三令長各
之州縣以太守上有刺史下有令長雖置而未
臨民自前功臣爲州者徵還京師以爵歸第
置散騎郎獵郎諸省令史省事典簽等

四年五月增置侍官侍直左右出此內詔命取八
國良家代郡上谷廣寧鴈門四郡民中年長
有器望者充之

永興元年十一月置騎官四十人宿直殿省
比常侍侍郎

神瑞元年春置八大人官大人下置三屬官總
理萬機故世號八公云

泰常二年夏置六部大人官有天部地部東西
南北部皆以諸公爲之大人置三屬官

神麚元年三月置左右僕射左右丞諸曹尚書

始光元年正月置右民尚書

十餘人各居別寺

魏書志九　　六　　講

七月詔諸征鎮大將依品開府以置佐吏

延和元年三月改代尹爲萬年尹代令爲萬年
令後復

真君五年正月侍中中書監宜都王穆壽司徒
東郡公崔浩侍中廣平公張黎輔政置通事四
人又選諸曹良吏給事東宮

正平元年七月以諸曹吏多減其員

興安二年正月置駕部尚書右士尚書

太安三年五月以諸部護軍各爲太守

延興二年五月詔曰非功無以受爵非能無以
受祿凡出外遷者皆引此奏聞求乞假品在職
有效聽下附正若無殊稱隨而削之舊制諸鎮
將刺史假五等爵及有所貢獻而得假爵者
皆不得世襲

四年二月置外牧官
五年九月置監御曹
太和二年五月減置候職四百人司察非違
四年省二部內部幢將

二百六十一　魏書志十九　七　葛弗

十一月八月置散官員一百人朝請員二百人
十五年七月置司儀官
十二月置侍中黃門各四人又置散騎常侍侍
郎員各四人通直散騎常侍侍郎員外散騎
常侍侍郎各六人又置司空主客太倉庫部
都牧太樂虞曹冑曹寇曹少卿官又置光祿
驍游五校中大夫散員吏官又置侍官一百
二十人改立諸局監羽林虎賁
舊制諸以勳賜官爵者子孫世龔軍號十六年

改降五等始革之止龔繁爵而已
舊制緣邊皆置鎮都大將統兵備禦與刺史同
城隍倉庫皆鎮將主之但不治故為重於刺
史△

自太祖至高祖初其內外百官屢有減置或事
出當時不為常目如方騎飛鴻常忠直意將軍
之徒是也舊令亡失無所依據太和中高祖詔
君臣參議定京官著於令今列於左勳官即流外位
甲而不載矣

六百七十九　魏書志十九　八　葛鼎

太師　　太尉　　儀同三司
太保　　司徒　　司空　　右三公
太傅　　右三師

特進
都督中外諸軍事
諸開府
驃騎將軍
車騎將軍　二將軍加大者位在三司上
衛將軍　儀同三司
右三將軍
大司馬
大將軍　位在三司次

右第一品上

太師
四征〔加大者次〕

太傅
四鎮〔加大者次〕　尚書令

太保
左右光祿大夫　吏部尚書

右東宮師
尚書左僕射　太常

太子太保
尚書右僕射　光祿勳

太子太傅
中書監　衛尉

太子太師
右三卿

尚書令
中軍將軍　右三卿

都督府州諸軍事
鎮軍將軍

右第一品中

撫軍將軍〔加大者秩次四征〕

右三將軍

金紫光祿大夫

右從第一品中

右從第一品下

右從第一品上
列曹尚書
四安〔次四征〕

右從第一品下

太子少師
中書令
四平

太子少傅
中書令
凡將軍〔三品已上加大者……〕　太子左右詹事

太子少保
領軍

右東宮三少
護軍〔二職若侍臣帶者加中〕

中侍中
司州刺史　散騎常侍

〔占籤　九一〕

都督三州諸軍事

太僕

廷尉

大鴻臚

宗正

大司農

少府

右六卿

領軍將軍

護軍將軍〔二將軍與領護不並置〕

右第二品上

前後左右將軍〔加大者秩次護軍下〕　秘書監

四平〔次四安〕

光祿大夫〔銀青〕　都督州諸軍事

右第二品上

右第二品中

右第二品下

右從第二品上

右從第二品中

右從第二品下

大長秋卿
將作大匠

左衛將軍
武衛將軍

右衛將軍

諸王師
太子中庶子

駙馬
城門校尉

給事黃門侍郎　通直散騎常侍

〔陳文五〕

太子左右衞率　南北東西中郎將羽林中郎將

御史中尉　護匈奴羌戎夷蠻越中郎將太中大夫

中常侍　護羌戎夷蠻越校尉

征虜將軍

輔國將軍

龍驤將軍

司衞監

中尹

少卿

十一　中

光祿

代尹

右第三品上　　右第三品中　　右第三品下

員外散騎常侍　中給事　鎮遠將軍

驍騎將軍　射聲校尉　安遠將軍

太子家令　越騎校尉　建遠將軍

太子率更令　屯騎校尉　建中將軍

太子僕　步兵校尉　建節將軍

太子庶子　長水校尉　立義將軍

給事中　監軍　立忠將軍

前後左右軍將軍　立節將軍

中大夫　恢武將軍

祕書令　勇武將軍

給事　曜武將軍

昭武將軍

顯武將軍

直閤將軍

右從第三品中　　右從第三品下

國子祭酒　公府司馬　諫議大夫

下大夫　尚書右丞　祕書丞

公府長史　司馬別駕　建武將軍

尚書左丞　太子中舍人　振武將軍

太子三校　中黃門令　奮武將軍

散騎侍郎　令　揚武將軍

中書侍郎　內署令　廣武將軍

中謁者僕射　都水使者　廣威將軍

中散大夫　符節令

十二

中堅將軍　通直散騎侍常

中壘將軍　建威將軍

寧朔將軍　振威將軍

揚威將軍　奮威將軍

右第四品上

元士

右第四品中　諸開府司馬　諸王友

右第四品下

公府諮議參軍　司州功曹都官　員外散騎侍郎　太子門大夫

諸開府長史　五局司直　協律中郎

尚書吏部郎中　司敗

太子洗馬　諸局校尉　戟楯虎賁將軍

武騎侍郎　符璽郎中　慕員虎賁將軍

奉車都尉　高車虎賁將軍

駙馬都尉　左右積弩射將軍

騎都尉　強弩弓將軍

羽林中郎

中散庶長

謁者僕射

羽林郎將

十三　杜

高車羽林郎將

冗從僕射

右從第四品上

中軍鎮軍撫軍長史中書議郎　皇宗博士

右從第四品中　右從第四品下

諸開府諮議參軍　太子舍人　太常丞

鷹揚將軍　諸開府從事中郎　歸義侯

折衝將軍　公府正參軍　率義侯

寧遠將軍　公府主簿　順義侯

揚烈將軍　廷尉正監評　朝服侯

秘書著作郎　司州主簿

治書侍御史　中黃門

中謁者僕射　輕車將軍

中黃門冗從僕射　威遠將軍

侍御中散　虎威將軍

中軍鎮軍撫軍司馬　中散

公府從事中郎　殿中將軍

尚書郎中　散臣監

伏波將軍　太子舍令

十四　杜

陵江將軍

平漠將軍

太子食官令

太子中盾

右第五品上

祕書著作佐郎　侍御史

太學祭酒　尚書都　率義中郎將

國子博士　諸局監　歸義中郎將

祕書郎　太子厩長　附義中郎將

右第五品中　右第五品下　順義中郎將

武士將軍　殿中御史　戟楯虎賁司馬

虎賁司馬　京邑市令　募員虎賁司馬

虎賁郎將　典牧都尉　高車虎賁司馬

方舞郎厩長　水衡都尉　戟楯虎賁將

宿衛軍將　司鹽都尉　募員虎賁將

披庭監　司竹都尉　高軍虎賁將

典客監　崇虛都尉　嘗藥監

典儀監　列卿丞　中謁者

協律郎　詹事丞　宮門司馬

太祝令

代尹丞　宗聖士

小黃門　諸開府正參軍

謁者　諸開府主簿

員外將軍　辦章郎

散員大夫　太宰令

太樂祭酒　廩犧令

門下錄事　殿中監

奉乘郎　翼馭郎

羽林郎　高車羽林郎

右從第五品上

公府行參軍　右從第五品中　右從第五品下

宣威將軍　大學博士　散騎　方者郎　聰人郎

明威將軍　律博士　奉朝請

襄武將軍　禮官博士　武烈將軍

厲威將軍　公府記室督　武毅將軍

公府掾屬　威烈將軍　武奮將軍　太樂博士

中軍撫軍鎮軍正參軍　威寇將軍　河隄謁者

主書郎　威虜將軍

詹事五官　威戎將軍

門下主書令史　威武將軍

門下通事令人

司州司事

司州從事

右第六品上　　右第六品中　十七　右第六品下

代郡功曹主簿

散員士　諸局中校尉　慕員虎賁

諸開府行參軍　監淮海津都尉　戟楯虎賁

〔四六五〕　〔魏書志九〕

右第六品上

中書舍人　方舞郎　高車虎賁

領護二衛主簿　諸宮門僕　治禮郎

主事郎　諸開府記室督　獄丞

詹事主簿　司馬督

集書舍人　千人督

中軍鎮撫行參軍　校尉

領護功曹掾

天錫

領護五官

散臣中校

宿衛統

太子常從虎賁督

侍幹

寺人

閽人

掌璽郎

太子守舍人

掌服郎

掌筵郎

虎賁郎

諸開府掾屬

集書校書郎

祕書校書郎

祕書鍾律郎

右從第六品上　　右從第六品中　右從第六品下

公府舍人　國子學生　祕書舍人

〔魏書志九〕　十八　天錫

太子圭書令史　討寇將軍　符史郎
太子圭衣舍人　討虜將軍　溫寇將軍
都令史　討難將軍　溫虜將軍
　討夷將軍　溫難將軍
主書令史　溫逆將軍
門下令史
太子左右衛率主簿　太廟門僕
司事郎
司州錄事
代郡通事

［魏書志十九　　十九　　杜］

御屬
綏遠將軍
綏遠將軍
綏虜將軍
綏邊將軍
右第七品上　右第七品中　右第七品下
諸門府舍人　祝史　諸局督事
祕書令史　太常齋郎　獄掾
主書令史　王家尉　太學典錄
集書令史　公主家令　太史博士

起居注令史　太卜博士
直事郎　太醫博士
　司州本曹　太常日者
散臣督事　扶令
宿衛幢將　太樂典錄
右從第七品上　右從第七品中　右從第七品下
公府令史　太學助教　厲武將軍
太子典書令史　掃寇將軍　厲鋒將軍
太子典衣令史　掃虜將軍　虎牙將軍
司事令史　掃難將軍　虎賁將軍
諸局通事　掃逆將軍
殄夷將軍
殄難將軍
殄虜將軍
殄寇將軍
右第八品上　右第八品中　右第八品下
直事令史　尚書筭生　諸局書令史
宿衛軍司馬　典客舍人　諸寺筭生

［下五　魏書志十九　二十　杜］

諸局省事　符券吏　虎賁軍書令史

尚書記室案史　公府閤下令史　乘傳使者

右從第八品上　右從第八品中　右從第八品下

諸開府令史　祀官齋郎　白衣臣

宿衞軍吏　典客參軍

諸局書吏　太醫太史助教

書幹

主書幹

廣野將軍

典書幹

右從第八品中　右從第八品下

右第九品上　右從第九品中　右從第九品下

禆將軍

偏將軍

橫野將軍

統史　方驛博士　八書吏

右第九品上　右第九品中　右第九品下

中校尉　王家吏

右從第九品上　右從第九品中　右從第九品下

太和十八年十二月降車騎將軍侍中黃門秩

依魏晉舊事

十九年八月初置直齋御仗左右武官

二十三年高祖復次職令及帝崩世宗初班行

之以爲永制

太師　太傅　太保

王

大司馬　大將軍

右三師上公

右二大

太尉　司徒　司空

開國郡公

右第一品

儀同三司　開國縣公　都督中外諸軍事

諸開府　散公

右從第一品

太子太師　太子太傅　太子太保

特進　尚書令　驃騎將軍

車騎將軍　衞將軍　二將軍加大者位在都督中外之下　加大者位在太子太師之上

右六鄉欄（上段）

四征將軍〔加大者位次衞大將軍〕　諸將軍加大者

左右光祿大夫　開國縣侯

　右第二品

尚書僕射〔若並置左右則左居其上右居其下〕　中書監

司州牧

中軍將軍　撫軍將軍

金紫光祿大夫　散侯　四鎮將軍〔加大者次衞將軍〕

右三將軍　鎮軍將軍

〔大三十五小四十三〕〔鬼畫恚十九〕　右從第二品

吏部尚書　四安將軍　二十三

中護軍〔二軍加將軍則去中位次撫軍〕　中領軍

太常　光祿　衞尉

　右三卿

太子少師　太子少傅　太子詹事　侍中

中書令　太子少保

列曹尚書　四平將軍

太僕　廷尉　大鴻臚

宗正　大司農　太府

右六鄉

河南尹　上州刺史　祕書監

諸王師

光祿大夫〔者銀青〕　開國縣伯　左右衞將軍　前若後將軍

　右第三品

散騎常侍　四方郎將

護匈奴羌戎夷蠻越中郎將　國子祭酒

御史中尉　大長秋卿　將作大匠

征虜將軍〔二大二公長史〕〔若司徒置二長史左在散騎常侍下右在中庶子下〕

太子左右衞率　武衞將軍　冠軍將軍

護羌戎夷蠻越校尉　太中大夫

輔國將軍　中州刺史　龍驤將軍

散伯

〔大三十五小二十三〕〔鬼畫恚十九〕　二十四

　右從第三品

太常

二大二公司馬

　右三卿　光祿　衞尉

尚書吏部侍郎　給事黃門侍郎　太子中庶子

司空皇子長史

太僕　廷尉　大鴻臚

宗正　大司農　太府

中常侍　中尹　城門校尉

右六少卿

司空皇子司馬　從第二品將軍　開府長史

驍騎將軍　游擊將軍

以前上階

鎮遠將軍　安遠將軍　平遠將軍

二十五

建義將軍　建忠將軍　建節將軍

立義將軍　立忠將軍　立節將軍

恢武將軍　勇武將軍　曜武將軍

昭武將軍　顯武將軍

從第一品將軍開府司馬　通直散騎常侍

司徒諮議參軍事　中散大夫

上郡太守內史相　開國縣子　下州刺史

右第四品

中堅將軍　中壘將軍　尚書左丞

何

二大二公諮議參軍事　司州別駕從事史

第二品將軍始蕃王長史　太子家令

太子率更令　太子僕　中書侍郎

太子庶子

第二品將軍始蕃王司馬　前左右後軍將軍

以前上階

二十六

諫議大夫　尚書右丞

奮威將軍　揚威將軍　廣威將軍

寧朔將軍　建威將軍　振威將軍

司空皇子諮議參軍事　司州治中從事史

左右中郎將　建武將軍　振武將軍

奮武將軍　揚武將軍　廣武將軍

從第二品將軍開府諮議參軍事

從第二品將軍二蕃王長史

散子

右從第四品

寧遠將軍　鷹揚將軍　折衝將軍

揚烈將軍　從第二品將軍二蕃王長史

二大二公從事中郎　秘書丞

何

皇子友　　國子博士　散騎侍郎

太子中舍人　貟外散騎常侍

從第二品將軍二蕃王司馬

　　　以前上階

射聲校尉　越騎校尉　屯騎校尉

步軍校尉　長水校尉

司空皇子之開府從事中郎　中郡太守內史相

第二品將軍始蕃王諮議參軍事

開府從事中郎

開國縣男

右第五品

伏波將軍　陵江將軍　平漢將軍

第三品將軍三蕃王長史　二大二公掾屬

著作郎　通直散騎侍郎　太子洗馬

從第二品將軍二蕃王諮議參軍事

第三品將軍二蕃王諮議參軍事

第三品將軍三蕃王司馬　奉車都尉

　　　以前上階

太子屯騎校尉　太子步兵校尉　太子翊軍校尉

都水使者　司空皇子之開府掾屬

領護長史司馬歸義侯　率義侯

順義侯　朝服侯　輕車將軍

威遠將軍　開府掾屬　虎威將軍

洛陽令　中給事中　散男

右從第五品

宣威將軍　明威將軍　從第五品將軍長史

二大二公主簿　二大二公錄事

皇子郎中令　司空主簿　司空皇子錄事參軍事

從第三品將軍司馬

第三品將軍三蕃王諮議參軍事

從第三品將軍司馬

皇子文學　治書侍御史　謁者僕射

二大二公功曹記室戶曹倉曹中兵參軍事

從第一品將軍開府錄事參軍

司空皇子功曹記室戶曹倉曹中兵參軍事

皇子功曹史

　　　以前上階

河南郡丞　虎賁中郎將　羽林監

冗從僕射　駙馬都尉

尚書郎中　中書舍人　廷尉正監評

從第一品將軍　開府功曹記室奏曹戶曹倉曹中兵參

軍事功曹史

下郡太守內史相　上縣令相

　　　　　右第六品

襄威將軍　厲威將軍

第二品將軍始蕃王錄事參軍

二大二公列曹奏參軍事

[頁十三] [魏志十九] 二十九　給事中　徐邈

太子門大夫　皇子大農　騎都尉

符璽郎

、　以前上階

從第二品將軍二蕃王參軍

皇子主簿　司空皇子列曹參軍事

第二品將軍始蕃王功曹記室戶曹倉曹中兵參

從第二品將軍開府主簿列曹參軍事

從第二品將軍二蕃王功曹記室戶曹倉曹中

兵參軍事功曹史

太子舍人　三卿丞

　　　右從第六品

威烈將軍　威寇將軍　威虜將軍

威戎將軍　威武將軍

四品正從將軍長史司馬

二大二公祭酒

第三品將軍三蕃王錄事參軍

司空皇子之開府祭酒　武烈將軍

[魏志十九] 三十　徐

積弩將軍　積射將軍　員外散騎侍郎

武毅將軍　武奮將軍　王國郎中令

皇子中尉　二大二公參軍事

二大二公列曹行參軍　開府祭酒

　　　以前上階

司空皇子參軍事

司空皇子列曹行參軍

從第三品將軍錄事參軍事

第二品將軍始蕃王主簿列曹參軍事

從第一品將軍開府列曹行參軍

從第三品將軍三蕃王功曹記室二戶曹倉曹中

兵參軍功曹史

從第一品將軍二蕃王主簿列曹參軍事

二衛司馬　討寇將軍

討虜將軍　討難將軍

從第三品將軍功曹戶曹倉曹中兵參軍事　討夷將軍

詹事丞　列卿丞　祕書郎中

著作佐郎　中縣令相

右第七品　三十

盪寇將軍　盪虜將軍　盪難將軍

盪逆將軍　五品正從將軍長史司馬

強弩將軍　二大二公行參軍

司空皇子行參軍

第三品將軍三蕃王主簿列曹參軍事

第二品將軍始蕃王列曹行參軍

第一品將軍開府行參軍

王公國大農

以前上階

太學博士　皇子常侍　太常博士

從第二品將軍二蕃王參軍事

從第三品將軍二蕃王列曹行參軍

從第二品將軍二蕃王主簿列曹參軍事

從第三品將軍錄事功曹戶曹倉曹中兵參

四品正從將軍主簿列曹行參軍

軍事

司州主簿　奉朝請　國子助教

右從第七品　三十二

殄寇將軍　殄虜將軍　殄難將軍

殄夷將軍　第二品將軍始蕃王行參軍

第三品將軍三蕃王列曹行參軍

第二品將軍三蕃王主簿列曹行參軍事

四品正從將軍主簿列曹行參軍事

侯伯國郎中令　司州西曹書佐

殿中將軍　皇子侍郎　大長秋丞

以前上階

侍御史　協律郎　辨章郎

從第二品將軍二蕃王行參軍

從第三品將軍參軍事

從第三品將軍列曹行參軍

五品正從將軍錄事功曹戶曹倉曹中兵參軍事

王公國中尉　司州祭酒從事

下縣令相

右第八品

掃寇將軍　掃虜將軍　掃難將軍

掃逆將軍　司州議曹從事史

二大二公長兼行參軍　公車令

符節令　諸署令千石已上者　中黃門令

門下錄事　尚書都令史　主書令史

殿中侍御史中謁者僕射　中黃門冗從僕射

以前上階

官門僕射　侯伯國大農

司空皇子長兼行參軍　二大二公長兼行參軍

皇子上中下將軍

三十三

皇子中大夫　二卿丞

四品正從將軍列曹行參軍

王公國常侍

厲武將軍　厲鋒將軍

虎奮將軍　虎威將軍

五品正從將軍主簿列曹行參軍

司州文學

從第一品將軍開府長兼行參軍

員外將軍

右從第八品

曠野將軍　橫野將軍　子男國郎中令

太祝令　諸署令六百石上者　中黃門

公主家令　皇子典書令　四門小學博士

律博士　校書郎

二大二公參軍督護　檢授御史

以前上階

王公國侍郎　侯伯國中尉　謁者

太子三卿丞　五品正從將軍列曹行參軍

司空皇子參軍督護

三十四

第二品將軍始蕃王長兼行參軍

從第一品將軍開府參軍督護

殿中司馬督

右第九品

偏將軍　裨將軍　太子廄長

監淮海津都尉諸局都尉

皇子典祠令　皇子學官令

皇子典衛令　王公國中下將軍

王公國中大夫　諸署令〔不滿六百石者〕

【魏書志十九】　三十五

以前上階

第二品將軍始蕃王參軍督護

從第二品將軍二蕃王長兼行參軍

太常光祿衛尉領護

詹事功曹五官

子男國太農　治禮郎　小黃門

員外司馬督

右從第九品

前世職次皆無從品魏氏始置之亦一代之

別制也

正始元年十一月罷郡中正

四年九月詔曰五校昔統營位次於列卿奉

車都尉禁亦待美官顯加通貴世移時變遂為

冗職既典名猶昔宜有定員并殿中二司

馬亦須有常數今五校可各二十人奉車都

尉二十人騎都尉六十人殿中司馬二百人員

外司馬三百人

永平元年十二月尚書令高肇尚書僕射

【魏書志十九】　三十六

清河王懌等奏置小學博士十員三千人

二年正月尚書令高肇奏都水臺請依

舊三使者參軍事謁者并錄事令史亦隨

事史立詔曰使者置二可如所奏其六屬司

唯須充事耳亦何勞多也參軍錄事並更

置一謁者加二令史依舊曹水曹集曹士曹參軍

記室戶曹刑獄田曹水曹集曹士曹參軍

悉併省之

四年七月詔改宗子羽林為宗士其本秩付尚

書計其資集叙從七巳下從八巳上官

正光元年七月置左右衞將軍各二人

十二月罷諸州中正郡縣定姓族後復

孝昌二年十月詔宗士庶子二官各增二百人

置望士隊四百人取肺府之族有武藝者

莊初以尒朱榮有扶翼異功拜大丞相天柱大將軍

位在丞相上又拜大丞相天柱大將軍

又以太尉上黨王天穆為太宰增佐吏

永安二年各詔復置司直十人視五品隸廷尉

覆治御史檢劾事

普泰初以尒朱世隆為儀同三司位次上公又

侍中黃門武衞將軍並增置六人

永安巳後遠近多軍置京畿大都督復立州

都督俱總軍人

天平四年夏罷六州都督悉隸京畿其京畿

大都督仍不改焉立府置佐

舊制有大將軍不置太尉有丞相不置司徒自

正光巳後天下多事動貂貴並輒乃俱置之

武定二年十一月有司奏齊獻武王勳高德

重禮絶群群昔霍光陵邑亦置長丞主陵今

請置長二人丞一人錄事一人戶曹史一人

史一人侍一人皆降帝陵官品一等其侍依

舊詔可

七年三月詔左右光祿大夫各置二人金紫光

祿大夫置四人光祿大夫置四人太中中散各

置六人五月又詔以四中郎將世宗永平中權

隸領軍今還屬護軍

自古天子立德因生以賜姓胙之土而命之氏

諸侯則以家與謚官有世功則有官族邑亦如

之姓則表其所由生氏則記族所由出其大略

然也至於或自所居或以國號或用官爵或用

事 雖緣時不同俱其義一矣魏氏本居朔壤地

遠俗殊賜姓命氏其事不一亦如長勺尾氏終

葵之屬也初安帝統國諸部有九十九姓至獻

帝時七分國人使諸兄弟各攝領之乃分其氏

自後兼并他國人各有本部部中別族為內姓焉

年世稍父互以改易興亡衰存滅間有之矣今舉
其可知者
獻帝以兄為紇骨氏後改為胡氏
次兄為普氏後改為周氏
次兄為拓拔氏後改為長孫氏
弟為達奚氏後改為奚氏
次弟為伊妻氏後改為伊氏
次弟為丘敦氏後改為丘氏
次弟為侯氏後改為亥氏
七族之興自此始也
又命叔父之胤曰乙旃氏後改為叔孫氏
又命疏屬曰車焜氏後改為車氏
凡與帝室為十姓百世不通婚太和以前國之
喪葬祠禮非十族不得與也高祖革之各以職
司從事
神元皇帝時餘部諸姓內入者
丘穆陵氏後改為穆氏
步六孤氏後改為陸氏

賀賴氏後改為賀氏
獨孤氏後改為劉氏
賀樓氏後改為樓氏
勿忸于氏後改為于氏
是連氏後改為連氏
僕蘭氏後改為僕氏
若干氏後改為苟氏
拔列氏後改為梁氏
撥略氏後改為略氏
若口引氏後改為寇氏
叱羅氏後改為羅氏
普陋如氏後改為茹氏
賀葛氏後改為葛氏
是賁氏後改為封氏
阿伏于氏後改為阿氏
可地延氏後改為延氏
阿鹿桓氏後改為鹿氏
他駱抜氏後改為駱氏

薄奚氏後改為薄氏

烏九氏後改為桓氏

素和氏後改為和氏

吐谷渾氏依舊吐谷渾氏

胡古口引氏後改為侯氏

賀若氏依舊賀若氏

谷渾氏後改為渾氏

匹婁氏後改為婁氏

侯力伐氏後改為鮑氏

大九四八　魏志九

吐伏盧氏後改為盧氏

牒云氏後改為云氏

是去氏後改為是氏

叱利氏後改為利氏

副呂氏後改為副氏

那氏依舊那氏

如羅氏後改為如氏

乞扶氏後改為扶氏

阿單氏後改為單氏

盛

侯幾氏後改為幾氏

賀兒氏後改為兒氏

吐奚氏後改為古氏

出連氏後改為畢氏

庾氏依舊庾氏

賀拔氏後改為何氏

叱呂氏後改為呂氏

莫那婁氏後改為莫氏

奚斗盧氏後改為索盧氏

莫蘆氏後改為蘆氏

魏書志一九七

出大汗氏後改為韓氏

沒路真氏後改為路氏

扈地干氏後改為扈氏

莫輿氏後改為輿氏

紇干氏後改為干氏

侯伏斤氏後改為伏氏

是樓氏後改為高氏

尸突氏後改為屈氏

俞信

沓盧氏後改爲沓氏

嘔石蘭氏後改爲石氏

解枇氏後改爲解氏

奇斤氏後改爲奇氏

湏卜氏後改爲卜氏

丘林氏後改爲林氏

大莫干氏後改爲郃氏

介縣氏後改爲縣氏

蓋樓氏後改爲蓋氏

素黎氏後改爲黎氏

渴單氏後改爲單氏

壹斗眷氏後改爲明氏

叱門氏後改爲門氏

宿六斤氏後改爲宿氏

秘邲氏後改爲邲氏

土難氏後改爲山氏

屋引氏後改爲房氏

樹洛于氏後改爲樹氏

甲三

乙弗氏後改爲乙氏

東方宇文慕容氏即宣帝時東部此二部最爲彊盛別自有傳

南方有茂眷氏後改爲茂氏

宥連氏後改爲雲氏

次南有紇豆陵氏後改爲竇氏

侯莫陳氏後改爲陳氏

庫狄氏後改爲狄氏

太洛稽氏後改爲稽氏

柯拔氏後改爲柯氏

西方尉遲氏後改爲尉氏

步鹿根氏後改爲步氏

破多羅氏後改爲潘氏

叱干氏後改爲薛氏

俟奴氏後改爲侯氏

輾遲氏後改爲展氏

費連氏後改爲費氏

其連氏後改爲綦氏

甲四

去斤氏後改為艾氏

渴侯氏後改為緱氏

叱盧氏後改為祝氏

和稽氏後改為緩氏

冤賴氏後改為就氏

嗢盆氏後改為溫氏

達勃氏後改為襃氏

獨孤渾氏後改為杜氏

凡此諸部其渠長皆自統眾而尉遲已下不及

賀蘭諸部氏

北方賀蘭後改為賀氏

郁都甄氏後改為甄氏

紇奚氏後改為嵇氏

越勒氏後改為越氏

叱奴氏後改為狼氏

渴燭渾氏後改為味氏

庫褥官氏後改為庫氏

烏洛蘭氏後為蘭氏

一那蔞氏後改為蔞氏

羽弗氏後改為羽氏

凡此四方諸部歲時朝貢登國初太祖散諸部

落始同為編民

太和十九年詔曰代人諸冑冑先無姓族雖功賢

之胤混然未分故官達者位極公卿其功衰之

親仍居猥任比欲制定姓族事多未就且宜甄

擢隨時漸銓其穆陸賀劉樓于嵇尉八姓皆太

祖已降勳著當世位盡王公灼然可知者且下

司州吏部勿充猥官一同四姓自此以外應班

士流者尋續別敕原出朔土舊為部落大人而自

皇始已來有三世官在給事已上及州刺史鎮

大將及品登王公者為姓若本非大人而皇始

已來職官三世尚書已上及品登王公而中閒

不降官緒亦為姓諸部落大人之後而皇始

來官不及前列而有三世為中散監已上外為

太守子都品登子男者為族若本非大人而皇

始已來三世有令已上外為副將子都太守品

逮侯巳上者亦為族凡此姓族之支親與其身

有總麻服巳內微有二世官者雖不全美

例亦入姓族五世巳外則各自計之不蒙宗人

之蔭也雖總麻而三世官不至姓班有族官則

入族官無族官則不入姓族之例也凡此定姓

族者皆具列由來直擬姓族以呈聞朕當決姓

族之首末其此諸狀皆湏問宗族列疑明同

然後勾其舊籍審其官有實則奏不得輕

信其言虛長偽不實者詐人皆加傳旨問而

詐不以實之坐選官依職事咨　問不以實之

條令司空公穆亮領軍將軍元儼中護軍廣陽

王嘉尚書陸琇等詳定北人姓務令平均隨所

了者三月一列簿帳送門下以聞於是昇降

區別矣

世宗世代人猶以姓族辭訟又使尚書于忠尚

書元匡待中穆詔尚書元長等量定之

大人有作司牧生民結繩以往書契所絕故靡
得而知焉自羲軒已還至於三代其神言祕策蘊
圖緯之文範世率民垂墳典之迹秦肆其毒滅
於灰燼漢採遺籍復老丘山司馬遷區別異同
有陰陽儒墨名法道德六家之義劉歆著七略
班固志藝文釋氏之學所未曾紀案漢武元狩
中遣霍去病討匈奴至皋蘭過居延斬首大獲
昆邪王殺休屠王將其衆五萬來降獲其金人
帝以爲大神列於甘泉宮金人率長丈餘不祭
杞但燒香禮拜而已此則佛道流通之漸也及
開西域遣張騫使大夏還傳其旁有身毒國一
名天竺始聞有浮屠之教哀帝元壽元年博士
弟子秦景憲受大月氏王使伊存口授浮屠
經中土聞之未之信了也後孝明帝夜夢金人
頂有白光飛行殿庭乃訪羣臣傅毅始以佛對帝
遣郎中蔡愔博士弟子秦景等使於天竺寫浮
屠遺範憒仍與沙門攝摩騰竺法蘭東還洛陽

中國有沙門及跪拜之法自此始也愔又得佛
經四十二章及釋迦立像明帝令畫工圖佛像
置清涼臺及顯節陵上經緘於蘭臺石室
還也以白馬負經而至漢因立白馬寺於洛城
雍關西摩騰法蘭咸卒於此寺浮屠正號曰佛
陁佛陁與浮圖聲相近皆西方言其來轉爲二
音華言譯之則謂淨覺言滅穢成明道爲聖悟
凡其經旨大抵言生生之類皆因行業而起有
過去當今未來歷三世識神常不滅凡爲善惡
必有報應漸積勝業陶冶麁鄙經無數形澡練
神明乃致無生而得佛道其間階次心行等級
非一皆緣淺以至深藉微而爲著率在於積仁
順彌曠嗜慾習虛靜而成通照也故其始修心則
依佛法僧謂之三歸若君子之三畏也又有五
戒去殺盜婬妄言飲酒大意與仁義禮智信同
名爲異耳云奉持之則生天人勝處虧犯則墜
鬼畜諸苦惡生處凡有六道焉諸服其道者
則剃落鬚髮釋累辭家結師資遵律度相與和

居治心修淨行乞以自給謂之沙門或曰桑門
亦聲相近總謂之僧皆胡言也僧譯為和命衆
桑門為息心比丘為行乞俗人之信憑道法者
男曰優婆塞女曰優婆夷其為沙門者初修十
誡曰沙彌而終於二百五十則具足成大僧婦人
道者曰比丘尼其誡至于五百皆以■為本隨
事增數在於防心攝身正口心主貪恣癡身除
殺婬盜口斷妄雜諸非正言總謂之十善道能
具此謂之三業清淨九人修行粗為極去可以達
惡善報漸階聖迹初階聖者有三種人其根業
太差謂之三乘聲聞乘緣覺乘大乘取其可乘
濟物進德初根人為小乘行四諦法中根人為
運以至道為名此三人惡迹已盡但脩心蕰累
中乘受十二因緣上根人為大乘則修六度雖
階三乘而要由修進万行拯度億流彌長遠乃
可登佛境矣所謂佛者本號釋迦文者譯言能
仁謂德充道備堪濟万物也釋迦前有六佛釋
迦繼六佛而成道處今賢刧支言將來有彌勒

佛方繼釋迦而降世釋迦即天竺迦維衛國王
之子天竺迦其總稱迦維別名也初釋迦於四月
八日夜從母右脅而生既生姿相超異者三十二
種天隆嘉瑞以應之亦三十二其本起經說之
備矣釋迦生時當周莊王九年春秋魯莊公七
年夏四月恒星不見夜明是也至魏武定八年
凡一千二百三十七年云釋迦年三十成佛導化
羣生四十九載乃於拘尸那城娑羅雙樹間
以二月十五日而入般涅槃涅槃譯云滅度或言
常樂我淨明無遷謝及諸苦累也諸佛法身
有二種義一者真實二者權應真實者謂至
極之體妙絕拘累不得以形量限
有感斯現體常湛然權應身者謂和光六道同
塵万類生滅隨時僊短應物形由感生體非實
有權形雖謝真體不遷但時無妙感故莫得常
見耳明佛生非實生滅非實滅也佛既謝世香
木焚尸靈骨分碎大小如粒擊之不壞焚亦不
燋或有光明神驗胡言謂之舍利弟子收奉置之

寶瓶竭香花致敬慕建宮宇謂爲塔塔亦胡言
猶宗廟也故世稱塔廟於後百年有王阿育以
神力分佛舍利於諸鬼神造八萬四千塔布於
世界皆同日而就今洛陽彭城姑藏臨淄皆有
阿育王寺蓋承其遺迹焉釋迦雖般涅槃而留
影迹爪齒於天竺於今猶在中土來性並稱見
之初釋迦所說敎法既涅槃後有聲聞弟子大
迦葉阿難等五百人撰集著錄阿難親承囑授
多聞總持蓋能綜覈深致無所漏失乃綴文字
撰載三藏十二部經如九流之異統其大歸終
以三乘爲本後數百年有羅漢菩薩相繼著論
贊明經義以破外道摩訶衍衍大小阿毗曇中論
十二門論百法論成實論等是也皆傍諸藏部
大義假立外門而以內法釋之漢哀帝時楚王
英喜爲浮屠齋戒遣郎中令奉黃縑白紈三十
匹詣國相以贖愆詔報曰楚王尚浮屠之仁祠
潔齋三月與神爲誓何嫌何疑當有悔吝其還
贖以助伊蒲塞桑門之盛饌因以班示諸國桓

帝時襄楷言佛陛黃老道以諫欲令好生惡
殺少嗜慾去奢尚無爲魏明帝曾欲壞宮西
佛圖外國沙門乃金盤盛水置於殿前以佛舍
利投之於水乃有五色光起於是帝歎曰自非
靈異安得爾乎遂從於道東爲作周閣百間佛
圖故處鑿爲濛汜池種芙蓉於中後有天竺沙
門曇柯迦羅入洛宣譯誡律中國誡律之始也
自洛中搆白馬寺盛飾佛圖畫迹甚妙爲四方
式凡宮塔制度猶依天竺舊狀而重構之從一級
至三五七九世人相承謂之浮圖或云佛圖晉世
洛中佛圖有四十二所矣漢世沙門皆衣赤布
後乃易以雜色晉元康中有胡沙門支恭明譯
佛經維摩法華三本起等微言隱義未之能究
後有沙門常山衞道安性聰敏日誦經萬餘言
研求幽旨慨無師匠獨坐靜室十二年覃思構
精神悟妙賾以前所出經多有舛駁乃正其乖
謬石勒時有天竺沙門浮圖澄少於烏萇國就
羅漢入道劉曜時到襄國後爲石勒所宗信號

為大和尚軍國規謨頗訪之所言多驗道安曾
至鄴候澄澄見而異之澄卒後中國紛亂道安
乃率門徒南遊新野欲令玄宗在所流布分遣
弟子各趣諸方法汰詣揚州法和入蜀道安與
慧遠之襄陽道安後入苻堅堅素欽德問既見
宗以師禮時西域有胡沙門鳩摩羅什思通
法門道安思與講釋每勸堅致羅什什亦承
安令問謂之東方聖人或時遙拜致敬道安卒
後二十餘載而羅什至長安恨不及安以為深

慨道安所正經義與羅什譯出符會如一初無
乖舛於是法百大著中原魏先建國於玄朔風
俗淳一無為以自守與西域殊絶莫能往來故
浮圖之教未之得聞或聞而未信也及神元與
魏晉通聘文帝又在洛陽昭成又至襄國乃備
究南夏佛法之事太祖平中山經略燕趙所迎
郡國佛寺見諸沙門道士皆致精敬禁軍旅無
有所犯帝好黃老頗覽佛經但天下初定戎車
屢動庶事草刱未建圖宇招延僧眾也然時時

旁求先是有沙門僧朗與其徒隱于泰山之琨
瑞谷帝遣使致書以繒素旃罽銀鉢為禮令猶
號曰朗公谷焉天興元年下詔曰夫佛法之興
來遠矣濟益之功冥及存沒神蹤遺軌信可依憑
其敕有司於京城建飾容範脩整宮舍令信向
之徒有所居止是歲始作五級佛圖耆闍崛山
及須彌山殿加以繢飾別構講堂禪堂及沙門座
莫不嚴具焉太宗踐位遵太祖之業亦好黃老
又崇佛法京邑四方建立圖像仍令沙門敷導

民俗初皇始中趙郡有沙門法果誡行精至開
演法籍太祖聞其名詔以禮徵赴京師後以為
道人統綰攝僧徒每與帝言多所愜允供施甚
厚至太宗彌加崇敬永興中前後授以輔國宜
城子忠信侯安成公之號皆固辭帝常親幸
其居以門小狹不容輿輦更廣大之年八十餘
泰常中卒未殯帝三臨其喪更追贈老壽將軍趙
胡靈公初法果每言太祖明叡好道即是當今如
來沙門宜應盡禮遂常致拜謂人曰能鴻道者

人主也我非拜天子乃是禮佛耳法果四十始為沙門有子曰猛詔令龔東所加爵帝後幸廣宗有沙門曇證年且百歲邀見於路奉致果物帝敬其年老志力不衰亦加以老壽將軍號是時鳩摩羅什為姚興所敬於長安草堂寺集義學八百人重譯經本羅什聰辯有淵思達東西方言時沙門道肜道標僧肇曇影等有餘部更定章句辭義通明至今沙門共所祖習道肜等比旨識學洽通僧肇尤為其最羅什之撰譯僧肇常執筆定諸辭義注維摩經又著數論皆有妙旨學者宗之又沙門法顯慨律藏不具自長安遊天竺歷三十餘國隨有經律之處學其書語譯而寫之十年乃於南海師子國隨商人沈舟東下晝夜昏迷將二百日乃至青州長廣郡不其勞山南下乃出海為是歲神瑞二年也法顯所逕諸國傳記之今行於世其所得律通譯未能盡正至江南更與天竺禪師

跋陁羅辯定之謂之僧祇律大備于前為今沙門所持受先是有沙門法領從揚州入西域得華嚴經本定律後數年跋陁羅共沙門法業重加譯撰宣行於時世祖初即位亦遵太祖大宗之業每引高德沙門與其談論於四月八日興諸佛像行於廣衢帝親御門樓臨觀散花以致禮敬先是沮渠蒙遜在涼州亦好佛法有罽賓沙門曇摩讖習諸經論於姑臧與沙門智嵩等譯涅槃諸經十餘部又曉術數禁呪歷言他國

安危多所中驗蒙遜每以國事諮之神䴥中帝命蒙遜送讖詣京師惜而不遣既而懼魏威責遂使人殺讖讖死之日謂門徒曰今時人謂之知來可早食以待之食之食記而走至時人謂於命智嵩亦奚悟篤志經籍後乃以新出經論於涼土教授辯論幽旨著涅槃義記戒行峻整門人齊肅知涼州將有兵役與門徒數人欲往胡地道路飢饉絕糧積目弟子求得禽獸肉請嵩彌食嵩以戒自誓遂餓死於酒泉之西山弟子

積薪焚其屍骸骨灰燼唯舌獨全色狀不變時
人以為誦說功報涼州自張軌後世信佛教敦
煌地接西域道俗交得其舊式村塢相屬多有
塔寺太延中涼州平從其國人於京邑沙門佛事
皆俱東象教彌增矣尋以沙門眾多詔罷年五
十巳下者世祖初平赫連昌則入城聽講夕則還寓
家本清河聞羅什出新經遂詣長安見之劉裕滅姚泓留子義真
靜坐三輔有識多宗之

鎮長安義真及僚佐皆敬重焉義真之去長安
乃懼而謝罪統萬平惠始到京都多所訓導
大怒召惠始於前以所持寶劍擊之不能害
身被白刃而體不傷眾咸異之於屈丐屈丐
也赫連屈丐之敗之道俗見坑戮惠始
禪至於沒世稱五十餘年未嘗寢卧或時跣行
雖履泥塵初不汙足色愈鮮白世號之曰白腳
師太延中臨終於八角寺乘螺端坐僧徒滿側

凝泊而絕停屍十餘日坐既不改容色如一舉
世神異之遂瘞寺內至真君六年制城內不得
留瘞乃葬於南郊之外始死十年矣開殯儼然
初不傾壞送葬者六千餘人莫不感慟中書監
高允為其傳頌其德惠始冢上立石精舍圖
其形像經毁法時猶自全立世祖即位富於春
秋既而銳志武功每以平定禍亂為先雖歸宗
佛法敬重沙門而未存覽經教深求緣報之意
及得寇謙之道帝以清淨無為有仙化之證遂
信行其術時司徒崔浩博學多聞帝每訪以大
事浩奉謙之道尤不信佛與帝言數加非毀常
謂虛誕為世費害帝以其辯博頗信之會蓋吳
反杏城關中搔動帝乃西伐至於長安先是長
安沙門種麥寺內御騶牧馬於麥中帝入觀馬
沙門飲從官酒從官入其便室見大有弓矢矛
盾出以奏聞帝怒曰此非沙門所用當與蓋吳
通謀規害人耳命有司案誅一寺閱其財產大
得釀酒具及州郡牧守富人所寄藏物蓋以萬

計又為屈室與貴室安私行淫亂帝既忿沙門
非法浩時從行因進其說誅長安沙門焚破
佛像勅留臺下四方令一依長安行事又詔曰
彼沙門者假西戎虛誕妄生妖孽非所以一齊
政化布淳德於天下也自王公已下有私養
沙門者皆送官曹不得隱匿限今年二月十五
日過期不出沙門身死容止者誅　門時恭宗
為太子監國素敬佛道頻上表陳刑殺沙門之
濫又非圖像之罪今罷其道杜諸寺門世不修

奉土木丹表自然毀滅如是冊三不許乃下詔
曰昔後漢荒君信惑邪偽妄假睡夢事胡妖
鬼以亂天常自古九州之中無此也夸誕大言
不本人情叔季之世閻君亂主莫不眩焉由是
政教不行禮義大壞鬼道熾盛視王者之法戲
如也自此以來代經亂禍天罰亦行生民死盡
五服之內鞠為丘墟千里蕭條不見人迹由此
於此朕承天緒屬當窮運之弊欲除偽定真後
羲農之治其一切蕩除胡神滅其蹤迹庶無謝

於風氏矣自今以後敢有事胡神及造形像泥
人銅人者門誅雖言胡神問今胡人共云無有皆
是前世漢人無賴子弟劉元真呂伯彊之徒皆
胡之誕言用老莊之虛假附而益之皆非真實
至使王法廢而不行蓋大姦之魁也有非常之人
然後能行非常之事非朕孰能去此歷代之偽
物有司宣告征鎮諸軍刺史諸有佛圖形像及
胡經盡皆擊破焚燒沙門無少長悉坑之是歲
真君七年三月也恭宗言雖不用然猶緩宣詔

書遠近皆豫聞知得各為計四方沙門多亡匿
獲免在京邑者亦蒙全濟金銀寶像及諸經
論大得秘藏而土木宮塔聲教所及莫不畢毀矣
始謙之與浩同從車駕苦諫浩不肯謂浩
曰卿今促年受戮滅門戶矣後四年浩誅備五
刑時年七十浩既誅死帝頗悔之業已行難中
修復恭宗潛欲興之未敢言也佛淪廢終帝世
積七八年然禁稍寬施篤信之家得密奉事沙
門專至者猶竊法服誦習焉唯不得顯行於京都

先是沙門曇曜有操尚又為恭宗所知禮佛
法之滅沙門多以餘能自效還俗求見曜誓欲
守死恭宗親加勸喻至於再三不得已乃止密
持法服器物不暫離身聞者歎重之高宗踐
極下詔曰夫為帝王者必祗奉明靈顯彰仁道
其能惠著生民濟益群品者雖在古昔猶序其
風烈是以春秋嘉崇明之禮祭典載功施之族
況釋迦如來功濟大千惠流塵境等生死者歎
其達觀覽文義者貴其妙明助王政之禁律益

仁智之善性排斥群邪開演正覺故前代已來
莫不崇尚亦我國家常所尊事也世祖太武
皇帝開廣邊荒德澤遐及沙門道士善行純誠
惠始之倫無遠不至風義相感往往如林夫山
海之深怪物多有姦淫之徒得容假託講寺之
中致有兇黨是以先朝因其瑕釁戮其有罪有
司失旨一切禁斷景穆皇帝每為慨然值軍國
多事未遑修復朕承洪緒君臨萬邦思述先志
以隆斯道今制諸州郡縣於衆居之所各聽建

佛圖一區任其財用不制會限其好樂道法欲
為沙門不問長幼出於良家性行素篤無諸嫌穢
鄉里所明者聽其出家率大州五十小州四十人
其郡遙遠者十人各當局分皆足以化惡就
善播揚道教也天下承風朝不及夕往往所在傾
毀佛圖仍還修矣佛像經論皆復得顯京師沙門師
賢本罽賓國王種人少入道東遊涼城涼平赴
京罷佛法時師賢假為醫術還俗而守道不改
於修復日即反沙門其同輩五人帝乃親為下

髮師賢仍為道人統是年詔有司為石像令如帝
身既成顏上足下各有黑石冥同帝體上下黑子
論者以為純誠所感興光元年秋敕有司於五級
大寺內為太祖已下五帝鑄釋迦立像五各長一
丈六尺都用赤金二萬五千斤太安初有師子
國胡沙門邪奢遺多浮陀難提等五人奉佛像三
到京都皆云備歷西域諸國見佛影迹及肉髻外
國諸王相承咸遣工匠摹寫其容莫能及難提
所造者去十餘步視之炳然轉近轉微又沙勒湖

沙門赴京師致佛鉢并畫像迹和平初師賢卒
曇曜代之更名沙門統初曇曜以復佛法之明年
自中山被命赴京值帝出見于路御馬前銜曜
衣時以為馬識善又帝後奉以師禮雲曜白帝
於京城西武州塞鑿山石壁開窟五所鐫建佛
像各一高者七十尺次六十尺雕飾奇偉冠於
一世曇曜奏平齊戶及諸民有能歲輸穀六
十斛入僧曹者即為僧祇戶粟為僧祇粟至
於儉歲賑給飢民又請民犯重罪及官奴以為佛

圖戶以供諸寺掃洒歲兼營田輸粟高宗並
許之於是僧祇戶粟及寺戶編於州鎮矣曇曜
又與天竺沙門常那邪舍等譯出新經十四部
又有沙門道進僧超法存等並有名於時演唱
諸異顯祖即位敦信尤深覽諸經論好老莊每
引諸沙門及能談玄之士與論理要初高宗太
安末劉駿於丹陽中興寺設齋有一沙門容止
獨秀眾眾往目皆莫識焉問之荅云從沙門惠璩起問之荅
名惠明又問所住荅云從天安寺來語訖忽然

不見駿君臣以為靈感敗中興為天安寺是後
七年而帝祚踐號天安元年是年劉或徐州刺
史薛安都始以城地來降明年盡有淮北之地
其歲高祖誕載於時起永寧寺構七級佛圖高
三百餘尺基架博敞為天下第一又於天宮寺
造釋迦立像高四十三尺用赤金十萬斤黃金
六百斤皇興中又構三級石佛圖榱棟楣楹上
下重結大小皆石高十丈鎮固巧密為京華壯
觀高祖踐位顯祖移御北苑崇光宮覽習玄籍

建鹿野佛圖於苑中之西山去崇光右里巖
房禪堂禪僧居其中焉延興二年夏四月詔曰
比丘不在寺舍遊渉村落交通姦猾經歷年歲
令民開五五相保不得容止無籍之僧精加隱
括有者送付州鎮其在畿郡送付本曹若為
三寶巡民教化者則在外齋州鎮維那文移在臺
者瞻都維那等即牒然後聽行違者加罪又詔
曰內外之人興建福業造立圖寺高敞顯博亦
足以輝隆至教矣然無知之徒各相高尚貲相

競賣貲財務存高廣傷殺昆蟲含生之類苟
能精致累土聚沙寶鍾不朽欲建為福之因未
知傷生之業朕為民父慈養是務自今一切
斷之文詔曰夫信誠則應遠行篤則感深歷
東平郡靈像發輝巖成金銅之色殊常之容
觀先世靈瑞乃有禽獸易色草木移性濟歷
絕於往古熙隆妙法理在當今有司與沙門統
曇曜令州送像達都使道俗咸觀實相之容
普皆天下皆使聞知三年十二月顯祖因田鷹獲

鴛鴦一其偶悲鳴者上下不去帝乃惻然問左右
曰此飛鳴者為雌為雄左右對曰臣以為雌帝
曰何以知對曰陽性剛陰性柔以剛柔推之必
是雌矣帝乃慨然而歎曰雖人鳥事別至於
資識性情竟何異哉於是下詔禁斷鷙鳥不
得畜焉承明元年八月高祖於永寧寺設太
法供度良家男女為僧尼資福者百有餘人帝為
剗髮施以僧服令修道戒資福於顯祖是月又
詔起建明寺太和元年二月幸永寧寺設齋

赦死罪四三月又幸永寧寺設會行道聽講命
中祕二省與僧徒討論佛義施僧衣服寶器
有差又於方山太祖營壘之處建思遠寺自正
光至此京城內寺新舊且百所僧尼二千餘人
四方諸寺六千四百七十八僧尼七萬七千二
百五十八人四年春詔以鷹師為報德寺九年
秋有司奏上谷郡比丘尼惠香在比丘松樹下
死屍形不壞顱來三年士女觀者有千百於時
人皆異之二十年冬有司奏前被較以勒籍之

初愚民僥倖假稱入道以避輸課其無籍僧尼
罷遣還俗重被旨所撿僧尼寺主維那當寺
隱審其有道行精勤者聽仍在道為行兒麤者
有籍無籍悉罷歸齊民令依旨簡遣其諸州還
俗者僧尼合一千三百二十七人奏可十六年詔四
月八日七月十五日聽大州度一百人為僧中
州五十人下州二十人以為常準著於令十
七年詔立僧制四十七條十九年四月帝幸徐
州白塔寺顧謂諸王及侍官曰此寺近有名僧

嵩法師受成實論於羅什在此流通後授淵法
師淵法師授登紀二法師朕每歎成實論可以
釋人深情故至此寺為時沙門道登雅有義業
為高祖所貴恆侍講論曾於禁中內與帝夜談同
見一鬼二十年卒高祖其悼惜之詔施帛一千四
又設一切僧齋即命京城七日行道又詔朕
師登法師奄至徂葬痛恒摧慟不能已已此
藥治慎喪未容即赴便進師義深為高祖所
之又有西域沙門名跋陀有道業深為高祖
敬信詔於少室山陰立少林寺而居之公給
供二十一年五月詔曰羅什法師可謂神出五才
志入四行者也今常住寺猶有遺地欽悅脩
蹤情深遐遠可於舊堂所為建三級浮圖又見
逼民貞虔為道參驅既斬是同俗禮應有子徇可
推訪以聞當加叙接先是立監福曹又改為昭
玄備有官屬以斷僧務高祖時沙門道順惠覺
僧意惠紀僧範道弁惠度智誕僧顯僧義僧
利証以義行知重世宗即位永平元年秋詔曰

緇素既殊法律亦異故道教郵於至顯禁勸各
有所宜自今已後眾僧犯殺人已上罪者仍依
俗斷餘犯悉付昭玄以內律僧制之二年冬沙
門統惠深上言僧尼浩曠清濁混流不遵禁典
精麤莫別輒與經律法師羣議立制諸州鎮郡維
那上坐寺主各令戒律自修威依內禁若不
律者退其本次又出家之人不應犯法積八不
淨之物不得為已私畜唯有老病年六十以上
者限聽一乘又比來僧尼或因三寶出貸私財
緣州外又出家捨著本無凶儀不應廢道從俗
其父母三師遠聞凶問聽哭三日若在見前限
以七日或有不安寺舍遊止民間亂道生過皆
由此等若有犯者脫服還民其有造寺者限僧
五十以上啟聞聽造若有輒營置者匹以違敕
之罪其僧寺僧眾擯出外州僧尼之法不得為
俗人所使若有犯者還配本屬其外國僧尼來
歸化者求精檢有德行合三藏者聽住若無德

行遣還本國若其不去依此僧制治罪詔從之
先是於恆農荊山造珉玉丈六像一三年冬迎
置於洛濱〈報德寺〉世宗躬觀致敬四年夏詔
曰僧祇之粟本期濟施儉年出貸豐則收入山
林僧尼隨以給施民有窘弊亦即販之但主司
冒利規取贏息及其徵責不計水旱或償利過
本或翻改券契侵蠹貧下莫知紀極細民嗟毒
歲月滋深非所以矜此窮乏宗慈拯之本意
也自今巳後不得傳委維那都尉可令刺史共

加監括尚書費撝諸有僧祇穀之處州別列其元
數出入贏息販給多少并貧償歲月見在未收
上臺錄記若收利過本及翻改初券依律免之
勿復徵責或有私償轉施償僧即以丐民不聽
收檢後有出貸貧窮償債之科一準舊格
富有之家不聽輒貸脫仍冒濫依法治罪又尚
書令高肇奏言謹案故沙門統曇曜昔於承明
元年奏涼州軍戶趙苟子等二百家為僧祇戶
立課積粟擬濟饑年不限道俗皆以拯施又依

內律僧祇戶不得別屬一寺而都維那僧暹僧
頻等進違成旨退乘內法肆意任情奏求逼召
致使吁嗟之怨盈於行道棄子傷生自縊溺死
五十餘人豈是仰贊聖明慈育之意深失陛下
歸依之心遂令蒼生恫怨叫訴無所至乃
白羽貫耳列訟宮闕悠悠之人尚為哀痛況慈
悲之士而可安之請聽苟子等還鄉課輸儉之
之年周給貧賓若有不虞以擬邊捍其曇等違
旨背律謀奏〈伏請付昭玄依僧律推處詔曰

遙等特可原之餘如奏世宗篤好佛理每年常
於林棐中親講經論廣集名僧標明義旨沙門
採諸經律正光三年冬還京師所得經論一百
七十部行於世二年春靈太后令曰年常度僧
所徒侶逾眾熙平元年詔遣沙門惠生使西域
天下州郡僧尼等積有二萬三千七百二十七
錄為內起居焉上既崇之下彌企尚至延昌中
依限大州應百人者州郡於前十日解送三百
人其中州二百人小州一百人州統維那與官

及精練簡取充數若無精行不得濫採若取非
人刺史為首以違旨論太守縣令綱察節級連
坐統及維那移五百里外異州為僧目今奴婢
悉不聽出家諸王及親貴亦不得輒啟請有犯
者以違旨論其僧尼輒度他人奴婢者亦移五
百里外為僧僧尼多養親識及他人奴婢子年
大私度為弟子者令仍聽容一人出寺五百里二人千里私
度之僧皆由三長罪不及已容多隱濫自今有
本等寺主聽容一人出寺五百里二人千里私
一人私度皆以違旨論隣長為首里黨各相降
一等縣滿十五人郡滿三十人州鎮滿三十人
免官容吏節級連坐私度之身配當州下役時
法林整覽祝不能改肅也景明初世宗詔大長秋
卿白整準代京靈巖寺石窟於洛南伊闕山為
高祖文昭皇太后營石窟二所初建之始窟頂
去地三百一十尺至正始二年中始出斬山二
十三丈至大長秋卿王質謂斬山太高費功難
就奏求下移就平去地一百尺南比一百四十

尺永平中中尹劉騰奏為世宗復造石窟一凡
為三所從景明元年至正光四年六月已前用
功八十萬二千三百六十六蕭宗熙平中於城內
太社西起永寧寺靈太后親率百寮表基立剎
佛圖九層高四十餘丈其諸費用不可勝計景
明寺佛圖亦其亞也至於官私寺塔其數甚眾
神龜元年冬司空公尚書令任城王澄奏曰仰
惟高祖定鼎遷極創制垂之万葉故都城制云城內唯擬
人造物開符垂之万葉故都城制云城內唯擬
一永寧寺地郭內唯擬尼寺一所餘悉城郭之
外欲令永遵此制無敢踰矩逮景明之初微有
犯禁故世宗仰修先志爰發明旨城內不造立
浮圖僧尼寺舍亦欲絕其希觊文武二帝豈不
愛尚佛法蓋以道俗殊歸理無相亂故也但俗
眩虛聲僧貪厚潤雖有顯禁猶自冒營至正始
三年沙門統惠深有違景明之禁便云營就之
寺不忍毀求自今已後更不聽立先有私謁彌以
抑典從請前班之詔仍卷不行後來私謁彌以

奔競永平二年深等復立條制啟云自今已後
欲造寺者限僧五十已上聞徹聽造若有輒營
置者依俗違敕之罪其寺僧眾擯出外州僉雖十
年私營轉盛罪擯之事寂爾無聞豈非朝格雖
明恃福共毀僧制徒立顧利莫然者也不俗不
道務為損法人而無厭其可極乎夫學迹沖妙
非浮識所辯玄門曠叔豈短辭能究狀淨居塵
外道家所先功緣其深匪尚華道苟能誠信童
子聚沙可邁於道場純陋儀設足薦於雙樹何

三頁、
魏書志二十
二十七
宗二

必縱其盜竊資營寺觀此乃民之多幸非國之
福世然比日私造動盈百數或乘請公地輒樹
私福或啟得造寺限外廣制如此欺罔非可稍
計臣以才劣誠乘工務奉遵成規裁量是總所
以披尋舊旨研究圖格輒遣府司馬陸昶驅崔
百空地表刹未立塔宇不在其數民居三分
至於斯自遷都已來年踰二紀寺奪民居三分
茅芥都城之中及郭邑之內檢括寺舍數乘五
且一高祖立制非徒欲使緇素殊途抑亦防微

深慮世宗述之亦不錮禁營福當在杜塞未萌
今之僧寺無處不有或比滿城邑之中或連溢
屠沽之肆或三五少僧共為一寺梵唱不連
簷接響像塔纏於腥臊性靈沒於嗜慾真偽混
居往來紛雜下司因習而莫非僧曹制而不
問其住在村坊者或有法行塵穢僧重葒同器不亦
甚歟往在代郡有法秀之謀近日冀州遭大乘之
憂皆初假神教以惑眾終設姦誑用逞私悖之
大和之制因法秀而杜遠景明之禁慮大乘之

三十四
■魏書志二十
二十八
王壽

將亂始知祖宗叡聖防過慮深履霜堅冰不可不
慎昔如來闡教多依山林今此僧徒戀著城邑
豈秋隙是經行所宜浮誼必栖禪之宅當由利
引其心莫能自止處者既失其真造者或損其
福乃釋氏之糟糠法中之社鼠內戒所不容王
典所應棄矣非但京邑如此天下州鎮僧寺亦
然侵奪細民廣占田宅有傷慈矜用長嗟苦
且人心不同善惡亦異或有栖心真趣道業清
遠者或外假法服內懷悖德者如此之徒宜辨

涇渭若雷同貫何以勸善然觀法贊善凡所
知矯俗避嫌物情同趣臣竊何為孤議獨發誠
以國典一廢追理至難法網暫失條網將亂是
以冒陳愚見兩願其益臣聞設令在於必行立
訓貴能肅物令而不行不如無令訓不加人

與此罰訓頃屢下而造者更滋嚴限驟發而
違犯不息者豈不以假福託善幸罪不加人殉
其私吏難苟劾前制無追徃之辜後旨開自今
之恕悠悠世情遂忽成法令宜加以嚴科特設

重禁斜其來違懲其徃失脫不峻檢方垂容借
恐今百雖明復如徃日又百令所斷標榜禮拜
之處悉聽不禁愚以為樹榜無常禮處難驗拜
云有造立榜證公須營之辭指言骨禮如此則
徒有禁名實不懼制豈是百官有司忿於奉法
將由網漏禁寬容託有他故耳如臣愚意於都城
之中雖有標榜營造廨功事可改立者請依先
制在於郭外任擇所便其地若買得券證分明

魏書志二十　二十九　詩忠

者聽其轉之若官地盜作即令還官若靈像既
成不可移撤請依今勅如舊不禁悉令坊內行
止不聽毀坊開門以妨里內通巷若被盜者不
在斷限郭內準此商量其廟像嚴立而過近
屠沽請斷旁屠殺以契靈居雖有僧數而過近
在可移者令就閑以避隘陋如會年正月勅
後造者求依僧制案法科治若僧不滿五十者
共相通容小就大寺必令克限其地賣還一如
上式自今外州若欲造寺僧滿五十已上先本

州表列昭玄量審奏聽乃立若有違犯悉依前
科州郡已下容而不禁罪同違旨庶仰遵先
皇不朽之業俯本今日慈悲之令則繩墨可全
聖道不隊若未奏可未幾天下喪亂加以河陰之
酷朝士死者其家多捨居宅以施僧尼京邑第
舍略為寺矣前日禁令不復行焉凡象元年秋
詔曰梵境幽玄義歸清曠伽藍淨土理絕囂塵
前朝城內先有禁斷自聿來遷鄴率由舊章而
百辟士民屇都之始城外新城並皆綰宅舊城而

三前節　魏書志二十　三十　徐永

中輟時並貪借更擬後須非爲永久如間諸人多
以二處得地或捨舊城所借之宅壇立爲寺知非
已有假此一名終恐因貿𣵀甚有廨恒式宜付
有司精加隱括且城中舊寺及宅並有定帳其
新立之徒悉從毀廢冬又詔天下牧守令悉
不聽造寺若有違者不問財之所出并計所
營功庸悉以枉法論興和二年春詔以鄴城舊
宮爲天平寺世宗以來至武定末沙門知名者
有惠猛惠辨惠深僧遷道銀僧獻道晞僧深
惠光惠顯法營道長並見重於當世目魏有天下
至於禪譯佛經流通大集中國凡有四百一十
五部合二千九百一十九卷正光已後天下
多虞王役尤甚於是所在編民相與入道假慕
沙門實避調役猥濫之極自中國之有佛法未
之有也略而計之僧尼大眾二百萬矣其寺三
萬有餘流弊不歸一至於此識者所以歎息也
道家之原出於老子其自言也先天地生以資
萬類上處玉京爲神王之宗下在紫微爲飛

仙之主千變萬化有德不德隨感應物厭迹無
常授軒轅於峨嵋教帝嚳於牧德大禹聞長生
之訣尹喜受道德之旨至於丹書紫字昇玄飛
步之經玉石金光妙有靈洞之說如此之文不
可勝紀其爲教也咸蠲去邪累澡雪心神積行
樹功累德增善乃至白日昇天長生世上所以
秦皇漢武甘心不息靈帝置華蓋於濯龍設壇
場而爲禮及張陵受道於鵠鳴因傳天官章本
千有二百弟子相授其事大行齋祠跪拜各成
法道有三元府百二十官一切諸神咸所統攝
又稱劫數頗類佛經其延康龍漢赤明開皇
之屬皆其名也及其劫終稱天地俱壞其書多
有禁祕非其徒也不得輒觀至於化金銷玉行
符勅水石而方術萬等千條上云羽化飛天次
稱消災滅禍故好異者往往而尊事之初文帝入
賓於晉從者務勿塵安神哥偉登仙於伊闕之
山寺識者咸云魏祚之將大太祖好老子之言
誦詠不倦天興中儀曹郎董謐因獻服食仙經

數十篇於是置仙人博士立仙坊煮煉百藥封
西山以供其薪蒸令其非其本心多死
無驗太祖猶將修焉太醫周澹苦其煎採之役
欲廢其事乃陰令妻貨仙人博士張曜妾得曜隱
罪曜懼死因請辟穀太祖許之給曜資用為造靜
堂於苑中給洒掃民二家而煉藥之術服食餌藥歷
之太祖意少懈乃止世祖時道士寇謙之字輔真南
雍州刺史讚之弟自云冠謙之十三世孫早好仙道
有絕俗之心少修張魯之術服食餌藥歷年無效

幽誠士達有仙人成公興不知何許人至謙之從母家
傭儥謙之嘗觀其姨見興形見甚疆力作不倦請
回儥興代已使役乃將還令其開舍南辣田謙之
樹下坐箅與觀一發致勤時來看之如此
但力作何為看此二三日後復來看之如此
已後謙之筭七曜有所不了惘然自失興謂謙之
之曰先生何為不懌謙之曰我學筭累年而近筭
周髀不合以此自愧且非汝所知何勞問也興曰
先生試隨興語布之俄然便決謙之歎伏不測興

之深淺請師事之興固辭不肯但求謙之為弟
子未幾謂謙之曰先生有意學道豈能與隱
遁謙之欣然從之興乃令謙之齋三日共入華
山令謙之居一石室自出採藥還與謙之食藥
不復飢乃將謙之入嵩山有三重石室令謙之
住第二重歷年興出後當有人
將藥來但食之莫為疑性興辭有人將藥而至
皆是毒蟲臭惡之物謙之大懼出走興還問狀
謙之具對興歎息曰先生未便得仙政可為帝

王師耳與事謙之七年而謂之曰興不得久留
明日中應去興亡後先生幸為沐浴自當有人
見迎興乃入第三重石室而卒謙之躬自沐浴
明日中有叩石室者謙之出視見兩童子持
法服一持鉢及錫杖謙之引入至興尸所興欻
然而起著衣持鉢執杖而去先是有京兆灞城
人王胡兒其叔父亡曾將胡兒頗有靈異曾將胡兒至嵩
高別嶺同行觀望見金室玉堂有一館尤珍麗
空而無人題曰成公興之館胡兒怪而問之其

叔父曰此是仙人成公興館坐失火燒七間屋被
謫為謙之作弟子七年始知謙之精誠遠通
興乃仙者謫滿而去謙之守志嵩岳精專不懈
以神瑞二年十月乙卯忽遇大神乘雲駕龍
導從百靈仙人玉女左右侍衛集止山頂稱太
上老君謂謙之曰往辛亥年嵩岳鎮靈集仙宮
主表天曹稱自天師張陵去世已來地上曠誠
脩善之人無所師授嵩岳道士上谷寇謙之
立身直理行合自然才任軌範首處師位吾
故來觀汝授汝天師之位賜汝雲中音誦新科
之誡二十卷號曰並進言吾此經誡自天地開
闢已來不傳於世今運數應出汝宣吾新科
清整道教除去三張偽法租米錢稅及男女合
氣之術大道清虛豈有斯事專以禮度為首
而加之以服食閉練之法使王九疑人長客之等十
二人授謙之服氣導引口訣之法遂得辟穀氣
盛體輕顏色殊麗弟子十餘人皆得其術泰
常八年十月戊戌有牧土上師李譜文來臨嵩岳

云老君之玄孫昔居代郡桑乾以漢武之世得
道為牧土宮主領治三十六土人鬼之政地方
十八萬里有奇蓋歷術一章也其中為方
萬里者有三百六十萬土方萬里以授謙之所
統廣漢平土方萬里遣弟子宣教云吾嵩岳所
宮敕演真法處汝道年二十二歲除十年為員
蒙其餘十二年教化雖無大功且有百授之勞
今賜汝遷入內宮太真太寶九州真師治鬼師
治民師繼天師四錄修勤不懈依勞復遷賜
汝天中三真太文錄劾召百神以授弟子文錄
有五等一曰陰陽太官二曰正府真官三曰正
房真官四曰宿宮散官五曰並進錄主壇位礼
拜衣冠儀式各有差品凡六十餘卷號曰錄圖
真經付汝奉持轉佐北方泰平真君出天宮靜
論之法能興造克就則起真仙矣又地上生
民末劫垂及其中行教甚難但令男女立壇宇
朝夕禮拜若家有嚴君功及上世其中能脩
身練藥學長生之術即為真君種民藥別授

方銷練金丹雲英八石五漿之法皆有決要上
師李君手筆有數篇其餘皆正真書曹趙道覆
所書古文鳥迹篆隸雜體辭義約辯婉而成章
大自與世禮相準擇賢推德信者為先勤者次
之又言二儀之間有三十六天中有三十宮宮
有一主最高者無極至尊次曰大至真尊次天
覆地載陰陽真尊次洪正真尊姓趙名道隱以
殷時得道牧土之師也牧土之來赤松王喬之
倫及韓終張安世劉根張陵近世仙者並為翼

從牧土命謙之為子與群仙結為徒友幽冥之
事世所不了謙之具問一一告焉經云佛者昔
於西胡得道在四十二天為延真宮主勇猛苦
教故其弟子皆髡形染衣斷絕人道諸天衣服
悉然始光初奉其書而獻之世祖乃令謙之止
於張曜之所供其食物時朝野聞之若存若云
未全信也崔浩獨異其言因師事之受其法術
於是上疏讚明其事曰臣聞聖王受命則有大
應而河圖洛書皆寄言於蟲獸之文未若今日

人神接對手筆粲然辭旨深妙自古無比昔漢
高雖復英聖四皓猶比之不為屈節今清德
隱仙不召自至斯誠陛下傳蹤軒黃應天之符
也豈可以世俗常談而忽上靈之命臣竊懼之
世祖欣然乃使謁者奉玉帛牲牢祭嵩岳迎
致其餘弟子在山中者於是崇奉天師顯揚新
或譏之浩聞之曰昔張釋之為王生結襪
法宣布天下道業大行於浩事天師禮甚謹雖
才非賢哲今奉天師足以不愧於古人矣及嵩

高道士四十餘人至遂起天師道場於京城之
東南重壇五層遵其新經之制給道士百二十
人衣食齊肅祈請六時禮拜月設廚會數千人
世祖將計赫連昌太尉長孫嵩難之世祖乃問
幽徵於謙之謙之對曰必克陛下神武應期天
經下治當以兵定九州後文先武以成太平真
君真君三年謙之奏曰今陛下以真君御世建
靜輪天宮之法開古以來未之有也應登受符
書以彰聖德世祖欣然之於是親至道壇受符錄

備法加馬旗幟盡青以從道家之色也自後諸帝
每即位皆如之恭宗見謙之奏造靜輪宮必令
其高不聞雞鳴狗吠之聲欲上與天神交接功
役萬計經年不成乃言於世祖曰人天道殊卑
高定分令謙之欲要以無成之期說以不然之
事財力費損百姓疲勞無乃不可乎必如其言
宗之言值以崔浩頗成難違其意沉吟者久之
未若因東山万仞之上為功差易易世祖深然恭
乃曰吾亦知其無成事旣爾何惜五三百功九

三九

年謙之卒葬以道士之禮先於未亡謂諸弟子
曰及謙之在汝曹可求遷錄五吾去之後天官具
難就復遇設曾之曰更布二席於上師坐前弟
子問其故曰仙官來是夜卒前一日忽言
五吾氣息不接脹中大痛而行止如常至明旦便
終須臾史口中氣狀若烟雲上出窈中至天半乃
消屍體引長弟子量之長六尺於是諸弟子以為尸解變
化而去不死也時有京兆韋文秀隱於嵩高

徵詣京師世祖嘗問以方士金丹事多曰可成文
秀對曰神道幽昧變化難測可以闇遇難以豫
期臣昔受教於先師嘗聞其事未之為也世
祖必欲關右豪族風操溫雅言對有方遣與
尚書崔賾詣王屋山合丹賾不能就時方士至
者前後數人河東祁纖好相人世祖賢之拜纖
上大夫潁陽絳略聞喜吳猗道引養氣積年
然不能達其意辭占應對羲曰可聽世祖欲
百餘歲神氣不衰恒農間平仙博覽百家之言

三卅

魏書志二十

授之官終辭不受扶風魯祈連赫連屈子暴虐
避地寒山教授弟子數百人好方術少嗜慾河
東羅崇之常餌松脂不食五穀自稱受道於中
條山世祖令崇還鄉里立壇祈請崇玄條出有宄
與崐崙蓬萊相屬入穴中得見仙人與之往來
詔令河東郡給所須崇入穴中行百餘步逐窮
召至有司以崇妄詐罔不道奏治之世祖曰崇修
道之人豈至欺妄以詐罔於世或傳聞不審而至於
此古之君子進人以禮退人以禮今治之是傷

四十

朕待賢之意遂赦之又有東萊人王道翼少有
絕俗之志隱韓信山四十餘年斷粟食麥通達
經章書符錄常隱居深山不交世務年六十餘
顯祖聞而召焉爲青州刺史韓頹遣使就山徵之
翼乃赴都顯祖以其仍守本操遂令僧曹給衣
食以終其身太和十五年秋詔曰夫至道無形
虛象爲主自有漢以後置立祠先朝以其至
順可歸用立寺宇昔京城之內居全高希今者
里宅櫛比人神猥湊非所以祇崇至法清敬神
道可移於都南桑乾之陰岳山之陽永置其所
給戶五十以供齊祀之用仍名爲崇虛寺可召
諸州隱士貢滿九十人遷洛後鄴蹕如故事其
道壇在南郊方二步以正月七日七月七日十
月十五日壇主道士哥人一百六人以行拜祠
之禮諸道士罕能精至又無才術可高武定
六年有司執奏罷之其有道術如河東張遠遊
河間趙靜通等齋文襄王別置館京師而禮接
焉

跋

右魏書亦眉山七史刊本涵芬樓所藏僅得其
半先後假北平圖書館暨江安雙鑑樓傅氏吳
興嘉業堂劉氏藏本補完卷中有二元代修補之
葉或謂有明初續補者然皆不著年號殊難斷
言馮夢禎萬曆重雕是書序謂南監所藏唐以
中此書最爲剜做今欲摘謬辨譌不留遺憾此
人龍乾隆殿本校刊後跋亦云明刻二十一史
鑄魯魚帝虎不能盡刊斷篇脫字所在而有孫
知雖廣平王傳樂志劉芳上書是本關原本可
實難矣然則兩朝覆刊做甚議更新之苦無善本
夏侯道遷傳更有錯簡其他字句訛奪間亦有

■魏跋 一 一

不逮後出諸本然如帝紀三太宗紀泰常八
年九月劉義符潁川太守李元德竊入許昌詔
周幾擊之元德遁下殿本關三字是本有走幾
平三字帝紀六顯祖紀天安元年秋七月下殿
本關二字是本有辛亥二字列傳二十八陸麗
傳至於奉迎守順臣下殿本關二字列二字
之二字又陸叡傳殿本各賜衣物有差下關二
字是本有高祖北訓誓羣帥除尙書令簡將軍下關一字是本有
幸城比本有叡字又陸叡二字作布帛又親
是本有叡字又陸叡位極五字是本有
蒙寵祿位極五字且上文元不二元不二關五字是本作元
丕下文大臣二字是本作人臣列傳三十九呂
羅漢傳故內委羣司外任下殿本關四字是本

誤上列傳四十陸欽傳宗之誤宋列傳四十八
列傳二十八陸叡傳辭以疾病土溫則甚土之
神龜二元年下無人任保者奪官還役任之誤在
開雕者何以除呂羅漢傳已具言之毛氏固據宋本
別殊不可解猶不止此帝紀二太祖紀登國元
語尙存九十七字外均無差帝紀二太祖紀
時苦無善本馮夢禎已具言大抵相同明監本
監本汲古閣本沿訛襲謬大抵相同明監本刊
後苦二百八字殿本全佚以上云云考之南刊
幾旱二字猶可辨認又宋臣校語是本帝紀三
三年注辛亥又量之占曰下殿本關二字是本
有方牧正是四字志四天象一之四蕭宗正光

■魏跋 二

韓子熙傳節義純貞義之誤義列傳五十一宋
弁傳皆減戌士營農減之誤滅列傳五十二張
彝傳微號華多微之誤微列傳五十九李苗傳
梓潼涪人潼之誤橦志一天象一之一世祖始
光四年諸侯非其人侯之誤佐志九志十八靈
推五星見伏術歲在己未己之誤佐志十八靈
徵下高祖太和五年得玉車釼三枚釼之誤剛
殿本校刊諸臣猶能參據他書加以訂正而明
然校刊古則一任其舛誤而不思自糾其非矣雖
監本汲刊諸臣不見舊本憑空想像亦有終難胎
合者請更舉之志二天象一之二高祖太和四
年正月第二節犯心上關考證云所關之字南
監本作戊午月當亦誤也係何月戊午耶或此

犯心二字重出不知宋本戊午月下尚有又字
前節正月丁巳月犯心戊午爲丁巳後一日即
正月之戊午也故云又犯心何得爲誤又志六
地形二中揚州邊城郡領縣二期思注有
九口（宋本作彐）山豐城郡考證云召南按此
帝紀四上世祖紀始光元年是劉義符爲其臣
以校汲古本有校勘記所指亦有異於是本者
之過耶近人華陽葉氏嘗得宋刻長沙王先謙
屬之城並非縣名召南倘見是本何致有誤改
二大字與期思同爲邊城之縣豐城爲期思所
正不知宋本期思注豐城二小字下別有新息
城二小字於期思下則邊城少一縣矣今改
（指豐城言）與期思並屬邊城郡監本誤刊豐

徐羨之等所廢殺王校是下脱年字是本不脱
列傳三十五盧淵傳傳業累世有能名王校世
下當重一世字是本正重一世字列傳三十八
尉二元傳陟茲父事王校陟宋本作涉不誤是本
作陟不作涉列傳四十八程駿傳文成踐阼王
校文成踐刊不能不謂是本作宗不作祖以諸條
非廣雅誤刊不克久假
校凡八百餘條全卷末畢一字者又十卷蓋葉
氏購得是書時將之粵東王氏獲見不克久假
急約在京同官十人分任雠校計日而畢爲時
匆遽容未詳盡余參校再四不敢謂悉無遺漏
然所增益不少異時當整理付印竊附王氏驥
尾焉海鹽張元濟

百衲本二十四史

魏書 三冊

撰　者◆北齊·魏收

發行人◆王學哲

總編輯◆方鵬程

編印者◆本館古籍重印小組

承製者◆辰皓國際出版製作有限公司

出版發行：臺灣商務印書館股份有限公司

台北市重慶南路一段三十七號

電話：(02)2371-3712

讀者服務專線：0800056196

郵撥：0000165-1

網路書店：www.cptw.com.tw

E-mail：ecptw@cptw.com.tw

網址：www.cptw.com.tw

局版北市業字第 993 號

初版一刷：1937 年 01 月

臺一版一刷：1970 年 01 月

臺二版一刷：2010 年 11 月

定價：新台幣 4000 元

 ISBN：978-957-05-2528-1

魏書 ／ 魏收撰. --臺二版. -- 臺北市 ： 臺灣
商務， 2010. 10
　　冊 ；　公分. --（百衲本二十四史）

ISBN 978-957-05-2528-1 （全套：精裝）

1. 北朝史

622.6101　　　　　　　　　　99015879